학교란 무엇인가?

신설 학교, 치열했던 730일의 기록

김도희 외 17명 지음

BM (주)도서출판 성안당

⏰ 한 학교가 태어나는 시간

학교가 세워진다는 것은 단순히 건물이 들어선다는 뜻이 아니다.

그것은 학교를 구성하는 교육 공동체의 꿈과 손길, 그리고 마음이 모여 한 공간에 온기를 입히는 일이다.

우리가 신설 학교의 첫 페이지를 열던 날, 그날 그 공기 속에는 설렘과 긴장, 그리고 책임감이 교차하고 있었다.

이 책은 교육청의 『삶의 지평을 넓히는 독서 인문 교육 '2025 책 쓰기 프로젝트'』의 일환으로 시작됐다.

처음에는 학생들의 글을 모아 볼까 고민했지만 '우리 학교의 특수성, 즉 신설 학교의 첫걸음, 학교가 태어나는 과정'에서 우리가 가졌던 그리고 느꼈던 감동을 오래 간직하고 싶은 마음에 선생님과 교직원들의 글을 모으게 됐다.

신설 학교의 첫해는 늘 '혼돈과 희망'이 공존한다.

책상 하나, 나무 한 그루, 규정 한 줄 등 결정하는 모든 순간이 선택의 연속이었다.

때로는 서툴렀지만, 서투름 속에 진심이 있었고, 처음이기에 더 소중하고 열정적이었던 순간들.

그 시간 속에서 피어난 작은 감동과 울음, 그리고 웃음의 조각들. 그 조각들을 하나씩 엮으며, 우리는 어느새 '우리 학교'라는 이름의 공동체가 되어 있었다.

나는 오늘도 배운다.

학교란 결국 사람의 온기로 완성되는 곳이라는 것을.

신설 학교의 길은 언제나 평탄하지 않다. 결정을 내릴 순간마다 책임감에 어깨는 무거워지고, 예기치 못한 어려움은 항상 한 걸음 앞서 찾아온다.

때로는 두려움이, 때로는 외로움이 책상 위 서류들과 함께 나의 어깨를 무겁게 누를 때도 있다. 그러나 모든 생각의 끝에는 언제나 아이들이 있었고, 그 곁에는 우리 교직원이 함께 있었다.

운동장을 가득 채우는 웃음, 선생님들의 환한 미소, 그리고 보이지 않는 곳에서 묵묵히 학교를 움직이는 수많은 손길들…. 그것이 바로 우리가 지켜야 할 '학교의 얼굴'이다.

이 책은 그 얼굴과 온기, 마음의 결을 담은 기록이다. 좌충우돌하는 날들 속에서도 꺼지지 않았던 열정, 소소한 감동과 따뜻한 웃음이 모여 만들어 낸 '우리 학교가 태어나는 이야기'. 그리고 지금도 '성장하는 이야기'.

새로운 학교의 첫걸음은 단 한 번뿐이다.

특별한 시간을 기록으로 남길 수 있게 된 이번 프로젝트에 참여했다는 것이 너무도 소중하고, 이런 기회를 준 도교육청과 용인교육지원청에 감사의 마음을 전한다.

교장 김도희

/ 차례 /

Gojin Middle School

따뜻함과 능력을 겸비한 리더를 꿈꾸는 교장

김도희

어릴 때부터 친구와 동료, 선후배로부터 한결같이 책임감이 강하다는 소리를 들었음. 어떤 상황에서도 끝까지 해내려는 태도와 최선의 방법을 찾고자 노력하는 타입임. 또한 약간의 재치와 센스를 지니고 있어 가끔은 작은 감동을 주는 행동이나 아이디어를 보여 줄 때도 있음. 최근 가장 큰 관심은 '힘은 들지만, 그래도 행복한 학교 만들기'이며, 더불어 학교가 더 활기차고 보다 유연해질 수 있는 방법이 무엇일까를 고민하는 중임. 완벽하지 않더라도 어제보다 나은 내일의 나를 기대하며, 새로움을 추구하고 안주하지 않으려 노력 중임.

첫 발걸음

2024년 1월 23일, 교원 임용 고시 2차 시험장 운영으로 방학 중에도 늦은 시간까지 교무실에 남아 있었다. 하루의 업무를 마무리하며 겨우 한숨 돌리려는 그때, 한 통의 전화가 걸려 왔다. 발신자는 교육청이었다.

“신설 학교 교장으로 발령이 났으니, 26일 겸임 발령장을 수령하러 오십시오.”

순간, 머릿속이 멍해졌다. ‘신설 학교 교장?’ 교장이 처음인 나에게, 신설 학교라니. 그것도 중학교라니. 30년 넘게 고등학교에서 보낸 세월, 말 그대로 뼈를 묻었다 해도 과언이 아닌 삶이었는데, 이제 와서 중학교라니. 기다리던 발령이 이런 형태로 찾아올 줄은 미처 예상하지 못했다.

주변의 반응도 엇갈렸다. “승진 축하해.”라고 웃으며 기뻐해 주는 이가 있었고, “아이고, 신설 학교라 고생 좀 하겠네~”라며 위로를 건네는 이도 있었다. 위로는 곧 부담을 의미한다는 사실을 잘 알고 있었다. 그래도 사람들은 “새 학교를 세운다는 건 그만큼 의미 있고, 초대 교장은 아무나 하는 게 아니야.”라며 나에게 의미를 부여해 주려 했다. 그러나 내 마음은 쉽게 가라앉지 않았다. 기쁨과 두려움이 묘하게 뒤섞인 상태로 시간은 흘러갔다.

1월 26일. 나는 용인에서 경기도교육청 북부청사까지 1시간 40분을 달려갔다. 그곳은 나와 같은 처지의 교장들이 모인 자리였다. 모두가 비슷한 표정이었다. 겉으로는 담담한 듯 보였지만, 속마음은 나와 같았을 터였다. 좋은데 좋은 게 아닌 상황. 기대와 걱정이 교차하는 얼굴, 희미한 미소와 깊은 주름이 묘하게 어우러진 표정. 동병상련이라는 말이 절묘하게 어울리는 분위기였다.

서로에게 작은 위로라도 건네고자, 작은 힘이라도 보태고자 우리는 곧 단체 대화방(단톡방)을 만들었다. "어떤 자료든 함께 공유합시다. 파이팅입니다!" 신설 학교 교장으로서의 미숙함과 외로움을 견뎌내기 위한 약속이었다. 그나마 마음이 놓인 것은 내가 맡게 된 곳이 초·중 통합 학교가 아니라는 사실이었다. 너무도 미안한 고백이지만, 그 순간만큼은 그것 하나로도 커다란 위안을 얻었다.

1월 30일. 드디어 교장의 자격으로 처음 고진중학교 교문을 들어섰다. 날씨는 여전히 추웠지만, 햇살만큼은 따스했다. 그러나 눈앞에 펼쳐진 풍경은 따뜻함과는 거리가 멀었다. 학교는 아직 완성되지 못한 채 공사가 여기저기 진행 중이었다. 지도에는 여전히 '가칭 고유중학교(개교 예정)'로 표기된 미완의 학교, 황량한 운동장, 흙먼지가 켜켜이 쌓인 바닥, 새 건물의 냄새와 드러난 전선들….

나는 그 광경 앞에서 깊은 숨을 내쉬었다. '이런 곳에서 나의 첫 교장 생활이 시작된단 말인가?' 믿기지 않는 현실 속에서 가슴이 두근거렸다. 두려움이 엄습했지만, 동시에 설명할 수 없는 설렘이 고개를 들었다.

아무것도 채워지지 않은 텅 빈 교정. 그러나 나는 그 속에서 미래의 아이들 웃음소리, 교사들의 열정 어린 수업 장면, 학부모와 지역이 함께 어울리는 모습을 그려 봤다. 빈 무대 같은 공간은 오히려 무궁무진한 상상과 다짐의 출발점이 됐다.

그날, 나는 결심했다. 이 학교가 단순히 지식을 전달하는 곳이 아니라, 삶을 함께 배우고 꿈을 키우는 공동체로 만들겠다고. 아직 아무 흔적도 없는 교정이 언젠가 웃음과 배움으로 가득 차기를, 그 길을 내가 열어 가겠다고.

그날 동행 해 주신 상현고 교장 선생님, 개교 설립 사무를 맡고 계신 고림중 교장 선생님, 그리고 1월 1일자로 미리 발령을 받아 개교 준비를 해 온 행정실장님과 함께 "다 잘 될 거야, 파이팅!" 서로를 위로하며 사진도 한 컷. 그래, 우리 학교다. 내가 책임져야 할 학교다. 눈에 익혀 둬야지. 그렇게 텅 빈 교정에서 나의 첫 발걸음이 시작됐다.

너무도 소중한 학교의 상징, 함께 만들다

초대 교장으로서 내가 직면한 첫 번째 어려움은 학교의 상징물을 정하는 일이었다. 교표, 교화, 교목, 교가를 비롯해 교문과 건물에 새겨질 학교명 글자의 스타일과 색상, 크기까지. 그 어느 것 하나 쉽게 결정할 수 없는 문제였다. 특히 3월 입학식을 앞두고 최소한 교문과 건물에는 학교 이름이 설치돼 있어야 했기에, 행정실장님의 다소 다급한 독촉 속에 가장 먼저 교표와 교명 서체를 고민하지 않을 수 없었다. 모든 학교의 상징물은 한 번 만들어지면 쉽게 바꿀 수 없는 얼굴과도 같은 것들이었다. 그래서 더 깊은 고민에 빠졌다.

처음 교장으로 임명되면서 했던 결심 중 하나는 많은 것들을 우리 고진중 교육 가족, 즉 학생, 학부모, 교직원과 함께 만들어 가자는 것이었다. 하지만 교표와 교명을 건물에 부착하려면 위치와 크기 등을 신고해야 하는 부분이 있어 설치를 위해서는 학생들이 입학하기 전에 결정을 마쳐야 했고, 결국 내 책임으로 풀어야 할 과제가 됐다. 여러 밤을 고민하며 떠올린 것은 우리 학교의 이름, '고진(GOJIN)중학교'의 이니셜, G와 J를 활용해 두 글자를 마주보게 배치한 후, G는 열린 품으로 학생을 받쳐 주고 보듬어 주는 교사를, J는 함께 배우고 공감하는 학생을 형상화했다. 교표 속에서 두 글자는 서로 손을 맞잡은 듯한 모양으로 이어지며, 교사와 학생이 학교라는 배움터 안에서 마주보고 대화하며 서로 이끌어 주는 모습을 담고 있다. 화려하지 않지만, 오히려 단순한 선 안에 담긴 따뜻한 울림을 담고 싶었다.

가장 시급했던 교표를 만들고, 다양한 글씨체 중에서 흔하지 않으면서도 예쁜 서체로 선정된 '고진중학교' 교명을 교문에 설치하였다. 지금은 거의 아파트에 살면서 사라진 모습이지만, 예전에는 집을 마련하고 너무도 뿌듯한 마음으로 자신의 이름 석자를 새겨 붙인 문패를 바라보듯, 나 또한 감격스럽고 뿌듯한 마음으로 한참을 '고진중학교'라는 글자를 바라보며 입으로 되내었다.

교화와 교목, 교훈을 정하는 과정은 처음 결심했던 대로 우리 고진 교육 가족과 함께할 수 있었다. 학부모와 교직원, 학생들이 함께 각자의 생각을 나누며 '우리 학교가 어떤 가치를 품으면 좋을지'를 진지하게 논의했다. 정말 다양한 의견들을 나누었고, 그 의견들을 정리해 가면서 하나의 흐름으로 모아졌다.

"학생들이 따뜻한 마음을 지녔으면 좋겠다."
"인성이 바른 학생으로 자라나길 바란다."
"자신의 꿈을 찾아 행복하게 살아갔으면 한다."

이런 바람 속에서 우리의 교훈, '따뜻한 마음으로 꿈을 가꾸는 고진인'이 탄생했다.

교목과 교화를 고르는 과정도 뜻깊었다. 교목은 느티나무로 정했다. 오래된 느티나무가 마을 어귀에서 그늘을 드리워 사람들에게 쉼을 주듯, 학교도 아이들에게 든든한 언덕이 되어 주기를 바라는 마음이었다. 넓게 펴진 가지가 많은 이들에게 그늘을 내어 주듯 학생들이 자라나 남을 돕는 사람이 되기를, 또 수명이 길고 우람하게 자라는 나무처럼 고진중학교도 오래도록 울창히 서 있기를 바라는 소망을 담았다.

교화는 라일락이었다. 젊은 날의 추억과 우정이라는 꽃말을 지닌 라일락. 혼자 있어도 아름답지만, 함께 있을 때 더 빛나고 진한 내음을 발하는 꽃. 그 모습이 마치 친구들과 함께 웃고 울며 추억을 쌓아 가는 학생들의 모습과 닮았다. 봄마다 퍼져 나가는 라일락 향기처럼, 아이들이 학교에서 지낸 시간도 평생 잊지 못할 향기로 남기를 바라는 뜻을 담았다.

마지막으로 남은 것은 교가였다. 교가 제작은 단순한 가사와 선율의 조합이 아니었다. 학교의 철학과 비전을 담아내야 했기에, 내게는 마지막까지 고민하고 또 고심했던 가장 어렵고 중요한 작업이었다. 내가 몸담았던 여러 학교에서는 초대 교장이 교가 작사를 맡는 경우가 많았다. 그러다 보니 종종 교가 가사가 학생들이 부르기에 적합하기보다는 교장 선생님의 훈화를 옮겨 적은 듯, 너무 훌륭한 글들이 담겨 있어 외우기 어려운 경우가 많았다. 그리고 교가를 부르는 일이 별로 없다 보니 실제로 학생들이 교가를 부르는 모습을 본 적이 거의 없었다. 그런 경험이 있었기 때문에, 나는 무엇보다 교가가 '학생들의 언어'로 쓰여져 아이들이 자주 불러 주길 바랐다. 그래서 교가만큼은 모두 함께 만들어 보고 싶었다.

국어 교사들과 머리를 맞대어 논의한 끝에, 감사하게도 선생님들이 국어 시간을 활용해 교가 작사를 시도해 보자고 제안해 주셨다. 학생들이 써 내려간 문장들에는 우리의 교훈, 교화, 교목, 그리고 학교가 바라는 철학이 자연스럽게 녹아 있었다. '꿈', '서로의 버팀목', '느티나무', '라일락 향기' 같은 단어와 표현들이 학생들의 손끝에서 태어났다. 나는 교장으로서 그 조각들을 매끄럽게 이어 하나의 노랫말로 엮는 역할을 맡았다. 그래서 우리 학교 교가의 작사가 이름에는 교장의 이름이 아닌, '고진중학교 공동체'라는 멋진 이름이 쓰여 있고, 그렇게 지금의 교가가 완성됐다.

맑고 밝은 꿈들이 자라나는 고진 꿈마당

느티나무 닮은 넉넉한 맘으로 서로의 버팀목 되자

맑고 밝은 별들이 반짝이는 고진 별마당

라일락 향기 같은 따뜻한 온기로 소중한 추억 만들자

우리가 꿈꾸는 멋진 세상 너와 나의 미래를 위해

배움의 뜻 품고 서로 응원해 힘차게 고진중학교

넘어져도 괜찮아 서툴러도 괜찮아 서로의 손 맞잡고 걸어가자 고진중학교

넘어지면 일어나 힘이 들면 쉬어가 우리함께 발 맞춰 나아가자 고진중학교

가사는 희망을 노래하면서도 학생들의 눈높이에 맞춰 풀어 썼다. "넘어져도 괜찮아, 서툴러도 괜찮아."라는 구절은 마치 아이들 스스로 서로를 다독이는 목소리 같았다. 밝고 경쾌한 밴드 음악으로 작곡해 입학식과 졸업식은 물론, 체육 축제의 응원가로도 불릴 수 있게 했다. 밴드부 연주에 맞춰 전교생이 한목소리로 떼창하는 장면을 상상하며, 교가가 단순한 의식용 노래가 아니라 학생들의 일상 속에서 살아 있는 노래이기를 바랐다. 체육 전공인 우리 수석 선생님은 이 곡을 체육 시간 준비 운동 음악으로 활용하고 있다.

이렇게 교표와 교화, 교목, 교훈, 교가까지 하나하나가 정해지며 학교는 조금씩 '얼굴'을 갖춰 갔다. 이는 단순한 장식물이 아니라, 학생, 학부모, 교직원 모두의 바람과 뜻이 모여 탄생한 살아 있는 상징들이다. 지금 돌아보면 그 과정 하나하나가 학교의 역사를 쌓아 가는 첫 장면이었고, 앞으로 걸어갈 길을 밝혀 주는 등불이었다.

학교 시설, 책임의 무게와 감사의 마음

신설 학교의 교장으로서 나는 매일 선택의 갈림길에 서 있다. 나는 일상생활에서는 작은 물건 하나 고르는 것도 망설이다가, 결국 둘 다 사 버리거나 아예 포기해 버린 적이 많다. 그러나 지금은 다르다. 내 결정 하나가 최소 5년, 어쩌면 10년 이상 학교의 모습과 학생들의 안전을 좌우한다. 개인적 취향은 배제해야 하고, 비용과 안전, 교육적 의미까지 고려해야 한다. 사소해 보이는 선택조차 무겁다.

교감 시절의 나는 이런 부담을 피하곤 했다. 도서관 리모델링 때, "이 색상이 좋으세요, 저 색상이 더 나으세요?"라는 질문에 "아유~ 교장 선생님께서 결정하시죠."라며 한발 물러섰다. 시설과 안전은 교장 선생님의 몫이라며 선을 긋고, 나는 뒷걸음질쳤다. 하지만 이제 그 자리에 내가 있다. 피하고 싶었던 책임이 이제는 내 이름으로 불려진다.

'신설 학교'라는 말은 모든 게 새것이라 깨끗하고 예쁠 것이라는 핑크빛 낭만만 있을 것 같지만, 그 안에는 끝없는 고민과 선택, 그리고 결정이라는 복병이 숨어 있었다.

교실과 특별실을 어떻게 구성할지, 어떤 동선이 아이들에게 더 안전할지, 공간을 어떤 철학으로 채울 것인지…. 욕심 같아서는 모든 곳을 최적의 공간, 최고의 시설로 꾸미고 싶었지만, 한정된 예산은 늘 발목을 잡았다. 그래서 '선택과 집중!' 무엇을 우선하고 어떤 부분을 강조할지, 또 추후 예산이 확보되면 추가할 부분이 무엇인지 등에 대해 담당 교사와 많은 논의를 거쳤다. 그리고 함께 여러 학교를 발품 팔아 둘러보며 아이디어를 얻었다. 우리 학교만의 색을 담아낸 도서관, 보건 선생님의 꼼꼼함으로 공간 하나하나 빈틈 없이 재고 또 재면서 필요한 장을 짜고 세심하게 동선을 고려해 조성된 보건실, 새내기 교사가 정성을 다해 꾸민 특수 학급실. 2년차 교사와 7세 쌍둥이 육아로 바쁜 일상을 보내는 과학 선생님 두 분께 "이런 공문이 왔는데 한번 살펴봐 주세요~"라며 슥 내밀었던 〈미래형 과학실 공간 조성〉 공문을 보시더니 흔쾌히 한번 해 보겠다며 신청서를 제출하고 그렇게 사업을 따내 조성된 미래형 과학실까지…. 이런 과정을 함께 걸어 준 선생님들의 노고는 잊을 수 없다.

그러나 학교는 '완성'이 없는 공간이다. 2월 말, 바닥은 히터를 틀어도 들뜨고, 벽은 벌써 금이 갔다. 개교 첫날부터 녹물 때문에 살수차를 불러야 했던 일도 있었다. 원인 모를 누수와 통화 장애 등 학교는 매일 크고 작은 문제들로 들썩였다. 전문가들의 설명은 어려웠고, 이해되지 않는 부분은 끝없이 묻고 또 물어야 했다. 아마 그들에게 나는 답답한 신참 교장으로 보였을지도 모른다.

그럴 때마다 곁에서 든든한 힘이 되어 준 분들이 있다. 이른 아침 출근하자마자 작은 금이 간 교실 벽 하나하나를 살피고, 살짝 젖어 표도 잘 나지 않는 누수 부분까지 화살표 스티커를 붙여 꼼꼼히 점검하며, 마치 내집처럼 살펴 준 시설 주무관님. 그리고 행정적 절차를 깔끔하게 정리하고, 예산과 관련된 일만큼은 "우리 실장님이 안 된다고 하면 그건 정말 안 되는 거야."라는 소리를 들을 정도로 교사들의 요구와 현실 사이에서 최선을 다해 문제를 해결해 주시는 행정 실장님. 두 분의 애정 어린 손길과 묵묵한 헌신 덕분에 지금까지 큰 과오 없이 안전한 시설 관리를 위해 수많은 결정을 내릴 수 있었다. 진심으로 감사와 존경의 마음을 전하고 싶다.

하지만 감사와 함께, 늘 두려움도 따라다닌다. 요즘 교장은 교육 공동체의 교육 철학을 녹여 교육과정만을 잘 이끄는 사람이 아니라, 법적으로도 막중한 책임을 지는 자리다. 작은 결함 하나가 큰 사고로 이어질 수 있다는 사실이 가끔은 숨을 막히게 한다. 요즘 교장들의 명퇴가 많아지는 원인이지 않을까 싶다. 중대재해처벌법, 안전 규정, 관리 감독 책임…. '내가 놓친 작은 균열 하나가 아이들의 안전을 위협한다면?' 이 질문은 그림자처럼 내 마음에 붙어 있다.

1년 반이 지난 지금도 학교는 완성형이 아니다. BF 인증은 아직 '부적합' 판정을 받았고, 우리는 완성된 공간을 또다시 뜯고 고치며 새롭게 만들고 있다. 선택과 결정, 그리고 그 뒤를 잇는 책임의 무게는 끝이 없어 보인다.

나는 스스로에게 묻는다.

'과연 이 무게를 내가 잘 견딜 수 있을까?'

그리고 곧 다짐한다.

‘두렵기에 더 철저히 살펴야 한다. 작은 결정을 소홀히 하지 말자. 그것들이 모여 아이들의 하루를 지켜 줄 안전망이 될 테니까.’

아이들이 안심하고 웃으며 배움에 몰두할 수 있도록 오늘도 나는 학교의 구석구석을 천천히 거닐며 눈길을 주고, 귀를 기울인다. 이곳이 교장으로서 내가 서 있는 자리, 그리고 이것이 교장으로서 나의 하루다.

좋은 학교 문화,
사람 사이의 온기에서 피어나다

월요일 아침

피곤함을 감추지 못한 얼굴로 등교하는 학생, 친구와 재잘거리며 신난 모습으로 뛰어드는 학생, 슬리퍼를 신고 와서 꾸중을 듣는 학생까지…. 각기 다른 얼굴의 월요일이 학교 정문을 지나온다. 나는 그 모습을 바라보며 운동장, 텃밭, 교사동과 마음동의 층층을 천천히 둘러본다. 복도마다 들리는 교사의 발소리, 아이들의 웃음소리, 복도 사이를 신나게 뛰어가는 모습이 어우러져 학교는 '오늘'을 맞이한다. 모든 것이 제자리를 찾은 듯 활기를 띠는 걸 확인하고서야 비로소 교장실로 내려온다.

오전 9시 30분

교감 선생님, 행정실장님과 함께 한 주의 문을 여는 협의회를 갖는다. 교무, 재정, 시설, 행사…. 각자의 수첩에는 할 일과 고민이 빼곡히 적혀 있다. 대화를 나누다 보면 학교가 단순히 '운영의 대상'이 아니라, 수많은 마음과 손길이 얽혀 살아 숨 쉬는 하나의 유기체라는 사실을 새삼 느낀다.

점심시간

평소라면 교감 선생님, 행정실장님과 함께 식사하며 자연스레 업무 이야기를 나누지만, 월요일만큼은 각자 다른 이들과 식사를 하자고 했다. 나의 월요일 점심 친구는 바로 학생들이다.

급식실에 들어서면 따끈한 국 냄새와 김이 모락모락 피어오른다. "교장 선생님, 맛있게 드세요!"아이들의 인사 한마디가 그 어떤 격려보다 힘이 된다. 급식판을 들고 줄을 서서 밥과 반찬을 받고, 아이들 사이에 앉는다.

"요즘 급식 어때?"

"주말에는 뭐 했니?"

"이 생선 맛있는데, 한 점만 먹어 봐~"

바로 옆과 앞에 앉은 아이들 외에는 너무 시끄러워 대답이 잘 들리지 않지만, 그 웃음과 목소리만으로도 마음이 차오른다. 그리고 금쪽이 같은 학생과도 이 시간 만큼은 지도가 아닌 대화를 할 수 있는 값진 시간이기도 하다.

아이들은 나보다 훨씬 빨리 식사를 마친다.

"벌써 가니? 의리가 없네."라고 하면 마지못해 조금 더 앉아 있어 주기도 하지만, 금세 운동장으로 뛰어나가는 뒷모습을 보면 오히려 흐뭇하다. 나는 밥과 반찬이 남은 식판을 들고 다른 테이블로 옮겨 앉는다. 그렇게 월요일 한 끼는 여러 반 아이들과 '소소한 점심 모임'을 나눈다.

아이들과의 대화 속에서 나는 학교의 숨결을 듣는다. 나는 믿는다. 학교의 문화는 거창한 구호나 멋진 프로그램보다 이런 작은 관심과 반복되는 따뜻한 손길 속에서 자란다고. 그 관심이 쌓여 신뢰가 되고, 신뢰가 쌓여 학교의 공기가 된다고.

한 달에 한 번

나는 작은 파티를 연다. 생일을 맞은 선생님들을 위한 자리다. 복지비로 상품권을 드리지만, 그보다 중요한 건 함께 축하하는 시간이다. 생일 케이크에 불이 켜지고, "생일 축하합니다~" 노래가 울려 퍼지면 교장실은 어느새 따뜻한 카페로 변한다. 커피 향이 퍼지고, 웃음이 오간다. "교장실은 처음 와 봤어요." 그 한마디가 참 고맙다. 이 시간이 선생님과 나를 잇는 작은 다리가 된다고 생각하면 마음이 따뜻해진다. 물론 누군가는 '이 바쁜 시기에 이런 시간을 꼭 가져야 하나.'라고 할지도 모른다. 하지만 1년에 한 번, 한 시간쯤은 서로의 마음을 건넬 수 있는 최소한의 시간으로 써도 괜찮지 않을까? 그 짧은 시간을 통해 전해지는 마음의 온기가 결국 우리 학교의 문화가 되고, 관계가 되고, 공동체의 시작이 된다고 믿기에 나는 계속 이런 자리를 만들 것이다.

개교 첫해, 학교는 마치 전우의 부대 같았다. 모두가 한마음으로 학교를 세워 나가며 '우리 손으로 만든 학교'라는 자부심을 품었다. 하지만 2년 차가 되자 학급 수가 두 배 이상 늘고, 새로운 교사가 기존 교사보다 많아졌다. 나는 걱정이 됐다. '우리가 쌓아 온 따뜻한 문화가 흔들리지는 않을까?'

그러나 새로운 얼굴들은 새로운 에너지를 몰고 왔다. 학교가 성장하면서 5개였던 부서가 12개로 늘었다. 기존 학교에서는 새로운 업무나 부서 간 업무 변동이 참 어려웠지만 개교 학교는 부서가 많아지면서 부서 간 벽 없이 유연하게 일을 나눌 수 있었다. 일부 부서에 일이 몰리지 않도록 수차례 회의하며 조율했고, 그 과정에서 서로를 향한 배려와 신뢰가 또 하나의 문화로 자리 잡았다.

나는 우리 선생님들을 정말 자랑스럽게 생각한다. 디지털 역량이 우수한 젊은 선생님들은 '레인보우'라는 학습 공동체를 만들어 디지털 수업 역량을 서로 배우고 나누며 성장시켰다. 50대 한 선생님은 수업 공개 주간이 아님에도 "이번 주에는 이런 수업을 하니 관심 있으신 분은 오세요."라며 먼저 문을 열었다. 또한 신규 교사는 자신의 수업을 공개한 뒤, "조금 더 발전된 모습으로 다시 공개하겠습니다."라며 재공개를 요청했다. 교사의 수업 공개는 '장기 기증'만큼 어렵다는 말이 있다. 그만큼 용기와 진심이 필요하기 때문이다. 하지만 우리 학교에서는 서로를 응원하고 배우는 문화가 자연스레 자라고 있다.

이렇듯 교사들의 성장을 돕기 위해 나는 월 1회 탄력적으로 수업 시간을 조정해 '교사 연수'를 진행한다. 학생들이 일찍 귀가한 오후, 교사들은 교무실 대신 배움의 자리에서 함께 웃고 이야기한다. 그 풍경은 언제 봐도 참 따뜻하고 진지하다.

학교의 좋은 문화란 새 건물보다 아름답고, 매뉴얼로는 배울 수 없는 보석보다 귀하고 값진 것이다. 나는 종종 스스로에게 묻는다. '좋은 학교란 무엇일까?' 정답은 없지만, 늘 한 가지 확신은 있다. 따뜻한 문화가 있는 학교는 결국 좋은 교육을 낳는다.

교사들이 존중받는 학교, 아이들의 웃음이 자연스러운 학교, 서로의 다름을 이해하며 성장하는 학교. 이런 학교가 진정한 배움의 터전이다. 학교 문화는 교장이 만들어 가는 것이 아니라, 교장도 그 안에서 함께 배우며 자라난다.

그래서 오늘도 나는 교사들의 대화 속에서 배우고 학생들의 웃음 속에서 위로를 받으며 '문화'라는 보이지 않는 씨앗을 함께 가꾸어 나간다.

언젠가 이 씨앗이 뿌리를 내려 학교 곳곳에서 따뜻한 그늘을 만들어 주기를 바라며.

Gojin Middle School

교감의 역할에 대해 지금도 고민 중인 교감

김재건

콘크리트 구조물에 불과했던 신설 학교에서 동료들과 함께 교육과 문화를 채워 넣고 학교 업무 시스템을 만듦. 학생 교육을 가치의 중심에 두고 이를 바탕으로 업무의 효율화를 추구함. 교육 활동 속에서 선생님들이 난관에 봉착할 때 함께 고민하고 막힌 혈을 뚫어 주고, 비전을 제시하면서 함께 걸어가는 것을 좋아함. 그간 습득해 온 여러 가지 능력을 바탕으로 교사, 학생들과 체육 및 음악 등 다양한 활동을 즐기고, 학교 구성원을 위해 구슬땀을 흘리며 텃밭도 가꿈. 서생의 문제 인식과 상인의 현실 감각을 갖춘 리더를 추구함.

인생은 가까이서 보면 비극, 멀리서 보면 희극(찰리 채플린)
- 2024년 2월부터 3월까지, 고진중학교의 기록 -

나는 용인교육지원청에서 3월 1일자 전직을 앞두고 있던 학교 폭력(학폭) 담당 장학사였다. 전직이라는 것은 직을 달리하여 발령을 내는 것으로, 교육행정직인 '장학사'에서 다시 교원인 '교감'으로 직이 바뀌는 것이다. 물론 장학사, 교육연구사를 거치면서 끊임없이 학교와 소통하고 수많은 문제를 함께 고민해 왔지만, 교사에서 교육 전문직으로 전직한지 5년 6개월이 지난 터라 다시 학교라는 공간에서 내 역할을 잘 해낼 수 있을지 걱정이 됐다. 그 무렵 용인 관내에 중학교가 신설된다고 했고, 관내 교감을 대상으로 신설 중학교 교감으로 인사이동을 희망하는 교사를 모집 중이라는 이야기를 들었다. 그리고 아무도 지원하지 않았다는 이야기도 들었다. 그래서 나는 자연스럽게 내가 그곳으로 발령될 수 있겠다는 생각을 하게 됐다.

재차 교감 근무 지원자를 받는 공문을 용인 관내 학교에 보냈음에도 불구하고 지원자는 단 한 명도 없었다. 그즈음 다른 건으로 교육장님께 보고를 드리러

갔을 때, 교육장님께서 나에게 고진중학교 교감으로 근무하는 게 어떤지 물어 보셨다. 나는 흔쾌히 열심히 하겠다고 했다. 그리고 2024년 2월, 정식 발령으로 고진중학교 교감 근무를 명 받게 되었다. 이후에도 교육지원청에서는 고진중학교 근무를 희망하는 선발대 교원을 모집하는 공문을 수차례 발송했지만, 아무도 지원하지 않았다. 그도 그럴 것이, 고진중학교는 동 지역으로 농어촌 점수도 없고 저인구 지역으로 비선호 지역이었고, 거기에 신설 학교라는 부담을 안고 근무 하고 싶은 선생님들을 찾기는 쉽지 않았기 때문이다.

발령을 받자마자 우리 학교의 설립 사무교인 고림중학교에 찾아갔다. '설립사무교'란 신설 학교가 설립될 때, 그 학교가 3월1일부터 정상적으로 운영될 수 있도록 학교 운영에 필요한 최소한의 사무를 개교 전에 맡아 주는 학교다. 여기에서 '최소한의 사무'란 학사 일정, 교육과정, 칠판 등 기본적 물품 구입, 급식실 구축 등으로, 보통 신설 학교의 인근 학교가 이를 해결해 주는 업무를 맡는다. 고림중학교는 그렇지 않아도 쉴 새 없이 바쁜 일과 속에서 다른 학교의 업무까지 해 줘야 하니, 선생님들은 고통스러울 수밖에 없다. 나에게 그나마 다행인 것은, 고림중학교 교장 선생님은 예전에 같이 근무했던 유쾌한 분이었고, 교감 선생님은 내가 신규 교사 때부터 친하게 지내며 교육에 대한 고민을 함께 했던 친구라는 점이다. 나는 바로 고림중학교에 찾아가 감사의 인사를 표하고 인수인계를 받았다. 그리고 드디어 고진중학교로 출발했다.

도착해 보니 학교로 진입하는 도로가 공사 중이었고, 공사 자재들이 도로 한복판에 여기저기 놓여 있었다. 나는 길가에 대충 주차하고 행정실로 들어갔다. 행정실장님을 만나서 이야기를 해 보니 행정실은 1월 1일자 발령이었고, 고림중학교 사무실 한켠에서 얹혀 살다가 우리 학교로 들어온지 며칠 안 됐다고 했다. 교장 선생님은 다행히 1월 말에 발령이 나 있었다. 그러나 교장 선생님도 교감에서 승진 발령이었기에, 전임교의 업무를 마무리하시느라 우리 학교로만 계속 출근하기는 어려운 상황이었다. 행정실은 근무에 필요한 최소한의 집기만 있었고, 옆 교장실은 아직 칠도 되지 않은 시멘트 공간이었다. 본교무실 자리는 3층이었는데, 거기도 역시 회색빛 시멘트 공간만 덩그러니 있었다. 나는 여기에서 '학교'를 만들어야 했다.

다음 날, 우리 학교로 오시는 선생님들 발령이 났다. 총 19명이었다. 발령 난 분들 중 두 분 선생님은 바로 휴직에 들어갔고, 그 두 자리를 포함하여 총 다섯 명의 기간제 교사를 채용하는 것이 가장 시급했다. 일을 함께할 선생님들이 아무도 없었기에 채용 업무는 내가 할 수밖에 없었다. 인사 업무 편람을 참고하여 채용 계획서와 공고문을 작성했는데, 나는 2월 28일까지는 장학사 신분이었고 겸임 발령도 되지 않은 상황이었기 때문에 에듀파인에서 직접 결재를 올릴 수가 없었다. 행정실 주무관님에게 부탁해 결재를 올리고 공고까지 내달라고 했다. 이후 나는 선생님들이 오시기 전까지 혼자였다.

인사가 만사다. 일단 업무 분장을 먼저 해야 했다. 3월 1일까지 남은 시간은 3주 정도였으나, 그 사이에 설 연휴가 끼어 있어 실질적으로 개교 준비에 쓸 수 있는 시간은 2주 뿐이었다. 일단 설 연휴 전에 선생님들을 면담하고 업무 분장 희망원을 받아야 했다. 다시 인사 업무 편람을 펴고 우리 학교 규모의 부장 TO가 다섯 명임을 확인했다. 그리고 그 다섯 개 부서를 어떻게 구성할지 고민했다. 먼저 교무기획부에서는 교육과정 업무, 학부모회 업무까지 담당해야 했다. 교육연구부는 연구부 업무 외에 교육정보부 업무까지 맡아야 했고, 학생인성부는 일반적인 학생부 업무, 그리고 학년부는 1학년과 2학년 1개반만 있으니 '학년부'라고 통칭하고 모든 학년을 담당하기로 했다. 마지막으로 그 외 모든 것을 담당할 부서가 필요했다. 처음에는 '미래'라는 모호한 명칭으로 모든 업무를 담으려는 의도로 '미래교육부'라는 이름을 생각했다. 일단 이렇게 다섯 개 부서 명칭과 담당 업무를 정해 교장 선생님께 보고를 드린 뒤 선생님들과 연락하여 한 분, 한 분 자세히 면담을 진행했다. 그 면담은 텅 빈 교장실에서 테이블만 두어 개 놓고 이루어졌다. 면담을 통해 다섯 개 부서의 부장을 인선하는 것이 선결 과제였다. 텅 빈 교장실은 너무나도 추웠다.

면담이 끝났다. 아무도 부장을 희망하지 않았다. 그래도 내 머릿속에는 어느 정도의 윤곽은 있었다. 우여곡절 끝에 다섯 명의 부장이 결정됐다. 설 연휴가 지나고 다섯 명의 부장님들과 한자리에 모였다. 일단 시급한 것은 각 부서의 업무 분장을 세분화하는 것이었다. 나는 작년에 개교한 우리와 비슷한 규모의 광주시의 한 학교에 전화를 걸어 업무 분장표를 받았다. 그 모델을 참고하여 다섯 명의 부장님들과 함께 머리를 맞대고 이틀에 걸쳐 논의했다. 이 작업은 매우 중요했다. 아무것도 정해진 것이 없는 상황에서 서로의 업무 분장 경계를 명확히 하는 것이 오해가 발생할 여지를 줄이고 각자 업무를 효율적으로 할 수 있기 때문이었다. 그래서 우리에게 주어진 2주 중 이틀을 온전히 업무 분장 조정과 각 부서에게 주어진 미션, 더 나아가 학교를 개교하기 위해 교장, 교감, 각 부장들이 무엇을 해야 하는지에 대한 이야기들로 시간을 보냈다. 이야기를 나누는 과정에서 '미래교육부'는 '진로융합부'로 바뀌었다. 이런 환경 속에서 교무실 책상이 하나둘 채워졌고, 복도에서는 목재 자르는 소리가 들렸다. 또 유리문에 시트지를 붙이는 작업이 진행됐다.

다음으로 시급한 과제는 바로 교직원 워크숍과 신입생 예비 소집이었다. 일반 학교는 신입생 예비 소집을 1월 초에 끝냈다. 그러나 우리는 신설 학교라 1월에 할 수 없었기 때문에 설립사무교에서 2월로 일정을 잡아 주었다. 그래서 우리는 워크숍을 총 3일로 계획하고, 마지막 날은 신입생 예비 소집일로 정했다. 그러던 중 학생 교과서가 트럭째로 학교에 들어오기 시작했다. 일단 빈 교실에

교과서를 넣어 놓고 어떻게 예비 소집을 운영하고 교과서를 배부할지, 각 교무실과 교실, 특별실을 구축하기 위한 물품 구입, 집기 배치 등에 대해 논의했다. 그러는 와중에 워크숍을 어떻게 운영할지에 대한 논의도 함께 시작했다. 이 모든 것이 동시에 이뤄졌다.

교장, 교감, 수석교사, 부장들은 이미 밤낮을 가리지 않고 서로 소통하며, 학교의 상황을 모두 절실하게 인식하고 있었다. 또한 우리가 어떤 학교로 만들어 가야 하는 지에 대한 공감대도 형성돼 있었다. 그러나 다른 선생님들은 나와의 면담 이후로 학교와의 소통이 없었다. (그래 봤자 설 연휴 포함 1주일이었다.) 부장님들은 그 점을 걱정했다. 선생님들의 걱정을 덜어 주기 위해 따뜻한 워크숍을 만들자는 의견이 나오기 시작했다. 나는 웃음이 났다. 부장님들과 다른 선생님들 사이의 시간차는 고작 일주일이고 부장님들 역시 신설 학교에 새로 발령받은 분들이다. 그중에는 부장을 처음하는 분들도 있었는데, 다른 선생님들의 마음을 헤아리다니! 이런 분들이 있을까?

각자의 방법으로 워크숍을 준비했다. 교무부장님은 학사 일정, 입학식 준비,

교육과정 안내를 챙겼고, 연구부장님은 교사용 노트북 준비, 워크숍 운영, 평가 계획 안내 등을 맡았다. 진로융합부장님은 교과서 준비, 청소 구역 및 청소 용품 준비, 그 밖의 다른 부서 외 모든 업무 준비를 처리했다. 학년부는 자유 학기제, 학년 운영, 예비 소집 준비 등으로 여념이 없었다. 워크숍 장소도 마땅한 곳이 없어 본교무실에서 책상들을 모아 놓고 다닥다닥 앉아 워크숍을 진행했다. 점심식사 비용이 없어서 예산으로 차가운 도시락을, 한번은 교장 선생님께서 햄버거를 사 주셨다.

드디어 워크숍 당일, 책상 위에는 '은미약국'이라고 적힌 초콜릿이 담긴 약봉지가 있었다. 진로부장님이 선생님들에게 '언제든지 힘들 때 은미에게 오라.'고 적힌 달콤한 약봉지를 건넸다. 나는 기타를 치며 환영의 노래를 불렀고, 워크숍 진행은 수석 선생님이 하셨다. 우리가 이 난국을 헤쳐 나가기 위해, 그리고 따뜻한 학교 문화를 만들기 위해 서로 어떻게 해야 하는지 유쾌한 분위기 속에서 메시지를 주고받았다. 특히 감동받았던 점은 수석 선생님이 자진해서 상조회장을 맡아 주신 일이었다. 덕분에 우리 학교는 즐겁고도 유쾌한 출발을 할 수 있었다. 워크숍 마지막 날이 예비 소집일이었기 때문에 체육관에서 교과서를 배부하는 것으로 하고, 빈 교실에 있는 교과서를 배부하기 편하게 체육관으로 옮겨야 했다. 신설 학교라 카트도 없어 바퀴 달린 의자에 무거운 교과서를 실어 전 교사가 함께 교과서 배부 준비를 했다. 우리는 그렇게 서서히 하나가 됐다. 그 와중에도 복도에서는 마무리 공사가 계속 진행됐다.

그즈음 수석 선생님, 진로부장님과 저녁 식사를 같이 했다. 나는 아직도 그날 저녁을 기억한다. 그날 여러 가지로 놀랐다. 먼저 진로부장님의 현란한 삼겹살 굽기 실력에 놀라고, 앞으로 어떤 학교를 만들어 갈 것인가에 대한 서로의 의견에 많은 교집합이 있다는 것을 알게 되어 놀랐다. 나와 수석 선생님은 즐거운 상상을 하기 시작했고, 진로부장님은 나와 수석 선생님의 순진하고도 저돌적인 생각에 현명한 브레이크를 거느라 바빴다. 진로부장님의 의견은 상당히 타당했고, 덕분에 나 역시 많은 생각을 하게 됐다.

워크숍이 끝나고 개교일까지 우리에게 주어진 시간은 5일이었다. 교무부장님은 각 과목별, 창체별 시수 계산, 입학일 일정 준비 등으로 여념이 없었다. 학교다운 시스템을 갖추기 위해서는 온갖 규정들이 필요했고, 그 규정에 따른 위원회가 구성이 되어야 세부 사항을 논의할 수 있었다. 그런 학교의 제반 규정들과 위원회를 교무부장님은 공장처럼 만들어 냈다. 여기에 그는 교육과정부장까지 겸해야 했다. 그래서 2월 말, 각 교과별 및 창체 시수를 맞춰 편성하는 작업으로 너무나 바빴다. 다행히 교무부장님은 교무를 제외한 모든 부장 경험을 섭렵한 분이라 특유의 책임감과 감각으로 업무를 밀고 나갔다. 이 모든 것들은 교무부장님의 헌신과 치밀한 준비로 이루어졌다. 교무부장님 메신저는 새벽까지 켜져 있었고, 부장님들끼리 메신저로 안부를 묻는 경우도 허다했다.

심지어 학생부장님은 타 시도 전입으로 오신 분으로 부장 경험이 전무했다. 생면부지의 땅에 전입 오자마자 학생부장이라니. (이 글을 읽는 여러분이 그런 상황이라면 어떻겠는가.) 게다가 학생부 경험도 전혀 없었다. 하지만 그때는 모두가 처음인 상황이었고 어쩔 수 없었다. 교장, 교감, 수석교사, 교무, 진로, 신설 학교…. 모두에게 첫경험이었다. 학생부장님은 이사 등 개인 사정으로 2월에 전적으로 업무에 몰입하기 어려운 상황이었다. 같은 경기도라도 지역에 따라 교직 문화 차이가 존재하는데, 하물며 대전에서 오신 분이 상당한 문화 차이, 업무 처리 방식에 적응하느라 얼마나 고생하셨을까.

일단 3월이 되기 전에 학생 생활 규정을 시급히 만들어야 했다. 3월 첫날부터 학생 생활 규정에 대해 학생들을 교육해야 했기 때문이다. 특히 초등학교를 갓 졸업한 아이들을 중학생답게 만들기 위해서는 규칙 준수에 대한 명확하고도 지속적인 교육이 필수적이다. 학생 생활 규정을 만들기 위해 나는 학생부와 함께 인근 몇 학교의 학생 생활 규정을 받아 비교·분석했다. 그중 가장 체계적이라고 생각되는 한 학교의 규정을 모델로 삼아 학생부장님이 우리 학교의 학생 생활 규정을 만들었다. 원칙적으로 학생 생활 규정은 규정개정심의위원회 및 학교운영위원회(학운위)를 통과해야 하지만 2월에는 그 어떤 장치도 없었으므로 일단 내부 결재 득해 시행하고, 추후 학운위에 정식 통과 절차를 밟도록 했다. 그리고 학교폭력전담기구를 구성해야 했다. 학교 폭력이라는 것은 당장 3월초부터 발생할 수도 있는 일이기 때문이다. 원칙적으로 학교폭력전담기구는 학부모위원을 포함해 구성해야 하고, 그 학부모위원은 학운위의 추천을 받은 분으로 위촉해야 하나, 학운위가 없었으므로 일단 교원위원으로 구성하고 학부모위원은 추후 학운위가 구성된 뒤에 추천을 받아 다시 결재하고 진행하기로 했다. 다른 모든 규정들도 일단 내부 결재로 우선 시행하고 추후 학운위에서 추인 받는 절차로 진행해 나갔다.

연구부장님은 교육정보부장을 겸해야 했는데, 일단 2월 교직원 워크숍부터 준비를 시작했다. 우리에게는 '원래'라는 것이 없었으니 그때그때 상황에 맞게 어떻게든 해내야 했다. 그와 동시에 평가계획 양식을 만들어 배부하고, 관련 연수도 진행해야 했다. 선생님들 노트북을 챙겨 드리는 일, 각 교실의 스마트 기기가 제대로 보급이 되는지 확인하고 관리하는 일, 학교 홈페이지와 e알리미 등 학부모 소통 시스템을 구축하는 일도 동시에 이루어졌다. 게다가 교육계획서를 만들고 방과 후 계획서도 작성해 학운위 통과를 준비해야 했다. 그러던 중 3월 맞춤형 학업성취도평가를 준비해야 하는데, 아이들이 시험을 치를 노트북이 없었다. 우리는 노트북을 구하느라 발을 동동 굴러야 했다.

나머지 모든 일은 진로융합부장님의 몫이었다. 인문사회, 과학, 진로, 지역 사회협력, 환경, 봉사 활동, 체육 업무 등 일일이 열거하기도 어렵다. 심지어 그 당시 우리 학교에는 Wee클래스 상담 선생님도 안 계셨기 때문에 Wee클래스를 구축하는 일까지도 해야 했다. 그리고 전문 상담 교사가 없었기 때문에 진로 상담뿐만 아니라 아이들의 마음을 어루만져 주는 모든 상담도 도맡아 해야 했다. 위기 학생 지원, 정서·행동 검사, 학업 중단 예방 등 모든 업무를 포함해서 말이다. 나는 우리 진로부장님이 오셔서 정말 다행이었다는 생각이 든다. 나와의 첫 면담에서 나누던 이야기가 떠오른다. "제가 우리 반에서 아이들에게 해 주었던 그 모든 것들을 우리 반을 넘어서 학교 전체로 확장하고 싶었어요. 그래서 저는 진로 상담 교사가 됐어요." 나는 그 말에 감동을 받았다. 나도 전문직이 되고 싶었던 이유가 바로 그것이었기 때문이다.

학년부장님은 당장 발등의 불을 꺼야 했다. 3월 4일부터 정상 수업이 이루어지기 위해서는 사물함, 청소도구함, 책걸상 등이 깔끔하게 배치되어 있어야 했다. 아이들 반 편성을 하고 담임 선생님들과 아이들 지도에 관한 세부 사항 협의를 위해 수차례 회의를 했다. 이를테면 신발을 실내에서 신도록 할 것인지, 교복은 없지만 드레스코드는 어떻게 할 것인지, 결석계 및 현장 체험 학습 계획서 양식은 어떻게 할 것인지 등 이야기를 하면 할수록 정해야 할 것들이 속출했다. 학교의 모든 일에는 당연한 것이 없었다.

모두가 자신의 에너지를 200% 사용한 3월 중순까지의 사투가 계속될 즈음, 2024년 3월 15일 금요일 학교 전체 회식을 했다. 그 다음 주가 학부모총회인데, 우리는 학부모총회 이후까지 기다릴 수 없었다. 상조회에서는 플래카드 등을 준비하고, 어떻게 선생님들을 위로하고 즐겁게 할까를 연구했다. 우리는 그날

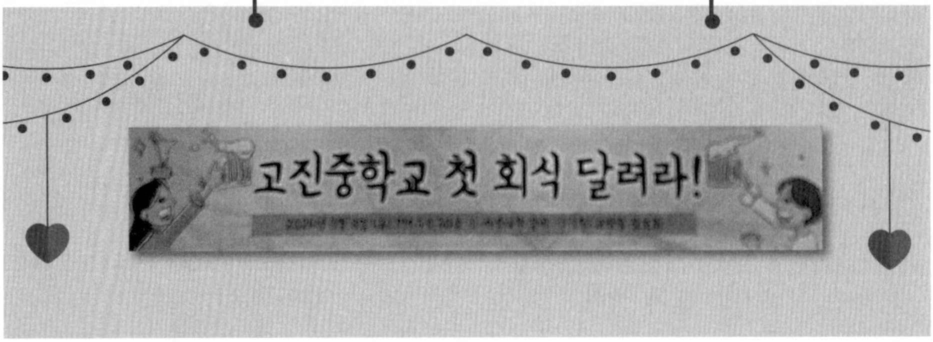

밤 즐길 자격이 있었다. 너무나 열정적으로 서로의 어려움을 이야기하고 웃음으로 해소했다. 그리고 월요일, 다시 출근해 학부모총회 준비를 했다.

지금 돌이켜 보면, 나를 포함해 선생님들이 어떻게 그 시기를 견뎌 왔는지 모르겠다. 그 당시 우리는 살아남아야 했고, 우선순위를 매겨야 했으며, 급한 것부터 빨리빨리 처리하지 않으면 감당하기 어려운 상황이었다. 순간순간의 변화에 대처해야 했고, 불확실한 미래에 대한 대비도 해야 했다. 그럼에도 불구하고 나의 가슴속에 아련히 남아 있는 것은, 그때 우리가 외쳤던 파이팅이 내 삶의 여정 한 편에 아름다운 추억으로 자리 잡고 있다는 것이다. 찰리 채플린이 그랬다. 인생은 가까이서 보면 비극이지만 멀리서 보면 희극이라고. 아무리 힘들어도 그 시기는 지나간다. 우리는 참 대견했다.

학교 문화 이야기

우리는 모두 저마다 생각이 다르다. 나는 좋은 학교라는 것은 '같은 방향으로 느리지만 함께 걸어가는 학교'라고 생각한다. 학교의 구성원이 같은 방향을 공유하지 않는다면, 다시 말해 학교의 교직원이 저마다 학교와 교육에 대한 생각이 다르면 학교생활을 하면서 발생하는 수많은 당면 과제를 합의해 해결하기가 너무나도 어렵다. 이런 경우는 일부 악성 민원인과 대화할 때 종종 느낄 수 있다. 또한 함께 걸어가지 않는다면 조직 구성원 간 반드시 분란이 발생하고, 이는 결국 우리 스스로 쓸데없는 에너지 낭비를 초래한다. 내가 남들보다 일을 더 적게 하기 위해서, 남들보다 더 편하기 위해서 어떤 선택을 한다면, 이는 '함께 걸어가는' 것이 아니다. 그런 꼼수는 다른 사람들 눈에 적나라하게 보인다. 같은 방향을 공유하고 함께 걸어가는 일은 하루아침에 되는 것이 아니다. 따라서 나는 서둘러 다른 방향으로 달려가는 것보다 느리지만 같은 방향으로 한걸음이라도 함께 나아가는 것이 더 중요하다고 생각한다.

그러나 같은 방향을 공유하는 것은 말처럼 쉬운 일이 아니다. 나는 우리가 교사로서의 사명을 바탕으로 학생 교육을 위해 같은 방향을 바라보기 위해서는 학교 구성원 간 교육적 대화가 자유로운 학교여야 한다고 생각한다. 이는 곧 학교 분위기다. 그런 교육적 대화를 통해 우리는 서로의 철학을 배우고 노하우를 습득한다. 후배는 선배로부터 배우고, 선배는 후배로부터 깨달음을 얻는다. 이런 학교 분위기가 이루어지기 위해서는 무엇보다 학교는 '안전한 공간'이어야 한다. 매슬로의 '욕구 위계설' 처럼 인간은 기본적 욕구가 충족되고 안전이 보장될 때 비로소 다음 단계로 나아간다. 그리고 궁극적으로는 자아실현의 단계에 이른다.

고진중 듣기 싫은 말 & 듣고 싶은 말

듣기 싫은 말 차림표
제가요? 지금요? 왜요?+ 눈 동그랗게 뜨기(3종 세트) –5만원
이 학교 왜 이래? –10만원
지난 학교에서는요~~~ –20만원
경기도(용인)는 왜 이래요? –30만원
(매뉴얼 없으면) 어떻게 하라는 거야? –20만원
(매뉴얼 있으면) 어떻게 하라는 거야?!! –20만원
(예산 안 주면) 돈도 안 주고 어떻게 하라는 거야? –30만원
(예산 주면) 돈 이거 다 어떻게 쓰라고? –30만원
한숨~~~ –1만원
한숨 아닌데요? –2만원
월급 받은 만큼만 일 해요. –40만원
제가 한 거 아닌데요? 제 잘못 아닌데요? –50만원

고운 말씨 차림표
제가 해 보겠습니다.
같이 해 봐요~ 함께 해요.
제가 도와 드릴까요?
훌륭하세요~! 좋은 아이디어예요!

이런 안전한 학교 문화를 만들기 위해 수석 선생님은 2월 워크숍에서 '금지어 리스트'를 선생님들과 함께 만들었다. 서로 불평하는 말, 비난하는 말, 힘을 빠지게 하는 말 등을 하지 말자는 취지였다. 또한 나는 항상 학교에 어떤 상황이 닥쳤을 때 '공동 대응'의 중요성을 피력해 왔다. 특정 반에서 발생한 문제는 결코 그 담임 선생님 혼자만의 문제가 아니다. 학년부에서 함께 공론화해 같이 대응 방안을 찾고, 학생부에서 적극적으로 함께 고민하고 역할을 나누며, 교감은 적절한 작전 지시와 사안에 따른 직접 개입으로 모두가 함께 해결하는 것이

내가 생각하는 '공동 대응'이다. 누구 한 명에게만 문제를 고립시키지 않는다. 나에게 어려움이 발생했을 때, 내 뒤에 든든한 지원군이 버티고 있다는 느낌은 우리 학교는 안전하다는 신뢰로 이어진다. '안전하다'는 것은 '나만' 안전하다는 뜻이 아니다. 나만 안전하다는 것은 누군가는 안전하지 않다는 말이다. 이는 '함께 걸어가는' 원칙에 위배된다.

안전한 학교의 느낌이 들면 그 다음부터는 자유롭게 교육적 대화가 가능하다. 그리고 자연스럽게 우리는 같은 길을 가고 있고, 또 함께 가야 한다는 생각이 자리 잡게 된다. 서로의 생각을 존중하되 학교 교육의 방향성을 잃지 않도록 하고, 우리는 누구인지, 무엇을 위해 일하는지 서로 공유한다. 회식 자리에서는 다 같이 격려하고 칭찬하며 감사해하고, 즐거운 추억을 쌓기에도 시간이 부족하다. 평소에도 서로가 서로를 챙기고, 음식을 나누어 먹고, 텃밭을 함께 가꾸고, 교무실에서는 선생님들의 웃음소리가 싱그럽다. 나는 교사 시절부터 언젠가는 이런 학교를 만들고 싶었다. 예전 학교들에서 부장과 계원이 서로 대화를 하지 않고, 교무실에서 고성이 오가고, 직원회의 시간에 부장이 앞에서 마이크 잡고 연수를 하면 맨 뒷자리에서 험담을 하며, 학교에 큰일이 생겼는데도 도와주지는 못할지언정 내 일이 아니라며 선을 긋고 슬그머니 빠져나가거나, 정작 본인은 하지 않으면서 팔짱 끼고 훈수만 두는 경우를 많이 봐 왔다. 나는 훗날 관리자가 되면 그런 불행이 없는 '행복한 학교'를 만들고 싶었다. 그러나 내가 그런 학교를 만들고 싶다 하더라도 여러 가지 여건이 받쳐 주지 않는다면 한 걸음 나아가기도 쉽지 않다. 우리 학교를 처음 시작할 때부터 교장 선생님의 철학과 말씀은 나의 생각과 일치했고, 이는 정말 강력한 여건이었다고 생각한다.

나는 교장, 교감, 행정실장, 수석교사가 함께 같은 방향으로 나아가는 일이 매우 중요하다고 믿는다. 그리고 나는 이 부분에서 우리들의 팀워크는 최고라고

자부한다. 이는 교장 선생님의 탁월한 리더십으로 가능한 부분이다. '뭣이 중헌디'에 대한 생각은 우리 네 사람이 모두 일치한다. 우리 학교가 개교한지 현재 기준 1년 6개월이 지났다. 나는 우리 학교가 '같은 방향으로 느리지만 함께 걸어가는 학교'에 상당히 근접해 있다고 생각한다. 이는 교감 한 명의 노력으로 이루어질 수는 없는 것이고, 우리 학교 모든 교직원의 덕택이다. 그럼에도 불구하고 목표를 이루기 위한 나의 역할에 대해 항상 고민하고 있고, 여전히 내 자신은 미흡하다고 생각한다.

우리 학교 텃밭 이야기(2024년의 기록)

나는 예전부터 하나의 로망이 있었다. 아주 어릴 때를 제외하고 거의 대부분을 아파트에서 살았기 때문에 전원주택에 살며 마당에는 강아지를 키우고 한 편에는 텃밭에서 작물을 재배하며, 따뜻한 봄 햇살 속에서 커피 한 잔을 즐기는 그런 삶을 항상 꿈꿔 왔다. 우리 학교에 부임한 뒤 학교를 둘러보는데, 아직 정비되지는 않았지만 한 구석에 텃밭을 위한 공간이 있다는 사실을 발견했다. 그 순간 내 마음속에는 선생님들과 함께 텃밭을 가꾸고 수확하는 막연한 꿈을 꾸게 됐다. 왜 막연하냐면 나는 농사를 단 한번도 지어 본 적이 없었기 때문이다.

그러던 중 귀인이 나타났다. 우리 학교에서 3월부터 봉사해 주기로 한 배움터지킴이(이하 지킴이) 선생님이 텃밭을 보더니 관심을 보이기 시작했다. 그리고 점점 나와 지킴이 선생님 사이에서 텃밭에 관한 대화 시간이 길어졌다. 지킴이 선생님은 풍부하지는 않지만 농사에 대한 기본적인 경험을 갖고 있었다. 3월 중순이 됐고, 나는 텃밭에 대한 대략적인 계획을 세웠다. 대충 몇 개의 두둑이 나오는지 계산했고, 이를 마치 '주말농장'처럼 교직원과 학급에게 분양하는 방식을 구상했다. 전체 공지를 내 참여자를 모집했고, 약 6개 학급과 교직원들로 두둑 주인이 선정됐다. 그리고 지킴이 선생님을 자문 위원으로 모시고 심을 작물과 일정을 잡았다. 지킴이 선생님은 먼저 밭을 깊게 갈고 퇴비를 뿌려야 한다고 했다. 생각해 보니 작업을 하기 위해서는 퇴비뿐만 아니라 각종 농기구들이 필요했다. 당시 시설주무관님이 애써 주신 덕분에 필요한 농기구들을 구입했다.

D-day는 3월 마지막 주 금요일 오후였다. 지킴이 선생님, 수석 선생님을 포함해 텃밭 주인들이 모였다. 주 작업은 괭이질이었기 때문에 주로 남자들의 근력이 필요했다. 나는 우리 밭이 그렇게 많은 돌이 묻혀 있는지 몰랐다. 그때 캐낸 돌로 쌓은 돌무지를 아직도 기억한다. 온몸의 근육이 다음 날, 그 다음 날에도 아팠다. 퇴비를 뿌리고 숙성시킨 다음, 약 1주일 후 다시 밭을 갈아엎고 이번에는 두둑을 만들고 비닐 멀칭까지 했다. 비닐 멀칭은 쪼그려 앉아 호미로 흙을 긁어다가 모양을 잡는 과정이었는데, 나는 쪼그려 앉아서 일하는 것이 너무 힘들었다. 이제 모종을 구입하고 심는 작업만 남았다.

일단 텃밭 주인들에게 심고 싶은 작물을 신청받았다. 그리고 영양 교사를 통해 상추, 고추, 옥수수 등 일부 채소는 교육청 지원으로 신청했다. 4월 중순 어느 날, 점심시간에 잎채소들을 먼저 심기로 했다. 고추나 방울토마토 같은 열매채소는 5월에 심을 수 있다는 것을 처음 알았다. 점심시간에 신청한 학급 아이들이 텃밭으로 나와 모종을 받아 직접 심는다는 계획을 세웠다. 이 얼마나 아름다운 장면인가. 공교롭게도 그날 나는 출장이 있어서 모종 배부 및 심기 지도를 지킴이 선생님에게 맡겼다. 다음날 물어보니 지킴이 선생님이 곤혹을 겪었다고 했다. 통제가 어려운 수십 명의 중학생이 지킴이 선생님을 둘러싸고 모종을 달라고 조르는 상황을 생각해 보라.

그리고 각 텃밭 주인들이 따로따로 작물을 신청하고 같은 작물을 조금씩 나누어 심다 보니 나중에 관리하는 데 어려움이 발생하기도 했다. 텃밭을 신청했던 학급의 아이들은 나중에는 거의 나오지 않았다. 선생님들도 바쁜 일과 속에서 날마다 나와 텃밭을 관리하는 것은 쉽지 않은 일이었다. 결국 텃밭 관리는 나와 시설주무관님, 그리고 지킴이 선생님 세 명이 하게 됐다. 예를 들어, 상추가 여기저기 심어져 있고, 방울토마토도 흩어져 있다 보니 물을 주거나 지주대를 세워서 묶어 줄 때 일관성이 없으니 관리가 쉬울 리 없었다. 텃밭 운영 방식에 대해 심히 회의감이 들었다.

그럼에도 불구하고 텃밭의 작물들은 무럭무럭 자랐다. 각종 상추는 쉴 새 없이 신선한 이파리를 내어 주었고, 고추와 가지가 그렇게 잘 열리는지 미처 몰랐다. 우리는 여름방학 전까지 쌈채소를 원 없이 먹었다. 담임 선생님을 통해 아이들도 집에 쌈채소를 가져갔다. 점심시간 전에 쌈채소와 고추를 한아름 따다가 씻어서 급식실에 놓고 선생님들이 함께 쌈장 찍어 먹는 일은 정말 즐거웠다.

작물 재배에 약간 자신감이 붙자 나는 옥수수도 도전하고 싶었다. 예전에 지원받은 옥수수를 잔디밭에 심었더니 자라지 않았다. 그래서 옥수수 모종을 열 개 정도 구입해서 밭에 띄엄띄엄 심었다. 옥수수는 정말 더디게 자랐는데 7월쯤 되니 열매가 생겼다. 그때 옥수수 농사는 대량 재배를 해야 한다는 것을 깨달았다. 모종 하나당 옥수수는 딸랑 두 개 열렸다. 열 개의 모종을 심었으니 스무 개의 옥수수를 수확하게 되는 것이다. 쉽게 말해 소량 재배는 가성비가 너무 떨어진다. 7월 중순 쯤 되니 제법 알이 커졌고 우리는 기대에 부풀어 있었다. 그런데 어느 날 출근해 보니 가장 큰 옥수수를 누가 뜯어먹은 흔적이 있었다. 고라니일까, 꿩의 소행일까, 아니면 사람이었을까. 알 수는 없었지만 너무나도 아쉬웠다. 스무 개 옥수수 중에 하나를 잃어버린 순간이었다.

일주일 뒤 나머지 옥수수들은 많이 여물었고, 살펴보다 보니 몇 개의 옥수수가 뜯겨 있는 것을 발견했다. 더 이상 나는 지체할 수 없었다. 그래서 나머지 쓸 만한 옥수수들을 모두 수확했고(약 열 개 정도), 교무실에 가져와 전자레인지로 선생님들과 같이 쪄 먹었는데, 내가 지금까지 먹었던 옥수수 중 가장 맛있었다. 2학기가 되면서 우리는 가을 재배를 고민했다. 지킴이 선생님에게 여쭤보니 무가 가장 무난하다고 했다. 그래서 다시 밭을 몽땅 갈아엎고 비닐 멀칭을 새로 한 뒤 무를 심었다. 지킴이 선생님이 소소하게 시금치나 갓도 조금 심었는데, 그닥 인기는 없었다. 무 재배는 우리 텃밭 역사에 길이 남을 사건이었다. 무는 모종이 아니라 씨앗으로 재배하는데, 구멍에 씨앗 3개를 넣고 나중에 솎아 준다. 씨앗에서 싹이 나오는 것도 신기한데, 그 싹이 약 두 달 뒤에는 거대한 무로 변한다. 너무 거대해 무가 땅 위로 솟아오른다. 11월, 전 교직원이 나와서 같이 무를 수확했다. 그때 선생님들의 표정은 잊을 수 없다. 정말이지 어마어마하게 많은 무를 거두어들였다. 선생님들마다 무거워서 들지 못할 정도로 가져갔다. 어떤 집은 그 무로 깍두기를 담갔다고 했다. 아이들도 풍성한 무 하나씩 안고 집으로 갔다. 우리 모두 풍성한 가을을 만끽했다.

고진중학교 수석 교사 조종현論

내가 이 글을 쓰는 이유는 단지 우리 조종현 수석 선생님과 거의 매주 저녁 식사를 하기 때문이 아니다. 내가 감히 학교의 어떤 사람에 대해 글을 쓴다면, 나는 당연히 우리 교장 선생님에 대한 글을 써야만 한다. 그만큼 우리 교장 선생님은 나에게 각별하고, 존경하는 분이다. 하지만 너무나 당연한 내용이기 때문에 글감으로 삼지는 않겠다. 나는 우리 수석 교사 조종현 선생님에 대해 이야기해 보고자 한다.

나는 우리 학교에 발령을 받기 전까지 우리 수석 선생님의 존재를 알지 못했다. 2024년 2월, 발령을 받고 보니 여기저기에서 전화가 걸려 왔다. 전국적으로 유명한 분이라 했고, 한시도 가만히 있지 못한다고 했다. 나와 잘 맞을 것 같다고도 했다. 우리는 3월도 되기전 2월, 시멘트 바닥뿐이던 교무실 신학기 준비를 하다가 갑자기 눈이 마주쳤다.

"한 잔 할까요?"

그렇게 우리의 관계는 시작됐다.

내가 수석 선생님과 함께하게 된 것은 불과 1년 6개월 정도이니 감히 어떤 평가를 하기에는 매우 조심스럽다. 다만 내가 느끼는 우리 수석님은 '정면 돌파' 그 자체다. 예전부터 전국체육교사협의회에서 중요한 역할을 맡았고, 각종 미디어와 TV 예능 〈무엇이든 물어보살〉에도 출연해 체육 교사의 고정관념을 깨뜨렸다. 교과에 대한 애정이 넘치고 동료 체육 교사의 성장을 위해 불철주야 노력하고 계신다. 이는 다른 수석교사들과 비슷할 것이다.

그런데 우리 수석 선생님은 거기에서 멈추지 않는다는 것에 방점이 있다. 첫해부터 상조회장을 자진해 맡아 주셨고, 그간의 풍부한 경험을 살려 학교 폭력 예방 교육 공모 사업에 직접 지원해 실무를 진행하시고(다른 부서에 실무를 맡기는 법이 없음), 선생님들 업무의 빈틈을 찾아 다니며 메꿔 주시고, 각종 이벤트를 직접 계획하고 추진해 선생님들 부담없이 학교가 활기차도록 분위기를 이끌어 주신다. 사실 이런 부분들이 바로 조종현 수석 선생님을 사람들이 좋아하는 이유라고 생각한다.

그리고 나와의 관계에서는 더할 나위 없이 겸손하시다. 예전에 내가 근무했던 학교에서는 수석교사와 교감 선생님이 서로 데면데면한 관계였다. 대화도 거의 없던 것 같은데, 나는 그 정확한 이유를 모른다. 그런데 조종현 수석 선생님은 교감인 나에게 언제나 겸손하고 깍듯하다. 나는 그 점이 더 감사하고 미안해 내가 더 조심하게 된다.

또한 자신을 단순히 수업 지도의 영역으로 한정시키지 않기 때문에, 나는 여러 가지 사안에 대해 수석 선생님과 상의하기가 한층 더 편하다. 둘이 냉동 삼겹살 식당에 앉아 시간 가는 줄 모르고 교육과 학생, 확교와 인생에 대해 논하다 보면, 사제동행 체육 축제 아이디어도 나오고, 교사 역량 성장을 위한 연수

주제와 방법도 나오고, 선생님들의 고충을 어떻게 해결할지도 나온다. 어떻게 하면 학교 문화를 즐겁게 만들까 함께 고민하기도 하고, 지금까지 우리가 했던 프로세스를 반성하고 비판하기도 한다.

그래서 나는 수석 선생님과 함께하는 저녁 식사 자리가 항상 기다려진다. 내가 고민이 있거나 지칠 때, 수석 선생님은 나에게 에너지가 되어 준다. 그리고 어떤 프로젝트를 진행하다가도 이게 잘 이루어질까 의구심이 들다가도, 그것을 특유의 추진력으로 뚝딱뚝딱 해내는 모습을 보면서 나는 힐링이 되곤 한다. 이 '북작북작 프로젝트'도 수석 선생님께서 받아 온 프로젝트다. 어떻게 해내실까 궁금했는데, 이렇게 글을 쓰고 있는 내 모습을 보니 잘 진행되고 있다고 생각한다. 우리 학교가 이렇게 역동적이면서 즐거울 수 있었던 데에는 수석 선생님의 지분이 상당하다고 생각한다. 확실하다.

영원한 것은 없다 - 학생생활교육 이야기

점심시간에 아이들과 같이 농구를 했다. 몇 가지 실전 팁을 알려 주면서 게임을 했다. 아이들을 보니 많은 생각이 들었다.

'성장했구나.'

같이 농구 게임한 아이들 중 두 명은 작년에, 그러니까 중1 때 학생생활교육위원회(생교위)를 참여했던 학생들이었다. 그중 한 명은 1회, 한 명은 3회 정도 참여했다.

나는 '생교위'라는 기구의 교육적 의도를 좋아하는 사람이다. 먼저 부모님을 모시고 약 20분정도 이야기를 나눈다. 생교위는 교칙 위반 사항에 대해 학생 생활 교육을 논하는 자리고, 학교와 가정이 함께 아이들을 같이 기르기 위해 고민하는 곳이라는 내용이 주를 이룬다. 또한 부모님의 애로 사항과 학교의 어려움을 서로 나누며, 이후 아이를 불러 혼내기도 하고 달래기도 하면서 이끌어 간다. 이렇게 진행하다 보면, 사실 생교위 처분 결과는 그리 중요한 것이 아니다.

그 자리에서 학부모와 학교가 한편이 되어 같이 교육하자고 의기투합하는 것이 더 중요하다. 때로는 어머니가 울기도 하고 학교에 선처를 구하기도 한다. 때로는 아버지가 선생님들에게 죄송하다고 머리를 숙여 미안함을 전하기도 한다. 그 자체가 바로 교육이다. 생교위가 원활하게 운영될 수 있는 이유는 부모님하고 미리 이야기를 나눈 덕이다. 같이 농구를 했던 그 두 학생도 바로 생교위 절차를 밟았던 아이들이다.

오늘 같이 농구를 하면서 이 아이들이 키가 참 많이 컸다는 것을 깨달았다. 그리고 표정과 쓰는 말투도 온화하고 차분해졌다. 아이들이 성장했다. 그러다 문득 3학년 W학생이 생각났다. 작년에 가출하고 술·담배 문제로 가족과 선생님들 속을 무던히도 썩혔다. 가출 후 복귀해 생교위를 진행했는데, 그 자리에서 우러나오는 진심어린 충고, 학생에게 선생님들이 기대하는 것, 학생을 기다리는 마음, 이런 것들이 전해졌다. 그 순간, 학생의 눈빛에서 깨달음이 스쳐 지나갔다. 우리는 그 찰나를 모두 느꼈다. 올해는 학교생활을 매우 잘하고 있다고 들었다. 친구들과도 잘 지내고 선생님들에게도 예쁨받는다고 했다. 학교에서 인정받으니 삶이 재미있고 여유가 생겼을 것이다. 표정은 더 밝아지고 자존감 또한 샘솟을 것이다. 그 학생도 학교라는 공간에서 깨달음을 얻고 긍정적으로 변화 및 성장을 했다.

예전에 친한 후배가 나에게 말했다.

"형은 변했어요."

아마도 부장을 맡으며 고려해야 할 것이 많은 순간에 나의 옛모습을 그리워했던 모양이다. 그랬던 것 같다. 나 역시 어린 시절에는 그저 직설과 직진만 있던 풋내기 교사였다. 경력이 쌓이고 경험이 더해지고 직책이 무거워지면서, 세상은 반드시 직진만이 정답이 아닌 돌아가는 길도 해답이 될 수 있다는 것을 깨닫게 됐다. 마찬가지로 아이들의 성장도 반드시 내 손에서 만들어 낼 필요는 없다. 지금 그 아이는 나의 노력에도 불구하고 아직도 방황의 길을 걷고 있는 것처럼 보이지만, 어쩌면 방황의 길을 탈출하기 위해 스스로 안간힘을 쓰고 있는지도 모른다. 지금 내가 해 주는 여러 조언은 방황하는 아이에게 단지 귓가에 맴도는 잔소리에 불과할 수 있겠지만, 조언들은 잠재의식 속에 남아 있어 방황을 끝내고 돌아오려는 그 순간, 불현듯 튀어나올 것이다.

그래서 나는 교직이 좋다. 우리 학교가 좋다. 우리가 함께 무언가를 하고 있다는 느낌이 좋다.

Gojin Middle School

지금 이 순간을 사는 행동파 교육행정실장

윤현숙

소심한 A형이지만, 낯설고 경험해 보지 않은 일에는 강한 매력을 느끼며 곧바로 도전하고 싶어 하는 '꽂히면 한다'는 극P 행동파! 그 순간의 선택이 최선이라 여기며 뒤돌아보지 않는 단순 명료한 태도가 그동안의 경험과 어우러져 지금의 빠른 실행력으로 이어진 걸로 보임. 일상에서는 자유롭고 즉흥적이지만, 업무 앞에서는 고지식하다고 느껴질 만큼 기준이 분명하고 꼼꼼함을 중시함. 누구보다 '공무원스러운 사람'이면서도, 정작 친구들은 "공무원 같지 않다."고 말할 정도로 다채로운 면을 지닌 프리즘 같은 사람임. 특이하다는 평가를 받기도 하나, 그 유니크함을 이상함이 아닌 '독특함, 특별함'으로 받아들이며, 하루하루 신나게! 즐겁게! 살고자 함.

정신 승리가 필요해, "나, 괜찮아요!"

3년 6개월 만에 다시 발령. 그렇게 애정하던 수원을 떠나 연고도 없고 근무 경험도 없는 용인으로 가게 됐다. '어쩌다가' 발령은 이미 났고, 이제 학교급을 정해야 했다. 나는 중학교 실장이 하고 싶었다. 그러나 관외 전입자가 갈 수 있는 중학교는 집에서 편도로 1시간이나 걸리는 신설 학교 뿐이라는 말.

"정말 거기 밖에 안 되나요? 잘 고민해 주세요. 그래도 안 되면 그곳이라도 가겠습니다."

그렇게 말은 했지만, 돌아서며 '잘한 선택인가?' 하는 마음이 계속 남았다. 혹시나 가까운 곳, 남들이 들으면 발령 잘 났다고 할 만한 자리로 갈 수도 있지 않을까 하는 기대도 했지만, 내게 그런 행운은 오지 않았다.

괜찮다고 스스로를 다잡았다. 개교 후 6개월만 고생하면 남은 1년 반은 괜찮을 거라고, 안 해 본 업무도 해 보고, 쉽고 편하냐 어렵고 힘드냐를 떠나 어떤 일이든, 어떤 환경이든 쉽게 싫증과 권태를 느끼는 내게 해 본 적 없는 신설 업무는 좋은 기회가 될 것이라고 다독였다. 하지만 발령이 나자 이곳저곳에서 전화가 왔다. 만나는 사람들마다 물었다.

"발령이 왜 그렇게 났대요? 괜찮아요?"

그리고 그런 걸 묻지 않는 순간에도 나를 바라보는 표정과 그곳의 분위기가 모든 말을 대신 하고 있었다. 다들 신설 학교는 저경력 관외 전입자나 휴직자가 가는 곳이라 여긴다. 내 경력이라면 신설 학교라도 집에서 가깝거나, 멀다면 최소한 편한 곳이어야 하는데, 편도 1시간 거리의 신설 학교로 발령이 났으니, 그들의 반응이 그럴 만도 하다.

하지만 발령 후 개교할 때까지 두 달 동안 매번 같은 질문과 시선을 받아야 했고, 하물며 처음 만난 사람조차 아무렇지 않게 발령이 그렇게 된 이유를 묻기도 했다. 그런 무례함조차 견뎌야 했다. 이미 여러 업무에 단련된 경험치가 있어 그런지 개교 업무는 생각보다 괜찮았다. 나를 힘들게 한 건 개교업무가 아니라, 반복되는 질문과 시선이었다. 나는 덤덤해야 했고 아무렇지 않은 척해야 했다. 아무리 '괜찮다, 잘 해낼 수 있다.'라고 다짐하며 정신 승리를 해 보려 해도, 같은 말과 상황이 반복되니 설움이 쌓여 갔다. 그러다 보니, 설립사무교에서 마련해 준 한 칸의 사무실에서 개교 준비를 해야 했던 상황도 점점 괜찮지 않아졌다. 그래서 그랬나? 평소 추위를 타지 않는 내가 설립사무교에서 근무하는 한 달 동안 어찌나 춥던지. 양털 실내화를 신었어도 올라오는 냉기에, 신축 공사가 얼마나 됐는지 간에 나는 내 학교에서 근무하고 싶어졌다. 그래서 더 간절했다. 내 학교, 내 공간. 누구 눈치도 보지 않고 마음껏 내가 하고 싶은 일을 하고, 해야 할 일을 해낼 수 있는 내 자리. 나는 그곳으로 빨리 가고 싶어졌다.

마침내 현장 소장과 약속한 입주 날짜가 다가왔다. 그런데 소장이 말했다.

"그날 입주는 어려울 수도 있습니다."

있을 수 없는 일이었다. 나는 그날만을 생각하며 참고 기다려 왔는데! 찬 바람이 불고 하얀 눈이 쌓인 공사 현장으로 달려가 현장 소장에게 단호히 말했다.

"적기에 개교해야 하고, 입주 날짜에 맞춰 준다고 해서 지금까지 묵묵히 믿고 기다렸습니다. 책임 있는 모습 보여 주세요."

다행히 그는 신설 학교 개교 일정에 지장을 주고 싶어 하지 않은 사람이었다. 결국 약속은 지켜졌고, 마침내 우리는 예정된 날에 입주할 수 있었다. 물론 행정실은 아무리 청소해도 먼지가 쌓였고, 문밖은 여전히 공사판이었다. 하지만 내게는 새로운 출발점이 됐고, 마음의 평화도 찾을 수 있었다.

개교만 하자!

신설 학교로 발령을 받았다. 다른 4명의 직원들과 함께. 다행히 계장님과 시설주무관님은 신설 학교를 희망해 지원한 분들이었다. 다들 꺼리는 신설 학교에 지원해 온 것만으로도 다행이다 싶었는데, 시설주무관님은 개교 업무 경험까지 갖춘 분이었다. '아이고, 감사해라!'

개교까지 주어진 시간은 고작 두 달. 설 연휴와 휴일을 빼면 정작 일할 수 있는 날은 많지 않았다. '기관 등록, 예산 편성, 내부 비품만 잘 갖추면 되겠지.' 막연하게 머릿속으로만 그려 왔던 신설 업무를 막상 시작하려니 막막했다. 우선 매뉴얼부터 찾아봤다. 20여 쪽의 행정 업무 매뉴얼, 10년 전에 발행된 경기도 교육청의 '신설 학교 개교 업무 매뉴얼', 그리고 2021년 어느 학습 동아리에서 만든 자료가 전부였다. 매뉴얼에는 개교 업무에 필요한 모든 내용이 담겨 있지는 않았다. 예산 편성도 쉽지 않았고, 개교 전에 어디까지 준비를 해야 하고, 어떤 일을 개교 후에 처리해도 되는지조차 알 수 없어 안갯속을 헤매는 기분이었다. 개교 업무는 교육청 차원에서도 중요한 현안인데, 개교 업무를 도와주거나 안내해 주는 곳은 없었다. 도움받을 곳을 찾는 것부터 행정실장인 내 몫이었다.

그래도 최근 개교 업무를 한 사람들에게 조언을 구하자 그제서야 그림이 좀 그려지기 시작했다. 답답했던 마음에 작은 구멍이 뚫리는 기분이었다. 그들의 공통적인 이야기는, 가구만 제대로 납품되면 개교 업무는 90% 끝난다는 것이었다. '그래, 우선 가구 납품을 잘 챙기자!' 가구 납품을 최우선 과제로 설정하고 차질 없이 진행되도록 업체와 수시로 연락했다. 개교까지의 타임테이블과 체크리스트를 만들어 직원들과 공유하고, 완성된 부분을 함께 체크하며 하나씩 처리해 나갔다.

나름 확인하며 업무를 처리해 나가고 있음에도 불구하고 현실은 예상보다 훨씬 챙겨야 할 부분이 많았다. 아무것도 없는 건물에 볼펜 한 자루부터 모든 것을 채워 넣어야 하니, 생각지도 못한 일들이 끝없이 쏟아졌다. 꼼꼼히 확인했다고 생각했던 부분에서도 빠진 게 불쑥 떠올랐고, 그때마다 직원들에게 급히 업무 지시를 했다. 돌이켜 보면, 생각날 때마다 툭툭 던진 나의 급작스러운 지시들과 정신없이 몰아치고 있는 일들을 묵묵히 받아 주고 성실하게 처리해 준 직원들이 있었기에 학교의 모습을 조금씩 갖춰 가기 시작했다.

그러나 속도감 있게 업무를 처리하고 싶어도 내 선에서 결정할 수 없는 일들이 있었다. 교장 선생님의 결재가 필요한 일들! 교장 인사 발령은 1월말 예정. 그때까지 나는 결재가 나면 바로 실행할 수 있도록 자료를 정리하고, 계획을 다듬고, 직원들과 논의하며 모든 걸 준비해 뒀다. 마치 출발 신호만 기다리는 선수처럼 발령의 순간을 손꼽아 기다렸다.

그리고 마침내 기다리던 교장 선생님이 오셨다. 세상에, 듣던 것보다 젊고 예쁜데 마음까지 따뜻한 분이었다. 교장 선생님은 먼저 발령받은 행정실 직원들에게 진심으로 고마워했고, 열악한 업무 환경에 대해 안타까워하셨다. 무엇보다 개교 업무의 크고 작은 결정을 빠르게 내려 주셨다.

"아, 이제 다음 단계로 갈 수 있겠다."

숨통이 트였다. 그리고 교장 선생님은 교사 발령도 나지 않은 상태에서 개교 전까지 학교 모습을 100% 갖출 수 없다는 걸 인정하셨다. 특별실 조성과 같이 담당자의 의견이 반영되어야 할 부분은 개교 전 무리하게 추진하지 말고, 조금 늦더라도 교사 발령 이후로 미루자고 하셨다. 내 생각도 같았다. 가구 납품 일정을 맞추기 어려운 시기였고, 한 번 구성하면 적어도 5년 이상은 유지해야 하는 공간이니 담당자가 주도해야 한다고 생각했는데, 그 부분에서 교장 선생님과 의견이 같았다. 덕분에 조금 여유를 갖고 개교 업무를 추진할 수 있었다.

결정해야 할 일들이 해결되자 멈춰 있던 모든 업무가 다시 빠르게 진행됐다. 설립사무교에서 미리 발주한 교실 비품들이 도착했고, 본교무실은 책상만 일렬로 배치해 놓은 수준이었지만, 다행히 최소한의 업무를 볼 수 있는 공간이 갖춰졌다. 이후 파티션이 설치되고 소모품을 채우면서, 각 공간은 점차 제 모습을 찾아갔다.

그러나 신축 공사는 예상보다 더뎠다. 겨울 공사라 진행 속도가 느렸고, 밖에는 아직도 눈이 쌓여 있었다. 개교 전까지 운동장 정비가 완료될지 걱정스러울 정도였지만, 안 되는 일은 없었다. 개교를 일주일 남긴 2024년 2월 22일, 드디어 준공이 이루어졌다. 이 모든 과정에는 시설주무관님이 있었다. 입주 전까지 매일 추운 현장에 나가 시공 상황과 품질을 점검하고 확인했고, 향후 불편이 예상되는 부분은 즉시 수정 요청했다. 사무실에서는 시설 행정 업무를 처리하며 층별 배치도를 만들었는데, 표찰도 없는 상황에서 임시실 번호를 부여한 일이 나중에 비품 납품에 큰 도움이 됐다. 또한 행정실 입주에 차질이 없도록 사전에 CCTV·랜·전화·전기·수도 공급 등 필수 시설 업무를 하나하나 챙겼다. 그리고 준공됐다고 시설 관련 업무가 끝난 것은 아니다. 열쇠 관리부터 기계 설비, 인계인수까지 챙겨야 할 일이 산더미였다. 만약 시설주무관님이 배치되지 않았거나 개교 시점에 발령이 났다면, 모든 업무는 그대로 내 몫이었을 것이다. 생각만 해도 아찔하다. 시설 관리뿐 아니라 행정 업무까지 완벽히 해낸 시설주무관님 덕분에 나는 야근을 하지 않고 개교 업무를 해낼 수 있었다.

사람들이 "개교 업무 하느라 많이 힘들었죠?"라고 물을 때마다, 나는 "시설주무관님 덕분에 개교 업무를 그나마 무탈하게 했습니다."라고 주저 없이 대답한다. 앞으로도 이 답은 바뀌지 않을 것이다. 그는 우리 학교 개교의 큰 주역이다.

준공 이후부터 업무 속도는 더 빨라졌다. 급식 공무직원들이 발령이 나 급식실이 가동됐고, 각 실별에는 비품과 소모품이 채워지고 표찰을 달았다. 화장실 소모품까지 비치되자 학교는 조금씩 '학교다운 모습'을 갖춰 갔다.

뿌듯했다. 매일 각 실을 계속 돌아다니며 '무엇이 부족한지, 무엇을 더 보완해야 하는지' 확인하며 2월의 마지막 주를 보냈다. 개교 전날, 어느 정도 완성된 시설을 바라보며 안도의 한숨을 내쉬었다.

'어찌 됐든, 내일 개교는 할 수 있겠구나. 다행이다!'

개교만 하면 괜찮을 줄 알았는데, 아니네?

급식실 물 사태_ 당황스러운 개교 첫날

입학식에서 교육행정실장으로서 학생들에게 축하 인사와 아직 완전히 완성되지 못한 학교 시설에 대한 미안함을 전하고 교육행정실로 돌아와 자리에 앉으니 그제서야 안도감이 밀려왔다. '이제 기존 학교들처럼 좀 평화롭게 일할 수 있겠구나.'

그런데 그 순간, 급식실에서 전화가 왔다.

"실장님, 물색이 이상해요!"

급히 급식실로 올라가 보니, 급식 조리를 위해 받아 놓은 물이 누런빛을 띠고 있었다. 몇 번이나 다시 물을 받았지만 상황은 같았다. 일단 급식을 해야 하니 급한 대로 살수차를 수배해 물을 공급받았고, 첫날 급식은 무사히 제공할 수 있었다. 하지만 걱정이 밀려왔다. '큰일이다. 내일도 저러면 안 되는데….' 시공사에 연락했더니 물탱크 청소가 덜 되었을 수 있다며 다시 청소를 진행했고, 직수 사용을 위해 압력계도 조정해 주었다. 급식용수를 직수로 사용한지 오래 됐기 때문에 이런 일이 발생할 거라고 생각지도 못했는데, 압력이 낮으면 여전히 물탱크를 거칠 수도 있다는 설명을 들으면서 학교 시설의 복잡함을 새삼 실감했다.

급식실 물은 겨우 진정됐지만, 변기와 세면대의 물은 여전히 누런빛이었다. 심지어 정수기 물에서 비린내가 난다는 말까지 나왔다. 상하수도사업소와 시공사에서는 오랫동안 사용하지 않은 땅에 학교를 지어 배관 속 물이 고여 있었을 것이라며 많이 쓰고 흘려보내면 좋아진다고 했다. 그렇지만 불안감은 쉬이 가시지 않았다. 특히 주말을 지나 월요일이 되면 상황이 다시 악화됐다. 결국 월요일 아침마다 변기 물색을 확인하고 정수기 물맛을 직접 보고 흘려보내는 일이 내 일과가 됐다. 더 이상 전화 민원만으로 상수도사업소의 해결을 기대할 수 없다고 판단해 공문을 보내 문제의 심각성과 시급한 해결 필요성을 명확히 전달했다. 다행히 대응은 빨랐다. 담당 부서에서 직접 방문해 배관을 점검하고 개선 방안을 제시하면서 상황은 조금씩 안정됐다. 그러나 완전히 안심할 수는 없었다. 그때만큼은 진심으로 학급 수가 빨리 늘어나 물 사용량이 많아지기를 바랐다. 어쨌든 물 문제는 어느 정도 일단락됐다.

누수_신설 학교인데, 누수라니?!

여름이 되자 이번에는 '누수'라는 더 큰 문제가 터졌다. 교실과 복도 천장에서 빗물이 뚝뚝 떨어지고, 도서관 테라스로 흘러내린 빗물이 그대로 도서관 내부까지 스며든 것이다. 지은 지 40년 된 학교에서도 누수된 적이 없었는데, 막 지은 신설 학교에서 누수라니! 지금까지 발생한 하자 정도라면 양호한 편이라고 말했던 게 후회된다. 놀랄 틈도 없이 시설주무관님과 함께 걸레를 들고 물을 닦아 내며, 동시에 증거 사진을 찍고 평면도에 누수 지점을 표시했다. 곧바로 교육청과 시공사에 공문을 보내고 전화로 다시 한번 강하게 요청했다.

"다른 곳도 문제지만, 교실만큼은 절대 누수되면 안 됩니다. 교육 환경에 너무 큰 지장을 줍니다."

교실과 달리 도서관의 빗물 유입은 구조적인 문제였다. BF(장애물 없는 생활 환경) 기준에 따라 단차 없이 설계된 바닥과 폴딩도어 앞 트렌치가 원인이었다. 단순 보수가 아닌 근본적 해결이 필요했다. 신설 학교는 예산 중복 투자를 우려해 추가 지원을 받기 쉽지 않았다. 하지만 교육청을 설득해 예산을 확보하여 바닥 트렌치를 확장하고 캐노피를 설치하는 공사를 추진했다. 솔직히 우리 학교에서 가장 예쁜 공간인 도서관 테라스에 구조물을 세우는 게 마음에 걸렸지만, 학생들이 비 오는 날에도 안심하고 도서관을 사용할 수 있게 하는 것이 더 중요했다. 여러 업체와 몇 달간 협의하며 가장 합리적인 방안을 찾았고, 교육청 검토까지 거쳐 마침내 시공을 마쳤다. 완성된 건물에 추가로 설치하는 캐노피로 인해 이질감이 생길까 걱정했는데, 다행히 연두색과 주황색 캐노피가 건물과 잘 어울리며 오히려 포인트가 됐다.

'이제 도서관 걱정은 끝났다.'

그렇지만 교실 천장 누수는 여전히 숙제로 남아 있었다. 시공사에서 조치를 취했지만, 한 번 샌 곳은 다시 샐 수 있다고 하니, 안심할 수 없는 노릇이다. 또한 방수를 완벽하게 해결하는 건 쉽지 않다고 한다. 시설을 관리하는 내 입장에서는 '비만 안 새면 다행이고, 모든게 OK다!' 방수 하자 보수 기간은 3년. 그 기간 동안 꼼꼼히 확인하고 관리해서 학생들이 안심하고 공부할 수 있는 환경을 만드는 것, 그것이 이 학교에서 내게 주어진 마지막 미션이라 생각한다. 여기 있는 동안, 꼭 해결하고 가야지!

BF 인증_또 다른 복병

개교 후 나의 발목을 잡고 있는 BF 인증. 기관에서 근무하는 동안 새로 생긴

제도인데, 장애인·노인·임산부 등 모든 이용자가 안전하고 편리하게 이용할 수 있도록 설계·시공해야 한다는 내용이다. 처음에는 '그렇게 하면 되지.' 하고 가볍게 여겼는데, 신설 학교는 건축물뿐 아니라 비품 구입조차 BF 인증 기준을 충족해야 했다. 예를 들어, 특별실 싱크대는 휠체어가 들어갈 공간을 확보해야 하고, 도서실 서가 간격과 반납대 높이도 기준에 맞춰야 한다. 기준을 고려하지 않고 구입 · 시공한 부분은 보완을 해야 했다. 비품은 그나마 손쉽게 해결되지만, 문제는 시설이었다. 준공이 다 끝나고 이미 학교를 운영하고 있는 와중에 BF 기준에 맞지 않는 부분은 재시공하거나 보완 시공해야 한다니 이해가 되지 않았다. 애초 시공 단계에서 잘 확인하고 부적정한 부분을 보완했으면 될 일이었는데, BF 인증은 준공 후 받기 때문에 어쩔 수 없는 부분이란다. 교육 시설의 BF 인증은 의무이고, 안 받으면 불이익을 감수해야 하니 학교로서는 선택지가 없었다. 최대한 불편을 줄이고, 기존 시설의 변형을 최소화하면서도 기준을 충족할 수 있는 조화로운 방법을 선택하는 수 밖에. 빠른 결정을 내리고 시공사에 협조를 요청하는 것이 학생과 교직원에게 가장 이로운 길이었다. 뒤늦게 'BF 예비 인증 제도'가 있다는 사실을 알게 됐는데, 공사 단계에서 이 제도를 안내하고 학교와 함께 검토했다면 처음부터 기준에 맞게 지을 수 있었을 텐데 하는 아쉬움이 남았다. 이후 내 뒤로 개교업무를 하는 행정실장님들에게는 BF 인증도 잘 챙기시라고 신신당부하고 있다. 그 뿐 아니라 우리 학교에서 미처 하지 못했던 일들, 개정된 신설 학교 개교 업무 매뉴얼에는 나오지 않은 실제 핵심 업무와 따로 챙겨야 할 부분들을 전해 주고 있다. 이것이 먼저 개교 업무를 해 본 내 역할이라 생각한다. 또한 그들이 진심으로 시행착오를 덜 겪고, 심적으로 덜 힘들기를 바라는 마음이다. 앞으로 개교 업무에 대해 내가 할 수 있는 일이 있다면, 적극적으로 돕고 싶다. 누군가 나를 필요로 하는 손길이 있는 한.

'그래도 사람!', 사람 덕분에

경력이 22년쯤 되니, 학교 일을 웬만큼 다 알고 있다고 생각했다. 하지만 개교 업무를 해 보니, 아니었다. 내가 모르는 일이 생각보다 많았다. 그동안 별일이 없었기에 몰랐을 뿐이다. 나름 학교 업무 중 안 해 본 일은 거의 없다고 생각했는데, 신설 학교에는 정말 예상치 못한 돌발 상황이 많았다. 개교 후 1년 반이 지난 지금도 그런 상황은 이어지고 있고, 그 속에서 나는 여전히 배우고 있다. 그래도 다행인 것은, 그 과정을 버티게 해 준 사람들이 있었다는 것이다.

솔직히 개교 업무는 누구에게나 힘들다. 나 역시 쉽진 않았지만, 다른 학교들에 비해 무난히 해낼 수 있었던 건 전적으로 '사람들' 덕분이었다. 비가 오나 눈이 오나, 추우나 더우나 묵묵히 본인의 일을 해내고, '안 하겠다, 못 하겠다, 힘들다'는 불평 없이, 예산을 들여 처리해도 되는 일을 직접 직원들을 시켜도 알겠다며 군말 없이 따라와 준 우리 행정실 직원들 덕분에. 공사장 먼지를 함께 마시고, 청소를 해도 먼지가 끝없이 쌓이는 환경 속에서 책상과 탕비 공간 외 아무것도 없는 부족하고 불편한 교무실에서 불만 없이 나머지가 채워지기를 기다리고, 파티션이 설치된 것만으로도 너무 고맙다고 환호하며 박수를 쳐 주고, 무엇을 해도 "우리 실장님이 최고다, 이런 실장님은 없다."는 말로 내 어깨를 으쓱하게 만들어 준 교직원들 덕분에.

그리고 신설 학교라서 모든 걸 다 갖추고 시작할 수 없다는 것을 감안해 아직 다 완성되지 않은 특별실과 도서실도 이해하며 참고 기다려 주고, 완성된 모습을 보며 정말 좋아하며 고맙다는 인사를 해 준 학생들과 학부모들 덕분에. 모두가 덕분이었다. 그 따뜻한 반응 하나하나 덕분에 힘이 나고 버틸 수 있었다.

특히 감사하게도 우리 학교는 업무 분장으로 인한 갈등이 없었다. 학교 내 갈등 원인의 대부분은 '업무 분장' 때문일 것이다. 하지만 우리 학교는 달랐다. 교무실에서 업무 분장을 하면서 교무실 업무, 그 외 업무를 잘 나눠 준 덕분이었고, 무엇보다 교직원들 모두 힘든 걸 알고 있으니 서로 배려하는 마음이 모여, 각자가 자기의 선을 지키며 알아서 처리했기 때문이지 않나 싶다. 정말 이 모든 것이 '고진중학교 교직원' 덕분이었다.

'업무가 많아서 죽은 사람은 없어도 스트레스로 죽은 사람은 있다.'라는 말처럼, 어디서든 함께 근무하는 사람들이 좋아야 편안하게 업무를 할 수 있다. 고진중학교에서 나는 따뜻한 말 한마디가 사람을 살리고, 작은 배려가 큰 힘이 된다는 것을 배웠다.

각자의 자리에서 최선을 다하고 학교 행사가 있으면 함께하며, 그 행사를 기대 이상으로 해내고, 학생들을 위해 새로운 시도를 하고, 교육과정의 색다름을 추구하려는 교직원들의 마음과 행동들. 그 속에서 즐거워하는 학생들. 고진중학교 교육 공동체가 보여 준 건 단순한 협력이 아니었다. 함께 성장하려는 마음이었다. 그런 모습이 나를 움직이게 했다. '고진중학교의 일원으로서, 뭐라도 해야지.', '적어도 발목을 잡는 사람은 되지 말자.'고 다짐했고, '안 돼요.'라는 부정적인 말보다 '함께 방법을 찾아보자.'라는 태도로, 학교가 나아가고자 하는 방향대로 갈 수 있도록 적극 지원하는 사람이고 싶었다.

앞으로도 그런 마음으로 근무하고 싶다. 배움에는 끝이 없고, 관심을 갖는 만큼 보이며, 모든 일은 정성을 들인 만큼 좋아진다. 그래서 내일도 출근하면 학교 구석구석을 애정 어린 시선으로 세심히 살필 것이다. 또한 모르는 부분이 나오면 기꺼이 배우고, 개선할 것은 주저 없이 바꾸며, 더 안전하고 편리한 교육환경을 만들어 갈 것이다.

고진중학교 교육 공동체의 따뜻한 말 한마디가 얼마나 큰 힘이 되었는지 모른다. 그 덕분에 나는 버틸 수 있었고, 그 덕분에 보람을 느낄 수 있었다. 이 마음을 잘 간직하며 항상 파이팅 해야지!

정말, 진심으로 모두 고맙습니다.

Gojin Middle School

어진 마음과 멋진 행동, 밝은 표정과 고운 말씨
실천을 위해 힘쓰는 수석교사

조종현

신설 학교 초기의 불안정한 환경 속에서도 학교 업무 전반에 능동적으로 참여하며, 첫 수석교사로서의 역할에 책임감 있게 적응함. 구성원 간 소통을 중시하며 교사들의 의견을 경청하고 조율하여 학교 현안 해결에 기여함. 새로운 제도와 업무에 대해 긍정적인 태도로 대응하며, 동료 교사들에게 모범이 되는 성실한 근무 자세를 보임. 개교 초기라는 어려운 여건 속에서도 첫 수석교사로서 교직원과의 적극적인 소통과 협력을 바탕으로 교육과정 운영과 학교 문화 정착에 주도적인 역할을 했으며, 문제 상황에서도 합리적인 해결 방안을 모색하는 리더십을 보임.

후배들을 맞이해 줄 선배들이 없다?

시간은 흐르고 흘러, 어느덧 신설 학교 첫 입학식을 준비해야 할 시기가 도래했다. 새 학년 준비 워크숍을 무사히 마치고, 학급별로 배부될 교과서도 잘 정리해 각 학급에 비치 완료. 아무것도 없었던 텅 빈 교실에 칠판, 사물함, 책상, 의자도 들어왔다. 개학일, 개교일, 첫 입학식 등 다양한 일정들이 하나로 엮어 같은 날 진행돼야 했다. 보통 입학식이면 선배들이 후배들에게 "축하해!"라며 힘찬 응원의 박수를 쳐 주는 것이 보통이지만 우리는 없었다.

며칠 함께 고민 끝에 교장 선생님, 교감 선생님, 수석교사, 진로교육부장님으로 구성된 공연팀을 입학식 무대에 올리기로 했다. 연습 이후에 결정한 것이 아니라, 늘 그렇듯 결정하고 연습을 시작했다. 각자 노래를 외우고 화음을 넣어 기타 반주에 맞춰 각자에게 주어진 파트를 열심히 노력하고 준비했다. 입학식 날, 아직 교복도 없이 사복을 입고 1학년 8개 학급과 2학년 전입생 4명, 참석해

주신 학부모님들이 무대 위에 선 우리 교사들을 멀뚱멀뚱 쳐다보던 장면이 떠오른다. 교감 선생님의 기타 소리와 함께 노래는 시작됐고, 우리 팀 네 명은 두근거리는 심장 소리를 억누르며 태연하게 준비해 온 대로 쿨의 노래를 불렀다.

지역 맘 카페에 사진도 공유되고, 우리 선생님들이 이렇게 아이들을 반갑게 맞이해 줘서 고맙다는 카톡까지 왔으니 어느 정도 성공적이었다고 자평한다. 지역 신문 기사로도 실려 더 많은 분들이 고진중학교 입학식 소식을 즐겁게 접했다니 기분도 좋았다. 교육 가족이 한마음으로 하나의 학교를 차근차근 만들어 가는 그 길에 있었던 2024학년도 고진중학교 첫 입학식. 훗날 많은 아이들의 기억 속에 서프라이즈한 추억으로 자리 잡아, 웃으며 그날을 기억해 낼 수 있었으면 좋겠다.

<고진중학교 개교 관련 기사 QR 코드>

두 번째 수석

수석으로 사범대학 체육 교육과를 졸업했다. 특별히 뭘 잘하거나 뛰어난 학생은 아니었지만, 꾸준히 오래 열심히 했다. 월드컵이 열렸던 2002년 신규 발령 이후, 23년차인 2024년 경기도교육청 중등 수석교사로 다시 발령을 받아 용인 고진중학교로 오게 됐다. 두 번째 수석이었다. 평촌고등학교에서의 고3 담임과 교육연구부장 3년, 총 4년을 마무리하고 수석 신규로 만나게 된 고진중학교.

'어디에 있지?' 네이버 지도에 나오지 않았다. 용인IC 근처라고, 고림고등학교를 치고 오면 보인다는 이야기에 일단 시동을 걸었다. 신설 학교는 처음이었다. 에버랜드 가는 길목인 마성IC를 지나 용인IC로 나왔다. (상습 정체 구간인 양지IC까지 가지 않아서 천만다행이다.) 평촌에서 용인IC를 지나 고진중학교까지. 매일 편도 34km를 달려야 했다. 기름값과 톨게이트 비용, 뭐 이런 걱정보다도 출퇴근 시간을 의미 있게 보내야 한다는 생각이 간절했다. 영동 고속 도로의 정체를 피하기 위해 매일 아침 6시 10분에는 시동을 걸어야만 했다.

고진중학교는 '고유중학교'라는 이름으로 정해질 뻔 하다가 최종 '고진중학교'로 확정됐고, 개교 초 학교 시설물 여기저기에 고유중학교의 네이밍 흔적을 어렵지 않게 찾아볼 수 있었다. 학교에 도착해 본교무실에 발령 인사를 드리러 올라가는 길. '공사판 실화냐?' 학교 입구와 내부, 복도를 비롯한 모든 곳이 공사가 한창이었다. 쌓여 있는 자재, 공사와 관련된 많은 사람들이 분주하게 오고 갔고 버라이어티한 소음들이 들려왔다. 체육관이 있었지만 빈 체육관만 있고, 운동장도 밋밋한 운동장만 있었다. 농구 골대, 축구 골대, 체육관 라인, 스피커 보호대, 운동장의 한편을 떡하니 차지하고 있는 위험한 사각형 씨름장. 빠르게 손봐야 수업이 가능할 듯 싶어 학교를 한 바퀴 돌며 구석구석 살펴봤다. 학교 안에는 아직도 포크레인이 돌아다니고, 컨테이너 박스가 여기저기 놓여 있었다. '개교는 하겠지만… 수업이 가능할까?'라는 생각이 들었다. 빨리 적응하자. 급한 불부터 꺼 보자. 일단 2학년 4명, 1학년 8학급으로 시작된다는 이야기를 듣고 학교를 나왔다.

2학년 4학급이 아니라 4명이라.

"수석 선생님, 저 행정실장인데요~ 언제 학교에 오시나요? 오시면 잠시 뵙고 상의드릴 것이 있어요."

"아, 넵. 내일 갈게요!"

학교에 CCTV를 설치해야 하는데, 학생부장 10년 경력인 나에게 어느 위치에 설치를 해야 하는지 도면에 그려 달라는 부탁이었다. '많을수록 좋습니다.' '화소도 최고로 해 주세요.' '안전과 도난 사고 예방을 위해 학교 안과 밖 사각지대 없도록 해 주세요.' 그렇게 우리 학교의 CCTV 100대가 설치됐다. 예전 학교에서 학생부장의 경험을 살려 추가 설치는 정말로 어렵고, 도난 사고가 발생하면 학교와 학급 분위기가 매우 어수선해지기 때문에 한 번 설치할 때 완벽하게 하는 것이 중요하다는 것을 보안업체와 협의해 재차 강조하며 마무리했다.

수석 교사실도 꾸며야 했다. 아무것도 없는 직사각형 공간에 어떤 것을 넣을지 내일까지 알려 달라는 교육행정실장님의 연락을 받았다. 정수기, 책상, 파티션, 책장, 냉장고, 시계, 블라인드, 프린터기, 회의 테이블, 의자 등 급한대로 필요한 것들을 말씀드렸다.

"배치는 어떻게 하길 원하시는지 그려 주시면 됩니다."

"아, 넵!"

"체육과 물품으로는 뭐가 제일 급하게 필요하세요?"

"아무것도 없어서 다 급합니다."라고 답하고 싶었지만 잠시 생각해 보고.

"자동 심장 충격기가 우선 필요합니다."라고 했다. 늘 준비되지 않은 상황에서 긴급 상황들이 발생하기 마련이니, 안전을 위한 세팅을 1순위로 챙겨 보고자 했다.

"수석님, 체육관 라인 작업은 어떻게 해야 할까요? 언제 오세요?"

"아, 넵! 내일 학교로 가겠습니다."

라인은 매우 중요한 수업 도구로 활용된다. 나중에 하려면 또 일이 되고, 라인 작업으로 인해 체육관을 여러 날 비워야 하니 초기 세팅에서 마무리할 수 있도록 살펴야 했다. 배구 6인제 라인과 9인제 라인, 새롭게 바뀐 농구 라인 등을

설명하고 업체분들에게 어떤 색으로 어떻게 그려야 하는지 자세히 설명했다. 반짝반짝 체육관의 빈 공간들이 하나씩 자리를 잡아가는 모습을 보니 새로운 집으로 이사했을 때의 기분이 들었다. 무엇을 들여야 하는지, 어디에 둬야 하는지, 어떤 동선에 신경 써야 하는지에 대한 안목이 중요했다. 잘 몰라서 잘못 배치하면 시간과 예산을 두 배로 들여야 할 뿐만 아니라 전문적인 능력이 없다는 것까지 금방 탄로 나기에 더욱 신중하게 접근해야 한다. 여러 학교를 방문할 때마다 체육관과 운동장을 유심히 살펴보고, 우리 학교에 벤치마킹하기 위해 노력했던 작은 경험들이 정말 큰 도움이 됐다.

학교 밖 첫 체육 축제

나는 6,000명 규모의 대한민국 체육 교사 단체 카톡방을 운영하고 있는 운영자다. 체육 교육에 조금 더 변화를 주고 싶은 마음에 작게 오픈 한 것이 이렇게 커졌다. 밴드도 하나 있는데, 현재 1,500명이 함께하고 있다. 대한민국 전역에 지역적으로 연결된 소규모 방도 있다고 하니 대략 1만여 명은 연결되어 있을 것으로 추정된다. 개교를 하고 이런저런 일들을 진행하는 사이 어느 덧 체육 축제 준비 및 운영 관련 글들이 4월 단체방에 오르내리기 시작했다. 어떤 종목이 좋은지, 어떤 프로그램이 괜찮을지, 신박한 아이디어는 없는지….

'나는 지금 뭘 하고 있지? 우리도 준비해야 하잖아?'

고진중학교는 아직 체육 축제를 진행할 수 있는 여건이 되지 않아 학사 일정상 2학기로 살짝 미뤄 놓은 상태였다. 운동장 상태도 그렇고, 소운동장 또는 체육관에서도 할 수 없었다. 몇 날 며칠 여러 고민을 하던 중, 오랜만에 에버라

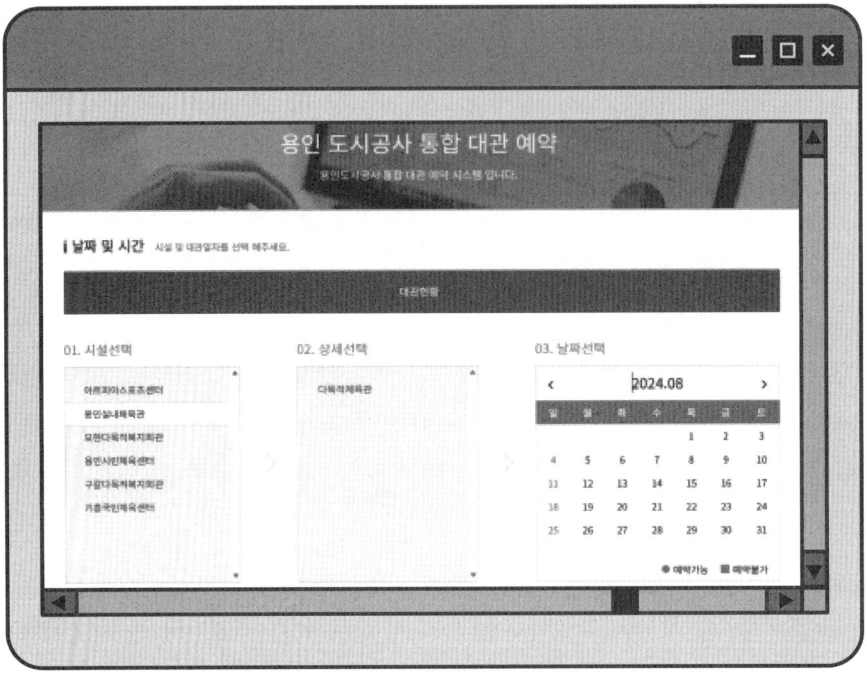

인(용인 경전철)을 타고 출근 하는데 창 밖 용인 실내 체육관이 보였다. '어라?' '여기 대관이 될까? 용인 도시 공사 대관 담당자에게 일단 전화라도 해 볼까? 아니야 안 될 거야. 괜한 일 하지 말자. 다른 방법을 찾아보는 게 편할 거야.'

24년째 체육 교사를 하고 있지만, 늘 우리 학교에서만 체육 축제(체육 대회, 체육한마당 등)를 진행해 왔던 터라, 새로운 길에 대한 낯설음이 마음과 머리에 가득했다. '괜히 외부로 나갔다가 무슨 일이라도 생기면 더 복잡해지는 게 아닌가? 준비할 것들이 많을 텐데?… 학교에서 할 수 있는 방법은 없을까?'

1학년 8학급과 전입생들로 인해 늘어난 2학년 한 학급 정도의 아이들을 데리고 체육 축제를 운영해야 했다. 아이들 이동 동선을 예상해 보고, 실제로 걸어 보고, 용인 실내 체육관 주변 신호등과 횡단보도까지 확인했다. 어느 정도 가능성이 보여, 직접 대관 담당자에게 연락을 했다.

“아, 네 선생님? 고진중학교 잘 알지요! 이번에 개교한 학교지요? 한 번 오시지요?”

뜻밖의 환대에 기대 반, 걱정 반의 마음을 가지고 용인 실내 체육관을 방문했다.

“언제 학교 행사를 하시나요?”

“언제가 가능할까요?”

용인 실내 체육관은 여자 프로 농구가 진행되는 공간이기 때문에 시즌이 다가오면 체육관을 사용할 수 없다는 것을 알고 있어 2학기 후반은 안 될 것이라 예상했었다. 게다가 용인특례시의 대관 행사 및 미리 잡혀 있는 일정이 있으면 안 된다고 하셔서 달력을 찬찬히 들여다 보며 담당자와 이야기를 나누었다. 날짜가 변동되면 학교에서도 학교운영위원회를 통과해 학사 일정을 조정해야 하는 과정이 있기에 날짜 선택도 신중을 기해야 했다. 그리고 지금 내 마음대로 결정할 사항도 아니고 기획 회의에서 여러 학교 일정들과의 조율도 거쳐야 했다. 일단 8월 말에 가능한 세 날짜를 챙겨 인사를 하고 나왔다.

현장 답사를 다녀오니, 학사 일정과 용인 실내 체육관의 일정만 맞으면 체육 축제를 시원한 에어컨을 켜고, 선크림도 바르지 않은 채 치를 수 있을 것이라 생각했다. 넉넉하지 않은 예산 계획을 펼친 후 장소 사용에 필요한 비용(대관료, 에어컨 사용료 등)도 체크해 봤다. 학교 체육 축제를 할 때 운동장에 펼치는 이동식 천막(자바라 천막)을 대여하는 것과 비슷한 금액으로 판단돼 천만다행이었다. 그런데 불현듯 스쳐 지나가는 생각. ‘아이들 점심은 어떻게 해결해야 할까?’

하나의 허들을 넘으면 또 하나의 조금 높은 허들이 '짠'하고 기다리고 있다. 처음이 중요했고, 잘 준비해 둬야 후년에 또 사용할 수 있기 때문에 차근차근 절차를 잘 밟아서 다가갔다. 직원분들에게 무한 친절 응대는 필수다. 예약을 하면 끝나는 것이 아니라, 우리 학교와 같은 큰 행사는 미리 일정을 조율하고 최종 오케이 사인이 나면 홈페이지에서 예약 꾸욱!

일정 조율을 마무리하고, 8월 30일(금)에 체육 축제를 진행하기로 '최종 확정' 했다. 학교운영위원회 심의를 받아 가정 통신문을 발송하고, 교직원과 학생들에게 공지해 관련 업무들을 차근차근 진행하기 시작했다. 학교에서 진행한다면 안 해도 되는 일들이었지만 (보통 날씨만 걱정한다.) 이런 과정들도 새롭게 경험해 볼 수 있어서 역량 강화에 도움이 됐다고 생각한다. 종목을 정하고 자리를 배치하며, 체육 축제와 관련된 모든 준비물을 체크리스트로 정리해 꼼꼼하게 옮기지 않으면 안 됐다.

"어, 그거 어디에 있지?"

"학교에!"

이런 불상사가 발생하지 않도록 체육 선생님들과 함께 하나하나 빈틈없이 챙겼던 기억이 난다.

체육 축제를 안내하는 홍보물도 만들고, 안전하고 의미 있게 하루를 만끽할 수 있도록 교직원 모두가 세심하게 준비했다. 2학년은 한 학급만 있어 축제에

고진중 체육축제

2024. 8. 30(금) 08:30~15:10
용인실내체육관

안전제일

1. 무리하지 않기
2. 즐겁게 참여하기
3. 신경질 내지 않기
4. 화내지 않기
5. 넉넉한 맘 실천하기
6. 힘차게 응원하기
7. 내 친구들 격려해주기
8. **올때 갈때 교통안전!!!**
9. 어진마음, 멋진행동,
 밝은표정, 고운말씨 실천!

스포츠정신

인성실천

인성이 실력입니다!
인성이 전부입니다!!!

체육축제 종목 (점수)

종목1	종목2	종목3	종목4	종목5
입장식 퍼포먼스 (100/80/60)	8자 마라톤 (100/80/60)	애드벌룬 릴레이 (100/80/60)	태풍의 눈 (150/130/110)	이어달리기 (120/100/80/60)

참가할 수 없는 아이들의 의견을 반영해 체육 축제 진행을 돕는 역할로 변경했다. 결론을 말하자면 1학년 8개 학급을 위한 체육 축제였다.

체육 축제를 위해 준비한 이벤트를 펼치고, 연습했던 실력들을 뽐내고 함께 달리며 하나씩 마무리했다. 그리고 드디어 다가오는 점심시간. 체육관에서 식사는 절대 안 된다고 했지만 협의 끝에, 간편식(컵밥)으로 대체해 체육관에서 식사를 할 수 있게 됐다. (청소 깨끗하게 해주세요!) 그런데 여기서 살짝 문제가 발생했다. 한 곳에서 너무 많은 컵밥을 주문한 탓에 제시간에 도착하지 못해 아이들이 산발적으로 움직이기 시작했다. 나는 급히 마이크를 잡아 중앙에서 고진 노래방을 개최했다. 휴대폰으로 MR을 찾고 즉석에서 신청자를 받아 서프라이즈 노래쇼를 열었다. 컵밥이 다 왔을 때 또 하나의 아주 높은 허들이 우리를 맞이하고 있었다. 이건 허들이 아니라 벽이었다.

"숟가락은 언제 주시나요?"

'허거덕!' 정신없이 컵밥을 챙겨 배달 오셨던 분들이 숟가락을 깜빡하고 안 챙겨 오신 것. 아이들은 스탠드에 삼삼오오 앉아서 외치기 시작했다. 아직도 그 외침 소리가 귓가에 생생하다.

"정부는~ 고진중학교 학생들에게 숟가락을 지급하라~"

급히 연락해 조금 늦게 컵밥 숟가락이 도착했다. 해프닝으로 끝났지만 역시 한 업체에서만 시키면 안 된다는 것도 새삼 깨달았다. 아이들의 첫 번째 체육 축제를 응원하러 와 주신 학부모님들을 위해 '신발 던져 타겟에 넣기' 이벤트도 진행했다(기념품 제공). 다들 기쁘게 웃으며 즐기셨다. 이렇게 우리들의 학교 밖 첫 체육 축제는 큰 탈, 별 탈 없이 잘 마무리됐다.

넌(Run), 진달래!

달리기 열풍이다. 예전과 달리 어디에서든 달리는 사람들을 쉽게 찾고, 만나 볼 수 있다. 멋진 복장을 하고 달리는 사람들, 모든 신체 부위를 다 가리고 뛰는 '누구냐넌족', 걷는 속도로 자기만의 달리기에 심취해 있는 분들, 거기에 가끔 진상으로 오해받는 러닝크루들까지.

신설 학교에는 뭐든 늘 부족하다. 안 사는 게 아니라 못 사는 것이다. 기본적으로 들어가야 할 큰 예산들이 있기 때문에 다른 학교에 흔한 것들이 이곳에서는 귀한 것이 된다. 그래서 다른 학교로 무언가를 빌리러 가는 일이 다반사다.

"선생님, 저 OOO입니다. 잘 계시죠? 혹시 수업 뭐하세요? OOO사용 안 하시면 두 달만 좀 빌려주세요!"

이런 통화가 잦다. 그러니 인간관계를 평상시에 잘해 둬야 한다.

체육을 담당하는 수석교사인 나도 고민이 많았다. 장비 하나를 사서 한 학급 30명이 같이 수업을 해야 하는 상황이니 두 학급을 동시에 진행하려면 예산은 늘 초과했다. 그래서 달리기를 생각했다. 체력도 키우고, 준비 운동 10분을 의미 있는 도전으로 채워 볼까? 이름은 뭐가 좋을까? 처음에는 '고달프다(고진중 달리고프다?)'라고 하려다가, 교과세특(교과 특기사항)을 적을 생각을 하니 바꿔야 했다. '진달래(고진중 달릴래)'로 네이밍을 해 '넌(Run) 진달래!'로 최종 확정하고 매일 내가 가르치는 아이들과 안전한 '마음동' 주변 1km를 달리고 있다. 10분 컷. 스마트폰 달리기 어플을 활용해 1km를 채운 후, 기록과 동선을 체크해 '띵커벨 보드'에 제출하면 된다. 나름 에듀테크 러닝이다~!

달리다가 화장실 가기 없기, 힘들면 걸어도 되지만 10분 안에 들어오기 위해

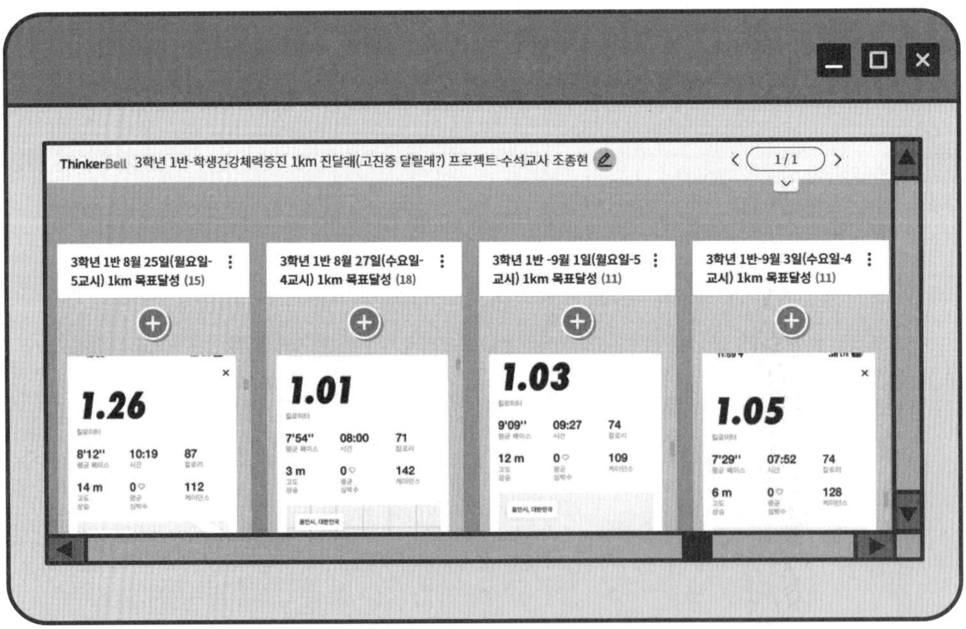

노력하기(걷달걷달 가능), 중간에 물 마시러 가기 없기, 에어팟 가능, 모자 가능, 헤드셋 가능. 뛰고자 한다면 뭐든 가능하다. 다양한 종목들을 선정해 24년간 수업을 운영했지만 보통 구기 종목 위주였던 탓에 상대적으로 두각을 나타내지 못했던 아이들이 앞장서는 모습이 낯설었지만 참 좋았다. 달리기를 통해 소통하게 된 아이들도 각 반별 여럿 있으니 나로서도 참 다행이다.

"선생님 저는 달리기가 좋아요. 혼자 하면 되잖아요?"

"저는 선생님과 함께 뛰어서 정말 기분 좋아요."

"체육 시간에 달리기 하는 게 제일 기다려져요."

"제 기록이 점점 단축되고 있어요. 띵커벨에 올린 기록 보셨지요?"

"캡처해서 우리들의 기록을 누가 기록으로 남기는 것이 정말 좋다고 생각해요!"

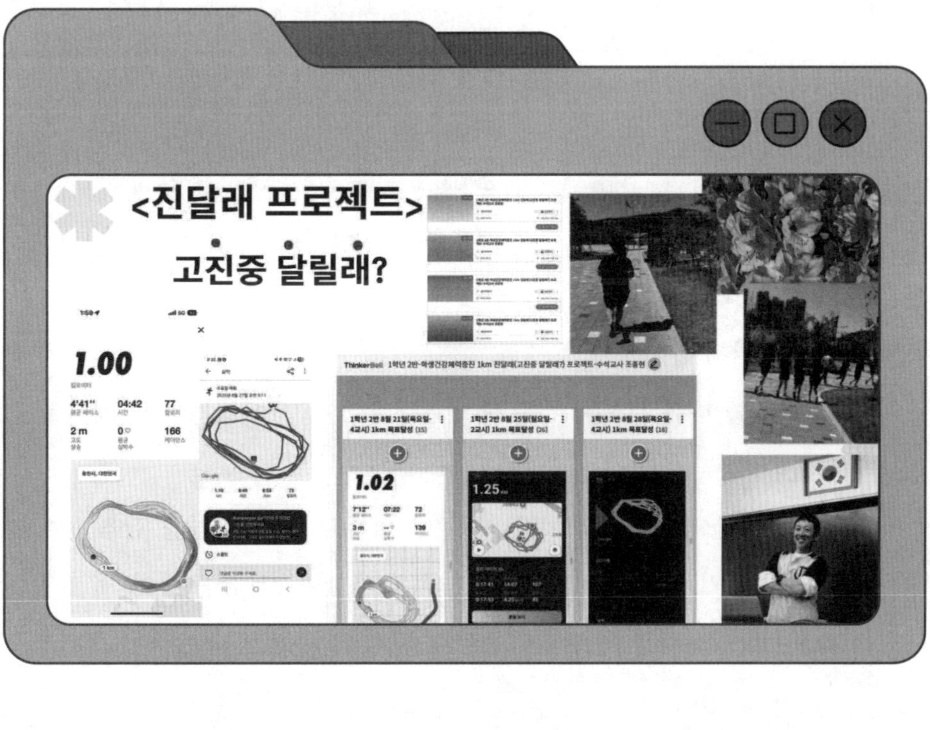

"선생님, 오늘은 저랑 같이 뛰는 거 어때요?"

특별한 준비물도 필요 없다. 형식적으로 하던 준비 운동을 진짜 웜업(워밍업)이라는 이름으로 한다. 몸을 뜨겁게 만들고, 친구 그리고 선생님과 동행한다. 수업이 세 번 있는 날이면 나도 조금 힘들다. 하지만 그런 꾀를 부리고 싶은 날이면 여지없이 누군가 나타난다.

"선생님, 오늘 저랑 뛰어요."

"어, 응, 그…래!"

정말로 고달프지만, 신기하게도 3주 정도 하니, 1km가 쉬워졌다고 한다. 나도 마찬가지로 쉬워졌다. 이제 기록을 단축하기 위해 아이들이 뛴다. 마음동 일곱 바퀴 정도를 뛰는 준비 운동을 마치면 우리는 야구 캐치볼 수업에 들어간다.

101 심00 진달래 소감문**

2학기 체육 시간에 1km 달리기를 하게 되었습니다. 처음 시작할 때는 금방 끝날 줄 알고 가볍게 뛰기 시작했습니다. 하지만 조금 달리다 보니 거리가 길게 느껴지고 점점 힘들어졌습니다. 중간쯤에서는 다리가 무겁고 호흡도 가빠져서 멈추고 싶은 마음도 들었습니다. 그래도 걷고 뛰는 것을 반복하니 10분 안에는 완주하지 못했지만 끝까지 달리니 좋았습니다. 땀이 많이 났지만 몸은 개운해지고 기분도 상쾌했습니다. 이번 달리기를 통해 제 체력이 아직 부족하다는 것을 알게 되었습니다. 앞으로는 체육 시간뿐만 아니라 평소에도 운동을 더 해야겠다고 생각했습니다. 다음번 달리기에서는 조금 더 여유 있게 완주할 수 있도록 노력하겠습니다.

아이들의 후기를 받아 보고 여러 가지 나 나름의 고민 허들을 살짝 넘어설 수 있었다. '나 이거 잘하고 있나? 아이들은 좋아할까? 건강 수업이 제일 힘든데….' 그런데 아이들과 함께 달리며 이야기 나누고 바람을 맞는 순간은 참으로 행복하다. 잘하고 못하고가 중요한 게 아니다. 뛸 수 있다면 그걸로 충분했다. 모두가 평등해진다. 학부모님들도 무척 좋아하신다고 한다. 우리 아이를 뛰게 할 수 있는 사람은 선생님밖에 없을 것이라고.

방법을 찾았다. 이가 없으면 잇몸으로 진행시켜야 하니 나름대로 JQ(잔머리)를 사용해 쉽고 간단하면서도 성과와 의미를 동시에 얻을 수 있는 어떤 것을 찾기 위해 노력했다. 그리고 2학기, 해답은 바로 달리기였다. 런(Run) 진달래를 진달래 런(Learn)으로 변환시켰다. 학생과 교사가 함께 달리는 멋진 풍경. 달리면서 배움까지 얻을 수 있는 프로젝트를 좋은 가을 날씨에 진행했다. 많은 교직원들과 학생들이 참여해 가을 하늘을 만끽하며 달렸다. 무지의 스케치북에 하나하나 무언가를 그려 가는 과정은 신설 학교만의 참 매력이다.

101 김00 진달래 소감문**

〈진달래 프로젝트 느낀 점〉

나는 진달래 프로젝트를 하며 여러가지 감정을 느꼈다. 첫 번째로, 후련함이었다. 친구들과 다같이 시원한 바람을 맞으며 달리니 속이 뻥 뚫리는 기분이 들었다. 두 번째, 즐거움을 느꼈다. 노래를 들으며 걷다가 달리다를 반복하니 즐거웠다. 좋은 날씨에 하늘을 바라보니 하늘이 참 예뻤다. 달리기에 잘 어울리는 노래를 찾아서 듣고, 친구들과 잡담을 나누며 뛰다 보면 7바퀴가 금방이었다. 세 번째, 뿌듯함를 느꼈다. 매일 7바퀴씩 열심히 뛰니 체력도 좋아지는 것 같고, '내가 7바퀴나 뛰다니!!' 하고 뿌듯함을 느꼈다. 빨리 뛰면 의자에 앉아 쉴 수 있었는데, 바람이 시원해서 좋았다. 그리고 선생님께서는 의자에 앉아서 우리를 지켜만 보는 것이 아니라 같이 뛰어 주셔서 좋았다. 앞으로도 진달래 프로젝트가 잘 되기 위해 노력하겠다.

1 KM

한 걸음,

또 한 걸음,

천 미터,

나만의 작은 전쟁.

사제동행 안전야구 올스타전

야구를 좋아하는 아이들이 참 많다. 남녀 가리지 않고 말이다. 야구 직관을 가는 아이들 중에 여학생들도 꽤 많다. 참 좋은 분위기다. 가을 야구 이야기를 한번 시작하면 끝이 없을 정도로 시끌시끌하다. 아침마다 어제의 경기를 복기하고 서로 격려하고 자랑하며 아쉬워한다. 하지만 학교 현장에서 아이들이 야구를 실제로 경험하기란 쉽지 않다. 장비도 필요하고 위험하기도 하며, 무엇보다 연습 경기를 할 팀이 없다는 것. 야구 자율 동아리 담당 교사를 맡으면서 아이들과 미팅을 하던 중, 연습 경기를 하고 싶다고 해 "선생님들하고 한 경기 할래?" 라고 물어봤더니 아이들이 살짝 교사팀을 무시하는 듯한 발언으로 '도발(?)'을 했다. 그렇게 점심시간 사제동행 야구 경기가 추진됐다. 참 엉뚱한 시작이었다. 사제동행이지만 약간의 사제 경쟁?

'가만 있자, 우리 팀은 어떻게 꾸릴까?'

교감 선생님은 KIA, 학생부장님은 LG, 수석교사 롯데, 교무부장님은 KT, 학폭담당 교사 한화 등 겹치는 구간과 접점이 없었다.

"우리 따로 조끼 맞춰 입지 말고 다들 응원하는 팀 저지 입고 오는 건 어떠세요?"

날짜를 잡고 캐치볼 연습하며 각자 저지와 개인 글러브를 챙기는 선생님들. 이런저런 고민을 하던 중 드디어 학생들과의 연습 시간이 왔다. 왜 이렇게 응원을 온 친구들과 교직원분들이 많던지. 단 4이닝 경기, 4회까지만 한다. 결과는 아쉽게도 교사 팀의 패배였지만 야구반 아이들이 얼마나 좋아하던지. 6월, 뜨거운 태양 아래에서의 한 판 경기는 지금 생각해도 정말로 좋은 추억이다.

인성 교육은 '하는 것이 아니라 보여 주는 것'. 선생님이 먼저 보여 줘야 한다. 교과서에 나오는 도덕적 태도를 자신도 갖추고 있지 않으면서 아이들에게 요구하는 것은 정말 무리가 아닐 수 없다. 2022 개정 교육과정에서 강조하는 6대 핵심 역량 '자기 관리 역량, 지식 정보처리 역량, 창의적 사고 역량, 심미적 감성 역량, 협력적 소통 역량, 공동체 역량', 이것을 아이들에게 강조하기 위해 교사는 당연히 도덕적 태도를 갖추고 있어야 하는 것이다. 예를 들어, 지각을 자주 하는 교사가 아이들에게 '자기 관리 역량'을 가르칠 수 있겠는가? 쉽지 않다. 인성이라는 게 쉽고 간단했으면 다들 성인군자가 되었을 것이고, 태평성대를 누리며 살고 있을 것이다.

「사제동행 안전야구」 학생부장을 십여 년 해 본 경험으로는 눈에 보이는 안전과 눈에 띄지 않는 마음 속 사각지대의 안전도 상당히 중요했다. 그것은 그냥 만들어지지 않고 지속적으로 챙기고 살펴봐야 한다는 것을 알기까지 나도 상당한 시간이 걸렸다. '문전옥답'이라는 말처럼 말이다. 괜찮아도 살펴야 하고,

이상이 없어도 확인해 봐야 한다. 교직 경력을 돌아볼 때 미리 하는 것이, 잘 준비되어 있어야 하는 것이 일이 터진 뒤 수습하는 것보다 훨씬 시간도 덜 들고, 일도 행복하게 할 수 있었다. 돌다리를 두들겨 보는 것까지는 아니어도, 유심히 관찰하는 것은 할 수 있다.

점심시간 야구 이벤트 이후 아이들의 후기를 받아 보니 역시 '하기를 잘했다.'는 생각이 들었다. '아이들은 어땠나? 할 만했을까?' 그냥 스쳐 보내기 싫었던 담당 선생님의 마음이었다. 혹서기 때문에 1학기 말에 준비했던 2차전 일정은 선선해진 추석 연휴 이후로 잡아 다시 준비에 들어갔다. 매일 아침 운동장에서 연습하는 야구 자율 동아리 아이들을 상대하려면, 교사 올스타팀도 연습이 필요했다. 구단주 교장 선생님과 우리 팀원의 미팅을 소집해야 할 때다.

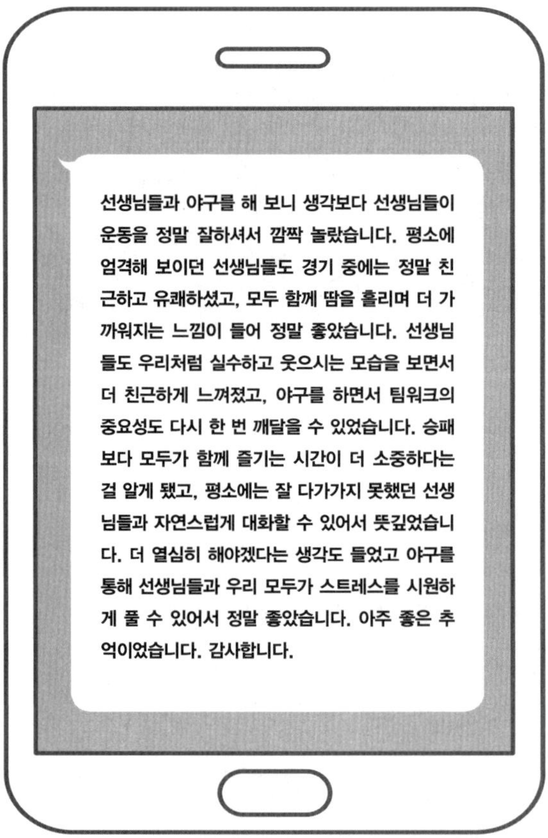

나의 학창 시절, 고등학교 2학년. 담임 선생님과 함께 했던 그 여름, 축구 경기를 지금도 잊지 못한다. 아이들 사이에서 힘겹게 뛰면서 함께 해 주셨던 우리 담임 선생님의 마음이 보였

기 때문이다. 함께 땀 흘리고 웃고 웃으며 보냈던 시간이 나에게 큰 추억으로 남았다. 1990년 효원고등학교 운동장. 경기 중간에 비가 왔고, 우리 반 친구들은 다 같이 비를 맞으며 축구를 했다. 경기 종료 직전에 나에게 굴러오는 공을 강하게 차서 득점에 성공했던 기억. 지금도 내 앞으로 데굴데굴 굴러오던 공의 모습이 선명하다.

"학교 선생님들과 야구 경기를 해 봤다?"

"저지를 입고 우리들과 함께 하셨어!"

대한민국에 없을 유일한 팀과의 경기였다. 바쁜 점심시간에 함께해 준 교감 선생님과 학생부장님, 교무부장님, 학폭 담당 선생님, 담임 선생님들에게 감사하다. 시간이 날 때 하는 것이 아니라, 시간 내서 함께!

물론 선생님들은 경기를 마치고 쉽게 자리를 떠날 수 없어 다 같이 저녁을 함께 했다. 그렇게 우리는 하나가 되어 갔다.

"우리 열심히 했는데 졌네요? 2차전 이기고 3차전 가시지요!"

편도 35km, 출근길 한 시간, 퇴근길 약 두 시간

신설 학교로 발령을 받은 분들의 특징 하나를 꼽자면 모두가 집에서 학교까지의 거리가 상당히 멀다는 것이다. 모두가 그렇지는 않지만 신설 학교가 도심에 세워지는 경우가 거의 없기 때문에 (가끔 예외도 있다.) 관외에서 들어오는 분들이 많고, 여러 여건을 고려해 관내에서 오더라도 신설 학교 1년차 때는 희망자가 거의 없고 2년차 정도 되면 2지망 또는 3지망으로 발령이 나는 경우가 많다.

"어느 학교에서 발령 나신 건가요?"
"대전이요, 남양주요… 수원, 분당, 천안이요."

나름 관내인 용인의 기흥구와 수지구에 사는 분들도 처인구까지 오는데 생각보다 출근 시간이 많이 걸린다고 하니, 그 이외의 지역은 대략 짐작이 되실 듯.

이전 학교인 평촌고등학교에서 4년간 근무를 하다가 수석교사로 신설 학교에 발령을 받았다. 3월 첫 주, 오전 6시 40분 집에서 출발. 어설픈 출발로 인해 평촌 중심을 지나 수원 지지대 고개를 멋지게 넘어 북수원IC를 통해 영동 고속 도로에 올랐다. 컴컴하다. '이 정도면 충분하겠지?' 싶었는데, 영동 고속 도로는 이미 주차장이었다. 한참을 거북이 걸음으로 찔끔찔끔 움직이는 수준. '이 새벽에 뭐지?' 겨우 지각하지 않고 출근했다. '더 서둘러야겠구나.' 설상가상 안양 일대의 다발성 지하철 공사 이슈는 예측 불가능한 트래픽 잼(교통 체증)을 일으키곤 했다.

그래서 5시 20분에 알람을 맞췄다. 일어나서 물 두어 잔, 영양제 두 알, 요거트 하나, 바나나 하나를 먹고 샤워 후 출발한다. 6시 정각에 시동을 걸었다. 그제야 좀 살 것 같았다. 이 시간에 움직이면 명절 연휴의 한산한 시내 움직임일 것 같지만 그렇지만도 않다. 차가 역시나 많다. 다만 서 있지 않을 뿐.

그 시간을 잘 보내야 했다. 피할 수 있는 시간이 아니었기 때문이다. 그동안 듣지 못했던 여러 강의 링크를 찾아 출근 시간과 퇴근 시간에 쭈욱 들었다. 연수 시간으로 따지면 약 500시간, 등교 일수로 따져 봐도 192일 정도 될 듯하다. 그렇게 운전하면서 연수를 들었다. 이상하게 졸리지도 않고, 여러 가지 생각과 아이디어들이 스멀스멀 피어올랐다. 들었던 내용 중에 궁금했던 점은 집이나, 학교에서 조금 더 찾아보거나 들여다 봤다. 나는 AI, 하이러닝, 에듀테크, 디지털 역량 강화 관련 연수를 차 안에서 거의 다 들었다. 간혹 대면 연수에 참여하면, 내가 들었던 연수 강사님이 와 계셨다. 예습을 하고 가서 듣는 느낌.

나는 봉사 활동을 특별하게 잘하지 못한다. 그런 재주는 나에게 없어 보인다. 그래서 마음 먹었다. '내 앞에 끼어들기 하는 차들에게 봉사 활동을 하자.'라고. 그래서 나는 모든 차들이 내 앞에 끼어들 수 있도록 서행은 물론 언제나 비켜준다. 이런 미음으로 매일 운전을 하니 차에 타면서 이런 중얼거림까지 했다.

'오늘은 몇 분에게 봉사 활동을 할까?'

기왕 하려면 즐겁게, 이왕 할 거면 의미 있게, 하는 김에 이것도 해 보자는 마음으로 하려고 노력했다. 이런저런 명강의와 오디오북을 들으며 나의 출근길과 퇴근길 차 안은 힐링과 인문학 박스로 변모한다. 특히 유튜브 관계자분들에게 감사드린다.

군대를 다녀와서 대학교 복학을 앞두고 6개월간 했던 용달차 가스 배달 아르바이트를 했던 기억이 떠오른다. 갓길에 주차된 차 앞에서 갑지기 튀어나온 초등학생 남자 아이를 칠 뻔했던 그 순간이 아직도 생생하다. 녹색 신호에 맞춰 경사진 이면도로를 급히 통과하려던 나와 빨간불에 짧은 횡단보도를 건너려던 아이와의 안 좋은 타이밍이었다. 그 이후로 과속을 하지 않는다.

집 앞 평촌고등학교를 다닐 때는 몰랐다. 장거리 운전을 하는 분들의 고충을. 내가 직접 이런 경험을 하고 나니, 그분들의 고초가 감히 느껴졌다.

"가장 좋은 학교는 어디인가요?"

종종 후배들이 나에게 묻곤 한다.

"그건 그리 중요하지 않아. 가깝다는 것은 학교를 선택할 때 고려되는 하나의 조건일 뿐이지. 만약 빌런 교사들이 여럿 있다면? 쳐다보기 싫을 정도로 잔머리 쓰는 계원 또는 일은 너무 못하면서 불평만 하는 부장이 있다면? 만나서 이야기하고 싶지 않은 진상 관리자가 있다면? 피하고 싶은 아이들이 너무나도 많은 학교라면?"

가깝다는 것이 꼭 좋은 것이 아님을 난 경험해 봐서 잘 안다. 아주 잘 안다. 좋은 사람들이 있는 학교면 된다. 그런 학교 분위기는 같이 만들어 나가는 것이다. 좋은 사람들은 늘 좋은 문화를 잘 만들어 낸다. 교직은 배움을 끝내고 들어오는 것이 아니라, 아이들을 가르치고 동료들과 함께 부대끼며 또다시 우리들의 모난 부분들을 잘 다듬어 나가야 한다고 생각한다. 내 뾰족한 가시가 남에게 상처가 되지 않도록 말이다.

만능 치트키, 바퀴 달린 스마트 TV

교실에는 칠판을 바라보는 좌측 창가 쪽에 TV가 고정형으로 설치돼 있다. 대한민국의 모든 교실이 거의 비슷한 환경일 것이다. 가끔 스마트 TV가 칠판 대신, 빔 프로젝터와 같은 장비가 천장에서 내려오는 학교를 제외하곤 전국 판박이라고 할 정도로 비슷하다. 신설 학교도 마찬가지다. 그렇게 세팅된 상태에서 수업이 운영된다. 학생들이 등교하는 시점에 맞춰 아슬아슬하게 등장했지만, 야구로 비유하자면 당당히 세이프였다.

신설 학교에는 해당 학년과 학급이 채워지기 전까지 빈 교실이 존재하곤 한다. 긴급하게 예산이 우선 사용되어야 할 곳들이 많기 때문에, 비어 있는 교실의 TV 설치는 우선순위로 잡혀 있지 않다. '아무도 없는데 왜?' 이런 생각인 듯. 하지만 우리는 곧 난관에 봉착했다. 전학생이 밀려와 학생 네 명에서 두 학급으로 늘어났고, 협의회를 해야 하는 빈 교실을 활용한 스포츠 시간에 강사님이 큰 빔프로젝터 보다는 작은 TV를 원하실 때가 있었다.

지금 이 순간, 바로 여기~ 스마트 TV! 그 위력을 당당히 발휘했다. 바퀴가 달려 있어 전학생들로 늘어난 학급에 고정형 TV가 세팅되기 전까지 수업 운영에 도움을 주었고 빈 교실과 협의회실에서 원활한 이야기가 효과적으로 오고 갈 수 있게 힘을 실어주었으며, 스포츠 시간(요가반)에는 시청각 자료를 잘 활용해 수업이 착착 진행될 수 있도록 제 몫을 다 해줬다. 체육관에서 진행된 애견 관련 진로 교육에서도 유용했고, 댄스 동아리 학생들의 아침 활동을 위한 영상 자료 시청 도구, 여러 교과 선생님의 다양한 학교 내 프로그램 운영에 적지 않은 도움을 줬다.

그렇다. 신설 학교에는 이렇게 큰 예산이 들어가는 거대한 하드웨어도 필요하지만 인류 최고의 발명품인 바퀴. 그 발명품이 달린 TV와 같이 빈틈을 채워줄 사람들과 소프트웨어들이 진가를 발휘하곤 한다. 우리들의 생각에도 이런 유연함이 필요하다. 신설 학교에 오신 분들 모두는 그 바퀴처럼 유연함은 몸에 장착하고 있었다. 그래서 물 흐르듯 함께 나누고 공감하며, 학교와 학생들의 성장 및 교직원 간 좋은 추억을 나누기에 수월하다. 다른 학교에도 있겠지만 우린 더, 아주 많이 그 역량들이 풍부했다. 지금도.

Gojin Middle School

늘 도전하고 실천하는 국어 교사

이병원

새로운 환경에서도 책임감을 가지고 맡은 업무에 성실히 임하며 전문성을 확장하고자 노력함. 초기에 느낀 부담과 어려움 속에서도 학교 운영의 핵심 역할을 수행하기 위해 꾸준히 배움과 실천을 이어 가며, 동료들과의 협력을 통해 문제 상황을 해결하는 모습을 보임. 낯선 업무에도 회피하지 않고 맡은 바를 충실히 수행하며 교육 활동 전반에서 안정적 운영을 위해 헌신해 온 자세가 돋보임. 학생 이해와 사랑을 바탕으로 한 교육 철학을 지니고 있으며, 과거의 경험을 성찰의 자산으로 삼아 더 나은 교사가 되고자 지속적으로 성장하려는 태도를 보임. 공동체적 울림을 중시하며 학교 구성원들과 조화를 이루기 위해 노력하고, 변화 속에서도 긍정적 방향을 모색하는 교육적 소명감을 지님. 어려움 속에서도 끝내 제 역할을 다 해내는 실천적 역량을 갖춤.

걱정으로 시작한 25학년도, 늘 그랬듯이 그들과 함께

24학년도 학기가 끝나 갈 무렵, 나는 또다시 익숙한 신호를 느꼈다. 머리가 지끈거리기 시작한 것이다. 교직 23년 차. 이제 웬만한 일에는 놀라지 않을 거라 스스로 믿어 왔지만, 새로운 학교로 발령을 받아 적응해야 한다는 사실만큼은 여전히 버겁다. 낯선 교실, 낯선 동료, 낯선 아이들. 모든 것이 새롭게 다가올 때마다 나는 늘 긴장했고, 그 긴장은 어김없이 두통으로 찾아왔다. 이번에는 중학교, 그것도 신설 학교였다. 머리가 무거워질 때면 문득 2013년의 기억이 떠오른다. 관내 비평준화 지역, 상위권 학생들이 모인 학교에서 보냈던 시간이었다. 그 시절의 나는 한창 뜨겁게 교직 생활에 몰두하고 있었고, 함께 땀 흘리던 동료들은 늘 열정으로 가득 차 있었다. 아이들은 수업 시간마다 무엇 하나라도 놓치지 않겠다는 눈빛으로 나를 바라봤다. 그 눈빛 속에서 나는 교사로서 성장했고, 인간으로서도 많은 것을 배웠다. 돌이켜 보면 그때가 내 교직 인생의 '화양연화'였다. 정말 떠나고 싶지 않은 학교, 놓고 싶지 않은 동료들이었다. 하지만 그다음 발령지는 전혀 달랐다. 처음 들어 보는 이름의 변두리 중학교. 생활 지도가 어렵다고 소문난 곳이라 전입 교사들도 대부분 외지에서 들어온 사람들이었다. 아이들과 부딪히는 시간은 날마다 나를 시험대에 올려놓았다. 나는 결국 아이들에게 충분히 다가가지 못했고, 애써 다독이지 못한 아이들이 내게는 아픈 손가락으로 남았다. 그 시절을 떠올리면 지금도 후회가 된다. 지인들과 술 한 잔 기울일 때면, 입버릇처럼 그 2년을 이야기하곤 했다. 다신 돌아가고 싶지 않은, 그러나 쉽게 지워지지 않는 교직의 그림자 같은 시간.

그런 내가 다시 2025년도 신설 2년 차 중학교로 발령을 받았다. 고진중학교. 다행히 제2의 고향 같은 지역이라 마음이 조금 놓였다. 발령지가 이전 학교와 가까워서인지 낯설지 않았다. 하지만 학교라는 곳은 언제나 사람으로 채워지는 공간이다. 그 속에서 내가 어떤 역할을 맡느냐에 따라 하루의 무게는 달라진다. 발령 직후, 교감 선생님과의 첫 면담이 있었다. 긴장된 마음으로 업무에 관한 생각을 차분히 전하고 있던 순간, 교감 선생님께서 말씀하셨다.

"교무기획부장을 맡아 줘야겠어요."

순간 심장이 쿵 내려앉았다. 학년부장이나 진로·진학에 관한 업무라면 누구보다 자신 있었던 나였다. 그러나 교무기획부장은 달랐다. 늘 회의 공지만 보내고, 학교생활에서 가장 중요하다고 생각하는 생활 지도와는 관계없이 뒷전에서 지휘만 하는 자리라고 생각했던 그 역할. 나는 그 자리를 늘 멀찍이서 지켜보며 '저건 나와는 어울리지 않는다.'라고 마음속에 정해 두고 있었던 것이다. 그러나 교사의 삶은 늘 예기치 못한 순간에 방향이 바뀐다. 무엇보다 나는 "싫습니다."라는 말을 하지 못하는 성격이었다. 결국 그 자리에서 이미 운명은 정해졌고, 나는 교감 선생님과 함께 새 학기 준비를 위해 학교에 있는 교직원들께 '교무기획부장'이라고 인사하고 있었다. 만감이 교차하는 순간이었다. 그렇게 3월이 시작됐다. 개학 첫날, 떠오른 말이 있었다. '실천이 힘이다.' 예전 학교 교직원 연수에서 만난 한 교수님의 좌우명. 그날 이후 내 좌우명이 됐다. 백 번 듣는 것보다 한 번 직접 경험하는 것이 더 값지다는 믿음, 그래서 늘 부딪히며 배우고자 했던 지난 시간들. 그러나 교무기획부장이라는 현실은 그 믿음을 시험하는 혹독한 과정이었다. 3월은 너무도 잔인했다. 첫 기획 회의, 첫 교직원 연수, 첫 지필평가 운영, 대체 교원 계획, 그리고 교육청에서 쏟아지는 공문들까지. 그 모든 것이 한꺼번에 밀려왔다. 마음은 앞섰지만 실천은 늘 미숙했고, 결과는 번번이 허둥대기 일쑤였다. 마치 1회도 넘기지 못하고 대량 실점으로 강판당하는 신인 투수 같았다. 자존감은 바닥으로 떨어지고 하루하루 조바심으로 가득했다. 어떤 날은 잠들기 전, 내가 맡은 자리 때문에 학교 운영이 멈출지도 모른다는 불안감에 온몸이 굳을 때도 있었다. 결국 새벽녘까지 뒤척이다 아침을 맞곤 했다.

그러던 나를 붙잡아 준 건 동료들이었다. 학교 근처 허름한 감자탕집에서 소주 한 잔 기울이며 속내를 털어놓던 자리. 자칭 '부적응 교사'라 부르며 커피 한 잔을 사이에 두고 웃던 순간. 그제야 깨달았다. 힘든 건 나만이 아니었다. 다들 낯선 환경에서 버거워했다. 결국 문제는 일이 아니라 적응의 시간이었다. 돌아보면 여섯 번의 발령지에서 3월은 언제나 힘들었다. 하지만 언제나 같은 울림을 가진 동료들이 있었고, 함께 잘 적응해 냈다.

'동성상응(同聲相應)', 같은 울림을 가진 이들은 결국 서로 만나게 된다는 믿음. 그 믿음이 이번에도 나를 버티게 했다. 관내 협의회에서 만난 다른 교무기획부장들의 따뜻한 조언, 온라인 채팅방에서 밤늦게까지 이어진 초보 교무기획부장들의 질의응답, 모두가 처음 맡은 일임에도 묵묵히 자기 몫을 해내는 젊은 계원 선생님들, 그리고 언제나 아낌없이 도움을 주던 전임 부장님과 행정실무사님. 늘 기다려 주시는 관리자분들까지, 이 모든 것들이 모여 조금씩 길이 보이기 시작했다.

이제야 알겠다. 로켓이 정상 궤도에 오르기 위해서는 수많은 실패와 도전, 그리고 엄청난 중력을 견뎌야 한다는 것을. 나 역시 그 과정을 거치고 있었던 것이다. 성급했던 내 조바심이 부끄럽다. 늘 그랬듯, 같은 울림을 가진 이들과 함께라면 결국 해낼 수 있다. 부끄럽지만, 이제는 아팠던 손가락을 떠올리며 다시 아이들에게 줄 사랑에 집중할 때다. 교사의 길은 무겁지만, 그 길 위에는 언제나 같은 꿈을 꾸는 동료와 제자들이 함께 걸어가고 있었다.

이제 정신 차렸으면, 뛰어!

사제동행(師弟同行) - 아이들과 함께 걷는다는 것

1학기를 마무리한 지금, 중학교 교직 생활은 고등학교와 확연히 다르다는 것을 날마다 실감한다. 두 곳 모두 '중등 교육'이라는 이름으로 묶여 있지만, 성장을 준비하는 중학생과 성장을 마무리하는 고등학생 사이에는 분명한 간극이 있다. 그 차이를 몸으로 겪으며, 나는 다시 '교사'라는 이름을 새기고 있다. 고등학교 근무 시절의 내 점심시간을 떠올리면, 늘 농구장의 소음이 함께한다. 그 시절 나의 생활 지도는 농구장에서 시작됐다. 말썽꾸러기들이 삼삼오오 모여드는 그곳에 내가 서 있었다. 처음에는 아이들이 마지못해 한 자리를 내주던 농구 코트였지만, 왕년의 실력을 살짝 보여준 뒤부터는 이야기가 달라졌다. 어느새 우리는 한 팀이 되어 함께 뛰었고, 그 짧은 점심 경기에서 서로를 알아봤다. 수업 시간에 아이들의 눈빛이 달라진 건 그때부터였다. 졸업을 앞둔 아이들이

"학교생활에서 가장 기억에 남는 게 선생님 슛을 블로킹한 거예요."

라며 인사를 건넸을 때, 그 뿌듯함이란.

중학교 아이들은 다르다. 아직은 미숙하고, 모든 것을 일일이 가르쳐야 한다. 하지만 그 '번거로움' 속에 교육의 참맛이 있다. 신설 학교 첫해, 교감 선생님과 수석 선생님이 앞장서 여러 프로그램을 만들었고, 나는 또다시 농구공을 들었다. 남자 선생님이 많은 학교였기에 금세 '교사 농구팀'이 꾸려졌다. 점심마다 아이들과 한판 대결이 펼쳐졌다. 경기는 늘 예상을 비껴갔다. 아이들은 규칙을 무시한 채 열정적으로 코트를 달렸다. 초등학생처럼 앳된 1학년은 곧 체력이 바닥나 허탈해했고, 질풍노도의 시기인 2학년은 팀 내 다툼으로 티격태격했다. 자존심 강한 3학년은 패배가 분해 눈빛이 붉었다. 결과는 늘 같았다. 평균 나이 40대의 우리 팀이 한 경기도 내주지 않은 완승. 숨이 턱까지 차오르며 헉헉거리던 우리에게 아이들은 쉴 새 없이 질문을 퍼부었다.

"선생님, 무슨 과목이에요?"

"농구 진짜 잘하시네요!"

응원을 위해 몰려온 친구들까지 뒤엉킨 농구장은 작은 축제였다. 점심이 끝나고 6교시, 늘 벽이 높다고 느꼈던 3학년 국어 수업 분위기가 달라졌다. 오늘따라 아이들이 먼저 말을 걸고, 사적인 질문까지 쏟아 낸다. 함께 코트를 뛴 몇몇 아이들이 선두에 섰지만, 구경만 하던 아이들까지 내 이야기에 귀를 기울였다. 농구 한 게임이 이렇게나 강력한 '빙벽' 파괴일 줄이야. 그날, 우리는 조금 더 서로에게 다가갔다.

후배 교사들이 묻는다.

"중학교에서 교사로 가장 중요한 건 뭘까요?"

나는 한결같이 답한다.

"사제동행입니다. 스며드는 생활 지도, 그것이 전부입니다."

23년 교직 생활 동안 단 한 번도 그 말을 후회한 적이 없다. 아이들은 쉽게 문을 열지 않는다. 그들만의 세계, 그들만의 방이 있다. 그러나 동시에 누군가를 초대하고 싶어 한다. 특히 자신을 윤리적으로 이끌어 줄 '선생님'이라면 더더욱. 농구공을 매개로 노랫소리를 매개로, 우리가 나누는 땀방울 하나가 곧 무언의 메시지가 된다.

"나도 이렇게 노력하고 있으니, 너도 수업 시간에 한 걸음 다가와 줘."

그것이 내가 믿는 사제동행의 마법이다.

신설 2년 차, 우리 학교의 사제동행 프로그램은 더욱 다채로워졌다. 이번에는 '공연'이었다. 아이들 앞에서 노래를 부른다고 생각하니 심장이 뛰었다. 과거 교사 밴드 활동 경험이 있던 나는 다시 마이크를 잡았다. 하지만 그 기억 속에는 작은 갈등도 존재했다. 몇몇 선생님들은 아이들과 상관없이 교사끼리만 연주하자고 했지만, 결국 뜻은 하나로 모였다. '아이들과 함께하지 않는 밴드는 의미가 없다.'라는 결론으로 사제동행 밴드의 명맥을 이어 갈 수 있었던 기억. 이번 공연을 위해 의기투합한 선생님들과 방과 후 음악실에서 몰래 연습을 거듭하고, 점심시간에는 강당에서 비밀스러운 리허설을 했다. 마지막 차례, 무대 앞까지 몰려와 집중하는 아이들의 눈빛은 뜨거웠다. 음정도 박자도 엉망이었고, 몰래 준비한 커닝 페이퍼를 결국 들키고 말았다. 하지만 아이들은 개의치 않았다. 순서가 다가오자 긴장이 밀려왔다. 축제도 아닌 점심 공연인데, 왜 이렇게 떨릴까. 그때, 무대 뒤에서 들려온 목소리.

"선생님, 아자! 아자! 파이팅!"

아이들의 진심 어린 응원에 울컥했다. 그 한마디가 축구 결승전을 앞둔 동료의 격려처럼 가슴을 두드렸다. 노래가 끝난 뒤, 아이들의 환호는 오래도록 귓가에 남았다. 무대를 마치고 교무실에서 동료 교사가 웃으며 묻는다.

"어떻게 마이크를 잡게 되셨어요?"

나는 웃으며 대답했다.

"연주할 줄 아는 악기가 없었고, 여기가 아니면 어디서 아이들에게 이런 관심과 환호성을 받아볼 수 있겠어요?"

학교는 배움의 공간이자 성장의 공동체다. 아이들의 성장을 돕는 곳이지만, 어른인 우리도 아이들을 통해 함께 자란다. 그것이 바로 교학상장(教學相長), 그리고 내가 믿는 사제동행의 본질이다. 열정만 있다면, 체력이 남아 있다면, 나는 앞으로도 아이들과 함께 달릴 것이다. 농구장에서, 강당 무대에서, 그리고 매일 수업 속에서. 그것이 내가 교사로서 선택한 길이며, 아이들과 함께 걷는 가장 확실한 방법이기 때문이다.

X세대 교사의 작은 다짐

설레는 마음으로 첫 발령을 받아 아이들과 우당탕거리며 지내던 게 엊그제 같은데, 어느새 스무 해가 훌쩍 지났다. 교직 초년생 시절의 긴장감은 어느새 사라지고, 점심시간에 동료들과 마주 앉아 '라떼는 말이야.'를 곧잘 꺼내는 나를 문득 발견한다. 웃음 섞인 농담처럼 내뱉은 말이지만, 그 안에 세월의 무게가 스며 있음을 부정할 수 없다. 90년대 학번인 나는 무심코 교직 초창기 일을 이야기하다가 옆자리에 앉은 교사가 90년대생임을 알고 깜짝 놀란 적이 한두 번이 아니다. 그때마다 잠시 말을 멈추게 된다. 누군가의 청춘이 막 피어날 때 나는 이미 어엿한 교사가 되어 있었다는 사실이, 세월이 이렇게나 흘렀음을 새삼 실감하게 한다.

우리 학교는 개교 2년 차다. 규모가 크지 않아 더더욱 가족적인 분위기가 난다. 신규 교사와 경력 교사가 고르게 모여 있고, 모두 유능하며 무엇보다 맡은 일에 최선을 다한다. 처음 부임한 교사들이라 업무나 학급 운영에서 작은 어려움이 없진 않지만, 그런 일은 교직의 일상에서 금세 극복할 수 있는 종류다. 낯선 환경 속에서도 서로 업무를 나누고 세심히 챙기며 문제를 풀어 가는 모습을 지켜보면, '가족 같은 학교'라는 표현이 허투루 들리지 않는다. 하지만 모든 학교가 이런 분위기를 갖추고 있을까? 오래된 지인들과 식사 자리를 가지면 어김없이 화제가 되는 것이 '요즘 젊은 교사' 이야기다. Z세대 교사들의 일과 태도, 소통 방식, 학생과의 거리를 두는 방식 등…. 나도 예전 학교에서 비슷한 경험을 한 적이 있어 무심코 고개를 끄덕였던 기억이 난다. 세대 간의 화합과 소통, 이 오래된 난제는 정말 풀 수 있는 걸까?

얼마 전 온라인에서 기사 하나를 읽었다. 공기업에 다니는 나와 비슷한 또래, X세대 직원이 쓴 글이었다. 그는 "입사 초반, 선배들이 기대하는 잡일을 묵묵히 해냈지만, 요즘 신입 사원은 그 일을 기피한다."라며 보이지 않는 세대 갈등을 토로했다. 기사를 읽는 내내 기사 속 그가 곧 나였다. 이전 학교에서 젊은 동료를 바라보던 내 시선이 크게 다르지 않았음을 깨달으며 기사를 계속 읽었다. "나만 있고 우리는 없는 세대, 관계없는 일에는 단호히 '아니요'를 외치는 젊은이들." 업무 책임을 회피한다는 비판적 논조가 이어졌다. 고개가 끄덕여지려던 바로 그때, 기사 하단의 날짜가 눈에 들어왔다. 1997년 1월. 20년도 훨씬 지난 기사 내용이었다. 기사의 의도를 알아채는 순간 머리가 띵했다. '요즘 젊은 세대'라는 말은 언제나 존재했고, 그 대상은 시대마다 달라졌을 뿐이었다. 20여 년 전, 누군가에게는 나도 바로 그런 '요즘 젊은 세대'였음을 새삼 깨달았다.

운동을 좋아하는 나는 늘 아이들과 함께 뛰며 교감을 쌓았다. 이전 학교에서는 고등학생들과 축구 경기를 하며 보이지 않는 자존심 대결을 벌이기도 했다. 젊은 체육 선생님들을 주축으로 교사 축구팀을 꾸렸을 때, 나의 포지션은 수비

수였다. 나이를 생각한 배려였을 것이다. 누구도 다치지 않으면서 승리할 수 있도록 보이지 않는 조율이 필요했다. 딱 10년 전까지만 해도 나는 최전방 공격수이자 미드필더였다. 골을 넣으면 터져 나오는 환호성을 듣는 것이 즐거웠고, 아이들도 그런 내 모습을 좋아했다. 그러나 지금은 골문 앞 수비를 맡는다. 조금 서글프지만, 축구가 원래 그런 게임 아닌가. 골을 넣는 선수가 있으면 패스를 보내는 선수도, 수비를 책임지는 선수도 있어야 한다. 경기의 묘미는 바로 다양한 역할들이 서로 얽히며 만들어지는 것이다. 요즘은 직접 뛰는 대신 축구 중계를 보며 대리 만족하고 있는데. 특히 손흥민 선수의 활약은 늘 설렌다. 그러나 내 마음속 진정한 영웅은 언제나 박지성이다. 화려한 개인기나 수많은 골이 아닌, 팀 승리를 위해 헌신한 미드필더. 동료들이 뽑은 '최고의 선수'. 무릎이 한계에 다다를 때까지 쉼 없이 달리다 은퇴한 그의 모습에서 나는 우리 세대의 그림자를 본다. 묵묵히 뛰며 빈틈을 메우는 사람, 빛은 나지 않지만 없어서는 안 될 존재. 그것이 지금 내 자리와 겹쳐 보인다.

학급 갈등으로 고민하던 한 신규 교사가 부장 교사 몇 명과 머리를 맞댔던 일이 있다. 그의 말과 행동에는 아이들을 향한 진심이 담겨 있었다. 다만 방법을 몰라 힘들어하는 모습이 안쓰러웠다. 도망치고 싶고, 누군가 대신해 주길 바라는 마음은 어느 세대나 똑같지 않은가. 최전방 공격수가 힘에 부칠 때, 공간을 만들어 주는 것이 미드필더의 역할이다. 그리고 그 뒤를 수비수와 골키퍼가 든든하게 지켜 주고 있지 않은가. 오늘 나는 다시 생각한다. 지금 내 역할은 '미드필더'다. 젊은 교사들이 골을 넣을 수 있도록, 앞뒤로 뛰며 길을 터 주는 존재. 언젠가 그들이 나처럼 미드필더의 자리에 서게 될 때, 팀을 위해 헌신할 수 있는 용기와 체력을 길러 주는 것, 그것이 지금 우리 X세대 교사들이 맡아야 할 몫이다. 교무실 불이 꺼져 가는 늦은 퇴근 시간, 창밖 운동장에서 들려오는 아이들의 웃음소리가 희미해진다. 나는 혼자 책상을 정리하며 마음속으로 다짐한다.

'세대를 잇는 미드필더가 되자.'

나도 한때는 누군가의 기대와 걱정을 한 몸에 받았던 젊은 교사였으니까. 그리고 언젠가 이 젊은 동료들이 또 다른 세대와 마주할 때, 오늘의 내 다짐이 그들에게 작은 길잡이가 되기를 바라며, 또 하루를 마무리한다.

교사만 만족하는 수업보다는 기대감에 부푼 아이들을 위한 수업을!

한때 '거꾸로 수업'이 교육계의 화두로 떠오른 적이 있었는데, 참으로 이상적인 수업이라는 생각이 들었다. 교사가 일방적으로 개념을 전달하는 시간을 줄이고, 아이들이 스스로 생각하고 서로 협력하며 무언가 새로운 것을 만들어 갈 수 있다는 철학. 그 가능성에 매료돼 나도 한동안 이 수업 방식에 푹 빠져 살았다. 늘 수업 준비를 하며 마음속으로 '그래, 바로 이거다!'라는 근거 없는 확신을 품었고, 아이들을 위해 영상을 찍으며 밤늦도록 편집에 매달렸던 기억이 생생하다. 하지만 이상은 언제나 현실 앞에서 시험대에 오른다. 하고 싶은 이야기는 많았고, 이야기를 영상에 다 담다 보니 분량이 2시간에 달하기도 했다. '과연 이걸 누가 다 보겠는가?'라고 자조했지만, 멈출 수는 없었다. 부족한 편집 기술로 1시간 분량의 수업 영상을 만드는 데 꼬박 일주일이 걸렸다. 효율은 최악이었지만, 기술이 조금씩 늘어나면서 짧고 굵은 영상을 만들 수 있게 됐고, 나름의 자신감도 쌓였다. 학생들에게도 자부심을 느끼며 홍보했다. 그러나 결과는 처참했다. 한 학급 30명 가운데 실제로 끝까지 영상을 본 아이는 8명. 일주일을 기다려도 그 숫자는 늘지 않았다. 다른 반도 사정은 마찬가지였다. 학생들이 미리 보고 와야 가능한 모둠 활동은 물 건너갔고, 활동 시간에 오히려 내가 만든 영상을 다시 틀어 주는 기이한 상황이 연출됐다. 그렇게 나만의 고독한 거꾸로 수업은 쓸쓸히 막을 내렸다.

더 난감했던 기억도 있다. 이전 학교 교직원 연수 시간에 교장 선생님께서 "우리 학교 수업의 상징은 거꾸로 수업으로 하겠습니다."라고 선언하신 것이다. 인근 학교 교사 한 분의 수업을 보고 깊은 인상을 받으셨다고 했다. 순간 모든 교사의 시선이 나에게 집중됐다. 당시 내가 거꾸로 수업에 몰두하고 있다는 것을 알았던 탓이다. 그러나 정작 나는 그 매운맛을 누구보다 먼저 경험한 사람이었다. '좋긴 하지만 만만치 않다.'는 것을 뼈저리게 알았기에 속으로는 그 시선이 억울하기 짝이 없었다. 그러나 용기를 내 말하지 못했고, 결국 학교 홈페이지와 가정 통신문에는 거꾸로 수업이 우리 학교의 자랑스러운 상징으로 홍보됐다. 이웃 학교는 또 어땠는가. 경쟁하듯 '토론식 수업'을 상징으로 내걸었다. 하지만 한 학기가 지나고 나서 보니 두 학교 모두 기대에 미치지 못했다. 우리 학교 아이들은 영상을 보지 않았고, 이웃 학교 아이들은 토론에 적극적으로 참여하지 않았다. 결국, 두 학교의 실험은 웃지 못할 경쟁으로 끝났다. 그때 다시 한번 깨달았다. 수업은 교사만의 것이 아니라는 것을. 아이들은 절대 호락호락하지 않다는 사실을.

돌아보면 교직 생활 속에서 나를 가장 크게 흔들었던 건 언제나 아이들이다. 첫 발령지에서 잠시 다른 지역을 거쳐 귀향하듯 돌아왔을 때, 그곳에는 내가 마음속으로만 멘토라 여겼던 참스승이 계셨다. 입시 성적보다 아이들의 성장을 더 귀하게 여기며, 늘 학생 편에 서 있던 분이었다. 나는 그의 발자취를 흉내 내

보려 애썼지만, 따라잡을 수 없는 내공 앞에서 늘 부족함을 느끼곤 했다. 지금도 그분이 블로그에 종종 남기는 글을 염탐하듯 찾아 읽는다. 그의 글 중에 이런 문장이 있었다.

"아이들은 오늘도 가방을 메고 학교라는 곳으로 여행을 떠난다. 피곤한 아이들, 친구를 기다리는 아이들, 급식을 고대하는 아이들…. 각양각색의 아이들이지만, 하나같이 그들에게 펼쳐지지 않은 무언가에 대한 기대감을 안고 학교로 향한다."

여행이라. 참 멋진 비유라 생각했다. 동시에 내 지난 여행 경험이 떠올랐다. 첫 해외여행으로 동남아 패키지 여행을 갔던 때가 떠오른다. 그러나 기대와는 달리 여기저기 쇼핑센터만 전전했다. 버스에 몸을 싣고 끌려다니듯 움직인 끝에 망고와 라텍스 몇 개만 가득 안고 돌아온 여행. 지금도 그 허무함이 생생하다. 만약 아이들이 학교에서 느끼는 '여행'이 이와 같다면 얼마나 절망적일까. 기대를 품고 왔는데 정작 얻어 가는 것이 따분한 쇼핑센터 방문 같은 경험뿐이라면 말이다.

예전에 들었던 한 교수님의 연수가 문득 떠오른다.

"어떤 수업 방식을 취하더라도, 교사의 방식을 좋아하는 학생은 30% 정도뿐입니다. 그러니 선생님들이 제일 자신 있는 수업을 하십시오."

처음엔 그 말이 무책임하게 들렸지만, 지금은 그 의미를 조금 알 것 같다. 주입식 교육이 죄가 있는 것은 아니다. 문제는 주입식만 고집하는 데 있다. 아이들에게 다양한 경험을 선물하고, 그 속에서 배움의 목적을 달성할 수 있도록 돕는 것, 그게 이상적인 수업이 아닐까.

중학생 아이들을 바라보며 나는 종종 생각한다. 이 시기에는 고등학교처럼 치열한 경쟁에 몰아넣을 필요가 없다고. 물론 특별한 목표를 지닌 아이들은 예외겠지만, 대부분의 학생에게는 아직 다양한 경험과 도전이 더 절실하다. 그러나 현실에서 교실의 모습은 내 생각과 조금 다르다. 중학생임에도 불구하고, 벌써 대입을 걱정하며 불안해하는 아이들이 있다. 서로를 비교하고 남보다 뒤처지지 않으려는 긴장 속에서 하루를 보내는 아이들. 누가 아이들을 이렇게 만들었는가. 그럴수록 나는 멘토 선생님의 수업 장면을 다시 떠올린다.

"옆 사람의 활동지를 보고 그대로 작성하는 것도 공부다. 너희들이 할 수 있는 것까지만 해도 이 수업은 의미가 있다."

아이들을 있는 그대로 받아들이는 너그러움. 그 너그러움 속에서 아이들은 부담을 내려놓고 한 발 내디딜 용기를 얻었다. 결국 우리는 교육 전문가다. 그러니 잊지 말아야 한다. 교사 자신을 만족시키는 수업보다, 아이들이 기대감을 품고 참여할 수 있는 수업이 더 중요하다는 사실을. 오늘도 나는 수업을 마친 뒤 혼자 교실을 정리하며 생각한다. '아이들의 여행이 쇼핑센터가 아닌 진짜 여행이 되도록, 내가 할 수 있는 최선의 길은 무엇일까?' 그리고 다시 한번 다짐한다. 교사만 만족하는 수업이 아니라, 교실로 향하는 아이들의 설렘을 채워 줄 수업을 꿈꾸자고.

Gojin Middle School

함께 배우고 성장하고픈 교사

장주희

자신을 끊임없이 성찰하며 관계 속에서 성장하려는 의지를 지니고 있음. 타인의 감정과 노고를 깊이 헤아리는 섬세함을 바탕으로 학생과 동료 모두에게 책임 있는 관계를 맺고자 노력하는 교사임. 속으로는 변화와 배움을 많이 두려워하지만 새로운 환경에서 흔들리면서도 더 나아지기 위해 공동체 속에서 함께 배우고 성장하는 가치를 믿고 실천하고자 함. 겸손, 성찰, 배움을 중심 가치로 삼아 날마다 행복한 학교생활을 꿈꾸는 교육계의 휴머니스트.

교학상장(教學相長)

처음 발령을 받았을 때를 떠올려 보면, 그때는 정말 뭐가 뭔지 몰랐던 시절이었다. 그래서 문제가 생길 때마다 도움을 청하던 선배 교사들이 있었는데, 그분들의 경력도 불과 4~5년 정도였다. 당시 나는 그분들이 상당히 대단해 보였고, 4~5년이 지나면 나 역시 그분들처럼 웬만큼 알 건 다 아는 교사가 되어 있을 줄 알았다. 그런데 그렇지가 않았다. 4~5년 차가 되어서도 여전히 어리숙했고, 여전히 또 다른 선배 교사들의 도움을 받고 있었다. 경력 20년이 지난 지금도 마찬가지다.

'교직에서는 웬만큼 다 안다는 게 없구나.'

학생이 바뀌고, 동료가 바뀌고, 학교가 바뀌고, 지역이 바뀌고… 그뿐인가? 교육과정이 바뀌고, 정책이 바뀌고, 시대가 바뀐다. 작년에 IB 관련 연수에 참여했을 때, 어쩌다 이 연수를 받게 됐는지 돌아가면서 이야기하는 자리가 있었다. 대부분 학교에서 가라고 해서 어쩔 수 없이 왔다는 슬픈 사연을 털어놓았다.

그런데 한 역사 선생님께서 정년이 2년 남은 시점에, 남은 2년 동안 자신의 수업을 바꿔 보고 싶어 연수에 참여했다고 말씀하셔서 모두의 박수를 받았던 장면이 기억에 남는다. 짐작건대 그분은 교직 생활 내내 그런 마음가짐으로 임하셨을 것이다. 35년 가까운 교직 생활을 하시면서 마지막 순간까지 배우려는 자세, 더 나은 수업을 고민하는 열정, 학생들을 위해 변화하려는 용기가 존경스러웠다. 교직 생활 마지막까지도 다 아는 건 없나 보다. 젊은 날의 나에게 이것저것 척척 알려 주시던 선배 교사들도 사실은 계속 배우는 중이었을 것이다.

나의 교직 생활을 돌아보면 젊은 시절의 나는 연수를 거의 듣지 않았다. 그때는 당연히 줌으로 진행하는 연수가 없었고, 주말에 여는 연수 또한 거의 없었다. 그래서 연수를 가려면 평일에 수업 교환을 해야 했는데, 그 시절에는 수업 시수도 지금보다 많았다. 그리고 무엇보다 배움의 필요성을 크게 느끼지 못했다.

당시에는 대충 이 정도면 괜찮다고, 학생들도 잘 따라오고 있다고, 큰 문제없이 한 해 한 해 지나가고 있다고 생각했다. 변화의 필요성을 느끼지 못했고, 새로운 시도를 할 동기도 없었다. 그런데 코로나19 팬데믹 이후 갑자기 세상이 변했고, 나는 그 변화에 적응하기 힘들었다. 변화하는 교육 환경 속에서 나만 제자리걸음을 하고 있는 것 같았고, 학생들에게도 의미 있는 배움을 주지 못하는 것 같다는 생각이 들었다. 어렵거나 힘든 업무는 피하고 싶었고, 수업도 내가 해 오던 방식만 고수하고 있었다. 경력이 쌓이면 전문성도 저절로 생기는 줄 알았는데, 내가 만났던 선배들처럼 알 건 다 아는 교사가 되어 있을 줄 알았는데, 오히려 변화를 두려워하고 새로운 시도를 회피하는 나 자신을 발견하게 된 것이다.

이럴 때 연수가 필요하다는 걸 체감했다. '좀 더 일찍 다양한 분야의 연수를 듣고, 교과 연구 활동에 참여했더라면' 하는 후회가 생겼다. 물론 여전히 수업 교환은 쉽지 않고, 주말 연수도 달갑지는 않지만 이제는 나의 부족함을 알기에 더 이상 이런저런 핑계로 연수를 멀리하지 않으려고 스스로 독려 중이다. 다행인 것은 우리 학교 후배 교사들은 내가 20년이 지난 후에야 깨달은 것들을 어떻게 알았는지 다양한 연수에 스스로 알아서 잘 참여하고 있다. 여러 선생님들과 함께 듣는 연수는 요즘 나에게 아주 큰 활력과 즐거움이 되고 있다. 어떤 연수는 우리 학교 선생님들도 같이 들으면 좋겠다는 생각이 들 때가 있는데, 그런 소망이 이루어지는 순간이라고 해야 할까? 바쁜 학교에서 잠시 벗어나 연수 주제를 두고 서로 소통하고 동료 선생님들의 빛나는 아이디어를 접할 수 있는 소중한 기회다. 예전에는 연수를 가면 강사로부터 배운다고 생각했는데, 지금은 연수에 함께 참여한 다른 선생님들로부터 배우는 것이 더 많다는 생각이 든다. 연수가 또 다른 '교학상장(敎學相長)'의 자리인 것이다. 게다가 이런 교학상장의 자리를 우리 학교 선생님들과 함께할 수 있다면 얼마나 큰 기쁨이겠는가? 이 배움의 자리에서는 모두가 평등해 후배 교사들 앞에서 나의 부족함을 마음껏 드러내도 부끄럽지 않다. 몰라서 배우러 온 것이고, 그래서 당당하게 질문할 수 있다. 학교에서는 보통 질문을 받는 입장이다 보니(심지어 답을 모를 때가 많다.) 이렇게 연수에서 질문할 수 있고 누군가가 답도 알려 준다는 게 참 시원하게 느껴진다.

'배워야 자신의 부족함을 알고, 가르쳐 봐야 어려움을 알게 된다. 그러므로 가르치고 배우며 서로 성장하는 것이다.'

초임 때는 몰랐지만 지금 생각해 보면 우리는 동료로서 교학상장의 길을 함께 가고 있었다. 선배 교사에게만 배우는 것이 아니라 후배 교사에게도 배우며, 또 그 배움 속에서 부족함과 어려움을 깨닫는다. 지금 이 순간에도 서로의 비어 있는 부분을 채워 주며 우리는 함께 성장하고 있다.

첫 만남, 동료가 되기까지

고진중학교에 발령을 받고 처음으로 학교에 인사를 왔던 날, 교감 선생님과 면담을 했던 순간을 지금도 생생하게 기억한다. 나중에 교감 선생님께 여쭤보니 잘 기억하지 못하시는 것 같아서 차라리 다행이라는 생각이 들었다. 왜냐하면 교감 선생님과의 첫 대면이 나에게는 좀 당황스럽고 부끄러운 순간이었기 때문이다. 교감 선생님은 몇 가지 질문을 하셨는데, 그중 하나가 고진중학교에서 무엇을 펼치고 싶냐는 것이었다. '세상에… 내가 여기에서 무엇인가를 펼쳐야 하나?' 머릿속이 하얘졌다. 나는 무엇을 펼치려는 생각을 해 본 적이 없다. 그것도 이제 막 발령을 받은 학교에서 말이다. 그러나 나는 마음속 생각들을 솔직하게 말하지 못하고 마치 면접을 보러 온 취업 준비생처럼 뭐라도 대답을 해야만 할 것 같아 더듬더듬 몇 마디를 겨우 했다. 계속된 다음 질문.

"고진중학교에 대해서 무엇을 아시나요?"

'오 마이 갓… 작년에 개교한 학교에 대해 무엇을 알아야 하지?' 나는 고진중학교의 존재 자체를 내신을 쓸 때 처음 알았다. 인터넷에서 대충 위치나 확인해 본 것이 전부였다.

"… 너무 멀다는 거요?"

지금 생각해도 너무 한심한 대답이다. 나를 기준으로 학교가 먼 거지, 이게 학교에 대한 객관적 정보는 아니잖아? 그렇게 면담이 끝났다. 뭔가 불합격 통지서를 받은 듯한 기분으로 학교를 나왔다. 돌아오는 차 안에서 마음이 복잡했다. 시작부터 나의 부족함과 준비되지 않은 태도를 들킨 것만 같았다. 나이를 먹고 학교를 옮기는 건 쉽지 않다는 이야기를 주변에서 많이 들었다. 나이만큼 책임이 있고, 그 역할을 할 수 있어야 한다고 했다. 나는 고진중학교에서 어떤 역할을 하게 될까?

나의 보직은 교육연구부장이다. 교육연구부장은 처음 맡아보는 보직이라서 연구부의 기본적인 업무만 하기에도 빠듯하다. (교감 선생님의 기대와 달리 뭔가를 '펼칠' 처지가 아니다.) 올해 목표는 그저 기본적인 업무를 실수 없이 해내는 것이다. 교육연구부의 업무 중 가장 중요한 평가 업무는 정해진 시간 안에, 절차에 맞게, 틀리지 않고, 정확하게 하는 것이 핵심이다. 그러나 자연인으로서의 나는 정해진 시간보다 여유롭게, 절차보다는 끌리는 대로, 너무 완벽하면 정 떨어지니 틀리기도 하는 것을 미덕으로 삼는 사람이다. 이러니 우리 학교가 얼마나 위태로웠겠는가? 하지만 천운이 도와서 나의 곁에는 거의 어벤져스 급으로 유능한 계원들이 있다. 나의 부족함을 일찍이 간파하시고 이렇게 훌륭한 계원들을 배정해 주신 것 같다.

나는 우리 계원들을 보면서 참 많은 것을 배운다. 젊은 나이에 내가 저렇게 열심히 산 적이 있던가? 분신술이라도 쓰는 건지 담임 업무와 부서 업무를 병행하면서, 그 밖의 주요 업무와 행사에도 빠짐없이 등장한다. 게다가 그 바쁜 와중에도 나의 신체적·정서적 안위를 살펴 준다. 이 부분 역시 나의 과거를 돌아보게 하는 지점이다. 나는 과연 과거의 부장님들에게 이들처럼 힘이 되어 드린 적이 있을까? 그래서 계원들 앞에서 힘든 내색을 할 수가 없다. 그들이 나보다 더 힘들 테니까. 부장으로서 내가 그들의 성장을 돕고 지원해 줘야 하는데, 오히려 내가 계원들의 보살핌 속에서 적응하고 성장하는 기분이다.

신설 학교의 부장을 하면서 깨달은 것 중의 하나가 바로 '했던 대로 하면 돼.'라는 말 속 '했던'의 가치다. 지금껏 거쳐 왔던 학교들의 '했던 대로'가 얼마나 많은 사람들의 고민과 노력의 결과물인지를 새삼 깨닫게 됐다. 예전에는 대수롭지 않게 지나쳤던 그 학교들만의 방식이 얼마나 치열한 시행착오의 결과물인지를 알게 되니 겸허한 마음마저 들었다. 반면 여기는 '했던 대로'가 없으니 새로 방식을 정하고, 새로 양식을 만들어야 한다. 하나하나 생각할 게 많고 일의 추진 속도가 느리지만, 그러면서 배우게 되는 것도 많다. 방식을 결정하거나 양식을 정비할 때는 다 이유가 있었다. '했던 대로' 하면 생각해 보지 않았을 여러 문제들에 대해 고민하고, 더 나은 방향으로 나아가기 위해 노력한다.

이곡의 「차마설」이라는 수필이 있다. 말을 빌려 탄 경험을 소재로, 인간이 가진 모든 것은 잠시 빌린 것에 불과하다는 깨달음을 담고 있다. 이곡은 말을 빌려 타면서 처음에는 자신의 말인 양 거만하게 굴었지만, 결국 그 말을 돌려줘야 한다는 것을 깨닫고 겸손해진다. 모든 것은 영원하지 않으며, 우리는 잠시 맡아서 사용할 뿐이라는 철학적 사유를 담고 있다. 내가 있는 고진중학교의 이 자리도 잠시 빌린 것이므로 잘 머물다 떠나야 할 것이다. 어떻게 머물러야 잘 머무는 것일까? 내가 남긴 흔적들이 이후에 여기에 올 누군가에게 어떤 의미로든 도움이 된다면 그것만으로도 충분하지 않을까. 그래서 후일의 누군가는 '했던 대로' 하기도 하고, 또 '했던 것을' 바꾸기도 하고, 그렇게 모든 것들이 차곡차곡 쌓이면서 고진중학교는 역사와 전통을 자랑하는 학교가 되겠지.

한 학기가 지난 지금, 처음 면담 때를 떠올리면 웃음이 나온다. 그때의 나는 교감 선생님의 질문들이 몹시 당황스러웠지만, 사실은 교감 선생님도 나에게 거창한 것을 기대한 것이 아니라, 단지 이 학교에 대한 관심과 애정이 있는지, 함께 학교를 만들어 갈 의지가 있는지를 확인하고 싶으셨을 것이다. 지금도 여전히 부족한 점이 많고, 매일 새로운 도전에 직면한다. 하지만 처음보다는 모든 것이 훨씬 안정됐고, 무엇보다 훌륭한 동료들과 함께 일할 수 있다는 것을 큰 행운이라 여긴다. 앞으로 얼마나 더 많은 시행착오와 성장의 순간들이 기다리고 있을지 모르지만, 지금처럼 옆에 있는 동료들과 하루하루를 채워 나가려고 한다. 그것이 이 자리를 잠시 빌려 쓰는 나의 바람직한 자세일 것이다.

고진중학교 입문기

내가 고진중학교에 발령을 받고 많이 들었던 질문 중에 하나가 어떻게 이 학교에 오게 됐냐는 것이다. Why not? 나는 고진중학교를 당당히 희망해서 왔다. (물론 1지망은 아니었지만 말이다.)

2024년 11월의 어느 날, 운명처럼 고진중학교 전임 교무부장님의 에듀메신저 메시지를 보게 됐다. 그 메시지는 내신 철을 앞두고 학교를 홍보하는 글이었다. 대략적으로 역세권, 스세권(주변에 스타벅스가 두 군데나 있지만 2월 워크숍 이후에 한 번도 가 본 적이 없다.), 학교 분위기가 좋다는 내용이었다. 하지만 내 마음을 움직인 건 그 내용 자체라기보다 누군지도 모르는 저 멀리 고진중학교의 교무부장님에게서 느낀 알 수 없는 믿음이었다. 보통 누군가가 학교가 어떤지 물었을 때 (특히 내신 철에) "우리 학교 좋아."라고 말하기는 쉽지 않다. 그건 일종의 만족도 조사를 할 때와 비슷한 심리다. 5점 만점에 웬만해서 5점을 주기 힘든 심리 말이다. 그런데 이렇게 학교를 홍보하는 메시지를 관내에 보내신 걸 보니 정말로 좋은 학교일 것 같았다. 그렇게 나는 고진중학교에 오게 됐다.

연구부장 보직을 맡은 후 첫 임무는 2월 워크숍이었다. 문제는 당장 내일이 워크숍인데 선생님들이 마실 물도 없고, 워크숍 기간 동안 식사 장소도 정해지지 않았다는 사실이었다. 몹시 당황스러웠지만 해결해야만 했다. 먼저 물을 사야 한다. 초임 교사 때처럼 누구에게 물을 사 달라고 해야 하나, 물은 어떤 예산으로 사야 하나 등 사소한 것들까지 하나하나 모두 어려운 숙제처럼 다가왔다. 역시 경력이 20년이 넘어도 학교를 옮기는 건 힘든 일이다. 결국 물은 샀지만 제 날짜에 도착하지 않았다. 우리 학교가 택배 소외 지역임을 그제야 알게 됐다. 워크숍 기간에 선생님들은 온풍기의 건조함과 새 학교에서의 긴장감 때문에 물을 많이 찾았지만 정작 학교에는 물이 없었다. 학교에 남아 있던 생수 몇 병으로는 역부족이었다. 한 선생님께서 물을 찾으며 본교무실까지 오셨을 때 죄송한 마음이 들었다. 이 상황을 눈치챈 주무관님이 추운 겨울날 학교 앞 편의점에 나가 직접 생수를 사 오셨다. 물은 워크숍이 끝난 뒤에야 도착했다. 물 이야기가 너무 길었나? 그럼 점심 이야기로 넘어가 보자. 점심은 어디서 먹어야 할까? 태어나서 처음 와 본 동네에 어떤 식당이 있는지 검색하면서 막막함을 느꼈다. 학교 앞에는 마땅한 식당도 없었기 때문이다. 교무실에 계시던 선생님께 작년에는 점심을 어떻게 해결했는지 여쭤보니 교무실로 짜장면을 시켜 먹었다고 하셨다. 작년에는 교직원 수가 적어서 가능했겠구나. 그런데 올해는 학급 수가 늘면서 교직원 수도 늘어 짜장면을 시켜 먹을 수는 없다. 결국 하루는 부서별로, 하루는 학년별로 나눠 먹었다.

이렇게 장황하게 물과 점심 이야기를 하는 데에는 이 과정 속에서 얻은 깨달음이 있었기 때문이다. 워크숍 기간은 새로운 시작을 앞두고 교사라면 누구나 긴장과 피곤함을 동시에 느끼는 시기다. 내가 물과 식사에 신경을 썼던 것은, 안 그래도 힘든 워크숍 기간에 선생님들께 불편을 드려 학교에 대한 인상이 나빠질까 싶어서였다. 그런데 나의 우려와 달리, 우리 학교 선생님들은 그 누구도 불평을 하지 않았다. 오히려 교감 선생님께서 "여기 부장님이 전입해 오신 걸 모르는 분들이 대부분일 거예요. 그러니 원래 계셨던 것처럼 편안하게 하세요." 라고 말씀해 주셨다. 이 얼마나 마음에 평화를 주는 말씀인가. 원래 있었던 사람처럼 편안하게 하라니…. 나는 계획을 세우고 그 계획대로 되지 않으면 불안을 느끼는 교사로서의 습성 때문에 쓸데없는 걱정을 하고 있었던 것이다. 적어도 우리 학교에서는 그랬다.

우리 학교 선생님들은 '물'과 같은 유연함을 지니고 있다. 물이 흘러가듯 그 유연함이 동료를 이해하고 배려하는 원동력이 된다. 내가 고진중학교에 와서 배운 가장 큰 가치는 바로 이 유연함이다. 내가 만들어 놓은 틀 안에 나를 가두고, 그대로 되지 않으면 혼자 괴로워했던 과거를 돌아보게 됐다. 이렇게 물과 식사라는 생존의 문제는 해결됐지만, 또 다른 과제가 바로 평가 계획 수립에 대한 안내였다. 전입으로 인해 공문 파악이 늦어졌고 워크숍 때 안내하기에는 시간이 촉박했다. 게다가 개학하자마자 맞춤형 학업 성취도 자율 평가까지 실시해야 하니 2월 워크숍 준비 때부터 매일 저녁이 없는 삶을 살게 됐다. 3월 첫 주가 지나고 우연히 교무부장님과 출근이 얼마나 고통스러운지에 대해 이야기를 나눴다. 3월 첫 주에는 주변 누구도 눈에 보이지 않았다. 내 발등에 떨어진 불도 끄기 힘들었기 때문이다. 그건 교무부장님도 마찬가지였다. 교무부장님도 전입해 오셔서 처음 교무부장 보직을 맡으셨다. 우리 둘 다 학교를 말아먹을까 봐 걱정했고, 혼자만의 걱정이 아니라는 사실에 조금은 안도했다. 그리고 아무리 힘

들어도 꼭 출근을 하기로 약속했다. 그렇게 모두가 힘겨웠을 3월이 지나고, 학교는 다행히 건재하다. 하긴, 나 하나가 학교를 말아먹기에는 내 영향력이 미미하다. 적응의 시간을 말없이 기다려 주신 관리자분들과 주변에서 끌어 주고 밀어 주는 동료들, 괜찮다고 천천히 함께 해 보자는 그분들 덕분에 나도 건재하다.

방문객

돌이켜 보면 담임을 했던 어느 해도 쉬웠던 해는 없었다. 각양각색의 아이들을 만나며, 그 관계 속에서 나도 함께 성장했다. 하지만 그 성장의 과정에서 상처로 남은 기억들도 있다. 생각하면 가슴이 저리고 부끄러운 기억. 그 시절 '이랬으면 어땠을까? 저랬으면 어땠을까? 무엇이 문제였을까? 내가 아니었으면 어땠을까?'를 생각하며 밤새 뒤척이곤 했다. 마음이 무거웠던 출근길과 더 마음이 무거웠던 퇴근길이 있었다.

정현종의 〈방문객〉이라는 시가 있다. 이 시를 읽을 때마다 나는 아이들이 떠오른다. 학생 한 명과의 만남은 그 학생의 일생을 맞닥뜨리는 일이다. 아이들이 지금 겪는 문제는 과거로부터 기인한 것이고, 안타깝게도 미래의 문제로 연결된다. 그래서 조금만 잘못 건드려도 부서지기 쉽고, 이미 여러 번 부서졌을지도 모른다. 나는 담임을 하면서 학생의 현재만 마주하고 싶었다. 그런데 그

사람이 온다는 건
실은 어마어마한 일이다.
그는
그의 과거와
현재와
그리고
그의 미래와 함께 오기 때문이다.
한 사람의 일생이 오기 때문이다.
부서지기 쉬운
그래서 부서지기도 했을
마음이 오는 것이다.

렇게 대충 해결한 현재들이 또 다른 과거로 돌아오는 상황을 많이 경험했다. 나와의 현재가 학생에게는 일생의 연장선상에 있었다. 그래서 책임감도 컸지만 책임감만으로 모든 문제가 해결되는 건 아니었다. 학교에서 드러나는 문제가 학교만의 문제가 아닐 때, 내 손과 힘이 미치지 못하는 영역의 문제일 때 큰 무력감을 느꼈다. 그렇게 담임으로서 뜨겁게 힘들었던 시절이 있었다. 그런데 가만히 생각해 보면 힘들기만 했던 것은 아니다. 보석 같은 아이들도 있었고, 교사로서 보람을 느꼈던 순간들도 있었다. 지금은 보직을 맡고 있지만 언젠가는 다시 담임을 맡게 될 것이다. 앞으로의 나에게 어떤 '일생들'이 또 방문할까? 그 일생들을 좀 더 준비된 모습으로 만나고 싶다. 평생을 학생들과의 만남을 준비해야 하는 교사로서의 삶은 실로 어마어마한 일이다.

내가 아는 선배 교사 중에 오랫동안 보직만 맡아 오다가 이제는 교감 발령을 앞두고 십몇 년 만에 담임을 맡게 되신 분이 있다. 얼마 전에 그분을 뵀는데 오랜만에 돌아오니 담임 선생님들을 많이 이해하게 됐다고 하셨다. 아무래도 본교무실에서 부장들끼리만 생활하다 보면 담임 선생님의 숨 가쁜 일상을 잊기 쉬운데, 그분에게는 관리자가 되기 전의 담임 경험이 좋은 선물이 되셨을 것 같다. 나 역시 보직을 맡게 되면서 스스로 경계하려고 했던 부분이 담임 교사였던 시절을 잊어버리는 것이다. 담임 교사는 정말 바쁘다. 아침 출근길에서부터 학생 출결 관련 연락을 받고, 조회를 마친 뒤에는 미인정 지각과 결석에 대한 조치를 취해야 한다. 쉬는 시간마다 아이들이 이런저런 이유로 찾아오고, 그 와중에 학생 사안까지 발생하면…. 생각만 해도 한숨이 나온다.

종례 후 청소 지도까지 마쳐야 담임으로서의 일과가 끝나는데 그때부터는 밀린 업무 처리를 시작해야 한다. 담임으로서의 보람 이런 건 차치하고, 일단 내 시간을 내가 컨트롤하기 어렵다는 게 힘든 점 중 하나였다. 그래서 보직을 맡게 되면 선생님들을 독촉하지 말아야겠다고 다짐했었는데, 나 역시 어느새 업무 중심으로 변해 간다고 느껴질 때가 있다. 다른 일들이 계속 이어지다 보니, 하던 업무를 빨리 끝내고 싶은 마음이 앞서기 때문이다. 하지만 학교 일은 혼자 서두른다고 해서 되는 게 아니다. 특히 업무 특성상 내가 맡은 일은 혼자서 빨리 끝낼 수 있는 종류의 일이 아니다. 그래서 잊지 않으려 한다. 서두르면 틀리고, 빨리 하면 다시 해야 한다는 것을. 가끔 후배 교사들로부터 담임의 고충을 들을 때가 있는데, 그때마다 내가 도와줄 방법이 없어 안타까움을 느낀다. 약소하게나마 내가 도울 수 있는 방법은 하루종일 시간에 쫓겼을 그분들에게 나까지 보태지 않는 것이다. 오늘도 내가 보지 못하는 곳에서 열렬하게 하루를 보내고 있을 우리 고진중학교 선생님들에게 독촉의 메시지는 최대한 자제하기로 다시 한번 다짐한다.

Gojin Middle School

사시나무와 함께 성장하는 체육 교사

권태식

어린 시절부터 운동 감각이 뛰어나고 성실함을 바탕으로 농구, 탁구 등 다양한 운동에 두루 뛰어난 실력을 보여 왔으며, 운동을 단순한 활동이 아닌 삶의 즐거움으로 생각하게 됨. 이런 경험 덕분에 학생들에게 운동의 기쁨과 건강한 삶의 가치를 전달하는 데 최선을 다함. 학생들의 인격 형성과 공동체 생활에 있어 모범이 되고자 하는 교사로서의 책임감과 성실함도 자연스럽게 갖추게 됨. 더 나아가 음악과 미술, 문학에 대한 꾸준한 관심을 바탕으로 감수성과 표현력을 길렀고, 말과 글을 통해 생각을 명확히 전달하는 언어적 감각을 키움. 무엇보다 유머 감각이 뛰어나 수업 중 학생들과 자연스럽게 웃고 소통하면서 긴장감을 풀어 주고, 아이들이 편안하게 마음을 열 수 있도록 분위기를 이끄는 데 능함.

응집력이 높아지다

2024년 4월. 아직도 학교는 개학 준비로 인한 공사가 한창이다. 대부분의 학교는 주차난을 겪지만, 고진중학교 주차장은 쾌적하고 여유가 있다. 주차 라인도 내 마음처럼 깨끗하고 하얗다. 아침 일찍 출근해 주차장에 들어서면 휑하다.

장점인 듯 장점 아닌 장점 같은 주차장. 보통의 선생님들은 담임 업무 혹은 행정 업무, 때로는 두 가지를 모두 수행한다. 그런데 신설 학교의 선생님들은 그 이상의 일들을 해야 한다는 것을 알게 됐다. 아니, 이미 알고 있었지만 애써 부정한 게 맞다. 모든 학교가 그렇듯 대동소이하지만 비슷한 업무들을 한다. 고진중학교에서의 첫해는 "이거 누구 업무지? 내 업무인가?" 이렇듯 업무 분장표를 확인하는 게 일상이었다. 업무 분장표의 칸 수는 교사 수만큼인데, 해야 할 업무 내용은 신설 학교나 기존 학교나 똑같다. 그러다 보니 고진중학교 선생님들은 혼자서 담당해야 하는 업무가 너무 많았다. 나 역시 1-3반 담임 업무에 분리수거, 학생 선수를 포함한 체육 업무 총괄 등이 나의 업무다. 마음은 20대인

데 몸은 점점 무거워졌다. 업무가 많다. 많지만 그냥 해야 된다. 안 하면 안 되니까. 그런데 하다 보니 된다. 장점인 듯 장점 아닌 장점 같은 업무. 난 항상 일찍 출근한다. 집이 원거리인 이유도 있지만, 업무가 많다 보니 아침 일찍 출근해 조용한 분위기에서 기본적인 업무를 처리해야 하루가 조금 덜 힘들기 때문이다. 그렇다고 대단한 일을 하는 건 아니다. 정말 기본적인 담임 업무다. 내가 쓰던 교무실은 특별실 공사가 한창인 건물이었고 해가 잘 들지 않는 곳에 위치해 어두웠다. 출근하면 복도에 기계 소리가 요란스럽다. 어두컴컴한 복도에 조명 스위치를 켜는 것이 첫 번째 일이었다. 가뜩이나 여러 가지 이유로 출근이 부담스러울 수 있는 교무실 선생님들을 위한 나만의 소심한 배려라고 해야 할까. 내가 근무하던 진로융합부 교무실에는 교과 선생님들과 함께 교무실을 사용해 본 경험이 없는 사서 선생님이 함께 생활하고 있었다. 그것도 내 옆자리 짝꿍. 항상 도서관에서 혼자 머물던 선생님이다 보니 많은게 불편할 수 있겠다는 생각이 들었지만, 그 선생님은 금세 자연스럽게 교무실 분위기에 녹아들었다. 혼자만의 생활이 그립지 않았을까? 사서 선생님도 오롯이 신설 학교의 불편함을 묵묵히 감내하며 도서관 개관 업무에 열중하셨다. 도서관 공사가 완료되어 교무실을 떠나던 날, 우리는 마치 몇 년간 같이 근무하던 선생님과 헤어지듯 서운하고 아쉬웠다. 이렇듯 교과·비교과 선생님들이 하나의 교무실에서 학교의 모습을 갖추기 전까지 서로 의지하며 지냈던 것은 나에게 새로운 경험이었다. 서로 모르거나 관심 없던 부분들에 대해 조금씩 알게 되면서 서로를 이해하는 폭이 넓어졌다. 결국 고진중학교 각 구성원들 간 관계가 원만해지고 응집력이 높아지는 효과가 나타나기 시작했다. 이 또한 신설 학교만이 가지고 있는 특징이 아닐까 싶다.

교사 간 높아진 응집력은 하계 교직원 워크숍으로 이어졌다. 남이섬에서 이루어진 워크숍은 서로를 이해하고 고단함을 격려했으며, 개교 첫해 첫 학기의 결과물을 통해 성찰과 성장의 기회로 삼고자 했다. 선생님들의 화합과 교육적 의지가 만들어 낸 결과물이라 할 수 있었다. 이렇듯 신설 학교라는 환경은 우리 선생님들에게 새로운 동기를 부여했고, 자신만의 노하우를 공유하는 소통의 장이 되어 가고 있었다.

신설 학교 멤버가 되다

박명수의 노래 〈바다의 왕자〉 가사가 떠오른다. 지금부터 2024년 고진중학교에서의 스토리가 시작된다. 용인을 떠난지 6년만에 다시 용인시 처인구 소재 신설 학교 고진중학교에 오게 됐다. 2011년 즈음 당시 관내 선생님들이 기피해 내신 희망자가 거의 없는 검은 돌로 지어진 고등학교에서 광주, 죽전 출신 비평준화 학생들과 화내고 웃던 시절이 아련하게 떠올랐다. 많이 힘들었지만 보람도 있었던 그때, 그 시기만 해도 처인구에는 고등학교도 없었고 왠지 시골이라는 느낌이 들었다. 긴 시간이 흐른 뒤 다시 온 2024년, 고진중학교 주변은 고층의 아파트들로 둘러싸여 있었다. 와, 이렇게 좋아졌구나.

"처인구 학교들은 사건 사고가 많지만 학생들은 순수해요."라는 처인구에서 근무하시는 선생님들만의 시그니처 표현들이 떠올랐다. '이제 막 중학교에 올라오는 학생들은 어떨까? 예전의 내가 알고 있는 그런 느낌일까?' 고심 끝에 도착한 학교에서 처음 든 생각은 '어? 개교가 가능할까? 이 상태로 개교를 한다고? 책상도 없는데?'였다. 첫 출근 날, 아직 학교 안에 울리는 기계음, 페인트칠을하다 만 시멘트 벽, 책상과 의자가 없는 특별실, 축구 골대 하나 없는 운동장, 조명만 들어오는 체육관. 마음은 심란한데 마치 중국 무협 영화에서나 나오는 각 문파의 고수들처럼 20여 명의 선생님들이 교무실에 모여 있었고, 다들 고수답게 심각한 표정들은 아니었다. 이상하다. 뭔가 의욕이 넘치는 모습이고 자꾸 웃는다. 나만 걱정인가 ? 어쨌든 하루하루 무림 고수들과 함께하는 기적과도 같은 시간이 흘러갔다. 개학이다. 난 1-3반 담임. 학생들 교복이 없어 모두 사복을 입었다. 영화 〈타짜〉의 한 장면의 대사처럼 싸늘했다. 너무 낯설었다. 중1 담임 경험도 전무했는데, 사복을 입고 있으니 완전 초등학생들이다. 이 아이들한테 학교 상황을 뭐라고 설명하지? 당장 수업을 해야 하는데, 배드민턴 지주대는 물론, 네트도 공도 없다. 다행히 체육과 수석 선생님이 공을 많이 갖고 계셔서 근근히 수업을 시작했다.

"선생님, 네트 언제 와요?"

"축구 골대는요?"

"아 그러게. 주문했는데 아직 안 오네."

이 말을 학생들에게 백 번은 한 거 같다. 미안했다. 하지만 어느 순간 학생들도 신설 학교는 원래 그렇다는 걸 체득한 듯, 그렇게 시간은 흘러갔다. 신설 학교라지만 모든 학교일은 똑같다. 담임 업무에 체육과 업무, 학생 선수 업무, 분리수거, 생활 지도 등 하루가 기가 막히게 빨리 지나갔다. 다행히 학생들은 나의 고생을 이해하는지 잘 따라 주었다. 승진해서 오신 교장 선생님, 장학사 출신 교감 선생님의 리더십과 파이팅 넘치는 각 부장님들 덕분에 하루가 다르게 안정감을 찾아가는 모습을 보고 대단함을 느꼈다.

"이게 되네."

아무것도 없이 책상과 의자만 있던 공사 현장 같은 교무실에서 시작한 것이 엊그제였는데, 고진중학교는 점점 평범하고 깨끗한 중학교의 모습을 의연하고 당당하게 갖춰 가고 있었다. 그 무림 고수 같은 선생님들은 서로를 도우며 엄청난 사명감으로 무장해 학교 개교 멤버로서의 역량을 하나하나 발휘하기 시작했다. 운동장에는 축구 골대가, 체육관에는 농구 골대와 배드민턴 지주대가 들어오던 날, 새삼스럽게 좋았다. 드디어 수업 때 아이들이 체육 기자재를 사용할 수 있게 됐다. '헉' 그런데 운동장에 스탠드와 차광막이 없었다. 체육 활동 중 아이들이 쉴 곳도 없었다. 고작 운동장 한가운데 벤치 뒤에 심어 둔 작은 나무 하나가 선생님들과 아이들에게 한 평 남짓한 그늘을 제공했다. 그렇다면 체육 축제는 어떻게 하지? 다양한 의견들이 있었지만 용인 실내 체육관을 대관해 진행하기로 했다. 체육과 수석 선생님의 역량과 많은 선생님들의 도움을 통해 만족스러운 고진중학교 제1회 체육 축제를 치를 수 있었다.

"하면 된다."

그 말이 이럴 때 쓰는 것이라는 생각이 들었다. 마치 몇 가구 안 되는 작은 시골 마을처럼, 서로를 의지하며 하루하루 시간이 흘러갔다. 하계 교직원 워크숍을 통해 서로의 수고를 격려하고 의지를 다졌다. 서로 부족한 부분은 채우고, 각 고수들이 갖고 있는 학생들을 위한 필살기를 공유하며 하루하루 의미있는 시간을 보냈다. 엄청난 폭설로 휴업일이 있었고, 눈을 치우기 위해 다리가 후들거린 적도 있었다. 그런 흔들림과 어려움도 있었지만 그렇게 고진중학교는 의연하고 멋지게 개교 첫해를 마무리할 수 있었다.

용기를 내다

2025년, 고진중학교 개교 2년차. 2024년을 마무리하면서 우리 고진중학교 무림 고수 같은 선생님들이 영화에서도 그렇듯 개인적인 사정으로 몇 분이 학교를 떠나게 됐다. 무엇보다 신설 학교 근무 1년 만에 학교를 떠날 결정을 했다면, 그만큼 많은 고민을 했다고 볼 수 있다. 2024학년도가 끝날 무렵 여기저기서 2025학년도 업무나 전출 관련 이야기가 들려왔다. 누구나 그렇겠지만 그때 나도 '2025학년도엔 어떤 업무를 맡게 될까?'라는 생각을 하게 됐다. 사실 나는 지금껏 근무했던 대부분의 학교에서 학생부 업무 및 학년 학생계 업무를 주로 해 왔었다. 그러다 보니 체육 교과 특성과 맞물려 학생 생활 지도를 많이 할 수밖에 없었다. 그렇다면 내가 개교 2년차 고진중학교에서 어떤 업무를 해야 할까? 학폭, 안전, 아니면 학년부에서 학생계 업무? 고민이 많았다. 이제 2년차에 접어든 고진중학교가 긍정적인 학교 문화가 정착하기를 바랐고, 처인구에 속한 중학교 중 좋은 평가를 받을 수 있는 학교가 됐으면 했다. 많은 고민 끝에 누구

도 하고 싶어하지 않는, 업무 희망 원란에 항상 마지막까지 채워지지 않는, 그 이름만으로도 무서운 '학생안전부장'을 지원하게 됐다. 사실 지원하고 나서도 걱정이 많았다. 교장 선생님께서 나에게 학생안전부장 보직을 맡기실까? 그렇다면 내가 잘할 수 있을까? 사고는 안 치겠지? 걱정이 됐다. 더욱이 2024학년도 첫해에 학생안전부에서 근무하던 학생안전부장, 학폭 책임 교사, 안전업무 담당 교사 세 분이 다른 학교로 가셨기 때문이다.

하지만 이런 걱정과 근심 속에서 하루하루를 보낸 지금, 나는 본교무실 학생안전부장 자리에 앉아 있다. 학교생활 규정도 정비가 되어 있지 않았고, 생활교육위원회가 이루어지는 장소와 책상도 제대로 없지만 교장·교감 선생님의 든든한 지원 아래 하나하나 자리를 잡아 가고 있다. 무엇보다 학생안전부에 함께 근무하는 선생님들도 훌륭한 역량을 갖춘 분들이라 든든하다. 아울러 학생 지도에 적극적인 학년부장님들과 담임 선생님들 지원 덕분에 고진중학교 학생들만의 긍정적인 문화가 하나둘씩 정착되고 있다.

뜨거운 여름이 가고 아침 저녁으로 청량한 바람이 불어온다. 오늘도 나는 매일 교문에 서서 고진중학교 학생들을 맞이하며 하루를 시작한다.

Gojin Middle School

아이들의 '나다움'을 발견하고 성장 여정을 동행하는 진로 교사

박은미

체육 교사로 출발해 운동장의 에너지를 그대로 진로 교육에 합류한 열정만렙 2년차 진로 교사. 학생 각자의 '나다움'을 발견하는 데 강점을 보이며, ENFP 특유의 공감적 성향을 바탕으로 학생들의 말과 표정을 세심하게 살피고 관계를 조율하는 모습이 지속적으로 나타남. 집단 활동 중 갈등이 생기면 자연스럽게 중재하여 긍정적 분위기로 전환시키는 조정자의 면모를 보임. 다양한 진로 활동을 기획하며 학생이 가진 가능성을 끝까지 끌어올리고자 하는 태도가 뚜렷하며, 새로운 관점으로 문제를 바라보며 학생의 강점을 기반으로 진로 선택을 지원함. 열린 질문과 유연한 사고로 학생 스스로 선택하는 힘을 기르도록 돕고자 하며, 모두가 행복하게 살아가는 삶을 꿈꾸는 교육계 피스메이커를 지향하는 모습이 관찰됨.

I want to to live for

I want to live for ________.

예능 방송에서 박진영 씨가 꿈에 대해 이야기하며 했던 말이 지금도 선명하다.

"to be~ 보다 to live for~ 로 꿈을 찾아야 한다."

나는 오래전부터 '좋은 어른'이 되고 싶었다. 그것이 내가 오랫동안 품어 온 가장 단순하고도 어려운 꿈이었다. 특히 방황하는 청소년들에게 나아갈 길을 보여 줄 수 있는 어른. 그 꿈을 좇아 내가 선택한 길은 체육 교사였다. 운동장을 뛰며 땀을 나누고, 눈을 마주하며 함께 성장할 수 있는 자리, 청소년을 가장 가까이에서 만날 수 있는 길이었기 때문이다.

체육 교사로 살아온 22년, 매 순간이 감사였다. 수업에서 아이들과 함께 몸을 움직이며 웃던 순간, 담임으로서 사춘기의 굴곡을 함께 이겨 내던 날들, 동료 교사와 협력해 더 나은 수업과 학교를 고민하던 시간들. 그 모든 것이 내 삶을 풍성하게 채워 주었다. 그래서 나는 그저 지금처럼 계속 살아가면 된다고 생각했다.

그런데 시간이 흐를수록 내 안에서 또 다른 목소리가 커져 갔다.

'담임으로 만나는 아이들, 교과 시간 속의 아이들 너머에 있는 수많은 아이들에게도 도움이 될 수는 없을까? 나의 경험과 마음을 조금 더 넓게, 조금 더 깊게 나눌 수는 없을까?'

내 안의 목소리는 쉽게 사라지지 않았다.

그러던 어느 날, 단 한 명만 맡을 수 있는 자리, '진로 교사'라는 직책이 내 앞에 다가왔다. 기회라는 이름을 달고 찾아온 그 순간, 나는 주저하지 않았다. 마침내 2024년, 나는 신규 진로 교사로 발령을 받았다. 하지만 기쁨도 잠시, 현실은 예상보다 훨씬 무겁고 낯설었다. 배정된 곳은 다름 아닌 신설 학교, 고진중학교였다. 새로운 시작이란 말이 이보다 더 어울릴 수 있을까. 동료 선생님들은 "새로운 마음으로 다시 시작하라는 뜻일 거야."라며 응원해 줬지만, 내 마음속에는 설렘과 두려움이 동시에 자리 잡았다.

나는 첫 발령지로 중학교에서 4년을 보내고, 이후 18년을 고등학교에서 근무했다. 그런데 이제 다시 중학교에서 새롭게 시작하다니…. 정말 신규 교사로 돌아간 듯한 기분이었다. 교감 선생님과의 첫 인사 자리에서도 나는 그저 환하게 웃으며 즐겁게 이야기를 나눴고, 가벼운 마음으로 집으로 돌아왔다.

그러나 그날 저녁, 교감 선생님의 전화가 내 마음을 크게 흔들어 놓았다. "부장을 맡아 주셔야겠습니다." 그 말은 제안이라기보다 사실상 통보였다. 신설 학교에 발령을 받은 대부분의 선생님들이 관외 내신이거나 교직 경력이 길지 않다는 이야기를 듣고, 경력 있는 내가 맡는 것은 당연한 순리라 여겨졌다. 물론 머리로는 충분히 이해가 되었으나, 마음은 쉽게 따라가지 못했다.

사실 나는 22년 동안 단 한 번도 부장을 맡지 않았다. 여러 번의 제안이 있었지만, 아이들과 가장 가까이 지낼 수 있는 담임 자리를 놓치고 싶지 않았기에 매번 거절해 왔다. 그런데 이번에는 신설 학교의 첫 부장이라니…. 머릿속에서 수많은 생각이 오갔다. '작년에 교장 선생님의 간곡한 부장 제안을 거절한 벌일까? 아니면 이제는 다른 길도 걸어 보라는 하늘의 뜻일까?'

설 연휴가 끝나고, 본격적으로 출근했다. 눈이 소복이 쌓인 길을 걸어 고진중학교에 도착했다. 차가운 바람에 발걸음은 무거웠지만, 교정에 들어선 순간 내 마음속에는 묘한 울림이 일었다. 공사가 채 끝나지 않은 건물, 가림막조차 없는 책상들…. 무엇 하나 제대로 갖춰진 것은 없었지만, 그 모습은 오히려 진짜 '새 출발'이 무엇인지 내게 보여 주는 듯했다.

교감 선생님, 수석 선생님, 그리고 네 분의 부장님이 함께 모였다. 학생부장님은 이사 문제로 오시지 못했지만, 그 부재조차도 자리의 무게를 실감하게 했다. 모두가 긴 연휴 동안 고민을 안고 지낸 듯, 얼굴에는 피곤이 묻어 있었다. 하지만 동시에 숨길 수 없는 설렘도 얼굴 사이사이에 문득문득 번졌다. 우리 모두는 알고 있었다. '우리가 지금부터 모든 것을 만들어 내야 한다.'는 사실을.

업무 분장이 다시 확인됐다. 내 몫은 진로, 체육, 위클래스, 과학, 융합 교과, 급식, 환경, 교과서, 인문사회 업무까지. 교무·교육과정·연구·학생부·학년부를 제외한 거의 모든 일이 우리 부서의 몫이었다. 처음에는 막막했다. 담임과 학년부 업무에 익숙했던 나로서는 낯설고 두려운 과제들이었다. 업무에 대한 이야기를 더 나눌 새도 없이 우리는 각자 업무에 맡겨진 일, 아니 미루어 쌓여 있던 일을 하나씩 해결해야 했다.

먼지 가득한 책상에 임시 노트북을 사용하며, 엉킨 인터넷 연결선을 풀며, 설정되지 않은 프린터 드라이버를 직접 설치하며 나이스 권한도 다시 부여받았다.

그야말로 무(無)에서 유(有)를 만들어 내야 했다.

그럼에도 이상하게 마음은 무너지지 않았다. 서로의 눈빛 속에서 '우리가 해내야 한다.'는 결연함이 느껴졌다. 짧은 시간이었지만 우리는 어느새 독립투사처럼 어깨를 나란히 하고 있었다. 고진중학교를 반드시 좋은 학교로 만들어 내자. 그 하나의 목표가 우리를 강하게 묶어 주었다.

다른 선생님들을 만나기 전, 우리 여섯 명은 이미 오래된 주축 같은 팀이 되어 있었다. 이분들과 함께라면 무엇이든 할 수 있을 것 같았다.

그래. 괜찮다. 다 괜찮다.

그리고 나는 마음속으로 다시 다짐했다. 'to be 진로 교사'보다 'to live for 고진중학교를 행복한 학교로 만드는 교사'가 되자. 아이들과 동료 교사들과 함께 새로운 길을 닦아 가며 누군가에게는 작은 등불이, 누군가에게는 따뜻한 쉼터가 되는 교사가 되어 보자.

첫 부장으로서의 무게,
그리고 우리가 만든 행복

2024년, 나는 생애 처음으로 '부장'이라는 자리에 섰다.

2002년 교직에 첫발을 디딘 이후, 오랜 시간 동안 교사로서 다양한 역할을 해 왔지만, '부장'이라는 이름은 처음이었다. 긴 시간 현장을 지켜 온 만큼 그 자리가 특별하게 다가와야 할 텐데, 이상하게도 내 마음을 채운 건 설렘보다는 무거움이었다. 특히 신설 학교의 첫해라는 상황은 나의 첫 부장 경험에 더 깊은 책임감을 얹었다. 누군가 선례를 남겨 준 것도 없고, 익숙한 시스템도 존재하지 않는 '처음'의 연속. '내가 흔들리면 부서가 흔들릴 것이고, 우리가 흔들리면 학교의 첫 단추가 어긋날 수 있다.'는 불안감이 가슴 깊이 자리 잡았다.

10개 학급으로 출발한 신설 학교는 12개 부서가 아닌, 축소된 5개 부서 체계로 운영되었다. 3층에는 교무부, 교육연구부, 학년부가 함께 교무실을 사용했고, 4층에는 학생안전부, 2층에는 진로융합부가 자리 잡았다. 그리고 나는 그 진로융합부의 부장을 맡게 되었다. 진로 교과도 처음, 부장도 처음, 신설 학교

도 처음인 나에게 이 자리는 말 그대로 세 겹의 '처음'이 겹쳐진 도전이었다. 게다가 진로융합부는 이름부터 역할까지 낯설고 범위도 광범위해 선뜻 감을 잡기조차 어려웠다.

드디어 부서 선생님들과의 첫 만남. 6명의 부서원 중 나는 연령상 정확히 가운데, 딱 중간에 위치해 있었다. 그 순간 문득 〈넘버 3〉라는 영화가 떠올랐다. 그 영화 속 '넘버 3'는 권력을 향해 끊임없이 싸우고 달려가지만, 나는 그 반대편에 서기로 마음먹었다. 칼 대신 간식 바구니를 들고, 욕망 대신 협력을 품고, 싸움 대신 소통을 하겠노라 다짐하며 첫 인사를 건넸다.

"잘 부탁드립니다. 저도 신설 학교도 처음이고, 진로 교과도 처음이고, 부장도 처음이라 부족한 점이 많을 것이라 생각됩니다. 그래도 최선을 다해 도와 드리겠습니다."

아마도 그것이 나의 첫 인사였을 것이다. 그러나 그 인사를 채 마치기도 전에 현실은 우리를 기다려 주지 않았다. 각종 업무가 쉴 틈 없이 쏟아졌고, 어느새 우리 부서는 학교 운영의 심장처럼 바쁘게 돌아가기 시작했다. 다른 부서가 학교라는 건물을 설계하고 골조를 세우는 역할을 맡았다면, 우리 부서는 그 공간에 온기를 불어넣고 삶의 온도와 움직임을 채우는 역할을 해 왔다. 단단한 구조물 위에 학생들이 생활하고, 경험하고, 성장할 수 있는 진짜 '학교다운 하루'를 만드는 것이 우리의 몫이었다. 눈에 잘 드러나지는 않지만, 우리가 손을 대야 할 일들은 정말 많았다. 3월 2일 입학식 날만 하더라도 입학식 기념 행사를 시작으로 배식과 급식 지도를 맡고, 교실 청소를 위한 도구 배치와 분리수거장 마련까지. 하루에도 수많은 일이 우리의 손을 거쳐야 학교의 일상을 살아 있게 만들 수 있었다.

인원은 여섯 명이었지만, 우리가 감당해야 할 업무는 12명이 맡아야 할 정도로 많았다. 매일매일 지치는 순간의 연속이었지만, 우리 부서 여섯 명은 서로에게 진정한 힘이 되어 주었다. 누군가 일이 벅찰 때는 말없이 손을 보태 주었고, 지쳐 있을 때는 따뜻한 위로와 공감을 건넸으며, 작은 성공에도 함께 기뻐하고 아낌없이 칭찬해 주었다.

누구 하나 빠짐없이, 모두가 서로를 위해 움직이는 진짜 '팀'이었다. 그렇게 우리는 하나의 무대 위에서 각자의 배역을 충실히 해내는 배우가 되었고, 서로의 존재가 있어야만 장면이 완성된다는 사실을 몸으로 느꼈다.

돌아보면, 이 1년은 힘겨움만큼이나 따뜻했다. 처음에는 크고 무겁게만 느껴졌던 '부장'이라는 자리는 동료들의 단합과 믿음 덕분에 점점 가벼워졌고, 그 무게는 오히려 나에게 '함께 일한다는 것의 행복'을 깊이 배울 수 있는 기회가 됐다. 결국 우리 부서를 행복하게 만든 것은 '부장'이라는 이름이 아니라, 함께 무대를 완성해 준 여섯 사람의 진심 어린 마음과 믿음이었다.

앞으로 어떤 자리를 맡게 되더라도, 나는 이 마음을 잊지 않으려 한다. 무대는 혼자 꾸미는 것이 아니며, 진짜 행복은 함께할 때 더 커진다는 것.

초보 진로부장을 위한 업무 비밀 노트
(feat. 중1 자유학기 진로 탐색 활동)

교직은 교과 수업만으로 끝나지 않는다. 12개 부서마다 다양한 업무가 있고, 매년 같은 일을 반복하는 듯해도, 사실은 매년 새로운 과제가 주어진다. 그래서 학기 초마다 '이번에는 어떤 부서에서 무슨 일을 하게 될까?' 하는 긴장은 늘 따라온다.

여기에 첫 '부장'이라는 직함까지 얹히면, 그 무게감은 말할 것도 없을 것이다. 설레면서도 부담스럽고, 기대와 걱정이 동시에 몰려오는 자리. 그렇지만 작은 팁 하나가 초보에서 만렙으로 바꿔 줄 수 있다. 부장 경력이 오래된 선생님들께는 다소 식상할 수 있겠지만, 첫 부장을 맡게 된 분들, 특히 중학교 진로부장 신규 선생님들께는 슬쩍 도움이 될 만한 2년차 진로부장 이야기를 하려고 한다.

#1. 공문서에 내용을 뭐라고 써야 하나요?

부장의 업무는 여러 가지가 있지만, 그중에서도 가장 부담스러운 건 아마 공문서 내용 작성일 것이다. 물론 학기 초에 전임자가 남겨둔 USB를 받아 참고할 수 있다면 한결 마음이 가벼워지지만, 신설 학교처럼 이전 자료가 없는 경우에는 막막하기만 하다. 이럴 때 든든한 힘이 되어 주는 곳이 있다. 바로 「정보공개포털(https://www.open.go.kr/)」이다.

정보공개포털, 이렇게 활용해 보자. 먼저 인터넷 검색창에 '정보공개포털'을 입력해 접속한다. 아래 화면이 나오면 '원문정보' 메뉴를 클릭한다.

그다음, 내가 작성하려는 공문이나 참고하고 싶은 내용을 검색어로 입력한다. 아래 사진처럼 빨간색에 해당하는 부분을 모두 클릭해 설정하고, 검색 시에는 반드시 화면에 표시된 공개 구분을 체크하는 것이 중요하다. (공개 문서는 본문, 첨부 파일 모두 볼 수 있고, 부분 공개 문서는 본문만 볼 수 있다. 첨부 파일은 비공개되며, 비공개 문서는 당연히 아무것도 볼 수 없다.)

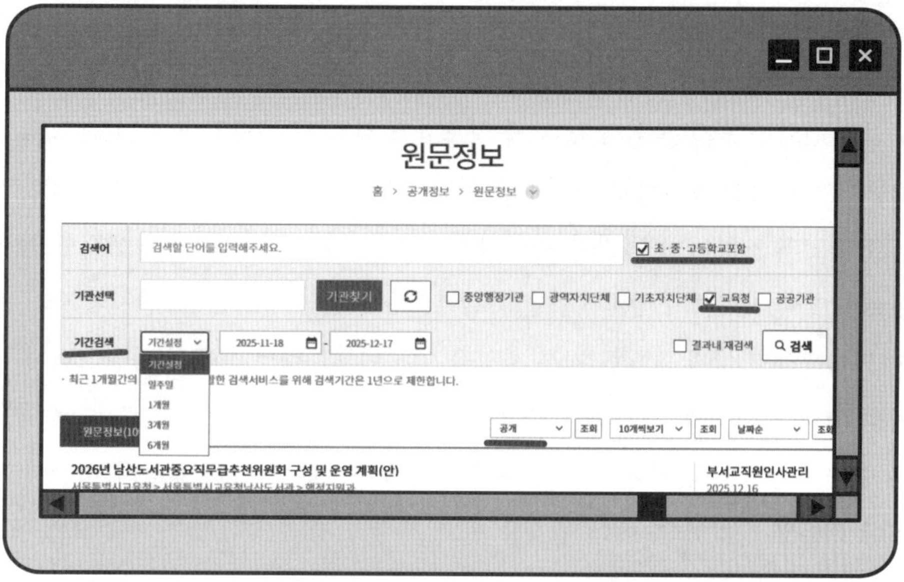

이렇게 설정한 후, 검색하면 전국 학교에서 작성한 관련 공문들이 좌르르 검색된다. 이 사이트만 알고 있으면 어떤 공문이든지 두렵지 않다. 심지어 새로운 사업 관련 공문이라도 조금만 기다리면 다른 학교에서 작성한 공문이 등록되므로, 이를 참고해 쉽게 작성할 수 있다.

자, 백견이 불여일행(百見不如一行)! 지금 바로 인터넷에 접속해 클릭해 보자!

#2. 자유학기 진로 탐색 활동, 무엇을 해야 할까?

중학교를 20년 만에 돌아와 마주한 자유학기 진로 탐색 활동은 진로 교사로서 많은 고민을 하게 했다. 2025년 중1 교육과정에 진로 수업 1시간과 진로 탐색 활동 2시간이 배정되어 있다는 사실을 알게 된 순간부터, 2024년 겨울방학 내내 '이 시간을 어떻게 채워야 할까?'라는 고민이 머릿속을 떠나지 않았다. 진로 수업은 내가 전담하지만, 진로 탐색 활동은 각 교과 선생님들이 함께 맡는다. 그래서 아무리 좋은 수업 아이템이라도 자기 본교과가 아닌 진로 탐색 활동 수업을 진행하는 것은 쉽지 않다. 무엇보다도 진로 교과 수업이 아닌 진로 탐색 활동이기에 어떤 목적으로 수업을 계획할 것인지가 가장 중요하다고 생각했다.

각 학교의 진로 선생님마다 추구하는 목표는 다르겠지만, 내가 생각한 목적은 분명했다. 단순히 '어떤 직업을 가질까?'를 고민하는 시간이 아니라, 자기 자신을 이해하고 삶에 필요한 기본 소양을 익히며, 그 과정 속에서 자연스럽게 직업적 역량의 기초를 다지는 시간이 되어야 한다는 것이다. 즉 진로 탐색 활동은 학교 수업에서 접하기 어려운 다양한 경험과 기본 소양을 탐색하는 장이 되어야 한다고 생각했다. 이런 생각을 안고 가장 먼저 부딪힌 것은 시간표였다.

- 2개 수업을 블록 타임으로 8개 학급을 동시에 고정으로 진행할 것인가?
- 2개 수업을 블록 타임으로 4개 학급씩 나눠 앞, 뒤로 진행할 것인가?

여러 가지 고민 끝에, 결국 8개 학급을 한꺼번에 진행하기로 했다. 화요일 6, 7교시. 교육과정부장님과 시간표 담당 선생님께 양해를 구하며 첫 그림을 그려 나갔다.

다음은 예산이었다. 늘 그렇듯 진로 예산은 턱없이 부족했다. 예산이 넉넉하다면 다양한 프로그램으로 더 많은 기회를 아이들에게 줄 수 있을 텐데, 현실은 그렇지 않았다. 어쩔 수 없다면, 포기하지 말고 차선책을 찾아야 한다.

학교에 오는 공문보다 무료로 제공되는 진로 교육 프로그램이 의외로 많았다. 먼저 해당 학교와 연계된 지자체(OO미래교육센터, OO진로교육센터 등)의 지난 1년간 사업을 찾아봤다. 그리고 인터넷 검색창에서 2024년에 진행된 '학교로 찾아가는 무료 강의, 학교로 찾아가는 무료 공연'을 검색했다. 보통의 사업들은 매년 비슷하게 운영되는 프로그램들이라, 지난해 자료만 잘 정리해도 내년 활동의 큰 틀을 그릴 수 있었다. 물론 2025년 3월이 되면 공문으로 하나씩 접수되기도 한다. 하지만 공문으로 오는 것은 항상 늦다. 전국의 모든 학교가 동시에 접수 버튼을 누르는 순간, 빠른 클릭이 더 많은 기회를 가져간다. 국가사업은 이미 1월 말부터 시작되기도 해서 학기가 열리기 전부터 미리 눈여겨보고 준비해야 했다. 다음은 내가 찾아보며 진로 수업과 연계하기 좋은 강의 및 활동들을 참고한 사이트를 정리한 것이다.

[무료 외부 강사 섭외를 위한 관련 사이트]

- 교육기부 : https://www.teachforkorea.go.kr/home/kor/main.do
- 한국 고용노동교육원 : https://www.keli.kr/cmmn/index.do
- 국가환경교육 통합플랫폼 : https://www.keep.go.kr/
- 서민금융진흥원 : https://edu.kinfa.or.kr/main/main.do
- 월드비전 세계시민학교 : https://wvschool.or.kr/frt/main.do
- 한국언론진흥재단 미디어아카데미 : https://www.meca.or.kr/homeBranch
- 용인시청소년미래재단-우리동네 선생님 : https://www.yiyf.or.kr/
- 저작권 배움터 : https://www.edu-copyright.or.kr/offedu/web/main/main-Page.do
- 통상교육 : https://trade-edu.kr
- 원격영상진로멘토링 : https://mentoring.career.go.kr/school/index.do

모두 무료 강의고, 학급당 강사님도 파견해 주는 프로그램으로 그렇게 2025년 고진중학교 1학기 진로 탐색 활동이 완성됐다.

		1	2	3	4	5	6	7	8
1	3월 11일	전체 진로특강							
2	3월 18일	미디어를 활용한 진로탐색 및 직업인 탐구							
3	3월 25일	KB 금융특강 '내 꿈은 금융인'	KB 금융특강 '내 꿈은 금융인'	월드비전 세계시민교육 '세계가 100명이 사는 마을이라면'	미디어(게임)리터러시 교육	나의 숲 MBTI	직업 탐색 활동	학과 탐색 활동	진로 독서 활동
4	4월 1일	직업 탐색 활동	진로 독서 활동	KB 금융특강 '내 꿈은 금융인'	KB 금융특강 '내 꿈은 금융인'	학과 탐색 활동	미디어(게임)리터러시 교육	나의 숲 MBTI	월드비전 세계시민교육 '세계가 100명이 사는 마을이라면'
5	4월 8일	나의 숲 MBTI	환경 교육	환경 교육	진로 독서 활동	KB 금융특강 '내 꿈은 금융인'	KB 금융특강 '내 꿈은 금융인'	월드비전 세계시민교육 '세계가 100명이 사는 마을이라면'	미디어(게임)리터러시 교육
6	4월 15일	월드비전 세계시민교육 '세계가 100명이 사는 마을이라면'	미디어(게임)리터러시 교육	나의 숲 MBTI	환경 교육	환경 교육	환경 교육	KB 금융특강 '내 꿈은 금융인'	KB 금융특강 '내 꿈은 금융인'
7	4월 22일	환경 교육	월드비전 세계시민교육 '세계가 100명이 사는 마을이라면'	미디어(게임)리터러시 교육	나의 숲 MBTI	금융사기 예방, 디지털 역량 강화 교육	금융사기 예방, 디지털 역량 강화 교육	환경 교육	환경 교육
8	5월 1일(목)	직업인 체험의 날							
9	1월 13일	시민 교육 – 청시민의 발견	시민 교육 – 청시민의 발견	진로 독서 활동	월드비전 세계시민교육 '세계가 100명이 사는 마을이라면'	미디어(게임)리터러시 교육	나의 숲 MBTI	금융사기 예방, 디지털 역량 강화 교육	금융사기 예방, 디지털 역량 강화 교육
10	5월 20일	금융사기 예방, 디지털 역량 강화 교육	금융사기 예방, 디지털 역량 강화 교육	시민 교육 – 청시민의 발견	시민 교육 – 청시민의 발견	시민 교육 – 청시민의 발견	월드비전 세계시민교육 '세계가 100명이 사는 마을이라면'	미디어(게임)리터러시 교육	나의 숲 MBTI
11	5월 27일	미디어(게임)리터러시 교육	나의 숲 MBTI	금융사기 예방, 디지털 역량 강화 교육	금융사기 예방, 디지털 역량 강화 교육	월드비전 세계시민교육 '세계가 100명이 사는 마을이라면'	시민 교육 – 청시민의 발견	시민 교육 – 청시민의 발견	시민 교육 – 청시민의 발견
12	6월 3일	대통령 선거일							
13	6월 10일	전체 : 노동 인권 교육(각 학급별 강사)							
14	6월 17일	전체 : 우리 마을 선생님 프로그램(기업가 정신 – 각 학급별 강사)							
15	6월 24일	전체 : 우리 마을 선생님 프로그램(기업가 정신 – 각 학급별 강사)							
16	7월 8일	전체 : 우리 마을 선생님 프로그램(기업가 정신 – 각 학급별 강사)							
17	7월 15일	진로 탐색 활동 소감문 작성하기							

한 학기 동안 다양한 방식으로 진로 탐색 활동을 운영했다. (물론 이 방법이 정답은 아닐 것이다.) 돌아보면 아쉬운 프로그램도 있으나 첫술에 배부를 수 없듯, 이번 경험을 토대로 내년에는 더 의미 있는 프로그램으로 수정·보완해 나갈 것이다.

나는 여전히 스스로에게 묻는다. 아이들에게 필요한 진로 탐색 시간은 어떤 모습이어야 할까? 그 질문을 품고 또 한 해를 준비하며, 다시 출발선에 선다. 혹시 이 글을 읽고 있는 초보 진로 부장 선생님이 있다면, 너무 두려워하지 않으셨으면 한다. 진로 탐색 활동이란, 아이들이 자기 자신을 이해하고 다양한 경험을 통해 객관적으로 바라볼 수 있도록 세상과 연결될 작은 기회를 마련하는 데서 시작된다고 생각한다. 예산이 부족해도, 시간이 빠듯해도, 발로 뛰고 눈을 부지런히 굴리다 보면 아이들에게 줄 수 있는 길은 분명히 생긴다.

사실 '초보 진로부장을 위한 업무 비밀 노트'는 거창한 게 아니다. 검색창 하나, 전화 한 통, 그리고 약간의 '빠른 클릭'만 있으면 된다. 그러니 비밀 노트 첫 장에는 이렇게 적어 두시길.

"진로부장은 답을 아는 사람이 아니라, 답을 제일 먼저 찾아보는 사람이다."

하나의 마음으로 키운 아이들

"한 아이를 키우려면 온 마을이 필요하다."는 말은 우리 학교의 개교 첫해를 설명하는 가장 정확한 문장이다. 무엇 하나 제대로 갖춰진 것도, 안정된 시스템도 없었지만 단 하나만큼은 분명했다. 우리 학교의 모든 아이들도 '누군가의 학생'이 아니라 '우리 모두의 아이들'이라는 믿음이었다. 그래서 아이들을 돌보는 일은 결코 담임 교사 한 사람에게만 맡기는 것이 아니다. 교장·교감 선생님, 교과 선생님, 행정실 선생님까지 모든 교직원이 같은 마음으로 아이들을 바라봤다.

그 마음이 가장 잘 드러나는 공간이 있다. 바로 학교 전체 교사가 함께 쓰는 단체 채팅 방이다. 이곳에는 종종 이런 메시지가 올라온다.

"선생님, 혹시 OOO 보셨을까요?"

"찾았습니다!"

개교 초기라 새로운 공간이 궁금해서인지 아이들이 종종 교실을 이탈하곤 했다.

그러면 너나 할 것 없이 모든 선생님이 동시에 자리에서 일어난다. "우리 반 아이가 아니니까."라는 말은 한 번도 들은 적이 없다. 그리고 아이를 찾았을 때는 혼내기보다 "괜찮아, 어디 있었어?" 하고 먼저 안심을 시킨다. 아무리 바쁜 상황이어도, 우리 학교의 우선순위는 늘 '아이들'였다.

중학교 1학년은 홀로서기를 연습하는 시기라서인지 가장 먼저 부딪히는 것이 교우 관계의 갈등이다. 사소한 '꼽'에서 시작된 다툼이 순식간에 큰 오해로 번지는 일은 어느 학교에서나 흔하다. 그러나 우리 학교에서는 그런 상황이 생기면 담임 선생님, 교과 선생님, 학생부 선생님, 부장 선생님까지 총출동한다. 누구 하나 먼저 판단하지 않고, 아이들의 말을 끝까지 들어준다. 마음을 살펴보고, 서로의 입장을 이해할 시간을 충분히 준다.

실제로 20명 가까운 학생들이 얽힌 문제를, 비 오는 금요일 밤 8시까지 선생님들과 함께 앉아 중재하며 해결한 적도 있었다. 그날은 누구도 지치지 않았고, 모두가 아이들의 마음이 풀리는 순간까지 자리를 뜨지 않았다. 뿐만 아니라 아이들의 작은 성공에도 교사들은 자신의 일처럼 기뻐했다.

처음 스포츠 클럽 대회에 나갔을 때, 자유학기 발표회를 열었을 때 등 다른 학교에서는 당연한 행사나 일들이 우리에게는 '처음'이라는 수식어가 붙으며 더욱 소중하고 특별했다. 그렇기에 모든 선생님들이 더 마음을 모았다. 또한 입학식 날에는 선생님들이 전교생 한 명 한 명의 폴라로이드 사진을 직접 찍어 주었고, 입학 100일이 되던 날에는 아침 등굣길에 축하 문구가 담긴 포춘쿠키를 건네며 아이들을 맞이했다.

학생들의 마음이 먼저 다가오기를 기다리기보다, 우리가 먼저 마음을 건네는 것. 그것이 우리 학교가 아이를 키우는 방식이었다.

1년이 지난 지금, 그 수많은 순간들을 떠올려 보면 고진중학교는 학교라기보다 오히려 하나의 '마을'에 가까웠다. 그리고 우리는 모두 이 마을의 어른으로 살아왔다. 이런 선생

님들과 함께라면 어떤 아이들도 혼자 넘어지지 않는다. 우리는 한 해 동안 아이들을 키웠고, 그 아이들 덕분에 또 한 해를 배웠다.

성장한 것은 아이들뿐 아니라, 우리 교사들 역시 함께였다. 그래서 나는 믿는다. 우리 학교의 진짜 개교는, 어쩌면 이제부터 시작일지도 모른다고.

누군가 신설 학교의 미래를 묻거든 고개를 들어 고진중학교를 보게 하라

고진중학교의 첫해는 그 자체로 하나의 작은 역사를 썼다. 텅 빈 교실에서 시작해, 매일 하나씩 완성되어 가는 교육의 공간을 눈으로 보고, 그 변화를 함께 느끼며 학교는 조금씩, 그러나 확실히 자리를 잡아 갔다. 그 과정에서 무엇보다 중요한 것은 학교를 함께 만들어 가는 모든 선생님들의 열정과 헌신이었다.

고진중학교는 단순히 건물만 새로 지어진 것이 아니다. 이곳에는 꿈꾸는 아이들이 있고, 그들을 위한 사랑과 책임을 온몸으로 느끼는 선생님들이 있다. 우리는 매일같이 한 걸음씩 학교를 만들어 가며, 학생들의 미래를 위한 든든한 기반을 다졌다. 학교는 이제 더 이상 빈 공간이 아니다. 수많은 아이들의 웃음소리, 친구와의 만남, 그 속에서 피어나는 배움과 성장의 순간들이 학교 곳곳에 스며들어 있다.

신설 학교의 첫해는 끝을 알 수 없는 도전의 연속이었다. 그러나 고진중학교의 모든 선생님들은 그 도전 속에서 주저하거나 포기하지 않았다. 각자 자신의

자리에서 최선을 다해 노력한 덕분에, 이제는 미래를 향해 나아갈 수 있는 길을 열게 됐다.

그리고 그 미래의 중심에는 항상 학생들이 있다. 학교는 그들에게 단순히 지식을 전하는 공간이 아닌, 꿈을 키우고, 자신감을 얻으며, 세상을 향한 도전의 발판이 되어 줄 것이다.

우리가 걸어온 길은 그야말로 시작에 불과하다. 고진중학교가 앞으로 어떻게 성장해 나갈지, 그 끝에 무엇이 기다릴지는 아무도 알 수 없다. 하지만 분명한 것은 우리는 모든 여정을 함께하며 어떤 어려움도 마주할 준비가 되어 있다는 것이다.

누군가 신설 학교의 미래를 묻거든, 고개를 들어 고진중학교를 보게 하라. 이곳에서 우리가 함께 쌓아 가는 오늘이 바로 그 미래의 시작이기 때문이다.

Gojin Middle School

모두에게 행복을 전하고 싶은 수학 교사

남찬우

어린 시절 수학 앞에서 늘 깊은 한숨을 쉬던 학생이었으나, 아이러니하게도 결국 수학 교사가 됨. 이 과정에서 스스로의 약점을 강점으로 바꾸는 역량이 우수함을 깨달음. 수학뿐만 아니라 수영, 농구, 배드민턴 등 다양한 운동을 즐기며 균형 잡힌 삶을 추구함. MBTI도 균형이 잡혀 있어 I 같은 E, T 같은 F임. 보기에는 그렇지 않아 보이지만, 학생들과 함께 있는 것을 좋아하며, 학생들의 감정과 반응을 세심하게 살피려 함. 아직 배워야 할 것이 훨씬 많은 신규 교사이며, 학생들이 수학을 쉽고 재미있게 느낄 방법을 연구하는 데 누구보다 진심임. 다양한 이벤트를 좋아하며 학생과 교사 모두가 행복해지는 학교 문화를 만드는 데 최선을 다함. 앞으로 어떤 교사가 될지 본인도 궁금해지는, 성장 가능성이 큰 수학 교사.

교사도 학생처럼 성장해 가는 느낌 1
- 학교 배정부터 입학식까지 -

#초보 교사, 신설 학교로 배정받다

2025학년도 임용 고시 합격자 발표 이후 얼마 지나지 않아 소속 교육지원청과 근무 학교가 공개됐다. 내가 가게 될 학교는 고진중학교였다. 바로 가족들과 함께 고진중학교에 대해 찾아보기 시작했다.

"처인구에 있대."

"에버랜드랑 가깝네."

그러던 중 들려온 한마디.

"작년에 개교한 학교라는데?"

보통 신설 학교에 간다는 이야기를 들으면 신규 교사든 경력 교사든 좋아하지 않아 보인다. 그렇지만 나는 별 다른 생각이 없었다. 왜냐하면 나는 학교 경력이라고는 교생 실습밖에 없는 완전 신규였기 때문이다. 일이 많다고 해도 얼

마나 많은지 몰랐다. 아니, 구체적으로 무슨 일을 하는지도 정확히 알 수 없었다. 학교에서 하는 일은 학생들을 가르치고 지도하는 일이 전부인 줄 아는 사람이었다. 학교에 가게 된 첫날, 희망하는 업무를 적어서 제출하는 시간이 있었다. 교무기획부, 교육연구부, 교육과정부…. 각 부서가 하는 일이 무엇인지 설명이 되어 있었지만, 설명을 읽어 봐도 도무지 감이 안 와서 희망 부서를 적지 못했다. 그렇게 아무것도 몰랐던 나는 교육연구부와 1학년 담임으로 첫 교직 생활을 시작하게 됐다.

#아이들의 중학교 첫날, 나도 중학교 교사 첫날

새 학기가 시작되기 전, 학교에 나가 여러 가지 준비를 해야 했다. 학교 워크숍 때 1학년부 선생님들과 함께 준비를 하긴 했지만, 무언가 더 해야 할 것 같은 기분이 들었다. 문제는 무엇을 어떻게 준비해야 하는지 잘 모르겠다는 것이었다. 교사로 일하고 있는 친구나 선배에게 물어보고, 인터넷 검색 및 신규 선생님, 담임 선생님이 모여 있는 오픈 채팅방도 찾아보며 정보를 모았다. 그렇지만 여전히 명확히 무엇을 해야 하는지는 잘 몰랐다. 그때 마침 새 학기 준비를 위해 학교에 나가신다는 선생님이 계셔서 그날 함께 하기로 했다. 학교에 가

보니 선생님은 분주하게 움직이고 계셨다. 옆에서 선생님이 준비하시는 모습을 보면서 조금씩 따라 하기 시작했다. 학급 게시판을 구상해 보고, 교실 청소도 했다. 그리고 입학식 날 아이들에게 줄 안내장도 준비했다. 그 이상은 어떻게 첫날을 대비해야 할지 모르기에 설레는 마음 반, 걱정되는 마음 반으로 3월 4일을 기다렸다.

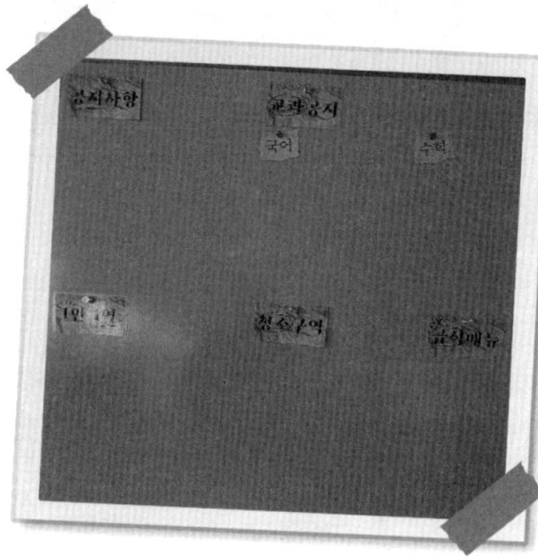

기다리던 입학식 날이 되자 학교는 매우 분주했다. 머릿속으로만 시뮬레이션을 돌려 봤던 일이 실제로 펼쳐졌다. 그리고 그 순간 '조금 더 준비해 둘걸….'이라는 생각이 들었다. '처음으로 우리 반에 오는 아이들에게 학급 규칙을 알려 줄걸. 학부모님께 보내는 편지도 요즘 잘 하지 않는다고 해서 준비를 하지 않았는데, 준비할 걸….' 하는 아쉬움이 밀려왔다. 그래서 늦게나마 아이들을 학교에 보내는 부모님의 마음에 보답하고 싶어 편지를 직접 손으로 써서 학생들 편에 보냈다. 한 학부모님께서 담임 선생님의 손 편지는 처음 받아 보신다며 좋아하셨다. 서투른 첫 시작이었지만 경험하며 성장한 시간이었다.

'내년엔 좀 더 잘할 수 있겠지.'

교사도 학생처럼 성장해 가는 느낌2
- 교육연구부원으로의 성장 -

'생각보다 할 게 없는데?'

새 학기가 지나고 얼마 지나지 않았는데 여유가 생겼다. 하지만 주변을 보니 다들 분주해 보이셨다. 그 이유가 있었다. 내가 부서 업무를 안(몰라서 못) 하고 있었기 때문이다. 마침 함께 임용 고시 면접을 준비했던 스터디 그룹 채팅방에서는 곡소리가 터져 나왔다. 궁금한 마음에 물었다.

"쌤들 근데 뭐 때문에 바쁜 거예요?"

한 선생님이 말씀해 주셨다.

"에듀파인에 문서 엄청나게 쌓여요."

'에듀파인?' 연수 때만 들어보던 이름이었다. 그렇지만 학교에 간 이후로 한 번도 들어가 본 적이 없었다. 들어가서 보니 정말 문서가 많았다. '문서진행 2' 라는 글자도 눈에 들어왔다. 들어가서 문서를 눌러 봤는데 무엇을 하라는지 모르겠기에 다시 껐다. 그리고 교사로 일하고 있는 어머니께 도움을 요청했다. 함께 문서를 처리해 보며 문서 처리 방법을 배웠다. 그렇게 나의 연구부 업무가 시작됐다.

내 업무는 기초 학력&교직원 연수 담당이다. 업무 배정은 받았지만 교사계의 기초 학력인 나는 정확히 무슨 일을 하는지 몰라 눈만 껌뻑이고 있었다. 그에 비해 우리 연구부 선생님들은 엄청난 전문가다. 부장님의 손과 눈은 정말 빠르고 꼼꼼하시다. 눈 깜짝하면 일이 끝나 있다. 그래서 제대로 정신 차리지 않으면 부장님 혼자서 일을 다 하신다. 처음에는 항상 부장님이 대부분의 일을 끝내 놓으시고 나에게 맞춤형으로 일을 조금씩 주셨다. 기초 학력 학생들이 두드림 학교, 1:1 맞춤 학습 상담을 통해 맞춤형 교육을 받고 성장하는 것처럼, 부장님께서 나의 수준에 맞는 일을 주시면서 점차 나도 성장하게 됐다. 또 다른 연구부 선생님은 모르는 것이 없으시다. 학교의 모든 일을 다 알고 계시고 학교의 모든 일에 참여하고 계신다. 그래서 부장님께서 맡기신 일을 하다가 잘 모르겠다면 늘 선생님께 SOS를 보낸다. 학생들이 수업 시간에 AI의 도움을 받으며 과제를 해결하는 것처럼 나도

'챗GPT' 같은 선생님께 여쭤 보며 조금씩 능숙하게 일을 처리하게 됐다. 처음으로 문서를 기안하기도 하고, 자료 집계 서비스로 자료를 제출해 보기도 했다. 신규 연수 때 악명이 높았던 품의도 올려 봤다. 선생님들을 위한 여러 개의 엑셀 시트를 만들기도 했다.

교사의 행정 업무는 다른 교사를 편하게 하도록 하는 것이라는 말을 연수 때 들었다. 아직은 해 본 일보다 해 보지 않은 일이 훨씬 많지만 더 성장하면서 다른 분들께 도움이 되고 싶다.

교사도 학생처럼 성장해 가는 느낌3

- 담임·교과 교사로서의 성장 -

'교사와 학생의 함.성. (함께 성장)'

담임 선생님이 비담임 선생님보다 힘들다는 사실은 듣기만 했었고 체감하지 못했다. 왜냐하면 나는 아무것도 모르는 완전 신규 교사이기 때문이다. 교생 실습을 할 때에도 '조·종례 들어가기', '반 학생들 이름 외우기', '상담 진행하기'가 전부였기에 담임 업무의 강도를 알지 못했다. 1학년 3반 담임 선생님이 되고 나서야 비로소 신경 써야 할 일이 생각보다 많다는 것을 깨달았다.

먼저 청소였다. 학생 때는 선생님이 언제 청소하라고 알려 주시면 그때서야 시키는 대로 했는데, 이제는 내가 시켜야 하는 입장이다. 처음에는 막연하게 A조와 B조로 나누고, 청소 구역을 1분단, 2분단, 3분단, 복도로 구분하였다. 하지만 막상 청소를 해 보니 복도는 청소할 것이 거의 없었다. 반면 교실 앞과 뒤는 학생들이 꼼꼼하게 청소하지 않아 지적하는 경우가 많았다. 그래서 청소 구역을 복도 대신 교실 앞·뒤로 수정했다. 그제야 청소가 더 꼼꼼하고 효율적으로 이루어졌다. 담임 선생님으로서 조금 성장한 느낌이 들었다.

그러던 중 같은 1학년부 선생님께서 "저희 반 청소는 학생들이 각자 자리를 청소하고 자리가 더러운 학생이 남아서 해요."라고 하신 이야기를 들었다. 굉장히 합리적으로 느껴졌다. 학생들이 자신의 자리를 청소하는 것이 좋았고, 청소 당번이 아니면 굳이 남아서 청소하지 않아도 됐다. 그래서 2학기 때 이 방법을 도입했다. 결과는 좋았다. 학생들도 수업이 끝나면 자발적으로 청소를 하기 시작했다. 그렇게 학생도 조금씩 성장했고, 나도 성장했다.

가장 신경을 많이 쓴 것은 학급 운영이었다. '1인 1역을 제대로 운영해 볼 수 없을까?' 해서 유튜브 채널 영상 〈세금 내는 아이들〉을 참고해 학급을 운영해 보기로 다짐했다. 학생들에게도 예고하고 준비를 하는데, 생각보다 준비할 것이 많았다. 학급에 필요한 역할(직업), 그리고 직업의 월급부터 시작해 직업 활동을 할 때 필요한 것 등을 준비하고 생각해야 했다. 특히 〈세금 내는 아이들〉은 초등학교에서 하던 활동이라 중학교 활동에 맞게 수정해야 했다.

1인 1역은 교사뿐 아니라 학생들에게도 준비가 필요했다. 자신이 무엇을 해야 하는지 정확하게 알고 있지만, 그 역할을 완벽하게 수행하는 데 많은 준비가 와 시간이 필요했다. 처음에는 학생 대부분이 역할을 제대로 수행하지 못했다. 역할을 수행해 오더라도 내가 기대했던 만큼 하지 못하는 경우가 많았다. 그래서 계속해서 지도하고 반복해서 설명해야 했다.

그렇게 시간이 흐르다 보니 교사와 학생 모두 성장했다. 나는 학급 활동에서 학생들이 힘들어 하는 부분이 어디인지 깨달았다. 담임 선생님이 돼 직접 학생들과 부딪히고 학급 운영을 해 보지 않았다면 몰랐을 일들이다. 학생들은 조금씩 자기 역할을 제대로 수행하게 됐다. 그중 기억에 남는 사건이 하나 있다.

우리 반은 생일 때마다 롤링 페이퍼를 쓰고 종례 시간에 촛불을 불며 생일 파티를 한다. 나 혼자 롤링 페이퍼와 빵, 그리고 전달 사항을 모두 챙기는 것이 까다로웠기에 생일 파티를 도와주는 '파티 플래너'라는 직업을 만들어 학생이 역할을 수행하도록 했다. 평소 수업 시간에 집중하지 못하고, 배움의 속도가 느려 신경이 쓰인 학생이 파티 플래너를 맡았다. 그래서 누군가의 생일이면 늘 종례 전에 이 학생을 불러서 오늘 역할을 수행하는 날이라고 이야기를 해 줘야 했다. 하루는 정신이 없어 종례 전에 이 학생을 부르지 못했다. 종례 시간이 오기 전에 롤링 페이퍼를 작성하기 때문에 오늘 생일 파티가 있다는 사실은 알았겠지만, 내가 부르지 않았기 때문에 그 학생이 오지 않을 것이라고 생각했다. 그렇게 혼자 생일 파티와 종례를 준비하며 반으로 가려고 교무실 문을 열고 나서는데, 그 학생이 교무실 문 앞에 서 있었다. 내 생각과는 다르게 학생이 스스로 자기 역할을 수행하기 위해 교무실 앞에서 기다리고 있었다. 이 사건을 통해 나는 학생들이 성장하고 있다는 사실을 깨달았다.

학생들 사이의 관계 또한 담임 선생님이 신경 써야 하는 부분이었다. 누가 누구와 사이가 틀어졌는지, 누가 누구를 불편해하는지, 또 관계가 어떻게 다시 회복됐는지…. 정말 학생과 학생 사이에는 다양한 일들이 벌어진다. 담임 교사로서 학생들을 위해 그 관계들을 어떻게 살펴야 하는 것이 어려웠다. 내가 무엇을 해야 하는지도 잘 몰랐다. 그럴 때마다 1학년부 선생님들이 함께 고민해 주셨다. 덕분에 문제가 해결되고, 그 과정 가운데서 학생과 나, 모두 한 걸음씩 성장할 수 있었다.

#수업 공개는 장기 기증, 수업 참관은 건강 검진

교사가 되었을 때 가장 중요하다고 생각한 것은 '수업'이다. 교사는 수업에 전문성이 있어야 하고, 잘해야 한다고 생각했다. 그래서 수업을 잘하는 것에 초점을 두며 교직 생활을 시작했다. 그러던 중, 신규 교사 수업 공개가 다가왔다. 내가 정말 수업을 잘하고 있는지, 그렇지 않은지 알 수 있는 시간이라 기대가 되면서도, 여러 선생님들 앞에서 수업을 해야 하니 걱정도 됐다. 수업 공개는 〈문자와 식〉의 첫 부분인 '문자의 사용과 식의 값'에 대한 내용으로 정했다. 학생들이 수학 시간에 처음으로 문자를 사용하는 부분이기 때문에 수업할 내용과 소재도 많았다. 나는 아이들의 흥미를 자극할 수 있는 영상을 준비하고, 다양한 예시를 생각하며 수업을 준비했다. 수업 공개 당일, 준비한 대로 영상을 보여 주고 예시를 들며 수업을 이끌어 갔다. 그러던 중 문제가 발생했다. 바로 아이들이 수업 내용을 너무 어려워하는 것이었다. 수업 속도는 느려졌고, 준비한 내용을 다 못할 것 같다는 생각에 조급해졌다. 결국 분주한 분위기 속에서 준비한 내용을 다 못한 채로 수업이 끝났다. 아이들의 수준을 아는 것이 수업에 있어 정말 중요하다는 교훈을 몸소 체험한 시간이었다. 수업이 끝나고 다른 선생님들도 다양한 피드백을 주셨다. '도입이 너무 길다, 학습지의 가독성이 떨어진다, 수업의 강세와 미소가 더 있으면 좋겠다.' 등의 피가 되고 살이 되는 말들이었다. 그 피드백을 바탕으로 수업을 개선하기 시작했다. 그리고 시간이 흘러, 학부모 공개 수업이 다가왔다.

학부모 공개 수업에는 '할리갈리'라는 보드게임을 이용해 수학을 배우는 시간을 가졌다. 어려운 수학 내용도 보드게임과 접목해 쉽게 배울 수 있다는 것을 보여 드리고 싶었다. 다행히 학부모님들의 반응은 좋았다. 그렇게 자신감을 얻었고, 이전과 비교했을 때 더 발전한 것이 맞는지 들어 보고 싶었다. 그래서 자발적으로 수업 공개를 진행했다. 학부모 공개 수업 때도 했던 내용이라 훨씬 수월하게 수업이 진행됐다. 이전에 했던 수업 공개보다 성장했다는 느낌이 들었다. 하지만 성장할 부분이 많이 남아 있었다. 주된 피드백의 내용은 다음과 같았다. 활동의 내용이 학습목표와 일치해야 한다. '활동은 수업의 도구지, 주체가 아니다.'라는 말씀을 해 주셨다. 다양한 활동으로 수업이 풍성해 보이는 것보다 학습목표를 충실하게 달성하는 수업이 좋은 수업임을 깨닫는 시간이었다. 임용 고시 수업 실연을 준비하면서 들었던 학습 목표가 중요하다는 이야기가 이해됐다.

수업 공개를 통해 전문성을 함양할 수도 있지만, 수업 참관을 통해서도 가능하다. 고진중학교는 선생님들께서 자유롭게 수업 공개를 하는 분위기가 있어서 다른 선생님들의 수업을 보면서 성찰할 수 있는 기회가 많다. 다른 선생님들의 수업을 보면서 아이들을 지도하는 방법이나 교과 연계 수업, 그리고 교실 속 다양한 장치와 운영 팁들을 배울 수 있다. 또 공람을 보면 다양한 학교에서 수업 공개를 한다. 때로는 외부 학교 선생님들의 수업 공개를 보며 새로운 영감을 얻을 수도 있다.

"수업 공개는 장기 기증, 수업 참관은 건강 검진."

우리 학교 수석 선생님께서 자주 하시는 말씀이다. 수업 공개를 통해 다른 선생님들께 '장기 기증' 하는 동시에 여러 피드백으로 성장한다. 또한 수업 참관을 통해 내 수업 상태를 점검하고 '건강 검진'을 하면 수업에 전문성을 가진 교사로 한 걸음 더 성장할 수 있지 않을까.

#진정한 고지니어스

어렸을 때부터 〈더 지니어스〉, 〈문제적 남자〉와 같은 머리 쓰는 프로그램을 좋아했다. 학생 시절, 학교에서도 이런 문제를 풀면 재미있겠다고 생각은 했지만 그런 일은 일어나지 않았다. 그래서 수학 선생님이 되었을 때, 아이들과 함께 이런 문제도 풀어 보고 활동도 해야겠다는 혼자만의 바람을 가지고 있었다. 그러던 중 교과 행사를 기획해야 한다는 이야기를 듣고, 〈더 지니어스〉나 〈문제적 남자〉 같은 활동을 하면 좋겠다고 생각했다. 마침 다른 수학 선생님께서 비슷한 형식의 행사를 구체적으로 구상하고 계셨고, 수학과 행사는 〈피의 게임〉이라는 예능에 나오는 게임으로 진행하기로 결정됐다.

우리 수학과는 언제나 똘똘 잘 뭉친다. 수행 평가, 지필 평가 때에도, 그리고 평소에도 서로에게 큰 힘과 도움을 주고 받는다. 이번 수학과 행사에도 함께 뭉쳐 행사에서 사용할 카드와 물건들을 만들고 정리했으며, 진행할 게임을 함께 구상했다. 게임 구상이 끝난 뒤에는 다같이 리허설을 해 보며 행사를 준비했다. 처음 준비해 보는 교과 행사였지만, 다 같이 하나가 되어 준비하는 과정이 재미있고 즐거웠다.

수학과 행사라서 학생들이 관심 없을까 봐 걱정했지만, 생각보다 많은 학생들이 관심을 가지고 참여했다. 수학적 사고를 이용해 참여하는 게임에 아이들이 많은 흥미를 느끼고 즐겁게 몰입해 주는 모습이 기뻤다. 교과 행사로 다 같이 이런 게임도 할 수 있다는 배움도 얻는 시간이었다. 이번 경험으로 전문성을 갖춘 교과 교사로 한 단계 성장할 수 있었다.

교사도 학생처럼 성장해 가는 느낌 4
- 동료 교사와의 성장 -

#영감님의 영광의 시대는 언제였죠? 난 지금입니다!

교사가 되면 하고 싶은 것이 하나 있었다. 바로 아이들과 함께 농구 경기를 하는 것이었다. 고등학교, 대학교 때 농구부에 들어갈 정도로 농구를 좋아했기 때문에 아이들과 함께 농구하며 추억을 쌓는 것이 버킷리스트였다. 그 꿈을 품고 고진중학교에 왔는데 신기하게도 농구를 좋아하시는 선생님이 정말 많았다. 그리고 이미 작년에 '교사 vs. 학생' 농구 이벤트도 했다는 것이다.

올해는 작년보다 교사가 더 늘었고, 농구를 좋아하시는 교사도 많아져서 자연스럽게 농구팀을 꾸릴 수 있었다. 그렇게 고진중학교 교사 농구팀이 만들어졌고, 아이들과 사제동행 농구 이벤트가 개최됐다. 교사팀을 이긴 학생팀에게는 짜장면이 상품으로 지급됐다. 정말 많은 아이들이 관심을 갖고 지원했고, 지원하지 않은 친구들도 농구 경기를 관람하러 체육관에 몰려들었다. 교사팀의

압도적인 기량으로 학생팀을 대부분 이겼지만, 한 팀이 3점 슛을 두 번 연속 성공시켜 짜장면을 먹게 됐다. 함께 스포츠 경기를 하며 땀을 흘리니 아이들과 더욱 돈독해지는 것을 느꼈다. 그리고 경기를 관람한 아이들도 관심을 가지고 말을 걸어 주기도 했다. 사제동행 농구 이벤트는 학생들에게도, 교사에게도 잊을 수 없는 귀중한 추억으로 남았다. 그리고 이후 사제동행 농구 이벤트는 정기적으로 진행되고 있다.

고진중학교에는 이 밖에도 다양한 교사 모임이 있다. 독서, 영어 회화, 보드게임, 신우회 등이 활발하게 운영되고 있다. 그 모임 속에서 교사들은 함께 성장한다. 서로의 수업과 일상을 나누고, 학생 지도를 함께 고민한다. 기쁨과 슬픔을 함께 나누며 버팀목이 되어 준다. 그렇게 서로 의지하며 함께 학교를 만들어 나가고 있다.

Gojin Middle School

문제를 두려움 대신 호기심으로 바라보게 하는 도전 촉진 기술 교사

박성연

기술의 세계에서 학생들의 호기심을 폭주시키는 점화플러그 역할을 자처함. 복잡한 원리를 생활 속 사례로 재해석하며 '이게 왜 이렇게 되는지'를 스스로 찾아내도록 유도하는 탐구 촉진자적 면모를 지님. 실습 시간에는 안전을 최우선으로 챙기면서도, 분위기는 유쾌하게 이끌어 가는 균형 감각 보유자임. 도면 한 줄에도 학생들의 창의력이 숨어 있음을 발견하고, 이를 끄집어내 확장시키는 성장 지원자적 성향을 보임. 사소한 실패에도 '기술은 원래 망가뜨려 보면서 배우는 것'이라는 메시지를 반복하며 도전 의지를 북돋우는 격려 전도사적 자세를 유지함. 어설픈 순간도 재치 있게 수습하며 교실을 웃음과 배움이 공존하는 공간으로 만드는 분위기 메이커임. 기술의 본질을 '생활을 바꾸는 힘'으로 설명하며 학생들이 직접 손으로 만들고 고치며 세상을 이해하도록 안내하는 실천 중심 교육 철학을 보유함.

이래서 교사라는 직업을 택했구나!

교직 8년 차가 되던 해, 나는 신설 학교 발령을 받았다. 교직 8년 차라는 말이 주는 무게는 생각보다 무거웠다. 이제는 초임도 아니고, 어느 정도 경험을 쌓은 시점이기에 나 스스로도 교사라는 직업에 대해 더 깊은 성찰을 하게 됐고, 더 잘해야 한다는 부담감도 커졌다. 그 무게 위에 '신설 학교'라는 단어가 얹히자, 막연한 두려움이 마음을 짓눌렀다. 과연 낯선 공간에서 처음 맡는 중학교 1학년 아이들과 잘 지낼 수 있을까. 설레는 마음보다 '내가 과연 잘할 수 있을까?'라는 불안이 먼저 앞섰다.

하지만 교실 문을 열고 1학년 6반 아이들의 눈빛을 마주한 순간, 그 모든 두려움은 조금씩 옅어졌다. 낯설지만 반짝이는 눈 속에는 새 학교와 새 교실에 대한 설렘이 담겨 있었다. 그 순간, 나 역시 교사로서의 열정이 다시금 불붙는 것을 느꼈다. '그래, 너희에게 이 교실이 가장 좋은 곳이 되도록 만들어 주자.' 마음속 다짐은 그렇게 시작됐다.

아이들과 조금 더 가까워지기 위해 첫 활동으로 '방학 동안 뭐 했니?'를 주제로 이야기 나누는 시간을 마련했다. 단순히 방학 때 일을 이야기하는 것 같지만, 사실은 서로의 이름을 자연스럽게 알게 하고, 대화를 이어 갈 수 있도록 하는 장치였다. 아이들은 처음에는 쑥스러워했지만, 이내 손을 들고 자신이 다녀온 여행지, 집에서 했던 일, 보고 싶었던 친구들 이야기를 풀어 냈다. 이름이 불릴 때마다 아이들의 얼굴은 환해졌고, 교실에는 금세 웃음소리가 퍼졌다. 그 순간 나는 깨달았다. 교사의 시작은 거창한 수업 준비가 아니라, 아이들의 이름을 기억하고 불러 주는 것에서부터 시작된다는 것을.

나는 학급이 따뜻하고 서로 배려하는 공간이 되기를 바랐다. 그래서 아이들과 함께 '학급 온도계'를 만들었다. 학급 온도계는 우리 반의 작은 약속이었다. 교실에서 서로를 배려하고 자율적으로 학급 규칙을 지키며, 함께 노력했을 때 온도가 올라가고 온도가 차오를 때마다 아이들과 함께 특별한 시간을 갖는다. 1단계는 마니또 활동, 2단계는 게임 데이, 3단계는 야외 수업, 4단계는 시네마 데이, 5단계는 간식 데이, 그리고 6단계는 자유로운 자리 앉기였다. 학교생활에서 때마다 아이들에게 필요한 학급 행사를 진행해야만 온도계를 뜨겁게 올릴 수 있는 동기가 생긴다. 이에 고심하면서 온도계 단계에 따라 필요한 학급 행사를 결정했다.

특히 마니또 활동은 기존 형식에서 벗어나 조금 더 아이들이 적극적으로 참여할 수 있도록 바꿨다. 단순히 이름을 정하고 몰래 선물을 주는 방식이 아니라, 마니또에게 해 줄 수 있는 구체적인 '미션'을 제시했다. 예를 들어, 오늘은 친구에게 칭찬 한마디 하기, 손 편지 써 주기, 친구 모르게 도와주기와 같은 작은 실천들이었다. 그리고 그 미션이 실천됐는지 확인할 수 있도록 체크리스트를 제공했다. 만약 체크리스트가 다 채워지지 않았다면, 마니또가 대신 친구를 위해 청소를 해 주는 쿠폰을 줬다. 단순히 선물만 오가는 마니또가 아니라, 생활 속에서 서로를 살펴 주고 챙겨 주는 마니또였다. 아이들이 처음에는 어색해 했지만, 점점 서로를 더 주의 깊게 바라보았다. 작은 배려를 통해 교실 분위기는 한층 따뜻해졌으며, 서로 사이가 좋지 않았던 아이들조차 마니또 활동을 계기로 조금씩 마음을 열어 갔다. 이 모습을 보며, 담임 선생님으로서 뿌듯함이 차올랐다.

조회 시간에는 '학급 독서 빙고'를 운영했다. 빙고 판을 채우려면 혼자서만 읽을 수 없는 칸들이 있었기에, 아이들은 자연스럽게 친구들이 읽은 책을 추천받고, 서로의 책을 빌려 읽었다. "선생님, 이 책 정말 재미있어요. 제가 친구들한테도 소개해도 될까요?" 라고 말하는 아이의 반짝이는 눈빛 속에서 나는 책이 아이들을 연결해 주는 또 하나의 다리가 될 수 있음을 확인했다. 혼자서는 힘든 독서가 친구와 함께할 때 즐거움이 되고, 습관으로 자리 잡는 순간을 지켜보는 일은 교사로서 큰 보람이었다.

종례 시간에는 또 다른 시도를 해 보았다. 바로 '요약 노트 작성'이다. 학기 초 조회 시간에 전날 배운 내용을 물어봤지만 아이들은 제대로 답하지 못하고 쑥스러운 웃음만 지었다. 학습 정리에 익숙하지 않은 모습이 역력했다. 그래서 '수업 요약 노트'를 작성하게 했지만, 처음에는 아이들이 귀찮아하며 대충 몇 줄만 적곤 했다. 그러나 수업이 끝난 후 모두가 요약 노트를 작성하고, 다 작성하면 학급 도장을 받을 수 있게 하자 아이들은 점차 성실히 정리하기 시작했다.

시간이 지날수록 글씨체는 또박또박해지고, 문장은 간결해졌으며, 무엇보다 스스로 수업의 핵심을 정리하는 습관이 자리 잡았다. 시험이 다가왔을 때, 아이들이 말했다. "선생님, 요약 노트 덕분에 복습하기가 정말 편해졌어요."라며 웃던 순간, 나는 그동안의 노력이 헛되지 않았음을 느꼈다.

생활 지도에서도 작은 변화들이 생겼다. 벌로 교실 청소를 하도록 하는 일은 단호히 하지 않기로 했다. 청소는 공동체를 위한 의미 있는 행위이지, 벌로 여겨져서는 안 된다고 생각했기 때문이다. 그래서 아이들에게 '내 자리는 내가 치운다.'는 원칙을 세우고, 개인 빗자루와 쓰레받기를 준비하도록 했다. 처음에는 번거롭게 여겼지만, 시간이 지나자 아이들은 자신이 쓴 공간을 책임감 있게 정리했고, 교실은 늘 청결하게 유지됐다. 벌이 아닌 책임감에서 비롯된 청소, 그것이 아이들의 마음에 올바른 의미로 자리 잡는 것을 보며 흐뭇했다.

학급 온도계가 두 번째 단계에 올랐을 때, 반장과 부반장이 준비한 반 단합 게임으로 아이들이 삽시간에 웃음바다가 되었다. 서로 엉뚱한 답을 내고 깔깔 웃던 그 순간, 공부와 규율 너머의 즐거움이 교실을 단단하게 묶어 주는 힘이라는 사실을 느꼈다. 세 번째 단계에서는 야외로 나가 햇살 아래 단체 사진을 찍으며 자유를 만끽했다. 또 어느 날은 함께 떡볶이를 먹으며 영화를 봤다. 게임하며 즐거워하는 아이들의 웃음소리, 우르르 몰려 앉아 떡볶이를 나눠 먹던 그 장면은 지금도 내 마음속에 따뜻한 추억으로 남아 있다. 비록 마지막 단계였던 '자유로운 자리 앉기'는 실현하지 못했지만, 아이들의 열정과 웃음으로 이미 우리 반은 충분히 자유로웠고 행복했다.

그럼에도 아쉬움이 남았다. 바로 아이들의 생일을 챙겨 주지 못한 일이다. 작은 케이크와 간단한 파티, 그리고 친구들의 롤링 페이퍼 한 장만 있어도 아이들의 마음에 평생 남을 추억이 됐을 텐데, 그 기회를 놓친 것이 마음에 걸렸다.

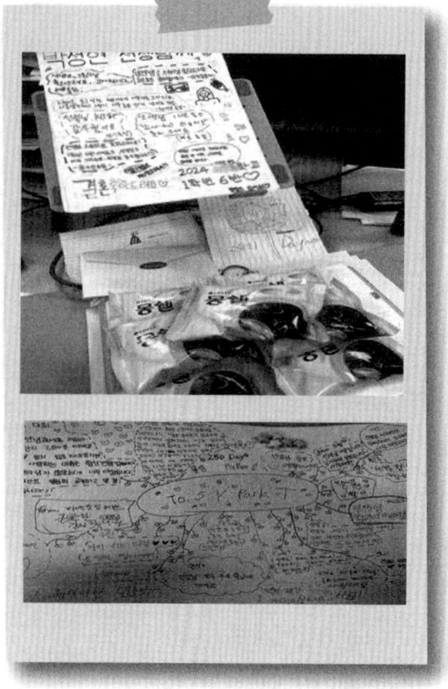

다음에 또다시 학급을 맡게 된다면, 꼭 생일을 따뜻하게 챙겨 주어 아이들이 자기 존재를 더욱 소중히 느낄 수 있도록 해 주고 싶다.

학기가 끝나갈 즈음, 나는 우리 반 아이들이 '교실은 따뜻한 곳이다.'라는 믿음을 가지게 됐다고 확신한다. 서로를 배려하고 작은 규칙을 지키면서 함께 성장하는 경험이 쌓여 아이들은 교실을 사랑하게 됐고, 나는 교사의 길에 다시금 확신을 가지게 됐다.

그리고 다음 해 스승의 날, 감동적인 순간이 찾아왔다. 작년 담임을 맡았던 아이들이 나를 기억하고 깜짝 이벤트를 준비한 것이다. 내가 잠시 자리를 비운 사이, 교무실 책상은 알록달록하게 꾸며져 있었고, 책상 위에는 '선생님, 감사합니다.'라는 글씨와 작은 카드들이 빼곡히 놓여 있었다. 순간 나는 아무 말도 할 수 없었다. 아이들의 진심 어린 손길은 나의 모든 수고를 단숨에 위로해 줬다. 교사라는 직업이 힘들고 무겁게만 느껴질 때가 있지만, 이런 순간이 있기에 다시 일어설 수 있는 것이다.

교직 8년 차, 신설 학교에서의 1년은 나에게 너무나 특별한 시간이었다. 두려움으로 시작했지만, 아이들과 함께 울고 웃으며 나는 다시 확신했다.

"그래, 이래서 내가 교사가 됐구나." 아이들과 함께하는 순간들, 그 소중한 추억들이 내게 다시 걸음을 내딛게 한다. 교사는 아이들을 통해 자라고, 아이들은 교사를 통해 꿈을 꾼다. 그래서 이 길은 언제나 빛난다.

신설 학교 스마트 교실 구축의 기록

업무 분장 발표 날, 내 이름 옆에 적힌 글자를 보고 나는 숨을 잠시 멈췄다.

'교육연구부 계원 – 정보 업무 담당'

순간 심장이 쿵 내려앉았다. 정보 업무는 해 본 적이 없었다. 게다가 신설 학교였다. 비어 있는 공간을 하나의 배움의 공간으로 직접 설계해야 했다. 두려움이 컸다. 기본 구조도 없고, 계승할 매뉴얼도 없다. 누구의 경험도 참고할 수 없다. 하지만 두려움 속에서 나는 '서툴더라도, 적어도 최선을 다해 보자.'라고 스스로를 위로하며 용기를 냈다. 교사의 마음이란 늘 그렇다. 완벽하지 않더라도, 아이들이 머물 공간을 위해 멈출 수는 없다.

처음 내가 마주한 문제는 단순했다. '공간의 이름을 무엇이라 부를 것인가?' 사소해 보이지만, 사실 이 공간을 어떤 철학으로 만들 것인지를 결정하는 문제였다. 예전 같으면 컴퓨터실이라고 불렀을 것이다. 하지만 그 이름이 아이들의 미래를 담아내기에는 너무 좁아 보였다.

'이건 컴퓨터를 배우는 곳이 아니라, 스마트 기기를 활용해 배우는 모든 수업의 공간이어야 해.'

그래서 선생님들과 협의를 통해 그 공간에 '스마트 교실'이라는 이름을 붙였다. 교과의 경계를 넘어 누구나 들어와 경험하고 시도할 수 있는 열린 학습 공간, 아이들의 사고가 확장될 수 있는 교실, 창의와 융합이 자연스럽게 이루어지는 배움의 장. 이름 하나를 정하는 데에도 오래 걸린 이유는, 이 공간에 담길 의미가 너무 컸기 때문이다.

이름을 정한 뒤에는 그 이름에 걸맞는 환경을 만드는 일이 남았다. 스마트 교실 구축에서 가장 큰 고민은 인터넷 속도와 기기 동시 접속 문제였다. 무선 공유기에 동시 접속 가능한 노트북 수가 28대를 넘어설 수 있는지, 수업 중 화면 지연이나 연결 오류가 발생하지 않을지, 모든 것이 걱정이었다. 교육의 본질은 '흐름'이다. 배움의 흐름이 끊기는 순간, 아이들의 집중은 무너진다. 나는 매일 교육청 담당자에게 전화를 걸고, 문서를 찾아보고, 타 학교의 사례를 확인했다. 그리고 마침내, 교육청에서 고속 무선 네트워크 증설 지원이 확정됐다. 28대 이상의 기기가 동시에 연결되도 속도가 떨어지지 않는 환경. 그 순간, 나는 숨을 조금 놓을 수 있었다.

공간 구성 역시 중요했다. 나는 이 교실이 정해진 틀에 갇힌 수업 공간이 되지 않기를 바랐다. 그래서 책상을 선택할 때조차 오래 고민했다. 결국 책상 앞부분에 바퀴가 달린 형태를 선택했다. 이 선택 하나로 수업의 가능성이 달라졌다. 네 사람이 마주 앉았던 공간이 어느 날은 둘씩 짝이 되고, 어느 날은 전체 토론을 위한 원형으로 변하며, 또 다른 날은 발표자 중심으로 다시 조직할 수 있었다. 공간은 아이들을 가르친다. 고정되지 않은 공간은 고정되지 않은 사고를 낳는다. 움직일 수 있다는 사실 자체가 배움에 숨을 불어넣어 준다.

기기를 선택하는 일도 만만치 않았다. 노트북과 데스크톱 사이에서 오래 고민했다. 하지만 결국 노트북을 선택한 이유는 단 하나였다. 아이들은 멈춰 있는 학습이 아니라, 살아 움직이는 학습을 해야 한다. 노트북은 이동이 자유롭고 카메라와 마이크가 기본 탑재되어 있다. 그 자체로 하나의 작은 스튜디오이고, 도구이고, 창작 공간인 것이다. 아이들이 스스로 기록하고, 발언하고, 연결되는 경험을 할 수 있다면 그것 자체가 이미 교육이다.

기기에 이어 교실 앞면에는 전자 칠판을 설치했다. 전자 칠판은 또 하나의 대화의 창이 됐다. 선생님은 설명하는 사람이 아니라, 함께 사고를 이어 가는 사람이다. 그 순간 나는 깨달았다. 기술은 교사의 역할을 줄이는 것이 아니라, 아이들과의 거리를 더 가까워지게 한다.

이 모든 과정에는 '예산'이라는 현실적인 벽이 있다. 스마트 교실의 물품을 선정하는 과정은 결코 간단하지 않았다. 성립 전 예산 요구서 작성, 필요한 비품의 예산 산정, 여러 업체의 견적서 확인, 물품선정위원회 개최부터 각 항목을 블라인드로 비교하고, 위원별 선정표를 받아 평가 결과표를 만드는 일까지.

이 과정 속에서 나는 예산이 단순히 돈의 문제가 아니라는 것을 깨달았다. 그것은 '어떤 미래를 선택할 것인가'의 문제였다. 한정된 예산 속에서도 아이들이 미래를 만날 수 있는 공간을 만들고 싶었다. 그 마음 하나로 나는 매일 늦도록 자리를 지키며 문서를 다듬었다.

또 하나의 큰 변화는 클라우드 기반으로 학교에서 전교생에게 구글 연동 통합 아이디를 생성하는 것이었다. 이 아이디는 학생이 고등학교를 졸업할 때까지 사용하는 계정이었다. 처음 가입 과정은 복잡했다. 담임 선생님들도, 아이들도 모두 어려워했다. 나는 교실을 돌아다니며 하나하나 계정을 확인하고, 비밀번호를 재설정했다. 인증이 되지 않는 학생들을 돕고, 다시 돌아가 진행하지 못한 아이들을 또 도왔다. 그렇게 우리는 전교생 모두 가입을 완수했다. 그날 나는 가만히 생각했다.

"이 작은 과정이 아이들에게는 '길을 여는 일'이었구나."

그리고 이제, 처음에는 아무것도 없이 비어 있었던 교실이 이제는 아이들의 미래가 자라고 있는 공간이 됐다. 책상이 움직이고, 모니터에 서로의 생각이 흘러가고, 아이들은 스스로 자료를 찾고 만들어 공유한다. 스마트 교실을 만든 것은 단순히 공간을 구축한 일이 아니라, 아이들의 가능성을 구축한 일이었다.

함께 생각하고, 함께 발견하고,
함께 자라는 수업을 꿈꾸며

학교 건물은 새로 지어졌지만, 그 안을 채울 교육의 숨결은 우리 교사들이 함께 만들어 가야 하는 것이었다. 교무실 한쪽에서는 늘 수업 이야기가 끊이지 않았다.

"이번 활동은 이렇게 바꿔 보는 게 어때요?"
"아이들이 스스로 말할 수 있는 장면을 더 넣으면 어떨까요?"

이 학교에는 '가르친다'는 말보다 '배움을 함께 설계한다'는 말에 더 익숙한 선생님들이 있었다. 그 마음을 자연스럽게 이어 만든 것이 바로 교과 협력형 탐구 수업 공동체, '탐·수·공 프로젝트'였다. 사회, 과학, 수학, 기술, 국어 교사가 한 주제를 공유하며 학생들이 단편적인 학습이 아니라 문제를 스스로 찾아 탐구하고 해결하는 배움을 설계하는 수업이다. 우리의 첫 주제는 '환경'이었다.

이 주제는 크고, 무거우며, 또 익숙하기 때문에 오히려 다루기 어렵다. "환경이 중요해요."라는 말은 누구나 할 수 있지만 실제로 왜 중요한지, 그리고 내가 무엇을 바꿀 수 있는지를 '나의 말'로 설명하기 위해서는 학생 스스로 생각하고 연결하고 이해하는 과정이 필요해 나는 기술 교과에서의 역할을 생각하게 됐다.

기술 수업은 언제나 '만드는 것'의 수업으로 오해된다. 하지만 나는 늘 믿었다. 기술은 문제를 발견하고, 더 나은 세상을 상상하며, 그것을 실현하기 위한 생각의 도구라고. 그래서 나는 아이들에게 묻기로 했다.

"우리는 어떤 세상을 만들고 싶은걸까?"

1학년 기술 발명 단원은 산업재산권을 중심으로 구성된다. 특허권, 실용신안권, 상표권, 디자인권. 겉으로 보면 다소 낯선 개념들이지만 그 속에는 한 사람의 문제의식과 창의적 해결 과정이 담겨 있다. 그래서 나는 수업을 다음 질문

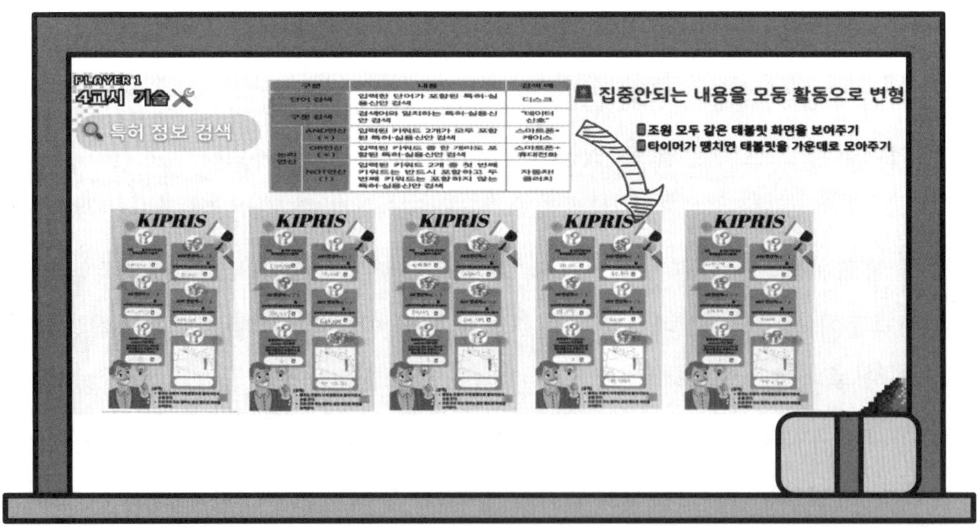

으로 엮기 시작했다.

"환경 문제를 해결하기 위한 발명품에는 어떤 것들이 있을까?"

"그리고 우리는 그것을 더 나은 방향으로 바꿀 수 있을까?"

아이들은 이미 배운 내용을 기반으로 발명 검색 사이트 '키프리스(KIPRIS)' 에서 실제로 존재하는 환경 관련 발명품을 찾는 활동을 하게 됐다. 하지만 문제는 여기에 있었다. 검색식은 아이들에게 너무 낯설고 어렵다는 점이다. 검색이 단순히 '찾기'가 아니라, 생각을 구조화하고 정교화하는 과정이라는 것을 깨닫기 위해서는 검색 자체가 학습 돼 있어야 했다. 그래서 나는 검색 과정을 '게임' 으로 바꾸기로 했다.

키프리스 및 보드게임형 환경 문제 해결 아이디어 확장

조별 활동지에는 6개의 미션이 있었다. 먼저, 부담 없이 참여할 수 있는 질문으로 분위기를 여는 미션.

"어떤 단어를 검색하면 가장 많은 특허가 나올까?"

아이들은 3분 동안 키워드를 바꿔 가며 서로의 결과를 비교했다. 가벼운 웃음 속에서 아이들 얼굴에는 이미 몰입이 시작되고 있었다. 2~4번 미션은 검색식을 활용해 정확한 결과를 얻는 과정이었는데, 중요한 조건이 하나 있었다. 조원 모두의 태블릿 화면이 동일하게 나와야 점수를 받을 수 있다는 것이다. 이 규칙 하나로 교실은 완전히 달라졌다. 빠른 학생은 느린 학생을 기다렸고, 설명하는 학생은 자신이 알고 있는 지식을 '말의 형태'로 건넸다. 누구도 뒤처지지 않기 위한 연대가 형성됐다. 그 순간, 나는 교사가 의도하지 않았던 장면을 목격했다. 배움이 '경쟁'이 아니라 '함께 가는 것'이라는 사실이, 아이들 스스로의 행동으로 증명되고 있었다.

검색식에 익숙해진 아이들은 환경 문제를 '찾는 것'에서 '생각하는 것'으로 넘어가기 시작했다. 만다라트 기법을 활용해 키워드 브레인스토밍 시간을 가졌다. 그리고 브레인스토밍한 것을 학급 워드 클라우드를 통해 서로의 생각을 시각적으로 공유했다. 아이들 손끝에서 하나씩 올라온 단어들이 화면 한가운데 모여 형태를 이루기 시작했다. '이제 우리는 환경을 안다.'가 아니라 '우리는 환경을 이렇게 바라보고 있다.'라는 이해가 싹트던 순간이었다.

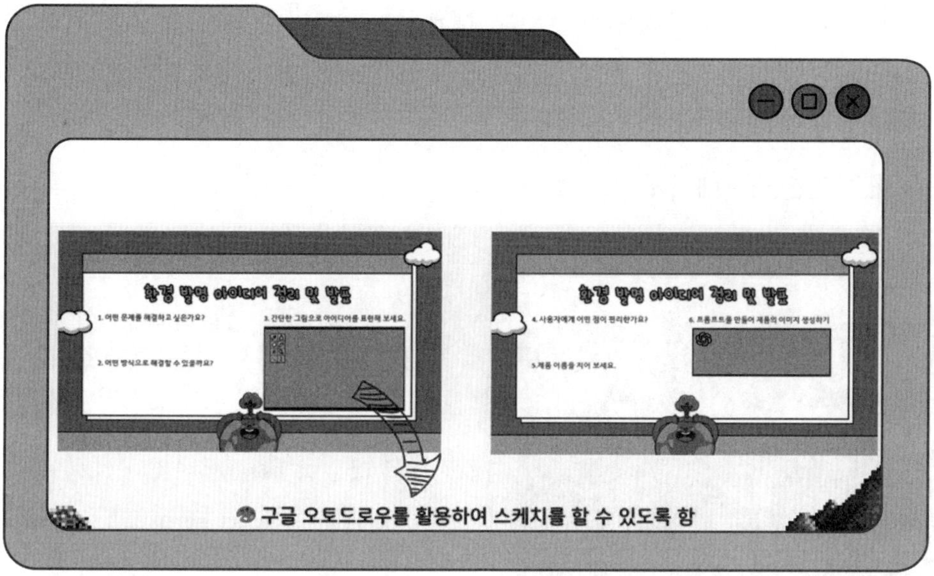

구글 오토드로우를 활용하여 스케치를 할 수 있도록 함

아이들은 조별로 환경 관련 발명품 세 가지를 찾아 12칸짜리 주사위판 활동을 했다. 발표자는 주사위가 선택한 사람이었다. 발표는 잘하는 학생만의 전유물이 아니었다. 아이들은 '내가 설명할 수 있어야 한다.'는 책임감을 가지기 시작했다. 포스트잇이 하나씩 떨어지고, 게임 판이 비어 갈수록 아이들의 사고는 선명해지고 있었다. 마침내 진짜 발명이 시작됐다. 조별로 가장 개선하고 싶은 발명품을 하나 선택하고, SCAMPER 발명 기법을 활용해 더 나은 해결 방향을 설계했다. 아이들이 만들고 싶었던 것은 '새로운 제품'이 아니라, 지금의 문제에 대한 새로운 관점이었다. 구글 오토드로우로 스케치하고 조별 공유 문서에 정리한 뒤 발명품 설명을 위해 프롬프트를 작성하는 과정에서 아이들은 더 이상 과제를 하고 있지 않았다. 아이들은 '자신의 생각'을 만들고 있었다.

이 수업은 나 혼자 만든 것이 아니었다. 탐·수·공 공동체 회의 시간, 우리는 원고를 고치고, 수업 동선을 조정하고, 자료의 표현 단어 하나까지 함께 고민했다.

"이 활동은 사회에서 이어 갈게요."

"이 부분은 국어에서 글쓰기 활동과 연결할 수 있겠어요."

"다음 차시는 제가 들어가서 같이 관찰해 볼게요."

그 시간 속에서 나는 깨달았다. 좋은 수업은 한 사람의 수고로 만들어지지 않는다. 좋은 수업은 '함께 배우는 교사들'로부터 태어난다. 수업을 통해 아이들이 배우고 있었지만, 그 수업을 준비하며 나 또한 배움의 길을 걷고 있었다.

Gojin Middle School

다정함이 항상 승리한다고 믿는 교사

주미현

좋은 사람이 되고자 하는 마음을 지니고 있으며, 도움이 필요한 사람을 보면 먼저 나서서 도와주려는 경향을 보임. 주변 사람을 배려하고, 관계 속에서 다정함을 실천하고자 노력함. 학생을 대할 때에도 한 명의 학생도 소외되면 안 된다는 책임감을 가지고 교직에 임하고 있으며, 학생의 작은 변화와 성장에 함께 기뻐하고 반응하려는 태도를 보임. 수업에서는 학생이 편안하게 참여할 수 있는 환경을 만들고, 정서적 안정을 바탕으로 학습이 이루어지길 바라는 마음으로 활동함.

여기가 특수 학급입니다

"선생님, 책상이 생겼네요?"

"예전에는 픽셀 아트 많이 했잖아요. 이제는 책상이 생겼네요. 예전에는 없었잖아요."

우리 반 한 학생이 1년이 지난 지금도 여전히 나를 보며 하는 이야기다. 단순한 농담 같지만, 그 안에는 내가 처음 이 교실을 만났을 때의 풍경이 고스란히 담겨 있다.

처음 "여기가 특수 학급입니다."라는 소개와 함께 마주한 공간은 텅 빈 교실이었다. 비유가 아닌 말 그대로의 '텅 빈 교실' 말이다. 물론 어느 교실이든 시작은 비어 있는 법이다. 하지만 내 앞에 놓인 그 공간은 좀처럼 당황하지 않는 나마저도 당황스럽게 만들었다. 그 어떤 가구도 없었기 때문이다. 의자도, 책상도, 칠판도, 벽을 채울 무언가도 없었다. 교실이라는 이름만 가진, 비어 있는 방이었다. 이전에 교실이 비어 있다는 이야기는 들었지만, 막상 실제로 비어 있는 공간을 확인하니 당황스러웠다. 더불어 입학식이 코앞으로 다가와 이곳에서 아이들과 인사를 해야 하는데, 과연 내가 이곳에서 학생들을 맞이할 수 있을까 스스로에게 물었다. 입학식까지 얼마 안 남은 며칠 동안 나는 바쁘게 움직였다. 특수 학급 교실에 필요한 물건이 무엇인지 리스트를 만들고, 다른 학교 교실 사진을 열심히 찾아보며 하나하나 비교했다. 그런데도 막상 물건을 주문하려고 하면 손이 덜덜 떨렸다. 아직까지도 집에서 물건을 살 때는 어머니께 "이거 괜찮아? 사도 될까?"라고 묻는 못난 딸인 내가, 갑자기 교실을 책임지는 교사가 되어 값비싼 책상과 가구들을 직접 선택해야 했기 때문이다.

스스로 결정을 내려야 한다는 그 무게는 결코 가볍지 않았다. 그렇게 오랜 고민 끝에 가구를 선택 했으나, 제때 오지 않아 부끄럽게도 입학식 날까지 교실은 비어 있었다. 학생들을 맞이할 교실이라기에는 너무 허전했지만, 그럼에도 불구하고 우리 아이들에게 '그래도 교실 위치는 알려 줘야지.' 하는 마음으로, 입학식이 끝난 후 아이들을 데리고 교실로 향했다. 그리고 나도 모르게 이렇게 말했다.

"안녕, 얘들아. 아무것도 없지? 그래도 우리가 있잖아. 서로 인사하자! 인사도 하고 이름도 말하고, 우리 여기서 사진도 찍자! 선생님이 찍어 줄게."

텅 빈 교실이었지만, 아이들이 서로 자신의 이름을 소개하고 인사하며 웃음소리가 퍼지고 사진을 찍는 순간, 교실은 더 이상 비어 있지 않았다. 무언가로 가득 차지 않아도, 아이들과 서로 얼굴을 바라보고 말하고 웃음으로써 그곳은 '교실'이 됐다. 순간 나는 생각했다. 교실을 교실답게 만드는 것은 책상이나 칠판이 아니라, 그 안의 사람이라는 사실을. 물론 막막함은 여전히 있었다. '잘 해낼 수 있을까?'라는 두려움은 쉽사리 사라지지 않았다. 하지만 동시에 설렘도 분명히 있었다. 낯선 공간이었지만, 그 공간이 아이들과 나의 새로운 이야기가 시작될 무대라는 것을 직감했기 때문이다. 시간이 흐르고, 책상이 하나둘 들어왔다. 교구도 채워지고, 벽에도 아이들의 작품이 붙기 시작했다. 언젠가부터 빈 교실은 점점 아이들의 색으로 채워졌다. 그리고 1년이 지난 지금, 아이들은 내게 이렇게 농담을 건넨다.

"선생님, 책상이 생겼네요?"

그 말은 단순한 농담이 아니라, 우리가 함께 만들어 온 시간의 증거라고 생각한다. 비어 있던 교실이 조금씩 우리만의 이야기를 품은 교실이 되어 간 것처럼, 나 역시 선생님으로서 서툴지만 차근차근 채워 가고 있었다.

돌아보면, 그 순간의 빈 교실은 나를 시험하듯 서 있었다. '과연 너는 이 공간을 어떻게 채워 갈 것인가!'라고 묻는 것 같았다. 그리고 나는 여전히 답을 찾아가는 중이다. 때로는 서툴게, 때로는 용기 내어. 분명한 건, 내가 이 교실에서 아이들과 함께 살아가고 있다는 사실이다. 특수 학급 교실에서의 하루하루는 늘 새로운 도전이자 배움이다. 빈 교실이 우리 교실이 되어 가는 과정처럼, 나 역시 매일 채워져 가고 있다. 이러한 여정을 다른 사람들과 함께 나누고 싶다.

함께 자라나는 교실

학급을 어떻게 운영해야 할지 고민이 많았다. 처음 하는 개별화 교육지원팀 협의회에서 학부모님들을 만나 이야기를 나누면서 조금씩 감이 잡히기 시작했다. 아이들은 모두 다른 개성을 가지고 있었지만, 부모님들의 바람에는 공통점이 있었다.

'공부를 잘했으면 좋겠다.'보다는 '학교에 잘 적응했으면 좋겠다.'는 마음이었다. 초등학교 시절 왕따를 당해 친구 관계가 어려운 학생, 학교에 있는 시간 자체가 힘든 학생, 친구를 좋아하지만 무리에 잘 끼지 못하는 학생 등 이야기를 듣는 동안 마음이 참 아팠다. 학부모님들은 각자의 자리에서 자녀를 지키기 위해 오랫동안 싸워 오셨고, 그 과정이 얼마나 고단했는지 느껴졌다. 또한 아이들이 겪었을 외로움과 가족들이 함께 감당했을 아픔이 머릿속에 그려져 한동안 마음이 먹먹했다.

그 후 아이들과 한 명 한 명 상담을 진행했다. 1:1 보드게임을 하며 웃기도 하고, 수학이나 국어 기초 문제를 함께 풀며 공부 이야기도 나눴다. 무엇보다도 학교생활은 어떤지, 나와 어떤 수업을 하고 싶은지 편하게 이야기 했다. 이야기를 하다 초등학교 시절 힘들었던 기억을 떠올리며 눈물을 보이는 친구도 있었다. 그 모습을 보며 다짐했다. 우리 반은 '공부만 하는 곳'이 아니라, 서로 마음을 나누고 편하게 지낼 수 있는 '따뜻한 공간'이 되어야 한다고. 그래서 나는 특수 학급 안에서 사회성을 기르고, 서로를 이해하고, 자신이 소중한 존재임을 느낄 수 있는 학급을 만들고자 했다. 예를 들어, 자폐 성향이 있는 한 학생은 다른 친구들에게 관심이 거의 없고 대화도 하지 않았다. 이 친구가 자신이 좋아하는 것을 자연스럽게 이야기하고, 다른 사람에게 말을 걸 수 있게 도와주고 싶었다. 또 한 친구는 자신의 이야기를 너무 길게 해 다른 아이들이 힘들어했다. 그 친구에게는 대화의 균형을 배우게 해 주고 싶었다. 반대로 또 다른 아이는 친화력이 좋았지만, 다른 친구들이 그 에너지를 잘 받아들이지 못했다. 모두 다르지만, 함께 어울릴 수 있는 방법을 찾아야 했다.

그래서 시작한 것이 '뽑기 질문' 활동이었다. 아침에 "오늘 뭐 먹었어? 주말에 뭐 할 거야?" 같은 가벼운 질문 40개를 준비해 작은 종이에 적고, 보이지 않게 접어 뽑기 통에 넣었다. 수업 시작 전이나 점심시간에 아이들이 한 장씩 뽑아 친구를 지목해 질문하고, 그 친구가 대답하는 방식이었다. 처음에는 "이거 왜 해요?"라며 시큰둥하던 아이들이 시간이 지나자 점점 먼저 손을 들었다.

"선생님, 오늘은 제가 먼저 뽑을래요!"

자기 차례를 기다리며 반짝이던 눈망울이 참 귀여웠다. 서로에게 말을 걸고 관심을 보이는 그 짧은 시간들이 교실의 분위기를 조금씩 바꿔 갔다.

두 번째로 시작한 활동은 '생일 파티'였다. 아이들의 사회성을 키울 수 있는 방법을 고민하다, 다른 특수 교사 선생님들의 사례를 참고해 시작한 활동이다. 생각해 보면 내 학창 시절에도 가장 따뜻한 기억 중 하나가 생일 파티였다. 초코파이로 케이크처럼 쌓아 촛불을 꽂고 친구들이 함께 부르던 노래. 지금 돌이켜 보면 아주 소박한 일이었지만, 친구들이 나를 위해 시간을 내주었다는 사실만으로도 참 행복했다. 우리 반에서도 생일이 다가오면 축하 파티를 준비했다. 국어 시간에는 생일 당사자에게 줄 편지를 쓰고, 생일 당일에는 함께 노래를 부르고 케이크를 먹으며 축하했다. 가끔은 교장 선생님, 보건 선생님, 혹은 담임 선생님도 찾아오셔서 축하해 주셨다. 아이들은 무척 즐거워했고, 생일이 다가오면 "선생님, 제 생일이 얼마 안 남았어요!" 하며 들뜬 목소리로 다가오곤 했다. 그런 모습이 참 사랑스러웠다.

지금 우리 반 친구들은 학교 오는 게 즐겁고 재밌다고 말한다. 물론 공부할 때는 집에 가고 싶다고 이야기하지만, 서로에게 관심이 없던 친구들이 이제는 함께 웃고 함께 어울리며, 서로의 이름을 부른다. 서로에게 둘도 없는 단짝 친구들이 된 것이다. 학급을 운영해 보면서 선생님 혼자 열심히 한다고 해서 학급이 따뜻해지는 게 아니라는 생각이 들었다. 아이들도 함께 마음을 내주어야 가능하다. 그런 점에서 우리 반 아이들은 정말 잘해 주었다. 점심시간마다 서로를 챙기고, 함께 놀며 웃는 모습을 볼 때마다 마음 한 켠이 따뜻해진다. 또 그 순간마다 나는 확신한다.

'그래, 바로 이런 모습이 내가 꿈꿨던 따뜻한 학급이구나.'라고.

모험을 떠나요

'우리 아이들과 어떤 현장 체험을 하면 좋을까?' 고민이 많았다. 그중 첫 번째로 떠오른 건 목공 체험이었다. 스스로 못질도 해 보고, 톱질도 해 보고, 손으로 무언가를 만들어 내는 경험은 아이들이 살아가면서 큰 도움이 될 것이라 생각했다. 용인 지역의 목공 체험장을 알아보고, 우리 반 첫 현장 체험 학습 장소로 정했다. 막상 가 보니 놀라운 일들이 한두 가지가 아니었다. 학부 시절, 학생의 능력을 지레 짐작하지 말라고 배웠지만 나도 모르게 그 말을 잊고 있었다. 우리 아이들은 내가 예상했던 것보다 훨씬 더 집중했고, 훨씬 더 잘 해냈다. 학교 수업 시간보다 더 몰입한 아이들의 모습을 보며, 나도 모르게 미소가 지어졌다.

나무를 사포질할 때는 1시간 가까이 꾸준히 집중했고, 도마 모양을 다듬을 때는 소음에 민감한 친구가 큰 소리를 내는 절단기를 직접 사용해 거뜬히 마무리했다. '이건 어려울지도 몰라….' 속으로 그렇게 생각했는데, 내 생각이 완전히 틀렸음을 깨달았다. 망치질을 할 때도 마찬가지였다. 강사 선생님과 "위험하지 않을까요?"라며 걱정했던 도구를 아이들은 포기하지 않고 끝까지 완성해 냈다. 작은 액세서리함이 완성되는 순간마다, 나와 아이들 얼굴에는 미소가 번졌다.

두 번째로 떠난 곳은 서대문자연사박물관이었다. 우리 반에는 유난히 공룡을 좋아하는 친구들이 많았다. 용인에서 서대문까지 거리가 꽤 멀어 고민도 됐지만, '우리나라에는 어떤 동물이 살았을까? 진짜 공룡 뼈를 보면 어떤 반응을 보일까?' 그 궁금함이 나를 움직이게 했다. 혼자 가기에는 부담이 있었는데, 다행히 친한 가정 선생님이 동행해 주셔서 가능했다. 박물관에 도착하자 아이들의 반응은 폭발적이었다. 특히 한 친구는 평소 거의 말을 하지 않고 자기 세계에 머물러 있는 편인데, 그날만큼은 달랐다. 눈을 반짝이며 전시실을 이리저리 뛰어다녔고, 커다란 공룡을 보며 "선생님, 저거 봐요!" 하고 외쳤다. 그 순간의 표정이 아직도 눈에 선하다. 그날 이후로도 그 친구는 종종 내게 말한다.

"주미현 선생님, 우리 서대문자연사박물관 또 가면 좋겠다."

조금 무리한 일정이었지만, 그 말을 들을 때마다 '정말 잘 다녀왔구나.' 싶다.

마지막으로 소개하고 싶은 현장 체험 학습은 학교 전체 학년이 함께 간 에버랜드다. 이번에는 내가 직접 계획한 일정은 아니었지만, 오히려 내가 계획하지 않아서 배운 점이 더 많았다. 우리 반에는 놀이기구를 타고 싶어 하는 친구도 있었고, 반대로 사파리 버스조차 무서워하는 친구도 있었다. 부모님들과 여러 차례 통화하며 아이들의 성향을 파악했고, 현장에 가기 전에는 유튜브로 놀이기구 1인칭 시점 영상을 보여 줬다. 아이들이 스스로 이것은 탈 수 있겠다, 이것은 아직 무섭다를 구분할 수 있도록 했다. 아이들과 함께 동선을 짜고, 점심으로 먹을 음식도 투표로 정했다. 그 시간은 '수업'이라기보다는 '함께 만드는 모험 일지'였다. 아이들은 그 과정에서 양보와 소통을 배웠다. 무서워하는 친구를 위해 놀이기구를 포기하기도 하고, 자신이 가고 싶은 장소를 말하기 위해 소심한 친구가 용기를 내 의견을 말해 보기도 했다. 에버랜드에서 우리 계획대로 다 이루어지지는 못했지만, 그래도 놀이기구 몇 가지는 탔기에 '이 정도면 잘했다.'라는 생각이 들었다.

그날 이후 나는 생각했다. 현장 체험 학습은 단순히 '놀고 오는 시간'이 아니라 아이들이 세상을 배우고, 서로를 이해하는 배움의 과정이라는 것을. 그리고 교사인 나에게 '어떤 수업을 해야 할까? 어떤 선생님이 되어야 할까?'를 다시 묻게 만드는 소중한 시간이었다.

교실을 벗어나 새로운 곳으로 향하는 일은 언제나 두려우면서도 설레는 일이다. 하지만 그 길 위에서 아이들과 함께 웃고 배우는 순간, 나는 이 일이 얼마나 멋진 일인지를 실감한다. 우리의 현장 체험 학습은 하루짜리 여행이자, 서로를 조금 더 이해하게 되는 작은 모험의 기록이다.

Gojin Middle School

끊임없이 새로움을 창작해 모두에게
나누고 싶은 성장 지향형 교사

최윤서

신설 학교라는 모험을 선택(?)당한 뒤에도, 모르는 것은 기어이 물어보고 해결하려는 집요한 성장력과 순도 100%의 배움 의지를 보여 줌. 스스로를 '물음표 살인마'라 칭할 만큼 질문을 아끼지 않으며, 그 물음표를 괄호 속 느낌표로 바꾸는 재주가 있음. 낯선 환경에서도 '겁 반 설렘 반' 마음으로 도전하며, 공동체 안에서 함께 춤추는 고래로 성장하는 중임. 선배 교사들의 응원과 격려를 에너지로 삼아 주변과 함께 성장하는 방식을 아는 교사로, 빠른 적응력과 유연한 사고로 실수도 능력으로 바꾸는 긍정력을 지님. 도움을 받으면 반드시 성장으로 보답하는 반환률 높은 루키의 면모가 돋보임. 오늘도 '조금 어색한 전문가'에서 '근사한 연구자'로 레벨업 중인 교사임.

모든 것이 처음인 신설 학교에
유일무이한 신규 교사라니!

인생의 새로운 획을 긋게 된 그 해 2월, 오랜 임용 고시 생활 끝에 합격이라는 달콤한 꿈을 실현하게 됐다. 정말 운 좋게도 생활권 인근으로 발령을 받게 됐다. 이때만 해도 '올해는 정말 운이 좋구나.'라고 생각했다. 심지어 발령 예정지로 나온 세 곳이 생활 근거지 바로 근처라니! 평생의 운을 몰아 쓴 것이나 다름 없다. 생활 근거지 중에서 단 한 곳만 제외하고는 어디를 가도 상관이 없었다. 그곳은 바로

'고진중학교'

평생을 이 학군 근처에서 살아서일까. 이 곳이 신설 학교라는 것을 누구보다도 잘 알고 있던 사람이 바로 '나'였다. 발령 예정지 명단을 보자마자 이전 근무지에서 들었던 한마디가 떠올랐다.

"신설 학교는 일이 진짜 많고 힘들지."

잠시 근무했던 학교가 설립된 지 5년 정도 된 곳이었는데, 학교 창립 멤버 선

생님들께서는 늘 학교와 함께 성장했던 이야기를 들려주시곤 했다.

"교가 제가 만든 거예요!"

"교복도 우리가 선정했어요! 아이들이 1년은 교복 없이 다녔어요."

무(無)에서 유(有)를 만들어 내는 일은 힘들지만 그만큼 보람이 있었다는 이야기들.

그 말이 틀리지 않다는 걸 알면서도, 지금의 나는 단지 아무것도 모르는 '저경력의 신규 교사'일 뿐이라는 사실이 현실로 다가왔다.

'제발… 여기만 아니면 저는 다 상관 없어요.'

그 순간이었다. 발령지 확정을 알리는 전화가 울리기 시작한 것은. 떨리는 손으로 받은 수화기 너머 들려오는 첫마디는 이랬다.

"안녕하세요, 고진중학교 교감입니다."

'…아.'

나는 평생의 운을 합격과 지역 발령에 다 써 버렸구나. 절망했다.

'신설 학교 발령이라니. 괜찮을까? 업무도 잘 모르는 내가 과연 도움이 될까? 왜 나를 새로운 학교로 보냈을까?'

그 순간 하늘이 무너지는 듯했다. 하지만 그런 생각도 잠시였다. 다시금 오랜만에 아이들을 만날 생각에 설렘이 마음을 채웠고, 새로운 건물에 처음 들어서는 상상만으로도 기분이 좋아졌다. 오랜 숙원이었던 합격의 꿈을 이뤘으니 말이다. 그리고 무엇보다 기대됐던 건, '함께할 발령 동기가 있겠지! 같이 배우며 성장하면 되지!'라는 생각이었다. 들장미 소녀 캔디와 같은 긍정의 마음으로 그렇게 나의 운을 믿기로 했다.

다시 되찾은 밝은 마음으로 첫 인사를 갔던 날, 그 마음이 단숨에 무너졌다.

'발령 동기가 없다! 이 학교의 유일한 신규 교사다!?'

갑자기 서러움이 몰려왔다. 신설 학교 발령만으로도 버거운데, 학교 유일의 신규라니. 믿기지 않았다. 나를 제외한 모든 선생님들은 업무, 수업, 행정 모든 면에 능통하실 텐데. 나 혼자 아무것도 모르는 신규라니.

'내가 도와드리기는커녕 짐이 되면 어쩌지?'

'맨날 실수만 하면 어떡하지?'

걱정이 머릿속을 가득 메웠다. 함께 우당탕탕 배우며 성장할 동기를 기다렸지만, 그마저도 없었다. 기간제 교사로 잠깐 일했지만, 교사 업무 전반을 알기에는 턱없이 짧은 시간이었다. 마음이 무거웠다. 신설 학교에 적응하기 위한 신규 교사의 첫 마디는 언제나 이랬다.

"저 혹시… 뭐 좀 여쭤봐도 될까요…?"

아마 이 글을 읽는 선생님들께는 우습다고 생각하실지도 모른다.

'그런 것까지 몰라서 물어봤다고?'

하지만 돌이켜 보면 그때의 나에게는 절박한 질문들이었다. 누구에게나 처음은 있는 법이라고 하기에도 유치한 질문들 리스트는 다음과 같다.

"출결을 제가 처음해 봐서… 어떻게 하는 거예요?"

"출결에서 결과가 뭔가요? 대체 어느 때에 체크하는 건가요?"

"교외 체험 학습에는 어떤 서류가 필요한가요?"

"제가 실수를 했어요. 어떻게 해야 할까요?"

"공문에 관련 번호는 어디에서 확인할 수 있나요?"

"등사기 간지(띠)는 어떻게 설정하는 건가요?"

"학부모님 상담 기간은 어떻게 조정하나요?"

"학부모님 전화를 뭐라고 받아야 하나요?"

"학생들과 상담할 때 무슨 말을 해야 하나요?"

학생들에게 항상 하는 말 "너네 이런 것도 몰라?"라는 물음이 무색하게, 나의 처음도 중1 아이들처럼 모르는 게 산더미였다. 아마도 동료 선생님들은 조금 더 머리가 큰 학생을 한 명 더 키우는 느낌이 들지 않으셨을까? 학부 시절에는 이런 내용을 배우지 않았기에 살아남기 위해 주변 선생님들에게 묻고 또 묻는 '물음표 살인마'가 될 수밖에 없었다. '교사'라는 직업에서 필요한 삶의 지혜를 터득하기 위해서는 매일, 매분, 매초 하루살이 인생처럼 적응하며 살아가야만 했다.

그렇게 하루살이처럼 버티던 나를, 운 좋게도 여러해살이 교사로 발돋움하게 해준 곳이 바로 이곳, 고진중학교였다. 나의 운을 끌어올린 원동력은, 내가 던진 물음표가 느낌표가 되도록 바꿔 주신 신설 학교 발령 동기들, 바로 동료 선생님들이었다.

"선생님, 신규니까 모르는 게 당연해요!"

"이것도 몰라? 귀여워, 역시 우리 신규~!"

"언제든 물어봐요. 괜찮아요."

"그건 말이지, 이렇게 하면 돼요!"

"에이, 그거 실수 아니에요. 이렇게 하면 금방 해결돼요."

"신규가 야무지게 잘하네!"

"하나를 알려줬더니 열을 해 내네!"

"어떻게 이걸 신규가 해? 세상에, 정말 잘했어요!"

단 한 분도 쏟아지는 질문에 귀찮은 기색 없이, 학교를 세워 나가는 그 바쁜 와중에도 신규 교사의 기반마저 함께 세워 주셨다. '칭찬은 고래도 춤추게 한다.'는 말처럼 실수투성이였던 나를 춤추게 한 건 바로 그 칭찬이었다. 어떤 분은 앞에서 끌어 주시고, 어떤 분은 뒤에서 밀어 주시며 성장의 길을 열어 주셨다.

이 모습은 학교가 조금씩 자리를 잡은 지금도 여전하다. 학교 구성원이 조금 바뀌었음에도 여전히 모두가 학교 구석구석을 함께 신경 쓰며 만들어 가고 있다. 서로를 가족처럼 끌어 주고, 안아 주며 성장하는 분위기. 그게 바로 우리 학교의 힘이다.

합격과 지역 발령에 운을 다 써 버렸다고 생각했던 신설 학교 발령 초기의 나는 참 어리석었다. 이 학교에 발령을 받았기에, 선생님들의 따뜻한 마음이 하나하나 모여 나를 또 성장하게 한 초석이 됐기 때문이다.

출결에서 '결과'가 무엇을 뜻하는지도 모르는 신규 교사였던 나는, 발령 1년 차(정식 발령 기준) 만에 개인 표창까지 받았다. 이것은 전적으로 교장 선생님, 교감 선생님 그리고 모든 동료 선생님 덕분이다.

"이 일은 선생님이 전문가니까 잘할 거라고 생각해요. 한번 도전해 봐요. 아니, 해 봅시다."

교감 선생님께서는 늘 나에게 성장의 기회를 주셨다. 사서 선생님, 진로부장님, 수석 선생님은 필요한 자료들을 아낌없이 나눠 주셨고, 그 당시 연구부장님은 휴일까지 반납하고 자료를 검토해 주셨다. 대망의 발표 당일에는 교감 선생님이 직접 응원까지 오셨다. 심지어 장학사님이 발표 전 말씀하셨다.

"교감 선생님이 응원도 오셨답니다!"

교장 선생님은 기관 표창의 공로를 오히려 나에게 돌리셨다.

"이 표창은 우리 신규 선생님 덕분에 받은 거라고 생각해요."

그 말씀을 아직도 마음속에 간직하고 있다. 이 감사함들은 아마 교직을 떠나는 그 순간까지도 영원히 잊을 수 없을 거라고 생각한다.

짧지만 굵은 나의 이야기를 바탕으로 신설 학교에 가는 것을 두려워하는 선생님들께 감히 말하고 싶다. 그리고 앞으로 신설 학교에 발령을 받을 후배 신규 교사들에게도 전하고 싶다.

신설 학교는 결코 두려움만 가득한 곳이 아니다.

오히려 배우고 성장하는 길을 열어 주는 특별한 무대다.

"또 다른 꿈을 펼칠 수 있는 성장의 공간이 바로 신설 학교입니다!"

돌아보면, 신설 학교 발령을 후회하던 과거의 나는 참 어리석었다.

이제는 그때의 나에게 「운수 좋은 날」 김첨지의 말을 빌려 이렇게 말해 주고 싶다.

"왜 이렇게 좋은 곳에 보내 주겠다는 데도 숟가락으로 떠먹지를 못하니. 괴상하게도 항상 운수가 좋더라는, 그 신설 학교 말이야."

학생들로 인해 울고 웃었던,
신규 담임 교사에게 주어진 열 가지 미션

'신규 교사, 첫 담임'

누구나 처음은 두렵다. 특히 학생들에게, 학부모님께 내 교직 생활이 처음임을 공개하는 것이 너무나도 두려운 시절이 바로 신규 담임 교사를 맡게 되었을 때가 아닐까? 신설 학교에서 맡은 인생 첫 담임 선생님으로서의 이야기를 여기서 풀어 보고자 한다.

기간제 교사로서의 경력은 있지만, 정말 운이 좋게도 항상 비담임이었다.

"담임 선생님은 진짜 바쁘고 할 일이 많아요."

"업무 부서에서 오는 메신저가 정말 부담스러워요, 담임은 진짜 할 일이 많은데."

이런 이야기를 업무 부서 근무 당시 수도 없이 많이 들었다.

'에이… 얼마나 바쁘길래?'

'메신저도 확인 못할 만큼 바쁠 리가?'

비담임으로서의 나의 생각은, 담임을 맡고 난 뒤 돌이켜 보니 정말 오산이었다. 중학교로 발령을 받았으니, 담임과 업무 부서 일을 동시에 해야 된다는 것은 알고 있었지만, 생각보다 이렇게 담임 업무가 많다니…. 막상 부딪혀 보니 훨씬 바쁜 일을 하고 있는 것이 '담임 교사'였다. 주어진 업무를 줄여 나가는 것이 당연하다는 생각을, 담임이 된 지금에서야 실감하고 있다.

그렇다면 담임 교사로서 해야 할 일들이 뭐가 있을까? MBTI가 나름 J로 끝나는 나는 해야 할 일들을 정리해 나가기 시작했다. 생각보다 담임의 일은 아이들을 만나기 전부터 시작되는 고강도의 미션이 많았다.

가장 첫 미션은 '교실 꾸미기'였다. '교실 꾸미기? 아….' 이 모든 것이 다 담임 선생님이 고생했기 때문에 예쁘게 만들어질 수 있었다고 깨닫기 시작한 것은, 아무것도 없는 신설 학교의 텅 빈 교실을 마주했을 때였다. 심지어 내가 처음 발령을 받자마자 만난 우리 반 교실은 칠판도, 책상도, 의자도, 사물함도, TV도, 그 아무것도 없는 그저 텅 빈 공간이었다.

'이걸 어쩌지…?'

어디에서부터 시작해야 할지, 가구도 하나 없는 공간에서 덩그러니 서 있었다. 초임 교사는 그렇게 빈 교실을 어떻게 채워 갈지 고민하기 시작했다.

항상 인스타그램 및 블로그 등 SNS에서 구경했었던 예쁜 교실들을 꿈꾸던 신규의 열망을 담아 나의 교실을 하나씩 채우기 위한 아이디어를 모았다. 하지만 그 게시물을 가위로 오려 내는 것도, 코팅하는 것도, 코팅한 모서리에 아이들이 찔려 다치지 않게 다시 둥글게 오려 내는 것도, 찍찍이 테이프나 자석을 붙여 칠판에 게시하는 것도, 아이들이 등교하기 전 청소를 해야 된다는 것조차도, 정말 사소한 모든 것이 담임 교사의 몫이었다. 뭐, 그래도 신규 교사로서 첫 교꾸(교실 꾸미기)는 아이들을 맞이하기 전 설레는 포인트였는지 즐겁게 진행할 수 있었다. 심지어 요즘은 SNS에 많은 선생님들이 본인의 교실을 꾸미는 방법과 아이템을 공유해 주셔서 어렵지 않게 꾸밀 수 있었다. 언젠가는 내가 직접 디자인한 교실로 만들어 갈 수 있겠지. 그렇게 생각하고 채워 나갔다.

두 번째 미션은, 아이들이 방문하는 예비 소집일에 나눠 줄 교과서를 분류하는 것이었다. 신설 학교라 교과서를 함께 나를 학생 인력도 없고, 결국 교사들이 하나하나 교과서를 옮기고 정리해야 하는 상태라니! 정말 이런 사소한 일조차도 교사가 해내야 하는 일이었다. 아직 끌차도 충분히 마련되지 않았기에 그 많은 교과서를 옮기기 위해 교무실에 있는 바퀴 달린 의자를 끌차 대신 사용하기도 했다.

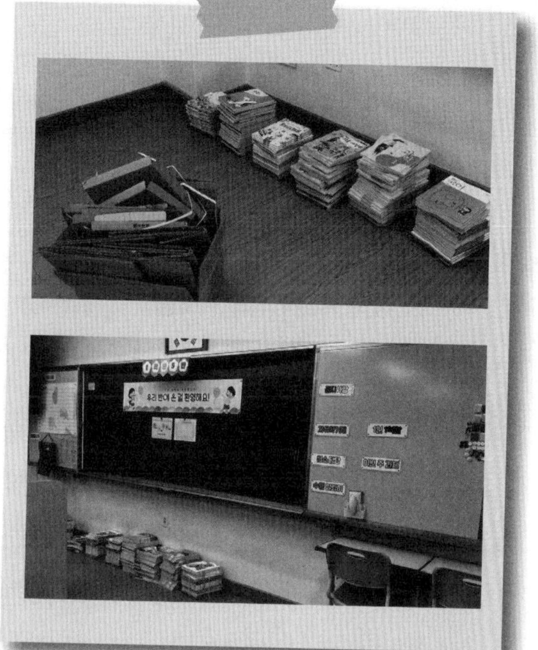

3월이 되기 이전부터 이렇게 해야 할 일이 많은 것이 실화일까? 그동안 내가 일을 했었다고 이야기하고 다닌 것이 정말 우스울 정도였다. 교과서만 분류하는 게 아니라, 아이들의 개인 임시 시간표 만들기, 학급 청소, 심지어 사물함에 붙일 이름표 준비까지, 모든 것이 담임의 일이었다. 담임으로서의 업무만 있는가? 그렇지도 않다. 담임 교사로서의 나, 교과 교사로서의 나, 업무 부서 계원으로서의 나의 일도 해내야 하는 '초인'이 바로 '담임'이었다.

그렇게 3월 개학식을 맞이하고, 내가 담당하게 된 학급 아이들을 위한 이름 외우기, 미니 시간표 만들어 주기 등 무엇하나 쉬운 것 없는 밀려오는 일들을 해내며, 그 와중에도 항상 해내야 했던 세 번째 미션은 '조·종례'였다. 조례 때 무슨 말을 할지, 전달 사항은 빠뜨리지 않았는지, 종례 때 무슨 말을 하고 학생들을 귀가시키는 것이 좋을지에 대해 고민하는 것도 굉장한 숙제였다. 고로 우리 반은 조례도 종례도 가장 길게 이루어지는 반으로 소문나게 됐다. 이것은 지금도 여전히 그렇다. 앞으로도 쭉 그러지 않을까 예상해 본다.

얼마나 열심히 무언가를 해내길래 조·종례 시간을 길게 사용하느냐고 묻는다면, 말씀해 드리는 것이 인지상정일 것이다. 초보 담임 교사의 긴 조·종례 시간은 전달 사항이 기억나지 않아서 한참 생각하기도 하고, 끝까지 기억나지 않는다면 교무실에 다시 갔다 오더라도 반드시 전달하고 끝낸다. 이는 아이들에게 도움이 되는 잔소리를 하기 위함이거나, 내 방은 관리할 체력이 없어 더럽더라도 교실이 지저분해지는 것은 절대 참을 수 없는 교사로서의 직업 정신을 어떻게든 보여 주겠다는 굳센 의지였을 뿐이다.

매일매일이 숙제 같던 신규 담임 교사에게 끊임없이 쏟아지는 미션들은 정신을 차리기에도 버거웠다. 그 와중에 항상 주변 선생님께 이런 말을 들었다.

"선생님, 정말 힘들겠어요."

"수업에 들어가면 그 반이 진짜 제일 힘들어요."

"선생님 학급은 아무 반응이 없어 힘들어요."

신규 교사의 숙명인지는 모르겠지만 주변 선생님들은 그 해 가장 힘든 학급은 신규 교사에게 배정되기 마련이라고들 하셨다. 사실 되돌아보면 그렇게 힘든 친구들도 아니었지만, 신설 학교여서 해야 할 일이 많았기에 유독 더 힘들다고 느껴졌던 것이 아닐까.

그 해 우리 반은 자잘자잘한 사건·사고가 참으로 많아 거의 매일 동료 선생님들, 부장님들, 심지어 교장·교감 선생님 앞에서도 눈물을 흘렸던 교사가 바로 나였다. 지금부터 할 이야기는 내가 가장 많은 눈물을 흘렸던 나날들을 정리한 것이라고 해도 과언이 아니다. 그동안 흘리지 않았던 눈물을 이때 다 흘렸다.

네 번째, 다섯 번째 미션에서 다룰 문제는 비단 신설 학교에서만의 문제는 아닐 테지만, 신규 선생님이라면 누구든 어려운 문제일 것이기에 긴 글로 담아 본다.

눈물로 범벅된 네 번째 미션은 여학생들의 꼽주기 문제 해결하기였다. 내 인생에서도 중1이 조금은 먼 이야기라 그런지 중학교 1학년 여학생들의 특징을 완전히 잊고 지냈다. 친구 관계가 가장 중요한 아이들. 그렇지만 여자라면 누구나 알고 있듯이 여학생들이 모여 있는 큰 무리에서는 특성이 맞지 않는 친구들 간 싸움이 벌어지기 마련이다. 그렇게 한 명, 두 명, 작은 소수의 아이들이 무리에서 떨어져 나오면서 신규 교사의 악몽이 시작된다. 떨어져 나온 소수의 아이들이 흔히 말하는 '꼽주기'로 상처를 받아 하나 둘 상담 신청을 하기 때문이다.

"쟤네가 자꾸 꼽을 줘요."

이해하는 데 가장 어려웠던 문장이었다. 친구 간의 우정이 금이 간 상태를 다시 붙이는 것은 어렵다. 특히 여학생들의 이런 상황을 다시 원래대로 돌리는 것은 사실상 불가능하다. 까마득한 나의 어린 시절에도 친구들끼리 그랬던 기억이 가득하기에 경험으로 이미 알고 있다. 그렇지만 담임 선생님은 학생 마음을 헤아리면서도 무리에서 떨어져 나온 아이가 다른 친구들과 원만한 관계를 형성할 수 있도록 도와줘야 하는 엄청난 미션을 수행해야만 한다.

여자아이들의 문제가 어려운 것은 '교사와 학생이 문제를 해결하는 과정 차이' 때문이다. 예전에는 여학생들끼리 무리를 조정하는 과정을 거치며 스스로 성장했다면, 지금은 선생님이나 어른들과 함께 친구 관계 문제를 해결하고 싶어 한다. 나 역시 '알아서' 문제를 해결하던 사람이었는데, 아이들이 함께 풀어달라 하니 소녀 시절의 감정을 다시 꺼내야 했기에 어려웠다.

'그때 소녀였던 나는 이 문제의 답을 어떻게 내렸더라?'를 다시 고민하는 시기를 거쳐야 했고, 내가 실제로 친구 관계로 겪은 친구들이 아닌, 그들의 이야기를 처음부터 정리해야 했다.

"이런 것 때문에 힘들구나."

"이 친구에게 이렇게 말하는 것이 좋을까?"

이렇게 여러 번 가다듬은 다음 다시금 전달하고 해결해 내야 했기에 더욱 어려웠다.

여학생들의 꼽주기 문제는 정말 기나긴 몇 주, 아니 몇 달, 거의 1년 간, 중학교 내내 계속되는 기나긴 스토리다. 학생 스스로 '아, 이 친구와 원래 안 맞는 것이었네. 우리는 어울릴 수 없구나.'라고 깨달을 때가 되어서야 비로소 해결된다. 그러니 학창 시절 내내 고민해도 사실 완전히 해결될 수 없는, 항상 미완결인 채로 끝나는 미션이다.

이 문제는 여학생들이 정신적인 성장을 하면서 '깨달아야만' 해소되는 일이라 아직까지 풀리지 않는 모두의 밀레니엄 난제라고 해도 과언이 아니다. 아마 이 글을 읽는 선생님들 중 누군가도 지금 이 일을 겪고 있을 테니 말이다. 담임교사는 매년 이런 일들을 또 다른 여자 아이들과 또다시 겪어 내야만 한다. 반복되는 미션 중 가장 어려운 미션이다.

다섯 번째 미션은 남학생들과의 기싸움에서 이겨 내기였다. 사춘기 남학생들은 여자 선생님, 특히 젊은 여자 선생님은 본인보다 연약하고 이길 수 있는 존재라고 생각한다. 동년배의 남자 선생님에게는 꿈뻑 죽는 아이들이 여자 선생님에게는 '대들기'를 행사하는 경우가 많다. 학급을 지도하면서 학생에게 들었던 말 중에서 가장 충격적이었던 것은 '아, 교육청에 신고해야겠다.'였다. 여태껏 들었던 말 중에 가장 이해가 되지 않으면서도, 그 순간에는 교사가 된 것이 후회될 정도였다. '이런 소리를 듣자고 내가 교사를 하겠다고 마음 먹었나….' 하는 생각이 들었다. 내가 학교 다닐 때만 해도 아무리 젊고 강인한 남학생들이라 한들, 선생님에게 저런 말을 하지는 않았던 것 같은데. 어떻게 이럴 수가 있을까? 나보다 한참 어린아이에게 내가 이런 말을 들으면서까지 일을 해야 하나? 그 말을 듣고 학생 앞에서는 울지 않았으나, 교무실 선생님들 앞에서 펑펑 울었다. 교권이 아무리 추락했다고 해도, 아이들과의 기싸움까지 해야 하는 게 담임 선생님으로서 주어진 미션이라면 하고 싶지 않다고 생각했다. 그때 학년부장님이 내게 이런 말씀을 해 주셨다.

"그 친구도 사실 마음속으로는 그런 생각까지는 안 했을 거야. 그렇게 못된 아이들이 아니잖아, 우리 애들이."

그 당시에는 절대 이해할 수 없었던 위로였다. '왜 학생 편을 들지?' 치기 어린 마음에 '부적응 쓸 거야. 이 학교 못 다니겠어.'라는 생각까지 했다. 그러나 그 사건이 있고 두 시간 정도 지났을까. 쉬는 시간 종 치자마자 쭈뼛쭈뼛 다가온, 나보다도 훨씬 커다란 그 아이가 내 앞에 섰다.

"무슨 일이야?"

기분은 여전히 별로였지만, 그래도 아무렇지 않은 척 물었다. 그 물음에 돌아온 답 때문에, 그래도 힘을 내서 교사를 하고 있다.

"선생님, 아까 그런 말씀 드려서 죄송합니다. 제가 너무 심했어요."

그리고 얼마 뒤 또 한 번 그 학생과의 사건이 있었다. 자전거를 타고 크게 다쳐, 담임 선생님이었던 내가 구급차에 같이 타고 진료를 본 사건이었다. 그렇게 조심하라고 했는데도 너무나도 크게 다쳐 바로 꿰매는 시술까지 진행했는데, 그때 그 아이가 손을 잡아 달라고 부탁했고, 그 손을 나도 모르게 꼭 잡아 주었다.

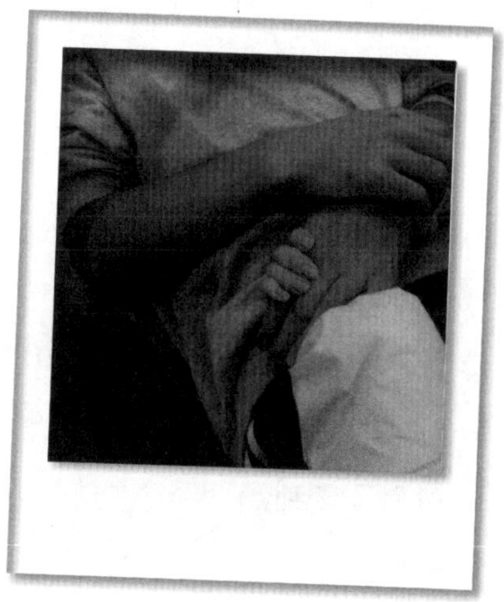

사실은 그때 그 말로 인해 그 아이가 잠깐 미웠지만, 시술 받던 그 날부터는 그저 안쓰럽기만 했다. 아마도 이 아이를 진짜 미워했었던 것은 아니었나 보다. 병원에서 의사와 간호사 선생님이 "어머니, 이 부분은…."이라며 나를 보호자였던 나에게 설명해 주셨고, 그 말을 아이와 함께 한참 듣고는 이렇게 말했다.

"인마, 내가 너의 두 번째 어머니다. 아까 의사 선생님이 '어머니'라고 하는 거 들었지? 이놈아. 나한테 잘해라?!"

그 날 꼭 잡은 손을 사진으로 남겨 놓으며 추후에 그 아이를 많이 놀렸다.^^

시간이 지나 이제는 어엿한 선배가 된 그 아이와 나는 수업에서는 만나지 못하지만 복도에서 간간히 마주친다. 만날 때마다 그 학생은 나를 이렇게 부른다.

"어머니, 안녕하십니까. 잘 지내십니까. 저 보고 싶으시지요?"

"오, 우리 선생님이다!"

교육청에 신고하겠다던 사춘기 그 마음은 어디 갔는지 이제는 학교에서 나를 보면 '어머니, 우리 선생님'이라 부른다. 나 역시 부적응을 쓰겠다던 마음은 어디 갔는지, 그런 녀석의 모습이 너무나도 그립고 귀엽기만 하다. 나름(?) 아들을 키우는 마음으로 사춘기 소년들의 대들기를 이겨 내고 있다.

선생님보다 센 척하고 싶은 사춘기 남자 아이들과의 기싸움을 이겨 내는 것이 신규 교사로서 가장 힘들었던 부분이다. 기싸움을 이기려 하지 말고, 담임으로서가 아닌 '그냥' 선생님, 우리 반 학생이 아닌 '그냥' 학생이 되면, 그때는 이 문제들이 다 해결돼 있을 것이다.

'아, 그때 선생님 말씀이 그런 의미가 아니었구나. 아, 아이들이 나에게 했던 말은 그 시기의 예민함 때문이었지.' 하고 말이다.

남학생들과의 기싸움은 이렇게 시간이 지나면 결국 교사와 학생의 의기투합으로 끝난다. 물론 아마도 교직 생활을 하다 보면 매번 이렇게 기싸움이 해피엔딩으로만 끝나진 않을 것이다. 그래서 이 글을 쓰고 있는 지금도, '오늘' 학교에서 있었던 아이들과의 일, 서로 기싸움하던 그 순간들을 되돌아보며 반성하기도 한다.

‘아마도 그때 내가 했던 말이 그 아이에게는 상처가 됐을 수도 있겠네.’

‘괜히 그렇게 말했나?’

‘근데 아무리 생각해도 내가 들었던 학생의 그 말은 나에게 상처였네.’

선배 교사들과 아이들과 힘들었던 일화를 이야기할 때마다 ‘이런 아이들을 이해할 수 없는 모범생이었던 사람들이 교사를 하기 때문에 힘들다.’라는 말을 들으며 무척이나 공감하곤 한다. 하지만 되돌아보면, 선생님들께 모범생이라 불렸던 과거의 나도 사춘기 어느 한 페이지에서는 어른에게 대들었던 적이 있다. 생각해 보면 그냥 그저 지나가는 모습일 뿐이다.

지금의 학생들이 교사에게 의존하거나 대드는 이유는 아마 부모님 다음으로 가장 가까운 존재가 ‘선생님’이라서가 아닐까? 교사와 학생은 정의하기 가장 어려운 사이라고 생각한다. 그저 가르치고 배우는 존재도 맞지만, 여러 감정 교류, 비밀 이야기도 하는 사이니까 말이다. 이 관계는 피가 섞이지 않았지만 마음으로 섞인 부모와 자식 관계가 아닐까라고 생각하면 어느덧 그동안 지나온 상황들이 문득 이해가 되기도 한다.

사실 담임을 하면서 아주 사소한 것일지라도 매일 마음은 다치고 있다. 아마도 오늘 하루 중 언젠가도 그랬을 것이다. 그렇게 1년 동안 다치고 낫기도 할 그 상처는 우리가 서로 ‘지나가 버린’ 사람이 될 때, 그제서야 비로소 영광스러운 흉터로 아물 것이다. 그리고 먼 훗날 언젠가 다시 만났을 때 그저 ‘영광스러운’ 과거에 대해 서로 추억하며 이야기를 나누는 하나의 에피소드로 자리 잡겠지.

여섯 번째 미션은, 각종 행사를 위한 준비였다. ‘공문 기안’은 신규 교사에게는 가장 어려운 미션이다. 큰 틀의 공문 기안은 각 부서에서 이루어지지만, 세

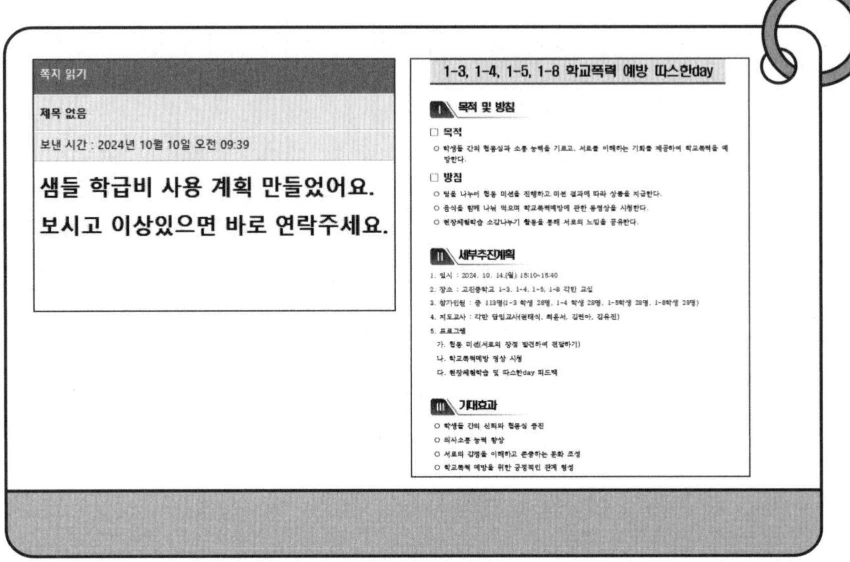

부적인 기안은 담임 교사도 해야 할 때가 있다. 특히 가장 어려웠던 부분은 학급 행사 진행을 위한 품의를 올리는 것이다. 신설 학교였기 때문에 기존에 있던 학급 행사 관련 계획도, 행사 관련 품의 기록도 없었다. 이런 와중에 이 계획을 진행하기 위해 도움을 받을 수 있는 존재는 결국 우리 학교 '선배 교사'였다. 동료 선생님들은 "이런 학급 행사 계획 진행해 볼 건데, 같이 해 보실 분?" 하고 끌어 주는 분들이었다. 이로 인해 '아, 학급 행사는 담임 선생님이 계획도 기안도 올려야 이루어지는구나!'라는 것을 깨닫게 됐고, 이를 위한 준비 과정에 무엇이 필요한지도 알 수 있었다. 이제는 이 미션을 스스로 계획하고 기안할 정도로 성장했다.

일곱 번째 미션은, 조용한 스승의 날도 웃어 넘길 줄 아는 대인배 되기였다. 나의 중·고등학교 시절과는 다르게 지금의 선생님들은 스승의 날을 반기지 않으신다. 법제적인 측면도 있겠지만, 아이들에게 부담을 주고 싶지 않은 마음도 있을 것이다. 또한 5월이면 아이들과 라포르(rapport)도 아직 덜 쌓였을 시점이라 굳이 받기를 원하지 않기도 한다. 나의 학창 시절, 스승의 날은 항상 담임 선생님을 위해 어느 정도의 성대한 파티를 열 수 있는가에 대해 옆 반 친구들과 경쟁 아닌 경쟁을 하는 그런 날이었다. 아마 이런 경쟁으로 인해 지금은 스승의 날이 굉장히 조용하게 넘어가는 것이 아닌가 싶다. 나의 신규 발령 첫해 스승의 날도 굉장히 조용한, 그냥 지나가는 요일 중 하나였다. '칠판 편지라도 하나 있겠지?' 하고 기대했지만 정말 아무 것도 없이 그냥 지나간 날이었다. 주변 선생님들은 아쉽지 않냐고 물으셨지만, 아쉽지 않았다고 하면 그건 거짓말이다. 이제 와서 말하자면, 사실 많이 서운했다. 나도 처음 제대로 맞이하는 스승의 날인데 말이다! 그런 날을 지나 보낼 수 있는 대인배와 같은 마음도 신규 교사로서 가져야 할 마음이라고 생각한다.

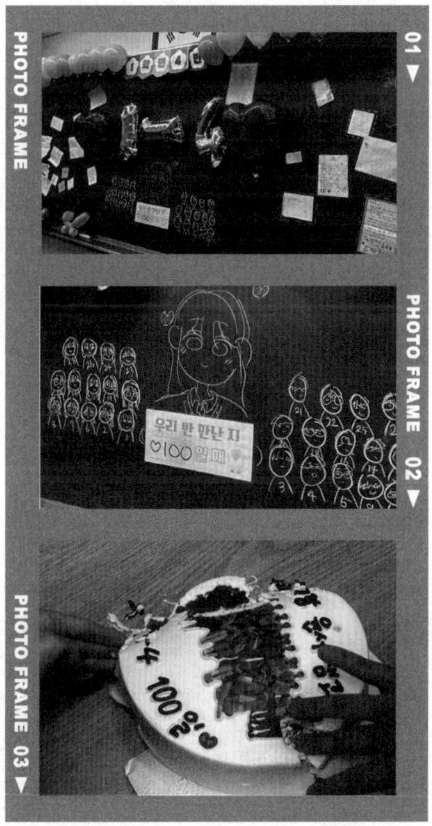

하지만 나의 첫 스승의 날은 그날의 아쉬운 기억으로 끝나지는 않았기에 더 기억에 남는다. 신설 학교의 100일이면서 신입생들의 100일, 그리고 고진중학교 발령 100일을 함께 추억하는 날이었던 2024년 6월 10일. 우리 학급 아이들은 나를 위한, 그리고 우리를 위한 특별한 100일을 함께 추억해 갔다. 학교에서 준비한 백일 잔칫날이자 우리반이 만난 지 100일째 되는 날을 추억하는 그날, 담임 선생님 모르게 아이들이 칠판에 가득 수놓은 편지와 우리 사진이 들어간 케이크를 조용했던 스승의 날이 무색할 만큼 매우 시끄럽고 예쁘게 함께 축하했다. 비록 케이크는 먹지도 못한 채 바닥에 떨어뜨려 대참사가 나긴 했지만 말이다.

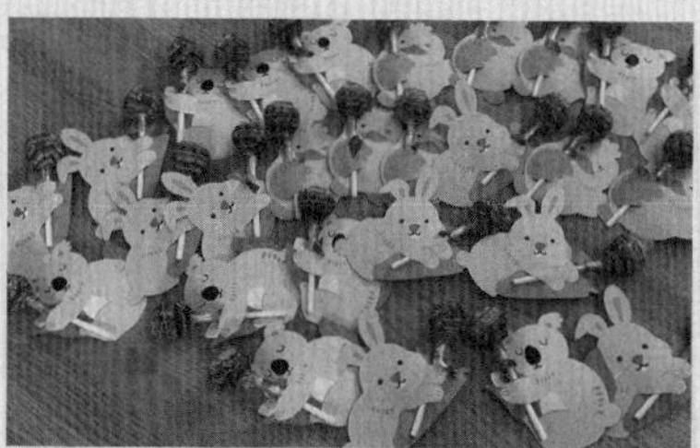

여덟 번째 미션은 아이들을 위한 소중한 시간 만들기였다. 정식 발령을 받고 가장 하고 싶었던 것은 '나도 담임이 되면 아이들에게 이벤트 많이 해 주는 천사 선생님이 되어야지!'였다. 원래 무언가를 사부작사부작 만드는 것을 매우 좋아했던 나는 아이들에게 이벤트를 꼭 하고 싶다는 목표 아닌 목표가 있었다. 그래서 학기 초, 3월에 만나자마자 할 수 있던 깜짝 이벤트로 '화이트데이' 사탕 선물을 했다. SNS에서 본 사라쌤(@saraphic_)의 소중한 아이디어로 간단하지만 달달한 사탕 편지를 나누어 주었다. 이 간단한 선물 만으로도 아이들은 큰 힘이 됐다고들 말했다. 매달 생일 파티를 챙겨 주는 것도 우리 반을 위한 하나의 이벤트였다. 하지만 한 달이 어

찌나 빨리 지나가던지 가끔은 매달 챙겨 주지 못한 채 두 달에 한 번 생일 파티를 열기도 했던, 조금은 나태한 선생님이기도 했다.

자유학기 주제 선택 수업 중에는 '추리 소설 속에 들어갔다!'는 세계관을 설정해 소설책 탈출을 위한 비기 '전설의 가가두', '전설의 구미곰'과 같은 간식을 배부하기도 했다. 그리고 아이들이 중1 첫 중간고사를 맞이하는 시점에서는 양센세(@y_sensei)의 아이디어에서 착안해 학부모님께 인생 첫 시험을 치르는 우리 아이들을 위한 응원 메시지를 구글 폼으로 받아 함께 선물을 전달하기도 했다. 이렇게 선물 공세만 한 것은 아니다.

선물 같은 시간을 함께 보내기도 했다. 경기도교육청의 '희망교실' 프로그램에 신규 교사의 패기로 참여해 '우리 함께 행복해지리'라는 이름으로 특별한 시간을 보냈다. 아이들과 함께 공부하고, 책도 나눠 보고, 맛있는 음식을 함께 먹

상호존중, 행복한 동행의 첫 걸음

고진중학교

수신 내부결재
(경유)
제목 2024학년도 경기희망교실 운영 계획(2차)

「1. 관련: 고진중학교-4938(2024.05.14.)
2. 2024학년도 경기희망교실(우리 함께 행복해지리) 2차 외부 활동을 붙임과 같이 운영하고자 합니다.
가. 일시: 2024.11.27.(수) 15:20-20:00
나. 장소: 용인 역북 일대(롯데시네마 및 식문화 체험)

붙임 2024학년도 경기희망교실 운영계획(11.27.) 1부. 끝.」

으며, 같이 영화 감상을 하는 등 소중한 시간을 가질 수 있었다.

심지어 영화를 보러 가던 날, 그해 첫눈이면서도 함박눈이 정말 펑펑 내렸다. 이 추위에 슬리퍼를 신은 아이의 발이 빨갛게 꽁꽁 얼어 학부모님께 전화를 드려 아이와 함께 신발 쇼핑도 했다. 거의 열 명 정도 되는 아이들과 영화 관람을 하고 나서는 맛있는 파스타도 한 접시씩 했으며, 오밤중까지 눈싸움을 하고 꽁꽁 언 손으로 붕어빵도 나눠 먹었다. 그리고 하나하나 집에 돌아가는 모습을 다 보고 귀가했다. 비록 많은 눈에 의한 경전철 지연으로 관람 시간이 늦어 품의했던 금액보다 더 비싼 금액의 영화를 보는 바람에 추가로 내 사비를 더 지불했지만 말이다.

학교에서는 정말 말 한마디 없이 조용하기 그지 없던 우리 학급 아이들은 그날만큼은 너무 재미있었다며 "선생님 저희 다시 데이트하러 가요!"라고 말하곤 했다.

그 해의 아이들은 학기를 종료할 때 다음 해에 내가 맡게 될 학생들을 위한 한 마디에 나를 이렇게 표현해 주었다.

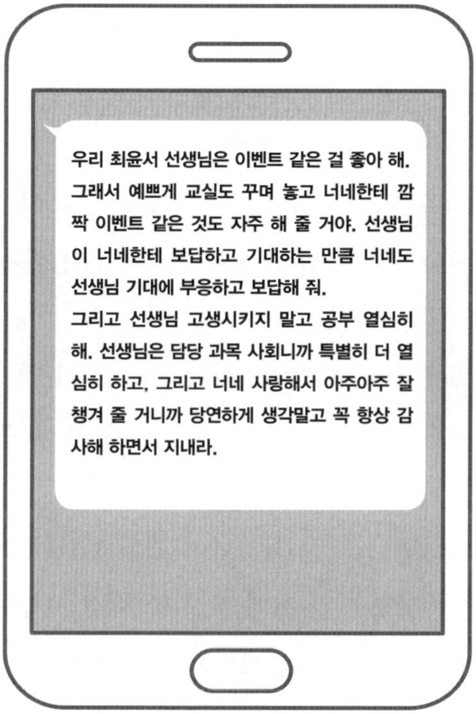

"우리 선생님은 이벤트 같은 걸 좋아해."

이번 해의 나도, 다음 해의 나도, 힘이 닿는 한 학생들의 소중한 시간을 위한 '이벤트 여왕'이 되려고 한다.

아홉 번째 미션은 학부모님의 마음을 헤아리는 스킬 획득하기다. 이 미션이은 신규 교사로서 가장 어려운 부분이다. 특히 '젊은 선생님은 아이들을 잘 모르지 않을까?'라는 선입견을 깨는 것이 무엇보다 어렵다. 하지만 학부모님들도 이 부분은 함께 알아주시면 좋겠다. 오히려 선생님이 젊기 때문에 아이들의 특성을 더 빨리 파악할 수 있는 부분도 있고, 경력이 부족해 아직 잘 모르는 부분들이 있어도 주변 선생님들의 노하우를 들으며 배우기 위해 노력하고 있다는 것을 말이다.

담임 선생님을 맡게 되니, 학부모님은 학교에서 자녀의 모습을 매우 궁금해하실 것이라는 생각을 하게 됐다. 그래서 틈날 때마다 '학급 밴드'를 운영해 아이들의 생활 모습을 공유해 드렸다. 그리고 어느 날은 학부모 상담일이 아니더라도 갑자기 문득 생각나는 일이 있으면 학부모님께 전화를 드리거나, 문자로 전달하려고 노력했다. 어느 부모님은 이렇게 말씀하셨다.

"선생님, 저는 학교에서 전화 오는 게 정말 무서웠는데, 이제 좀 괜찮아졌어요."

이 말은 학교에서 전화가 오는 일은 보통 학생에게 안 좋은 일이 발생했을 때였다는 뜻이다. 이 말을 듣고 나서야 '학부모님도 학교에서 좋은 일로 연락받고 싶겠구나.'라는 것을 깨닫는 데 오랜 시간이 걸리지 않았다.

매번 전화를 드릴 수는 없지만, 가능하면 학교에서의 일을 공유해 드리려고 노력하고 있다. 그런 노력 덕분인지 학년말, 학부모님께 정말 행복한 문자와, 심지어 메일까지 받았다.

'선생님, 방학 중에 죄송해요. 지난 1월에 메일을 썼는데 아직 확인 못 하신 것 같아서요. 지난 한 해 감사한 마음을 담아 쓴 글이니, 시간 되실 때 읽어 봐 주세요.'

그 장문의 메일 속에는 어머님이 1년 동안 느끼신 감사함이 오롯이 담겨 있었다. 과연 내가 이런 감사의 메일을 받을 정도로 잘 해낸 것일까? 사실 지금도 의문은 든다. 아직도 부족한 부분이 많고, 지금도 학부모님께 전화를 드릴 때 심호흡을 한 번 하고 나서야 시작할 때가 많다. 그럼에도 이런 인사를 받을 때마다 '나는 부족하기는 하지만 그럼에도 잘 해내고 있구나.' 이런 생각이 든다.

열 번째 미션은, 그럼에도 불구하고 정이 들어 버린 아이들을 떠나 보내는 일이다. 아이들이 미울 때도 있고, 좋을 때도 있다. 그렇게 우리에게 1년이라는 시간이 흐르며 '정(情)'이 쌓인다. 미운 정, 고운 정이 함께 쌓인 시간을 뒤로 한 채 이제는 그들을 떠나 보내는 것도 담임 선생님에게 주어진 마지막 미션이다. 나는 아이들을 '잘' 떠나보내기 위해 우리만의 행복한 시간을 그려 보기로 했다.

우리의 1년을 되돌아 보며, 당시 학급 회장과 함께 준비한, 그 이름하여 '연말 시상식'을 진행했다. 이 행사 역시 지금은 비록 교직을 떠나신 정말 멋진 선생님, 채린티(@chaerin_t)의 아이디어에서 착안해 진행했다. 한때 정말 유행했던

01 ► PHOTO FRAME 02 ►

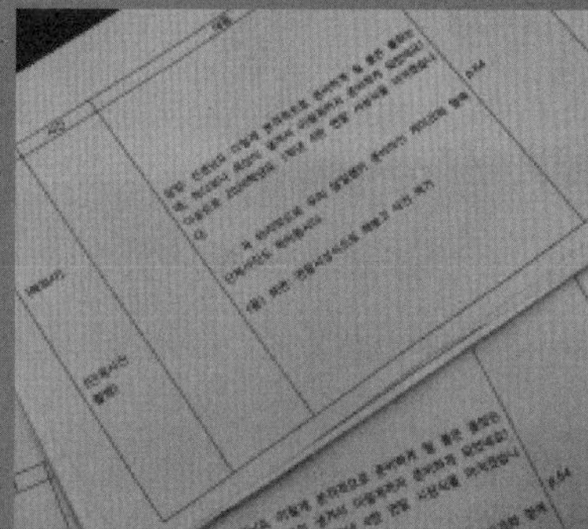

PHOTO FRAME PHOTO FRAME 03 ►

'나락 퀴즈쇼'와 아이들의 어린 시절 사진을 보며 누구일지 맞추는 '아기 골든 벨', 1년 동안의 지켜 본 아이들의 특징을 담은 상장을 나눠 주는 '특별한 시상식'까지. 2시간 동안 진행한 학급 행사 내내 아이들의 웃음소리가 끊이지 않았다. 직접 대본까지 짜서 마치 시상식 MC처럼 진행하니 아이들은 처음에는 어색한 듯 키득거리다가, 나중에는 진지하게 참여하기 시작했다. 그 과정들을 영상에 담았고, 연말에 진행된 또 다른 행사 '영상제'에서도 상영했다. 이때 영상 촬영부터 편집까지 우리 반 친구가 담당했는데, 편집자 친구가 나에게 나레이션을 부탁했다. 이때다 싶어, 나레이션에 우리 반 아이들에게 남길 마지막 이벤트를 진행했다. 편집자가 진짜 열심히 편집해 안 그래도 완벽한 영상이었지만, 그 친구도 모르게 깜짝 선물을 주며 '완벽한 이별 인사'를 하고 싶었다.

"안녕, 1학년 4반~ 담임 선생님이야."

갑자기 들리는 나의 목소리에 우리 반 아이들은 일제히 놀랐다.

"나에게는 최고였던 우리 반. 안녕 1학년 4반."

그렇게 우리 반의 1년을 담은 영상이 끝나고, 박수갈채가 이어졌다. 영상제가

끝난 뒤, 아이들이 달려와 말했다.

"선생님! 뭐예요~ 감동이에요…."

감동의 표현도, 감사의 표현도, 슬픔의 표현도, 화남의 표현도 그 어떤 것의 표현도 서툴러서 누군가에게는 가장 힘들었던 우리 반 아이들은 그날도 여전히 서툴게 감사를 표했다. 그 서툰 감사마저 이제는 정말 예쁘게 보일 만큼, 내게도 이 아이들이 어느덧 마음 한 구석에 자리 잡았나 보다. 아이들에게 음성 편지를 남기면서, 사실 남몰래 눈물도 흘렸다. 마음속에 '최고였던 우리 반'이 되었기 때문이었을까? 그래서 아무도 몰랐겠지만 목소리가 많이 잠겨 있었다.

1년을 시작할 때는 언제 떠나나 싶던 아이들이, 함께한 1년의 시간 동안 내게도 이제는 떠나보내기 싫은 그런 반이 됐다.

우리 반 수업이 가장 힘들었다던 주변 선생님들도 "선생님, 지금 선생님 반 정말 좋아졌어요. 진짜 선생님의 노력이 빛을 발했네요."라고 할 정도로 학기 초와는 다르게 훌쩍 성장한 예쁜 아이들이 됐다. 이 친구들과 행복한 1년을 마무리하면서, 매년 내게 올 새로운 아이들과의 만남, 그리고 다시 맞이할 헤어짐을 어떻게 할지 그려 보게 된다. 나의 첫사랑들의 1년간 변화가 아이들뿐만 아니라, 나 역시 성장하게 했으니 말이다.

어쨌든 나는 올해의 아이들과도 곧 있을 이별을 또 준비할 것이다. 평소의 나는 아이들을 차갑고, 냉정하고, 서운하게 대할 때가 많은 사람이지만, 아마도 학년말 나는 또 마음 한 구석으로는 보내기 싫어 울고 있을 마음 약하고 인정 많은 사람이기도 하다. 비록 지금 우리 반 아이들은 내가 그런 마음일 것을 꿈에도 모를 테지만 말이다.

지금 생각해 보니, 나는 학생과 고작 '1년이라는 유통기한으로 맺어진' 담임 선생님일 뿐이다. 하지만 신설 학교에서 첫 담임 선생님으로서 느낀 점은 '1년 동안 생각보다 담임은 많은 일을 해내야 하네?'였다.

열 가지 미션에서 다루지 못한 이런 이야기들도 있다. 간단히 정리하면 이런 것들이 있다.

- 출결 서류 정리: 저번 학교에서는(혹은 작년에는) 이렇게 했는데 올해는 다르게 하기
- 라떼(?)와는 다르게 조퇴를 밥 먹듯이 하려는 아이들과의 사투
- 창체(창의적 체험 활동)도 담임이 하다니? 갑자기 주어지는 자료로 창체 시간 이끌어 나가기
- 한 달에 한 번 자리를 바꾸는 것도 적다는 아이들의 반항 이겨 내기
- 개학하자마자 주어지는 학급 임원 선출: 오늘까지 뽑아 주세요!
- 첫 시험 감독: "그냥 하시면 됩니다."
- 첫 시험 교실 정돈하기
- 청소 구역은 어떻게 공평하게 나누는가?

내가 나열했던 열 가지 미션 외에도 훨씬 많은 미션들이 유통기한 1년짜리 담임 선생님에게 정말 미친 듯이 주어진다. 고작 1년이지만, 첫 담임 선생님을

맡는 사람이라면 1년이 아닌 몇 년을 보낸 것만 같은 그런 나날들일 것이다.

아무튼 이렇게 주어지는 미션들을 하나하나 완료하고 나면 신규 담임 교사의 1년은 훌쩍 지나가 버린다. 신설 학교이기에 다른 학교보다 몇 가지 더 있었을 미션은 사실 다른 학교와 별반 다르지 않다. 아마 신설 학교가 아니더라도, 지금도 누구나 '담임 선생님'이라면 겪고 있을 일일지도 모른다. 그럼에도 이 이야기를 담는 이유는, 신설 학교에도 나와 같은 또 다른 신규 선생님이 발령을 받을지도 모르기 때문이다. 대부분 베테랑 선생님들이 신설 학교로 발령 받지만, 나 같은 신규 선생님도 분명히 있을 테니 말이다.

그래서 마치 '지오 캐싱(Geocaching)[1]'의 로그북 느낌으로 추후 신설 학교에 발령을 받아 미션을 해결해 나가야 할 미래의 신규 선생님을 위해 다음과 같은 메모를 남겨 둔다.

이제 '신설 학교에서 유통 기한 1년으로 아이들과 맺어질 신규 담임 선생님-바로 당신의 차례입니다. 여기 있는 열 가지 미션을 차근차근 수행해 낸다면, 신설 학교에서의 1년, 그까이꺼 그냥 대~충 잘 흘러 갑니다. 응원합니다!'

– 이 미션을 먼저 수행한 2024년, 어느 신설 학교의 신규 교사 드림

1) 지오 캐싱(Geocaching): GPS나 스마트폰을 이용해 전 세계 곳곳에 숨겨진 작은 상자(캐시)를 찾아내는 현대식 보물찾기 게임. 지오 캐싱에 숨겨진 상자 속 로그북(방문 기록지)처럼 이 글을 읽게 될 신설 학교 신규 선생님들께 작은 메모를 드리고자 의도했다.

신규가 손수 기획한 신설 학교의 한 획을 그은 첫 행사

#신규 교과부장의 데뷔작?

이전 글에서 신규 교사로서 나의 이야기를 글로 담았다. 그런데 갑자기 신규 교과부장이라니…? 무슨 소리인가 싶을 것이다. 때는 1학기 말이었다. 함께 1학기를 이겨 내던 나의 교과부장님께서 2학기에 육아 휴직에 들어간다고 하셨다.

'그럼 저는 어떡해요?' 마음속에서는 엉엉 우는 소리만 났다. 물론 아주 미약한 교직 경험이 있었기에 어떻게 학교가 굴러가는지는 대강 알고 있지만, 기댈 사람 하나 없이 내가 홀로 이끌어 가 본 적은 없었다. 그동안 항상 내 곁에는 기댈 수 있는 교과부장님들, 동교과 선생님들이 계셨기 때문이다. 그런데 그런 내게 버팀목이 없다니? 나는 남은 한 학기를 대체 어떻게 버텨야 할까. 여긴 2학기에 사전 기획된 작년 공문도 하나 없는 곳인데?

눈물이 앞을 가렸다. 하지만 금세 적응해서 '어떻게든 되겠지… 내가 하면 되지, 뭐.' 라고 생각했는데, 또 다른 생각이 내 머릿속을 휘저었다.

'그럼 교과부장이 내가 되는 건가…?'

내가 교과부장이 된다는 것을 깨닫게 된 순간, 한숨이 나왔다. 하지만 한숨을 쉰들 무엇하랴. '올해 끝마쳐야 하는 게 뭐가 있더라. 교과부장은 무얼 했던가…? 아, 맞다 올해는 신설이라 너무 무리해서 교과 행사는 딱히 안 해도 된다고 하셨지. 그래, 부장님이 계실 때 하고 싶었던 그 기획은 그냥 접어 두자. 내년에 하면 되지.' 하면서 남은 한 학기 동안 해야 할 일을 정리하기 시작했다.

금세 교과부장님이 떠나실 날이 다가오고, 그 자리에 새로운 선생님을 모시게 됐다는 소식을 들었다. 교무실로 인사를 오신다고 해서 얼굴을 마주했는데….

"어?!"

서로 아는 얼굴이었다. 각자의 삶을 바쁘게 살아 오래 연락을 못 했던 대학 후배가 나의 새로운 동교과 선생님이라는 것을 알게 된 순간, 내 얼굴에는 웃음꽃이 피어 올랐다.

'이 친구와 함께라면 무엇이든 헤쳐 나갈 수 있다!'

그동안 나를 이끌어 주시던 교과부장님이 잠시 자리를 비우시면서, 대리로 교과부장이 된 나에게 뜻밖의 새로운 천군만마가 생겼다. 그렇게 함께 평가 계획을 세우고 수업 준비를 하며, 물 흐르듯 2학기의 시작을 보내고 있던 어느 날, 교과부장으로서의 엄.청.난. 기획을 나의 후배님께 조심스레 꺼내 놓았다.

"선생님, 제가 꼭 하고 싶은 행사가 있어요. 우리가 지리과잖아요. 독도의 날 행사… 같이 해 보는 거 어때요? 제 머릿속에 구상과 기획은 진즉부터 있었는데, 혼자 해낼 자신이 없어 할까 말까 고민했거든요. 그런데 선생님이 있어서 할 수 있을 것 같은데, 혹시 같이 해 주실 수 있을까요?"

"어우, 당연하죠! 저도 하고 싶었어요, 독도 행사!"

누구보다 자랑스러운 나의 후배이자 동료 교사는 한치의 망설임도 없이 대답했다. 그리고 이렇게 덧붙였다.

"그리고 제가 그동안 지켜봤던 선배가 하자고 하는 거면 해도 된다고 생각해요."

그렇게 우리는 신설 학교 첫 사회과 행사로 10월 25일 독도의 날을 기념하는 '독도는 우리땅이지리 DAY'를 기획했다. 별도의 사회과 교과 행사로 일정을 잡아 두었던 건 아니어서, 독도 교육 업무를 담당하고 계시던 진로융합부장님께 행사 기획서를 올리고 싶다고 제안드렸다. 부장님께서는 흔쾌히 독도 교육 주간 부서 기획과 함께 올려 주시겠다며 내 서투른 행사 기획안을 정말 멋들어지게 손봐서 기안까지 해 주셨다.

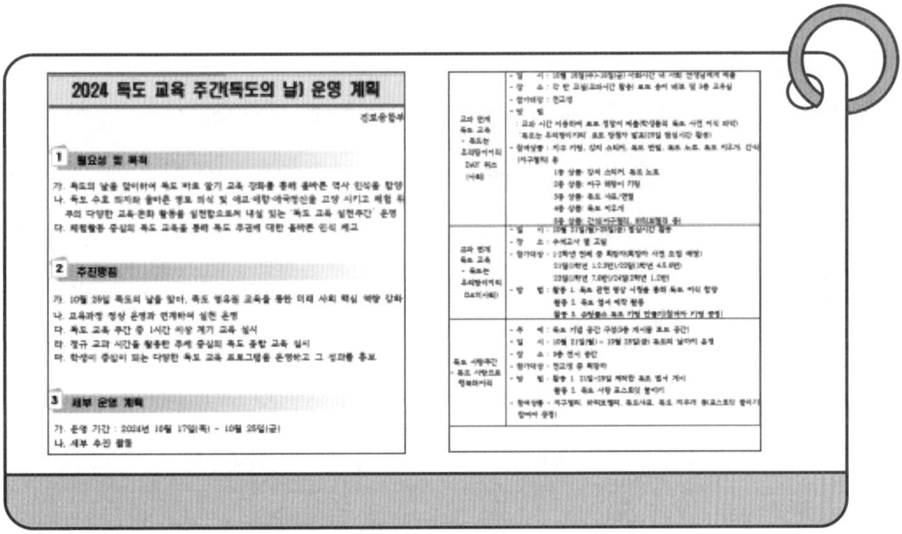

학부 시절, 나의 독도 입도 경험을 아이들에게 실제로 전달할 수는 없겠지만, 그 경험으로 인해 한국인으로서 독도에 대한 자긍심을 강하게 품게 됐다. 명색이 지리과 선생님으로서 독도 교육에 대한 책임감을 무지막지하게 느꼈다. 언젠가

합격하면 교과부장님과 독도 행사를 진행해 보겠다는 꿈은 그해에 교과부장을 맡게 됨에 따라 버킷리스트처럼 이룰 수 있게 됐다. 교과부장으로서 첫 도전인 만큼, 그리고 신설 학교에서의 첫 독도 행사인 만큼, 정말 멋진 독도 행사를 기획하고 싶었다. 그래서 나의 천군만마에게 정말 많은 일을 함께해 달라고 졸랐다.

'독도는 우리땅이지리 DAY' 행사의 핵심은 '로또'였다. '아이들에게 사행성 게임을 경험하게 한다고?'라는 말이 나올 수도 있지만, 랜덤 추첨 행사에 가깝다. 담임 로또 형식의 이벤트는 이미 여러 학교에서 진행되고 있기도 하다. 또한 가정에서도 '로또'라는 개념은 익숙하기에 간단하게 정보를 전달해 줄 수 있는 좋은 수단이라고 판단했다. 전국 지리 교사 모임의 이나리 선생님께서 진행하신 '지리데이[2] 기념: 국가 맞히기 로또'와 추첨 영상을 보며 '언젠가 나도 지리데이 한번 제대로 해 보리라!' 다짐했던 기억을 꺼냈다. 촬영·편집도 나름 자신 있어 '더 재미있게 만들어 보자!'는 욕심도 났다. 그렇게 쌓아 둔 아이디어 주머니를 합쳐 '독도 로또'를 기획했다. 아마도 독도를 주제 삼은 것은 이번이 처음일 것이다. 그렇게 미리캔버스 플랫폼을 활용해 나의 머릿속과 검색 엔진을 탈탈 털어 만든 역작, '독도 로또'가 탄생했다. 콘셉트는 간단했다. 전교생 대상, 그리고 '1개라도 맞추면 무조건 상품!' 모든 아이들이 '독도의 날'을 기억하게 하는 것이 목표였으니까. 물론 걱정도 있었다.

첫째, '로또 용지를 가져오면 상품으로 바꿔 줄게.'라고 했을 때, 과연 밑장빼기를 하지 않을 것인가? 그 걱정은 '내가 좀 힘들면 되지, 뭐.'라는 생각으로 바로 해결했다. 아이들이 색칠한 로또를 투명 테이프로 수작업 전량 봉인! 물

2) 지리데이: 학생들이 지리 교과에 대한 흥미를 높이고, 지리적 사고력과 공간 감각을 체험적으로 진행하기 위해 학교에서 진행하는 행사. 매달 21일을 '지리데이'라고 한다.

론 처음에는 봉인 작업을 혼자 하려 했지만, 마음 착한 동교과 선생님이 도와주셔서 빨리 끝났다.

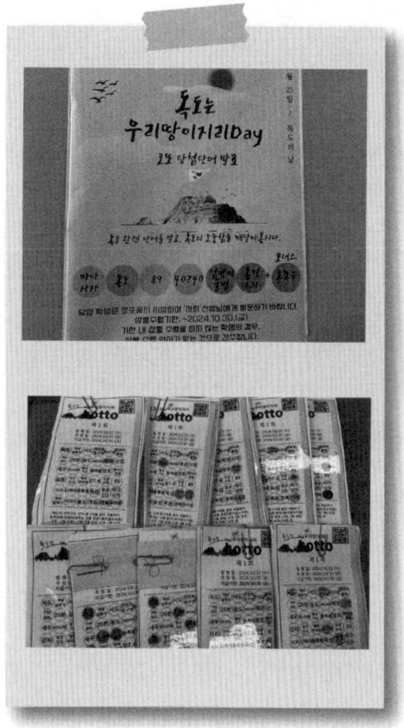

둘째, 상품 배부를 어떻게 빠르게 진행할까? 이 역시 '내가 좀 힘들면 되지, 뭐.'로 해결했다. 엑셀 시트에 '1개/2개/··· 5개 맞춤' 표를 만들어 당첨자의 학번과 이름을 사전에 입력했다. 물론 상품 수령 여부를 확인할 수 있는 체크박스까지 말이다. 옆 부서 춘식이 부장님께서 "엥, 그렇게까지 해?"라고 하셨지만, 이 엑셀 시트가 우리 목숨을 살렸다. 당첨자 발표일에 우리 업무가 절반으로 줄었기 때문이다.

셋째, 예상 밖 문제가 발생한다면 어떻게 할까? 첫 행사 진행이다 보니 미처 걱정하지 못한 문제점도 있었다. 발표 후 교무실로 몰려드는 인파를 예상하지 못했다. 그래서 2회차부터는 학급 단위 상품 배송을 진행해야겠다고 다짐하게 됐다.

행사의 하이라이트는 역시 발표 방송이었다. 원래 창체 시간을 사전 확보해 뒀는데, 학사 일정이 조정되면서 확보해 둔 창체 시간이 사라지는 변수가 발생했다. 점심시간으로 발표 시간대를 옮겼더니, 발표 타이밍이 애매해졌지만 신규의 패기는 남아 있었다. 선생님들께 온갖 양해를 구했다. ('온갖'이라고 해 봤자 우리 학교 전체 구성원은 당시 약 25명 정도 밖에 되지 않았다.) 교장·교감 선생님 허가, 해당일 5교시 교과 선생님들의 수업 5분 양도, 방송부(동교과 선생님)의 송출 협력까지. 모두의 도움으로 생방송으로 발표를 성사시켰다. 송출된 로또 발

표 영상 촬영은 동교과 선생님, 편집·기획은 내가 하고, 추첨은 부장님들, 교장·교감 선생님이 도와주셨다.

독도 로또만 진행한 것은 아니다. 독도 교육 주간에 독도 포스터 색칠하기, 슈링클스 키링 제작 활동, 엽서 제작 활동, 독도 사랑 손글씨 공모전, 독도에게 한마디 포스트잇 행사까지. 그중 슈링클스 키링 제작은 정말 두 번 다시 하고 싶지 않을 정도로 어려웠다. 진로융합부장님이 빌려주신 미니 오븐에 슈링클스를 굽다가 실패해, 참여한 아이에게 "미안, 한 번만 다시…." 하고 부탁하기도 했다. 손글씨 공모전은 동교과 선생님의 아이디어였는데, 아이들 작품을 경상북도교육청에 응모해 상품을 받기도 해 더 뜻깊었다. 돌이켜보면 몇 년에 걸쳐 진행할 것 같은 행사를 10월 21일~25일까지, 단 일주일 동안 몰아서 완주했다!

이것이 가능했던 이유는 분명하다. 유치원 선생님 초두리(@chodoori) 님의 독도 포스터 도안과 예쁜 현수막, 우리 학교 조종현 수석 선생님의 이동형 TV, 당시 가입했던 AI 메타버스 연구회의 로블록스 독도 홍보 영상, 그리고 무엇보다 동교과 선생님의 전

폭적 지원 덕분이었다. 그렇게 아이들도, 선생님도 모두가 참여하는 신설 학교의 첫 사회과, 첫 독도 행사가 완성됐다. 아마도 신설 학교의 따스함이 가득했기에 가능했던 일이다. 이 행사는 올해도, 내년도, 내가 이 학교에 있을 동안은 전통으로 이어갈 참이다.

이 자리를 빌려 나의 천군만마, 정원 선생님께 감사 인사를 전한다.

#신규 교사의 되바라진(?) 프로젝트!

이번에 이야기할 신규 교사의 되바라진 프로젝트는 바로, '교직원 회의 분위기 바꾸기'였다. 그래서 결론부터 말하자면 '제1회 고진중학교 교직원 학년말 시상식'을 도맡아 진행했다. 매번 무거운 의제로 오가는 교직원 회의가 아니라, 평소 우리 학교의 밝은 대화 분위기를 한번 담아 보고 싶었다. 신설 학교라서 그런지, 정말 특이하게도 우리 학교의 모든 관리자와 교직원은 정말 허물없이 함께 일상을 보내곤 한다. 심지어 교감 선생님은 우리 앞에서 정말 신비로운 마술을 서슴없이 보여 주시기도 하니 말이다. '이런 학교의 평소 분위기가 언젠가 한 번쯤은 교직원 회의에서도 진행되면 안되나?' 싶었지만, 짬도 안 되는 신규 교사가 말을 꺼내기에는 망설여졌지만, 그래도 패기 넘치게 밀어붙였다.

이것이 가능했던 이유도 앞서 다뤘던 신규 교사로서 아이들과 진행한 학급 연말 시상식 경험 덕분일 것이다. 그때 교감 선생님께 학급 행사를 진행할 예정인데, 시간이 되면 들러 달라고 부탁드렸는데, 사정상 못 오시게 되면서 무척 아쉬워하셨다. 그 아쉬움을 기억하고 용기 있게 역제안을 드렸다.

"교감 선생님, 제가 혹시 이런 걸 해 봐도 될까요?"

"아휴, 좋지요. 그럼 제가 선생님을 회의 자리에서 모실게요."

교감 선생님과 작당 모의를 끝내고, 교장 선생님께도 반쯤은 '강제'로 부탁드렸다.

"교장 선생님, 제가 이런 걸 할 건데 같이 해 주실 수 있을까요?"

"아휴, 좋지요! 근데 선생님, 힘들지 않겠어요?"

'그런 걸 왜 하냐'가 아니라 '힘들지 않겠냐'가 먼저인 우리 관리자분들, 정말 천사가 아닐까 싶다.

어느덧 다가온 2024학년도 마지막 교직원 회의. 회의가 끝날 즈음, 교감 선생님께서 마지막 한마디와 함께 내게 눈빛을 보내셨다.

'지금이 올라올 타이밍입니다!' 그렇게 다시 시작된 새로운 분위기의 교직원 회의.

'제1회 고진중학교 교직원 학년 말 시상식'

모티브는 우리 반에서 진행한 그 포맷 그대로 적용했다.

[1부: 교감 선생님 '나락 퀴즈쇼']

유행했던 프로그램을 변주해, 교감 선생님을 나락으로 보낼 법한 질문들을 준비했다. 완성된 지 얼마 안 된 교가를 3배속으로 들려 맞히기, 가장 쓸모없는 부서는 어디? 모두가 힘들게 만든 공간 중 가장 불필요한 곳은? 가장 싫어하는 유형의 구성원은? 등 살짝 아슬아슬한 질문으로 웃음을 자아냈다. 지금 생각해 보면 이런 패기는 어디서 나왔나 싶다.

[2부: 교장 선생님이 도와주신 상장 수여식]

신설 학교에서 올해를 빛낸 우리만의 시상식. '확신의 중전상', '노력이 가상', '유머러스하상', '아름다우상', '프로듀상' 등 선생님들의 특징을 담은 상장을 제작했고, 교장 선생님께서 상장 수여를 맡아 주셨다. 특히 함께 고생했던 당시 부장님과, 곧 학교를 떠나는 후배(동교과) 선생님이 오래 추억할 수 있도록 마음을 담았다. 상장을 받은 선생님들은 파티션에 한동안 전시해 두시기도 했다.

회의가 끝나자 학년 말에 바쁜데 언제 이런 걸 다 준비했냐며 걱정 반 놀람 반의 반응이 쏟아졌다. 어떤 선생님은 내 글감 기록을 보시고 “본인 업무가 아닌데도 이렇게 열심히…. 정말 대단하세요!”라고 하셨다. 그런데 나는 일이라 생각하지 않았다. 왜냐하면 정말 내가 ‘좋아했던, 감사했던 그분들께 꼭 이벤트로 보답하고 싶다!’는 마음이 진짜였기 때문이다. 사실 우리 반 아이들을 위한 상장을 만들 때 개개인의 특색을 추리는 과정에서 난항을 겪었는데, 문득 선생님들 얼굴이 주르르 떠올랐다. ‘우리 누구 선생님은 이 상! 그분은 이거!’ 바로바로 그려졌다. 그만큼 신설 학교의 동료 선생님들은 단 1년 만에 내 마음에 깊이 새겨진, 대단하고 존경스러운 분들이었다. 그래서 이 행사를 기획할 수 있었고, 준비하는 내내 정말 행복했다.

나의 성장은, 우리 학교 모든 선생님들이 곁에 있었기에 가능했다. 분에 넘치는 사랑과 애정을 받았고, 그 사랑을 나누고 싶었다. 우리 학교 선생님들 모두가 나를 이만큼 성장할 수 있도록 키워 주셨기에 신규 교사의 되바라진 프로젝트는 성공적으로 막을 내렸다.

Gojin Middle School

학생과 함께 도전하며 성장하는 교사

김선경

학생을 대할 때 한 명의 학생도 소외되면 안 된다는 책임감으로 교직에 임하고 있으며, 학생의 작은 변화와 성장에 함께 기뻐하고 반응하는 특성을 보임. 수업에서는 학생이 편안하게 참여할 수 있는 환경을 만드는 것을 중요하게 생각하며, 정서적 안정을 바탕으로 학습이 이루어지길 바라는 마음으로 활동함.

첫 학급 아이들의 이름, 에피소드

나는 40대 후반 신규 정보 교사다. 교사가 되기 전에는 직장인으로, 전업주부로, 프리랜서로, 쇼핑몰 운영자 등으로 다양한 일을 했었다. 지금 생각해 보면 도전 정신만큼은 스스로 칭찬해 주고 싶다. 늦깎이 교사라는 타이틀은 부끄럽기보다 뭔가 해냈다는 성취감으로 나에게 다가왔다. 하지만 그 성취감 못지않게 두려움도 컸다. 고등학교로 발령을 받기 원했지만, 안타깝게도 중학교로 발령이 나 걱정이 많았다. 그동안 초등학생, 중학생, 고등학생, 심지어 성인들까지 다양한 수업을 해 봐서 수업 자체에 대한 걱정은 크게 되지 않았다. 하지만 질풍노도의 시기인 중학생들을 담임 선생님으로 만난다고 생각하니 걱정이 이만저만이 아니었다. 그나마 다행인 것은 이미 중학교 학부모는 두 번이나 해 본 상황이라 그 경험들이 나의 무기가 될 수 있겠다는 생각이 들었다.

3월 2일 첫 출근을 하던 날, 진로부장님께서 책상에 놓고 간 초콜릿은 정말 나에게 큰 용기를 주었다. 첫날 교실로 들어섰을 때 그 떨림이 이제는 정확하게 기억나지 않지만 큰 호흡을 하며 떨쳐 냈던 것 같다. 담임 못지않게 긴장하며 앉아있는 아이들을 보며 "너희가 나의 첫 제자야. 반갑다."라고 이야기하고 싶었지만 신규 선생님이라고 밝히는 것이 어쩌면 독이 될지도 모르겠다는 생각이 들어 말하고 싶은 것을 꾹꾹 참고 아이들 이름을 한 사람씩 불렀다. 얼른 아이들 이름을 다 외워야 할 텐데…. 안타깝게도 나는 예전부터 사람 이름을 잘 기억하지 못하는 편이었다. 그래서 우리 반 아이들 얼굴과 이름을 기억하는 것 역시 내게는 힘든 일이었다. 이름을 헷갈릴 때마다 교사라는 길이 나에게 맞는 걸까? 하는 의심이 들었다.

첫날이었는지 정확히 기억은 나지 않는데 지각을 했음에도 불구하고 교실문을 큰소리가 나도록 열며 등교하는 친구가 있었다. 순간 '아, 올 한 해는 쉽지 않겠구나.'라는 생각이 들었다. 다행히 그 친구와는 몇몇 소소한(?) 마찰들이 발생하긴 했지만 지금은 그럭저럭 잘 지내고 있다.

학급 청소를 어떻게 시켜야 할지 몰라 일단 나름 팀을 정해 청소 역할을 정했는데, 종례 후 한 친구가 와서 작년에는 이렇게 하지 않았다며 작년 학급에서 했던 청소 방법을 열심히 설명해 줬다. 처음에는 열심히 들었지만 나중에는 미궁 속으로 빠져드는 느낌이 들어 일단 선생님이 제시한 방법대로 해 보고 불편한 부분이 있으면 그때 가서 바꿔 보자고 했다. 이렇게 나의 첫 담임은 시작됐다.

며칠 뒤 복도에서 여학생들을 만났는데 나에게 다가와 무엇인가를 물어봤다. 그때 나는 "너희는 몇 반이야?"라고 물었는데, 아이들이 "선생님 반이요…."라고 했다. '아… 이런 실수를 하다니….' 웃으며 미안하다고 하고 보냈다. 사실은 강사 일을 할 때도, 내가 가르치고 있던 학생을 밖에서 우연히 만났는데, 못 알아본 일이 있었다. 그래서 이런 일이 생길까 봐 걱정을 하고 있었는데, 이것이 현실이 됐다. 우리 반 아이들 이름을 못 외우는 선생님이라니…. 며칠 뒤 학교 업무 시스템에 아이들 얼굴 사진이 나와 있는 곳이 있다는 것을 알게 돼 당장 출력을 했다. 그리고 그곳에 아이들이 제출한 진로 희망, 취미 등을 조그맣게 기록해 놓았다. 하지만 그 사진들은 이미 작년 사진이라 우리 반 아이들 이름과 얼굴을 매치하기는 어려웠다. 여전히 몇 주간은 학생들 이름과 얼굴을 연결시키지 못한 채 지내게 됐다.

담임이라는 이유로 어려움이 생길 때 아이들은 나를 찾아왔다. 이렇게 찾아오는 아이들은 얼굴과 이름이 먼저 연결되기 시작했다. 하지만 그 친구들의 어려움, 특히 교우 관계는 어떻게 해결해 줘야 할지 난감했다. 내가 어렸을 때는 교우 관계에 문제가 있을 때 선생님께 도움을 청하는 일이 거의 없었을 뿐만 아니라, 인간관계가 넓고 깊지 않은 나로서는 정말 어려운 문제였다. 이때 학년부장님, 동료 선생님들이 나의 구세주였다. 수십 년간 다양한 경험을 해 오신 학년부장님은 어떻게 대처해야 할지 잘 알려 주셨다. 아이들의 마음을 어떻게 공감해 줘야 하는지, 학부모님께 전화를 드려야 하는 상황인지 아닌지, 어느 쪽 부모님과 먼저 통화하는 것이 좋을지 등 자세하게 알려 주셨다. 행동에 문제가 있는 친구들은 학년부장님께서 직접 상담도 해 주셨다. 학년부장님께서는 천사 날개를 숨기고 계신 것이 아닐까 하는 생각이 들 정도였다. 학년부장님뿐만 아니라, 어려움을 공감해 주고 즐겁게 이야기해 주는 동료 선생님들 덕분에 힘들었던 하루하루 즐겁게 보낼 수 있었다. 또한 아이들과도 조금씩 가까워지는 느낌이 들었다. 하지만 쉬는 시간 학생들로 가득 차 있는 교무실을 보면서 제대로 쉬지도 못하는 선생님들의 모습에 당황스럽기도 했다. 선생님들은 다 천사인 걸까?

아이들의 이름을 다 외우게 된 것은 여러 사안들이 발생하면서부터였다. 쉬는 시간, 점심시간은 선생님들의 쉬는 시간이라고 생각했었는데, 그것은 나의 큰 오산이었다. 이 시간은 사안이 터졌을 때 곧장 상담을 해야 하는 시간이었고, 심지어 비는 수업 시간조차 아이들과의 상담으로 채워졌다. 지금까지 이렇게 힘든 순간은 없었다. 남의 싸움에 끼어들어 중재하고 있는 내 모습은 나 같지 않았다. 자식들 싸움에도 끼어들지 않았는데, 아이들을 따로따로 불러 상담을 하면서 신기하게도 아이들을 조금 이해하게 됐다. 문득 내 아이들을 키울 때 이렇게 이야기를 못 나눈 것에 안타까운 마음도 들었다. 조금 더 일찍 중학교 선생님이 됐더라면, 우리 아이들도 좀 더 잘 키웠겠다는 생각이 들었다.

정신없이 한 학기를 보내면서 드디어 나는 우리 반 아이들의 이름을 다 외울 수 있게 됐다. 그런데 1학기가 거의 끝날 무렵, 한 여학생의 이름을 옆 반 여학생 이름으로 부르는 바람에 그 친구가 몹시 섭섭해했다. 마지막까지 이렇게 실수를 하다니…. 올해는 처음이라 이렇게 시간이 걸렸을 것이라 스스로 다독이면서 계속 근무하다 보면 아이들 이름을 외우는 능력도 조금씩 늘어나지 않을까 생각해 본다.

스마트 교실 꾸미기

올해 신설 2년 차 학교로 발령이 나면서 정보 교사로서 가장 먼저 궁금했던 장소는 컴퓨터실이었다. 이곳 고진중학교에서는 컴퓨터실, 정보화실 대신 '스마트 교실'이라는 용어를 사용하고 있어 괜히 마음이 설렜다. 스마트 교실로 들어선 순간 깜짝 놀랐다. 데스크톱이 아닌 노트북을 사용하고 있었던 것이다. '그래서 스마트 교실이라는 이름이 붙여졌구나.' 하는 생각이 들었다. 그 순간 만감이 교차했다. 왜냐하면 노트북의 경우 배터리 충전 문제가 있을 수 있기 때문이다. 처음에는 깔끔한 교실처럼 보일 수 있지만, 결국 배터리가 부족하면 충전 전원 케이블을 연결해야 하고, 전원 케이블을 연결하려면 추가로 멀티탭도 필요하다. 결국 처음 의도했던 깔끔한 교실에서 멀어질 수밖에 없다. 심지어 이 교실의 멀티탭은 천장에서 내려오는 구조였다. 만약 일반 책상이 아니고 멀티탭이 붙어 있는 책상이면 이 문제는 해결될 수도 있었을 것이다. 가끔 카페에 가면 큰 책상에 멀티탭과 유선 랜 포트(RJ45 포트), USB 충전 포트까지 달려 있는 것을 볼 수 있다. 그런 책상이었다면 중간에 노트북 배터리가 부족하더라도 책상에 나와 있는 전원 포트에 전원 케이블을 꽂기만 하면 될 것이다. 하지만 이런 책상을 사용하면 자리를 너무 차지하기에 학생들 동선이 잘 나오지 않을 뿐만 아니라, 수업별 다양한 배치가 어렵다. 사실상 스마트 교실에 사용된 책상, 의자, 노트북, 교사용 모니터와 컴퓨터 본체 등 어느 것 하나 허투로 결정하지 않고 엄청난 고민 끝에 선택된 물건임이 느껴졌다. 사실 정말 많은 학교의 컴퓨터실을 다녀 봤지만 이 학교처럼 깔끔한 곳은 없었다. 특히 다른 학교 컴퓨터실의 경우, 책상과 의자의 크기와 높이가 서로 맞지 않아 넣고 빼기가 어려운 경우가 꽤 있었다. 하지만 여기는 책상과 의자가 걸림 없이 앉고 일어설 수 있는 환경이었다. 전원 문제만 잘 해결된다면 좋은 환경이었다. 하지만 노트북으로 수업을 해 본 적이 없는 나로서는 수업 시간마다 노트북을 충전함에서 꺼내고 다시 넣어야 할 것을 생각하니 한숨이 절로 나왔다. 그래서 작년에 정보 선생님은 어떻게 운영했었는지 궁금해서 주변에 여쭤보니 스마트 교실은 올해 처음 사용한다고 하셨다. 그 말을 듣는 순간 필요한 내용이 있으면 하나씩 만들어 가면 되겠다는 생각이 들면서 스마트 교실의 충전 환경이 좀 이해가 됐다. 아직 사용해 보지 않았기 때문에 무언가 아쉬운 상황이었던 것이다.

수업을 위해 이것저것 점검하던 중, 무선 랜에 노트북 28대가 다 안정적으로 접속이 안된다는 사실을 알게 됐다. 유선 랜으로 연결해야 하는데, 바닥에 라인(Access Floor)은 깔려 있지만 책상까지 나와 있지 않은 상황이었다. 문제는 3월에 당장 정보 수업뿐만 아니라, 1학년 아이들이 컴퓨터로 시험을 치러야 하는 상황이었다. 학교라는 새로운 상황에 적응하기도 전에 환경을 구축해야 한다는 것이 정말 난감했다. 어떤 순서로 일을 처리해야 할지 대강 그림이 그려졌지만, 에듀파인이 뭔지도 모르는 신규 교사에게는 시간이 좀 걸리는 일이긴 했다.

다행히 학내망을 관리해 주시는 담당 과장님은 너무나도 친절하셨고, 그 바쁜 학기 초에 시간을 쪼개 28개의 라인을 모두 빼 주셨다. 다행히 그 다음 주에 1학년 아이들은 컴퓨터로 무사히 시험을 치를 수 있었다.

실제 스마트 교실을 운영해 보니, 처음에는 좀 힘이 들었다. 급하게 연결한 유선 랜 케이블은 노트북의 랜 포트에서 자꾸만 빠져 나와 인터넷 연결이 끊어졌다 붙었다를 반복했고, 4교시 연달아 스마트 교실을 사용하는 경우에는 전원 케이블을 연결해야만 했다. 천장에서 내려온 멀티탭에 전원 케이블을 연결했더니 아이들 머리 위로 선들이 춤추듯 엉켜 있었다. 나름 이 특이한 광경이 꽤 재미있기도 했다. 안타깝게도 천장 멀티탭도 양쪽에만 있어 중간에 앉아 있는 아이들은 바닥에서 직접 전원을 연결해야 했다. 이후 정보부장님께서 네트워크 방문 설치를 신청해 주셨고, 외부에서 담당자가 현장을 점검한 뒤 돌아가자 그날부터 무선 랜으로 노트북 28대를 안정적으로 사용할 수 있게 되었다. 이때부터 스마트 교실이 진가를 발휘하기 시작했다. (정보부장님 감사합니다!)

무선 랜이 잘 되면서 과감히 바닥에 엉켜 있던 유선 랜을 직접 다 걷어 냈다. 그랬더니 정말 깔끔한 스마트 교실이 됐다. 처음에 가장 걱정했던 노트북을 충전함에서 꺼냈다 넣었다 하는 작업은 익숙해지니 크게 어려운 일이 아니었다. 오히려 수업 후 노트북을 깨끗하게 치워 놓고 나니 더 깔끔한 교실이 됐다. 4시간 연달아 스마트 교실을 사용하는 경우에도 모든 노트북에 전원 케이블을 연결하도록 하는 것이 아니라 2인 1조로 서로 번갈아 사용하도록 하니 부족한 멀티탭 문제도 해결할 수 있었고 전원 케이블이 서로 엉키는 일도 없었다. 또한 배터리가 부족한 아이들의 경우, 천장에 달려 있는 멀티탭 위치에 맞춰 책상을 이동해 전원을 연결하니, 자연스럽게 자리 배치가 되어 생동감 있는 교실 환경이 만들어졌다. 다양한 환경 속에서 적응해 가고 어려움을 함께 해결해 나가는

것이야말로 아이들이 수업 외적으로 배울 수 있는 부분이 아닐까 싶다.

사실 스마트 교실은 처음에 과학실이었다고 한다. 처음부터 스마트 교실은 존재하지 않았고, 과학 선생님들이 기꺼이 과학실 하나를 스마트 교실로 내주었다고 한다. '신설 학교에서는 이런 일도 있구나.' 하는 생각이 들면서 기꺼이 과학실을 내어 준 선생님들께 진심으로 감사드리고 싶다. 그래서인지 스마트 교실에는 정말 커다란 전자 칠판이 있다. 수업할 때 터치가 가능해 전자 칠판에서 직접 블록을 끌어와 블록 코딩을 커다란 화면에서 해 볼 수 있어 정말 좋다. 안타까운 것은 아이들이 딴짓을 할 수 있기 때문에 교사용 모니터링을 할 수 있는 모니터가 하나 더 연결돼 있었으면 좋겠는데, 전자 칠판과 연결돼 있어 HDMI 포트가 부족한 상황이라는 것이다. 이뿐만 아니라 선생님 컴퓨터는 무선 랜 카드가 없어 무선으로 연결하지 못하기 때문에 HDMI 포트 문제가 아니더라도 모니터링이 어려운 상황이었다. 이 부분은 좀 더 살펴보고 해결 방안은 없는지 찾아봐야겠다. 이 외에도 수납 공간 등 스마트 교실을 좀 더 스마트 교실답게 꾸밀 일이 많이 남았다. 내가 생각한 대로 교실이 꾸며질 거라고 생각하니 정말 설렌다. 스마트 교실 꾸미기는 교과 수업, 담임 업무, 방송부 업무 등 하고 있는 일들 중에 우선순위가 많이 밀리긴 했지만, 신설 학교에서만 누릴 수 있는 특별하고 즐거운 일일 것이다.

Gojin Middle School

모두가 즐겁고 행복한 학교를 꿈꾸는
행정실무사

임이랑

차가워 보이는 첫 인상과 달리 여리고 따뜻한 마음을 지님. 내가 하는 작은 업무가 다른 사람들에게 도움이 되는 것을 기쁨으로 느끼며, 무슨 일이든 최선을 다함. 끊임없이 새로운 일이 생기는 학교생활을 피하지 않고 직접 부딪히며 더 많은 것을 경험하고 배우려고 노력함. 바쁜 생활 속에서도 즐거운 일을 찾으며 일상 속 소확행을 즐기려 함. 학생들만의 학교가 아닌, 모든 교육 공동체가 함께하는 즐겁고 행복한 학교를 오늘도 꿈꾸고 있음.

북적북적 '나의 이야기'

'선생님들은 도대체 언제 수업 준비를 할까?'

학교에서 처음으로 일을 할 때 가장 먼저 들었던 생각이다. 정말 너무나 단순하게 학교는 아이들을 가르치는 곳이라고만 생각하고 있었는데, 내가 본 선생님들은 각종 공문들과 업무 처리로 시간을 더 보내고 있었다. 수업도 해야 하고, 학생 지도도 해야 하고, 쌓여 있는 업무들까지…. '선생님들은 정말 대단하구나.'라는 생각이 들었다. 그리고 결심했다. '내 아이들이 다닐 학교, 내 아이들을 가르칠 선생님들께 조금이라도 도움이 되어야겠다.' 정말 닥치는 대로 무슨 일이든 열심히 했고, 그렇게 한 학교에서 11년의 시간을 보냈다.

행정실무사도 의무 전보가 시행됐지만, 교원이나 일반직처럼 무조건 발령이 날 수 있는 상황이 아니었기에 매년 인사 발령 시기가 되면 엄청난 스트레스를 받았다. 그러던 중 인근에 신설 학교가 생긴다는 이야기를 듣고 무조건 그 학교를 가야겠다는 생각에 전보 신청서에 '2024년 신설 학교 근무 희망'이라는 문구를 매번 적어 보냈다. 그리고 2024년 2월 드디어 인사 발령이 났다. 근무지는 '고진중학교', 내 바람이 이루어지는 순간이었다.

많은 기대와 걱정을 한가득 안고 새로운 학교에 처음 들어섰다. 아직 완성되지 않은 학교. '과연 3월 1일에 개교할 수 있을까?'라는 걱정이 되는 학교. 그리고 이제 내가 근무할 학교. 내가 희망해 온 곳이지만, 낯선 환경에서 새롭게 적응해야 한다는 생각에 좋았던 마음보다 걱정스러운 마음이 더 컸다. 어색하고 또 어색했던 그곳에서 처음 만난 사람들. 그런데 그동안 만나 왔던 관리자들과는 첫인상조차 달랐던 교장·교감 선생님, 그리고 실장님. 너무나 따뜻하게 환영해 주시던 선생님들. 걱정스러운 마음이 어느 정도 사라지고, 좋은 일만 있을 것 같은 느낌이 들었다.

내가 다들 기피하는 신설 학교를 희망한 이유가 무엇이었을까?

첫 번째는 단순히 집이 가깝기 때문이었다. 첫 근무 학교도 집과 가까워 항상 출퇴근 시간이 짧았다. 그게 익숙해지니 출퇴근에 너무 많은 시간을 낭비하고 싶지 않았고, 적당한 위치에 학교가 생긴다니 여기다 싶었다. 급한 일이 있으면 언제든 금방 학교로 가야 한다는 게 다른 이들에겐 단점이 될 수 있지만 나는 큰 장점이라고 생각했다.

두 번째는, 처음 학교에 들어왔을 때의 마음을 다시 한번 느껴 보고 싶었다. 물론 아무것도 모르고 학교에 왔을 때의 그 느낌을 그대로 되살릴 수는 없겠지만, 아무것도 없는 곳을 새롭게 이루어 내야 하는 게 어느 정도 설레고 긴장되는 마음을 줄 것이라 예상했다. 시간이 흘러 나이가 더 들었다면 감히 엄두조차 못 낼 일이다. 조금이라도 여유가 있을 때 이런 경험을 하는 것도 좋겠다고 생각했다. 그래서 나에게 2024년도는 정말 최적의 타이밍처럼 느껴졌다. 초심으로 돌아가 열심히 해야지 하는 마음의 준비도 잘 되어 있었다. 이렇게 나와 고진중학교는 피할 수 없는 운명적인 느낌이 들었던 게 아닐까 싶다.

북적북적 '일 이야기'

새 학기를 준비하는 2월은 정말 바쁘다. 특히나 신설 학교는 모든 게 처음이라 아무것도 없이 맨땅에 헤딩하는 마음으로 시작해야 함을 알고 있었다. 우리보다 먼저 발령을 받아 업무를 해 오던 선생님들은 정말 정신없는 하루하루를 보내셨겠구나 싶었다. 사실 발령을 받고 처음 인사를 갈 때 어느 정도 업무는 예상하고 있었고, 일단 뭐든 함께 해야겠다는 마음으로 시간표를 만들어 오겠다며 시수 배당표를 받아 왔다. 다행히 전임 학교의 시간표를 어느 정도 끝내 놓은 상태라 바로 작업할 수 있었지만, 긴장을 했던 탓인지 머릿속이 백지화되는 듯했다.

'정신을 차리자!' 아직 신설이다 보니 학급 수도, 교사 수도 적어 학년이 겹치는 건 기본이었고, 순회 선생님들까지…. 조건과 상황이 아무리 좋지 않아도 선생님들의 한 학기를 잘 만들고 싶은 마음은 항상 크다. 그렇기에 보고 또 보고,

수정하고 또 수정을 반복해서라도 좋은 시간표를 만들고 싶었다. 무사히 개학 전에 시간표를 완성했다. 그리고 별 탈 없이 한 학기를 보냈고, 또다시 새로운 숙제를 만났다. 학기 중에 학급 증설이라니. 학기 중에 학급 증설은 단 한 번도 경험해 본 적 없고, 생각해 본 적도 없기에 가능한 일인가 싶었다. 그런데 그런 경우가 더러 있다고 했다. 새로운 경험을 했고, 또 하나를 배웠다. 여름 방학 중에 학급 증설을 대비해 시간표를 미리 작성해 놓으니, 막상 10월 학급이 늘었을 때 시간표 관련 업무는 줄일 수 있었다. 수업계를 오래 하면서 항상 선생님들께 감사한 마음을 갖고 있다. 혹시나 개인 시간표가 좋지 않더라도 불평 없이 수업해 주시는 선생님들, 급하게 교환이나 보강을 요청해도 괜찮다며 모두 수용해 주시는 선생님들. 그런 선생님들 덕분에 아직까지 이 일을 할 수 있었다.

정식 발령은 3월 1일이었지만, 2월의 마지막 주는 오후에 고진중학교로 출근을 했다. 개교에 맞춰 2학년도 한 반이 개설되면서, 그에 따른 전입생을 받기 위해서였다. 간간히 전화 문의가 있었다기에 많은 전입생들이 올 것 같았지만, 4명으로 새 학기를 시작했다. 과연 학급 운영이 될까 싶었지만, 또 한편으로는 가족처럼 단란해 좋을 것 같았다. 4명의 평화는 한 달간 계속됐고, 4월 중순 인근 아파트가 입주를 시작하면서 전입생들이 하나둘 늘어나기 시작했다. 4월부터 받은 전화 중 가장 많은 내용은 전입 문의였다. 1학년은 왜 학급을 안 늘리냐, 3학년 학급은 안 생기냐 등의 내용이 주를 이뤘고, 4월부터는 거의 매일 전입 관련 전화를 받았다. 그렇게 4월부터 2학년 전입생을 많이 받았고, 또다시 경험해 보지 못했던 일들이 생겼다. 전입생을 받을 때 내 마음속에 가장 중요한 건 딱 하나다. 이 아이가 즐겁게 학교생활을 무사히 마치고 졸업하기를 바라는 마음…. 하지만 4월부터 삐딱했다.

모두에게 힘든 시기가 시작된 것 같았고, 모든 전입을 다 받은 내 책임인 듯 마음 한 편이 무거워지기 시작했다. 할 수 있다면 정말 전입생을 그만 받고 싶은 심정이었다. 오랜 시간 전입 업무를 맡아 왔지만 역시나 배움과 경험에는 끝이 없음을 느꼈다. 4, 5월에 정말 많은 전입생들이 들어왔고, 4명으로 시작했던 2학년 학생 수는 5월 말 18명까지 늘었다. 8월 말, 학교 옆 아파트 단지가 또 입주를 시작하면서 2차 전쟁이 시작됐다. 지금 2학년으로도 충분히 힘든 학교이기에 어떻게든 3학년 학급 개설만은 막아 보고자 모두가 노력했다. 학부모들이 관리자들의 출장 정보까지 공유하고 민원 전화를 넣는 것을 보고, 아파트 주민 커뮤니티의 무서움마저 느꼈다. 좋은 정보들만 공유하며 좋은 동네를 만들면 좋을 텐데, 안타까운 마음도 컸다. 그렇게 9월 중순 학급당 기준 학생 수를 넘어섰고, 중간고사가 끝난 10월 초 2학년이 증설됐다.

여러 도시에서 다양한 아이들이 모이니 정말 쉽지 않았다. 전입생을 받으며 정말 상상도 할 수 없었던 일들이 가득한 한 해였다. 다음에 또 이런 일이 생기면 당황하지 않고 대처할 수 있겠다는 좋은 생각을 해 본다.

북적북적 '일상 이야기'

누구나 다 그렇듯, 나 역시 모나지 않은 삶을 살고 싶다는 생각을 갖고 있다. 그리고 모든 일은 즐겁게, 좋은 사람들과의 인연 또한 소중하게 생각한다. 학교에 근무하면서 좋은 선생님들을 많이 만났다. 가끔씩 일이 힘들어도 좋은 분들 덕분에 그래도 웃으며 일할 수 있었다. 처음 고진중학교에 왔을 때에도 내가 만날 사람들에 대한 기대가 있었다. 정말 좋은 관리자들, 처음 보는 수석 선생님, 개교 준비하느라 바쁜 부장님들. 모두 힘들지만 그래도 즐거워 보였고, 올해 이 선생님들과 좋은 일이 많이 생길 것 같은 기분이 들었다. 첫 입학식 날 기타를 메고 무대에서 노래하는 교감 선생님과 수석 선생님의 모습이 낯설었지만 신기했고, 엄청 즐거웠다. 아침마다 일찍 나와 체육관에서 운동하는 아이들을 처음 본 나는 아이들에게 학교가 정말 즐거운 곳이라는 것을 알 수 있었다. 그리고 그런 즐거움이 학생뿐만 아니라 모든 교직원에게 다가왔으면 좋겠다.

우리 학교는 무슨 일이 생기면 '누구의 일'이 아닌 '우리의 일'로 여겨 함께 해결한다. 행사를 하나 하더라도 그 행사를 주관하는 선생님의 일이 아닌 모두가 함께 하는 행사가 된다. 사제동행으로 여러 스포츠 행사를 할 때도 선수로 뛰는 선생님들과 함께 응원하는 선생님들이 하나가 되어 즐거워한다. 아이들만의 무대가 아닌 선생님들도 함께하는 무대라 더 신이 난다. 학교 안에 작은 텃밭을 가꾸는 일도, 수확하는 일도 힘들지만 함께하는 행복이 더 크다. 내 아이들이 이런 선생님들과 함께 생활하는 학교라면 얼마나 좋을까?

학교는 매일 어떤 일이 생길지 모른다. 그리고 정신없이 바쁘다. 하지만 그 생활 속에 소소한 즐거움을 찾아 모두가 웃을 수 있는 학교가 됐으면 좋겠다. 나는 우리 학교가 정말 좋다.

Gojin Middle School

성장하며 밝은 미소로 긍정의 촉매 역할을 하는 화학 교사

김동현

학생들과 함께하는 시간을 가장 소중히 여기며, 화학 교과 전문성과 더불어 체육 활동에서도 뛰어난 재능을 발휘해 학생들에게 균형 잡힌 교육자의 모습을 보여 줌. 명확한 원칙과 기준을 가지고 학생들을 지도하되, 그 안에서 수평적이고 친근한 관계를 형성하여 신뢰받는 교사로 자리매김함. 배움에 대한 열정이 남다르고 끊임없이 성장하고자 노력하는 자세로 교육 현장에 임하고 있음. 신설 학교의 초기 구성원으로서 맡은 바 책임을 다하고자 최선을 다하는 성실함과 근면함을 갖추었으며, 어려운 상황에서도 긍정적인 태도를 잃지 않고 밝은 미소로 촉매처럼 주변을 환하게 만듦. 동료 교사들과의 협력 관계에서도 화합을 중시하며 새로운 학교 문화를 함께 만들어 가는 데 적극적으로 참여함으로써 교육 공동체 전체에 긍정적인 영향을 미침.

'고진'이라는 이름 두 글자로의 시작!

전보 신청서를 받아 든 순간, 나는 용인이라는 낯선 땅에 대한 막연한 설렘과 불안을 동시에 느꼈다. 남양주에서의 일상이 익숙해질 무렵이었는데, 새로운 출발이라니. 인터넷 창에 '용인 중학교' 목록을 검색하며 스크롤을 내리던 중, 한 줄의 글자가 눈에 확 들어왔다.

'고진중학교(신설)'

신설이라는 두 글자가 마치 형광펜으로 칠해진 것처럼 선명했다. 아니, 설마. 나는 무의식 중에 고개를 저었다. 교직 경력이 그리 길지도 않은 내가 신설 학교에 갈 리는 없을 거야. 친구들과 가족들에게 이야기할 때도 "신설 학교요? 에이, 그럴 리가요."라며 웃어넘겼다. 마치 복권 1등에 당첨될 확률을 논하는 것처럼 현실성 없는 이야기로 치부했다.

하지만 운명이라는 것은 참 아이러니하다. 내 예상과 희망사항은 보기 좋게 빗나갔고, 발령장에는 분명히 적혀 있었다. '고진중학교', 그 순간 나는 멍하니

발령장을 바라보며 중얼거렸다. '내가? 정말 내가 신설 학교에 간다고? 교육 경력도 짧은데?'

설 연휴와 이사 준비로 다른 선생님들보다 하루 일찍 학교를 찾아갔다. 고진역에서 내린 순간부터 예사롭지 않았다. 역사를 나서자마자 펼쳐진 풍경은 말 그대로 '공사장'이었다. 학교로 향하는 도보는 온통 공사 펜스와 안전망으로 둘러싸여 있었고, 발걸음을 옮길 때마다 흙먼지가 일어났다. 스마트폰 지도를 몇 번이고 확인하며, '이게 맞나? 내가 가는 길이 맞나?' 하는 생각을 지울 수 없었다. 그리고 드디어 도착한 고진중학교. 학교 건물도 여전히 마무리 공사가 진행 중이었다. 페인트 냄새가 코끝을 스쳤고, 곳곳에서 들리는 망치질 소리가 이곳이 아직 완성되지 않은 공간임을 알려 주고 있었다. 교감 선생님을 뵈러 향한 곳에서 본 광경은 지금도 선명하다. 텅 빈 교실 한가운데, 학생용 책상 위에 노트북을 올려놓고 묵묵히 업무를 보고 계신 교감 선생님의 뒷모습. 그 모습에서 묘한 숭고함마저 느껴졌다.

"교감 선생님, 안녕하세요. 새로 부임한 교사 김동현입니다."

교감 선생님과 인사를 나누며 나는 최대한 자신감 있는 모습을 보이려 노력했다. 하지만 마음 한편에서는 걱정과 두려움이 스멀스멀 기어 올라오기 시작했다. 그것은 학교 곳곳을 둘러보며 더욱 커져 갔다. 텅 빈 교실들, 아무것도 없는 특별실들. 그리고 과학실에 도착했을 때는 정말 할 말을 잃었다. 교실 두 개를 합친 크기의 넓은 공간에 가구도, 책상도, 실험 기구도 없이 그저 찬 바람만이 세차게 불었다. 교감 선생님께서 차분하게 말씀하셨다.

"올해 과학 업무를 하시면서 하나둘씩 채워 주셔야 합니다."

그 말이 아직까지 귓가에 맴돈다. 모든 것이 걱정이었다.

설 연휴를 보내고 드디어 개학 전 사전 OT 날이 왔다. 하필 그날 아침부터 비가 내리기 시작했다. 고진역에서 학교까지 아직 비포장도로를 걸어가며, 깨끗하게 차려입은 옷과 새 구두가 진흙투성이로 변했다. 한 발 한 발 걸으며 만감이 교차했다. '이것이 내 앞날인가?' 빗물에 젖은 채 학교에 도착하니, 나는 정말로 개교 학교의 멤버라는 실감이 났다. 낭만이 아닌 현실로서 말이다.

첫 모임에서 만난 동료 선생님들의 표정에서 나와 같은 감정을 읽을 수 있었다. 모두들 웃고 있었지만, 그 웃음 뒤에 걱정이 가득해 보였다. 우리는 모두 같은 배를 탄 사람들이고, 항해한 적도 없는 바다를 함께 건너가야 했다. 하지만 신기한 일이 벌어졌다. 회의가 진행되면서 처음의 어색함과 걱정은 점점 의욕과 열정으로 변해가기 시작했다. 누군가

"고진이라는 이름으로 우리가 함께 만들어 가는 거네요."라고 말했을 때, 교무실 분위기가 확 달라졌다. '고진'이라는 두 글자가 우리를 하나로 묶어 줬다. 각기 다른 지역, 다른 학교에서 온 선생님들이었지만 그 순간만큼은 같은 꿈을 꾸는 동료였다.

나의 걱정도 자연스럽게 사라져 갔다. 아니, 정확히는 걱정이 설렘으로 바뀌었다. 담임 교사로서의 역할과 맡게 될 업무들을 차근차근 준비하며 나는 깨달았다. 신설 학교라는 것은 단순히 새로 지어진 건물이 아니라, 모든 것을 처음부터 함께 만들어 가는 특별한 여정의 시작점이라는 것을. 그리고 그 여정에 내가, 우리가 함께하게 됐다는 사실이 더이상 두렵지 않았다. 오히려 가슴이 뛰었다. 모든 것이 비어 있었지만, 바로 그 속에 우리가 채워 갈 이야기들이 기다리고 있었다.

나의 사랑, 나의 버팀목, 고진 진로융합부

사전 OT 때 유독 눈에 띄는 몇 분이 계셨다. 첫날 오자마자 본인의 이름이 새겨진 약국 봉투에 간식을 가득 채워 나눠 주시던 진로 선생님, 연세가 있어 보이지만 옷을 훨씬 젊게 입고 계시면서 아들이 초등학교 6학년이라고 소개하신 체육 선생님, 한국어보다 영어를 더 잘하시는 사서 선생님, 그리고 귀티가 줄줄 흐르고 수줍음이 많으셨던 음악 선생님. 첫인상이 강렬했던 이분들이 알고 보니 나와 함께 1년을 보낼 진로융합부 부서 선생님들이었다.

교무기획부, 교육연구부, 학생안전부는 명확한 업무를 가진 부서들과 달리 우리는 나머지 업무들이 합쳐진 진로융합부였다. 이름부터 어딘가 애매했다. 진로 업무도 하고, 융합 업무도 하고, 그 외 모든 업무도 한다는 의미였을까. 진로 선생님께서 부장을 맡으셨고, 부장님 주도하에 우리는 다 같이 2층에 있는 진로융합부 교무실로 향했다.

진로융합부 교무실은 2층 텅 빈 교실에 파티션도 없이 책상들만 일렬로 붙어 있었다. 서로 친분도 전혀 없는데 파티션까지 없으니 매우 어색했고, 서로가 서로에게 데면데면했다. 옆 사람의 숨소리까지 들릴 것 같은 거리. 그 적막을 깨고 진로 부장님께서 분위기를 이끌면서 서로를 소개했다. 그럼에도 서로 너무 어색했고 파티션 없이 업무를 하며 교무실 생활을 해야 한다는 것에 대한 걱정이 너무 컸다. '이렇게 가까운 거리에서 일 년을 어떻게 버티지?'

하지만 걱정은 개학하고 나서 아무 의미 없는 것이었음을 깨달았다. 오히려 파티션이 없었기 때문에 우리는 더욱 빨리 친해질 수 있었다. 누군가 업무로 힘들어하면 옆에서 바로 알아차릴 수 있었고, 모르는 것이 있으면 고개만 돌려 편하게 물어볼 수 있었다. 또한 업무적으로 부족한 점은 함께 채워 나갈 수 있었다. 또 누구나 한 번씩 겪는 심적 어려움이나 불안감이 찾아왔을 때 곁에서 많이 걱정하고 챙겨 주며 극복할 수 있게 도왔다. 앞에서는 티를 내지 않았지만, 뒤에서는 서로를 염려하며 극복할 수 있게 힘을 보탰다.

그리고 유독 2024년도 나의 1학년 1반은 크고 작은 일이 잦았다. 싸우거나, 화내거나, 다치거나, 울거나 하는 등 하루도 조용한 날이 없었다. 거기에 미래형 과학실 일까지 겹치다 보니 정신없는 상황이 많았다. 하지만 그때마다 옆에 진로융합부 선생님들이 계셨다. 반에 문제가 생겨 아이들을 불러 이야기해야 하는 상황이 많았는데, 그럴 때마다 항상 미래형 과학실 미팅 일정과 겹쳐 나는 당황하며 어쩔 줄 몰라 했다. 그때 진로융합부 선생님들이 역할을 나눠 나는 미팅으로 보내 주시고, 반 아이들의 문제 상황을 처리해 주셨다.

지금 생각해 보면 진로융합부 선생님들이 있었기에 작년 한 해를 잘 버틸 수 있지 않았나 하는 생각이 든다. 진로융합부 선생님들 한 분 한 분이 안 계셨으면 나는 아마 올해 고진중학교에 있지 않았을지도 모른다는 생각까지도 든다. 그리고 우리는 서로에게 없어서는 안 될 존재가 됐다. 2025년 올해. 우리는 모두 다른 역할을 맡아 각자의 자리에서 최선을 다하며 학교 업무를 하고 있지만, 기쁘거나 힘들거나 슬플 때 여전히 서로에게 힘을 주며 버팀목 역할을 해주고 있다.

파티션이 없어서 걱정했던 그 교무실. 지금 생각해 보면 그 투명함이, 그 가까움이 우리를 더 단단하게 만들었다. 서로의 얼굴을 보며, 서로의 목소리를 들으며, 서로의 어려움을 바로 알아차리며. 그렇게 우리는 동료를 넘어 가족이 됐다. 그런 우리 2024년 진로융합부 선생님들께 다시 한번 감사의 인사를 전한다.

텅 빈 교실에서 학생들의 웃음으로 가득 채워질 때까지의 여정, '고진 미래형 과학실'

학교를 처음 방문했을 때, 교감 선생님께서 텅 빈 과학실을 보며 말씀하셨던 것이 아직까지 기억에 선하다.

"올해 과학 업무를 하시면서 하나둘씩 채워 주셔야 합니다."

그렇게 사전 OT 때부터 3월 말까지 가구 업체와 지속적으로 미팅을 하며 과학실에 실험 책상, 의자, 칠판 등 아주 기본적인 것들로만 우선 채워 놓았다. 더 채우고 싶은 욕심이 있었지만, 학교 예산 탓에 내년으로 미뤄야 했다. 그러던 중 나는 우연찮게 한 공문을 보게 됐다.

'2024 지역 맞춤 경기 미래형 과학실 추진 계획 안내'

과학실을 좀 더 꾸미고 싶다는 생각 때문이었을까. 자연스럽게 마우스가 그 공문을 클릭했다. 공문을 꼼꼼히 읽어 보고 미래형 과학실 추진 계획에 대해서도 구체적으로 살펴봤다. 하지만 선뜻 해 보겠다는 자신감이 생기지 않았다. 1억 원이라는 큰 금액을 지원해 주는 미래형 과학실 사업은, 사실 많은 과학 선생님들이 기피하는 사업 중 하나다. 일단 큰 금액을 써야 한다는 부담감과 큰 금액을 주는 만큼 지속적인 보고와 발표가 끊임없이 이어지기 때문이다. 그래서 그런지 나 역시 자연스럽게 닫기 버튼을 꾹 눌렀다.

이틀 정도가 지났을까. 교장 선생님께서 교내 과학 선생님과 함께 나를 호출하셨다. 교장 선생님은 조심스럽게 말을 꺼내셨다.

"부담을 주는 건 아닌데, 경기 미래형 과학실 한번 신청해 보면 어떻겠어요? 너무 힘들고 버거우면 안 해도 돼요."

순간 엄청난 부담을 느꼈지만, 교장 선생님께 "신청해서 선정되면 맛있는 거 사주시면 됩니다." 라고 말씀을 드린 후, 미래형 과학실을 신청해 보기로 했다. 주위에 친분 있는 과학 선생님들의 조언과 그리고 교감 선생님의 피드백을 받으며 신청서를 열심히 작성해 제출했다. 그리고 시간이 지나, 원래 발표일이었던 5월 초에 아무 소식이 없어 포기하고 있던 찰나 갑자기 교감 선생님께서 호출하셨다.

"김동현 선생님, 미래형 과학실 선정됐습니다."

그 이야기를 들었을 때 기쁨과 걱정이 동시에 스쳐 지나갔다. 용인에서 두 학교만 뽑는 미래형 과학실이 됐다는 생각과 내가 올 한 해 잘 해낼 수 있을까 하는 생각에 만감이 교차했다.

그렇게 고진중학교 미래형 과학실 만들기가 본격적으로 시작됐다. 미래형 과학실 인테리어부터 학생들을 위한 디지털 기기까지 선정하는 데 수많은 미팅과 협의 그리고 선정위원회까지 무엇 하나 쉬운 것이 없었다. 그중에서도 특히 기억에 남는 것은 미래형 과학실 인테리어다. 경기도 관내 여러 학교에 다니면서 미래형 과학실 인테리어에 대한 정보를 많이 얻으러 다녔다. 거리가 멀어 갈 수 없는 곳은 사진이나 영상을 통해 정보를 얻고 우리 학교에 맞는 미래형 과학실을 상상했다.

한 달간 고심 끝에 인테리어 업체와 미팅을 하고 6월 중순쯤 1차 구상안을 완성했다. 하지만 미흡한 점이 많다고 느꼈기에 동교과 선생님, 교장 선생님, 교감 선생님께 자문을 구하며 인테리어 업체와도 계속 만남을 가지며 의견을 조율했다. 방학하기 직전, 무려 12차 만에 인테리어 구상안을 완성했다. 열두 번. 한두 번도 아니고 열두 번이나 수정했다. 하지만 구상안대로만 나오면 정말 예쁜 미래형 과학실이 되겠다는 생각에 뿌듯함이 앞섰다.

그렇게 방학 동안 공사가 진행됐고 개학 날 학교에 와서 인테리어가 끝난 상황을 본 나는 황당함과 허망함이 동시에 밀려왔다. 공사 완료 날짜에 대한 기한 약속도 제대로 지켜지지 않아 공사는 덜 끝난 상태였고, 구상도와 비슷하긴 했지만 내 생각과는 전혀 다른 느낌으로 과학실이 완성돼 있었다. 교장 선생님께서도 많이 의아해하시며 "이게 선생님이 원했던 미래형 과학실이 맞아요?"라고 물어보셨다. 심지어 미래형 과학실의 푯말의 글자가 떨어지기도 했고, 부실공사 느낌도 많이 받았다.

그래서 바로 인테리어 업체에 전화를 걸어 상황을 설명했다. 공사 대금 지급이 끝나서였는지는 모르겠지만, 무엇이 잘못되었냐는 듯 나에게 오히려 당당한 태도를 보였다. 하지만 내가 생각했던 것과 분명히 달랐고 공사 기한도 제대로 맞춰 끝내지도 않았으며, 허접해 보이는 미래형 과학실이 너무 싫었기에 내 요구 상황을 당당하게 전달했다. 결국 학교에서 이야기를 나누기로 했고 나와 인테리어 업체 대표, 그리고 교장 선생님, 행정실장님이 한자리에 모였다. 인테리어 업체 대표와 공사 과정과 결과를 두고 대화를 하면서 큰 언성까지 오고 갔다.

그때 나 대신 큰소리를 내 주셨던 교장 선생님, 행정실장님께 감사했다. 우리 학교 미래형 과학실을 이렇게까지 소중하게 생각하고 계실 줄은 몰랐기 때문이다.

몇 번의 미팅과 다툼, 요구 끝에 미래형 과학실이 완성됐다. 백 퍼센트 마음에 들지는 않았지만 여러 싸움에서 지쳐 있었기에 이 정도만이라도 인테리어가 완성된 것에 대해 감사함을 느꼈다. 우리 학교 선생님들도 인테리어가 정말 잘 나왔다며 칭찬을 많이 해 주셨다.

그 이후 2학기에는 과학실 내에 부족한 가구, 디지털 기기들을 채우며 미래형 과학실을 완성했다. 아이들에게도 미래형 과학실을 공개하니 반응이 기대 이상이었고, 수업도 열심히 들었다. 특히 VR, MBL, 전자 현미경을 통한 수업을 할 때는 아이들의 과학 수업에 대한 흥미와 참여도가 올라갔고, 과학 개념에 대한 이해도도 높아졌다. 평소 수업에서도 1인 1태블릿으로 수업 화면을 개별로 제공하니 수업 시간에 졸고 있는 학생이 없었다.

그렇게 나는 1년 동안 만들어 왔던 미래형 과학실을 1월 초 공개 발표를 하며 마무리했다. 물론 2025년 올해도 용인 관내 미래형 과학실 지정 학교로서, 외부에서 방문해 과학실 공개를 하고 있다. 오시는 선생님들마다 칭찬을 할 때면 기분이 좋다.

열두 번의 수정, 그 끝에 제대로 완성하지 못한 아쉬움, 그럼에도 불구하고 학생들의 웃음으로 채워진 공간. 미래형 과학실을 만들어 가는 과정은 고진중학교에서의 첫해를 압축해 보여 준다. 완벽하지 않았지만 포기하지 않고 결국 의미 있는 결과를 만들어 냈다. 앞으로도 미래형 과학실을 적극 활용해 아이들에게 양질의 수업을 제공하고, 용인 관내 다른 학교에도 미래형 과학실을 구축하는 일에 도움이 되도록 하겠다.

미래형 과학실 입구 벽면

미래형 과학실 내부

완벽하지 않았던 시작, 글자가 떨어진 과학실 푯말

내가 생각했던 디자인과 전혀 다른 모습으로 완성된
미래형 과학실 복도 벽면

완벽하진 않았지만, 아이들의 웃음으로 완성된
미래형 과학실

고진에서의 첫 제자, '동서남북 1학년 1반'

'동'현쌤과 함께 소통하며, **'서'**로를 배려하고 **'남'**을 존중하며, **'북'**극성처럼 밝게 빛나는 1반.

고진중학교에 와서 가장 먼저 한 일은 학급 슬로건을 만드는 것이었다. 신설 학교의 첫 학급, 첫 담임. 무언가 특별한 의미를 담고 싶었다. 그렇게 만든 '동서남북 1반'이라는 이름으로 나는 개교 첫해 1학년 1반 아이들을 맞이했다.

갓 초등학교를 졸업한 아이들이라 그런지 학교를 많이 어색해했고, 앳돼 보이기도 했다. 학기 초, 반 아이들 사진을 찍으며 이름을 하나하나 외울 때 나는 속으로 생각했다. '우리 반 아이들은 다들 앳되고 착해 보여서 사고 치는 친구는 없겠네.' 하지만 이 생각은 정확히 이틀 만에 틀렸다는 것이 증명됐다. 개학한 지 이틀이 지났을까. 반 아이들끼리 다툼이 생겼다는 말을 들었다. 그게 시작이었다. 우리 반은 늘 사고가 끊이질 않았다.

우리 반에 유독 사고를 많이 치는 아이들이 세 명 있었는데, 항상 친구들에게 장난을 당해 울거나 다쳐서 오는 태현, 친구들에게 과하거나 위험한 장난을 많이 치는 경욱이, 뒤에서 친구들 욕하거나 비하해서 항상 문제가 생기는 예나. 이 세 친구들은 1주일에 한 번, 아니 두 번씩은 꼭 문제가 생겨 나를 찾아왔다.

처음 1학기 때는 태현, 경욱이, 예나의 문제를 해결해 주려고만 노력했다.

"왜 그랬어?"

"다시는 그러면 안 돼."

"친구에게 사과해."

하지만 나에게 찾아오는 횟수만 더 늘어났다. 그래서 방법을 바꿔야 했다. 2학기에는 진로부장님의 조언을 얻어 이 세 친구의 지도 방식을 바꿔 봤다.

'자기 성찰 중심 지도'

이 지도 방식의 핵심은 아이가 자신의 행동을 '교사의 기준'이 아니라 '스스로의 가치 기준'으로 성찰하도록 돕는 것이다. 사고 직후 감정이 진정된 뒤 '성찰 일지'를 작성하게 했다. 이를 통해 '나의 행동 → 그 이유 → 결과 → 앞으로의 선택'을 스스로 연결하도록 했다. 그리고 교사인 나는 판단자가 아닌 '코치'가 되려고 노력했다.

"너는 그때 어떤 기분이었어?"

"다시 같은 상황이 온다면 어떤 선택을 할 수 있을까?"

"네가 정말 중요하게 생각하는 건 뭐야?"

이 지도 방식을 통해 태현이, 경욱이, 예나의 모습이 눈에 띄게 변했다. 일주일에 한 번씩 터지던 문제 상황이 2주에 한 번, 한 달에 한 번 정도로 줄었다. 완전히 사라진 건 아니었지만, 아이들이 조금씩 스스로를 돌아보기 시작했다는 것만으로도 의미가 있었다.

특히 기억에 남는 순간이 있다. 어느 날 경욱이가 성찰 일지를 쓰고 나서 내게 조용히 다가와 말했다.

"선생님, 제가 왜 그랬는지 이제 좀 알겠어요. 친구들이 저한테 관심을 가져줬으면 좋겠어서 그랬어요."

그 순간, 나는 깨달았다. 아이들의 문제 행동 뒤에는 반드시 이유가 있다는 것을. 그리고 그 이유를 아이 스스로 발견하게 하는 것이 진짜 교육이라는 것을.

태현이는 이제 친구들이 장난을 쳤을 때 무조건 우는 대신 "나는 그런 장난이 싫어."라고 말할 수 있게 됐다. 예나는 뒤에서 친구를 비하하기 전에 한 번 더 생각하는 습관을 길렀다. 물론 완벽하지는 않았다. 여전히 실수를 했고, 때로는 예전의 패턴으로 돌아가기도 했다. 하지만 중요한 건 아이들이 변하려고 노력하고 있다는 것, 그리고 그 변화의 주체가 선생님이 아닌 아이들 자신이라는 점이다.

이 세 친구를 통해 나는 담임 교사로서 많은 것을 배웠다. 문제를 '해결'해 주는 것보다 아이들이 스스로 '성장'할 수 있도록 돕는 것이 더 중요하다는 것. 때로는 기다려 주는 것이 가장 적극적인 교육이라는 것. 그리고 선생님의 역할은 정답을 알려 주는 것이 아니라, 아이들이 스스로 답을 찾아갈 수 있도록 질문을 던져 주는 것이라는 것을. 신설 학교 첫해, 첫 담임 교사로서 이보다 더 귀한 배움은 없었다.

그리고 또 생각나는 친구는 영재다. 영재는 개학 첫날 유일하게 조회 시간 출석을 부를 때 자리에 있지 않았다. 조회를 끝내고 나오는 길에 도서관 앞에서 영재가 혼자 서성이고 있었다. 그때 영재에게 왜 그러고 있냐고 묻자, 영재는 1반 교실이 어디인지 찾지 못해 그랬다고 했다. 영재의 외적인 모습은 약간 노는 티가 나는 학생처럼 보여, 나는 단순히 반항기가 있는 친구라고 생각했다.

그런데 시간이 지날수록 영재의 행동에 이상한 점이 많았다. 반 여학생들에게 무차별적으로 고백을 한다거나, 좋아하는 여학생의 이름을 팔에 쓰고, 포스트잇에 여러 장 써서 사물함에 붙여 놓았다. 심지어 좋아하는 여학생의 이름을 본인의 메신저 이름으로도 설정해 놓았다. 그래서 그런지 반 친구들과도 점점 멀어졌다. 학업 측면에서도 글을 잘 읽고 쓰지 못했고, 교과 수업 내용을 전혀 따라오지 못했다. 나뿐만 아니라 다른 교과 선생님들도 영재에 대한 걱정은 똑같았다.

그러던 어느 날, 진로부장님과 이야기하던 중 영재 이야기가 나왔는데, 영재가 특수 학급 학생 경계에 있을 수도 있겠다고 하셨다. 그래서 특수 학급 선생님을 곧장 찾아가 영재의 학교생활 전반에 대해서 말씀드렸다. 특수 학급 선생님께서

도 이야기를 들으시고는 검사를 해 보는 것이 좋겠다고 하셨다.

영재 어머님께 전화를 드려 학교에 방문할 수 있도록 해 상담을 진행했다. 어머님께서는 처음에는 거절 의사를 밝히셨다. 당연한 반응이었다. 어떤 부모가 아이에 대한 그런 이야기를 쉽게 받아들일 수 있을까. 하지만 진로부장님과 특수 학급 선생님, 그리고 나까지 모두 영재를 위한 길임을 말씀드렸다. 어머님은 생각을 조금 해 보신 뒤에 연락을 주시겠다고 하시고는 집으로 가셨다.

일주일이 지났을까. 어머님께서 검사를 받아 보시겠다고 하셨다. 영재를 위한 길이었기에 다행이라는 생각이 들었다. 그리고 며칠이 지나 담임 교사인 내가 영재의 손을 잡고 용인교육청 특수교육지원센터가 있는 학교에 검사를 받으러 갔다. 영재는 검사실로 들어가면서 내 손을 꼭 잡았다. 그 손은 작았고, 바르르 떨고 있었다.

며칠 뒤 영재는 경계 판정을 받고 특수 학생으로 분류됐다. 결과를 듣고 나서 나는 복잡한 감정에 휩싸였다. 안도감과 동시에 조금의 미안함도 들었다. '내가 더 일찍 알아챘어야 했는데.' 하지만 특수 학급 선생님께서 말씀하셨다.

"선생님이 영재를 잘 봐 주셨기에 이렇게 빨리 발견할 수 있었어요. 중학교 3년 내내 힘들어하다가 고등학교 가서야 발견되는 경우도 많거든요."

이후 영재는 수준에 맞는 교육을 받았고, 친구들과의 관계도 많이 회복됐다. 특수 학급에서 받는 개별화된 수업 덕분에 영재는 자신감을 조금씩 되찾아 갔다. 일반 수업 시간에도 특수 학급 선생님의 지원을 받으면서 예전보다 훨씬 편안해 보였다. 무엇보다 반 친구들의 태도가 달라진 것이 가장 큰 변화였다. 영재의 상황을 이해하게 된 아이들은 더 이상 영재의 행동을 이상하게 보지 않았고, 오히려 영재가 어려워할 때 자연스럽게 도와주었다.

학교생활을 하는 영재의 표정도 한결 좋아졌다. 복도에서 마주칠 때마다 활짝 웃으며 인사하는 영재를 보면, 그때 내가 했던 선택이 옳았다는 확신이 들었다. 어느 날 영재가 내게 다가와 말했다.

"선생님, 요즘 학교 오는 게 예전보다 좋아요. 수업도 재미있고요."

그 한마디에 내 마음이 뭉클해졌다.

사실 영재의 일을 처리하는 과정이 쉽지만은 않았다. 어머님을 설득하는 것도, 검사를 받으러 가는 것도, 모든 과정이 조심스럽고 부담스러웠다. 하지만 지금 환하게 웃고 있는 영재를 보니 그 모든 과정이 의미 있었다는 생각이 든다. 만약 내가 영재를 단지 '문제 학생'으로만 치부하고 넘어갔다면, 영재는 중학교 3년 내내 제대로 된 도움 없이 혼자 힘들어했을 것이다. 교사라는 직업이 단순히 수업만 하는 것이 아니라는 걸 다시 한번 깨달았다. 한 학생의 인생이 달라질 수 있는 순간, 그 곁에 교사가 있다는 것. 그것이 얼마나 중요한 일인지 영재가 일깨워 줬다.

태현이, 경욱이, 예나, 영재. 이 네 학생 이야기만 하다 보니 우리 1반이 문제가 많은 반처럼 느껴질 수도 있을 것 같지만, 사실 우리 동서남북 1반 친구들은 나무랄 데 없이 착하고 성실한 학생들이 더 많았다. 수업 시간에는 다소 조용하고 발표도 잘 안 하기도 했지만, 놀 때는 어느 때보다 잘 놀고 즐길 때는 어느 때보다 잘 즐겼다. 특히 아무도 생각하지 못했던 우리 반의 체육 축제 우승은 기적과도 같은 성과였다. 운동을 잘하는 아이들이 특별히 많은 것도 아니었고, 체격이 좋은 친구들이 많은 것도 아니었다. 하지만 우리 1반 아이들은 서로를 응원하고, 넘어진 친구를 일으켜 세우고, 함께 땀을 흘리며 우승을 만들어 냈다. 그때 시상대 앞에서 1등 팻말을 들고 환호하던 아이들 모습이 지금도 선명하다.

2025년 올해, 비록 모두 다른 반으로 흩어졌지만 내가 수업을 들어갈 때나 복도를 지나갈 때면 큰소리로 인사하며 반갑게 맞이해 준다. 그리고 올해 스승의 날, 아이들이 나를 위해 서프라이즈를 준비했다. 종례 후 몰래 모여 내게 다가온 아이들은 스케치북 하나를 건넸다. 그 안에는 작년 우리의 추억 사진을 한 장 한 장 오려 붙이고, 각자 편지를 써서 만든 진심 어린 선물이 담겨 있었다. 교직 생활을 하면서 처음으로 울컥했다. 사진 속 아이들은 웃고 있었고, 편지 속 아이들은 더 자라 있었다.

지금 생각해 보면 우리 1반 아이들은 내가 처음에 걸었던 우리 슬로건대로 잘 성장했다.

'동'현쌤과 함께 소통하며, **'서'**로를 배려하고 **'남'**을 존중하며, **'북'**극성처럼 밝게 빛나는 1반.

태현이도, 경욱이도, 예나도, 영재도, 그리고 이름을 다 언급하지 못한 나머지 스물네 명의 아이들 모두가 각자의 자리에서 북극성처럼 빛나고 있다. 2024년 우리 1반 아이들에게 참 고맙고 기특하고 사랑스럽다고 말해 주고 싶다. 신설 학교에서의 첫 제자들. 그 아이들과 함께한 시간이 내 교직 생활에서 가장 빛나는 순간 중 하나로 남을 것이다.

고진에서 배운 것들, 그리고 앞으로…

첫 출근 날, 비에 젖으며 걸었던 비포장도로. 텅 빈 과학실에 불어 오던 찬바람. 파티션 없는 교무실에서 느꼈던 어색함. 열두 번이나 수정했던 설계도와, 그럼에도 마음에 차지 않았던 결과물. 그리고 사건·사고가 끊이지 않았던 1학년 1반 아이들. 고진중학교에서의 첫해는 부족함의 연속이었다. 준비되지 않은 공간, 채워지지 않은 시설, 완성되지 않은 시스템, 그리고 예측할 수 없는 아이들까지.

하지만 돌이켜 보면, 바로 그 '부족함' 속에서 나는 가장 많은 것을 배웠다. 부족하기에 우리는 서로 채워 줄 수밖에 없었다. 완성되지 않았기에 우리는 함께 만들어 갈 수밖에 없었다. 준비되지 않았기에 우리는 더 치열하게 고민할 수밖에 없었다. 그리고 예측할 수 없었기에 나는 더 유연하게 아이들을 이해하고 성장할 수밖에 없었다.

신설 학교 교사가 된다는 것. 그것은 빈 캔버스 앞에 선다는 뜻이었다. 두렵고, 막막하고, 때로는 외로운 일이었다. 하지만 나는 그 캔버스에 조금씩 색을 칠해 갔다. 혼자가 아니었다. 고진중학교 선생님들이, 진로융합부 선생님들이, 교장·교감 선생님이, 행정실 주무관님들이, 그리고 무엇보다 동서남북 1반 아이들이 함께 색을 칠해 줬다.

작년 3월, 나는 비포장도로를 걸으며 '이것이 내 앞날인가?' 싶었다. 하지만 지금 나는 안다. 그 비포장도로는 내가 직접 다져 나가야 할 길이었다는 것을. 그리고 그 길 위에서 나는 교사로서 한 뼘 더 자랐다는 것을.

진로융합부 선생님들을 통해 배운 '동료애의 힘'
미래형 과학실을 통해 배운 '포기하지 않는 끈기'
태현, 경욱이, 예나를 통해 배운 '자기 성찰 중심 지도'
영재를 통해 배운 '학생을 진정으로 바라보는 법'
이 모든 것이 고진중학교가 내게 준 선물이었다.

고진중학교는 여전히 완성되지 않은 학교다. 아직도 채워 가야 할 것, 만들어 가야 할 것들이 많다. 하지만 이제 나는 두렵지 않다. 오히려 설렌다. 우리가 함께 만들어 갈 내일이.

올해도 나는 고진중학교에 있다. 작년과는 다른 역할로, 다른 자리에서. 하지만 여전히 '고진'이라는 이름 아래, 우리는 함께 학교를 만들고 있다. 파티션 없는 교무실에서 나누던 그 마음으로, 진흙길을 함께 걸었던 그 의지로, 그리고 동서남북 1반 아이들과 함께 웃고 울었던 그 진심으로.

나는 신설 학교 교사다. 그리고 나는, 이 학교와 함께 자라고 있다.

고진중학교의 발전에 조금이나마 보탬이 되고 싶다. 신설 학교를 먼저 경험한 사람으로서 새로 오시는 선생님들에게, 그리고 무엇보다 이 학교의 진짜 주인인 학생들에게 내가 받았던 도움을 이제는 내가 돌려줄 차례다.

텅 빈 교실에 불어오던 바람은 이제 학생들의 웃음소리로 가득하다. 비포장 도로는 어느새 포장이 됐고, 학교 앞에는 상가들이 들어섰다. 미래형 과학실에서는 오늘도 아이들이 VR 기기를 쓰고 환호성을 지른다. 그리고 작년 동서남북 1반 아이들은 각자의 반에서 북극성처럼 빛나며 성장하고 있다. 고진중학교는 조금씩, 천천히, 하지만 확실하게 완성돼 가고 있다.

그리고 나도, 그 과정 속에서 조금씩 더 나은 교사가 되고 있다. 이것이 신설 학교 교사로 지낸다는 의미가 아닐까. 빈 곳을 채우고, 없는 것을 만들고, 부족함을 함께 메워가며 학교와 함께, 학생들과 함께, 동료 선생님들과 함께 성장하는 것. 나는 고진중학교에서 그것을 배웠다. 그리고 앞으로도 계속 배워갈 것이다.

작년 3월, 발령장을 받아 들고 '설마'라고 생각했던 그 순간이 이제는 '다행'이라는 단어로 바뀌었다. 다행히 고진중학교에 왔고, 다행히 진로융합부 선생님들을 만났고, 다행히 미래형 과학실을 만들었고, 다행히 1학년 1반 아이들의

담임 선생님이 됐다. 모든 '다행'들이 모여 지금의 나를 만들었다.

신설 학교는 완성된 학교가 아니다. 매일매일 만들어지는 학교다. 그리고 그 과정에 참여한다는 것. 그 이야기의 주인공이 된다는 것. 그것이 신설 학교 교사만이 누릴 수 있는 특권이자 책임이다.

고진중학교, 그리고 함께한 모든 분들께 감사드린다. 진로융합부 선생님들 및 고진중학교의 모든 선생님, 교장·교감 선생님, 행정실 주무관님들, 그리고 무엇보다 매일 아침 "선생님!"하고 반갑게 인사해 주는 우리 고진중학교 학생들에게. 특히 동서남북 1반 스물여덟 명의 아이들에게.

"여러분이 있었기에 나는 신설 학교 교사로서의 첫해를 무사히, 아니 의미 있게 보낼 수 있었습니다."

앞으로도 고진중학교는 계속 성장할 것이다. 그리고 나도 이 학교와 함께 계속 성장할 것이다. 비어 있던 공간들이 채워지고, 부족했던 부분들이 완성돼 가는 그 여정 속에서. 그리고 그 여정 속에서 만날 새로운 아이들, 새로운 동료 선생님들, 새로운 도전들과 함께.

나는 신설 학교 교사다. 그리고 그 사실이 자랑스럽다.

Gojin Middle School

결대로 무늬대로 아이들을 키우고 싶은,
여전히 꿈 많은 국어 교사

박은애

학생들의 성장을 위해 오늘도 교실에서 '수업 장인 모드' ON! 교사로서 Beautiful randing을 꿈꾸며, 소중한 하루하루에 감사하고 기쁘게 사는 모습이 독보적임. 초고경력으로 노하우가 제법 있다고 자부하지만, 새로운 기법에는 주저하지 않고 덥석 시도해 보는 '업데이트 집착형' 임. 학생들이 "내년에도 선생님 수업 듣고 싶어요!"라며 일종의 재수강(?)을 요청하곤 하는데, 대다수가 그럴 것이라는 행복한 착각 덕분에 새롭게 힘을 얻곤 함. 가끔 체력이 로그아웃되기도 하지만 책임감이 강제로 재부팅 버튼을 눌러 다시 일으켜 세움. 겉보기와 달리 극I형이라 사람들과 어울리는 데 어려움이 있지만, 마음만큼은 동료들과 학생들에 대한 사랑과 기대감으로 늘 풀충전 상태임. 수업에 대한 열정과 학생들에 대한 관심, 거기에 은근한 은둔형 기질을 숨긴 채 에너지 뿜뿜하는, 보기 드문 '하이브리드형' 교사임.

"쌤, 거길 왜 가세요?" 신설 학교, 정답은 현장에 있었다

결론적으로 나의 선택은 옳았다? '?'를 붙인 이유는 나의 선택이 정말 옳았는지, 지금부터 이야기보따리를 풀어 사실을 확인하고자 하기 때문이다.

35년차 중학교 국어 교사. 정년을 겨우 몇 년 앞둔 나에게 마지막이 될지도 모를 학교 선택의 순간이 다가왔다. 이것저것을 고려하며 고심하던 중, 나는 그동안 한 번도 생각해 보지 않았던 신설 학교로 내신 신청서를 작성하겠다고 선언했다. 운명처럼 끌린 이름, 고진중학교. 전입 희망지를 작성하던 마지막 칸에서 반짝 나타난 그 이름이 다른 후보군들을 제끼고 내 마음을 끌었다. (내신서를 작성할 때 학교 이름은 고유중학교였는데, 나중에 고진중학교로 확정됐다.)

주변의 반응은 극명하게 갈렸다. "와, 새로운 도전을 하시는 모습이 정말 멋져요. 역시 선생님다우세요. 선생님 같은 베테랑이 신설 학교에 가서 기틀을 잡아 주셔야죠."라며 엄지를 치켜세우는 동료들이 있는가 하면, "신설 학교는 시작부터 전쟁터예요. 왜 사서 고생을 하려고 해요?"라며 손사래를 치는 이들도 있었다. 마치 얼마 남지 않은 교직 생활의 평안을 걷어차는 어리석은 행동이라는 듯이. 특히 신설 학교에서 꼬박 2년을 버텨낸 선배 언니의 반응은 단호했다.

"내 말 듣고 제발 가지 마. 난 교사를 안 했으면 안 했지 신설 학교는 절대 안 갈 거야."

그 진심 어린 눈빛과 간곡함에 잠시 마음이 흔들리기도 했다. 그러나 이상하게도 나는 그 불확실함이 주는 낯섦과 새로움에 더 끌렸다. '그래? 그렇게 힘든 곳이라니… 오히려 더 궁금해서 가 보고 싶네?' 아마도 내 안에는 정년만 바라보는 고참 교사가 아니라, 아직도 호기심 많은 '모험가 초임 교사'가 숨어 있었나 보다.

사실 나의 선택은 사람들이 기대할 법한 '사명감'이라는 거창한 단어와는 거리가 멀었다. 오히려 지극히 현실적인 조건들이 그 이유였다.

첫째, 통근 거리! 전임교와 비슷하게 적당한 출퇴근 시간은 나에게는 무엇보다 중요한 '워라밸'의 기본 조건이었다.

둘째, '백지'라는 매력! 기성 학교들의 문화와 전통, 그에 따라 생성된 여러 평가들과 선입견에서 자유로울 수 있다는 점이 좋았다. 틀에 박힌 관습을 싫어하는 나에겐, 나 하기에 따라 학교의 그림이 달라질 수 있다는 오만 비슷한 설렘이 있었다.

셋째, 낡음과의 작별! 그동안 거쳐 온 학교들의 낡고 불편했던 건물에서 벗어나 최신식 시설을 누릴 수 있다는 기대감도 한몫했다. 이만하면 참 말하기도 부끄러운 이유다.

내신 신청서를 제출하고 나니, '공사가 마무리되지 않아 안전사고들이 발생했다, 건물이 완성되지 않아 5월에서야 개교했다'는 등 흉흉한 신설 학교 사례들의 소문이 들려왔다. 내가 지원한 학교는 그래서는 안 됐다. 나는 틈이 날 때면 학교 공사 현장을 찾아가 건물의 기한 내 완공, 좋은 선생님과 학생들과의 만남을 위해 기도하곤 했다.

드디어 발령! 그 기도의 응답일까? 학교는 예정대로 개교할 수 있을 정도로 충분히 정비되고 있었다. 건물은 그럼 됐고…. 젊고 인상 좋으신 교감 선생님과의 첫 면담에서 기분 좋은 만남이 시작됐다. 좋은 선생님들과 학생들을 만날 신호탄이었다. 나는 교감 선생님께 긍정적인 마음으로 학생 교육을 위해 최선을 다하겠다는 류의 호언장담, 아니 희망 고문을 안겨 드렸던 것 같다. 하지만 막상 보직 교사 인선 시 학년부장을 맡아 달라고 하셨을 때는 잠시 갈등이 있었다. (나중에 들은 이야기지만, 교감 선생님께서 전임교 교감 선생님께 전화를 걸어 "그 선생님, 혹시 교무부장 하려고 지원하신 건가요?"라고 물으셨다 한다. 교사들 중 가장 나이 많은 고경력자가 유일하게 자원했으니 당황스럽기도 하고, 저의가 궁금하기도 하셨을 게다. 하지만 천만의 말씀이다. 나는 그저 '새로움'에 온 마음을 빼앗겼을 뿐이다.)

부끄러운 고백이지만, 나에게 학년부장은 일종의 '아킬레스건' 같은 업무다. 너그러움과 이해심이 기본값으로 장착돼 있으며, 계획적이고 철두철미한 일처리 성향을 가진 교사가 학년부장에 적합하다는 생각 때문이다. 나는 아쉽게도 그런 성품이나 성향과는 거리가 멀어 그동안 다년간 학년부장을 하면서 마음 끓이는 일이 많았었기에, 업무 선택의 기회가 있던 전임교에서는 다른 보직만 했었다. 신설 학교에서는 업무 선택의 기회가 제한될 수도 있다는 점을 간과했던 것이 처음으로 후회스럽게 떠올랐다.

그렇다고 다른 업무를 맡을 수 있는 상황도 아니었다. 수석 선생님과 총 다섯 명의 부장 교사가 학교 일을 나눠서 하다 보니 한 명이 최소 두 개 이상의 부장

업무를 해야 했다. 일의 경계가 불분명한 것도 있고, 한 사람이 감당하기에는 과도하게 보이는 것도 있었다. 그나마 내 업무는 성격이 뚜렷한 편이니 내 개인적인 취향 때문에 못한다고 할 수도 없는 일이었다.

설렘 반, 부담 반. '신설 학교 학년부장 라이프'는 그렇게 시작됐다. 오랜만에 학교 현장에서 학생들을 맞을 준비를 하느라 설레고 기대되면서도 긴장되는 날들이 이어졌다. 드디어 3월 4일, 우리 아이들을 만났다. 신설 학교 학생들은 선배들의 눈치를 보는 대신 탐험가처럼 호기심 가득한 눈으로 학교를 살폈다. 백지 위에 첫 붓을 대듯 나를 바라보는 맑은 눈빛을 보며, 좋은 동료들에 이어 좋은 학생들과 함께할 특별한 앞날을 직감했다.

이쯤에서 처음 질문으로 다시 돌아가 보자. 과연 나의 '고진중학교' 선택은 옳았는가? 내 대답은 '그렇다.' 이다. 신설 학교이기에 몸이 지칠 때도 많았고, 신설 학교이기에 하루하루가 도전의 연속이었다. 하지만 바로 신설 학교였기에, 오래된 교직의 감각이 다시 깨어났고, 희미해져 가던 열정의 온도도 다시 살아났다. 교사로서의 하루하루가 다시 현재 진행형으로 계속되고 있다. 살아 있음을 매일 느낀다.

내가 신설 학교를 자원이 왜 옳은 선택이었는지 이쯤이면 충분한 설명이 되지 않겠는가?

고진 어벤저스, 새 학교의 심장을 뛰게 하다

신설 학교에 가면 좋은 점도 꽤 많다는 이야기를 예전부터 들었다. 그중에서도 단연 최고는 개교 멤버들끼리 끈끈한 유대감이 생긴다는 것이다. 듣기만 해도 그럴 것 같았고, 그 말이 진짜라는 걸 몸소 느낀 건 바로 '고진중학교 어벤저스' 팀을 만나고 나서였다.

발령이 나고 나를 포함한 부장단 5명, 수석 선생님, 그리고 관리자 세 분이 처음 한자리에서 만났다. 개교 준비를 위한 모든 일은 여기에서 비롯됐다. 재미있는 건, 나 외에는 아무도 자원하지 않았단다. 그런데도 다들 마치 신설 학교를 위해 준비된 사람들처럼 일도 똑부러지게 잘하고, 인성도 정말 좋았다. 덕분에 나는 '고참'이라는 부담은 내려놓고, 오히려 '배려받는 선배 교사'의 호사를 누리는 나날이 시작됐다.

교장 선생님은 한 마디로, 아름다운 외모만큼 친절한 인품을 지니신 분이다. 교사, 학생, 학부모와의 소통을 최우선으로 여기며, 사람을 먼저 생각하는 리더십으로 학교의 중심을 잡아 주셨다. 따뜻한 눈빛과 섬세한 배려, 때마다 아이스 아메리카노를 비롯한 간식거리와 생일 케이크 등으로 교사들을 격려해 주셨고, 믿고 신뢰해 주셨다. 교장 선생님의 말씀 중 명언이 있다.

"나는 가난하지 않은데 학교가 가난해서요."

쓸 곳은 많은데 예산이 빠듯한 학교 실정을 이렇게 설명하시며 종종 개인 카드를 내미신다. 일을 추진하는 과정에서도, 실수를 했을 때도 다그치지 않고 믿고 기다리며 어깨를 다독여 주신다. 자신과 다른 의견에도 깊이 귀를 기울이시고 합리적인 해결 방안을 제시하기 위해 애쓰신다. 그런 점이 돋보인다. 난 생각만큼 표현을 못하는 편이어서 교장 선생님께 마음을 다 보이지 못했지만, 이 글을 쓰며 새삼 그분의 큰사람됨에 존경심을 표하고 싶다.

교감 선생님은 그 곁에서 정확하고 확실한 사안 처리로 학교의 틀을 다지면서도, 늘 유쾌한 웃음으로 구성원들을 품어 주셨다. 냉철함과 온정을 동시에 지닌 그 모습에서, 나는 진정한 '관리자'의 품격을 배운다. 사제동행 활동의 현장에서는 심심찮게, 아니 매우 많이 교감 선생님을 만난다. 입학식 날부터 지금까지 일관되게 학생들과 함께하는 현장을 즐기시는 모습은 권위보다 소통을 중시하는 그분의 철학을 보여 준다. 내가 그나마 학년부장 역할을 하고 있는 것도 늘 든든한 교감 선생님의 능력을 뒷배로 삼기 때문이다. 나는 실력자 교감 선생님 의존형 교사다.

행정실장님 또한 학교의 보이지 않는 곳에서 든든한 버팀목이 되어 주셨다. 단 한 번도 싫어하는 기색 없이 선생님들의 교육 활동을 살뜰히 챙겨 주셨다. 신설 학교의 특성상 부실 공사라든지 마무리가 깔끔하지 못한 부분들이 발견되면 현장에서 직접 확인해 최대한 빨리 보완 처리를 해 주신다. 능력뿐 아니라 인성까지 뛰어난 실장님 덕분에 행정실과 선생님들 사이의 마찰은 전혀 없었다고 기억한다. 신설 학교 행정이 이토록 안정적으로 운영될 수 있었던 것은 실장님의 헌신 덕분이었다.

부장단의 활약은 더 말해 무엇하리. 교무기획부장은 이 업무가 처음이라는 본인 말을 믿는 사람이 없을 정도로 뛰어난 추진력과 기획력으로 교무실 분위기를 주도했다. 지역 사정에 밝아 낯설어하는 교사들의 생활 길잡이가 되어 주었고, 유쾌하고 씩씩한 성품으로 모두의 마음을 단단히 묶어 줬다. 그가 없는 고진중학교 첫 시작은 생각조차 할 수 없다.

겉으로 보기에는 여리여리하지만 속은 단단한 교육연구부장은 언제나 웃음을 잃지 않았다. 정보부장 역할까지 맡으면서도 늘 고운 미소로 동료를 대했고, 그 미소만으로도 힘을 주는 선생님이었다. 같은 국어 교사로서, 그가 흘린 땀과 눈물의 무게를 누구보다 깊이 느낄 수 있었기에 늘 마음이 쓰이는 분이다.

진로융합부장은 '따뜻한 실무의 달인'이었다. 처음 만난 날 각 부장들의 노트북 설정에서부터 보인 그의 능력은 특별한 날 은미약국으로, 초콜릿으로 그 따뜻한 지평을 넓히며 동료 선생님들의 마음을 어루만져 줬다. 진로교육 본연의 일뿐 아니라 인문사회·자연과학·환경 관련 업무까지 맡으며, 능력의 한계가 어디까지일지를 가늠할 수 없게 했다. 언제나 성실하고 친절한 태도로 모든 일을 해냈다. 함께 있으면 행복해지는 사람, 진정한 교사다운 그런 사람이었다.

학생안전부장은 타·시도에서 전입해 와 모든 게 낯설 텐데도, 누구보다 먼저 아이들을 품었다. 모두가 부담스러워하던 학생안전부장을 맡아 가장 앞에서 학생 지도를 이끌었고, 학생생활규정과 교복 제정, 학생 자치회 등 새로운 학교의 학생 문화를 설계했다. 2학기부터 아이들이 멋진 교복을 입고 교정을 누빌 수 있었던 것도 그의 헌신 덕분이었다. 학생 교육에 사명감으로 임하는 멋진 인텔리였다.

그리고 수석 선생님! 지금 이 글을 쓰게 하신 분! 수석 선생님이 할 수 있는 일이 도대체 어디까지인지 헤아릴 수 없을 정도로 많은 역할을 하고 계시는 팔방미남! 아침 일찍부터 체육관을 아이들의 함성 소리로 채우신다. 학생들의 자율 활동을 이끌며 일탈 행동을 예방하고, 누구보다 앞장서서 아이들의 행복한 학교생활을 위해 땀을 흘리셨다. 누구나 예측 가능한 수석 선생님 역할뿐 아니라 타 부서의 일까지 말 그대로 발 벗고 나서서 도와주신다. 동에 번쩍 서에 번쩍하는 부지런함은 가히 '조길동'이라 칭할 만하다. 성함의 끝자를 따서 위트 있게 '고진중학교 현빈'이라고 명명한 것이나 '조수석'이라는 별칭에서 알 수 있듯, 기발하고 독창적인 아이디어가 말 그대로 수석감이다. 가끔 예전 동료 선생님들을 만날 때면, 난 우리 학교 학생 인성 교육의 최고봉은 단연코 우리 수석 선생님이라고 자랑하곤 한다. 이런 분과 한 학교에서 근무하는 건 좀처럼 만나기 어려운 행운이다.

이렇듯 최고의 관리자분들과 각자의 자리에서 최선을 다한 부장단은 어느새 '고진 어벤저스'라는 이름으로 하나가 됐다. 그들 덕분에 신설 학교의 첫걸음은 흔들리지 않았고, 그들의 협력과 헌신이 학교의 심장을 힘차게 뛸 수 있게 만들었다. 고진 어벤저스! 그들은 서로에게 영웅이 되어 새로운 역사의 첫 페이지를 성공적으로 써 내려갔다.

신설 학교 학년부장은? '결대로, 무늬대로'

신설 학교의 학년부장도 할 만하다. 내가 학년부장으로서 추구하는 교육 방향은 '함께 성장하며 행복한 학교생활'을 하도록 돕는 것이다. 우리 아이들을 '결대로, 무늬대로' 키우고 싶다. 억지로 무엇을 하거나 무엇이 되게 하기보다, 각자의 성향과 속도, 가능성에 맞춰 자연스럽게 성장할 수 있도록 지원하는 것이다.

나만 그러겠는가? 아이들이 학교에 적응하고 행복하게 성장하며 좋은 추억을 만들기를 바라는 마음은 선생님 모두가 같았다. 무엇보다도 아이들이 이 학교의 '첫 주인공'이라는 사실이 우리 교사들에게 깊은 책임감을 안겨 줬다. 그래서 1인당 2~3인의 업무를 소화해 내면서도 선생님들은 최대한 마음과 시간을 내 아이들을 위한 행사를 기획하고 시행했다. 학년 행사는 곧 학교 전체 행사가 되기에 전 교사가 주체적으로 의견을 내고 함께 동참하는 것이 신설 학교가 가지는 큰 매력이라고 생각한다. 우리가 딱 그랬다.

입학식 날, 교장 · 교감 선생님과 수석 선생님, 진로융합부장의 축하 공연은 그 첫 출발이 됐다. 학년부에서는 입학식장에 학급별 포토존을 설치하고 학교에서 구입한 폴라로이드 카메라로 아이들 개개인의 첫날 모습을 찍어 선물했다. 아이들의 환한 웃음이 담긴 사진은 그 자체로 학교에 대한 애정을 키우는 계기가 됐다.

개교 및 입학 백일 기념 행사도 의미 있었다. 진로융합부장의 반짝이는 아이디어로 응원 문구를 공모해 포춘쿠키에 담아 등교 시간에 나눠 줬다. 교장 선생님을 비롯한 선생님들과 학부모님들이 행사를 함께 했는데, 아이들이 받은 쿠키를 열 때마다 튀어나오는 따뜻한 문장들 덕분에 학교 전체가 환해지는 듯했다. 영양 교사의 협조로 백일 떡도 함께 나누고, 담임 선생님들의 의견을 반영한 풍선 아트 포토존을 설치해 아이들의 열렬한 호응을 얻었다. 그야말로 잔치였다.

'칭찬나무 키우기 프로젝트'는 학년부에서 정성을 쏟은 활동 중 하나다. 아이들이 급우들의 장점을 발견해 적어 붙이며 교실마다 예쁜 칭찬나무가 자라났다. 매월 학급 칭찬왕을 선정해 급식실의 전자 게시판에 공개하며 서로 격려하는 분위기를 조성하고자 했다. 이 활동은 올해는 '고진 비밀 칭찬단'으로 확장돼, 지금도 칭찬하고 칭찬받는 문화를 이어 가고 있다.

개교 첫해라서 사전 준비가 많이 필요한 학교 축제는 다음에 하기로 하고 대신 현장 체험 학습을 학기별로 한 번씩 추진했다. 1학기는 학년 전체가, 2학기는 학급별로 테마형 체험을 진행했는데, 아이들에게는 코로나 이후 처음으로 체험하는 단체 활동이라 반응이 매우 좋았다.

1부장 최소 2업무 체제이기에 1학기 자유학기제 계획과 운영도 나의 주요 업무다. 주제 선택 프로그램 8개, 예술·체육 프로그램 12개, 동아리 활동 프로그램 8개, 진로 탐색 활동 등으로 조직해 고진중학교 첫 자유학기제를 운영했다. 지금은 운영했다는 한 마디로 간단히 말하지만, 당시에는 운영 계획서를 작성하고 학교운영위원회 심의를 받아야 하는데 참고할 만한 자료가 아무것도 없어서 땅굴 파듯 하나하나 개척해야 했다. 비빌 언덕은 전임교. 해당 업무를 맡은 전임교 선생님들에게 친정 올케에게 의지하듯 조언을 얻고 자료도 받아 어찌어찌 꾸려 갔다.

생활 지도는 모든 선생님이 함께 참여했다. 생활 지도 사이트를 전교사가 공유하며 아이들의 바른 습관 형성을 도왔다. 사이트의 생활 지도 결과를 매주 학급별 급식 순서에 반영하며 공동체 속 책임 의식을 키워 주고자 했다. 이견이 있을 수도 있지만, 선생님들 대다수가 이 방식의 긍정적인 면을 지지해 주셔서 신설 학교 생활 지도 방식의 기틀이 됐다. 이 과정에서 특히 담임 선생님들의 헌신적인 노고가 있었음은 물론이다.

특히 학교의 얼굴이라 할 수 있는 교복을 단정하게 착용해야 한다는 생각은 모두가 공감하는 부분이다. 그래서 교복 착용 지도가 생활 지도의 중요한 축이 됐다. 교복은 학생안전부 주관으로 수차례에 걸친 교복선정위원회의 협의와 의견 수렴 과정 등을 거쳐 지금의 형태로 정해졌는데, 세세한 부분까지 최대한 아이들의 의견을 반영하고자 했다. 한 학기 동안 촘촘한 준비 과정을 거쳐 2학기부터 드디어 고진중학교 첫 교복을 입힐 수 있게 됐다. 마치 산모가 아이를 출산하는 과정에 비교할 법한 지난한 과정이었다. (당시 학생안전부장님과 담당 선생님의 노고에 새삼 감사하는 마음이다.) 그 수고를 알아서가 아닐 텐데, 다행스럽게도 아이들의 교복 착용률은 매우 양호했다. 중학생이 되었음에도 사복을 입고 다니며 교복을 기다렸기 때문인지, 야구 점퍼 스타일로 차별화된 디자인 덕분인지, 생활지도 덕분인지는 잘 모르겠다.

학년 말에는 교과융합 프로그램을 운영했다. 수석 선생님의 제안을 반영해 기초 학력 집중 주간, 인성 교육 집중 주간, 진로교육 집중 주간으로 나눠 모든 선생님이 프로그램 기획에 의견을 제시하고 실행했다. 이를 통해 학년말 교육 누수를 막고, 의미 있는 시간으로 마무리할 수 있었다. 우리 학교는 기대했던 것보다 훨씬 빨리 안정화됐다고 생각된다.

그러나 신설 학교라서 갖는 커다란 고충도 있다. 1학년 업무와 학교의 전반적인 기틀을 다지며 신설 학교 생활에 익숙해질 즈음, 큰 과제가 주어졌다. 학교에 2학년 전입생들이 들어오기 시작한 것이다. 입학식 날 단 4명뿐이었던 2학년이 점진적인 전입생의 증가로 2학기부터는 두 학급이 될 정도가 됐고, 그 과정에서 담임 선생님들을 비롯한 모든 선생님들의 어려움이 커지기 시작했다.

아이들이 순차적으로 전학을 오다 보니 선생님 입장에서는 '적응 지도 사이클'이 계속 반복된다는 점이 문제였다. 한 명이 적응했다고 안심할 즈음이면 또 다른 전입생이 오고, 다시 그 친구를 맞이하기 위한 준비와 적응 지도가 필요했다. 일종의 '끝나지 않는 시작' 같았다. 아이들은 저마다 다른 사연을 안고 있었고, 환경 변화에 민감하게 반응했다. 그러다 보니 담임 선생님들은 정서적으로 큰 에너지를 소모해야 했고, 나 역시 학년부장으로서 그런 상황을 옆에서 지켜보는 일이 무척이나 힘겨웠다.

지금 돌아보니, 당시 2학년 담임 선생님이었던 두 분의 고충이 더욱 크게 느껴진다. 일반적으로 학급에 전입생이 한 명만 와도 힘들다 하는데, 그분들은 정말 많은 짐을 짊어지고 있었다. 나는 2학년 수업을 들어가지 않기에 직접 도울 기회가 없었다는 핑계를 대고 싶지만, 결코 자유롭지 않은 일종의 부채 의식이 있다.

담임 선생님에 대한 지지자로서 학년부장 역할의 중요성을 그때 절실히 깨달았다. 정서적 공감과 업무 분담의 균형, 그리고 선생님들 간의 협력이 어느 때보다 중요했다. 내 역량의 한계점을 느끼면서도 함께 버텨야 한다는 마음으로 선생님들과 마음을 맞추려 애썼던 기억이 새롭다.

신설 학교라서 아쉬운 점은 또 있다. 스마트 기기의 일부 미확보로 인한 문제다. 현재 우리 1학년은 태블릿 한 세트를 두 학급이 공동으로 사용하고 있다. 그래서 수업 시간에 활용하고 싶어도 늘 불편이 따른다. 2학기에는 모두 배부 예정이라는 말을 믿고 1학기를 견디며 버텼는데, 10월 중순에 접어든 이 시점까지 배부가 안 되고 있다. 디지털 기기 활용 수업 설계를 할 때마다 망설여진다.

답답하다. 경기도교육청의 '학생 1인 1스마트 기기 보급 100% 완료'라는 목표와 '신설 학교 물량 미리 포함 계획'이 있음에도 현장 적용은 요원한 것 같아 많이 아쉽다. 예산이 적기에 집행될 수 있도록 교육 당국의 섬세한 지원이 필요하다고 본다. 신설 학교일수록 초기 기반 마련이 중요한 만큼 보다 현실적인 지원을 해 주면 좋겠다.

돌이켜 보면 지난 1년 6개월여의 시간들은 나에겐 큰 배움과 성장의 과정이었다. 그것이 가능했던 것은 혼자가 아니었기 때문이다. 교장 선생님과 교감 선생님은 학년부의 자율성을 지지하고 믿고 배려해 주셨고, 수석 선생님은 올라운드 플레이어로서 선생님과 아이들의 진정한 사표(師表)가 돼 주셨다. 학생안전부와 학년부가 한마음으로 생활 지도를 하고, 선생님들은 매일 수고로움 속에서도 아이들의 가능성을 믿으며 정성을 다했다. 그런 동료들의 진심이 있었기에, 나는 언제나 감사한 마음으로 지낼 수 있었다.

신설 학교에서의 첫 학년부장으로서 나는 무언가를 해냈다기보다 무언가를 진행하고 있다는 생각을 더 많이 한다. 고진중학교 공동체 안에서 계속 배우며 학생들과 함께 성장하고, 선생님들과 함께 고민하고 꿈꾸고 있기에 그렇다. 아이들을 결대로 무늬대로 키우는 마음으로, 또 나 자신을 있는 그대로 받아들이며 천천히 나아가고 있기에 그렇다.

고진중학교 역사의 첫 페이지를 이들과 함께 써 내려가고 있는 이 시간들은 내 교직 생활 중 가장 보람 있는 한 장면으로 남을 것이다.

"우리들이 함께라서 괜찮다. 참 좋다."

긍정 에너지의 확장성, 난 기쁨이?!

신설 학교의 나날은 말 그대로 '예측 불허' 그 자체다. 복도는 시끌벅적하고, 교무실은 작은 항공관제탑처럼 쉴 틈이 없다. 어디서 어떤 돌발 상황이 발생할지 모른다. 하지만 묘하게 그 소란 속에 따뜻함이 있다. 신기하다.

작년 2월 말, 전 교사 워크숍에서 상조회가 결성됐다. 수석 선생님께서 상조회장을 자원해 주신 덕분이다. 3월 초, 진부한 표현으로 눈코 뜰 새 없이 바쁠 때, 나는 시어머님상을 당했다. 큰 슬픔 속에서도 '혹시 학교에 폐를 끼치진 않을까?' 하는 걱정으로 마음이 복잡했다. 그런데 선생님들은 전혀 부담을 주지 않으면서 따뜻한 위로와 함께 나의 짐을 나눠 지셨다. 우리 학교 상조회 명의의 화환과 더불어 교장 선생님을 비롯한 몇몇 선생님들은 먼 길을 마다하지 않고 조문까지 와 주셨다. 당연한 거 아니냐고 말할지도 모르겠지만, 생각해 보라. 입학식을 하고 아직 일주일도 채 안 된 시점이었다. 그런데도 우리들은 이미 '고진 교육 공동체'라는 이름으로 살고 있었던 것이다. 그때의 위로와 도움은 정말 큰 힘이 됐다. 절대 잊지 못할 고마움이다.

그런 일이 있어서일까? 하루하루 전날과는 다른 체력적인 어려움을 겪고 있지만, 나의 학교생활은 생각보다 훨씬 즐겁고, 심지어 행복하기까지 하다.

무엇보다 나를 웃게 하는 건, 다름 아닌 우리 아이들이다. 전임교에서 학생지도에 진땀 흘리는 동료들을 수도 없이 봤고, 나 역시 그랬던 적이 많았으므로 이번에도 만만치 않을 거라 생각하고 있었다. 더군다나 최고령자와 최연소자들의 조합이니 나의 마음과는 달리 아이들과의 공감대를 형성하기에는 좀 어려운 입장 아닌가? 그런데 웬걸, 우리 아이들은 생각보다 훨씬 괜찮다. 좋다. 학생 지도가 힘들다고 가끔 토로하는 선생님들께 나는 틈만 나면 이렇게 말했다.

"이 정도면 정말 훌륭한 거예요."

정신 승리를 위한 일종의 자기 암시가 아니다. 진심이었다. 중1, 중2이니 천방지축 행동은 어느 정도 감안하고 봐야 하지 않겠는가? 우리 아이들에게는 선생님의 말이 통했고, 지도의 효과를 봤다. 의도적으로 선생님을 힘들게 하거나 불손하게 행동하는 아이들은 거의 없었다. 오히려 친밀감 있는 말과 행동으로 나의 기를 살려 주는 친구들이 훨씬 더 많다. 그 덕분인지 이곳에 온 뒤 난 전보다 부쩍 더 많이 웃는다.

"선생님, 오늘 머리 멋져요. 어제보다 더 젊어 보이세요!"

"선생님 덕분에 국어 수업이 재미있어졌어요!"

'칭찬 전문가 자격증'이라도 있는 듯, 때로는 수줍어하며, 때로는 맑고 밝게 웃으며 건네는 이런 말들 덕분에 난 앞으로도 오래오래 선생님을 할 수 있을 것 같은 미묘한 자신감이 생기곤 한다.

아, 그런데 다시 말해야겠다. 나를 웃게 하는 건 바로 우리 선생님들이다. 작년 어느날, 만능캐(만능 캐릭터) 최 선생님이 인형 하나를 선물로 주셨다. 영화 〈인사이드 아웃〉의 '기쁨이' 캐릭터였다. 내가 그 캐릭터를 닮았단다. 학생들도 그렇다고들 인정해 준다. 만약 다른 학교로 갔다면 분위기 적응에 허덕이며 움츠러들고 있었을지도 모를 내가, '우리 학교에서는 웃고 있었구나! 항상 기뻐하며 살고 있었구나!' 생각하니 감사했다. 오늘도 그 인형은 내 책상 위에서 환하게 웃으며 나를 응원하고 있다. 항상 기뻐하라고, 범사에 감사하라고….

최 선생님 말이 나왔으니 말인데, 그는 작년 신규 임용 교사다. 그런데 어찌나 유능한지 고경력자 같다. 획기적이고 기발한 아이디어 뱅크다. 학급 운영, 교과 지도, 업무 처리 등 무엇 하나 빠지는 게 없다. 고진중학교의 보물이다. 그런데 놀라운 사실은 최 선생님만이 그러는 게 아니라는 거다. 작년에도 올해도 나는 최고의 담임 선생님들과 함께하는 복을 누리고 있다. 한 분 한 분 떠올리다 보면 교육청 인사 담당 장학사님께 감사의 인사를 하고 싶을 정도다. 훌륭한 선생님들만 선정해 우리 학교로 보내 주신 듯하기 때문이다.

전국 학년부장들의 단체 채팅방은 가끔 대나무숲이 될 때가 있다. 맘에 안 차는 학년부 계원 교사나 담임 선생님들 때문에 스트레스를 받는다는 이야기가 심심찮게 올라와서다. 개인 정보가 공개되지 않는 선에서 거기에서라도 하소연을 하고 싶은 학년부장들의 상담장이 되는 셈인데, 그런 사연을 볼 때마다 진심으로 우리 담임 선생님들께 감사한 마음이 들곤 한다. 나는 그런 사연을 올릴 필요가 없기 때문이다.

사랑스럽고도 자랑스러운 그분들을 언제까지나 기억하고 싶어 기록해 두련다.

2024 고진중학교 첫 담임 교사 동현샘, 지선샘, 태식샘, 윤서샘, 린아샘, 성연

샘, 민철샘, 유진샘, 가희샘, 은주샘!

2025 고진중학교 1학년 담임 교사 혜영샘, 수빈샘, 찬우샘, 문주샘, 또윤서샘, 또린아샘, 지영샘, 승희샘!

아, 그런데 다시 한번 정정해야겠다. 나를 웃게 하는 건 고진 어벤저스 팀이다. 무슨 일이 생기면 언제 어디서든 달려와 주실 것 같은, 어떤 일이 있어도 반드시 내 편이 되어 주실 것 같은 든든한 교장 선생님, 교감 선생님, 행정실장님, 조수석 선생님, 정연님, 은미님, 보고픈 선경님, 래형님!

아, 또다시 정정할 필요를 느낀다. 나를 웃게 하는 건 우리 학교 곳곳에 가득 차 있는 햇빛 같은 긍정 에너지다. 올해는 작년과 달리 본교무실과 학년별 교무실이 있다. 그렇다 보니 올해 부임해 오셨거나 1학년 담임이 아닌 선생님들과 본교무실에 계신 분들, 특별실에 계시는 선생님들과는 소통의 기회가 별로 없다. 그럼에도 불구하고, 가끔씩 접하는 그분들의 메시지나 모습들에서 풍겨 나오는 배려 깊고 성실한 교사 인격이 나를 웃음 짓게 한다. 어쩌다 마주친 그대 모습에 마음을 빼앗겨 버렸다는 노래 가사처럼, 그분들에게 마음을 뺏겨 개교 원년 멤버들에서 받는 친근함과 따뜻함을 느낀다. 긍정 에너지가 지경을 넓혀 학교 구성원들에게 스며들고 있음이 분명하다.

우리 고진중학교는 되는 학교다! 훗날 어엿한 '기존 학교'인 고진중학교에서 근무하실 선생님들을 미리 축복하고 싶다.

"행복한 고진중학교에서 전 항상 웃고 있었습니다. 선생님도 그러시길 바랍니다!"

Gojin Middle School

경험을 통해 함께 자라는 교사

김린아

학생들이 다양한 활동을 통해 배우는 것을 중요하게 여김. 어릴 때부터 잦은 이사로 여러 지역과 학교에서 생활하며 새로운 환경에 대한 적응력이 뛰어나고, 변화에 대해 기대와 설렘을 지닌 태도를 보임. 새로운 시도에 적극적이며, 잘 못하더라도 해 보는 과정 자체에 큰 의미가 있다고 생각함. 학생들에게도 다양한 경험을 권장하며, 실패를 두려워하지 않고 도전하는 분위기를 만들어 주고자 함. 또한 다양한 활동 기회를 제공하며 학생들이 스스로 선택하고 도전할 수 있는 환경을 조성하고자 노력함. 새로운 경험에서 얻은 배움을 수업과 학급 운영에 적극 반영하며, 변화 속에서 성장의 의미를 찾는 태도를 지속적으로 보여 줌. 학생 개개인이 각자의 속도로 경험을 넓힐 수 있도록 격려하며, 도전하는 과정 자체를 소중히 여기는 교육적 관점을 실천함.

자원은 부족 배려는 넉넉

신설 학교 근무를 앞두고 공사 중인 건물에서 개교 준비를 시작하던 그 시절이 아직도 생생하다. 맞은 편에 초등학교 역시 개교를 앞두고 있었기에 학교 진입로에는 공사 차량이 줄지어 서 있었고, 건물 내외부는 어수선했다. 그런데 교무실 안은 테이블과 의자가 있어 사람들이 앉을 수 있었고, 제법 깔끔하게 정리돼 있었다. 알고 보니 개교 전에 교장 선생님과 교감 선생님, 그리고 부장님들만 먼저 출근해 준비를 시작하셨던 것이다. 며칠 전까지는 교무실 바닥도 시멘트 먼지투성이였다는 이야기를 전해 듣고 그들의 노고에 깊은 감동을 받았다. 학교가 신설됐기에 모든 것이 부족한 상황에서, 부장님들은 하나하나 꼼꼼히 체크하고, 부족한 부분을 메우기 위해 분주하게 움직이셨다. 그들의 헌신 덕분에 우리는 조금 더 빠르게 학교의 기틀을 마련할 수 있었다.

2월 신학기 준비 워크숍이 시작돼 전 교직원이 출근했을 때였다. 모두가 개교 준비로 한창 바쁘던 날, 하루는 오후에 출근하라는 안내를 받았다. 보통 오전부터 시작해 마지막 날은 마무리가 일찍 되면 1~2시간 정도 조퇴할 수 있게 해 줬는데, 오후 출근을 하려니 이색적으로 느껴졌다. 그런데 그 이유를 듣는 순간, 나는 순간 멍해졌다. 그날 우리가 오후에 출근한 이유가 학교에서 선생님들에게 밥을 사줄 예산이 부족했기 때문이라는 사실이었다. 부장님들은 컵라면으로 끼니를 때우며 준비하셨으면서, 다른 선생님들에게 밥을 챙겨 주지 못한 채 일을 시키기 미안해 오후 출근하는 걸로 결정했다는 이야기를 들으며 그동안 내가 알지 못했던 배려의 깊이를 깨달았다. 또 하루는 교장 선생님이 사비로 전체 교직원에게 햄버거를 사 주셨는데, 교장 선생님의 따뜻한 배려는 더 큰 힘이 됐다. 고작 밥 한 끼라고 생각할 수 있지만, 특히 신설 학교라 준비할 게 많아 시간은 부족하고, 인근에 식당도 많지 않은 점을 헤아려 주셨다는 점에서 크게 감동을 받았다.

이런 작은 배려와 양보는 우리가 한마음으로 협력할 수 있게 이끌었다. 이는 신입생 맞이 준비 과정에서 여실히 드러났다. 신설 학교 일정상 2월 신학기 준비 워크숍 기간에 교과서 배부를 위한 준비를 마쳐야 했다. 보통 학교에서는 부서별로 배정된 업무를 부서원들과 나눠서 해 왔다. 마침 이전 학교에서 교과서 업무를 맡았었는데, 당시 인력 사무소를 통해 인력을 채용했음에도 교과서가 교실에 제대로 배치되지 않아, 잘못 배치된 교과서를 혼자 하루 종일 이리저리 나르다가 저녁 늦게 집에 돌아와 허리에 파스를 붙이고 누워 있었던 기억이 났다. 그래서 교과서 배부 준비, 즉 교과서 운반을 해야 한다고 생각하니 두려움이 몰려왔다. 심지어 신설 학교라 외부 인력이 확보되지 않아 모든 작업을 교사들이 해야 하는 상황이라니…. 하지만 배려 가득 담긴 한 끼가 준 힘은 위대했다. 전 교직원이 한 명도 빠짐없이 교과서 배부에 동참했다. 그래서 모든 작업이 순식간에 진행됐다. 카트가 없어서 선생님들이 무거운 책 꾸러미를 들고 이동해야 했는데, 한 선생님이 아이디어를 내 바퀴 달린 의자에 교과서를 실어 운반했다. 여전히 고된 작업이었지만 모두가 함께해서 즐겁게 웃으며 일할 수 있었다. 이런 단합력은 1년 내내 이어져 급식 파업 때 다시 한번 빛을 발했다. 영양 선생님께서 간편식을 소분하기 위해 협조를 구하셨고, 작업을 위해 모인 급식실에서 당시 교무부장님이 하셨던 한마디.

"와, 이 학교 진짜 이상해! 한 명도 빠짐없이 전부 다 왔어!"

수업을 마치고 조금 늦게 오신 선생님들은 "와? 벌써 다 끝난 거예요?"라며 놀라움을 감추지 못하셨다. 단합하면 못 할 일이 없고, 지나고 나면 재미있는 추억이 된다.

#점메추 초간편식 #카트는 필수

상전벽해

새로 개교하는 학교의 교실은 책상, 의자, 사물함만 갖춰졌을 뿐, 온통 비어 있었다. TV 모니터도, 칠판도 없는 공간에서 수업을 어떻게 할지 도저히 상상이 되지 않았다. 게다가 등사기도 없어서, 예비 소집일에 나눠 줄 유인물은 복합기 두 대로 인쇄해야 하는 상황이었다. 칠판 하나 없이 수업을 한다는 점도 현실감이 없었고, 무엇이 언제 설치될지 알 수 없는 상황에서 나는 암담함을 느꼈다.

더 큰 걱정은 아이들이었다. 초등학교부터 영어를 배운다고는 하지만, 영어 알파벳조차 모르는 아이들도 있을 정도로 학생들의 수준은 다양했고, 그들과 어떻게 수업을 이어 갈지 그 방법을 전혀 감이 오지 않았다. 평소 친하게 지내던 이전 학교 선생님과 이 사태에 대해 이야기하며 해결책을 찾아보려 했다.

"교실에 TV 모니터가 없는데 어떻게 하지요? 영어는 미디어 자료도 많이 이용해야 하는데…."

"칠판에 쓰고 읽어 주라고요? 칠판도 없는데…."

"아, 학습지요? 등사기가 없는데 복합기가 감당할 수 있을까요?"

"이 학교, 도대체 있는 게 뭐냐고요? 그래도 선생님들 진짜 좋고 열정도 많아요!"

다시 수업 고민으로 돌아와 "결국 교과서를 최대한 활용해야겠지요? 알파벳도 모르는 아이들한테 이 단어 밑줄 치라고 하면 알아들을까요? 위에서 세 번째 줄, 네 번째 단어에 밑줄 치자고 해야겠지요?" 둘이 만담을 나누며 한바탕 웃고 나니 다시 현실적인 걱정으로 돌아왔다. 농담처럼 한 이야기였지만 정말 마음을 비우고 하나하나 차근차근 가르쳐 나가야겠다고 각오를 다졌다.

그런데 개학일이 다가오자, 믿기 어려운 일이 벌어졌다. 학교는 기적처럼 빠르게 준비돼 있었다. 비어 있던 교실마다 각종 교구들이 자리를 잡았고, 복합기와 TV 모니터, 칠판까지 모두 제자리에 있었다. 아이들에게 나눠 줄 유인물도 문제없이 출력됐고, 모든 것들이 계획대로 예상보다 훨씬 빨리 준비됐다. 그 순간, 나는 마치 모든 것이 짧은 시간에 정리된 것 같은 기분이 들었다. 언제까지 준비될지 알려 주지는 않았지만, 개학 전날까지 안 해 준다고 한 적 없으니, 국가번호 82의 나라 대한민국의 업무 처리 속도에 감사한 마음이 들었다.

간혹 공사가 다 끝나지 않아 개교가 늦춰지는 신설 학교들이 있다. 그런 경우, 여름 방학이나 겨울 방학이 단축된다고 들었다. 하지만 일단 개교가 연기되지 않았다면, 필요한 필수품은 모두 아이들 등교 전에 갖춰 주니 미리 너무 걱정하지 않아도 된다고 말해 주고 싶다. 단, 학교에서 사용하는 작은 소모품은 개인적으로 준비하는 것이 좋다. 포스트잇, 클립, 더블 클립, 인덱스 스티커 등이 있다. 3월 초까지는 비품 구비가 어려운데, 필요한 상황은 계속 생기기에 클립 하나가 아쉽다. 업무 중에 사러 갈 수도 없고, 서로 가진 걸 나누며 친밀감을 쌓을 수도 있지만 아무도 가지고 있지 않을 때는 곤란하다. 개교 초반, 어떤 선생님께서 더블 클립이 필요해 찾으셨는데 아무도 가지고 있지 않았다. 학교 예산으로 산 A4 용지를 사적으로 쓰는 것도 청렴 의무 위반에 해당할 수 있다고 교육하시던, 청렴하기로 전국에서 둘째가라면 서러울 교감 선생님의 목소리가 아직도 귀에 맴돈다. “교육청에서 쓰던 거 한 봉지 가득 두고 왔는데… 가지고 올걸.” 신설 학교에 소모품 꾸러미를 지급해 주거나, 신설 학교 발령 받는 선생님께는 사적 유용이 아닌 만큼 쓰던 소모품은 챙겨 가시도록 권장했으면 좋겠다.

#청렴도 좋지만 #소모품 챙기기

업무, 모방은 창조의 어머니

매년 2월은 많은 선생님들이 불안감을 느끼는 시기다. 해마다 학년, 담임 여부, 담당 업무가 바뀌고 연초에 업무 분장이 발표되기 때문이다. 새로운 업무를 맡게 될 때는 막막함과 부담감을 느낀다. 전임자에게 인수인계를 받기도 하지만, 대체로 과거 문서함을 참고해 업무를 처리한다.

신설 중학교 근무를 앞두고, 가장 먼저 느낀 건 막막함이었다. 행정 업무는 대부분 과거 자료를 참고해 처리하는 경우가 많은데, 신설 학교에는 과거 자료라고 할 게 없기 때문이다. 그래서 업무가 공식적으로 배정되기도 전에 나는 조급함을 느꼈다. '자료가 없는 상황에서도 출발선에 설 수 있을까?' 고민 끝에 먼저 움직이기로 했다. 이전에 근무했던 학교의 업무 자료를 정리해 놓은 백업 파일이 떠올랐다. 마침 내가 맡게 될 가능성이 높은 업무와 겹치는 부분이 많았기에, 담당이 정해지자마자 바로 해당 자료를 다운로드 받아 미리 검토했다. 교육지원청별·학교별 차이가 있어 이 자료를 그대로 활용할 수는 없었지만, 덕분에 막연함에서 오는 불안감을 덜 수 있었다.

다운로드 받은 파일보다 더 도움이 된 것은 주변 지인 찬스였다. 기안문이나 계획서에는 드러나지 않는 실무적인 처리는 지인들에게 물어보고 확인함으로써, 더 확신을 가지고 수월하게 일을 처리할 수 있었다. 행정 업무는 교사와 뗄 수 없는 분야지만 전문성이 있는 분야라고 말하기 어렵기 때문에 옆에서 누군가가 맞다고 확인해 주는 게 정말 큰 힘이 된다.

주변 인맥 관리의 중요성을 절실히 느낄 수 있는 기회였다. 비슷한 업무를 담당했거나 현재 해당 업무를 진행하고 있는 지인 선생님께 조심스럽게 연락을 취해 자료 공유를 부탁드렸다. 기꺼이 제공해 준 서식과 일정표, 추진 계획들은 큰 힘이 됐다. 같은 길을 먼저 걸어간 사람들의 흔적을 따라가며 나는 방향을 잡을 수 있었다. 또한 교무기획과 교육과정을 동시에 관장하느라 바쁘신 와중에도 교무부장님께서 내가 맡은 업무를 꼼꼼히 검토해 주시고 우리 학교에 맞는 방식으로 조율하고 수정하며 '우리만의 체계'를 만들어 주셨다. 교무부장님 및 행정실무사님들의 지인을 통해 얻은 자료도 많아서 다시 한번 인맥 관리, 주변인과 잘 지내기의 중요성을 체감했다.

학년 부장님께서 알려 주신 '정보공개포털(open.go.kr)'과 '학교정보공시' 사이트도 빼놓을 수 없다. 정보공개포털에서 검색 조건에 초·중·고등학교 생성문서를 포함하도록 체크해 검색하면 대략적인 다른 학교의 계획 시기, 계획 내용을 알 수 있었다. 또한 타·시도에서 전입 온 교사가 압도적으로 많았는데 인근 학교 정보공시를 통해 관내 학교들의 분위기를 파악할 수 있어 유용했다.

'모방은 창조의 어머니'라는 말이 있다. 신설 학교는 모방할 게 없다고 걱정했으나, 선생님들의 연륜 덕분에 교사 네트워크와 업무 사이트 검색 등으로 참고할 자료가 많았고, 경력 많은 부장님들을 배치해 주신 덕분에 이 자료들을 잘

가공해 우리 학교 특성에 맞게 재구성하고 처리할 수 있었다.

신설 첫해 워크숍 기간에 오갔던 당부가 아직도 생생하다.

첫째, 어떤 업무 경험이 있다면, 현재 자신이 맡은 업무가 아니어도 나서서 도와주기!

둘째, '이전 학교에서는 그렇게 안 했었는데요.'라고 말하지 않기!

업무를 수월하게 할 수 있는 것은 모방하되, 우리 학교만의 색을 만들자는 당부였다고 생각한다.

그동안 업무 분장에서 다소 실망스럽고 원치 않는 업무를 맡았던 경험이 있는데, 신설 학교에서 그 경험들이 도움이 돼 보람이 있었다. 나는 때로는 긍정적으로 생각하는 경향이 있다. 하지만 우리 학교에 신설 학교 발령만 2회차인 선생님도 계신 걸로 봐서는 신설 학교 근무만의 이야기가 아니다. 모든 업무와 경험은 언젠가 도움이 되니 매번 최선을 다해 임하면 좋겠다.

#상세 검색 〉 통합 상세 검색 〉 초·중·고등학교_포함

신설 학교, 담임의 단상

신설 학교, 늦은 예비 소집일, 간단한 오리엔테이션 후 아이들을 하교시키고 나서 교무실에 모여 현황을 공유하는데, 나타나지 않은 아이가 있었다. 재배정을 받으려는 아이인데 전달이 미처 안 됐을 수도 있어 상황을 파악하려고 연락을 시도했는데, 그 아이와 학부모의 연락처가 달라 막막함을 느꼈다. 신설 학교는 작은 조직이라 한 교무실에 모두 모여 있다 보니 쉽게 아이디어가 나왔다. 출신 초등학교로 전화해 보기로 했다. 다행히 해당 초등학교에서 아이의 연락처를 확인해 줘서 연락이 닿을 수 있었다. 학교 대표 번호로 연락해 그쪽에서도 믿고 알려 주셨지만, 요즘 세상이 흉흉하다 보니 개인 정보 보호 등으로 인해 확인이 원활하지 않을 수도 있다. 학생들이 하교하기 전에 안 온 아이들을 파악해 같은 출신 학교 친구들을 통해 연락해 보는 것도 좋은 방법이다. 학부모 상담을 하기 위해 전화를 걸 때도 모르는 번호라고 안 받는 경우가 종종 있다. 예전에 다른 학교에서 근무할 때 어떤 학부모님이 상담을 신청하셔서 전화

드렸는데 모르는 번호로 계속 전화가 온다고 받지 않으시고, 내 번호를 차단해 버리신 적도 있다. 연락이 쉬운 듯 하면서도 어려운 시대다.

반 편성 안내는 예비 소집일 이후 e알리미로 안내됐다. 통상적인 절차다. 학교마다 e알리미, 아이엠스쿨, 하이클래스 등 다양한 어플을 사용하는데, 여러 선생님들이 함께 고민한 끝에 e알리미를 사용하기로 결정했다. 이전 학교에서도 e알리미를 사용했고, 중학교에서는 주로 이 어플을 사용하는 듯하다. 선생님의 번호를 공개하지 않고도 스마트폰으로 각종 공지 사항을 전송할 수 있고, 종이 가정 통신문도 줄일 수 있어 유용하다. 만약 어플을 설치하지 않은 학부모님에게는 문자로 발송할 수도 있어 여러모로 편리했다. 그런데 그 유용함이 신설 학교 예산 사정에서는 부담이 됐다. e알리미 어플은 연간 사용료를 내는데, 문자를 보내는 비용은 별도로 충전해야 한다. e알리미 설치가 미흡한 상황에서 문자를 보내야 하는데, 신설 학교 예산으로 문자를 넉넉하게 충전할 수 없었다. 그래서 담임 선생님들이 다 같이 모여 문자를 발송하면서, 실수하면 안 된다고 다시 보낼 돈이 없다며 신중에 신중을 기해 문자를 발송했다. 집단 지성을 발휘해 실수 없이 무사히 잘 발송했는데, 이제 와 돌이켜 보니 재밌는 추억이 됐다.

보통 예비 소집일에는 해당 학급 담임 선생님이 아닌 다른 선생님이 들어가서 오리엔테이션을 진행한다. 하지만 신설 학교 사정상 첫해에는 각자 자기가 맡은 학급에 들어가서 오리엔테이션을 진행했다. 나는 아이들에게 강한 인상을 남기기 위해, 그리고 오리엔테이션 때와 개학 후 다른 느낌을 주기 위해 평소와 달리 엄격한 선생님 느낌이 나게 화장과 스타일링을 했다. 나름 성공적이었다. 아이들은 속지 않았을지 모르지만, 학부모 상담 주간에 한 학부모님께서 상담 중 "선생님, 신입생 소집일 때 뵀는데 그때는 6반 담임이셨지요?"라고 하셨다. 나는 그때도 5반 담임이었고 현재도 5반 담임입니다만 모르는 척 능청스럽게 넘어가고 상담을 마쳤다. 누구에게 해를 끼치는 건 아니니 이런 소소한 즐거움은 누려도 괜찮겠다는 생각이 들었다.

#e알리미 문자 충전 #예비 소집일

신설 학교, 영어 선생님의 단상

신설 학교마다 학급 구성 형태가 다양해 보인다. 고진중학교는 1학년 8학급으로 개교할 예정이었다가 2학년 1학급이 추가돼 개교했다. 개교 당시 2학년 학생 수는 4명이었다. 수업하러 2학년 교실에 들어갔을 때 학생은 단 4명뿐, 교실이 광활하게 느껴졌다. 게다가 네 명 모두 조용한 학생이라 교실 안은 적막만이 가득했다. 교실 한가운데 모둠을 만들어 앉아 있는데 3월 초에는 자기들끼리도 서먹해 어색한 눈빛만 주고받는 모습이 보였다. 나도 낯을 가리는 편이라 학생 4명과 함께하는 상황이 부담스러웠다. 활동을 많이 해도, 단어 시험을 여유롭게 봐도 시간이 넉넉했다. 돌이켜 보면 이때가 황금기였다. 4명 중에서 두 명은 영어를 곧잘 했고, 두 명은 전혀 못 했다. 학생 수 4명 사이에서도 수준 차이가 엄청났다. 영어 수업 시간에 자는 아이들이 종종 있는데, 나중에 개별 면담을 하면 한마디도 알아듣지 못해서 그냥 잔다는 경우가 많다. 학생 수가 4명일 때는 자는 아이가 없었다. 일대일로 봐줄 수 있기 때문에 모든 아이들이 학습 목표를 달성할 수 있었다.

처음에는 조금 어색했지만 아이들과 점점 친해지면서 나쁘지 않은 날들이 이어졌다. 넓은 교실이 쓸쓸하다며 전학생이 오길 기다리는 아이들의 마음을 응원해 줬다. 학생 수가 늘어나면 보다 활기찬 수업을 할 수 있으리란 기대도 있었다. 하지만 한편으로는 전입생이 과연 올까라는 생각도 들었다. 한참 동안 4명 체제가 이어졌다. 드디어 첫 번째 전입생이 등장했고 수업에 활기가 더해졌다. 그런데 한 번 전입이 시작되자 꼬리에 꼬리를 물고 새로운 전입생이 왔다. '완전 학습'이라는 이상은 깨졌다. 학생 수가 늘어나자 부끄러움이 많은 학생들은 점차 입을 닫았고 수업 참여도도 줄어들었다. 학생 수가 적을 때 좀 더 철저히 영어 기초가 부족한 아이들의 실력을 끌어올리지 못했던 점이 약간 아쉬움으로 남는다.

교사의 입장에서는 신설 학교에서 수업 및 평가를 계획할 때 전입생이 많을 것을 감안해 중간에 전입해 오는 학생에게 필요한 보충 학습 자료 등을 준비하고, 수행 평가도 장기 프로젝트보다는 짧은 시일 내에 할 수 있는 형태로 준비하는 게 좋다. 학기말이나 학년말에 온 전입생이 도저히 수행 평가를 볼 수 없는 경우, 교과 협의를 통해 인정점을 부여하는 경우도 생긴다. 특히 신설 첫해에는 중간 전입생이 많기 때문에, 너무 창의적인 수행 평가보다는 보편적인 수행 평가를 계획하는 것을 권하고 싶다.

지나고 나니 재밌는 추억이지만, 당시에는 이런 상황들이 제법 스트레스로 다가왔다. 그런 와중에 원어민 스쿨 비짓 프로그램을 신청하게 됐다. 원어민이 없는 학교에 일주일간 원어민 선생님이 방문해 아이들과 수업을 하는 프로그램이다. 아이들에게는 좋은 기회가 될 수 있지만, 원어민 선생님과 수업을 짜기 위해 교과 시간표도 바꿔야 하고, 사전에 출장을 가야 하는 등 선뜻 신청하기에는 망설여지는 요소들이 있었다. 또한 2학년 학급이 학기 중간에 증설될 예정이라, 시간표도 대폭 바뀔 것이라 어수선한 여건이었다. 다행히 교감 선생님께서 장학사로 계실 때 만드신 프로그램이라 내용을 잘 알고 계셨고, 프로그램을 신청할 수 있도록 적극 지원해 주셨다. 상당히 치열한 경쟁이었는데, 신설 학교 배려였는지 교감 선생님의 인덕 덕분인지 우리 학교가 당첨됐다. 그리고 유능한 원어민 선생님이 오셔서 일주일 동안 아이들에게 재밌고 유익한 수업을 해 주고 가셨다. 올해는 원어민 선생님 안 오시냐고 물어보는 친구들이 종종 있다. 당시 여러 여건을 고려해 더 좋은 때를 기다리며 프로그램을 신청하지 않았다면 아이들은 소중한 경험을 놓칠 뻔했다.

어떤 행사나 교육 경험을 위한 최적의 때는 없다. 기회가 오면 일단 잡아야 한다. 아이들은 우리가 신설 학교 교사로서 어떤 업무를 했는지 모르며 알 필요도 없다. 우리가 그들에게 제공해 준 수업, 교육 경험들이 아이들의 기억에 남고 아이들이 성장하는 데 기여한다. 결국 선생님이 궁극적으로 할 일은 교육이다. 다른 업무를 최대한 간소화하고, 아이들을 위한 유익한 교육 경험을 제공하는 데 초점을 두는 게 우리에게도 행복한 추억을 만들어 줄 것이다.

#완전 학습 #밀려오는_전입생 #원어민_스쿨_비짓

Gojin Middle School

언어로 마음을 잇고, 코칭으로 성장을 돕는 영어 교사

유도연

신설 어릴 때부터 언어와 글을 좋아해 자연스럽게 영어 교육의 길을 걸어 왔고, 학생들이 영어로 자신의 생각을 용기 있게 표현하는 순간마다 깊은 보람을 느낌. INFJ의 섬세한 관찰력과 공감력으로 학생의 작은 신호도 놓치지 않아 각자의 개성과 속도에 맞춘 따뜻한 코칭을 실천함. 영어 수업에서는 정답보다 사고와 대화가 살아 있는 환경을 중시하며, 질문 · 읽기 · 토론 중심 활동을 통해 학생들이 스스로 배우는 힘을 키우도록 도움. 생활 지도에서는 행동의 표면보다 그 밑에 있는 마음과 경험을 함께 살피며, 학생이 스스로의 선택을 돌아보고 더 나은 방향을 찾도록 하는 코칭적 대화를 중요하게 여김. 갈등 상황에서도 판단보다 이해를 먼저 건네며, 다시 성장할 수 있는 기회를 주는 관계 중심 접근을 지향함. 동료와의 협업에서는 서로의 강점을 발견해 연결하는 조용한 조율자의 역할을 해 왔고, 누구도 혼자 어려움을 감당하지 않아도 되는 신뢰 가득한 분위기를 만드는 데 힘을 기울여 옴. 앞으로도 학생과 동료 모두가 함께 성장하는 학교 문화를 만들기 위해 따뜻함과 전문성을 담은 교육을 꾸준히 실천하고자 함.

고진중학교에서 보낸 첫해, 우리가 함께 만든 평화
- 신설 2년 차 중학교의 2학년 부장 교사의 기록 -

바로 지난주까지 나는 이 글을 시작하기를 주저하고 있었다. 마치 졸업 후 수십 년간 그리워한 어린 시절 친구를 마침내 마주하게 됐는데, 어떤 말로 대화를 시작해야 할지 망설이는 사람처럼 말이다.

신설 2년 차 '고진중학교'라는 이름을 처음 들었을 때 느꼈던 설렘, 그리고 막연한 두려움. 그때가 아직도 생생한데, 어느덧 10월을 보내며 우리가 함께한 순간들을 꺼내어 한 줄 한 줄 적어 내려간다는 것이 쉽지 않았다. 왜냐하면 이 한 해가 내게 준 의미가 너무도 커서 섣불리 몇 쪽으로 담아낼 수 없을 것만 같았기 때문이다. 그럼에도 이 글을 쓰기 시작한 이유는 하나다. 그 시간들을 함께 보낸 우리가 있었기 때문이다. 또한 우리가 만들어 낸 단단한 1년의 기록이 누군가에게 의미 있는 길잡이가 될 수도 있을 것이라는 믿음 때문이다.

발령이 발표되던 날. 나는 모니터를 바라보며 스스로 놀랄 만큼 긴장하고 있었다. 수원이에서 용인으로 돌아온다는 반가움, 기흥구과 수지구의 중학교들을 거쳐 이제는 처인구의 중학교에서 근무하게 된다는 설렘. 그리고 신설 학교라는 단어가 주는 막연한 걱정이 있었다. 새로운 학교, 새로운 동료 교사들, 새로운 학생들과 학부모님들. 그 모든 것들이 내 앞에 한꺼번에 펼쳐질 것을 알고 있었기에 나는 애써 긴장하지 않으려고 심호흡을 하고 있었다. 그리고 낯선 길을 차로 달려 고진중학교로 향했다.

2월, 새 학년을 준비하는 바쁜 공기가 느껴지는 본교 3층 교무실. 처음 뵙는 교감 선생님! 피곤한 눈빛이 역력했지만 어떤 순간에도 상대에 대한 배려와 존중을 놓치지 않겠다는 의지가 느껴지는 분이었다. 나는 교감 선생님의 미소를 보며 '이분과 함께라면 어떤 업무도 해낼 수 있겠다.'라는 생각이 들었다. 교감 선생님은 내게 조심스럽지만 분명한 목소리로 말씀하셨다.

"학년 부장, 해 보시겠습니까?"

나는 망설이지 않았다. 내가 해야 할 일이라는 확신이 서 있었다.

2월 말에 부장 교사 워크숍과 전교사 워크숍이 차례로 진행됐다. 지금 돌이켜보면 워크숍에 참가한 우리 모두는 설렘과 웃음, 기대와 걱정을 함께 나누고 있었다. 교장 선생님, 교감 선생님, 수석 선생님을 중심으로 정성을 다해 준비해 주신 시간들이었고, 그 진심 덕분에 우리는 처음 만난 동료임에도 금세 편안하게 대화를 나눌 수 있었다. 특히 점심시간에 부서별로 식사를 하면서, 그간 몰랐던 처인구의 맛집들을 알게 됐고, 맛있는 음식들 앞에서 서로 간에 느끼던 긴장도 조금씩 풀려 갔다. 아마 그때부터였을 것이다. 우리의 협력은 이미 시작되고 있었다.

나는 스스로에게 약속했다. 담임 선생님을 혼자 두지 않겠다고. 학년 학생 생활 교육의 최전선에서, 학년부장 교사가 담임 선생님들의 창과 방패가 되고, 필요할 때는 활로가 될 수 있도록 하겠다고.

매주 월요일 오후 3시 50분, 학년 협의회에서 우리는 2학년의 각종 학생 사안과 담임 선생님들의 고민을 정면으로 마주했다. '내 문제'가 아니라 '우리의 문제'로, '내가 할 일'이 아니라 '우리가 함께할 일'로 바꾸었다. 그 과정에서 우리는 단순한 동료가 아니라 팀이자 동지가 됐다.

나는 교무실 안에서 담임 선생님들이 모여 서로의 이야기를 나누고 마음을 나누며 칭찬과 위로, 격려와 응원을 주고받을 수 있는 카페와 같은 공간이 가장 필요하다고 생각한다. 때로는 시원하게, 때로는 따뜻하게 선생님들의 마음을 보듬어 주는 음료와, 몸과 마음까지 든든하게 채워 줄 간식들이 있었기에 그 자리가 얼마나 큰 위로가 됐는지 모른다. 속이 든든해야 마음이 편해지고, 마음이 편해야 좋은 생각과 말이 나오기 때문이다.

요즘 중학교 아이들의 사춘기는 1학년 2학기부터 시작돼 2학년 1학기에 절정을 이룬다. 역시 고진중학교 2학년 아이들도 1학기 동안 사춘기를 다양한 모습으로 보내고 있음을 우리에게 매일 보여 줬다. 담임 선생님들은 하루 종일 학생들과 씨름하고 학부모님들과 상담하느라 지치다 못해 눈물을 하염없이 떨구기도 했으며, 웃음이 사라지고 말이 줄어 들기도 했다. 이렇게 몸과 마음이 지치는 선생님들을 위해 우리는 자연스럽게 저녁 식사 자리를 만들어 맛있는 음식을 먹으며 웃고 대화하며 서로의 버팀목이 됐다. 교무실에서는 쉽게 말하기 어려운 속내를 나누고 나면, 언제나 마지막에 남는 감정은 '나는 혼자가 아니구나.' 하는 안도와 전우애였을 것이다. 누군가 나를 지켜보고 있고, 필요한 순간에는 언제든 손을 내밀어 줄 사람들이 있다는 믿음. 그 마음 하나가 우리 선생님들을 다시 일어서게 했다.

우리는 '단 한 명의 학생도 포기하지 않는 학교'를 꿈꾸며 매일 현장에서 씨를 뿌린다. 그런데 그 믿음 가장 아래에는 '단 한 명의 교사도 상처받은 채 남지 않는 학교'라는 원칙이 먼저 자리 잡아야 한다고 생각한다. 학생을 일으켜 세우는 일은 결국 교사가 서 있을 때 가능하기 때문이다. 그래서 우리는 서로의 버팀목이 되기로 했다. 필요할 때는 기댈 수 있고, 무너질 듯 흔들리면 조용히 손을 잡아 주는 존재로. 처음에는 모두가 낯설고 어수선했다. 학교도, 체제도, 서로의 얼굴도 익숙하지 않았다. 하지만 시행착오를 반복하며 함께 견뎌 낸 시간들은 우리를 하나의 공동체로 묶어 줬다. 웃었던 날도, 울었던 날도, 각자의 이야기 속에 고이 남아 있다. 그 모든 순간들이 쌓여 지금 우리를 지탱하는 힘이 됐다.

우리는 아직도 배우는 중이고, 완벽한 답을 가진 것처럼 보일 필요도 없다. 다만 서로의 곁에서 나아갈 방향을 잃지 않게 손을 맞잡고 있을 뿐이다. 그 연대가 있었기에 우리는 새로운 길 위에서도 흔들리되 쓰러지지 않았다. 행복한 학교는 특별한 비결이 있는 곳이 아니라, 서로의 마음을 살피며 함께 걸어갈 동료가 있는 곳이라는 사실을, 우리는 한 해 동안 누구보다 깊이 깨달았다. 그리고 이런 믿음으로 또 새로운 한 해를 준비할 것이다.

대부분의 학교에서는 학년 간 경쟁이 자연스럽게 생긴다. 같은 공간에서 일하지만, 서로 다른 팀처럼 움직일 때가 많다. 일정과 업무를 조율할 때면, 조용한 힘겨루기처럼 느껴지는 순간이 생기기도 한다. '우리 학년 일이 더 중요하다.'는 분위기가 은연중에 스며 있는 풍경은 그리 낯설지 않다. 하지만 고진중학교에서는 달랐다. 1, 2, 3학년 부장들은 서로의 어려움을 나누는 데 주저하지 않았다. 한 학년에서 사안이 생기면, 그것은 곧 모두의 문제였다. 누가 먼저 해결해야 하는지를 눈치 보는 대신, 같이 해결하자는 말이 자연스럽게 오갔다. 행사 하나를 준비하더라도 맡을 수 있는 부분을 기꺼이 나눴고, 누군가 업무로 지쳐 보이면 조용히 다가가 손을 보탰다. 그 배경에는 교감 선생님의 현장 중심 경영 철학이 든든하게 자리 잡고 있었다. 선생님들이 교육의 중심에 서야 하고, 그 중심에는 언제나 아이들이 있어야 한다는 확고한 신념. 교감 선생님의 철학은 불필요한 경쟁이 아니라 학년 간 소통과 배려를 우선에 두는 것이었다. 또한 각 학년부 부장님들의 너른 마음이 있었기에, 그 가치가 실제 학교 문화로 뿌리내릴 수 있었다. 덕분에 담임 선생님들도 '경쟁'이라는 보이지 않는 부담에서 벗어날 수 있었다. 내 학급, 내 학년만 잘하면 된다는 좁은 시야를 넘어, 우리 학교의 모든 학생이 잘되면 좋다는 더 넓은 마음을 품게 됐다. 이런 변화는 가장 먼저 교실에서 나타났다. 선생님들의 표정이 차분해졌고, 아이들을 바라보는 눈빛이 더 따뜻해졌다. 학년을 넘나드는 협력이 자연스러운 풍경이 됐으며, 어떤 사안도 혼자 감당할 필요가 없는 학교가 됐다. 같은 목표를 향해 나아가는 세 개의 학년부가 하나의 팀이 되는 경험. 그것은 '신설 학교 고진중학교'가 얻은 아주 값지고 특별한 성과였다.

학년부의 업무 대부분은 학생 생활 지도와 직접 연결돼 있다. 아이들은 매일 성장하고 변화하며, 때때로 예상하지 못한 상황을 만든다. 그래서 학년부는 항상 긴장을 늦출 수 없다. 어떤 문제는 혼자 해결할 수 있지만, 어떤 사안은 학생부와 함께해야만 한다. 한 사람의 결정으로 끝나지 않고, 많은 선생님들의 협력 속에서 비로소 방향이 잡히는 경우가 더 많다.

많은 학교에서는 사안이 발생했을 때 서로 책임을 미뤄 갈등이 발생하고는 한다. 이 문제는 학년부가 맡아야 한다고, 저 문제는 학생부가 먼저 나서야 한다고 주장하면서 서로의 관계가 불편해지기도 한다. 그러나 고진중학교는 달랐다. 우리 학교 학생부는 언제나 학년부와 같은 목표를 향해 나아갔다. 문제를 해결할 때 가장 먼저 떠올린 것은 오로지 아이들이었다. "함께 해결하겠습니다"라는 말이 자연스럽게 오갔고, 실제 행동으로 이어졌다. 그 협조와 헌신은 학교의 한 해를 안정적으로 이끌어 가는 큰 힘이 됐다.

'신설 학교'라는 환경은 늘 새로운 변수를 만들었고, 어제 해결한 문제가 오늘 다시 다른 모습으로 나타나기도 했다. 누군가는 번번이 커다란 벽 앞에 서 있는 듯한 마음을 경험했을지 모른다. 하지만 그럼에도 불구하고 우리는 단 한 명도 포기하지 않고 서로를 지키기 위해 노력했다. 아이들이든 선생님이든, 누구도 혼자 남지 않도록 함께 대응하고 함께 고민하며 한 걸음씩 나아갔다. 조금 느려 보일 때도 있었지만, 확실하게 매일 매일 전진하고 있었다. 우리는 아직 완성되지 않았다.

그러나 이번 해에도 정말 중요한 방향을 분명히 확인했다. 선생님이 행복해야 아이들도 행복하다. 선생님이 성장해야 아이들도 성장한다. 그리고 우리는 그 토대를 다져 갔고, 앞으로의 시간이 우리를 더 단단하게 만들 것임을 확신했다. 두 번째 해는 첫해보다 분명 더 나을 것이고, 세 번째 해는 그보다 더 빛날 것이다. 우리가 함께이기 때문에.

'교사'라는 이름으로 살아가는 삶은 때때로 버겁고 마음이 흔들리기도 한다. 아이들을 바라보는 마음이 깊을수록, 책임감도 더 크게 느낀다. 그러나 나는 안다. 고진중학교의 선생님들은 결코 서로의 손을 놓지 않을 것이라는 사실을.

함께 버티고, 함께 일어서며, 같은 방향을 바라보고 있다는 믿음이 있다.

10월, 이제 우리는 호흡도 잘 맞고, 마음도 잘 맞는다. 작은 문제에도 함께 웃을 수 있는 여유가 생겼고, 큰 문제에도 한 걸음씩 나아갈 용기를 갖게 됐다. 아이들도, 선생님도, 학부모도 서로가 서로의 안부를 살피며 나아가는 학교. 우리는 그 길을 함께 걸어갈 것이다.

Foreign Copyright:
Joonwon Lee Mobile: 82-10-4624-6629
Address: 3F, 127, Yanghwa-ro, Mapo-gu, Seoul, Republic of Korea
3rd Floor
Telephone: 82-2-3142-4151
E-mail: jwlee@cyber.co.kr

학교란 무엇인가?

2026. 1. 14. 1판 1쇄 인쇄
2026. 1. 21. 1판 1쇄 발행

지은이 | 김도희 외 17명
펴낸이 | 이종춘
펴낸곳 | BM ㈜도서출판 성안당
주소 | 04032 서울시 마포구 양화로 127 첨단빌딩 3층(출판기획 R&D 센터)
10881 경기도 파주시 문발로 112 파주 출판 문화도시(제작 및 물류)
전화 | 02) 3142-0036
031) 950-6300
팩스 | 031) 955-0510
등록 | 1973. 2. 1. 제406-2005-000046호
출판사 홈페이지 | **www.cyber.co.kr**
ISBN | 978-89-315-8580-3 (03370)
정가 | **20,000원**

이 책을 만든 사람들
책임 | 최옥현
진행 | 오영미
교정 · 교열 | 구민희, 오영미
본문 디자인 | 박원석
표지 디자인 | 박주연
홍보 | 김계향, 임진성, 김주승, 최정민
국제부 | 이선민, 조혜란
마케팅 | 구본철, 차정욱, 오영일, 나진호, 강호묵
마케팅 지원 | 장상범
제작 | 김유석

Understanding Korean Economy

한국경제의 이해

주성환 김진욱 저

무역경영사

Preface

서문

preface

해방 후 한국경제는 농업 중심의 전형적인 후진국 형태의 경제구조였으며, 남북분단과 6·25 전쟁으로 말미암아 기반시설이 파괴되고 산업 기반이 거의 전무한 상태였다. 이러한 비참한 상태에서 벗어나기 위해 우리 정부는 경제개발 계획을 주도하기 시작하였고 온 국민들이 합심하여 경제성장에 매진하였다. 이러한 성장 위주의 정책은 계층 간, 지역 간 불균형을 초래하는 문제들을 야기하기도 하였으나 고도의 경제성장을 성취할 수 있었다. 1990년대 들어서면서 한국경제는 1인당 국민소득이 1만 달러를 넘어섰고, 2010년에는 2만 달러 시대에 진입하였다. 그러나 이런 과정에서 1997년 말에는 IMF로부터 구제금융을 받는 최대의 위기를 맞게 되어 한국경제는 영원히 침몰하는 것이 아닌가 하는 위기에 봉착하기도 하였다. 그러나 당시 모든 계층의 사람들이 위기를 극복하고자 노력하였다. 기업은 기업대로 구조조정을 실시하고, 가계는 가계대로 근검·절약하였으며, 정부는 정부 나름대로 실적에만 집착하지 않고 내실을 갖추고자 노력하는 등 과거 성장 위주의 경제정책 추진 과정에서 야기된 여러 문제점들을 개선하기 위해 노력하였다. 이러한 외환위기를 벗어나고 경기를 부양시키려는 정부의 의욕이 지나쳤고, 일부 국민들의 무분별한 소비 패턴으로 말미암아 카드대란이 일어나게 되어 새로운 사회문제로 부각되기도 하였다. 어느 정도 카드대란이 식어갈 무렵 2008년 미국으로부터 시작된 서브프라임 모기지(subprime mortgage) 사태로 세계경제가 금융위기에 빠지면서 한국경제는 다시 한 번 위기에 봉착하게 되었다. 다른 여러 국가들보다 빠르게 세계적인 금융위기에서 벗어난 한국경제는 아베노믹스(Abenomics)라고 일컬어지는 일본의 확장정책을 비롯한 여러 나라의 확장정책과 전세계적인 디플레이션(deflation) 공포에 휩싸이면서 또 다른 위기에 봉착하고 있다. 이러한 여러 번에 걸친 위기에도 불구하고 한국경제는 국민들의 꾸준한 노력으로 난관을 잘 헤쳐 나가 지속적인 성장을 실현하고 있다.

본 저서에서는 이와 같이 역동적으로 변해온 우리나라의 경제상황을 체계적으로 정리하여 시대별 경제 현황과 과제를 분석하고자 한다. 시대별로 실시된 정책의 결과와 과제를 살펴보고, 개선 방안을 제시함으로써 한국경제에 대하여 관심을 갖고 있는 학생들에게 전반적인 한국경제의 흐름을 체계적으로 보여주고자 한다.

본 저서는 총 4편으로 구성되어 있다. 1편에서는 한국경제를 이해하는 데 기초라고 할 수 있는 한국의 경제체제와 한국의 경제발전에 대하여 소개한다. 2편에서는 한국경제에 대한 분야별 제도와 현황을 소개하는 분야로서 무역, 노동, 재정, 금융, 복지 및 사회보장을 서술한다. 3편에서는 한국의 산업을 설명하는 편으로써 농업, 제조업, 서비스산업으로 구분하여 설명한다. 마지막인 4편에서는 최근에 급격하게 변하고 있는 남북한 관계를 다룬 부분으로서, 북한의 경제 상황을 서술하고, 남북한의 경제교류 및 협력을 소개한다. 본 저서는 각 장(章)마다 25페이지 내외로 구성되어 있어서 1주일에 한 장씩 강의할 수 있게끔 만들고자 노력하였다. 그리고 전체가 12장으로 구성되어 있어서 한 학기 교재로는 적절할 듯하다.

본 저서는 저자들의 노력에도 불구하고 아직 부족한 점들이 많은 것으로 생각된다. 앞으로 더 좋은 책으로 완성되기 위해서 많은 선배 학자들, 동료들 그리고 후학이나 학생들의 유익한 논평을 부탁드린다. 졸고를 선뜻 맡아서 발간 해주신 무역경영사의 채규호 사장님, 박재인 상무님과 졸고를 처음부터 끝까지 읽으면서 열심히 편집하여 좋은 책으로 탄생할 수 있도록 도와주신 편집부 여러분들께 감사를 드린다.

2015년 3월

저자들

목차
contents

제1편 한국경제이해의 기초

제2편 한국경제의 분야별 제도 및 현황

제3편 한국의 산업

제10장 서비스산업 … 327

제4편 북한경제와 남북한 경제교류

제11장 북한의 경제체제와 발전 … 373

제12장 남북한 경제교류·협력 … 405

표목차
table contents

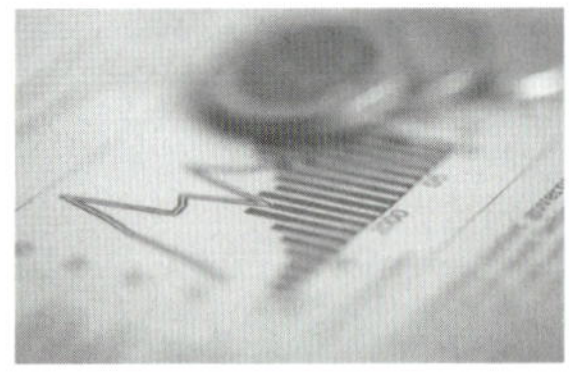

제1편

한국경제이해의 기초

제1장 한국경제의 기초조건, 현황, 위상

제2장 한국경제의 발전 과정

1945년 8월 15일 일본의 식민지배에서 벗어난 한국은 전형적인 후진국가로서 좁은 국토 면적, 빈약한 자연자원, 부족한 자본, 낮은 기술수준, 낮은 소득수준, 작은 국내시장 규모, 그리고 이들 특징에 비해 상대적으로 많은 인구라는 경제적 특징을 갖고 출발하였다.

한국의 경제체제는 대한민국 정부가 미국의 영향력 하에서 수립되면서 자동적으로 자본주의 시장경제체제를 택하게 되었지만, 경제발전전략에서는 부분 계획경제와 시장경제를 혼합한 정교한 경제발전전략을 수립 · 운영하였다. 즉, 한국경제는 국내적으로는 정부가 시장에 직접적으로 개입하는 부분 계획경제를 중심으로, 그리고 대외적으로는 세계시장을 대상으로 하는 적극적인 시장경제 참여를 핵심으로 운영되었다. 이러한 계획경제와 시장경제를 혼합한 경제운영으로 한국경제는 1990년대 중반까지 세계적으로 유례가 없는 눈부신 경제발전을 이루어 왔다.

그러나 1990년대 들어 시작된 '세계화'의 격랑 속에서 한국은 정부의 시장개입에 따른 시장경제의 후진성으로 인해 1997년 말 'IMF 경제위기'를 맞게 되었으며, 이후 지금까지 자유시장경제가 확대되는 과정에 있다.

본 편에서는 한국경제의 근간인 자본주의 시장경제체제에 관하여 살펴보고, 지난 70년 동안의 한국경제 변화 과정을 살펴보기로 한다.

| 제1장 |

한국경제의 기초조건, 현황, 위상

★

경제체제란 그 사회의 경제활동에 참여하는 사람들의 상호관계를 규정하는 경제조직, 사회구조, 경제적 규율의 집합을 말한다. 이러한 경제체제는 시간적 그리고 지역적으로 다양하게 존재하여 왔는데, 근대에 들어서 경제체제는 자원의 배분기능과 소유권을 기준으로 구분할 때 크게 두 개의 형태를 갖게 되었다. 자원배분기능을 기준으로 볼 때 경제체제는 시장경제체제와 계획경제체제로 구분된다. 또한 소유권을 기준으로 볼 때 자본주의체제와 사회주의체제로 구분된다.

시장경제(market economy)체제는 자원의 배분–무엇을 · 얼마만큼, 어떻게 생산하는가, 재화를 어떻게 배분하는가 – 이 시장에서 판매자와 구매자들의 상호작용에 의한 시장가격을 통하여 이루어지게 된다. 한편 자본주의(capitalist)체제는 자원 및 노동 등의 생산 요소, 핸드폰 및 승용차 등의 재화를 개인이 소유하는 체제를 말한다. 이 경우 소유주체인 개인들(기업과 정부를 포함한)은 부와 소득의 증대를 목적으로 시장에 참여하게 된다. 따라서 자본주의체제를 택하고 있는 사회는 대부분의 경우 시장경제체제를 운영하고 있다.

1945년 8월 15일 일본의 식민지배에서 벗어난 우리나라는 정부수립이 미국의 영향력 하에서 이루어지면서 자본주의 시장경제체제를 택하였다. 따라서 우리나라는 개인들이 생산요소와 재화를 소유하며, 자신의 이익을 위해 자유롭게 시장에 참여하여 활동한다. 본장에서는 우리나라의 경제적 조건과 경제체제 및 그 운영에 관하여 설명하고, 우리나라 경제의 위상에 관하여 설명하기로 한다.

제1장 한국경제의 기초조건, 현황, 위상

사람들은 모두가 같은 가치의 생명, 인간으로서의 존엄, 그리고 자유의지를 갖고 세상에 태어난다. 그래서 사람들은 다른 이들에게 뒤지지 않고 평등하게, 인간답게, 그리고 자유롭게 삶을 살아가려고 노력한다. 그러나 현실에서 사람들은 각기 다른 환경에서 다른 삶들을 살아간다. 2013년에 1인당 국민소득이 2만4,329달러인 우리나라에서 태어나 학교에 다니는 대학생은 개개인마다 정도의 차이가 있지만 아침에 자신만의 독립된 방에서 스마트폰 알람소리를 듣고 깨어난다. 아침식사 후 버스나 전철을 타고 스마트폰으로 인터넷카페에 들어가거나, 게임을 즐기거나, 음악을 들으면서 학교로 간다. 스타벅스, 커피빈 등의 커피카페와 편의점들이 늘어서 있는 학교입구를 지나 냉난방이 나오는 강의실에 강의를 듣고, 오후에는 도서관에서 취업준비 공부를 하거나 친구들과 카페에서 수다를 떨며 시간을 보낸다. 그 반대로 2013년에 1인당 국민소득이 899달러인 방글라데시에서 태어난 14살 소년의 하루를 보자. 그는 아침에 할아버지 · 할머니, 아버지 · 어머니, 삼촌 · 이모들, 서너 명의 동생들과 같이 작게는 10명에서 많게는 15명이 한두 개의 방에서 깨어 하루를 시작한다. 햇볕과 비를 막을 수 있는 허름한 집은 TV, 냉장고, 상수도, 하수도가 없고, 소년은 생존을 위한 최소량의 아침을 먹고 아홉 살(심지어 네 살부터) 때부터 다니기 시작한 공장에 나가서 일을 한다. 소년은 학교에 다녀본 적이 없어 글은 읽을 줄 모르지만 구태여 글을 알 필요도 없고 하루에 1달러의 일당을 받으면서 매일매일 똑같은 삶을 살고 있는데, 이러한 생활이 언제까지 계속될지 모른다. 그는 생존을 위해 매일을 살아가는 것이 일상일 뿐이다. 그에게 유일한 꿈은 한국에 가서 일을 하면서 매달 돈과 사진을 보내주는 삼촌처럼 한국에서 일자리를 구해 생활하는 것이다. 이러한 방글라데시에서 태어난 14살 소년의 삶이 세계적으로 볼 때 예외적이지는 않다.

[그림 1-1]을 보면 1981년에 세계인구 45억 3천만 명의 2/3인 30억 명이 하루 2달러 미만으로 생활하는 "절대 빈곤(absolute poverty)" 상태에서 살았으며, 그중에서 세계인구의 절반이 조금 안 되는 19억 명은 하루 1.25달러 미만으로 생활하는 "극단적 빈곤(extreme poverty)" 상태에서 생활하였다. 2010년에는 세계 70억 인구 중 34% 정도인 24억 명이 "절대 빈곤" 상태에서 살고 있으며, 그들 중 절반 정도인 12억 명의 사람들은 "극단적 빈곤" 상태에서 살아가고 있다. 그리고 세계은행 조사에 따르면, 2013년에 "극단적 빈곤층" 12억 명 중에서 13세 이하 어린이가 4억 명에 이르고 있다.[1] 그나마 이렇게 지난 30년 동안 세계적으로 "극단적 빈곤층 및 절대적 빈곤층"이 줄어든 이유는 중국 · 인도 · 인도네시아와 같이 인구가 많은 개발도상국들이 지속적인 경제성장에 성공하였기 때문이다. 더 나아가 이들 개발도상국들의 경제성장으로 하루 수입 2~10달러로 생활하는 "취약 중산층(fragile middle class)" 계층이 1981년에 세계 인구의 20%(약 9억 3,000만 명) 미만이었으나 2010년에는 28억 명으로 세계인구의 40%로 늘어나면서, 전 세계적으로 "취약 중산층" 계층의 인구수와 비중이 크게 증가하였다.[2] 그러나 이들 "취약 중산층" 가운데 하루 2~4달러밖에 못 버는 하위계층이 전 세계적으로 9억 5,200만 명(2010년 기준)에 이르고 있어, 이들 중 상당수는 다시 "극단적 빈곤", 또는 "절대적 빈곤"으로 전락할 위험을 안고 살아가고 있다.

---

1) 『2013년 세계은행 연례 보고서』

2) "취약 중산층"이란 "절대 빈곤선" 이상의 소득을 벌어 빈곤층에선 벗어났지만, 여전히 중산층에 비해 소득과 기계 재정이 불인정한 계층을 뜻한다.

그림 1-1 | 세계 소득계층 분포

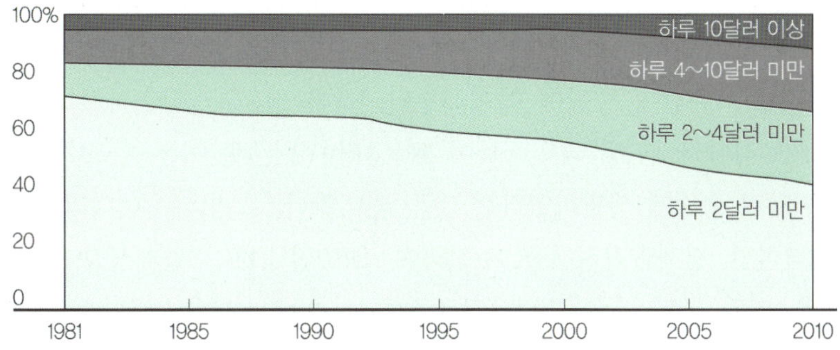

자료: Financial Times, 2014.04.13.

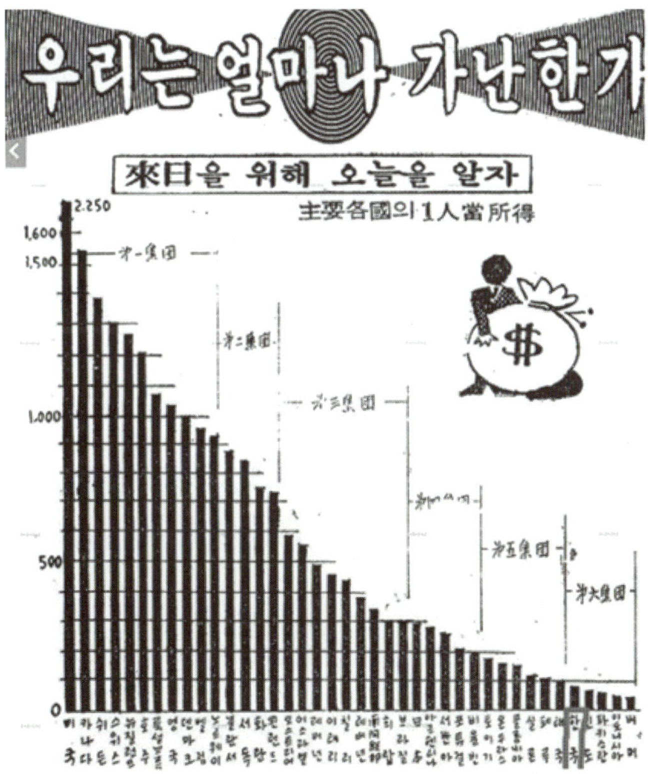

주: 1963년도 신문기사 중 일부인데, 우리나라는 1인당 소득을 기준으로 분류할 때 '제6집단'으로 인도, 파키스탄, 인도네시아, 버마(현재의 미얀마)와 같은 수준에 있음을 보여주고 있다.

그렇다면 우리 부모님의 어린 시절 또는 할아버지 · 할머니의 청소년 시절은 어떠한 삶이었을까? 50년 전에 우리나라 사람들의 삶은 지금 방글라데시 사람들의 삶보다도 더 떨어졌었는데, 1960년대 우리나라는 대부분의 사람들이 "극단적 빈곤" 속에서 살았으며 1970년대 중반에 들어서부터 "절대 빈곤"을 탈출하기 시작하였다. 즉, 1973년에 우리나라 1인당 국민소득이 394달러이었는데, 이는 우리나라 사람들이 하루에 1.08달러 수준에 생활하였다는 것을 의미한다. 그러나 우리나라는 1960년대 초부터 본격적인 경제발전정책을 추진하여 1970년대에는 경제성장이 가속화하면서 1976년에 1인당 국민소득이 799달러로 하루에 2달러를 넘는 생활수준으로 성장하였고, 이후에도 삶의 수준이 눈부시게 발전하여 2013년에 우리는 1인당 국민소득 2만 4,329달러, 구매력기준(ppp: purchasing power parity)으로는 1인당 3만 3,189달러인 나라에서 살고 있다. 지금 우리는 거실에 커다란 TV와 소파가 놓여있는 집에서 다양한 전자제품과 풍부한 음식들에 둘러싸여 매일 '다이어트'를 결심하면서 생활하고 있다.

그렇다면 전 세계의 70억 인구들이 나라마다 풍요와 극단적 빈곤이라는 각기 다른 환경 속에서 살아가는 이유는 무엇인가? 그리고 우리는 어떻게 50년이라는 짧은 시간에 "극단적 빈곤"에서 탈출하여 풍요의 삶으로 발전할 수 있었는가? 이러한 의문들을 살펴보기로 하자.

1.1 한국경제의 기초조건

지난 몇 백 년 동안의 역사적 경험으로 볼 때 국가의 자연적 · 지리적 조건이 그 국가의 경제발전 및 생활수준에 영향을 주고 있음은 분명하다. [그림 1-2]는 전 세계의 야경을 찍은 사진인데, 그림에서 선진국 지역들은 야경이 밝게 나타나고 후진국 지역들은 어둡게 나타나고 있다. 따라서 그림을 보면 선진국 지역과 후진국 지역들 간에는 지리적으로 뚜렷한 차이가 있음을 알 수 있다. 지리적 차이들은 첫째, 선진국들은 온대지역에 집중되어 위도 30°~60°에 위치하고 있으며[3], 후진국들은 열대 · 아

3) 전통적 선진국인 서구유럽국가들은 북위 40~60도에 위치하고 있다. 미국의 경우도 1950년대까지는 공업과 경제의 중심이 북위 40도 부근인 뉴욕, 매사추세츠, 뉴잉글랜드 주의 미국 동북부 해안 지역과 미시간, 미네소타 주의 미국 중북부 오대호주변 지역 등의 스노우벨트(snowbelt) 지역이었는데, 1950년대 말 에어컨의 발명으로 경제발전이 남부의 텍사스, 애리조

열대 지역에 위치하고 있다. 둘째, 선진국들은 해안을 접하고 있으며, 선진국 지역에서도 해안 지역이 발전수준이 더 높은 것으로 나타나고 있다. 사람의 노력으로 주어진 자연적·지리적 환경을 부분적으로 더 좋게 바꿀 수 있지만, 그 근본적 환경 전체를 바꾸는 데에는 한계가 있다. 따라서 우리나라가 갖고 있는 주요 자연적·지리적 조건들을 경제와 관련하여 살펴보기로 한다.

그림 1-2 | 세계의 야경

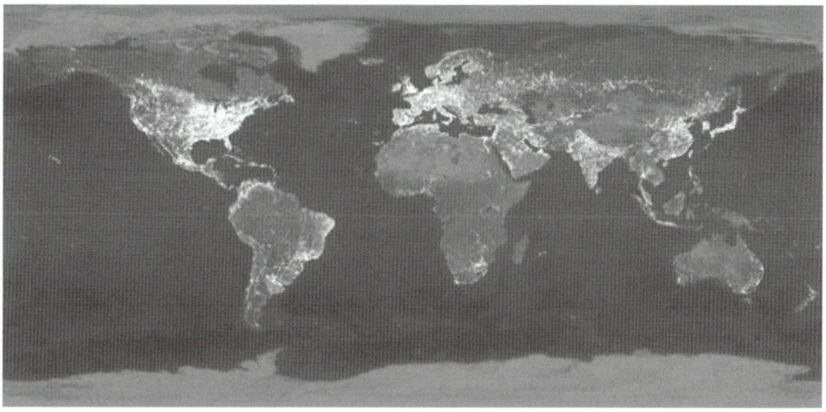

우리나라의 자연적·지리적 특징을 경제와 관련하여 살펴보면, 첫째 우리나라는 북위 33~44°C인 온대 지역에 위치하고 있다. 따라서 우리나라는 연평균 기온이 10°C~16°C인 온대성 기후를 갖고 있는데, 가장 더운 날씨는 8월의 23°C~27°C이고 추운 날씨는 1월의 −6°C~3°C를 나타내고 있다. 이러한 온대성기후는 농업생산물의 생산에 적당할 뿐만 아니라 사람들이 경제활동을 하기에도 적당하다. 실제로 미국, 영국, 프랑스, 독일, 일본 등의 전통적 경제선진국들은 모두 온대 지역에 위치하고 있는데, 그에 반해 아프리카의 국가들, 인도네시아, 인도, 파키스탄, 방글라데시 등 남아시아 지역, 에콰도르, 파나마 등 중미 지역의 대부분 후진국들은 열대 또는 아열대 지역에 위치하고 있다. 열대·아열대 지역의 높은 열과 습기는 사람들의 건강을 해치고 육체적 노동을 어렵게 하기 때문에 기온이 높은 지역에서는 노동생산성이 낮게 된다. 또한 열대·아열대 지역은 파리·모기 등 기생곤충의 만연으로 말라리아와 기

나 주의 썬벨트(sunbelt) 지역으로 확대되기 시작하였다.

생충, 기타 높은 온도로 인한 풍토병들이 확산되어 사람들의 건강에 심각한 위협요인이 되고 있다. 따라서 이들 지역에서는 자원의 발굴, 재화의 생산, 교육 등 경제발전을 위한 인간의 노력이 낮아질 수밖에 없다. 이러한 요인들로 인해 기후가 국가경제발전에 중요한 요인으로 작용하여 왔음을 알 수 있다.

둘째, 우리나라는 삼면이 바다로 열려있는 국가이다. 일반적으로 내륙국은 생산적 자원과 재화를 대량으로 손쉽게 유통시킬 수 있는 해운을 이용할 수 없고, 선진문화·제도의 유입을 원활하게 하는 사람들의 이동에도 한계가 있기 때문에 해안국에 비해 사회적·경제적 발전이 뒤떨어져 왔다. 이러한 관점에서 우리나라는 생산요소, 재화, 사람들의 유통과 이동이 원활한 바다를 접하고 있기 때문에 내륙국보다 경제발전에 유리한 장점을 갖고 있다.

셋째, 우리나라는 천연자원이 빈약하다. 천연자원과 경제발전의 관계를 살펴보면, 아시아, 아프리카, 중남미 등 전 세계 대부분의 후진국들은 천연자원이 빈약한 국가들이다. 중동의 몇몇 석유생산국들, 그리고 아프리카의 최대 산유국인 나이지리아 또는 콩고민주공화국 등이 빈약한 천연자원 중에 석유만을 풍부하게 보유하고 있는데, 이들 국가의 경우에서는 자원을 둘러싼 사회적 투쟁, 비민주적 사회지배구조, 무장분쟁 등으로 경제가 심각하게 후퇴하면서 "천연자원의 저주(curse of natural resources)"가 나타나고 있다.[4] 따라서 풍부한 천연자원이 국가의 경제발전에 미치는 영향이 긍정적이지 않다는 예외의 경우들도 있다. 그렇지만 현재의 후진국들이 영국, 독일, 프랑스 등 전통적 선진국들의 과거 경제발전 초기 상황과 비교하여 볼 때 기본적으로 천연자원이 빈약하고, 전통적 선진국들이 풍부한 천연자원을 토대로 경제발전을 이루어 온 것이 사실이므로, 천연자원이 경제발전에 긍정적 영향을 주어 온 것은 분명하다. 우리나라는 국토의 대부분이 석회암층으로 되어 있어 시멘트와 석회공업의 원료인 석회암이 전 국토에 걸쳐 광범위하게 분포되어 있어 우리나라의 중요한 자원으로 역할을 하고 있다. 그러나 우리나라는 공업화와 경제발전에 중요한 자원인 석탄, 철광석 등의 매장량이 풍부하지 못하고 경제성도 낮으며, 석유의 생산은 전무한 상태이다. 따라서 우리나라는 부존 천연자원을 근거로 볼 때 경제발전에

---

4) 세계 6위의 석유수출국인 나이지리아는 1956년 나이저삼각주에서 원유가 발견되면서 국민들이 풍요한 삶을 기대 하였지만 유전을 장악하기 위해 100개가 넘는 무장민병대들이 싸움을 계속하고, 지도층은 외국자본과 결탁하여 석유를 해외로 빼돌렸다. 그 결과 1인당 국민소득은 오히려 감소하여 1969년에 432달러까지 감소하였는데 정치·사회적 불안은 지금까지도 지속되고 있다. 이러한 "천연자원의 저주"는 석유·다이아몬드·구리 등 지하자원이 풍부하기 때문에 내전에 휩싸인 앙골라공화국에서도 나타난바 있다.

불리한 자연조건을 갖고 있다.

넷째, 우리나라는 다른 나라들과 비교하여 상대적으로 좁은 국토면적을 보유하고 있다. 우리나라의 국토(남한)면적은 10.021만km^2로 세계 108위의 크기를 갖고 있는데, 이 면적은 미국(998.467만km^2)과 중국(959.696만km^2)의 1/99이고 일본(37.792만 km^2)의 1/4이 조금 넘는 크기이다. 특히 우리나라 국토면적의 70%는 임야로 되어 있고, 농작물은 재배할 수 있는 경지면적[5]은 2012년에 173만 ha로 국토면적의 17.3%를 기록하고 있는데 도시화의 진행으로 그 면적은 계속 줄어들고 있다. 국토면적 특히 경지면적은 나라의 경제상황과 발전을 결정하는 중요 요인 중 하나인데, 전통적인 서구 선진국들은 상대적으로 넓은 경지면적을 갖고 있어 곡물, 육류 등의 농산품들이 풍부하게 생산되면서 국민들이 안정적인 생활을 유지할 수 있을 뿐만 아니라, 공업 분야에 양질의 노동과 축적된 자본 등을 공급하여 경제발전을 가능하게 하였다는 특징들을 갖고 있다. 심지어 서구 선진국들 중에서 소국인 네덜란드와 덴마크의 경우도 국토면적은 우리나라(남한)의 40% 정도에 불과하지만 경지면적의 크기는 우리나라와 비슷하여 농산품과 낙농품을 생산·수출하는 농업강국으로 자리하고 있다.

다섯째, 우리나라 인구는 2012년에 5,000만 4,000명으로 세계국가별 인구 순위에서 25위의 많은 인구를 갖고 있다. 인구는 경제적 관점에서 두 개의 상반되는 양면성을 가지고 있다. 우선 인구는 생산의 관점에서 국가의 잠재적인 노동력규모를 결정한다. 따라서 인구가 부족하면 노동력 부족으로 농업이나 자원개발 및 제품생산 등이 어렵게 된다. 이러한 이유로 과거 1850년과 1911년 사이에 경제발전의 도약 과정에 있었던 미국은 아일랜드, 이탈리아, 독일 등에서 6,000만 명 이상의 인구이주를 적극적으로 받아들었다. 1850년의 세계인구가 11억 7,100만 명이었고 1900년의 세계인구가 16억 800만 명이었음을 감안할 때 얼마나 많은 규모의 인구가 미국으로 이주하였는가를 보여준다.[6] 따라서 우리나라는 경제가 발전하는데 필요한 풍부한 정

5) 경지란 농작물 재배를 목적으로 하고 현실적으로도 농작물재배가 가능한 토지를 의미한다.
6) 이외에도 캐나다, 호주 등의 인구부족 국가들도 노동력 부족 때문에 한때 해외로부터 이민을

도의 인구를 갖고 있다. 특히 인구는 생산의 관점에서 단순한 숫자보다는 인구의 질이 중요한데, 우리나라는 높은 교육열로 인해 세계 최고수준의 노동을 보유하고 있다. 실제로 우리나라의 고질의 풍부한 노동력은 지금까지의 경제발전에 원동력이 되고 있다. 한편 인구는 소비적 관점에서 소비의 주체가 된다. 따라서 국가의 생산능력에 비하여 지나치게 많은 인구는 경제발전의 발목을 잡는 장애요인으로 작용한다. 영국, 독일, 프랑스 등 전통적인 서구선진국들(미국을 제외한)은 과거부터 2014년 현재까지 지금의 인도(12억 3,634만 명), 인도네시아(2억 5,361만 명), 브라질(2억 266만 명), 파키스탄(1억 9,617만 명), 나이지리아(1억 7,361만 명), 방글라데시(1억 6,628만 명) 같은 많은 인구를 보유한 적이 없다. 따라서 국가의 지속적인 경제발전을 위해서는 적정한 규모의 인구를 보유하고 있어야 하는데, 적정한 인구규모는 인구·토지비율, 즉 $1km^2$ 당 인구수를 나타내는 인구밀도로 파악된다. 우리나라는 2013년 12월에 $1km^2$ 당 504.13명으로 방글라데시의 1,237.51명에 이어서 세계에서 두 번째로 높은 인구·토지비율을 갖고 있다.[7] 현재 많은 개발도상국들은 서구의 전통적 선진국들의 경제발전 초기 시기(1800년대 초)에 비하여 훨씬 많은 인구가 좁은 지역에 집중되어 있는데, 이들 개발도상국들의 높은 인구밀도와 인구규모는 주로 높은 인구증가율 때문인 것으로 나타나고 있다. 1950년대 이전에 개발도상국들(특히 아프리카 지역 국가들)의 경우는 기아, 질병, 영양실조, 전염병 등으로 사망률이 높은 상태를 유지하면서 인구증가율도 일정수준을 유지하였으나, 제2차세계대전 이후 세계 경제·정치적 상황의 변화로 이러한 사망요인들이 상당한 정도까지 제거되었다. 이에 더하여 현대의학의 발달과 위생시설 보급으로 많은 개발도상국들의 인구는 지난 수십 년 동안 연간 2.5~3%의 높은 인구 증가율을 기록하여 왔다. 여러 연구들은 만일 서구의 전통적 선진국들의 인구가 경제발전 과정에서 연간 2.5~3%씩 증가하였다면 이들 국가들도 지금의 발전된 경제 상태에 이르지 못하였을 것으로 분석하고 있다. 인구증가와 관련하여 우리나라는 경제발전정책에 착수하기 전인 1961년까지 연간 인구증가율이 3%을 넘었기 때문에, 경제발전을 위한 정책의 하나로 1961년부터 인구증가를 억제하는 인구정책을 적극적으로 추진하였다.[8] 이에 따라 우리나

적극적으로 받아들이는 정책을 실시하였다.

7) 인구밀도의 순서에서는 작은 규모의 도시국가나 행정 지역들, 예를 들어 마카오(중국), 모나코, 싱가포르, 홍콩(중국), 지브롤터, 바티칸시 등은 제외하였다.

8) 13억의 인구를 갖고 있는 중국도 경제발전을 위한 정책의 하나로 1980년부터 "1가구 1자녀" 정책을 강력하게 추진하여 왔으나, 2010년대에 이르러 인구구조의 비정상화 및 고령화로 인해 인구정책의 수정을 시도하고 있다.

라의 인구증가율은 1971년에 1.99%, 1985년에 0.99%, 그리고 최근인 2013년에는 0.43%까지 하락하면서 일본에 이어 대만과 함께 세계 2위권의 낮은 인구증가율을 기록하고 있다. 따라서 우리나라는 과거 경제발전 과정에서 높은 인구증가율이 경제성장의 장애요인으로 작용하였지만, 현재는 인구증가율이 지나치게 낮아지면서 생산의 관점에서 필요한 인구규모에 모자랄 수 있는 상황에 직면하고 있다. 즉, 우리나라는 인구증가율이 지나치게 낮아지면서 인구의 고령화와 생산인구 부족이 나타나기 시작하고 있는데, 이로 인해 인구증가율의 상향조정이 우리 사회가 앞으로 경제발전을 지속하기 위해서 해결해야 할 주요 과제로 떠오르고 있다.[9)]

1.2 희소성의 원칙과 경제체제

1. 희소성의 원칙

우리는 일상생활에서 항상 경제와 관련된 선택 속에서 살아가고 있다. 아침에 일어나면 오늘은 어떤 옷을 입을까 고민 끝에 선택한 옷을 입고 집을 나선다. 또한 집을 나서면 버스, 지하철, 또는 자가용을 이용하여 학교나 직장에 가는데, 이때도 어떤 교통수단을 택할 것인가를 선택하여야 한다. 저녁에는 가족과 함께 집에서, 또는 밖에서 친구들과 무엇을 먹고 어떤 종류의 여가를 즐길까를 선택하게 된다. 이 과정에서 우리는 더 좋은 옷과 더 맛있는 식사를 하기 위해 돈을 많이 벌고 싶어 하는데, 이를 위해 어떤 전공과 선택과목을 선택하면 취직이 잘 될 수 있을까를 고민한다. 이와 같이 우리는 하루하루를 경제적 선택과 함께 생활하고 있다.

이와 같이 경제와 관련된 선택의 문제는 왜 발생하는가? 만일 내 옷장에 예쁘고 멋있는 옷들이 꽉 차 있다면, 나는 외출할 때 선택의 고민 없이 아무 옷이나 입고 나가도 남들이 멋있다고 할 것이다. 마찬가지로 내 주머니 속에 돈이 많다면 나는 먹고 싶은 음식을 마음 놓고 먹을 수 있을 것이다. 그러나 실제로는 옷장에 옷이 많지 않고 주머니의 돈도 넉넉하지 않은 것이 현실이다. 따라서 적은 옷 중에서 멋을 내거나, 적은 돈을 가지고 맛있는 음식을 먹으려면 선택에 신중해질 수밖에 없다. 즉,

9) 우리나라의 출산율은 1970년 4.53명에서 꾸준히 하락하여 2013년에는 1.19명으로 세계 최하위를 기록하고 있다.

우리들의 경제적 욕망에 비하여 욕망을 충족시킬 수 있는 수단이 부족하기 때문에 우리들은 항상 신중하게 선택을 하며 살아가야 한다.

이러한 경제적 선택의 문제를 사회 전체적 관점에서 보면, 사람들이 경제적 욕망을 충족시키기 위해서는 재화를 소비해야 하는데 재화를 생산하는 데 필요한 자연자원, 노동력 등의 자원은 그 존재량이 제한되어 있다. 따라서 사회 전체, 또는 사회구성원들은 항상 신중한 선택을 하면서 살아가야 한다. 이러한 사회의 경제적 선택문제를 좀더 구체적으로 보면, 사회는 가능한 한 사회 내의 많은 사람들의 욕망을 충족시키기 위해 다음의 경제적 선택 문제를 해결하여야 한다.

첫째, 일정량의 자원을 가지고 사람들이 소비하기를 원하는 많은 종류의 재화들 중에서 '어떤 재화를, 얼마만큼' 생산할 것인가를 선택하여야 한다. 사람들이 소비하고자 하는 재화들은 무수히 많다. 그러나 재화를 생산할 수 있는 자원은 제한되어 있다. 따라서 어떤 재화가 사회 내의 많은 사람들의 욕망을 충족시킬 수 있는가를 생각하여 사회적 욕망을 크게 충족시킬 재화를 선택하고, 필요한 양만을 생산하여야 한다.

둘째, 재화를 생산할 때 '어떻게' 생산할 것인가 하는 생산 방법을 선택하여야 한다. 재화를 생산하는 방법은 여러 가지가 있다. 예를 들어, 홍수방지를 위해 댐을 건설할 때 많은 노동자들이 삽과 수레 등을 사용하여 만드는 방법과 적은 수의 숙련노동자들이 굴삭기와 불도저 등의 첨단 건설장비를 사용하여 만드는 방법이 있을 수 있다. 이 경우 어떤 방법이 일정량의 자원으로 재화를 더 많이 만들어 낼 수 있는가, 또는 어떤 방법이 일정량의 재화를 생산하는 데 자원이 더 적게 드는가를 선택하여야 한다.[10)]

10) 댐을 만드는 방법을 선택할 때, 사회는 그 사회가 상대적으로 풍부하게 갖고 있는 자원을 많이 사용하는 방법을 선택한다면 제한된 자원으로 더 많은 댐을 생산할 수 있을 것이다. 북한이 댐을 건설하는 경우를 생각해 보자. 북한은 첨단 건설장비도 부족하고 인구도 적지만, 상대적으로 첨단장비가 더 부족하다. 따라서 북한이 댐을 건설하기 위해 노동력을 많이 투입하는 방법을 선택한다면 북한은 더 많은 댐을 만들 수 있을 것이다. 만일 북한이 댐을 건설할 때 첨단 건설장비를 사용하는 방법을 선택한다면, 첨단장비의 부족으로 댐은 몇 개 만들지 못하고 많은 노동자들은 할 일이 없게 되는, 즉 일부 자원은 놀게 되는 상황이 될 것이다.

희소성의 원칙

개개인의 사람들이 물건(재화)을 소비하여 만족을 얻고자 하는 욕구를 경제적 욕망이라고 한다. 이러한 경제적 욕망은 "인간은 끝없이 팽창하는 욕망의 덩어리"라고 주장한 영구의 철학자 토머스 홉스(Thomas Hobbs)의 말과 같이 끊임없이 증가하는 속성을 갖고 있다. 한편 사람들이 경제적 욕망을 충족시키기 위해서는 재화를 소비해야 하는데, 재화를 생산하기 위해서는 원유나 철광석 같은 자연자원, 노동력, 자본 등과 같은 자원을 필요로 하게 된다. 자원(resource)은 재화를 생산하는 데 사용되기 때문에 생산요소라고 부르는데, 그 존재량이 제한되어 있다는 특징을 지니고 있다. 결과적으로 자원은 인간의 욕망에 비하여 항상 부족한데, 이러한 사실을 "희소성의 원칙"이라고 한다.

셋째, 생산된 재화를 사회구성원들 중 '누구에게' 줄 것인가 하는 선택의 문제이다. 일정량의 자원으로 생산할 수 있는 재화는 한정될 수밖에 없다. 한정된 재화를 한 사람이 많이 소비하면 당연히 다른 사람의 소비량은 줄어들 수밖에 없다. 따라서 사회구성원들의 욕망을 충족시키기 위하여 생산된 재화를 '누구에게' 나누어 주는가 하는 문제는 경제가 해결하여야 할 마지막 선택의 문제이다.

만일 희소성의 원칙이 존재하지 않는다면, 즉 자원이 욕망에 비해 풍부하다면 모든 재화를 많이 생산하여 모든 사람들이 원하는 만큼 소비하고 남는 것을 버리면 될 것이다. 그러나 현실세계에서는 희소성의 원칙이 존재하므로 개인과 사회는 끊임없이 경제적 선택을 하면서 살아가야 한다.

2. 경제체제

앞에서 본 사회의 경제적 선택문제는 다르게 표현하면 제한된 자원을 '어떤 재화의 생산에', '얼마만큼씩', 그리고 '생산된 재화들을 누구에게' 배분할 것인가의 문제인데, 이러한 자원의 배분문제는 경제체제의 형태에 따라 다르게 해결되어 왔다. 경제체제란 그 사회의 경제활동에 참여하는 사람들의 상호관계를 규정하는 경제조직, 사회구조, 경제적 규율의 집합을 말한다. 이러한 경제체제는 시간적 그리고 지역적으로 다양하게 존재하여 왔는데, 근대에 들어서 경제체제는 자원의 배분기능과 소유권을 기준으로 구분할 때 크게 두 개의 형태를 갖게 되었다. 경제체제는 자원의 소유권을 기준으로 볼 때 자본주의체제와 사회주의체제로 나누어진다. 그리고 자원의 배분기능을 기준으로 볼 때는 시장경제체제와 계획경제체제로 나누어진다.

자본주의체제는 자연자원과 자본 등의 생산요소와 집이나 자동차 등의 재화를 개인이 소유할 수 있는 체제를 말한다. 이 경우 생산요소와 재화를 가질 수 있는 주체는 개인뿐만 아니라 기업 또는 정부도 가능하며, 이들 생산요소를 갖고 있는 경제주체들은 자신에게 더 필요한 재화를 얻을 목적으로 재화의 교환을 위해 시장에 참여하게 된다. 따라서 대부분의 자본주의체제는 시장경제체제에 속한다. 시장경제(market economy)체제는 자원과 재화의 배분이 시장에서 교환에 의해 이루어진다. 이 체제에서는 개인들이 자신의 이기심에 따라 경제적으로 자유롭게 행동하며, 행동의 결과에 대해 자신이 책임을 지는 체제이다. 이 체제는 개인의 경제적 자유행위에 기초하여 운영되므로 자유시장경제 또는 자유방임(laissez-faire)경제체제라고도 불리운다. 시장경제체제에서는 시장에 참가하는 사람들이 자유롭게 재화와 생산요소를 사고팔며, 시장에서 수요와 공급의 상호작용을 통하여 자원의 배분－무엇을 생산하는가, 어떻게 생산하는가, 재화를 어떻게 분배하는가－이 이루어지게 된다.

사회주의체제는 자연자원과 자본 등의 생산요소와 집과 자동차 등의 재화를 국가 또는 사회단체가 소유하는 체제를 말한다. 이 체제에서 개인은 소비재 중 일부만을 개인적으로 소유할 수 있다. 이러한 사회주의체제는 대부분 중앙정부의 계획을 통하여 자원을 배분하기 때문에 계획경제체제에 속한다. 계획경제(planned economy)체제는 자원의 배분－무엇을 생산하는가, 어떻게 생산하는가, 재화를 어떻게 분배하는가－이 중앙정부의 계획에 의해서 해결되는 체제를 말한다. 이 체제는 구소련(소비에트연방)의 레닌(Vladimir Ilich Lenin)에 의해 제시되어 과거 구소련을 위시한 대부분의 사회주의국가들에서 운영되었으며, 지금까지 북한이 운영하고 있는 체제이다.[11)]

현재 한국을 포함한 전 세계 대부분의 국가들은 자본주의 시장경제체제를 갖고 있다. 구소련은 1921년부터 사회주의 계획경제체제를 운영하였으나 1991년 구소련의 해체를 계기로 자본주의 시장경제체제를 운영하고 있다. 또한 1990년 동·서독의 통일을 전후로 하여 동유럽의 구사회주의 국가들도 모두 자본주의 시장경제체제를 택하고 있다. 한편 중국은 1978년 등소평의 등장으로 시장경제를 적극적으로 도입하기 시작하여 이후 시장경제체제를 운영하고 있다. 중국은 현재 1992년 『중국공산당 전국대표대회』에서 채택한 “사회주의 시장경제”라는 독특한 경제체제를 소유하고 있다. 따라서 현재 순수한 사회주의 계획경제체제를 유지하고 있는 국가는 전 세계에서 북한이 유일한 국가이지만, 북한도 위기상태에 있는 경제문제의 해결을 위해 시장경제를 부분적으로 실행하고 있다.

---

11) 한편 공산주의경제(communist economy)란 사회주의체제가 발전하여 나타나는 경제상태로서, 거의 모든 재화의 생산량이 인간의 욕망보다 풍부하여 희소성의 원칙이 소멸되고, 그 결과 자원의 배분문제를 더 이상 고려할 필요가 없는 경제를 말한다.

1.3 한국의 경제체제

1. 자본주의 시장경제체제

1945년 8월 15일 일본의 식민지배에서 벗어난 우리나라는 정부수립이 미국의 영향력 하에 이루어지면서 자본주의 시장경제체제를 택하게 되었다. 따라서 우리나라에서는 개인이 생산요소와 재화를 소유하며, 자신의 이익을 위해 자유롭게 시장에 참여하여 활동하게 되었다. 즉, 우리나라에서는 개인이 어떤 직장에서 일을 할 것인지, 어떤 제품을 구매할 것인지를 자유롭게 결정하고, 기업들도 어떤 제품을 생산할지, 누구를 고용할 것인지를 스스로 결정한다. 이때 이들의 경제활동은 시장을 통해 이루어지는데 이 과정에서 자원이 효율적으로 배분되면서 사회적으로 재화의 생산과 소비가 최대한으로 이루어지게 된다.

시장에서 자원이 배분되는 과정을 자세히 살펴보자.

첫째, 시장은 "무엇을, 얼마만큼" 생산할 것인가를 결정한다. 시장에서는 재화에 대한 수요와 공급에 의해서 재화의 가격이 결정된다. 이때 어떤 재화에 대해 수요가 공급보다 많으면 재화의 가격이 높게 형성되는데, 재화에 대해 수요가 많다는 것은 그 재화를 소비하고자 하는 사람들의 욕망이 많다는 것을 나타낸다. 따라서 시장에서 재화의 가격은 그 재화에 대한 사회 전체의 욕망의 상대적 크기를 나타낸다. 당연히 기업은 많은 이윤을 얻기 위해 가격이 높은 재화를 우선적으로 생산하게 된다. 따라서 시장에서 자원은 사회적 욕망이 더 큰 재화의 생산에 배분되게 된다.

예를 들면, 새로 나온 UHDTV는 기존의 TV보다 색채감이 뛰어나기 때문에 많은 사람들이 UHDTV를 더 갖고 싶어 한다. 따라서 UHDTV의 수요가 많기 때문에 시장에서는 UHDTV 가격이 기존의 TV 가격보다 더 비싸게 형성되고 있다. 이에 따라 기업들은 UHDTV를 더 많이 생산하게 된다. 반대로 기존의 TV를 갖고자 하는 소비자들의 욕망이 줄어들면서 시장에서 기존의 TV 가격이 떨어지고 기업은 기존의 TV 생산량을 줄이게 된다. 극단적인 예로 흑백TV의 경우처럼 사람들이 그 재화를 더 이상 원치 않으면 기업은 그 재화의 생산을 완전히 중단하게 된다. 이와 같이 시장의 작동에 의해 한정된 자원은 사회 전체적으로 욕망이 가장 큰 재화를 생산하게끔 배분된다.

둘째, 시장은 재화의 생산 방법을 결정한다. 생산요소시장은 각각의 생산요소의 가격을 결정한다. 여기서도 어떤 생산요소의 수요가 공급보다 많다면 시장에서 그 생산요소의 가격은 높게 형성된다. 반대로 생산요소의 공급이 많다면 시장에서 그 생산요소의 가격은 낮게 형성된다. 이 경우 기업은 생산비용을 줄이기 위해 가능하면 가격이 싼 생산요소를 더 많이 사용하게 된다. 결과적으로 기업은 재화를 생산할 때 그 사회가 더 많이 갖고 있는 생산요소를 사용하고 부족한 생산요소는 덜 사용하는 생산 방법을 선택하게 된다.

셋째, 시장은 생산된 재화를 분배한다. 기업은 자기가 생산한 재화를 시장에서 가장 높은 가격을 지불하겠다는 사람에게 우선적으로 팔 것이다. 이때 생산된 재화에 대해 가장 높은 가격을 지불하려는 사람은 그 재화에 대해 가장 큰 욕망을 가진 사람이다. 따라서 생산된 재화는 시장에서 높은 가격을 제시한 사람 순서에 따라 판매되는데, 이러한 분배 방법에 의해 사회 전체의 욕망이 가장 많이 충족되게 된다. 예를 들어, 고미술품 경매시장에서 어떤 사람이 특정 그림에 대해 가장 높은 가격을 내겠다고 하는 것은 그 사람이 다른 사람보다 그 그림에 대해 더 큰 욕망을 갖고 있기 때문이다. 경매시장에서 그림이 그에게 팔린다면 그림은 욕망이 가장 큰 사람에게 배분되게 되는데, 이에 따라 경매시장은 고미술품에 대한 욕망을 가장 많이 충족시키는 기능을 갖게 된다.

이와 같이 사회는 시장을 통해 한정된 자원을 가지고 사회적으로 가장 욕망이 큰 재화를 우선적으로 생산하고, 자원들 중 상대적으로 풍부한 자원을 먼저 사용하고, 생산된 재화를 욕망이 큰 사람에게 먼저 배분한다. 이렇게 희소한 자원이 사회 전체의 욕망을 가장 많이 충족시키도록 배분되는 것을 "효율적인(efficient) 배분"이라고 한다.

아담 스미스와 자유시장경제

시장경제의 기능을 잘 설명한 학자는 고전학파 경제학자인 아담 스미스(Adam Smith)이다. 그는 1776년에 저술한 「국부론(The Wealth of Nations)」에서 국가들의 부(wealth)의 원천이 무엇인가를 분석하면서, 시장경제가 어떻게 국가의 부를 증가시키는가를 명쾌하게 설명하였다.

그는 부강한 나라는 돈(그 당시는 금화)이 많은 나라라고 생각한 스페인이 15세기 남미 대륙을 정복하여 많은 금을 획득하였지만, 결과적으로 금화의 대량공급으로 인플레이션이 발생하여 경제가 몰락하였다는 역사적 사실을 제시하였다. 따라서 그는 국가의 부(wealth)의 본질은 돈이 아니라 재화라고 보았다. 아담 스미스에 의하면, 국가의 부는 재화의 생산량 증가에 의해 커지는데 재화의 생산량 증가는 분업의 확대에 의해 가능하게 된다. 즉, 분업이 확대되면 노동자가 한 가지 일에만 전념할 수 있게 되면서 숙련도가 높아지고 새로운 도구나 기계를 발명하여 재화를 더 많이 만들 수 있게 된다. 그런데, 분업은 자신이 전념하여 만든 한 가지 재화를 다른 재화들과 교환할 수 있을 때 가능하기 때문에 교환가능성의 크기 또는 다른 말로 표현하면 시장의 크기에 의해 제한된다. 왜냐하면 교환가능성(즉 시장)이 작을 때는 한 종류의 재화를 만드는 사람이 그 작업에만 몰두할 수 없기 때문이다. 따라서 시장이 클수록 분업이 활발해지고 그 결과 재화의 생산량이 많아진다.

한편 사람들이 분업을 통해 재화를 더 많이 생산하고 재화를 교환하는 행위는 인간의 자비심이 아니라 인간의 본능적 욕망인 이기심에 이해 이루어진다. 따라서 우리가 아침에 따뜻한 빵과 고기를 먹을 수 있는 것은 정육점 주인, 양조장 주인, 빵집 주인의 자비 때문이 아니라 이익을 얻고자 하는 그들의 이기심 때문이다.

기업이나 소비자 등의 개개인은 자신이 이기심에 따라 분업과 교환에 참여하는데, 이렇게 개인들이 이익을 얻기 위해 자유롭게 행동할 때 "보이지 않는 손(invisible hands)"에 의해 사회 전체적으로 이익이 증가하게 된다.

한편 시장경제체제는 한계와 단점도 갖고 있다.

첫째, 시장경제체제는 자원을 "공평하게(equity) 배분"하지 못한다. 공평한 배분이란 희소한 자원 활용의 혜택이 사회구성원 모두에게 골고루 분배되는 것을 의미한다. 그러나 시장경제는 재화를 구입 · 소비할 수 있는 소득의 크기에 따라 재화를 분배하기 때문에, 재화는 소득이 큰 사람에게 많이 배분되고 소득이 적은 사람(사회적 약자)에게는 적게 배분된다. 따라서 시장경제는 자원과 재화를 공평하게 분배하지 못하고 사회구성원 중에서 약자를 보호하지 못한다는 문제점을 갖고 있다. 많은 국가들이 이러한 시장경제의 단점을 보완하기 위해 경제적 혜택을 보다 평등하게 분배할 수 있는 정책을 실시하고 있는데, 사회복지제도나 실업보험제도는 경제적으로 어려운 사람들을 돕기 위한 정책이다. 소득세의 누진세제도는 부자들이 더 많은 세금을 내도록 만들어져 있는데, 이러한 정책을 통해 정부는 부자들로부터 가난한 사람들에게 소득을 재분배하게 된다.

그러나 이러한 정책들은 공평성은 높이지만 경제적 효율성은 떨어뜨리게 된다. 즉, 부자들에게 세금을 지나치게 많이 내라고 하면 사람들이 열심히 일을 하지 않게 되어 재화 생산은 줄어들게 된다. 다시 말해서 정부가 떡을 골고루 나누어주려고 하면 사회 전체의 떡의 크기는 작아지게 된다. 따라서 자원의 "효율적 배분"과 "공평한 배분"은 서로 상충(trade-off)관계에 있다.

둘째, 시장경제는 자원을 장기에 걸쳐 효율적으로 배분하지 못할 수 있다. 후진국 경제는 대부분의 재화공급이 부족하기 때문에 사람들은 기본적 생활에 필요한 소비재에 대해 더 큰 욕망을 갖고 있다. 이 경우 시장경제는 자원을 사회적 욕망이 큰 식료품, 의복 등의 기본적 소비재 생산에 먼저 배분하게 된다. 즉, 후진국에서는 경제발전을 위해서 자원이 투자재 공업 분야 등에 배분되어야 하는데, 시장은 부족한 자원을 소비재 생산에 우선적으로 배분한다.

구체적인 예를 들어보자. 주요 도시 간에 고속도로를 건설하면 교통과 운송이 원활해져 경제발전을 이룰 수 있다. 그러나 후진국에서는 식료품과 의복 등의 소비재가 부족하기 때문에 이들 재화에 대한 욕망이 더 크게 나타난다. 따라서 시장경제는 자원을 이들 소비재 생산에 우선적으로 배분하게 되며 고속도로건설에는 자원을 배분하지 않게 된다. 즉, 고속도로 건설로 인한 이익은 미래에 발생하는데, 개별 소비자들은 현재소비를 원하기 때문에 시장경제는 고속도로를 생산하는 데 실패하게 된다.[12] 이와 같이 자본 등의 자원이 부족한 후진국에서 시장경제는 자원을 장기적으로 효율적으로 배분하지 못한다.

이러한 시장경제체제의 한계들을 보완하기 위해 정부가 시장에 개입하는데, 특히 후진국의 경우, 정부는 경제발전을 위해 경제계획을 수립하고 자원의 배분에 직접적으로 참여하기도 한다.

더 극단적으로는 정부가 경제발전과 공평한 분배를 동시에 이루기 위해 자원의 배분을 직접 담당하기도 한다. 이 경우가 사회주의 계획경제체제인데, 이는 1917~1991년의 소련, 1949~1978년의 중국 등 여러 사회주의 국가들에서 실험 과정을 거쳐 실패로 끝났다. 그러나 경제발전과 공평한 분배를 동시에 이루고자 하는 노력은 북한에서, 그리고 여러 사람의 꿈에서 지금도 계속되고 있다.

2. 한국의 경제체제

1945년 8월 15일 일본의 식민지배에서 벗어난 한국은 전형적인 후진국(underdeveloped country)으로서 빈약한 자연자원, 부족한 자본 및 기술수준, 상대적으로 많은 잉여노동, 낮은 소득수준과 작은 규모의 국내시장이라는 경제적 특징을 갖고 출발하였다.

특히 우리나라 경제의 초기에는 해방과 정부수립, 남북분단, 그리고 6·25전쟁 등으로 사회가 혼란했는데, 경제적으로는 생산위축으로 물자, 특히 소비재 부족이 극심하였다. 따라서 이 시기에는 시장에서 생활필수품에 대한 수요가 크게 나타났기 때문에 경제는 소비재 중심의 경공업이 중심을 이루었다. 즉, 시장경제는 단기적인 자원배분의 기능만을 갖게 되었으며, 장기에 걸친 자원의 효율적 배분을 통한 경제

12) 선진국의 경우에는 고속도로에 대한 수요가 크기 때문에 민간기업도 고속도로를 생산·공급한다. 우리나라도 이제는 민자유치에 의한 고속도로(인천공항 고속도로, 천안-논산 간 고속도로 등)의 공급이 이루어지고 있다.

발전은 생각할 여유도 없었다. 이에 따라 한국경제는 모든 후진국가에서 나타나는 "빈곤의 악순환"(vicious circle of poverty) 또는 노벨상 수상자인 스웨덴 경제학자 뮈르달(Gunnar Myrdal)이 말한 "순환적·누적적인 관계(circular and cumulative causation)"에서 허덕이고 있었다.

그림 1-3 | 빈곤의 악순환

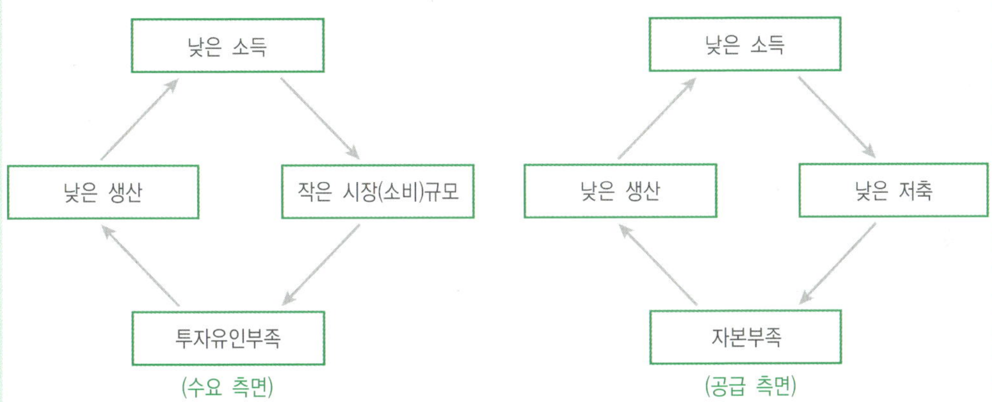

"빈곤의 악순환"은 넉시(R.A. Nurkse)에 의해 제시되었는데, 그에 의하면 후진국은 가난하기 때문에 계속 가난할 수밖에 없어 빈곤이 되풀이 된다. 이와 같은 빈곤의 악순환은 수요와 공급의 양면에서 모두 나타난다.

우선 수요 측면을 보면 [그림 1-3]에서와 같이 후진국은 낮은 소득으로 국내시장(소비)규모가 작기 때문에 기업은 투자유인을 잃게 된다. 이에 따라 후진국은 재화생산이 적고 노동자의 낮은 임금과 실업 등으로 낮은 소득수준에 머물러 있게 된다. 또한 공급 측면을 보면 [그림 1-3]에서 볼 수 있듯이 후진국은 낮은 소득으로 저축이 어려워 자본축적이 이루어지지 않는다. 이러한 자본부족으로 기업은 투자와 생산을 하지 못하고 이로 인해 후진국은 낮은 소득에 머물게 된다.

후진국이 경제발전을 이루려면 빈곤의 악순환에서 벗어나야 하는데, 이를 위해서는 수요·공급 측면에서 악순환의 고리를 끊어야 가능하다. 우선 수요 측면에서 악순환의 고리를 끊기 위해서는 작은 시장규모의 문제를 해결해야 하는데, 이는 세계시장으로의 적극적인 참여로 해결될 수 있다. 즉, 수출 중심의 개방경제를 통해 규모가 큰 시장을 갖게 되면 국내기업은 투자유인을 갖게 되고 재화의 대량생산이 가능하게 된다. 또한 시장이 커지면 아담 스미스의 말처럼 분업이 활발해지면서 전문화를 통한 기술진보와 노동생산성의 향상이 이루어진다. 이와 같이 수출을 통해 시장이 확대되면 후진국은 경제의 양적 증가와 질적 개선으로 경제발전을 이룰 수 있게 된다.

그러나 수출을 통해 시장을 확대할 수 있어도, 빈곤의 악순환 중 공급 측면의 고리가 끊어지지 않는 한 기업은 자본부족으로 투자가 불가능하게 된다. 공급 측면의 고리에서 자본부족의 문제는 첫째, 정부가 시장에 개입하여 부족한 자본이 국내소비재 생산에서 국내자본재 및 해외소비재 생산으로 배분되도록 계획·추진하는 방법으로 해결할 수 있다. 둘째, 더 나아가 정부는 부족한 국내 자본문제를 해결하기 위해 해외에서 자본을 빌려올 수 있는데 이때 빌려온 해외자본은 정부에 의해 배분된다.

우리나라는 1960년대 들어 빈곤에서의 탈출을 위해 정교한 경제발전전략을 수립·운영하기 시작하였다. 국내적으로는 정부가 시장에 직접적으로 개입하는 계획경제를 중심으로, 그리고 대외적으로는 세계시장을 대상으로 하는 적극적인 시장경제 참여를 핵심으로 운영되었다. 예를 들면, 1960년대 우리나라의 주요 수출 품목에는 의류, 가발, 심지어는 애완용 강아지를 위한 껌도 있었는데, 이들 상품들은 국내시장에서는 수요가 없는 재화들이었다. 그러나 정부는 이들 재화의 생산을 위해 생산기업에게 낮은 이자에 특별은행자금을 대출·지원하면서 생산을 장려하였다. 이러한 계획경제와 시장경제를 혼합한 경제운영으로 우리나라 경제는 눈부신 경제발전을 시작하였는데, 이후 경제발전의 진행에 따라 2000년대 들어 선진국 대열에 합류하면서 국내적으로도 자유시장경제를 확대·운영하고 있다.

이제 경제발전과 함께 변화해 온 우리나라의 경제상황과 위상을 살펴보자.

1.4 한국경제의 현황과 위상

우리나라 경제는 1945년 일본의 식민지배에서 벗어났지만, 일제강점기 동안 일제의 수탈정책으로 인해 노동, 자본, 기술 등 경제발전에 필요한 기본적 요소들이 자생력을 갖추지 못한 상태에서 출발하였다. 이에 더하여 우리나라 경제는 출발초기부터 남북한 분단과 이어진 6·25전쟁으로 인해 제2차세계대전 이후 출발한 신생독립국들 중에서도 가장 뒤떨어진 상태이었다. 그러나 우리나라는 국민들의 단결된 노력과 힘으로 눈부신 성장을 지속하여 1996년 선진국들의 모임인 경제협력개발기구 (OECD: Organization for Economic Cooperation and Development)[13]에 가입하는 등 이제는 경제적으로 세계 선진국들과 어깨를 나란히 하고 있다.

우리 경제의 현황과 세계경제에서의 위치를 주요 경제지표들을 중심으로 살펴보기로 한다.

1. 국내총생산

한 나라의 경제력(economic power)을 나타내는 대표적인 지표는 "국내총생산 (GDP: gross domestic product)"인데, 이는 일정 기간 동안 한 국가에서 생산된 최종재화들의 시장가치(화폐)를 합한 것을 의미하며 보통 1년을 기준으로 측정한다. "국내총생산"은 한 나라의 경제수준과 경제적 능력을 나타낸다. 한 나라의 "국내총생산"이 커지면 소득과 소비 수준이 커지고, 더 나아가 그 나라가 전쟁에 필요한 무기나 군대를 생산 · 유지하는 능력이 커지게 된다. 그런데 이러한 능력은 다른 나라를 위협하는 군사적 · 정치적 수단으로도 사용되기 때문에 현대에서 "국내총생산"은 그 나라의 힘(national power)을 나타내는 지표로 중요한 의미를 갖고 있다. [그림 1-4]는 우리나라의 "국내총생산" 변화추이를 보여주고 있는데, 6 · 25전쟁이 끝난 1953년의 국내총생산은 13억 달러에 불과하였다. 즉, 우리나라가 1953년 한 해 동안 국내에서 생산한 최종재화들이 모두 합해서 13억 달러밖에 안 된다는 뜻인데, 이러한 우리나라의 경제적 낙후는 1950년대 전반에 걸쳐 나아지지 못하였다. 그러나 1961년 경제개발에 착수하면서부터 우리나라 경제는 눈부신 성장을 지속하여 2013년에 "국내총생산"이 1조 1,975억 달러수준까지 증가하였는데, 이는 1953년에 비해 921배 증가한 규모이다. 특히 그림에서 볼 수 있듯이, 우리나라의 "국내총생산"은 지난 60년 동안, 1998년의 IMF경제위기, 2001년의 국내 신용카드대란, 그리고 2008년~2009년의 세계금융위기 기간을 제외하고는, 꾸준히 큰 폭으로 증가하여 왔다.

13) OECD는 1961년 9월 30일에 설립되어 2012년에 회원국은 34개국이다. 우리나라는 1996년 12월에 29번째 회원국으로 가입하였다. OECD 회원국이 세계경제에서 차지하는 비중은 2012년에 총GDP가 51조 2,144억 달러로 전 세계의 60.4%, 총수출은 10억 956억 달러로 전 세계의 56.9%, 총수입은 10조 956억 달러로 전 세계의 61.9%, 그리고 1인당 평균 GDP는 3만 6,887달러에 달하고 있다.

그림 1-4 | 우리나라의 국내총생산 변화추이

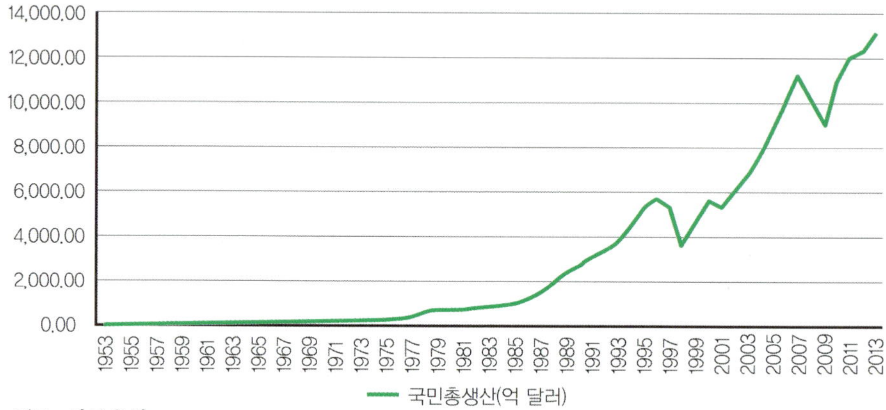

자료: 한국은행.

이러한 경제성장의 결과로, [그림 1-5]에서 볼 수 있듯이, 우리나라 경제는 2013년에 "국내총생산"기준으로 세계 15위를 기록하면서 세계강대국 중 하나로 자리하고 있다.

그림 1-5 | 국내총생산(GDP)의 국가 간 비교

순위	국가명	GDP($)	기준년도
1	미국	16조 7,242억	2013
2	중국	8조 9,393억	2013
3	일본	5조 72억	2013
4	독일	3조 5,932억	2013
5	프랑스	2조 7,386억	2013
6	영국	2조 4,896억	2013
7	브라질	2조 1,902억	2013
8	러시아	2조 1,178억	2013
9	이탈리아	2조 683억	2013
10	캐나다	1조 8,250억	2013
11	인도	1조 7,582억	2013
12	오스트레일리아	1조 4,879억	2013
13	스페인	1조 3,556억	2013
14	멕시코	1조 3,270억	2013
15	**대한민국**	**1조 1,975억**	2013
16	인도네시아	8,674억	2013

자료: IMF.

최근에는 "국내총생산"의 국제적 비교에서 구매력평가(PPP: purchasing power parity)기준을 주로 사용하는데[14], 이는 나라마다 다른 물가수준을 고려하여 각 나라의 실질적인 구매력을 기준으로 "국내총생산"을 평가한 수치이다. 이와 같이 우리나라의 "구매력 평가기준에 의한 국내총생산"은 [그림 1-6]에 나타난 바와 같이, 2013년에 1조 6,655억 달러로 세계 12위를 차지하고 있다.

그림 1-6 | PPP기준에 의한 국내총생산(GDP)의 국가 간 비교

순위	국가명	GDP($)	기준년도
1	미국	16조 7,242억	2013
2	중국	13조 3,740억	2013
3	인도	4조 9,617억	2013
4	일본	4조 7,288억	2013
5	독일	3조 2,266억	2013
6	러시아	2조 5,576억	2013
7	브라질	2조 4,221억	2013
8	영국	2조 3,781억	2013
9	프랑스	2조 2,729억	2013
10	멕시코	1조 8,452억	2013
11	이탈리아	1조 8,053억	2013
12	**대한민국**	**1조 6,655억**	2013
13	캐나다	1조 5,180억	2013
14	스페인	1조 3,887억	2013
15	인도네시아	1조 2,847억	2013
16	터키	1조 1,674억	2013

자료: IMF.

2. 1인당 국민소득(1인당 GDP)

"국내총생산(GDP)"을 인구로 나눈 수치를 "1인당 국민소득(1인당 GDP)"이라고 하는데, 이는 그 나라 국민들 개개인의 생활수준을 나타내는 지표로 사용된다. "국내총생산"은 나라의 경제력과 국력을 나타내지만, 국민 개개인들의 생활수준을 보여주지

14) IMF, 세계은행(world bank), 미국CIA 보고서 등도 국가 간 비교에서 "PPP기준에 의한 국내총생산" 자료들을 사용하고 있다. 대표적인 구매력평가기준으로는 '빅맥지수'가 있는데, 이는 서로 다른 나라에서 판매 중인 빅맥햄버거의 가격비율을 기준으로 각 국가의 물가수준을 비교한 수치이다.

는 못한다. 예를 들어, 중국의 2013년 "국내총생산"은 8조 9,393억 달러로 미국의 16조 7,242억 달러의 절반을 넘고, "구매력기준에 의한 국내총생산"은 13조 3,740억 달러로 미국의 16조 7,242억 달러에 근접하면서 세계 강국으로 부상하고 있다. 그러나 중국의 2013년 "1인당 국민소득"은 6,747달러로 미국의 5만 3,101달러의 1/8수준에 불과한데, 실제로 중국국민 개개인의 생활수준은 미국국민들의 생활수준에 비해 크게 떨어지는 것이 사실이다. 그렇지만 "1인당 국민소득"이 국민 개개인의 생활수준을 정확히 대변하지는 못하고, 더욱이 개인의 행복을 나타내지는 못한다. 즉, 국민 개개인의 행복은 그 사람이 느끼는 주관적인 평가이기 때문에 소득이 늘어났다고 해서 개인의 행복이 커졌다고는 말할 수 없다. 매우 가난한 사람이 그의 삶에서 작은 편안함에 감사하고 즐거움을 느낀다면 그는 소득이 낮아도 큰 행복을 가지고 생활할 것이다. 그러나 일반적으로 대부분의 사람들은 낮은 소득상태에서 소득이 일정수준 이상으로 증가하면 극단적 빈곤에서 벗어나게 된다. 그리고 소득이 증가하면 사람들은 의식주의 기본적 욕구들을 해결할 수 있고, 많은 질병과 고통에서 벗어날 수 있다. 소득이 더욱 증가하게 되면 사람들은 더 좋은 옷과 음식을 소비할 수 있으며, 센(Amartya Sen)[15]이 주장한 바와 같이, 스마트폰이나 노트북 등 자신이 원하는 재화를 선택할 수 있는 자유의 폭이 커지게 되고 이러한 선택의 자유를 통해 인간으로서의 품위와 명예를 유지할 수 있게 된다. 따라서 소득이 행복을 보장하는 것은 아니지만 적어도 행복의 기본적 필요조건이 됨은 분명하다. 실제로 여러 연구들에서 1인당 국민소득이 올라가면 그 나라 국민들의 생활수준과 함께 행복의 수준도 올라간다는 사실이 밝혀지고 있다.[16] 이러한, 이유로 많은 국가들은 국민들의 소득증가를 위해 경제성장을 국가의 주요 정책목표로 하고 있다. [그림 1-7]에서, 우리나라의 1인당 국민소득은 2013년에 2만 4,329달러로 세계 33위에 위치하고 있다. 마찬가지로 구매

---

15) 기아와 빈곤문제에 초점을 맞춘 경제학의 틀을 확립한 공로로 1998년에 노벨경제학상을 수상한 경제학자.

16) Richard Layard의 연구에 의하면, 2005년 짐바브웨와 인도네시아의 1인당 국민소득은 비슷하지만 행복·만족하다는 인구비율은 짐바브웨가 인도네시아의 1/4밖에 되지 않고, 터키와 콜롬비아의 경우도 1인당 국민소득은 비슷하지만 행복·만족하다는 인구비율은 터키가 콜롬비아의 1/3 수준인 것으로 나타났다. 마찬가지로 한국, 슬로베니아, 포르투갈의 1인당 국민소득은 비슷하지만 한국이 이들 국가 중에서 행복·만족하다는 인구비율이 가장 낮은 것으로 나타났다. 따라서 1인당 국민소득이 같은 수준에서 국가별로 행복·만족하다는 인구비율은 차이가 있는 것으로 분석되었다. 그러나 한국의 1인당 국민소득은 짐바브웨, 인도네시아, 터키, 콜롬비아보다 훨씬 높으며, 또한 한국이 행복·만족하다는 인구비율도 이들 국가보다는 훨씬 높은 것으로 나타났다. 즉, 1인당 국민소득이 다른 경우에는, 1인당 국민소득이 높은 국가일수록 그 나라의 국민 중에 행복·만족하다는 인구비율도 높은 것으로 밝혀졌다.

력평가(PPP)기준으로 한 우리나라의 1인당 국민소득(1인당 GDP)은 2013년에 3만 3,189달러로 세계 27위를 기록하면서, 우리나라 국민들 다수는 재화선택의 자유가 크고 인간으로서의 존엄과 품위를 유지할 수 있는 소비생활을 살아가고 있다.

그림 1-7 | 1인당 국민소득(1인당 GDP)의 국가 간 비교

순위	나라	
1	룩셈부르크	11만 424
2	노르웨이	10만 318
3	카타르	10만 260
4	스위스	8만 1,324
5	호주	6만 389
6	덴마크	5만 9191
7	스웨덴	5만 7,909
8	싱가포르	5만 4,776
9	미국	5만 3,101
10	캐나다	4만 1,990
11	독일	3만 4,999
23	영국	3만 9,567
24	일본	3만 8,491
33	한국	2만 4,329

자료: IMF.

3. 소득분배지표

한 나라 국민들의 생활수준과 행복·만족을 포함한 경제적 상태를 나타내는 지표 중 하나는 소득분배지표이다. "국내총생산(GDP)"과 "1인당 국민소득"이 모두 높아도 소득이 국민 중 일부에게 집중되어 있고, 나머지 많은 국민들이 낮은 소득과 건강, 교육 상태에 있다고 하면 이 나라는 경제상태가 좋다고 할 수 없을 것이다. 따라서 소득분배는 국민들의 경제적 상태를 나타내는 중요한 지표인데, 소득이 어느 정도 균등하게 분배되는가를 나타내는 소득분배의 불균형 수치로는 지니계수(Gini's coefficient)가 주로 사용된다. 지니계수는 빈부격차와 계층 간 소득분포의 불균형 정도를 나타내는 수치로 0과 1 사이의 값을 가지는데, 값이 0에 가까울수록 소득분배가 평등하다는 것을 뜻한다. 우리나라는 앞의 지표들에서 본 바와 같이 경제적으로 세계 선진국에 진입하여 있기 때문에 선진국들의 모임인 경제협력개발기구(OECD:

Organization for Economic Cooperation and Development) 국가들과 비교하기로 한다. [그림 1-8]은 2011년의 OECD국가들의 지니계수를 보여주고 있다. 우리나라의 지니계수는 2011년에 0.307으로 OECD 34개 회원국 중 18번째로 낮았고, OECD 평균인 0.314보다 조금 낮은 수준이다. 국가별로는 스웨덴(0.269), 헝가리(0.272), 독일(0.286) 등의 지니계수가 우리나라에 비해 낮은 반면, 미국(0.380), 영국(0.341), 일본(0.336)은 우리나라에 비해 지니계수가 높은 것으로 나타났다.

그림 1-8 | OECD국가들의 지니계수

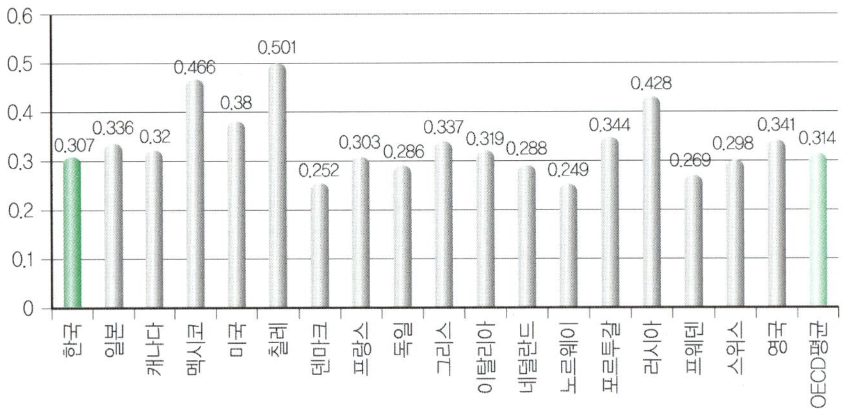

주: 일본은 2009년, 러시아와 스위스는 2008년도 자료임.

4. 실업률

한 나라의 경제 상태를 나타내는 중요한 지표 중 또 다른 하나는 실업률이다. 우리나라 5,000만 인구 중에 어린아이, 초·중·고 및 대학생, 전업주부 등을 제외한 사람들은 돈을 벌어 자신과 가족을 부양하여야 한다. 이들 중에는 회사에 다니면서 월급을 받는 사람들도 있고 자신이 농사를 짓거나 또는 식당이나 회사를 경영하여 돈을 버는 사람들도 있는데, 이들을 취업자라고 한다. 그리고 사람들 중 일부는 직장을 구하지 못하여 직장을 찾기 위해 노력하는 이들도 있는데, 이들을 실업자라고 한다. 실업자와 그의 부양가족은 소득이 없는 상태에서 생활하기 때문에 생활수준은 낮고 심지어 기본적 의식주의 문제도 해결하기 어려운 극단적 빈곤 상태에 빠지게 된다. 따라서 한 국가에 실업자가 많으면 국민들 중 많은 사람이 빈곤상태에 놓여 있다는 것을 나타내며, 생산적 측면에서도 고용의 부진은 기업들의 생산활동이 활발하지 못하다는 것을 의미한다. 따라서 실업자의 비율을 나타내는 실업률은 한 나라의 사회 전반에 걸친 노동 및 경제상황을 나타내는 중요한 지표로 사용된다.

$$\text{실업률} = \frac{\text{실업자수}}{\text{취업자수} + \text{실업자수}} \times 100(\%)$$

[그림 1-9]는 1996년부터 2013년까지 OECD 평균과 우리나라의 실업률 변화를 보여주고 있는데, 우리나라의 실업률은 OECD 평균 실업률보다 상당히 낮은 수준을 유지하였음을 알 수 있다. 특히 우리나라의 실업률은 IMF 경제위기가 있었던 1998~1999년에도 OECD 평균 실업률보다 낮은 수준을 유지하고 있었다. 〈표 1-1〉은 OECD 국가들의 실업률 변화를 보여주고 있는데, 우리나라는 IMF 경제위기가 있었던 1998~1999년에 실업률이 높아지면서 OECD국가 중 13위, 12위까지 올라간바 있다.

그림 1-9 | OECD평균과 우리나라의 실업률 변화

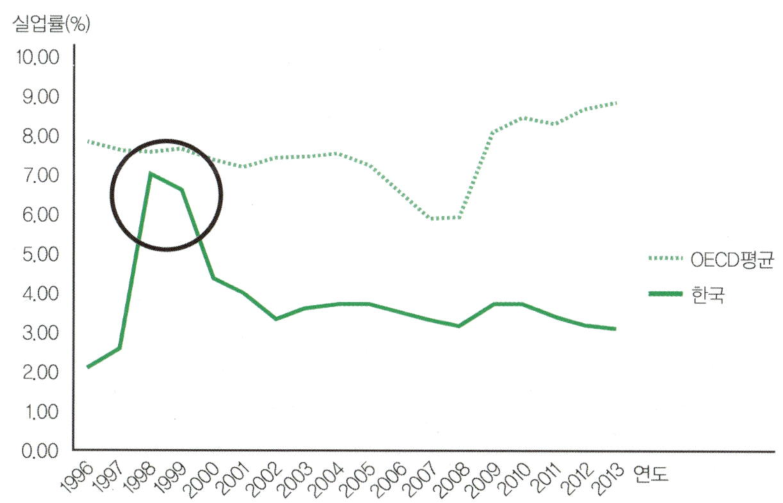

그러나 그 기간을 제외하고 우리나라의 실업률은 OECD 국가들 중에서 가장 낮은 수준을 유지하여 왔다. 이와 같이 우리나라가 실업률이 낮은 이유 중 하나는 우리나라 실업률의 통계작성 방법이 OECD의 실업률 통계작성기준과 다르기 때문이다. 대표적인 차이로 우리나라는 실업률 통계작성에서 65세 이상의 노년층을 실업률 계산에 포함하는데, OECD 실업률 통계작성에서는 65세 이상의 노년층을 실업률 계산에 포함하지 않고 있다. 또 다른 중요한 이유로 우리나라는 자영업의 비중이 높기 때문인데, 우리나라는 사회안전망(social safety net)이 아직 미비하여 많은 사람들이 직장을 잃는 경우에 실업상태에 남아 있지 않고 자영업을 운영하기 때문이다. 세 번째 이유로 우리나라는 젊은 층의 대학진학률이 OECD 국가들보다 높은데, 실업률 통계에서 대학생은 비경제활동인구로 분류되어 실업자로 보지 않기 때문이다. 네 번째로 우리나라는 여성들의 경제활동이 OECD선진국들보다 낮아서 많은 여성들이 취업이 어려운 경우에는 취업을 포기하고 전업주부나 결혼준비 등으로 생활하는데, 전업주부나 결혼을 준비하는 여성과 같이 취업을 포기한 사람들은 비경제활동인구로 분류되어 실업자로 보지 않기 때문이다.

표 1-1 OECD 국가들의 실업률 변화

	1996	1997	1998	1999	2000	2001	2002	2003	2004
프랑스	11	11.1	10.7	10.4	9	8.2	8.3	8.6	8.9
독일	8.9	9.7	9.5	8.6	8	7.9	8.7	9.8	10.5
일본	3.4	3.4	4.1	4.7	4.7	5	5.4	5.3	4.7
한국	2.1	2.6	7	6.6	4.4	4	3.3	3.6	3.7
영국	7.9	6.8	6.1	5.9	5.4	5	5.1	5	4.7
미국	5.1	5	4.5	4.2	4	4.7	5.8	6	5.5
순위	1	1	13	12	10	7	4	3	2

	2005	2006	2007	2008	2009	2010	2011	2012	2013
프랑스	8.9	8.9	8	7.5	9.1	9.3	9.2	9.8	10.3
독일	11.3	10.3	8.7	7.5	7.8	7.1	6	5.5	5.3
일본	4.4	4.1	3.8	4	5.1	5.1	4.6	4.4	4
한국	3.7	3.5	3.3	3.2	3.7	3.7	3.4	3.2	3.1
영국	4.8	5.4	5.3	5.7	7.6	7.8	8	7.9	7.5
미국	5.1	4.6	4.6	5.8	9.3	9.6	9	8.1	7.4
순위	3	3	3	4	2	2	2	1	1

5. 대외무역

앞에서 설명한 바와 같이, 우리나라는 1960년대 초부터 "빈곤의 악순환"을 벗어나기 위해서 세계시장에 적극적으로 참여하였으며 다른 나라들과의 무역을 통해 지금까지 경제성장을 이루어 왔다. 따라서 우리나라는 세계적으로 무역 강국의 위치를 공고히 하고 있는데, 이러한 우리나라의 위상은 <표 1-2>에서 볼 수 있다. <표 1-2>에서, 2012년에 우리나라의 수출규모는 5,470억 달러로 세계 7위를 자랑하며 수입규모는 5,190억 달러로 세계 9위를 기록하고 있다. 마찬가지로 수출과 수입을 합한 전체 무역규모는 8,960억 달러로 순위에서는 세계 8위를 차지하고 있다.

표 1-2 우리나라의 무역규모와 국가별 순위(2012년)

(단위: 십억 달러)

무역규모			수출			수입		
순위	국가명	금액	순위	국가명	금액	순위	국가명	금액
1	미국	3,881	1	중국	2,049	1	미국	2,336
2	중국	3,867	2	미국	1,546	2	중국	1,818
3	독일	2,574	3	독일	1,407	3	독일	1,167
4	일본	1,684	4	일본	799	4	일본	886
5	네덜란드	1,247	5	네덜란드	656	5	영국	690
6	프랑스	1,243	6	프랑스	569	6	프랑스	674
7	영국	1,164	7	한국	548	7	네덜란드	591
8	한국	1,067	8	러시아	529	8	홍콩	553
9	홍콩	1,046	9	이탈리아	501	9	한국	520
10	이탈리아	987	10	홍콩	493	10	인도	490
세계총계	(202개국) 37,002		(203개국) 18,401			(201개국) 18,601		

자료: WTO, stat.wto.org

세계시장에서 높은 순위를 차지하고 있는 수출입 규모와 함께, 우리나라는 외환보유액에서도 2014년 3월기준으로 3,543억 달러의 외환을 보유하면서 세계 7위를 차지하고 있다. 외환보유액이란 한 나라가 보유하고 있는 대외 외화금융자산(금과 달러·엔·마르크 표시)을 말하는데, 외환보유액은 한 나라의 대외지급능력을 나타내기 때문에 그 나라의 신용도를 보여주는 의미 있는 지표라고 할 수 있다. 외환보유액이 너무 적을 경우에는 채무상환을 연기하는 모라토리움(moratorium), 또는 대외채무를 갚지 못하는 디폴트(default) 상태에 빠질 위험이 있다. 특히 우리나라의 경우는 국가경제의 대외의존도가 높기 때문에 외환보유액의 크기는 더욱 중요한 의미를 갖고 있는데, 우리나라는 1997년 12월 외환보유액의 부족으로 외환위기에 빠진 적이 있다. 우리나라 외환보유액은 1998년 외환위기 이후부터 꾸준히 증가했는데,

이는 수출증가 등에 따라 경상수지 흑자가 지속되고, 성공적 기업·금융 구조개혁과 국가 신인도 향상 등으로 외국인 투자자금이 꾸준히 유입된데 기인한다.

표 1-3 우리나라의 외환보유고(2014년 2월 말)

(단위: 억 달러)

중국	일본	스위스	러시아	대만	브라질	한국	홍콩
39,481	12,793	5,460	4,861	4,192	3,639	3,543	3,168

6. 글로벌 기업 수

우리나라 경제의 세계적 위상을 나타내는 또 다른 지표로서 글로벌 기업 수를 들 수 있는데, 이는 일반적으로 글로벌 500(Global 500)을 기준으로 평가한다. 글로벌 500은 세계적으로 유명한 경제잡지인 『Fortune』, 『Financial times』, 『Forbes』에서 발표하는 세계 500대 기업에 들어가는 기업들을 말한다. 〈표 1-4〉에서 볼 수 있듯이, 세계 500대 기업에서 우리나라 기업의 수는 『Fortune』의 기준에 의하면 14개로 7위, 『Financial times』에 의하면 5개로 10위, 『Forbes』에 의하면 15개로 7위를 기록하고 있다. 따라서 세계적 기업 수를 기준으로 평가할 때, 우리나라는 세계 선진국의 대열에서도 상위그룹에 있음을 알 수 있다. 그러나 표에 나타난 바와 같이, 우리나라의 세계 500대기업의 수는 주요 국가들과 비교했을 때 그 격차는 큰 편이다. 따라서 앞으로 세계적인 기업을 육성할 전략을 마련할 필요가 있다.

표 1-4 우리나라의 글로벌 500기업 수(2013년 기준)

Fortune		Financial Times		Forbes	
미국	132개	미국	184개	미국	161개
중국	89개	중국	45개	일본	41개
일본	62개	일본	34개	중국	39개
영국	37개	영국	31개	영국	30개
프랑스	31개	프랑스	23개	프랑스	27개
독일	29개	독일	20개	독일	23개
한국	14개	인도	12개	한국	15개
인도	8개	브라질	10개	인도	10개
브라질	8개	러시아	8개	러시아	9개
러시아	7개	한국	5개	브라질	6개

| 제2장 |

한국경제의 발전 과정

현재의 한국경제를 이해하기 위해서는 해방 이후 최근까지 한국경제의 발전 과정을 살펴보아야 한다. 한국경제는 빈약한 자연자원, 부족한 자본 및 기술, 작은 규모의 국내시장, 그리고 상대적으로 많은 잉여노동이라는 경제적 조건들 위에서 지난 70년 동안 농업 중심의 전통경제사회에서 공업중심사회(industrial society), 그리고 서비스업 중심의 후기산업사회(post industnial society)로 발전하여 왔다.

이 과정에서 한국은 1962~2008년까지의 경제성장률이 연평균 7.5%를 초과하면서 눈부신 경제성장을 이루었다. 아래 그림에서 볼 수 있듯이, 1962년에 한국의 1인당 국민소득(GNI)은 110달러로 아시아의 태국, 아프리카의 차드, 모리타니아, 수단 등과 같은 수준이었다. 당시 한국보다 더 못사는 나라로는 케냐(100달러) 한 나라 뿐이고, 그리고 약간 잘사는 나라로는 파푸아뉴기니(120달러)가 있었다. 그러나 51년이 지난 2013년의 경제상황을 보면, 여타 국가들이 경제발전을 이루지 못한데 반해, 한국은 1인당 국민소득이 24,329달러로 221배 성장하였다. 또한 한국의 국내총생산(GDP)은 1962년에 23억 달러이었는데, 2013년에는 11,975억 달러로 521배의 성장을 기록하고 있다. 한국은 이러한 고도 경제성장을 바탕으로 선진국 모임인 OECD에 가입하면서 제2차세계대전 이후 경제발전에 성공한 대표적인 국가로 평가받고 있다.

해방 이후 한국경제의 전개 과정은 크게 세 국면으로 나누어 볼 수 있다. 첫 번째 국면은 1945년 해방 후부터 본격적인 경제성장이 이루어지기 시작한 1962년 이전까지의 기간이다. 두 번째 국면은 정부주도의 경제개발계획에 의해 고도경제성장을 이룩한 1962~1997년까지의 기간이다. 세 번째 국면은 1997년 말의 'IMF 경제위기'와 '세계화'의 격랑 속에서 정부의 경제개발계획이 종식되고, 시장에 의해 경제가 운영되기 시작한 1998년부터 현재까지의 기간이다.

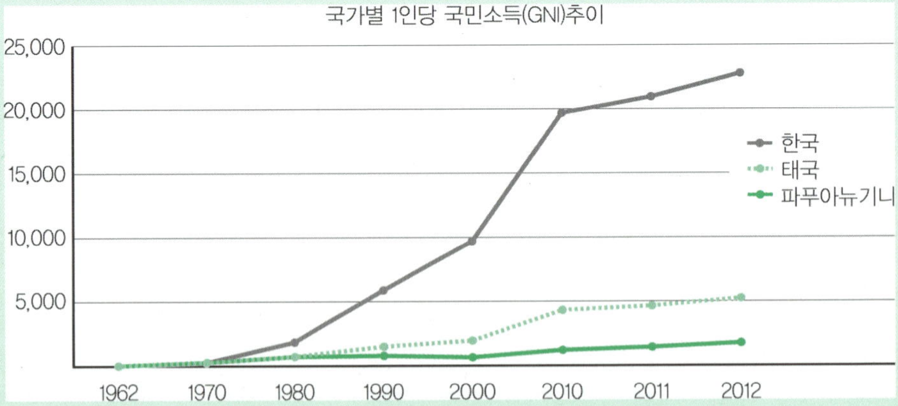

1960년대 이후 개발도상국들의 1인당 국민소득 변화 추이

자료: 세계은행(World Bank)

GNI per capita, Atlas method(2012년 명목 미국달러)

제2장 한국경제의 발전 과정

2.1 해방 이후 혼란기 경제(1945~1961년)

이 시기는 해방으로 일본경제에 대한 의존이 단절되고, 정부수립과 남북분단, 6·25전쟁, 그리고 전후 복구 등 사회·정치적으로 극심한 혼란기였다는 시대적 특징을 지니고 있다. 이 시기의 초반에는 해방에 따른, 그리고 중반에는 전쟁으로 인한 급격한 생산위축으로 물자, 특히 소비재 부족이 극심하였는데, 이 시기에는 소비재 중심의 해외원조가 한국경제를 지탱하여 주었다.[1] 따라서 이 시기에는 명확한 경제발전전략이 없었으며, 임의적 정책들이 연속되었다. 그렇지만 이 시기에 한국은 정치·경제·사회적으로 큰 변혁을 겪으면서 현재까지 지속되고 있는 정치·경제의 기본틀이 만들어졌다.

한편 이 시기의 발전전략은 대략적으로 수입대체산업의 육성전략이라고 특징지을 수 있다. 수입대체산업의 육성전략은 종전에 수입되던 제품을 국내기업이 생산·공급할 수 있도록 자금공급 등 정부의 지원이 이루어지고, 수입품에 대해서는 높은 관세를 부과하는 등의 방법으로 국내기업을 보호·육성하는 발전전략을 말한다. 이러한 발전전략에 따른 소비재 수입대체산업은 면방직, 제분(밀가루), 제당(설탕) 등의 생활필수품을 생산하는 소위 삼백산업(三白産業)이 주류를 이루었는데, 이들 산업에서 육성된 자본–후에 재벌(財閥)로 성장–이 이후 한국의 공업화를 주도하게 되었다.

---

1) 이 기간 동안의 경제상황을 설명할 수 있는 통계자료가 부족하지만, 경제규모는 오히려 줄어든 것으로 추정된다.

1. 해방과 미군정 하의 경제(1945~1948년)

8·15는 우리에게 환호와 아픔의 상반되는 두 개의 역사적 변화—일본식민지로부터의 해방과 남북분단—를 가져다주었다.

경제적 관점에서 한국경제는 8·15 해방과 더불어 자본의 90%, 그리고 기술의 85% 이상을 차지했던 일본과의 경제관계가 단절되면서 난관에 봉착하게 되었다. 즉, 〈표 2-1〉에서 볼 수 있듯이 해방 전 한반도에는 방직, 화학, 식료품 등의 공장이 생산활동을 하고 있었지만, 해방과 함께 일본에 자본과 기술을 의존하던 이들 공장의 생산활동이 거의 중단됨에 따라 공업생산은 71.17%가 감소하였다. 또한 일제는 패전을 당하자 한국 내에 통화를 남발하여 악성 인플레이션을 조성하였고, 생산시설의 파괴와 생산자재의 방매를 실시하여 한국경제를 큰 혼란에 빠뜨렸다.

더 나아가 남북분단은 한반도의 지리적 분할뿐만 아니라 자연자원의 분할, 공업시설의 분할, 시장의 분할 등을 초래하였다. 지하자원의 경우를 보면, 한반도의 지하자원은 [그림 2-1]과 같이 대부분 북한에 편재되어 있었다. 따라서 남한은 남북분단으로 인해 지하자원의 대부분을 상실하면서 경제적으로 큰 어려움에 직면하게 되었다. 또한 해방 당시 한반도의 전력상황은 총발전량을 기준으로 98만 8,700Kw이었다. 그러나 발전소의 대부분이 북한에 위치함에 따라 남한의 발전량은 한반도 총발전량의 8%인 7만 9,500Kw밖에 되지 않았다. 따라서 남북분단으로 산업활동의 원동력인 전력 공급이 북한으로부터 중단됨에 따라 남한경제는 마비상태에 직면하게 되었다.

표 2-1 해방 직후 공업생산의 위축현황

(단위: 원)

구 분	1939년	1946년	감소율(%)
방직공업	170,985	67,855	60.31
기계기구공업	38,405	15,154	60.54
화학공업	91,171	21,714	76.18
제재 및 목재	13,746	11,012	19.89
식료품공업	213,628	36,457	82.93
계	527,935	152,192	71.17

주: 1939년의 생산액은 남한 9개도,
1946년 생산액은 1939년 평균물가지수에 의한 추정치
자료: 한국산업은행, 조사월보, 제46호, 1959년 6월, p. 10.

공업시설의 경우, 일제는 중국침략을 위해 〈표 2-2〉에서 보듯이 북한지역에 군수산업을 중심으로 하는 중화학공업 시설을 집중적으로 건설하였는데, 남북분단으로 남한은 중화학공업 시설을 모두 상실하게 되었다. 따라서 남한은 일부 경공업산업 시설만을 갖는 불균형적인 산업구조를 갖게 되었다.

표 2-2 남북한의 공업생산액(1940년)

구분	중화학공업				경 공 업			
	화공	금속	기계	소계	방적	식품	기타	소계
남한	91(18)	41(10)	38(72)	143(21)	171(85)	214(65)	197(67)	562(69)
북한	411(82)	123(90)	15(28)	549(79)	30(15)	115(35)	96(33)	241(31)

주: ( )는 %를 나타냄.
자료: 성창환, 한국경제론, p. 96.

그림 2-1 | 주요 지하자원의 남북한 비교(1936년)

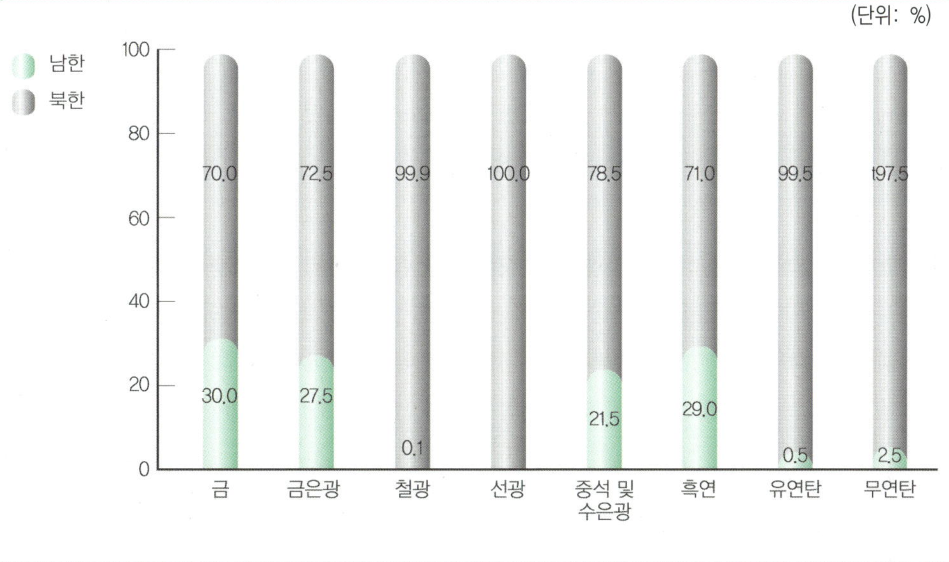

구분	금	금은광	철광	선광	중석 및 수은광	흑연	유연탄	무연탄
남한	30.0	27.5	0.1	–	21.5	29.0	0.5	2.5
북한	70.0	72.5	99.9	100.0	78.5	71.0	99.5	97.5

자료: 한국은행, 조사월보, 제68호.

이러한 경제적 혼란에 대하여 미군정은 일시적 미봉책으로 대처하면서, 민주주의 정부수립 및 치안확보, 그리고 기아와 질병방지 등에만 중점적 노력을 경주하였다. 이에 따라 미군정은 궁핍한 경제상태를 시급히 해결하기 위해 식량, 원면, 비료 등 소비재의 원조도입을 우선적으로 실행하였는데, 1945년 9월부터 1948년 말까지 미국의 원조는 0.1% 정도가 생산재였으며 나머지는 모두 소비재였다. 이러한 미국의 대규모 식량 및 원면 등의 원조는 한국의 시급한 민생경제의 위기를 위해서 불가결한 조치였으나, 결과적으로 한국의 농업을 정체시키는 한 요인이 되기도 하였다.

한편 이 시기에 미군정은 현재 한국사회의 정치 · 경제제도의 기본틀이 되는 개혁안을 추진하였다. 미군정에 의해 추진된 제도 변혁의 큰 틀은 제2차세계대전에서 승리한 미국의 일본에 대한 정책의 연장선이라는 관점에서 이해해야 할 것이다. 미국은 일본에 대해 미국식 민주주의 및 시장경제제도를 도입 · 정착시키기 위해 근본적인 개혁을 진행하였다. 그 중 경제개혁에서 기본적인 것은 농지개혁과 기업체의 소유 및 지배구조개혁(즉, 재벌개혁)이었다. 이러한 미국의 일본에 대한 개혁안은 기본적으로 미군정의 지휘를 받는 한국에도 적용되었는데, 이후 미군정을 이어받은 이승만 정부도 그 연장선상에서 개혁을 추진하였다.

2. 정부수립 후 경제(1948~1953년)

1948년 8월 15일 대한민국 정부(이하 한국)가 한반도의 남쪽지역에서 수립되자, 정부는 향후에 한국경제의 중요한 틀을 만드는 계기가 된 귀속재산 불하, 농지개혁 등을 실시하였다. 이 두 정책은 미군정이 한국에 대한 개혁의 연장선에서 이루어졌는데, 귀속재산 불하는 이후 한국산업구조와 소유구조의 뼈대를 형성하는 단초를 제공하였으며, 농지개혁은 이후 한국의 농업구조를 규정짓는데 결정적 계기가 되었다.

미군정은 1945년 12월 「조선 내 소재 일본인 재산권 취득에 관한 건」을 공포하여 모든 일본인 소유 재산을 군정청 소유의 귀속재산으로 접수 · 관리하였으나, 정부수립과 더불어 귀속재산을 모두 한국정부에 이양하였다. 한국정부는 1949년 12월 「귀속재산 처리법」을 제정 · 공포하여 이들 귀속재산의 불하를 실시하였다. 이에 따라 많은 기업체가 6 · 25전쟁 중에 불하되었는데, 특히 남한의 대표적 공업이라 할 수 있는 면방직공업은 1950년에서 1953년 사이에 불하되었다. 귀속재산의 매각가격은 그 재산의 매각계약 당시의 시가보다도 훨씬 낮은 가격으로 불하되었다. 매각 방법도 연고권자나 수의계약 등에 의존함으로써 권력과의 유착 또는 정치권력의 개입이 일반화되었다. 귀속은행의 주식 불하는 1954년 8월 15일부터 실시되어 1957년에 종료되었는데, 은행주식 불하도 귀속업체 불하와 유사한 방법으로 이루어졌다. 예컨대, 제일은행의 경우 당초에는 윤모씨에게 최고 가격으로 낙찰되었지만 이후 실제로는 정재호에게 낙찰되었고, 한일은행은 이병철, 상업은행은 이한환에게 불하되었다. 이들 세 사람은 모두 정치권력과 밀착설이 있었는데 이러한 요인이 은행주식 불하에 큰 영향을 주었을 것으로 추측된다. 이상과 같이 해방 이후 한국의 산업화는 자체적인 자본 형성이 되어 있지 못한 상태에서 출발하였기 때문에 정부의 귀속재산 불하에 의해 산업구조 및 소유구조의 방향이 결정되었다. 즉, 대규모 기업체의 소유를 분산하지 않고 개인에게 불하하여 그 후 재벌을 형성하는 바탕이 되었다. 동시에 민족자본으로서 자생적으로 발전하고 있던 중소기업의 소멸 또는 하청기업화를 초래하였다. 결국 일본에서는 이 시기에 재벌이 해체되었지만, 한국에서는 재벌 형성의 단초가 마련되었던 것이다.

정부수립 이후 또 다른 중요한 경제개혁은 농업 부문에서의 농지개혁이었다. 8·15 직후 농업 부문에는 총 농가호수의 50%가 대지주의 순 소작농이었고, 총 경지면적의 60% 정도가 소작지였으며, 봉건적 고율의 현물소작료가 시행되고 있었다. 한국에서 농지개혁이 시행될 수 있었던 것은 일제시대에 농지소유가 가장 큰 사회적 갈등의 원인이었고, 대부분의 대지주가 친일경력이 있어서 그 지위의 정당성을 의심받았기 때문이다. 또한 해방 후 남한사회에 큰 세력을 가진 좌파의 공세, 일본 및 북한과 중국의 농지개혁 등이 배경으로 작용하였다. 이러한 배경 하에서 정부는 1950년 3월 10일 「개정농지개혁법」을 공포하였으며, 1966년 12월에 농지의 매수·분배가 완결되었다. 그러나 농지개혁에 의한 분배면적은 1949년 6월 21일을 기준으로 한 분배 예정면적의 66.1%에 불과하였으며, 1945년 12월 말 당시 소작지면적의 38.1% 정도에 불과하였다. 이러한 농지개혁의 절반의 실패는 당시 사회의 상층부에 속하는 지주계급들의 끈질긴 반대로 많은 예외 조항들이 생기면서 많은 농지가 농지개혁 대상에서 누락되었기 때문이다. 이에 더하여 농지개혁정책이 6·25전쟁 중에 실시되면서 농지개혁보다 전쟁이 더 위급한 상황으로 등장한 데에서도 실패의 원인을 찾을 수 있을 것이다. 그러나 한국의 농지개혁은 일본, 북한, 중국 등의 토지개혁과 함께 세계적으로 보아도 근대 경제사상 가장 큰 농지소유구조의 변화였으며, 한국에서 봉건적 지주제가 해체되고 농민적 토지소유가 확립되는 계기가 되었다고 할 수 있다. 또한 여러 객관적인 원인들이 있었더라도 한국 정부가 스스로 개혁한 것은 평가받아야 할 것이다. 중국의 국민당 정부나 남베트남 정부가 농지개혁을 하지 않거나 시기를 놓쳐서 패망한 데 비하면 한국의 이승만 정부는 뚜렷한 성과를 거두었다. 특히 농지개혁은 곧이어 터진 6·25전쟁에서 북한군이 농민의 지지를 얻지 못하는 결정적 요인으로 작용하였다.

3. 전후복구 경제

해방 후 미군정과 6·25전쟁의 혼란기를 겪은 한국경제는 1953년에 1인당 국민소득(GDP)이 67달러로 세계 최빈국 중 하나이었다. 그러나 한국경제는 휴전과 함께 전후복구에 힘쓰면서, [그림 2-2]에서 볼 수 있듯이, 전체적으로 불안정한 과정을 겪으면서도 1954~1961년 기간 동안에 연평균 4.6%의 경제성장률을 보였다. 이러한 경제성장률은 당시 여타 개발도상국들과 비교하여 볼 때 상대적으로 낮지 않은 수준이었는데,[2] 이 같은 성장은 국내 저축률의 약 3배가 넘는 투자율에 의해 가능했는데, 투자를 뒷받침한 것은 미국의 대규모 원조였다.

휴전 이후 한국의 경제성장은 2차산업을 중심으로 이루어졌는데, 2차산업의 확대는 일부 제조업의 급속한 성장에 의해 주도되었다. 이 시기 한국 제조업의 핵심은 소위 삼백산업(三白産業)이라고 칭했던 제분업, 제당업, 면직업인데 이들 3대 공업은 전후 4년 동안에 생산시설이 5배, 생산실적은 3.6배로 증가하였다. 이 삼백산업이 전체 공업에서 차지하는 비중을 보면, 섬유공업과 식품공업의 공장 수는 공업 전체 공장 수의 58.1%, 공업전체 종업원 수의 57.7%를 차지하였다. 따라서 1950년대 한국경제 성장의 특징은 크게 두 가지로 요약할 수 있다.

첫째, 소비재공업 중심의 산업화이다. 이는 1950년대 우리나라의 산업화가 귀속재산 불하와 구호소비재 원조물자의 가공에서 출발하면서, 삼백산업을 중심으로 하는 소비재 편중적인 공업화가 진행되었기 때문이다. 산업 간에는 분업연관효과를 갖지 못하였는데, 특히 농업은 농지개혁으로 인한 농지의 영세화에 더하여 미국의 대규모 식량원조로 인하여 공업분야에 원료를 제공하거나 소비시장으로서의 기능을 상실하면서 급속히 위축되었다.

둘째, 경제적 대외의존성의 심화이다. 한국경제는 자본, 원료, 소비재 등 경제전반에 걸쳐 모두 외부원조에 의존하였는데, 이 같은 대외의존성은 이후 한국경제의 구조적인 속성으로 굳어져 갔다.

---

2) 이 기간 동안에는 한국의 인구증가율이 높아서 실제로 1인당 생산증가율은 0.8%로 낮은 수준을 기록하였다.

이상에서와 같이 8 · 15 해방 이후부터 1950년대 말까지 한국경제는 전형적인 후진국경제에서 출발하여 '4 · 19', '5 · 16'이라는 정치적 격동기를 거쳐 『경제개발계획』의 단계로 접어들게 된다.

그림 2-2 | 1950년대 경제지표

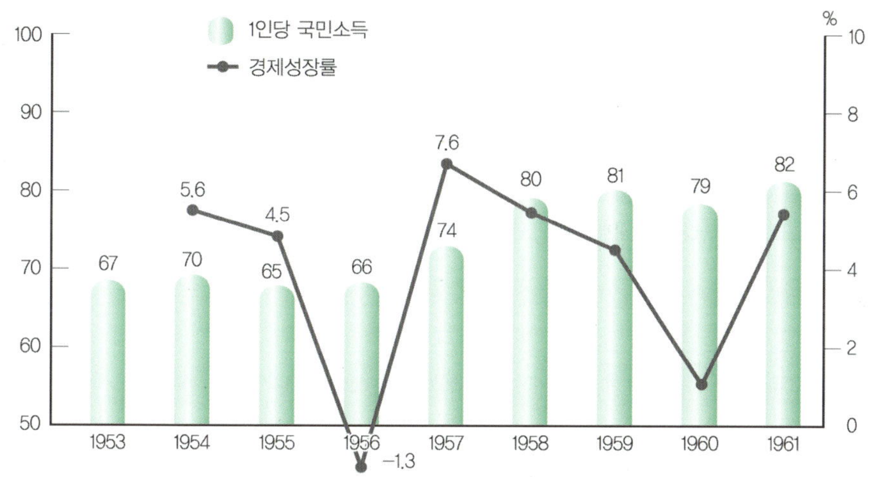

구분	1953	1954	1955	1956	1957	1958	1959	1960	1961
경제성장률	–	5.6	4.5	–1.3	7.6	5.5	3.9	1.2	5.9
물가상승률	–	–	–	–	–	–	–	–	–
수출(백만$)	39.6	24.2	18.0	24.6	22.2	16.5	19.8	32.8	40.9
수입(백만$)	345.4	243.2	341.4	386.1	442.2	378.2	303.8	343.5	316.1
1인당 국민소득($)	67	70	65	66	74	80	81	79	82

주: 1) 경제성장률은 국민총소득(GDP)성장률임.
2) 물가는 소비자물가임.
3) 1인당 국민소득은 1969년까지는 1인당 GDP(국내총생산), 1970년부터는 1인당 GNI(국민총소득)로 나타냄.
자료: 통계청.

국민소득 또는 국민총소득

국민소득 또는 국민총소득이란 국가구성원 개개인의 소득을 합계한 것으로 그 국가의 경제력 및 국민들의 생활수준을 나타내는 대표적인 지표이다.

그런데 국민소득을 계산할 때 국가구성원을 어떻게 규정하는가에 따라 그 계산 방법이 달라진다. 즉, 국가구성원을 그 국가의 영토 안에 있는 사람들(영토기준)로 볼 것인지, 아니면 그 국가의 국민들(국적기준)로 볼 것인가에 따라 국민소득은 다르게 계산된다. 전통적으로 사용된 국민소득은 국적

기준으로 계산된 국민총생산(Gross National Product: GNP)이다. 국민총생산은 1년 동안 국민 모두가 생산한 재화와 용역을 시장가격으로 집계한 것이다. 따라서 여기서는 자국민이 해외에서 재화나 용역을 생산하여 벌어들인 소득이 포함되며, 반대로 외국기업 또는 외국인 노동자가 국내에서 생산한 것들은 포함되지 않는다.

그러나 1990년대 들어 세계화가 빠르게 진행되면서 국적을 기준으로 한 국민총생산(GNP)이 과연 국가의 경제력 및 국민들의 생활수준을 정확히 나타내는가에 대해 의문이 제기되었다. 예를 들어, 한국의 기업들이 값싼 노동력을 찾아 중국으로 대거 진출하면서 국내에 대량 실업과 경기침체가 나타나도 중국진출 기업들의 현지 생산이 증가하면 국민총생산(GNP)으로 표현된 한국의 국민소득은 크게 증가하게 된다. 이 경우 한국의 국민소득 증가는 침체된 한국의 경제상황을 잘못 반영하게 된다.

따라서 1990년대 중반부터 세계 각국은 국민소득 또는 국민총소득을 나타내는 지표로 국민총생산(GNP) 대신 국내총생산(Gross Domestic Product: GDP)을 사용하고 있다. 국내총생산은 1년 동안 한 국가 영토 내에서 생산된 재화와 용역을 시장가격으로 집계한 것이다. 따라서 여기에는 국내에 있는 외국기업 또는 외국인 노동자가 생산한 재화나 용역이 포함되며, 자국민이 해외에서 재화나 용역을 생산하여 벌어들인 소득은 포함되지 않는다.

2.2 '경제개발계획'에 의한 경제발전(1962~1997년)

이 시기에 한국경제는 강력한 정부개입에 의해 정교하게 계획된 수출주도의 공업화 발전전략을 토대로 성장・발전하였다.

이 시기의 발전전략 특징은 국내시장을 위한 수입대체산업의 육성을 초기에 완성・종결하고 해외시장을 겨냥한 수출주도산업을 육성하는 적극적인 공업화 발전전략이다. 국내시장이 지나치게 작다는 한국경제의 특성 하에서 수출은 경제성장에 핵심적 역할을 하였는데, 특히 수출은 선진 외국기술 유입과 생산 방법의 숙지, 노동생산성의 빠른 성장 등을 가능하게 하면서 국내 산업구조를 결정하는 요인으로 작용하였다. 이 기간 동안을 다시 구분하여 보면 1960년대에는 가방, 의류, 섬유 등 경공업제품이 수출에서 큰 비중을 차지하면서 한국 산업구조도 경공업중심의 공업화 과정을 걷도록 선도하였으며, 1970년대부터는 철강, 기계, 조선 및 화학공업제품 등 기계류 및 중간재가 수출의 주종을 이루면서 국내산업도 고도화되었고, 1980년대 중반 이후 기술집약적인 소비성 전자제품, 자동차 그리고 중화학공업제품의 확대가 수출과 국내경제의 주종을 이루었다. 마찬가지로 1990년대 이후부터는 반도체, 휴대폰 등 고기술집약적인 전자제품산업이 수출 및 국내경제의 중심을 이루고 있다.

이 시기 발전전략의 또 다른 특징은 정부의 적극적인 시장개입이다. 모든 경제계획의 수립과 진행이 정부에 의해 주도되었는데, 이는 당연히 정경유착과 자유시장경제의 후진성을 초래하였다. 이러한 시장경제의 후진성으로 인해 한국경제는 이 시기가 끝나는 1997년 말 'IMF 경제위기'를 맞게 된다.

1. 1960년대 경제

한국경제가 전근대적 후진국에서 탈피하여 본격적인 경제성장의 궤도에 진입하기 시작한 시기는 '제1차 경제개발5개년계획(1962~1966년)'부터이다.[3] '5 · 16혁명'으로 정권을 잡은 혁명정부는 사회경제적 악순환의 시정과 자립경제의 달성을 위한 기반을 구축하는 데 중점을 둔 '제1차 경제개발5개년계획'을 수립하였다. 1962년부터 시작된 제1차 5개년계획은 1950년대의 부정부패 일소와 경제체질 개선을 위하여 정책목표를 자립경제의 달성을 위한 기반의 구축에 두었다. 경제개발 목표의 실현을 위한 경제운용 방식은 시장경제제도에 원칙을 두었지만, 기간산업(基幹産業)과 사회간접자본(social overhead capital: SOC), 그리고 에너지산업에 대해서는 정부가 직접적으로 개입하는 정책을 실시했다.

제1차 계획의 경제정책은 몇 가지 방향으로 추진되었다.

첫째, 자립경제달성을 위한 기반을 구축하기 위해서 국내에서 소비재를 생산할 수 있도록 경제정책이 추진되었다. 1960년 소비지출은 국민총생산(GNP)의 98.6%였으며, 수출은 3.3%에 불과한데 반하여 수입은 12.6%나 되었다. 이러한 소비지출의 과다(過多) 및 수입 의존으로는 국내자본형성이 거의 불가능하였다. 따라서 국민경제의 자립화를 위해 소비재를 수입 대체화하는 개발전략이 추진되었다.

둘째, 공업화 기반조성을 위해서 사회간접자본에 대한 투자가 중점적으로 이루어졌다. 계획기간 동안 사회간접자본의 고정투자배분은 실제로 계획치보다 상회하는 60.4%가 배분되었으며, 그 결과 사회간접자본의 성장률은 8.4%로 초과 달성되었다.

셋째, 정부가 경제개발계획을 직접 통제 · 지휘하기 위해 다양한 정책을 실시했다. 특히, 1962년에는 퇴장자금을 산업금융으로 동원하기 위해 화폐개혁이 실시되었다.

넷째, 수출증대와 국제수지의 만성적 적자를 해소하기 위해 수출산업에 대한 금융지원과 세제상 혜택 등의 수출증대정책이 추진되었다.

---

3) 우리나라에서 경제계획이 최초로 수립된 것은 유엔한국부흥단(UNKRA)이 계획한 1953년부터 1957년 동안의 경제재건계획이다. 그러나 이 계획은 그 내용이 비현실적이어서 실행되지 못하고, 그 후 민주당정부가 계획한 5개년경제개발계획(1961~1965년)도 '5 · 16'과 더불어 무산되었다.

제1차계획은 국내의 경제환경 호조로 주요한 계획목표를 대부분 달성하였다. [그림 2-3]에서 볼 수 있듯이, 계획기간 중 경제성장률은 연평균 7.8%나 되었으며 수출은 약 2배 정도나 초과 달성되었다. 산업구조 면에서 보면, 사회간접자본의 비중이 점차 높아져 산업구조의 고도화가 이룩되었다. 특히 사회간접자본 중 전력과 수송부문의 확충이 괄목할 정도로 성장하면서, 이후의 경제성장에 중요한 기틀을 제공하였다. 이처럼 계획목표를 훨씬 상회하는 결과를 가져온 제1차 계획은 우리나라 공업화의 본격적인 출발점이 되었다는 점에 있어서 경제발전사의 중대한 의의가 있다고 하겠다.

그러나 동시에 이후의 경제성장에 애로요인(bottle neck)으로 작용한 여러 가지 문제점이 노출되었다.

첫째, 계획기간 중 소비재의 수입대체를 위한 국내 소비재산업과 자본재산업 육성을 위한 공업화전략은 자본재수입을 증가시켰다. 그 결과 우리나라의 산업구조는 대외의존도가 높아지면서 투자의 국내 연관산업의 발전 · 성장 유발효과를 끌어내지 못하였다.

둘째, 계획기간 중 국내자본의 동원이 부족했다. 계획기간 중 투자재원에서 국내저축이 차지하는 비중은 39.3%에 그쳤다. 따라서 외국자본에 의존하는 정책을 실시함으로써 외채상환부담이 가중되었다.

셋째, 구조적 인플레이션이 1950년대에 이어 지속되었다. 계획기간 동안 고도성장을 위한 통화량 공급의 증가, 그리고 농산물의 흉작 등으로 인하여 극심한 인플레션이 지속되었다.

넷째, 농업 부문의 개발이 상대적으로 등한시되었다. 정부는 투자자본의 부족으로 공업 부문의 발전을 우선시하는 불균형 성장정책을 추진하였는데, 그 결과 농업 분야에 대한 투자가 등한시되었다. 이에 더하여 정부는 고도성장 과정에서 나타나는 고인플레이션을 막기 위해 저곡가의 정책을 실시함으로써 인플레이션 압력을 농민에게 전가시켰다. 이에 따라 농업 부분이 상대적으로 위축되면서 이후에 계속적으로 한국경제의 취약점으로 남게 되었다.

'제2차 경제개발5개년계획(1967~1971년)'은 제1차 5개년계획을 통한 경험과 자료를 이용하여 계획이 입안되었다. 제2차 계획은 수출주도형 공업화 전략 하에서 산업구조의 근대화와 자립경제체제의 확립을 기본목표로 설정되었다.

또한 기본목표의 달성을 위한 중점목표로서, 첫째 식량의 자급, 둘째 화학, 철강 및 기계공업의 기반조성, 셋째 수출증대와 수입대체촉진을 통한 국제수지개선, 넷째 고용증대 및 가족계획추진, 다섯째 영농다각화와 농가소득향상, 여섯째 기술과 생산성향상 등을 설정하였다.

그림 2-3 | 1960년대 경제지표

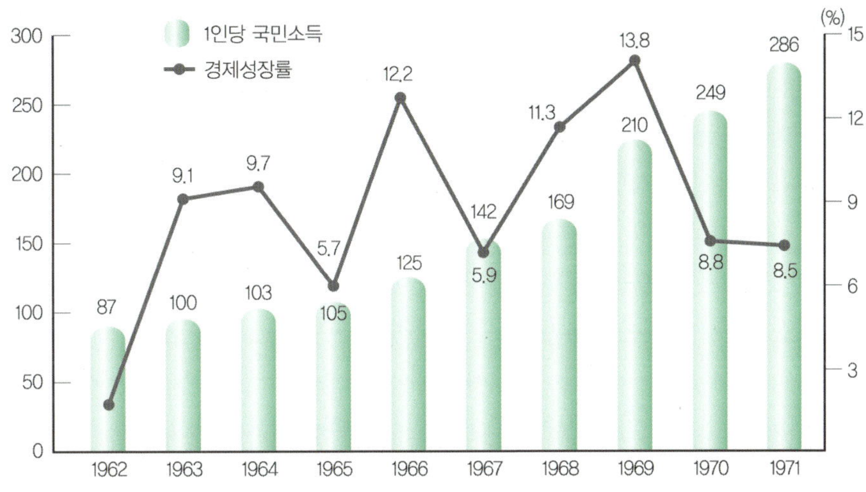

구분	1962	1963	1964	1965	1966	1967	1968	1969	1970	1971
경제성장률	2.1	9.1	9.7	5.7	12.2	5.9	11.3	13.8	8.8	8.5
물가상승률	–	–	–	–	12.0	10.7	11.3	11.6	16.9	12.2
수출(백만$)	54.8	86.8	119.1	175.1	250.3	320.2	455.4	622.5	835.2	1,067.6
수입(백만$)	421.8	560.3	404.4	463.4	716.4	996.2	1,462.9	1,823.6	1,984.0	2,394.31
1인당 국민소득($)	87	100	103	105	125	142	169	210	249	286

주: [그림 2-2]와 같음.
자료: 통계청.

[그림 2-3]을 보면 제2차 계획기간 중 연평균 경제성장률은 9.7%로서 계획치인 7.0%를 크게 상회하였다. 산업구조도 점차 농업중심에서 공업중심으로 전환되었으며, 투자율과 수출도 크게 증가하였다. 이 기간 동안에는 세계경제에서 자유무역주의가 진행됨에 따라 우리나라도 GATT 및 케네디 라운드(Kennedy Round)에 가입하는 등 개방체제로의 진행이 확대되었다. 이에 따라 한국경제는 합판, 전자제품, 면직물, 신발류 등 노동집약적 경공업제품의 수출이 급격하게 증가하면서 1971년에는 수출규모가 10억 달러를 넘어섰다. 또한 이 기간 중 석유화학, 철강 및 기계공업이 전

략적 공업부문으로 선정되는 등 공업구조의 고도화기반이 구축되었다. 특히 계획기간 동안의 중요한 변화는 금융기관이 다양화되었다는 점이다. 1966년 외환은행이 설립된 이후, 1967년에는 주택은행, 그리고 1968년에는 신탁은행이 설립되고, 지방은행과 외국은행의 지점이 설치되는 등 금융기관이 다양하게 개발되었다. 또한 1968년에 투자공사가 설립되어 자본시장의 육성정책도 실시됨으로써 투자환경의 조성과 저축증대가 유도되었다. 더욱이 농업근대화를 위한 경지정리와 농업소득증대를 위한 고미가정책(高米價政策)의 실시도 이 기간 동안에 이루어졌다. 특히 1970년부터 시작된 새마을운동은 농촌의 근대화와 농어민의 소득향상에 크게 기여했다.

그러나 양적인 성장만을 추구한 결과로 다음과 같은 문제점들이 노출되었다.

첫째, 경공업분야 뿐만 아니라 새로운 성장산업으로 지정된 석유화학 및 철강산업 분야도 국내자본의 부족으로 인해 외국 차관에 의존하여 투자가 이루어졌다. 그 결과 한국은 외자에 의존하게 되면서 만성적 대외채무국으로 전락하게 되었다.

둘째, 급격한 양적 성장을 위한 대기업의 육성은 기업 간에 이중구조를 심화시켰다. 대기업의 육성은 기업집중과 독과점현상을 불러일으키면서 향후 한국경제발전의 구조적 모순으로 자리 잡게 되었다.

셋째, 농·공 간 균형발전이 이루어지지 못하였다. 계획기간 중 농업생산이 정체되었는데, 농업성장률은 연평균 1.5%로서 20.0%의 광공업성장률에 비해 크게 낮은 수준이다. 이는 농업투자비중이 작았다는 데 원인이 있는데, 제2차 계획기간 동안의 농업투자가 총 고정투자 중의 7.2%로서 계획치인 16.3%에 크게 미달되었다는 사실은 농업에 대한 정부의 인식부족에 기인하였다고 볼 수 있다. 그 결과 농업 부문은 공산품의 내수시장 역할과 투자재원의 조달기능을 수행하지 못하였으며, 도시와 농촌 간의 소득격차는 더욱 확대되었다.

2. 1970년대 경제

'제3차 경제개발5개년계획(1972~1976년)'은 정부의 시장개입을 줄이고 시장경제제도를 중심으로 경제가 성장할 수 있도록 계획되었다. 1, 2차계획의 성공적 추진으로 한국경제는 경제규모가 크게 확대되고 기업 부문의 성장도 빨라지면서 기업 부문이 국민경제에서 차지하는 비중이 급격히 증가하였다. 이에 따라 경제계획은 각종 산업유인(incentives)정책에 의하여 민간 부문의 기업활동을 촉진케 하는 시장경제의 기능을 중시하는 방향으로 전환되었다.

그림 2-4 | 1970년대 경제지표

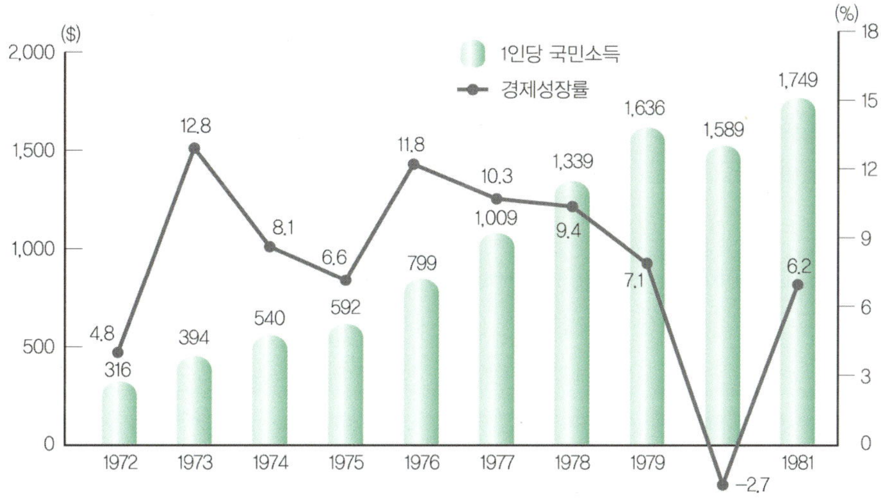

구분	1972	1973	1974	1975	1976	1977	1978	1979	1980	1981
경제성장률	4.8	12.8	8.1	6.6	11.8	10.3	9.4	7.1	−2.7	6.2
물가상승률	11.9	3.5	24.8	24.7	15.4	10.0	14.7	18.5	28.7	21.3
수출(백만$)	1,624.1	3,225.0	4,460.4	5,081.0	7,715.3	10,046.5	12,710.6	15,055.5	17,504.9	21,253.8
수입(백만$)	2,522.0	4,240.3	6,581.8	7,274.4	8,773.6	10,810.5	14,971.9	20,338.6	22,291.7	26,131.4
1인당 국민소득($)	316	394	540	592	799	1,009	1,399	1,636	1,598	1,749

주: [그림 2-2]와 같음.
자료: 통계청.

제3차 계획의 기본목표는 수출의 획기적 증대, 중화학공업의 건설, 지역개발의 균형 등이었다. 1, 2차 계획기간 동안에는 전자제품, 면직물, 신발류 등 노동집약적 경공업을 중심으로 하는 수출산업의 육성이 중점적으로 이루어졌는데, 그 과정에서 노동력부족의 문제와 중간재 및 자본재의 수입증가로 인한 국제수지적자 문제 등이 점차 누적되었다. 따라서 이러한 문제들을 해결하기 위해 자본집약적인 중화학공업의 육성정책이 계획되었다. 중화학공업의 육성은 대내적으로 중간재와 자본재의 수입대체를 통해 국제수지의 만성적 적자를 해결하고, 대외적으로는 수출증대를 통한 고도성장을 지속한다는 목표 하에 추진되었다.

[그림 2-4]에서 볼 수 있듯이, 제3차 계획기간 동안 연평균 경제성장률은 10.9%를 기록하였다. 계획기간 중 정부는 중화학공업의 중요한 투자업종으로 철강, 기계, 전

자, 조선, 석유화학, 비철금속 등 6개 업종을 지정하여 계획기간 중 이 분야에 막대한 투자와 지원을 집중하였다.[4] 그 결과 중화학공업의 최종단계공업이라 할 수 있는 기계, 제철, 석유화학, 조선, 전자공업 등이 급격한 성장을 이루면서 규모 면에서 세계적인 수준에 진입하게 되었다. 동시에 정부는 농업 부문의 개발에도 힘쓴 결과, 1975년 이후 주곡인 쌀과 보리의 자급률이 100%를 넘어서는 등 식량자급의 가능성을 보였다.

그러나 이 기간 동안 한국경제는 국내외적으로 많은 시련을 겪어야 했다. 특히 1973년 말의 제1차 석유파동(oil shock)을 계기로 촉발된 국제 원자재가격의 상승은 대외의존적인 우리 경제에 심각한 인플레이션을 가져 왔으며, 국제수지의 적자규모를 더욱 확대시키는 요인이 되었다. 이 기간 동안의 물가상승률은 연평균 20.1%로 폭등했으며, 외채총액은 5,649백만 달러로 증가하였다. 중화학공업을 육성하기 위한 막대한 투자재원은 대부분 외채에 의존하였는데, 이로 인해 원리금상환의 압박이 가중되면서 국제수지의 적자폭이 더욱 커졌는데 대규모 적자는 더욱 악화되고 이것이 다시 외자도입을 유발하는 악순환이 지속되었다.

제3차 계획기간에 나타난 또 다른 문제 중 하나는 소득불평등과 사회개발의 낙후 문제였다. 1, 2차 개발계획의 추진 과정에서 경제의 양적 성장은 농촌지역의 값싼 노동력이 도시의 공업 부문에 무한대로 공급되면서 가능하였다. 그러나 경제의 성장 과정에서 농촌지역의 단순노동자들이 대도시로 이주하면서 도시빈민문제와 도농 간 및 도시 내 계층 간 소득분배 불평등의 문제들이 중요한 사회문제로 등장하였다.

'제4차 경제개발5개년계획(1977~1981년)'은 자력성장구조의 실현, 사회개발을 통한 형평의 증진 등을 주요 기본목표로 제시했다. 또한 계획의 목표달성을 위해 첫째, 자력성장의 실현, 둘째 국제수지의 균형, 셋째 교육 및 직업훈련의 강화를 통한 소득분배의 개선 등의 주요 정책과제를 설정하였다.

제4차 계획기간 동안 연평균 경제성장률은 원래 계획치 9.2%에 크게 못 미치는 5.8%에 그쳤다. 이러한 낮은 경제성장률은 1979년의 제2차 오일쇼크 및 그로 인한 세계경제의 불황에도 원인이 있지만, 1979년의 '10 · 26' 대통령암살 등으로 촉발된 경제외적 충격이 더 큰 요인으로 작용하였다. 특히 '10 · 26'에 이은 '12 · 12'와 다음 해 봄의 '5 · 18 광주민주화운동' 등으로 정치 · 사회적 혼란이 지속되면서 1980년의

4) 실제로 이들 6개 업종의 육성과 수출금융지원을 위하여 정부는 1973년 이후 이 분야에 대한 실질대출금리를 1973년 2.3%와 1977년 1.0%를 제외하고는 계속해서 마이너스(-)금리를 적용하였다.

경제성장률은 한국경제가 경제발전에 착수한 이래 처음으로 '마이너스(−)'를 기록하였다.

일반적으로 중화학공업은 그 성격상 투자의 회임기간이 길어 막대한 자본이 요구되는 분야이다. 그러나 국내기업들은 내부자금이 부족하였기 때문에 이 분야에 대한 정부의 재정금융 및 세제상의 지원이 불가피했다. 또한 정부 및 기업의 중화학공업 성장전망에 대한 과신과 대기업들의 주도권 경쟁은 시설의 적정규모에 대한 고려 없이 자동차, 발전설비, 디젤엔진, 종합기계, 건설 중장비 등의 분야에서 과잉·중복투자를 초래했다. 그 결과 자원의 낭비와 재정적자, 그리고 통화증발을 수반하면서 인플레이션을 더욱 가속화시켰다.

한편 중화학공업에 대한 집중적 투자는 상대적으로 경공업과 농업 분야의 성장을 정체시키면서 소득분배 불평등으로 인한 불만과 저임금 빈민층의 반발을 불러 일으켰다. 이러한 경제적 불균형에 대한 불만은 오일쇼크로 인한 세계적 스태그플레이션으로 인한 국내 경기침체와 맞물리면서 유신정권의 독재에 대한 민주화항쟁으로 연결되어, 제4차 계획기간 중인 1979년 말 한국사회는 큰 혼란의 와중으로 빠져 들게 되었다.

3. 1980년대 경제

1982년부터 실시된 '제5차 경제사회발전계획(1982~1986년)'은 1970년대의 고도성장 과정에서 야기된 문제점의 제거와 복지사회의 건설에 중점을 두었다. 왜냐하면 그동안 4차에 걸친 경제개발계획의 추진 과정에서 누적되었던 문제들이 장기적인 성장기반을 약화시키는 요인으로 작용하였기 때문이었다. 만성적인 인플레이션은 임금 및 환율인상을 초래하여 계속적인 인플레이션의 악순환을 초래하였고, 에너지 과소비형 산업은 고유가시기에서 국제수지를 악화시켰다. 또한 그동안 정부주도에 의한 특정 산업 과잉보호정책은 경제체질을 약화시킴으로써 국제경쟁력을 떨어뜨리는 요인으로 작용하였다.

이에 따라 제5차 계획은 첫째, 물가안정을 최우선의 과제로 하는 안정기반의 정착과 능률의 향상, 둘째 수출산업의 국제경쟁력 강화를 통한 국제수지의 개선, 셋째 에너지절약형산업과 부품산업 등 비교우위가 있는 산업구조로의 전환, 넷째 대전·대구·광주를 제1차 성장거점도시로 하는 국토의 균형개발과 환경의 보전, 다섯째 의료보험의 수혜율 확대 및 국민복지연금, 퇴직연금, 산재보험의 가입자 확대 등을 골자로 하는 사회개발의 확대목표 등을 목표로 설정하였다.

그림 2-5 | 1980년대 경제지표

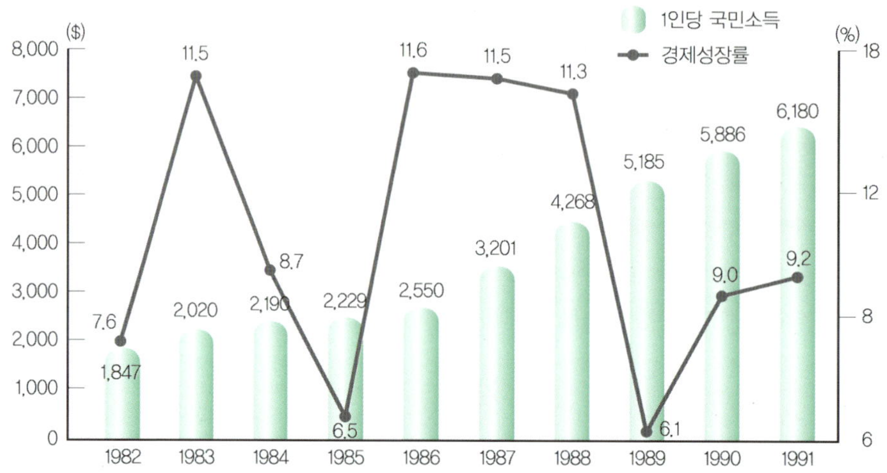

구분	1982	1983	1984	1985	1986	1987	1988	1989	1990	1991
경제성장률	7.6	11.5	8.7	6.5	11.6	11.5	11.3	6.1	9.0	9.2
물가상승률	7.1	3.4	2.2	2.3	2.8	3.1	7.1	5.7	8.5	9.3
수출(백만$)	21,853.4	24,445.1	29,244.9	30,283.1	34,714.5	47,280.9	60,696.4	62,377.2	65,015.7	71,870.1
수입(백만$)	24,250.8	26,192.2	30,631.4	31,135.7	31,583.9	41,019.8	54,810.6	61,464.8	69,843.7	81,524.9
1인당 국민소득($)	1,847	2,020	2,190	2,229	2,550	3,201	4,268	5,185	5,886	6,180

주: [그림 2-2]와 같음.
1989년부터 경제성장률은 계절변동조정 후 증감률임.
자료: 통계청.

제5차 계획기간의 경제성장률을 [그림 2-5]에서 보면, 이 기간 중에는 연평균 성장률 7.9%의 고도성장을 실현함으로써 1983년부터 1인당 국민소득이 2,000달러를 넘어서게 되었다. 또한 고용기회의 확대로 실업률은 4% 내외로 유지되었다. 한편 제5차 계획기간 중 가장 획기적인 변화는 물가의 안정기반 구축이다. [그림 2-5]에서 보듯이 소비자물가상승률은 1981년의 21.3%에서 1982년에는 7.1%로 낮아지고 1985년에는 2.3%까지 하락하였다. 이에 따라 수십 년 동안 한국경제의 고질적 병폐로 지속되었던 높은 물가상승률이 처음으로 안정기조로 전환되었다. 또한 이 기간 동안에는 그동안 한국경제의 또 다른 고질병이었던 만성적 국제수지적자도 흑자로 전환되었다. [그림 2-5]에서 수출입의 변화를 살펴보면, 수출구조의 고도화를 통한 수출증가와 수입대체 노력에 따른 수입증가의 둔화로 1986년부터는 무역수지가 흑자를 기록하기 시작하였다.5) 한편 국토의 균형발전측면을 살펴보면, 농촌의 경우 농업생산성향상과 생활환경의 개선을 위한 정부투자가 확대되어 농외소득이 증가추세를 보이면서 농업소득이 증가하기 시작하였다.

'제6차 경제사회발전5개년계획(1987~1991년)'은 제5차 계획에서 이룬 안정성장 기반을 더욱 확고하게 하여 선진사회의 기반을 구축하는 동시에 그동안 크게 성장한 경제능력을 바탕으로 국민복지를 증진시키는 데 기본목표를 두었다.

또한 정부는 계획의 기본목표 달성을 위해 첫째, 고용기회의 확대를 위한 경제성장의 지속, 둘째 국제수지 흑자기조의 정착과 외채부담의 완화, 셋째 물가안정기조의 유지, 넷째 국민복지의 증진과 형평성 제고, 다섯째 지역 간 균형발전과 지방경제의 활성화 등을 주요 정책과제로 제시하였다.

그러나 제6차 계획은 추진 초기의 국내외 환경 변화로 대폭적인 수정이 요구되었다. 우선 세계경제적으로는 계획초기에 세계적인 '3저 현상'이 나타났다. 또한 국제정치적으로는 동서냉전의 한 축이었던 소련이 개혁·개방을 추진하면서 세계적인 냉전구도에 화해의 조짐이 보이기 시작하였다. 이와 동시에 국내에서는 1987년의 '6·29선언'으로 정치적 민주화가 급격히 진행되었는데, 이러한 정치적 민주화의 확산으로 경제적 민주화에 대한 욕구도 일시에 분출되는 등 사회·경제적으로 급격한 변화가 시작되었다. 이러한 대내외 여건 변화로 인해 정부는 제6차 계획의 주요 총량지표와 중점과제들을 수정할 수밖에 없었다.

'수정계획(1988~1991년)'에서는 3가지의 중점 추진 과제를 제시하였다.

첫째, 정부의 규제와 시장개입을 줄이고 경제의 자율화를 촉진한다. 특히 금융의 자율화, 경제력집중의 완화, 그리고 노사협력의 정착 등을 추진한다.

둘째, 그동안의 경제성장 과정에서 소외되어 온 계층과 부문을 우선적으로 지원한다. 구체적으로 농촌의 소득증대와 생활환경 개선, 도시 서민 및 근로자의 주택난 해소 등을 추진한다.

셋째, 1986년부터 국제수지가 흑자로 전환되면서 과거의 수입억제와 수출지원정

---

5) 1986년부터 세계경제에서는 '3저현상(국제원유값 하락, 국제금리의 하락, 인본 엔화의 가치상승에 의한 미국 달러화의 상대적인 가치하락)이 나타나기 시작하였다. 이에 따라 한국의 수출은 큰 폭으로 증가하면서 1986~1989년 기간 동안 무역수지에서 흑자를 기록하게 되었다.

책은 대외적으로 통상마찰을 심화시킬 위험성을 갖게 되었다. 이에 따라 국내시장을 획기적으로 개방하기 위해 관세인하, 비관세장벽의 철폐 등의 정책을 추진한다.

제6차 계획기간 동안 한국경제는 세계경제적으로 '3저 현상'이라는 경제적 여건호전과 더불어 국제 정치적으로 미·소대립의 완화라는 정치적 호재로 인해 수출신장과 함께 연평균 10%의 높은 경제성장률을 기록하였다. 또한 내부적으로는 재정·금융긴축정책이 효과를 발휘하면서 과거의 고질적인 고인플레이션을 안정시키는 데 성공하였다. 또한 제6차 계획기간에는 산업구조의 고도화가 이루어져 1991년의 경우 국민총생산(GNP)에 대한 산업별 비중이 농림어업 8.1%, 광공업 27.9%, 그리고 서비스업은 64.0%를 차지하였다. 이에 따라 국민총생산 중 비농업부문의 비중이 91.9%를 차지하는 선진형 산업구조를 갖게 되었다.

한편 제6차 경제계획은 한국경제를 선진화 시키는 데 성공하였지만 여러 문제점도 발생시켰다.

첫째, 경제의 양적 성장에 치중하면서 대기업 중심의 경제력집중이 더욱 심화되었다. 그 결과로 중소기업의 성장 및 그 경제적 비중이 상대적으로 크게 축소되었다.

둘째, 농업과 중소기업의 상대적 낙후로 인해 지역 간·계층 간에 소득격차가 더 확대되었다. 이에 따라 사회전반에 걸쳐 농촌과 도시지역, 농업과 제조업, 대기업과 중소기업, 고소득층과 저소득층 간의 이중구조가 심화되면서 불균형으로 인한 사회적 갈등이 더욱 심화되었다.

4. 1990년대 경제

'제7차 경제사회발전5개년계획(1992~1996년)'은 21세기를 대비한 경제·사회 선진화와 민족통일의 지향에 기본목표를 두고 계획되었다.

1980년대 중반 이후 한국사회는 급격한 변화를 맞이하였다. 즉, 6차 계획기간 중 계획 초기인 1987년의 '6·29 선언'을 계기로 정치·사회적으로 민주화가 빠르게 진행되면서 경제적으로 그동안 억제되고 누적되어 온 욕구들이 일시에 분출되었다. 또한 세계적으로는 1989~1991년 기간 동안에 동구 사회주의권 붕괴, 동·서독 통일, 구소련의 해체 등으로 과거의 냉전구도가 완전히 소멸되고 세계 각국은 갈등과 대립관계에서 화해와 협력관계로 급격히 변화하였다. 이러한 세계적 흐름에 따라 한국은 러시아, 중국 등과 국교수립을 이루었으며, 남북한 간에도 1990년 9월 고위급회담과 1991년 12월 '남북기본합의서'채택 등 화해 분위기가 돌기 시작하였다.

그림 2-6 | 1990년대 경제지표

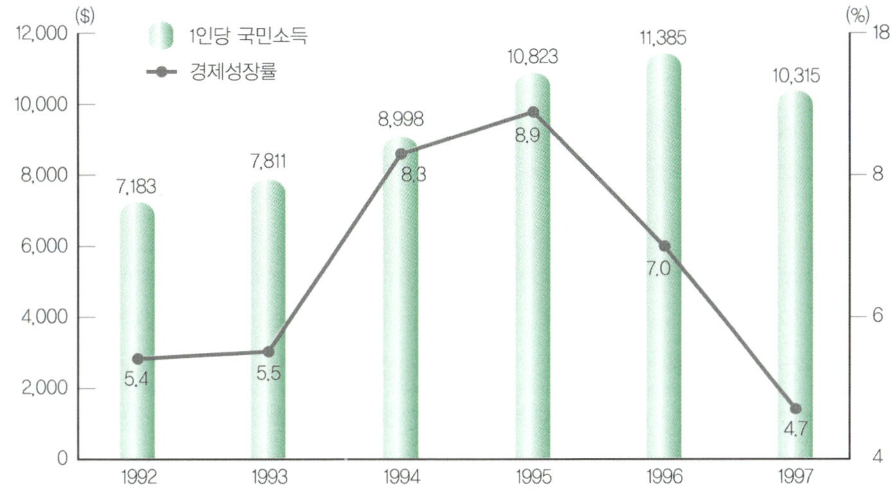

구분	1992	1993	1994	1995	1996	1997
경제성장률	5.4	5.5	8.3	8.9	7.0	4.7
물가상승률	6.3	4.8	6.2	4.5	4.9	4.4
수출(백만$)	76,631.5	82,235.9	96,013.2	125,058.0	129,715.1	136,164.2
수입(백만$)	81,775.3	83,800.1	102,348.2	135,118.9	150,339.1	144,616.4
1인당 국민소득($)	7,183	7,811	8,998	10,823	11,385	10,315

주: [그림 2-2]와 같음.
자료: 통계청.

이러한 국내외적 변화에 따라 정부는 그동안 추진하여 왔던 경제의 양적 성장주의를 질적 성장으로 정책방향을 바꾸면서, 7차 계획의 중점목표로 첫째, 사회간접자본에 대한 투자 증가, 기업의 기술혁신 및 정보화 촉진 등을 통한 산업의 경쟁력 강화, 둘째 농어촌과 지방에 대한 투자확대 및 사회복지제도 확충을 통한 사회적인 형평의 제고와 균형발전, 셋째 개방과 국제화를 통한 국제화·자율화의 추진과 남북한 간의 경제교류와 협력 증가를 통한 통일기반의 조성 등의 3대전략을 제시하였다.

한편 1993년 2월 김영삼 대통령이 취임하면서 문민정부는 기존의 7차 계획을 대신하는 '신경제 5개년계획(1993~1997년)'을 발표하였는데, 이 계획은 과거 정부의 지시와 통제에 의해 운영되던 경제 형태로부터 정부와 민간이 모두 참여하는 경제운영 형태로 전환하는 것을 핵심내용으로 하고 있다. 그러나 과거 30년 동안 지속되어온 정부주도형 경제발전을 민간중심의 시장경제에 의한 경제발전으로 바꾼다는 계획이 정부의 주도로 추진되면서 신경제계획은 당초 계획과는 다른 실패한 결과에 도달하였다.[6)]

계획기간 동안 경제성장률은 [그림 2-6]에서와 같이 전반적으로 연평균 7%대의 높은 수준을 기록하였으며, 물가수준도 연간 5% 미만의 낮은 상승률을 유지하였다. 그러나 무역수지의 적자폭이 크게 확대되면서 총외채가 급속히 늘어나 [그림 2-7]에서 볼 수 있듯이 1992년 총외채는 428억 달러로 국민총생산 대비 14%였으나 1997년에는 1,672억 달러로 증가하면서 국민총생산 대비 37%로 급증하였다. 이러한 외채의 급속한 증가로 인해 한국경제는 1997년 12월 IMF(국제통화기금) 관리경제 하에 들어가면서 1945년 8·15 해방 이후 다시 경제적으로 식민상태로 전락하였고, 김영삼 정부의 개혁정책은 비참한 실패로 귀결되고 말았다.

2.3 'IMF 경제위기'와 최근의 경제현황

1. 'IMF 경제위기'와 회복 과정(1998~2002)

가. 'IMF경제위기'의 발생과 진행

1990년 세계적 냉전종식 이후 세계경제에서는 자유무역의 확산에 따라 1995년 WTO 체제가 등장하였는데, 이러한 세계적 경제 변화에 맞추어 한국정부는 OECD 가입과 더불어 금융개방정책을 시행하게 되었다. 그러나 이 과정에서 지난 수 십 년간 폐쇄적 금융거래 속에서 국제금융거래에 대한 경험이 부족하였던 정부, 금융기관, 그리고 기업들은 금융시장개방에 안이하게 대처하였다. 즉, 정부는 대규모 경상수지 적자를 해외자금으로 충당하였고, 기업들은 재무구조를 건전화 하지 않은 채 해외 금융시장에서 자금조달을 통해 무리하게 사업을 확장하였으며, 금융기관들도

6) 정부는 '신경제 5개년계획' 기간 동안에 선진권 국가 진입을 목표로 'OECD 가입'과 '국민소득 1만불시대'를 계획하고 목표달성을 위해 시장에 직접적으로 개입하였는데, 이는 시장경제로의 전환이라는 목표와는 상충되는 정책운영이었다.

기업에 대한 엄격한 리스크 평가 없이 대출을 늘렸고 부실여신에 대한 엄격한 감사도 실시하지 않았다.

한편 정부는 '국민소득 1만불시대'를 달성하기 위해 지속되는 무역수지 적자 하에서도 [그림 2-7]의 아래 표에서 보듯이 의도적으로 환율을 인하하였는데, 그 결과 수출은 줄고 수입은 큰 폭으로 확대되었다. 특히 세계시장에서는 1996년부터 우리 수출의 주 종목이었던 반도체 가격이 급락하면서 1995년에 전년 대비로 30% 증가하였던 수출은 1996년에는 3% 증가에 그쳤다. 1997년에도 이러한 현상이 지속되면서 전년 대비 수출증가율이 5% 대에 그쳤다. 수출둔화는 무역수지 적자폭 확대로 이어졌는데, 1996년에는 무역수지 적자가 사상 최대 규모인 206억 달러를 기록하였으며, 1997년에도 85억 달러 적자를 기록하였다.

그림 2-7 | 'IMF 경제위기' 이전의 총외채 및 외환보유고 추이

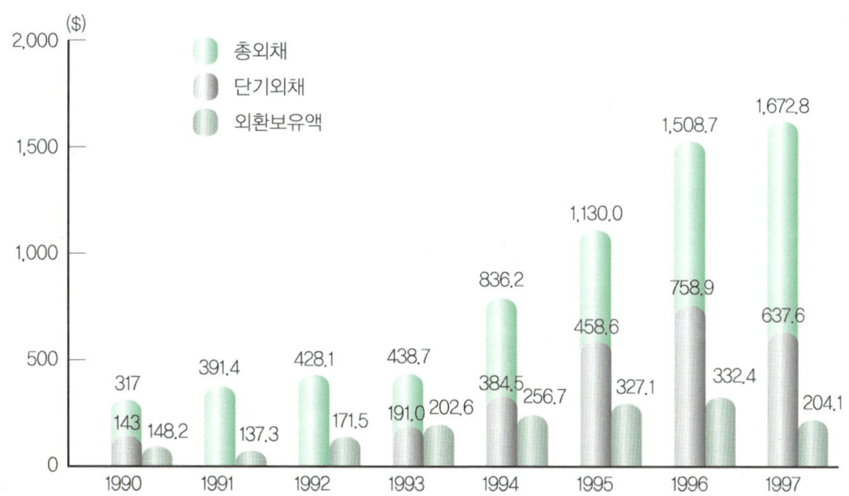

(단위: 억 달러, %)

구분	1990	1991	1992	1993	1994	1995	1996	1997
총외채	317.0	391.4	428.2	438.7	836.2	1,130.0	1,508.7	1,672.8
단기외채	143.0 (45.1)	–	–	191.0 (22.9)	384.5 (46.0)	548.6 (48.5)	758.9 (50.3)	637.6 (38.1)
외환보유액	148.2	137.3	171.5	202.6	256.7	327.1	332.4	204.1
환율	708.0	733.6	780.0	802.7	803.6	771.0	804.8	951.1

자료: 한국은행, 통계청.

이러한 국내적 상황에서 1997년 봄 태국 주식시장에 유동성 위기가 촉발되자 태국 바트화가 폭락하기 시작하였다. 이어, 홍콩의 증시가 폭락하면서 우리나라에서도 외국인 투자자들이 국내 투자자금을 급격히 회수하기 시작했다. 이에 따라 증권시장이 폭락하고 환율이 치솟았으며, 한보, 대농, 삼미, 진로, 기아그룹 등 대기업들의 연쇄 부도현상으로 이어지면서 한국경제는 순식간에 '총체적 부실'에 빠지게 되었다. 이러한 급박한 상황에서도 정부는 부도기업들에 대해 부도유예협약을 적용하여 구조조정의 시기를 놓쳤으며, 빠른 원화환율의 상승을 막기 위해 외환시장에 개입하면서 보유외환을 모두 소진하여 스스로 대외지급능력을 상실하였다. 이에 세계 금융시장에서 한국에 대한 대외신인도는 급락하고 외국금융기관들의 단기외채 차입금 만기연장거부로 한국경제는 최종적 파국을 맞게 되었다. 결국 1997년 12월 5일 정부는 IMF와 '대기성차관 및 구조조정지원금 공여에 따른 양해각서'에 합의하면서, 한국경제는 IMF로부터 경제정책 전반에 걸쳐 감시·감독을 받게 되는 'IMF 경제관리'에 들어가게 되었다. 그러나 'IMF 경제관리' 하에서 IMF가 강도 높은 긴축정책을 실시하면서 한국경제는 더 깊은 경기침체에 빠지게 되었다. 이러한 한국경제의 위기는 직접적으로는 외화부족 때문에 촉발되었기 때문에 'IMF 외환위기'라고도 한다.

나. 'IMF 경제위기' 회복 과정의 한국경제(1998년~2002년)

1998년 한국경제는 IMF의 금융 및 재정긴축과 구조조정으로 소비자와 기업 심리가 위축되면서 내수경기가 급격히 냉각되었다. 그 결과 1998년 상반기 실업자 수는 133만 명으로 1997년에 비해 두 배 이상 증가하였으며, 민간소비는 크게 감소하였고, 기업 설비투자 역시 사상 최고수준의 고금리와 신용경색으로 42.4%가 감소하였다. 이와 같이 경기침체가 예상외로 커지자 IMF와 1998년 출범한 김대중 정부는 금리의 하향화[7]와 재정지출 확대를 통한 경기부양책을 실시하였다. 이러한 거시정책 전환에 힘입어 경기는 1998년 3/4분기를 저점으로 회복되기 시작하였다. 또한 크게 위축되었던 민간소비는 1998년 말부터 회복세를 보였는데, 특히 정부의 민간소비확대정책에 따라 2000년 카드 이용액은 전년도 90조 원에서 200조 원대로 두 배 이상 늘어났으며, 카드 발급건수도 4,774만 장에 달해 경제활동인구 1인당 2.15장 꼴로 카드를 보유하게 되었다. 이에 따라 2001년 하반기부터 2002년까지 민간소비는 회복

7) 정부의 금리 하향안정화정책에 따라 한 때 30%를 상회하던 금리(회사채수익률)가 1998년 10월 이후 한 자릿수로 낮아졌다.

세가 지속되었다.

경제위기(외환위기) 직후인 1998년에 수출은 주요 수출대상국들의 경기침체 등 수출환경이 악화되면서 전년 대비 2.8% 감소하였다. 그러나 수입이 국내경기침체로 인해 큰 폭으로 감소하면서, [그림 2-8]과 같이, 무역수지는 만성적 적자에서 벗어나 390억 달러의 사상 최고 흑자폭을 기록하였다. 1999년에는 선진권의 경기호조로 수출이 증가세로 반전되었고, 2000년에도 수출이 19.9%의 높은 증가세를 보이면서 무역수지는 239억 달러와 118억 달러의 흑자를 기록하였다. 2001년에 IT 부문의 해외수요 위축, 미국의 9·11테러 사태 등 대외여건의 악화로 수출이 12.7% 감소하였지만 93억 달러의 무역수지 흑자를 기록하였고, 2002년에는 반도체, 무선통신기기, 컴퓨터 등의 수출이 회복세를 보이면서 무역수지 흑자규모는 다시 103억 달러로 증가하였다. 또한 수출시장에서도 외환위기 이후 변화가 발생하여 중국이 미국 다음의 제2의 수출시장으로 부상하였다.[8)]

우리나라는 1998년~2002년 기간 동안에 무역수지 흑자와 국내 경기회복에 따른 외국인 직·간접투자에 의해 외환보유고가 확충되었다. 외환보유고는 외환위기에 직면한 1997년 11월에 39억 달러였으나 2002년 1,214억 달러로 증가하였다. 총외채는 1997년 말 1,673억 달러에서 2002년 1,328억 달러로 감소하였다. 이에 따라 우리나라는 2001년 8월 23일 IMF에서 빌렸던 긴급자금을 상환함으로써 IMF 관리체제로부터 경제주권을 회복하게 되었다.

우리나라의 실업률은 1990~1997년 중에는 연평균 2.4%로 낮은 수준을 유지하였다. 그러나 [그림 2-8]에서 보듯이, 1998년 외환위기로 기업도산과 구조조정이 줄을 잇는 가운데 실업률은 7.0%까지 급상승하였다. 이후 국내경기가 살아나면서 실업률도 서서히 하락하여 2002년에는 3.3%까지 하락하였다. 그러나 비정규직의 증가, 청년실업문제 등 고용의 구조와 질에서는 사정이 나빠졌다. 전체 임금근로자 중 임시 및 일용직근로자의 비중이 1997년 47.0%에서 2000년 51.2%로 상승하였고, 20대의 청년실업률이 1998년 말에는 전체 실업률의 1.6배였으나 2001년에는 오히려 1.7배로 높아졌다.

---

8) 1991~1997년 중 우리나라의 수출시장점유율을 보면 미국이 우리나라 수출의 21%를 차지해 가장 큰 시장이었으며, 다음으로 일본(11%), EU(10%) 순이고, 중국은 총수출에서 6%의 비중을 차지하였다. 그러나 외환위기 이후 2002년까지를 보면, 대중국 수출이 2002년에 총수출의 14.6%를 차지하면서 총수출의 9.3%를 차지한 대일본 수출을 초과하였다.

그림 2-8 | 외환위기 전후의 주요 경제지표 추이

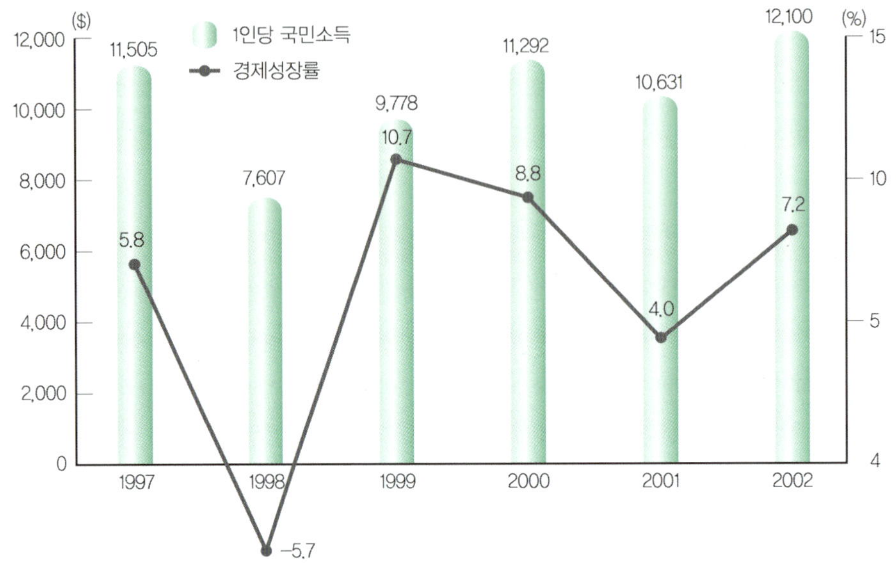

구분	1997	1998	1999	2000	2001	2002
경제성장률	5.8	-5.7	10.7	8.8	4.0	7.2
실업률(%)	2.6	7.0	6.3	4.4	4.0	3.3
무역수지(억 달러)	-84.5	390.3	239.3	117.9	93.4	103.4
환율(원/달러, 연평균)	951.1	1,398.9	1,189.5	1,130.6	1,290.8	1,251.2
1인당 국민소득($)	11,505	7,607	9,778	11,292	10,631	12,100

자료: 한국은행.

또한 소득불균형 정도를 나타내는 지니계수는, [그림 2-9]에서 볼 수 있듯이, 1980년대 말부터 외환위기 이전까지 하락세가 지속되어 소득불균형이 꾸준히 개선되었다.[9] 그러나 외환위기 직후인 1998년에 지니계수가 크게 상승한 이후 2002년까지 높은 수준을 유지하고 있어, 외환위기 이후 우리나라의 소득불균형문제가 사회적 문제로 등장하였음을 알 수 있다.

9) 지니계수는 '0'에 가까울수록 소득분배가 평등하다는 것을 나타내며, 반대로 '1'에 가까울수록 소득분배가 불평등하다는 것을 나타낸다.

그림 2-9 | 소득불균형(지니계수) 추이

자료: 한국은행.

한편 정부는 외환위기를 극복하기 위해 1999년부터 적극적인 내수촉진정책의 일환으로 신용카드확대정책을 실시하였는데, 이로 인해 가계대출이 급증하면서 신용불량자 양산이라는 새로운 사회적 문제가 나타났다. 신용불량자 수는 경기가 회복국면에 진입한 1999년과 2000년 중에는 200만 명 내외에서 큰 변동이 없는 상태가 유지되었으나, 경기가 하강국면으로 진입한 2001년부터 증가하였다.

2. 2003년 이후의 한국경제

가. 2003년~2007년(세계금융위기 이전)

2003년부터 2007년까지의 한국경제를 살펴보면, 2003년에는 연초부터 북핵위기,[10] 미-이라크 전쟁 발발[11] 등의 국내외적으로 큰 사건들이 발생하였다. 이러한 대내외적 불안으로 인해 국내경기가 침체되면서 가계소비가 위축되었다. 특히 국내경기 침체로 신용불량자가 크게 늘어 2003년 10월 말에는 359만 6,168명을 기록하

10) 2003년 1월 북한의 NTP 탈퇴 선언으로 북한의 핵개발 위기가 고조되었고, 이로 인해 외국인 투자자금의 유출 등 Korea Discount 현상이 발생하였다.

11) 2003년 3월 20일 이라크 전쟁이 발발하여 40일 만(5월 1일)에 종료되었다. 그러나 전쟁 과정에서 세계경제의 불안이 가중되었으며, 종전 이후에도 보복 테러 등으로 불안이 지속되었다.

였는데, [그림 2-10]에서 볼 수 있듯이, 그 여파로 2003년에 경제상장률은 2.9%로 부진하였다.

2004년 들어서도 내수침체의 골이 깊어지면서 경기회복이 지연되었다. 그럼에도 불구하고 경제성장률은 수출 호조에 힘입어 4.9%를 기록하였다. 이에 따라 수출 위주의 제조업과 내수산업인 서비스업 간에 생산증가율 격차가 벌어졌는데, 수출과 내수산업의 격차는 대기업과 중소기업 간 생산증가율 격차로 연결되면서 업종 간의 소득불균형도 확대되었다. 따라서 2004년에는 '양극화'가 산업, 기업, 사람, 지역 등 전 영역에 걸쳐서 확산되었다.

그림 2-10 | 2003년 이후 주요 경제지표 추이

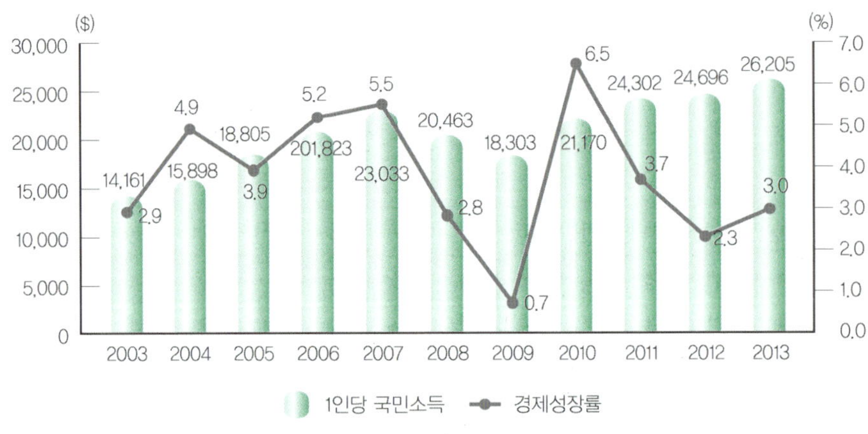

구분	2003	2004	2005	2006	2007	2008	2009	2010	2011	2012	2013
경제성장률(%)	2.9	4.9	3.9	5.2	5.5	2.8	0.7	6.5	3.7	2.3	3.0
실업률(%)	3.6	3.7	3.7	3.5	3.2	3.2	3.6	3.7	3.4	3.2	3.1
수출(억 달러)	1,938	2,539	2,844	3,255	3,715	4,220	3,635	4,664	5,552	5,479	5,597
수입(억 달러)	1,788	2,245	2,612	3,094	3,569	4,353	3,231	4,252	5,244	5,196	5,156
1인당 국민소득($)	14,161	15,898	18,508	20,823	23,033	20,463	18,303	22,170	24,302	24,696	26,205

자료: 1. 경제성장률, 실업률, 1인당 국민소득은 한국은행 경제통계시스템(http://ecos.bok.or.kr/).
2. 1인당 국민소득은 1인당 총국민소득(GNI: 한 나라의 국민이 생산활동에 참여한 대가로 받은 소득의 합계)임.
3. 수출입금액은 관세청 수출입무역통계.

2005년에는 수출 주력산업의 선전이 기업실적 개선과 경기회복 기대감으로 연결되면서 수출과 국내소비의 동반성장이 이루어졌다. 따라서 경제성장률은 3.9%를 기록하였지만 민간소비가 되살아나면서 경제 여러 분야에서 양극화가 부분적으로 완화되었다. 2006년 한국경제는 민간소비와 투자증대 등 내수부문이 전년보다 더 개선된 가운데, 수출이 경제성장을 주도하여 5.2%의 경제성장을 기록하면서 1인당 국민소득 2만 달러를 달성하였고, 2007년에도 한국경제는 경제성장률 5.5%의 건실한 성장을 지속하였다.[12]

한편 한국경제는 IMF 외환위기를 겪으면서 내수소비의 침체에 따라 수출확대정책을 강력히 추진하였는데, 이는 2003년에도 계속되었다. 2003년에는 IT산업이 수출을 주도하면서 수출은 1,938억 달러를 기록하였는데, 이중 IT 관련 품목의 비중이 32%를 차지하였다. 또한 수출시장에서 중국의 비중이 급격하게 증가하면서 1위의 수출대상국으로 부상하였다.

2004년에는 우리나라가 '수출실적 2,000억 달러' 시대에 진입하였는데, 이로써 한국수출은 1995년 1,000억 달러를 돌파한 이후 9년 만에 2,000억 달러를 돌파한 셈이다. 2005년에도 전체 수출이 13% 가까이 증가하였는데 수입도 확대되면서 2005년 교역규모는 5,000억 달러를 상회하게 되었다. 이에 따라 한국의 교역규모는 세계시장에서 G7국가들, 중국, 그리고 중계무역 비중이 높은 네덜란드, 벨기에, 홍콩 다음으로 12위를 차지하게 되었다.

2006년에는 수출 3,255억 달러를 기록하면서 세계 11위의 수출 대국으로 부상하였다. 2007년에는 미국 발 '서브프라임 사태'의 영향으로 세계경제가 조정국면에 진입한 여건 속에서도 수출은 3,715억 달러를 이루었는데, 이로서 우리나라의 수출은 1977년에 100억 달러를 기록한 이후 연평균 11.8% 의 증가세를 기록하였다.

나. 2008년(세계금융위기) 이후의 한국경제

2008년 한국경제는 가을까지도 미국 발 '서브프라임 모기지 사태'에 큰 영향을 받지 않고 전년 대비 20%대의 견실한 수출증가세를 유지하였다. 그러나 9월 리먼브러더스 파산으로 세계금융위기가 본격화되면서 11월에는 수출이 전월 대비 -19.5% 감

12) 2006년의 1인당 국민소득 2만 달러 달성은 원화가지의 상승에 따른 환율 때문이기도 하지만, 원화가치의 상승은 경상수지 흑자, 외환보유액 증가 등 우리 경제의 경제적 위상제고와 관련이 있다.

소하고, 4/4분기에는 경제성장률이 전기 대비 -5.1% 급락하는 등 한국경제는 급격하게 위기상황으로 빠져 들었다. 이러한 위기상황은 2009년 들어 본격화되면서 수출이 전년 대비 -13.6%로 감소하였다. 그러나, 정부의 적극적인 재정지출확대로 2009년 경제성장률이 0.7%를 기록하였는데 이러한 플러스 성장은 OECD국가 중 유일한 것이었다.

한편 2010년에는 세계 금융위기에 대한 글로벌 정책공조로 세계경제가 안정되어 가는 와중에, 세계금융위기의 여파로 과도한 재정적자와 정부부채를 가진 그리스의 신용등급이 하락하였다. 그리고 그리스에서 시작된 남유럽 재정위기가 동일 통화권(유로화)을 사용하는 유럽연합(EU) 전체로 퍼지면서 또 한번의 경제적 위기가 발생하였다. 그럼에도 불구하고 한국경제는 빠른 경제회복을 이루면서 2010년 경제성장률 6.5%를 기록하면서 여러 국가들에게 모범사례로 등장하였다. 또한 한국의 수출은 세계금융위기와 유럽 재정위기 속에서도 급성장하면서 2010년에 4,664억 달러, 2013년 5,597억 달러로 증가하였는데, 규모로는 2009년 세계 9위에서 2013년 세계 6위에 오르게 되었다.

1990년대 이후 한국경제는 1998년의 'IMF 외환위기', 그리고 2008년의 '세계적 금융위기'라는 두 번의 경제위기를 경험하였다. 이 두 번의 경제위기는 모두 외부적 요인에서 출발했다는 공통점을 갖고 있어 한국경제가 외부충격에 취약하다는 특징을 보여주고 있다. 그러나 경제위기의 진행과 극복 과정에서 두 경제위기는 커다란 차이를 갖고 있다. 1998년의 IMF 외환위기는 동남아시아의 외환시장 불안정이라는 국지적 충격에 한국경제가 무너졌다는 특징을 갖고 있는데 반해, 2008년 금융위기는 세계적 금융위기라는 큰 충격에 한국경제가 버티어 냈다는 정반대의 특징을 갖고 있다. 두 경제위기를 보면, 1997년 말에 발생한 IMF 외환위기는 한국경제의 고도성장 과정에서 잠재적으로 누적되어온 여러 문제들이 경제개방 과정에서 한꺼번에 표출되면서 나타난 현상으로, IMF 외환위기는 한국경제가 한 단계 성숙하는데 필요한 필수적 과정이었다고 볼 수 있다. 실제로 IMF 외환위기 이후 한국경제는 금융 부문의 시장원리 도입 및 금융기관의 건전성 확보, 기업들의 재무구조 개선 및 회계투명성 증대, 정부의 경제원리에 기초한 경제운영 등 경제 전 분야에 걸쳐 선진화가 이루어졌다. 그리고 이러한 경제선진화는 이후 한국경제가 2008년의 세계적 금융위기를 극복할 수 있었던 원동력으로 작용한 것으로 볼 수 있다.

따라서 외부충격에 민감하다는 한국경제의 특징은 한국이 갖고 있는 태생적 특성 —좁은 국토, 빈약한 부존자원, 작은 국내시장 등—에 기인하므로 피할 수 없지만,

외부의 위기를 기회로 인식하고 경쟁력을 강화시키는 계기로 삼는 것은 한국경제가 앞으로 이루어 나가야 할 과제이다.

서브프라임 모기지 사태와 세계금융위기

모기지(Mortgage)는 미국에서 주택을 구입할 때 융자를 받는 주택담보대출제도의 하나이다. 주택담보대출 때 신용등급은 여러 층으로 나뉘는데 서브프라임(sub-prime: 비우량) 등급은 프라임(prime) 등급보다 신용등급이 떨어지는 계층을 말한다.

미국 연방준비제도이사회(FRB)는 2000년대 초 IT 버블 붕괴와 9 · 11사태 등으로 인한 경기침체를 해결하기 위해 2001년부터 기준금리를 1%까지 낮추었다. 이에 많은 미국인들이 주택을 구매하면서 집값이 오르기 시작했는데, 유동성이 풍부했던 금융회사들은 서브프라임(비우량 신용등급) 계층에게도 주택담보대출을 확대하였다.

초저금리와 과잉유동성 하에서 이익창출을 모색하던 금융회사들은 모기지대출을 금융상품화해서 팔기 시작했으며, 투자은행들은 다시 모기지대출 금융상품에 투자하는 파생상품을 팔았다.[13] 투자은행들과 헤지펀드들은 이러한 파생상품에 투자하는 또 다른 파생상품을 팔면서 신용의 확대재생산이 이루어졌다.

그러나 경기과열의 지속으로 인플레를 우려한 연방준비제도이사회가 2004년부터 금리를 올리면서 대출로 집을 구입한 사람들은 이자 부담으로 타격을 받기 시작했다. 이에 주택 매도물량이 증가함에 따라 주택가격이 하락하면서, 주택담보대출 연체와 주택차입이 급증하게 되었다.

미국 집값 하락의 여파로 서브프라임 모기지 관련 금융상품에서 2007년 2월 HSBC은행이 손실을, 8월에는 골드만삭스와 씨티그룹이 손실을 발표하였다. 2008년 3월 베어스턴스가 매각되고, 9월 15일 미국 4대 투자은행인 리먼브라더스가 파산을 신청하면서 '서브프라임 모기지 사태'는 세계금융위기로 발전하였다. 이는 다시 실물경제로 확산되면서 세계경제는 심각한 불황에 빠지게 되었다.

PIGS와 유럽의 재정위기

2008년 세계금융위기의 여파로 과도한 재정적자와 국가부채를 가진 그리스가 국가신용등급이 하락되어 국채상환부담이 가중됨에 따라 2010년 5월 EU와 IMF로부터 1,100억 유로의 구제금융을 받게 되었다. 이어 아일랜드도 2010년 11월 18일에 구제금융을 지원받게 되었고, 포르투갈도 2011년 4월 6일에 EU에 구제금융을 신청하였다. 스페인도 2008년 이전까지 해외자금의 대량 유입으로 부동산 가격이 오르면서 거품이 발생하였는데, 세계금융위기와 그리스, 아일랜드의 재정위기로 부동산 거품이 꺼지면서 건설업체와 관련 금융기관들이 파산하고 여기에 정부가 구제금융을 투입하면서 재정위기의 수렁에 빠지게 되었다.

한편, 이와 같은 PIGS(포르투갈, 아일랜드, 그리스, 스페인)의 재정위기는 EU 내 선진국들에게 타격을 주었는데, 특히 EU 회원국 중 경제규모가 3위인 이탈리아에 큰 충격을 주면서 이탈리아도 재정위기에 빠지게 되었다. 이탈리아도 2008년 세계금융위기의 여파로 경제가 위축되면서 세수가 감소하였지만, 그 와중에 정부는 복지에 많은 재정지출을 지속하면서 국가부채가 1조 9천억 유로로 급격하게 증가하여 GDP 대비 119%에 이르게 되었다. 더 나아가 이탈리아의 재정위기는 프랑스에

13) 대표적인 투자은행(investment bank)으로 골드만삭스, 메릴린치, 리먼브라더스, 베어스턴스 등이 있다.

영향을 주었는데, 프랑스 4대 은행이 보유한 이탈리아 국채 규모는 유로존 지역 최대 규모인 530억 유로에 달하고 있다. 여기에 민간 보유 국채를 합하면 프랑스가 보유한 이탈리아 국채 규모는 3,000억 유로를 넘고 있다. 이와 같은 유럽의 재정위기는 2011년 7월 그리스에 대한 2차 구제금융이 시행되면서 일시적으로 진정된 상태에 있다. 그러나 그리스 등 PIGS에 대한 구제금융조치는 이들 국가들의 국가 채무의 상환을 연기한 것이기 때문에 유럽재정위기는 내부적으로 진행 상태에 있으며 세계적인 금융위기로 확산될 가능성을 여전히 안고 있다.

제2편
한국경제의 분야별 제도 및 현황

오랜 역사 동안 '은둔의 나라'로 지내온 우리나라는 19세기 말 서구의 근대화확산에 따른 세계화 흐름에 적절히 대응하지 못하면서, 1900년대에 들어는 세계화 흐름에 적극적으로 동참한 일본의 식민지로 전락하였다. 그러나 1945년 해방과 함께 전형적인 후진국으로 출발한 우리나라는 1960년대 들어 수출을 중심으로 하는 공업화를 통한 성장전략을 추진하면서 빠른 경제성장과 발전을 이루어냈다. 그리고 2000년대 들어 우리나라는 제2차세계대전 이후의 신생독립국들 중에서 유일하게 선진국대열에 진입하는데 성공하였다. 이러한 경제성장 · 발전과 함께 우리나라의 산업구조는 농업에서, 공업으로, 그리고 서비스업 중심으로 고도화되고, 경제 각 부문들도 빠르게 변화 · 발전하여 왔다. 그렇지만 우리나라는 1960년대부터 50여년이라는 짧은 기간 동안에 후진국에서 선진국으로 '압축성장'을 하면서, 금융, 재정 등 경제 여러 부문에서 여전히 후진적 구조를 갖고 있다는 문제들도 안고 있다.

여기서는 우리나라 경제성장 과정에서 변화 · 발전하여 온 경제 각 부문들의 정책, 변화추이, 문제점들을 살펴보기로 한다.

| 제3장 |

무역

★

1945년 8월 15일 일본의 패망으로 독립국가의 지위를 되찾은 우리나라는 빈약한 자연자원, 부족한 자본, 낮은 기술수준, 낮은 소득수준과 작은 규모의 국내소비시장, 좁은 국토면적, 상대적으로 많은 인구, 그리고 농업 중심의 경제구조라는 전형적인 후진국 경제의 특징들을 갖고 출발하였다. 이후 우리나라는 대부분의 후진 국가들이 안고 있는 "빈곤의 악순환"에서 벗어나기 위해, 1960년대부터 수출주도형 공업화 전략을 추진하면서 지금까지 눈부신 경제성장을 이루어 왔다. 따라서 무역은 우리나라 경제에서 "성장의 엔진(engine of growth)" 역할을 하여왔는데, 무역의 중요성은 우리나라 경제가 갖고 있는 경제적 특성들로 인해 앞으로도 지속될 것이다. 따라서 본장에서는 무역을 중심으로 하는 우리나라의 대외경제관계 변화와 상황을 살펴보기로 한다.

제3장 무역

3.1 무역과 경제성장

사람들이 생활하기 위해서는 기본적인 의식주 이외에도 많은 종류의 재화가 필요한데, 개인 또는 가족이 필요한 재화 모두를 스스로 생산한다는 것은 거의 불가능하다. 따라서 사람들은 자신이 타고난 능력이나 자원에 맞추어 재화를 생산하고, 자기가 생산한 재화의 잉여분을 자신이 필요로 하는 다른 재화와 교환하여 소비하면서 살아간다. 그런데 생산과 관련하여 사람들은 재화생산에서 각기 다른 능력을 갖고 있다. 즉, 어떤 사람은 그림이나 디자인을 다른 사람보다 더 잘하고, 어떤 이는 기계나 도구를 더 능숙하게 조작할 수 있다. 또는 어떤 사람은 논 · 밭을 갖고 있어 농산품을 생산하는 데 유리하고, 또 다른 이는 공장을 갖고 있어서 공산품을 만드는 데 유리하기도 하다. 따라서 사람들은 자신이 비교우위를 갖는 재화를 집중적으로 생산하는 것이 유리한데, 이러한 개인의 생산특화 또는 분업은 자신이 생산한 재화를 여타의 필요한 소비 재화로 교환할 수 있을 때 가능하다. 만일 컴퓨터 조립을 잘하는 사람이 한 달 동안 컴퓨터만 만들었는데 이를 식량이나 의복 등 다른 필요한 재화로 교환할 수 없다면 그는 컴퓨터 생산에 특화할 수 없을 것이다. 이러한 사실과 관련하여 스미스(Adam Smith)는 1776년에 발간한 『국부론(the Wealth of Nations)』에서 "한 국가의 재화생산량은 분업이 잘될수록 증가하는데, 분업은 시장의 크기에 의해 제한된다"라고 설명하였다. 즉, 그의 주장에 의하면 시장이 클수록 사람들은 자신의 재능에 맞는 작업에 전념할 수 있는데, 이러한 분업으로 인해 사람들은 숙련도가 높아지고 새로운 도구나 기계를 발명하면서 재화를 더 많이 만들 수 있게 된다. 그런데 시장의 크기는 국내시장에서 해외시장으로 재화시장이 확대될수록 더욱 커지게 된다. 따라서 국가 간 무역은 분업을 확대시키고 그 결과 재화의 생산량이 증가하는 경제성장을 가져온다.

그렇다면 국가 간 분업, 즉 생산특화는 어떻게 결정되는가? 경제학자들은 무역에 참여하는 국가들 간의 생산특화는 재화생산비용의 국가 간 차이에 의해 결정된다고 보았는데, 고전학파 경제학자인 아담 스미스(Adam Smith)는 최초로 무역의 발생원인과 특화에 관해 설명하였다. 그는 각국이 상대국가보다 절대적으로 생산비가 저렴한 재화에 생산 · 특화해서 서로 교환하면 두 국가 모두가 이익을 얻게 된다는 절대우위이론을 주장하였다. 그러나 이후 리카도(D. Ricardo)는 영국과 포르투갈 사이의 무역거래를 살펴보고, 포르투갈이 영국에 비해 포도주와 의류 생산비가 모두 절대적으로 저렴함에도 불구하고 양국 간의 무역이 이루어짐을 발견하였다. 즉, 포르투갈은 포도주생산비용과 의류생산비용이 영국에 비해 모두 낮지만 포도주생산비용이 상대적으로 더 낮기 때문에 포도주생산에 특화하고, 영국은 포도주생산비용과 의류생산비용이 포르투갈에 비해 모두 높지만 의류생산비용이 덜 높기 때문에 의류생산에 특화하면, 양국 모두 분업의 장점으로 각각 재화생산량이 증가하여 무역을 통해 이익을 얻는다고 설명하였다. 이에 따라 그는 양국이 절대적으로 우위에 있지 않더라도 상대적으로 생산비가 낮은 상품생산에 각각 특화하여 무역을 하면 양국이 모두 이익을 얻을 수 있다는 비교우위이론을 주장하였다. 이러한 비교우위이론은 밀(J. S. Mill)에 의해 더욱 정교화 되었는데, 이들의 이론은 재화생산에는 노동이 유일한 생산요소인데 양국이 노동생산성에서 차이가 존재한다고 가정하였다. 따라서 이들 이론은 국가 간 노동생산성 차이로 인해 상품생산에서 비용의 차이가 발생하고, 이에 따라 생산의 특화가 발생한다고 설명하였다. 한편 20세기에 스웨덴의 경제학자인 헥셔(E. Heckscher)와 올린(B. Ohlin)은 국가 간 재화생산비용의 차이가 토지, 노동, 자본 등 부존자원(factor endowments)의 차이 때문에 발생한다고 설명하였다. 그들의 요소부존 무역이론에 의하면 생산요소의 부존량(토지 또는 자본의 양)은 국가마다 차이를 갖고 있는데, 토지가 상대적으로 풍부한 국가에서는 토지를 많이 사용하는 재화(예를 들어, 농산품)의 생산비용이 자본을 많이 사용하여 생산하는 상품의 생산비용보다 저렴할 것이다. 이와 반대로 자본이 상대적으로 풍부한 국가에서는 자본을 많이 사용하는 자본집약적 재화의 생산비용이 노동집약적 재화의 생산비용보다 상대적으로 낮을 것이다. 따라서 양국은 상대적으로 풍부하게 갖고 있는 생산요소를 집중적으로 사용하는 재화에 대해 비교우위를 가지며, 비교우위를 갖는 재화생산에 특화하여 수출하게 된다.

이와 같이 무역을 통해 국가는 상대적으로 풍부한 생산요소를 집약적으로 사용하는 재화를 생산·특화하여 수출하는데, 이 과정에서 무역의 분업효과로 숙련도가 상승하여 노동생산성이 증가하고 신기술·신기계 등이 발명되어 경제성장을 이루게 된다. 또한 국가는 무역을 통해 국내의 부족한 자원문제를 해결할 수 있는데, 생산과정에 국내에 부족한 요소가 많이 투입되는 재화를 무역상대국에서 수입하여 국내 소비자들은 국내에서 생산하는 경우보다 낮은 가격으로 재화를 소비할 수 있다. 또는 무역을 통해 종전에는 국내의 자원부족으로 국내생산이 불가능하던 재화를 수입·소비할 수 있게 된다. 이와 더불어 무역을 통해 국가는 경제성장에 반드시 필요한 희소자원과 부족한 자본, 국내에 존재하지 않는 지식, 아이디어, 신기술을 획득하여 지속 가능한 산업생산의 성장을 위한 여건들을 만들어 내게 된다. 더 나아가 경제가 덜 발달된 개발도상국은 외국과의 무역을 시작하면서 종전의 폐쇄경제 하에서 과소 이용되던 국내자원들을 수출상품 생산에 사용하면서 추가적 생산비용 없이도 재화생산량을 늘릴 수 있게 된다. 이러한 "잉여분출무역이론(vent-for-surplus theory of international trade)"은 마인트(Hala Myint)에 의해 제시되었다. 전통적 무역이론은 국내에 완전고용된 자원이 무역을 통해 더 효율적으로 재배분되면서 총생산량이 증가한다고 보았지만, 이 이론에 의하면 폐쇄경제 하에서 실업상태에 있던 노동과 유휴상태에 있던 토지 등의 자원이 수출상품 생산에 투입되면서 고용의 증가와 자원의 활용이 이루어진다는 것이다. 실제로 제2차세계대전 이후 많은 신생 독립국가들은 세계무역에 참여하면서 고용증가, 자원 활용, 그리고 그를 통한 소득 및 생산증가를 이룬 것이 사실이다.

한편 비교우위에 근거한 무역이론은 많은 개발도상국들의 무역정책과 경제개발정책에서 지배적 역할을 하면서, 남미, 아프리카, 동남아시아의 개발도상국들은 토지 또는 자연자원집약적인 1차산업재화들에 생산·특화하여 이들 제품을 수출하는 경제성장정책을 추진하였다. 그리고 이들 국가 중 몇몇 개발도상국들은 비교우위에 근거한 수출 중심의 경제성장정책을 추진하여 초기에 경제성장을 이루는 데 성공하였다. 예를 들어, 1930년대 초 아르헨티나는 축산 등 1차산업에 생산·특화하여 이들 제품을 수출하면서 1인당 국민소득기준으로 세계 6위의 국가로 성장하였다. 그러나 20세기 전반에 걸쳐 토지 또는 자연자원 집약적인 1차산업재화의 수출(량)이 세계 전체무역(량) 증가보다 더디게 성장하면서, 1차산업재화의 수출을 통해 경제성장을 추진한 아프리카, 남미 및 동남아 지역의 거의 모든 국가들은 지속적인 경제성장에 실패하였다. 그런데 이와 같이 토지 또는 자연자원집약적인 1차산업재화의 수출(량)

이 더디게 성장하거나 정체하는, 심지어 수출(량)이 감소하고 있는 이유는 1차 산업재화(특히 농산품)가 소비 및 생산에서 여러 장애요인들을 갖고 있기 때문이다. 우선 그 이유를 수요 측면에서 보면, 첫째 농산품 및 원자재 등의 1차산업재화는 수요의 소득탄력성이 공산품에 비해 상대적으로 낮다. 예를 들어, 쌀, 커피, 설탕 등의 수요의 소득탄력성은 '0.3~0.6'의 범위에 있는데, 이는 소득이 '1'증가할 때 수요는 '0.3~0.6' 정도 증가한다는 뜻이다. 따라서 선진국들의 소득이 증가하여도 쌀, 커피, 설탕의 수요는 크게 늘어나지 않기 때문에 이들 제품의 수출도 크게 증가하지 않는다는 것을 의미한다. 둘째, 이에 더하여 무역상대국인 선진국들의 인구증가율이 20세기 중반부터 정체상태에 들어서면서 선진국 시장에서 농산품 및 원자재의 수요가 늘어나지 않고 있다. 셋째, 농산품 및 원자재 등은 수요의 가격탄력성이, 몇몇 귀금속들을 제외하고는, 공산품에 비해 상대적으로 낮다. 즉, 농산품이나 원자재들은 제품의 가격이 떨어져도 수요가 별로 늘어나지 않는다는 특성을 갖고 있다. 따라서 농업기술 및 채취기술 등의 발달로 이들 농산품 및 원자재의 공급량이 늘어나면서 가격은 지속적으로 하락하는데, 그에 따른 수출증가는 이루어지지 않는다. 넷째, 과학기술의 발달로 면화, 고무, 피혁, 구리(통신망용 유리광섬유로 대체) 등의 원자재에 대한 인공대체물이 발명되면서 1차산업재화의 수요가 전 세계적으로 감소하고 있다. 한편 1차산업재화의 공급 측면에서의 장애요인들을 살펴보면, 다섯째, 농산품 및 원자재의 생산은 재배 · 채굴기간이 길기 때문에 국제시장에서의 수요 변화에 따라 공급량을 조절하는 것이 쉽지 않다. 여섯째, 농산품 및 원자재는 토지 및 자연자원이 고정되어 있어 생산에서 수확체감현상이 빠르게 나타난다. 일곱째, 농산품 및 원자재, 특히 농산품의 생산은 강우량, 기온 등 자연적인 조건에 크게 영향을 받기 때문에 시장상황 변화에 따른 생산량 조절에 한계를 갖고 있다. 여덟째, 이러한 자연 순응적 생산조건으로 인해 농산품 및 원자재 등의 1차산업재화 중심의 사회는 경제 · 사회적으로 보수적 · 경직적 전통과 문화구조를 갖게 되는데, 그에 따라 새로운 기계의 발명이나 기술진보, 더 넓게는 사회의 전반적 발전이 이루어지기 어렵다. 마지막으로, 아프리카와 남미국가들에서 볼 수 있듯이 농산품 및 원자재의 무역이익이 국가 내 소수의 대지주 또는 자원소유주들에게 집중되면서 사회 내의 빈부격차가 심화되고, 토지 및 자원개발을 둘러싼 종족 · 계급 간 충돌로 정치 · 사회적 불안정이 반복 · 지속되고 있다.

이에 반해 공산품이나 서비스산업재화들은 수요 · 공급 측면에서 1차산업재화와 반대되는 특징들을 갖고 있다. 즉, 공산품이나 서비스산업재화들은 수요의 소득탄력성 및 가격탄력성이 높고, 수확체증 또는 규모의 경제가 나타나며, 신제품 및 기술 진보 등이 용이하다는 특징들을 갖고 있다. 이러한 경제적 특징들에 근거하여 한국, 대만, 홍콩, 싱가포르 등 아시아의 네 나라는 제2차세계대전 종식 이후 공산품생산에 특화하는 수출정책을 추진하면서 지난 수십 년간 눈부신 경제성장에 성공하였다. 그런데 이들 네 나라 중에서 도시국가 수준인 대만, 홍콩, 싱가포르를 제외한 한국은 선진국 클럽인 OECD에 가입하면서 전 세계 경제학자와 정책결정자들의 주목을 받고 있다. 한국은 1960년대 초 경제성장정책에 착수할 때부터 2차산업재화 생산에 특화하는 수출정책을 추진하였다. 즉, 한국은 수출 초기에 비교우위이론에 근거하여 한국이 상대적으로 많이 갖고 있는 노동을 집중적으로 사용하는 섬유 · 봉제품 등의 노동집약적 공산품 생산에 특화하여 수출하는 생산정책을 추진하였다. 그러나 곧이어 한국은, 다른 개발도상국들의 정태적 비교우위에 근거한 생산특화와는 달리, 요소부존상태를 능동적으로 변화시키면서 수출 및 차관 등을 통해 형성된 자본을 토대로 수출상품의 중심을 노동집약적인 경공업제품에서 자본집약적인 중화학공업제품으로 이동시켰다. 또한 더 나아가 한국은 높은 교육의 축적으로 형성된 인적자본을 토대로 수출상품의 중심을 기술 및 지식집약적인 IT산업제품으로 생산 · 특화하여 왔다. 따라서 한국은 경제성장을 위해 대외적으로는 세계 자유무역시장을 활용하는 동시에, 국내적으로는 ―적어도 1980년대까지는― 더 높은 부가가치를 발생시키는 산업제품을 생산 · 수출하기 위해 정부가 시장에 적극적으로 개입하여 비교우위를 변화시키는 정책을 실시하였다.

3.2 무역정책[1)]과 무역의 전개

한국은 제2차세계대전 이후의 신생독립국들 중에서 경제발전에 성공하면서 선진국가들 모임인 OECD에 진입한 유일한 나라인데, 한국의 경제발전은 무역을 통한 경제성장전략을 중심으로 이루어져 왔다. 따라서 전 세계의 많은 개발도상국들이 한국의 경제적 성공을 성장모델로 삼고자 하는데,[2)] 특히 이들 국가는 한국의 무역을

1) 본 절에서 무역정책에 관한 내용은 KDI, 2008, 『한국경제 60년사: 대외경제편』의 내용을 토대로 자료를 보완 · 수정하여 작성하였음.

2) IMF, 세계은행 등 국제기구들, 경제정책수립가들, 경제발전 관련 학자들은 한국의 경제발전을 제2차세계대전 이후 시장경제를 바탕으로 한 성공적 모델로 제시 · 활용하고 있다.

통한 경제성장전략을 모방·활용하려고 하고 있다. 그렇다면 지난 60여년의 짧은 기간 동안에 눈부신 경제발전에 성공하면서 세계최빈국에서 선진국으로 도약한 한국은 구체적으로 어떠한 무역정책을 추진하여 왔는가? 한국은 일관성있는 시장개방 무역정책을 추진하여 온 것이 아니라, 시기별로 국내외의 상황 변화에 따라 각기 다른 무역정책들을 활용하여 왔다. 즉, 한국은 시대별로 상황 변화의 필요에 따라 보호주의정책부터 자유화정책까지 다양한 여러 정책들을 선택·추진하여 왔다. 이러한 무역정책의 특징과 무역의 시대별 전개 과정을 살펴보기로 하자.

1. 해방 이후~1950년대 말: 경제적 혼란기

해방 직후 한국의 정치·경제·사회적 상황은 경제성장을 위한 기초적 조건들과는 큰 차이가 있었다. 일제식민지 시기에 일본은 한국을 식량공급처인 수탈의 대상과 일본 소비재제품의 수출시장으로 이용하면서 한국에서는 민족자본이 형성되지 못하였기 때문에, 해방 직후 한국의 경제적 기반은 취약하였다. 또한 일제식민지 시기 일본은 한반도에 "남한에 농업, 북한에 공업 배치" 정책을 실행하였는데, 남북분단으로 인해 남한은 공업기반이 거의 없는 불균형적 산업구조를 갖게 되었다. 이에 더하여 1950~53년의 6·25전쟁으로 남한 지역에 남아 있던 미미한 공업생산시설 등의 산업기반이 대부분 붕괴되었기 때문에 경제적 자립기반이 거의 파괴되었을 뿐 아니라, 이념대립 등으로 인해 사회에는 극심한 혼란상태가 지속되었다. 따라서 한국은 이 시기에 식량 및 여타 기본적인 생활필수품들이 부족해서 미국과 UN으로부터 생활필수품들을 원조 받아 경제적 혼란을 수습하였다.[3] 이와 더불어 정부는 국민의 생존을 위한 기초 생활필수품의 공급능력을 갖추는 자급체제 구축에 주력하면서 전쟁으로 파괴된 경제하부구조와 산업시설의 복구에 중점을 두었다.

해방 이후 1950년대 말까지 한국의 무역정책을 살펴보면, 해방 직후부터 정부가 수립되기 전인 1948년 8월까지 한국의 무역정책은 미군정에 의해 "면허 무역형"으로 이루어졌다. 1948년 8월 대한민국 정부가 수립되면서부터 미군정의 무역관리는 없어지고, 정부는 외국자본의 침투를 막고 재정수입을 늘리기 위해 과세대상을 확대하고 관세율을 높이는 고관세율 무역정책을 수립·추진하였다. 6·25전쟁 이후에는 정부가 전쟁으로 파괴된 산업기반 구축과 기초 생활필수품의 공급을 위한 자급체제 구

3) 1945~50년 기간에 한국은 미국과 UN으로부터 5억 8,500만 달러 상당의 구호품과 생필품들의 원조를 받았다. 한국은행, 『경제통계연보』, 각 년도.

축에 주력하였는데, 그에 따라 무역정책은 1950년대 전체에 걸쳐 대내지향적인 수입대체 공업화정책을 기본방향으로 해서 추진되었다. 정부는 수입대체정책을 수행하기 위해 원화 환율을 평가절상하여 고환율정책을 유지하고, 수입에 강한 통제를 가하였다. 그 결과 한국은 수입대체 공업화를 통해 "제분", "제당", "면방직",[4] "시멘트", "피복류", "기타 생필품" 등의 국내 생산체제를 구축할 수 있었다.

표 3-1 1945~1960년의 무역규모 및 원조 추이

(단위: 백만 달러, %)

연도	수출	수입	원조	수입 중 원조의 비중(%)	수출의 수입에 대한 비율(%)
1946	3.5	60.8	49.5	81.4	5.8
1947	26.8	232.6	175.4	75.4	11.5
1948	22.3	208.0	180.0	86.5	10.7
1949	13.8	132.9	116.5	87.7	10.4
1950	29.4	61.6	58.7	95.3	47.7
1951	15.6	132.7	106.5	80.3	11.8
1952	26.6	214.2	160.5	74.9	12.4
1953	44.8	345.4	191.8	55.5	13.0
1954	24.2	243.3	149.4	61.4	9.9
1955	18.0	341.4	232.8	68.2	5.3
1956	24.6	386.1	319.9	82.9	6.4
1957	22.2	442.2	374.0	84.6	5.0
1958	16.5	378.2	311.0	82.2	4.4
1959	19.8	303.8	210.7	69.4	6.5
1960	32.8	343.5	231.9	67.5	9.5

자료: 통계청, 『한국통계연감』, 1964, KDI, 『한국경제 60년사: 대외경제편』, 73쪽 재인용.

1950년대 전반에 걸쳐 한국의 무역규모는 6·25전쟁과 수입대체 공업화정책의 영향으로 아주 미미한 수준에 머물렀다. 한국의 무역규모는, 〈표 3-1〉에 나타난 바와 같이, 6·25전쟁이 끝난 1953년과 54년에 각각 3억 9,020만 달러와 2억 6,750만 달러에 불과하였다. 그중에서 수출이 1953년과 54년에 각각 4,480만 달러와 2,420만 달러이고, 수입은 각각 3억 4,540만 달러와 2억 4,330만 달러이었다. 이 시기에는 수입이 수출의 10배 이상으로 수출과 수입 간의 불균형이 심하였는데, 이러한 수입초

4) 제분, 제당, 면방직을 삼백(三白)공업이라고 불렀다.

과는 주로 미국의 원조를 통해 가능하였다. 〈표 3-1〉에서 보듯이 1945~60년 기간에 수입의 70% 이상이 미국을 중심으로 하는 외국 원조에 의존하면서 이 기간 동안 수입규모는 원조규모에 따라 변동하였다.

한편 〈표 3-2〉는 1950년대 상품별 무역구조를 보여주고 있다. 1950년대에 한국은 원자재를 수출하여 수입에 필요한 외화를 확보하는 무역정책을 추진하였는데, 이에 따라 표에서 볼 수 있듯이 1955~60년 기간 동안에 한국의 수출은 텅그스텐, 철광석, 중석 등의 비식용 원재료와 견, 한천, 어류, 쌀 등의 식품 및 산 동물과 같은 1차산업제품이 주종을 이루었고, 제조업제품이 총수출에서 차지하는 비중은 0에 가까운 상태이었다. 수입에서는 비식용 원재료 이외에 화학제품, 재료별 제조제품, 기계 및 운수장비 등의 제조업제품이 주종을 이루었다. 그렇지만 1955~60년 기간 동안에 화학제품을 제외한 제조업제품의 수입비중이 감소하였는데, 이는 전후복구 및 수입대체 정책이 성공하면서 제조업제품이 수입에서 국내생산으로 대체되었음을 보여준다. 이 시기에 한국 수출의 90%가 미국과 일본에 집중되었는데, 당시의 교역상대국이 미국과 일본으로 한정되었음을 알 수 있다.

표 3-2 1950년대 상품별 무역구조

(단위: %)

상품별 수출 비중	1954년	1960년	상품별 수입 비중	1954년	1960년
품 목	%	%	품 목	%	%
식품 및 산 동물	12.1	29.6	식품 및 산 동물	6.8	9.2
음료 및 담배	0.1	1.4	비식용 원재료	9.4	20.7
비식용 원재료 (광물성연료 제외)	76.7	48.2	광물성연료	12.7	6.7
광물성 연료, 동 · 식물성 유지, 화학제품	0.0	5.3	화학제품	17.5	22.2
재료별 제조제품	4.6	12.0	재료별 제조제품	18.5	15.4
기계 및 운수장비	0.3	0.3	기계 및 운수장비	16.8	11.7
기타 제조제품	0.2	0.3	미분류	18.3	14.1
미분류	0.2	3.0	총합계 (백만 달러)	100 (341)	100 (344)
총수출 (백만 달러)	100.0 (24)	100 (33)			

주: 상품분류는 표준국제무역분류(standard international trade classification: SITC)임
자료: 한국은행, 『한국통계연감』, 1964.

2. 1960~70년대: 정부주도의 수출촉진정책

1950년대와 1960년대에는 전 세계적으로 제2차세계대전 이후 출발한 신생독립국들이 종전의 식민 지배국으로부터 정치적으로 자립하려는 "제3세계 비동맹운동"이 확산되었는데, 그러한 흐름에 따라 많은 개발도상국들이 대내 지향적 수입대체정책(import substitution policy)을 채택하였다. 그러나 '빈곤의 악순환' 속에 있던 한국은 협소한 국내시장을 갖고 있기 때문에 수입대체 공업화전략으로 경제성장을 이루는 데는 한계가 있었다. 또한 미국의 원조가 점차적으로 줄어들면서 국민생활에 절대적으로 필요한 식량 및 에너지 수입을 위하여 외화를 획득하는 것이 무엇보다 중요하였다. 따라서 정부는 1962년 "제1차 경제개발5개년계획"을 시작으로 적극적인 수출주도형 경제성장전략을 수립하였다. 1960년대에 한국의 경제 및 무역정책은 정부주도 아래 외국자본을 도입하여 제조업, 특히 노동집약적 산업인 의류·봉제 등의 경공업산업을 육성하고 농촌 부문의 풍부한 양질의 유휴노동력을 공업 부문으로 이동·투입하여 노동집약적 산업제품을 생산·수출하는 데 중점을 두었다. 이를 위해 1961년 12월 외자도입운영방침을 수립하고, 정부는 선별적인 지급보증으로 국내 민간기업의 외자도입을 촉진하였다.[5] 또한 수출확대를 위해 1964년에 "수출진흥종합시책"을 수립하여 수출지원을 추진·확대하였다. 수출확대를 위해 정부는 조세상의 특혜, 금융상의 특혜, 그리고 다양한 행정상의 지원제도 등 전방위적으로 시장에 개입하였는데,[6] 주로 비교우위가 높은 경공업을 수출주도산업으로 육성하여 수출능력을 확보하는 방향으로 진행되었다. 이와 더불어 한국은 1967년 3월 GATT에 가입하여 전 세계적인 무역자유화와 자유무역체제에 동참하면서 수출증대의 기반을 조성하였다. 정부는 또 다른 수출진흥정책으로 수출자유지역을 설치하였는데, 1969년 7월 외국인의 해외직접투자 또는 합작투자를 유치함으로써 수출 증진, 고용 증대, 기술 향상을 이루기 위해 마산, 창원을 중심으로 남해안 임해수출자유지역을 설치하였다.

---

5) 이러한 외자도입정책은 그 시기에 대부분의 개발도상국들(대표적으로, 남미국가들)이 외국기업의 직접투자유치에 의존하였던 정책과는 크게 대조된다.

6) 구체적인 지원제도 내용들은 KDI, 2008, 『한국경제 60년사: 대외경제편』, 77~83쪽을 참조할 수 있다.

그림 3-1 | 1970년대 '창원 수출자유지역' 기사와 사진

昌原분지는 메카트로닉스의 心臟

292社 한울타리 산업役軍 7만

研究·신제품産室 21세기 先導

공장自動化·항공산업 정착 작년수출 10억弗

자료: 매일경제신문, 1988.06.17. 13면 사진.

수출자유지역은 중간재와 원자재를 수입해서 가공·조립하여 수출상품을 만들던 당시 상황에서 복잡한 관세행정절차 생략, 물류비용 절감, 집적화를 통한 연관효과 제고 등을 통해 수출단가를 낮춤으로써 수출증진효과를 가져온 것으로 평가된다. 그러나 정부는 적극적인 수출촉진정책과는 반대로 1960년대 말까지 높은 관세율과 수량규제(QRs)수단을 활용하여 수입을 엄격하게 규제하였다. 이는 미국으로부터의 원조 감소와 무역수지의 악화 때문인데, 정부의 수입규제정책으로 1962년의 단순 평균 관세율은 거의 40%수준이었고 1967년에 수입자유화율이 60.4%에 불과하여 수입상품 중 40%가 수량규제의 대상이었다. 한편 이 시기에 한국의 수출을 위해 "무한대"의 시장을 제공한 나라는 미국이었다. 한국은 공산주의권역 국가인 북한과 군사적으로 대치하면서 지리적으로 동·서냉전의 최전방에 위치하고 있기 때문에, 자본주의

진영의 중심국이었던 미국은 자본주의체제를 전 세계적으로 확산시키기 위해 한국의 경제성장을 지원할 필요가 있었다. 또한 미국은 1964년부터 베트남전에 본격적으로 개입하면서 일본, 남한, 대만, 월남으로 이어지는 자본주의 진영의 방어선을 구축하였는데, 방어선의 강화를 위해 시기적으로 한국의 경제성장을 지원할 필요가 있었다. 이러한 1960년대의 지리적·시기적 요인으로 미국이 한국에게 미국 국내시장을 열어 주었는데, 이에 따라 한국은 수출을 통한 경제성장에 성공할 수 있었다.[7)]

한국은 1970년대에 들어 정부주도의 중화학공업화로 획기적 정책전환을 추진하였는데,[8)] 정부는 중화학공업을 성장시키기 위해 중점적으로 육성할 중화학 분야의 업종과 참여기업까지 선정하였으며 중화학업종의 수출산업화를 위한 금융배급을 실시하였다.[9)] 이렇게 한국은 중화학육성정책을 정부주도형이라는 독특한 형태로 추진하면서 신속한 공업화를 이루었다. 정부주도의 중화학공업화를 위한 정책 중에서 가장

---

7) 1960년대 한국의 눈부신 경제성장은 동·서냉전의 지리적·시기적 요인과 더불어 경제발전정책을 추진할 수 있었던 지도자의 등장이라는 인적요인이 결합되면서 가능하였다. 한국 경제발전의 성공과 유사한 예로 1980년대 이후부터의 중국의 경제적 성장을 들 수 있다. 1970년대에는 미국이 베트남전에서 패퇴하고 전 세계적으로 공산주의가 확산되면서 시기적으로 미국을 중심으로 하는 자본주의 진영이 위축되던 시기이었다. 이 시기에 공산주의의 종주국인 구소련과 가장 긴 국경을 접하고 있으면서 넓은 국토면적과 인구를 가진 중국은 지리적으로 미국에게 소련을 견제하기 위한 중요한 전략적 수단이었다. 이러한 이유로 1970년대 초반에 미국은 1971년 핑퐁외교 등을 통해 중국과의 관계개선을 위해 노력하였다. 그러나 당시 중국지도자인 모택동(MaoZedong, 毛澤東)은 문화혁명을 추진하여 1인 독재체제를 구축하는 데 국가정책을 집중하면서 중국은 경제성장을 이룰 수 있는 시기적·지리적 이점들을 살리지 못하게 되었다. 모택동의 사망에 이어 등장한 등소평(鄧小平, Deng Xiaoping)은 1978년부터 개혁·개방을 실시하여 수출을 통한 경제성장정책을 추진하였다. 이에 따라 미국은 중국의 경제성장을 위해 중국에게 미국의 국내시장을 개방하였는데, 1980년대부터 시작된 중국의 경제성장은 1960년대의 한국과 유사하게 시기적·지리적·인적요인들이 동시에 나타났기 때문에 가능하였다.

8) 1970년대 초 한국의 중화학공업정책은 당시 한국의 경제발전수준으로 볼 때 시기상조라는 비관적 전망에도 불구하고 정부주도에 의하여 강행된 이유는, 첫째 1969년 7월 발표된 닉슨 독트린에 따라 한반도에 주둔한 미국지상군의 단계적 철수계획 등 국내·외 안보환경의 급격한 변화로 자주국방을 위한 방위산업의 육성이 절실하게 되었고, 둘째 일본이 중화학공업화 전략을 통해 경제선진국으로 발돋움한 것을 모방하여 한국도 유사한 발전전략을 통해 일본을 따라잡겠다는(catch-up) 전략이 내부적으로 작용하였고, 셋째 1970년대 들어 선진국들이 노동집약적 산업제품에 대한 보호무역주의정책을 강화하고, 노동집약적 산업제품시장에서 후발 개발도상국들의 추격이 거세짐에 따라 산업구조의 고도화를 통한 새로운 수출산업을 모색해야 했으며, 넷째 자본재 수입의 증가로 인해 국제수지가 지속적으로 악화되었는데 자본재수입을 국내생산으로 대체하여 국제수지악화문제를 해결하기 위한 것이다.(KDI, 2008, 『한국경제 60년사: 대외경제편』, 25쪽)

9) 1960년대의 수출확대를 위한 환율정책과 유인체계가 모든 산업·기업들에 차별없이 적용되었다면, 1970년대의 정부주도 중화학공업화는 정부가 특정 산업과 기업을 선별하여 지원하는 형태로 전개되었다.

중요한 유인체계는 금융지원제도인데, 정부는 중화학공업화를 위하여 확대형 금융정책을 집행했다. 즉, 정부는 금융체계 전반을 통제하여 중화학공업건설에 필요한 방대한 자금을 선정된 특정 민간기업에게 저금리로 금융자금을 배급하였다. 이외에도 정부는 중화학공업건설을 위하여 법인세 감면, 설비투자에 대한 세액공제, 특별감가상각 등 세제상의 특혜들도 부여하였다. 그런데 중화학공업화가 추진되면서 한국의 무역정책은 한시적으로 1960년대의 수출주도정책에서 수입대체정책으로 전환되었다. 즉, 정부는 유치단계인 중화학 업종이 국내에서 성장기반을 잡도록 중화학공업제품의 수입을 규제하는 동시에 국내 중화학업체의 국산구매를 강화시켰다. 그리고 주요 산업설비에 대한 국산화율 요건을 강화하고, 그 업종들의 대한 진입장벽을 높여주었다. 이러한 중화학공업육성정책의 효과로 이후 장기적으로 한국경제는 국내산업구조의 고도화와 수출구조의 고도화를 실현하게 되었다. 또한 한국의 중화학공업제품들은 대외경쟁력을 확보하면서 해외수출이 시작되었는데, 해외시장으로의 수출확대로 중화학공업은 대량생산을 통한 '규모의 경제'를 가질 수 있게 되었다. 이와 더불어 한국경제는 해외시장에서 선진기술, 경영기법에 대한 접근과 그에 따른 학습효과(learning by doing)를 얻을 수 있었다. 이러한 효과들은 1990년대 들어 한국이 조선, 철강, 전자, 자동차 부문에서 세계적 기업브랜드를 만드는 계기를 만들었다. 한편 중화학공업육성에는 막대한 자본이 투입되어야 하는데, 정부는 중화학공업육성을 위해 필요한 재원을 과다한 통화팽창과 외자도입을 통해 조달하였다. 그 결과 1970년대에 중화학공업화정책은 단기적으로 고물가, 국제수지 불안, 외채위기 등의 부작용을 불러왔다. 즉, 과다한 외채의존으로 1970년대 말에 한국의 총 외채규모가 GNP의 50%를 차지할 정도의 외채위기를 조성하였으며, 외국자본재와 부품에 대한 높은 의존도로 인해 국제수지는 적자가 지속되었다. 또한 정부는 은행을 정책자금의 배급창구로 전락시키면서, 정부가 금융 전반을 관리·통제하는 소위 '관치금융'이 본격적으로 시작되었다. 이러한 '관치금융'으로 국내금융시장은 자생적 발전능력을 상실하였는데, 이는 현재에도 한국금융 부문의 큰 취약점으로 나타나고 있다. 그리고 '관치금융'에 의한 중화학 특혜금융과 세제상의 우대조치는 특정 기업의 경제력 집중과 한국형 재벌의 태동을 유발하였다.

〈표 3-3〉은 1960~70년대 한국의 무역규모 변화를 보여주고 있는데, 1960년대 초부터 시작된 수출주도형 성장정책으로 1950년대에 미미한 수준에 머물러 있던 한국의 무역은 급속도로 성장하기 시작하였다. 〈표 3-3〉에서 보듯이 한국의 무역규모는 1960년에 3억 7,635.4만 달러이었는데, 수출촉진정책이 본격적으로 추진된 1962년부

표 3-3 1960~70년대 무역규모 추이

(단위: 천 달러)

연도	무역규모	수 출	수 입	수 지
1960	376,354	32,827	343,527	-310,700
1961	357,020	40,878	316,142	-275,264
1962	476,595	54,813	421,782	-366,969
1963	647,075	86,802	560,273	-473,471
1964	523,409	119,058	404,351	-285,293
1965	638,524	175,082	463,442	-288,360
1966	966,775	250,334	716,441	-466,107
1967	1,316,475	320,229	996,246	-676,017
1968	1,918,273	455,400	1,462,873	-1,007,473
1969	2,446,127	622,516	1,823,611	-1,201,095
1970	2,819,158	835,185	1,983,973	-1,148,788
1971	3,461,927	1,067,607	2,394,320	-1,326,713
1972	4,146,090	1,624,088	2,522,002	-897,914
1973	7,465,302	3,225,025	4,240,277	-1,015,252
1974	11,312,218	4,460,370	6,851,848	-2,391,478
1975	12,355,450	5,081,016	7,274,434	-2,193,418
1976	16,488,975	7,715,343	8,773,632	-1,058,289
1977	20,856,995	10,046,457	10,810,538	-764,081
1978	27,682,572	12,710,642	14,971,930	-2,261,288
1979	35,394,064	15,055,453	20,338,611	-5,283,158
1980	39,796,525	17,504,862	22,291,663	-4,786,801

자료: 통계청, 『한국통계연감』

터 급격히 증가하기 시작하여 1974년에 100억 달러를 돌파하고, 1980년에는 397억 9,652.5만 달러로 1960년 대비 약 105.7배가 증가하였다. 이를 수출과 수입으로 나누어 살펴보면, 1960년 3,283만 달러였던 수출규모가 1971년에 10억 달러, 1977년에는 100억 달러를 넘어섰다. 이후에도 한국의 수출은 지속적으로 증가하면서 1980년에는 175억 486.2만 달러로 20년 만에 534배로 성장하면서 한국경제 성장의 중심역할을 하였다. 또한 이 시기에는 한국의 수출 형태가 주로 외국의 원자재를 들여다가 가공·조립하는 가공무역이었기 때문에 수출이 증가하면서 수입도 함께 증가하였다. 이에 따라 1960년에 3억 4,352.7만 달러이었던 수입은 1968년에 10억 달러를 넘어서고, 1977년에 100억 달러를 넘어서면서 1980년에는 222억 9,166.3만 달러로 증가하였다. 이에 따라 수입규모는 1960년부터 20년 동안 64.9배가 증가하였다. 수입규모의 증가는 중간재의 국내 생산·공급기반이 취약한 상태에서 중화학공업화를 추진하였기 때문인데, 특히 원자재 중에서 원유의 수입비중이 높아지면서 수입규모도 커지게 되었다.

한국의 수출주도형 공업화전략에 따라 한국의 산업별 수출구조는, 〈표 3-4〉에서 보듯이, 시대별로 크게 변화하였다. 1962년에 전체 수출에서 1차산업제품인 농수산물들이 차지하는 비중이 72.3%로 수출의 중심을 이루었고, 공산품이 차지하는 수출비중은 27.7%에 불과하였다. 그러나 이와 같은 무역구조는 1962년부터 시작된 수출주도형 공업화전략으로 급격하게 변하면서 전체 수출에서 공산품의 비중이 1972년에 88.9%, 1980년에 92.3%로 크게 증가하였다. 그런데 1960년대에 한국은 경공업중심의 공업화전략을 추진하면서 1972년에 공산품 중에서 경공업제품이 수출의 주종을 이루어 전체 수출의 67.4%를 차지하였다. 이후 1970년대에 추진된 중화학공업육성정책에 힘입어 한국의 공산품 수출이 점차 중화학공업 중심으로 개편되면서 1980년에는 공산품 중에서 중화학공업(43.9%)과 경공업제품(48.4%)이 전체 수출에서 대등한 비중을 차지하였다.

표 3-4 1960~70년대 산업별 수출구조

(단위: %)

	1962	1972	1980
1차산업제품	72.3	11.1	7.7
공산품	27.7	88.9	92.3
- 경공업제품	-	67.4	48.4
- 중화학공업제품	-	21.5	43.9

자료: 관세청, 『무역통계연보』, 한국무역협회, 『무역연감』(1985년 이전)

이러한 수출구조의 변화는 10대 수출·수입상품들의 변화에서도 확인할 수 있다. 〈표 3-5〉는 1960~70년대 한국의 10대 수출·수입상품의 구성을 보여주는데, 표에 의하면 공업화가 시작되던 1964년에 한국의 수출 주요 품목은 어패류, 동식물원재료, 과실채소류 등 농수산물류(24.8%)와 금속광, 비철금속과 같은 광물(18.0%) 등 1차산업제품이 전체 수출을 주도하는 가운데, 직물류가 수출비중이 16.4%로 수출품목 1위로 부상하면서 의류, 직물섬유 등의 노동집약적 산업제품들이 10위권 내에 포

표 3-5 1960~70년대 10대 수출 · 수입상품 구성

(단위: 백만 달러, %)

순위	수 출			수 입		
	1964			1964		
	품목	금액	비중	품목	금액	비중
1	직물류	19.5	16.4	화학비료	21.7	5.4
2	금속광	14.5	12.2	기계류	15.7	3.9
3	어패류	14.3	12.0	직물	15.4	3.8
4	목제품	12.7	10.1	석유제품	12.6	3.1
5	동식물원재료	8.7	7.3	목재	12.4	3.1
6	과실채소류	6.5	5.5	철제품	12.1	3.0
7	의류	6.4	5.4	직물류	10.8	2.7
8	직물섬유	6.1	5.1	곡류	8.9	2.2
9	철제품	5.1	4.3	운반기기	8.1	2.0
10	비금속광물	3.5	3.0	전기기기	8.0	2.0
총계		97.3	81.7		125.7	31.1
순위	1970			1970		
	품목	금액	비중	품목	금액	비중
1	섬유류	341.1	40.8	일반기계	306	15.4
2	합판	91.1	11.0	곡물	245	12.3
3	가발	90.4	10.8	운반기기	151	7.6
4	철광석	49.3	5.9	전기기기	133	6.7
5	전자제품	29.2	3.5	석유	133	6.7
6	과자제품	19.5	2.3	섬유사	128	6.5
7	신발	17.3	2.1	목재	125	6.3
8	연초 및 동 제품	13.5	1.6	직물	120	6.1
9	철강제품	13.4	1.5	강철	90	4.5
10	금속제품	12.2	1.5	금속광	50	2.5
총계		677.5	81.1		1481	74.6
순위	1980			1980		
	품목	금액	비중	품목	금액	비중
1	의류	2778	15.9	원유	5,633	25.7
2	철강판	945	5.4	곡실류	967	4.4
3	신발	908	5.2	목재류	899	4.1
4	선박	620	3.5	기호식품	656	3.0
5	음향기기	593	3.4	기타잡제품	638	2.9
6	인조장 섬유작물	564	3.2	기타농산물	620	2.8
7	고무제품	503	2.9	선박해양구조물 및 부품	545	2.5
8	목재류	485	2.8	철강판	526	2.4
9	영상기기	446	2.5	석유제품	510	2.3
10	반도체	434	2.5	석탄	448	2.0
총계		8276	47.3		11,442	52.1

자료: 산업자원부, 한국무역협회 KOTIS(각 년도 자료)

함되기 시작하였다. 이후 한국은 경공업 중심의 노동집약적 산업제품을 본격적으로 수출하면서 1970년에는 전체 수출에서 섬유류(40.8%)와 가발(10.8%)이 큰 비중을 차지하였는데, 심지어 애완용 강아지를 위한 개껌과 같은 과자제품(2.3%)이 수출 주요 품목에서 6위를 기록하였다. 그렇지만 1960~1970년대에는 한국의 경제발전이 초기단계이므로 수출상품들이 다양화되지 못하여, 10대 수출상품들이 총수출에서 차지하는 비중이 1964년에는 81.7%를, 그리고 1970년에는 81.1%를 나타냈다. 1970년대에는 중화학공업육성정책이 추진되면서 한국의 수출 주요 품목이 크게 변하였는데 1980년에 10대 수출 주요 품목 중에 의류, 신발이 여전히 주력 수출품인 가운데 철강판, 선박, 영상기기, 반도체가 수출 주요 품목 10위 안에 포함되었다. 그렇지만 이 시기에 의류와 신발 등 노동집약적 제품들은 그 비중이 낮아지는 추세를 보이고, 반도체, 영상기기, 컴퓨터 등의 전자제품이 서서히 주력수출품으로 성장하였다. 또한 수출품목들도 다양화되어 10대 수출상품들이 총수출에서 차지하는 비중이 1980년에는 47.3%로 크게 낮아졌다. 한편 1960~70년대 한국의 10대 수입상품의 구성은 시기 내에서도 큰 변화가 있었는데, 한국의 경제발전이 시작된 초기인 1964년에는 화학비료, 석유제품, 운반기기, 곡류 등 국내소비를 위한 상품들의 수입이 주류를 이루었다. 그러나 1970년에는 운반기기, 곡류 등 국내소비를 위한 상품들의 수입과 더불어 수출상품 생산에 필요한 일반기계, 섬유사 등 수출용 원자재의 수입도 증가하였다. 또한 한국의 경제수준 및 경제정책의 변화에 따라 수입상품의 구조는 계속 변하였는데, 국민소득의 증가와 중화학공업육성정책으로 1980년에는 원유, 석유제품, 석탄 등 에너지 관련 제품들, 그리고 선박해양구조물 및 부품, 철강판 등 중화학공업육성에 필요한 원자재들이 10대 수입상품에 진입하였다.

3. 1980~97년: 무역자유화정책으로의 전환

1980년대 들어 한국은 1960~70년대의 정부주도에 의한 수출촉진과 수입규제정책에서 자유무역정책으로 전환하였다. 1980년대 초에 국내경제에서는 1970년대에 추진된 정부주도의 급속한 중화학공업정책으로 인해 중화학부문에 대한 과잉 투자와 채산성 악화, 경공업과 중공화학공업 간의 극심한 투자 불균형, 고물가, 그리고 경기침체와 실업증가 등의 부작용이 나타나기 시작하였다. 이에 정부는 민간주도의 자율적 경제운영과 무역자유화를 통해 자유경쟁원리를 도입하여 국내경제의 체질을 개선하여 수출상품의 국제경쟁력을 높이는 동시에 값싼 외국제품의 수입자유화로 국내 물가를 안정시키는 정책을 추진하였다. 그런데 한국의 무역자유화정책으로의 전환에는 한국정부의 자유 의지보다는 대외적 환경 변화가 더 크게 작용하였다. 세계경제에서는 1974년과 1979년의 1차, 2차 오일쇼크로 인해 저성장 · 고물가의 "스태그플레이션(stagflation)"현상이 나타나기 시작했는데, 1980년대 들어 선진국들, 특히 미국은 자국의 실업이 증가하고 무역적자가 누적되자 상호주의에 입각하여 한국 등에게 시장의 개방을 요구하였다. 또한 시장개방 압력의 하나로 1985년에는 서방선진국들(G7) 간 플라자 합의(Plaza Accord)에 의해 일본엔화의 대폭적 평가절상이 이루어졌는데, 이로 인해 상대적으로 경쟁력이 높아진 한국의 대미 무역흑자가 증가하면서 미국의 한국시장에 대한 개방 압력이 더욱 가중되었다. 이에 1986년 9월 출범한 우루과이라운드에서 한국은 본격적인 무역장벽 완화와 다자간 시장개방 협상에 들어가게 되었다. 이러한 국내 및 세계경제의 변화에 따라 정부는 1980년대 초반부터 비관세장벽을 제거하고, 수입자유화를 추진하여 수입자유화율은 1979년 67.6%에서 1987년 93.6%로 확대되었다. 또한 1980년대 중반의 세계적인 저유가 · 저금리 · 저환율의 '3저효과'로 한국은 만성적인 무역적자에서 벗어나 대규모의 무역수지 흑자를 기록하는 등 한국경제의 국제적 위상이 제고되었는데, 이러한 한국경제의 위상 변화에 따라 정부는 1987년에 대외무역법을 개정하여 수입자유화를 강력히 추진하는 동시에 수출지원제도들도 상당부분 축소 · 폐지하였다. 한편 한국은 1980년대 기간에 연평균 9.2%의 높은 경제성장률을 기록하면서 1988년 서울올림픽을 계기로 국제사회에서 선발 개발도상국으로 인정받게 되었는데, 1990년대 들어 한국은 경제성장에 대한 자신감을 배경으로 그동안 미루어왔던 서비스 시장 및 외국인투자를 본격적으로 개방하기 시작하였다. 또한 1990년대 들어 국제적으로는 우루과이라운드의 타결로 1995년부터 다자간 무역기구인 세계무역기구(WTO: World Trade Organization)가 출범하고 IT기술이 발달하면서 세계경제의 무한경쟁시대가 도래되는 등 자유화 및 개방화의 추세가 확산되었다. 이러한 추세에 따라 한국은 1996년에 선진국들 모임인 OECD에 가입하면서 개방화 · 자유화의 기조를 더욱 확대하였다.

〈표 3-6〉을 보면, 한국의 무역규모는 1980년에 397억 9,652.5만 달러 수준에서 1988년에 1,000억 달러를 넘어서고, 1997년에는 2,807억 8,057.8만 달러로 17년 동안에 7배 이상 증가하였다. 이러한 무역규모의 증가는 수출의 빠른 증가 때문인데, 수출은 1980년 175억 486.2만 달러에서 1995년에 천억 달러를 넘어서면서 1997년에는 1,361억 6,420.4만 달러를 기록하였다. 이러한 1997년의 수출규모는 1980년에 비해 7.8배 증가한 규모이다. 수출의 증가에 따라 원유 등 부존자원이 빈약하고 수출용

원자재·부품을 수입하는 한국경제의 특징으로 인해 수입도 자동적으로 증가하였는데, 1980년에 222억 9,166.3만 달러이었던 수입은 1997년에 1,446억 1,637.4만 달러를 기록하였다. 이에 따라 1980~1997년 기간에 한국의 수입규모는 6.5배 증가하였다. 특기할 사항은 해방 이후 한국은 항상 무역수지 적자를 기록하여 왔는데, 1986~88년 기간에 '3저효과'에 힘입어 무역수지가 처음으로 흑자를 기록하였다는 점이다.

표 3-6 1980~90년대 무역규모 추이

(단위: 천 달러)

연도	무역규모	수 출	수 입	수 지
1980	39,796,525	17,504,862	22,291,663	−4,786,801
1981	47,385,178	21,253,757	26,131,421	−4,877,664
1982	46,104,234	21,853,394	24,250,840	−2,397,446
1983	50,637,275	24,445,054	26,192,221	−1,747,167
1984	59,876,302	29,244,861	30,631,441	−1,386,580
1985	61,418,777	30,283,122	31,135,655	−852,533
1986	66,298,370	34,714,470	31,583,900	3,130,570
1987	88,300,739	47,280,927	41,019,812	6,261,115
1988	112,507,020	60,696,388	51,810,632	8,885,757
1989	123,841,946	62,377,174	61,464,772	912,402
1990	134,859,409	65,015,731	69,843,678	−4,827,947
1991	153,394,980	71,870,122	81,524,858	−9,654,736
1992	158,406,772	76,631,515	81,775,257	−5,143,742
1993	166,036,008	82,235,866	83,800,142	−1,564,276
1994	198,361,412	96,013,237	102,348,175	−6,334,930
1995	260,176,921	125,057,988	135,118,933	−10,060,944
1996	280,054,237	129,715,137	150,339,100	−20,623,963
1997	280,780,578	136,164,204	144,616,374	−8,452,171
1998	225,594,897	132,313,143	93,281,754	39,031,388
1999	263,437,741	143,685,459	119,752,282	23,933,177

자료: 통계청, 『한국통계연감』

1980~1997년 기간 동안 한국의 산업별 수출구조를 〈표 3-7〉에서 보면, 전체 수출에서 1차산업제품인 농수산물들이 차지하는 비중이 5% 아래로 감소하고, 공산품이

표 3-7 1980~90년대 산업별 수출구조 변화

(단위: %)

	1985	1990	1995	2000
1차산업제품	5.2	4.9	4.9	2.8
공산품	94.8	95.1	95.1	97.2
- 경공업제품	37.7	38.5	22.5	16.2
- 중화학공업제품	57.1	42.2	50.7	49.0
- IT제품	-	14.4	22.0	32.0

자료: 관세청, 『무역통계연보』, 한국무역협회, 『무역연감』(1985년 이전), 한국무역협회, 무역통계정보시스템, 한국의 무역상품구조(1990년 이후)

차지하는 수출비중이 95%로 수출의 중심을 이루었다. 또한 공산품 중에서도 1970년대부터 추진된 중화학공업육성정책에 힘입어 중화학공업제품이 국제경쟁력을 갖추면서 수출비중이 1985년 57.1%까지 증가하였다. 한편 1980년대 중반 이후부터 국내·외적으로 한국의 수출여건에 변화가 생기기 시작하였다. 국내적으로 그동안 한국의 수출이 노동집약적 산업제품을 중심으로 지속적으로 증가할 수 있었던 근저에는 저임금의 풍부한 노동공급에 있었는데, 1980년대 중반부터 국내 임금이 빠른 속도로 상승하기 시작하였다. 이는 기본적으로는 농촌에서 도시로의 유입인구가 고갈되면서 잉여노동력이 소진되었기 때문인데, 여기에 더하여 1987년의 민주화운동 확산으로 그동안 억압되어있던 임금이 빠르게 상승하였기 때문이다. 국제적으로는 중국의 개혁·개방정책이 본 궤도에 오르면서 중국의 저가 노동집약적 경공업제품이 미국 등 해외시장에 수출되었고, 일본 기업들이 1985년 플라자합의를 계기로 동남아 지역으로 생산공장을 이전하면서 한국의 저임금에 기초한 노동집약적 경공업제품의 가격경쟁력이 더 이상 우위를 유지하기 어렵게 되었다. 그렇지만 한국은 1960년대 초부터 시작된 경제성장과 소득증가 과정에서 교육을 중요시하는 전통적 관습으로 인해 세계에서 가장 높은 수준의 교육투자가 지속되면서 1980년대에 들어서는 고질의 인적자본이 본격적으로 축적되었다. 그 결과 한국은 상대적으로 인적자본의 존재량이 많아졌는데, 이러한 부존생산요소의 변화에 따라 한국은 IT제품과 같은 기술집약적산업에 비교우위를 갖게 되면서 산업 및 수출구조의 고도화를 추진하게 되었다.[10] 이러한 수출환경의 변화에 따라 1960~70년대에 한국 수출의 중심을 이루었던 경공업제품의 수출비중은 1980~1997년 기간에 크게 줄어들면서 1985년 37.7%에서

10) UN통계기준에 의하면, 요소집약도별 상품분류는 자원, 노동, 자본, 기술 등의 투입 생산요소 집약 정도와 숙련 정도에 따라 수출상품은 다음과 같이 5가지로 구분된다.

1995년에는 22.5%로 감소하였다. 또한 중화학공업제품의 수출비중도 1985년 57.1%, 1990년 42.2%, 1995년 50.7%로 1990년대 중반까지 증가하였다가 이후 그 비중이 감소하였다. 반면에 기술집약적산업제품인 IT제품의 수출이 증가하면서 수출비중이 1990년에 14.4%에서 2000년에는 32%로 1990년대 들어서부터 빠르게 증가하였다.

이러한 변화는 10대 수출·수입상품들의 변화에서도 나타나는데, 〈표 3-8〉은 1980~97년 기간 한국의 10대 수출·수입상품의 구성을 보여주고 있다. 표에 의하면 1980년에는 의류(15.9%), 신발(5.2%), 인조장 섬유직물(3.2%)로 경공업제품이 여전히 한국의 수출 주요 품목의 역할을 하였지만 그 비중은 낮아지기 시작하면서, 1990년부터는 반도체, 영상기기, 컴퓨터 등의 IT 관련 전자제품과 선박, 자동차 등 중화학공업제품들이 주력수출품으로 성장하였다. 또한 수출의 규모증가와 구조 변화에 따라 수입상품의 구성도 변하였는데, 1990년과 2000년에는 반도체, 컴퓨터 등의 IT 관련 전자제품과 원유, 석유제품 등 에너지 관련 제품, 철강판 등 수출에 필요한 중간재 및 부품들이 10대 수입상품을 차지하였다.

한편 1980~97년 기간 중 한국의 대외경제 관계에서 나타난 중요한 변화 중 하나는 외국자금 유입에서 차관이 차지하는 비중이 감소한 반면, 외국인투자의 비중은 높아지면서 기술도입이 급증하였다는 것이다. 이외에 한국이 원조 공여국으로 전환하게 되었다는 점도 특기할 만하다.

---

1. 기초상품 (primary commodities)	음식료품, 광물금속, 고무, 담배 등
2. 노동집약상품 (labor-intensive and resource-based manufacture)	신발, 비금속광물제품, 섬유, 스포츠·완구, 가죽, 목재, 의류
3. 저급숙련 기술집약제품 (manufactures with low skill and technology intensify)	선박, 철강, 금속, 건설자재, 이륜차 등
4. 중급숙련 기술집약제품 (manufactures with medium skill and technology intensify)	기계류, 자동차, 모터, 플라스틱, 타이어 등
5. 고급숙련 기술집약제품 (manunfactures with high skill and technology intensify)	컴퓨터, 통신기기, 섬유화학, 제약, 항공, 광학, 분석측정기기, 향수 등

* UNCTAD의 「Trade and Development Report 2002」의 분류기준으로, 연료·에너지를 제외한 SITC (Rev. 2) 3단위기준 225개 품목을 대상으로 분석한 것임.

표 3-8 1980~90년대 10대 수출 · 수입상품 구성

(단위: 백만 달러, %)

순위	수 출			수 입		
	1980			1980		
	품목	금액	비중	품목	금액	비중
1	의류	2,778	15.9	원유	5,633	25.7
2	철강판	945	5.4	곡실류	967	4.4
3	신발	908	5.2	목재류	899	4.1
4	선박	620	3.5	기호식품	656	3.0
5	음향기기	593	3.4	기타잡제품	638	2.9
6	인조장 섬유작물	564	3.2	기타농산물	620	2.8
7	고무제품	503	2.9	선박해양구조물 및 부품	545	2.5
8	목재류	485	2.8	철강판	526	2.4
9	영상기기	446	2.5	석유제품	510	2.3
10	반도체	434	2.5	석탄	448	2.0
총계		8,276	47.3		11,442	52.1
순위	1990			1990		
	품목	금액	비중	품목	금액	비중
1	의류	7,600	11.7	원유	6,386	9.1
2	반도체	4,541	7.0	반도체	4,222	6.0
3	신발	4,307	6.6	석유제품	2,384	3.4
4	영상기기	3,627	5.6	섬유 및 화학기계	1,880	2.7
5	선박	2,829	4.4	가죽	1,793	2.6
6	컴퓨더	2,549	3.9	컴퓨터	1,719	2.5
7	음향기기	2,480	3.8	철강판	1,656	2.4
8	철강판	2,446	3.8	항공기 및 부품	1,624	2.3
9	인조장 섬유직물	2,343	3.6	목재류	1,619	2.3
10	자동차	1,971	3.0	계측제어분석기	1,455	2.1
총계		34,693	53.4		24,739	35.4
순위	2000			2000		
	품목	금액	비중	품목	금액	비중
1	반도체	26,006	15.1	원유	25,216	15.7
2	컴퓨터	14,687	8.5	반도체	19,923	12.4
3	자동차	13,221	7.7	컴퓨터	7,890	4.9
4	석유제품	9,055	5.3	석유제품	4,911	3.1
5	선박	8,420	4.9	천연가스	3,882	2.4
6	무선통신기기	7,882	4.6	반도체 제조용 장비	3,748	2.3
7	합성수지	5,041	2.9	금은 및 백금	2,698	1.7
8	철강판	4,828	2.8	유선통신기기	2,544	1.6
9	의류	4,652	2.7	철강판	2,463	1.5
10	영상기기	3,667	2.1	정밀화학원료	2,317	1.4
총계		97,459	56.6		75,592	47.1

자료: 산업자원부, 한국무역협회 KOTIS(각 년도 자료)

4. 1998년(IMF 경제위기 이후)~2013년: 무역자유화의 확대

1997년의 IMF 경제위기는 한국이 경제발전 과정에서 직면한 큰 경제위기이었는데, 이는 한국이 1990년부터 전 세계적으로 빠르게 진행된 세계화의 흐름을 간과하였기 때문이다. 한국은 1960년대 초부터 시작한 정부주도의 경제발전정책에서 상품수출을 통한 경제성장에 몰두하면서 상품수출 증가를 위해 금융 부문의 희생을 당연시하면서 금융시장이 후진상태에서 벗어나지 못하였다. 이러한 금융 부문의 낙후성은 1990년대 중반까지도 개선되지 못하고 지속되었는데, 한국은 1990년대 들어 자본자유화가 전 세계적으로 확산되면서 국제금융체제가 불안정해진 대외적 환경 하에서 경상수지의 누적적 적자문제를 과소평가하였다. 또한 기업은 해외의 단기자금 차입에 의존하고, 금융당국과 기관들은 외국자본의 급격한 유출에 대비하지 못하였다. 그 결과 1997년 가을 외환부족에 직면하게 된 한국은 1997년 12월 IMF로부터 구제금융 지원을 받으면서, 경제정책의 결정권을 IMF에게 넘겨주게 되었다. 이후 한국은 경제위기 극복을 위해 IMF의 구제금융 지원조건에 따라 시장개방을 대폭적으로 확대하여 그동안 개방의 예외로 취급하였던 농산물과 금융을 포함한 서비스산업의 개방을 추진하고 개방체제를 앞당기게 되었다.

한편 한국은 전통적으로 전 세계 대부분의 국가들에게 차별없이 적용되는 다자주의 통상정책을 선호하여 왔는데, IMF 경제위기 이후의 시장개방확대 과정에서도 2000년대 초까지는 다자주의 통상정책을 추진하였다. 그러나 2000년대 초부터 한국은 무역의 세계적 흐름에 따라 양자 간의 FTA(Free Trade Agreement: 자유무역협정)[11)]로 무역정책을 전환·추진하고 있다. 한국이 양자 간 FTA로 무역정책을 추진하는 이유는 크게 세 가지가 있다.

첫째, 1990년대 말부터 일본, 중국, 싱가포르 등 동아시아의 무역경쟁상대국들이 교역국들과 적극적으로 FTA를 추진 또는 체결하고 있는데, 이러한 추세 속에서 한국이 FTA를 통한 개방에 적극적으로 동참하지 않을 경우 단기적으로 경쟁국에 비해 상대적 차별을 받고 장기적으로는 세계시장에서 도태될 위기에 빠지게 된다. 실제로 2002년 칠레와 FTA체결하기 이전까지 세계무역기구(WTO) 회원국들 중 어떤 국가와도 FTA를 체결하지 않은 나라는 한국과 몽골 두 나라뿐이었다.

---

11) 자유무역협정(FTA: Free Trade Agreement)은 협정체결 국가들 간에는 무역장벽을 완화 또는 철폐하고, 협정체결 국가들이 체결국 이외의 국가들에 대해서는 독자적인 관세정책 및 무역제한조치를 취하는 방식이다. 따라서 FTA를 통해 FTA국가들 간의 무역장벽이 완화 혹은 철폐되면 체결국들 간의 무역은 크게 증가하게 된다.

표 3-9 한국과 FTA 발효 국가들(2014년 10월 현재)

FTA협정	적용대상국가 및 발효일	비고
한-칠레	칠레(2004년 4월 1일 발효)	1개국
한-싱가포르	싱가포르(2006년 3월 2일 발효)	1개국
한-EFTA	유럽자유무역연합회원국(스위스, 노르웨이, 아이슬란드, 리히텐슈타인), (2006년 9월 1일 발효)	4개국
한-아세안	- 베트남, 미얀마, 싱가포르, 말레이시아, 인도네시아(2007년 6월 발효) - 필리핀(2008년 1월 발효) - 브루나이(2008년 7월 발효) - 라오스(2008년 10월 발효) - 캄보디아(2008년 11월 발효) - 태국(2010년 1월 1일 발효)	10개국
한-인도	인도(2010년 1월 1일 발효)	28개국
한-EU	가. 그리스, 네덜란드, 덴마크, 독일, 라트비아, 루마니아, 룩셈부르크, 리투아니아, 몰타, 벨기에, 불가리아, 스웨덴, 스페인, 슬로바키아, 슬로베니아, 아일랜드, 에스토니아, 영국, 오스트리아, 이탈리아, 체코, 키프로스, 포르투갈, 폴란드, 프랑스, 핀란드, 헝가리(모나코, 산마리노 및 인도라 포함): 2011년 7월 1일 발효 나. 크로아티아: 2014년 5월 26일 발효(2013년 7월 1일부터 소급적용, 참조: 적용지침)	1개국
한-페루	페루(2011년 8월 1일 발효)	1개국
한-미국	(2012년 3월 15일 발효) 미국 50개주, 콜롬비아 특별구(워싱턴 D.C.): (원산지 부호 US) 푸에르토리코(PUERTO RICO): (원산지 부호 PR) ※ 괌, 사이판 등 그 밖에 미국 자치령은 협정적용 비대상	1개국
한-터키	터키(2013년 5월 1일 발효)	48개국

둘째, 한국의 대외경제규모가 국내총생산(GDP)의 80% 이상을 차지하고 있다는 점을 고려해 볼 때 한국이 기존의 수출시장을 유지하고 새로운 시장에 진출하기 위해서는 FTA 추진이 필요하다.

셋째, 더욱 적극적인 시장개방과 자유화를 통해 선진권 국가들과 기술·지식·제도 등 경제외적 분야에서 교류를 확대하여 한국사회가 질적인 발전을 통해 진정한 선진국으로 진입할 필요가 있다.

이러한 이유들로 한국은 2002년 10월 칠레와 처음으로 FTA 협상을 타결하였고 이후로도 적극적으로 FTA를 추진하여 〈표 3-9〉에서 보듯이, 2007~2010년에 아세안, 2011년에 EU, 2012년에 미국 등 2014년 10월까지 총 48개국과 FTA가 발효된 상태이다. 또한 한국은 [그림 3-2]에 나타난 바와 같이, 중국 등 전 세계 여러 나라들과 FTA를 추진·협상 중에 있다. 한편 FTA 체결이 확대되면 무역이 증가하고 경제가 성장하면서 한국이 선진국으로 성장할 수 있다는 장점이 있으나, 반면에 FTA 체결로 인해 국내산업은 필연적으로 구조조정 과정을 겪게 된다. 즉, 체결국과의 자유무역이 확대되면 상대국보다 경쟁력이 있는 산업은 시장의 확대로 성장하지만, 그 반대로 경쟁력이 약한 산업은 상대국 제품의 국내시장 진입으로 침체·퇴출의 길을 걷게 된다. 따라서 FTA 확대 과정에서 경쟁력이 약한 국내의 농업, 수산업, 일부 제조업 등 취약산업 부문들을 효과적으로 보호·조정하고, FTA를 통한 경제적 및 경제외적 이익들이 중산·서민층 및 중소기업의 후생증대로 연계되도록 하는 방안 등은 정부가 앞으로 해결하여야 할 과제이다.

그림 3-2 | 한국과 FTA를 추진·협상 중인 국가들

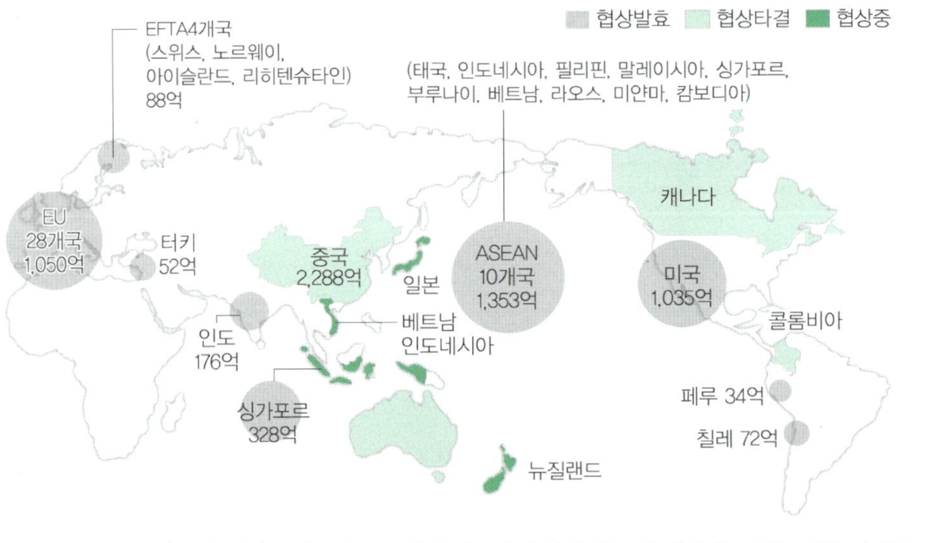

* 타결된 국가는 정부 간 협의는 됐으나 국회에서 비준하지 않아 발효가 지연되고 있는 것을 가리킴.
자료: 한국무역협회

한편 1998년 이후 한국의 수출입 변화를 살펴보면, 1998년부터 한국은 세계적인 무역자유화의 흐름에 적극적으로 편승하여 수출을 통한 경제성장을 가속화하였는데, 특히 1998년부터 한국은 IMF 경제위기의 직접적 원인이었던 외환부족의 트라우마로 인해 무역수지의 흑자를 유지하기 위해 수출확대에 주력하였다. 〈표 3-10〉에서

1998년부터 한국의 무역규모를 보면, 무역규모는 1998년에 2,255억 9,489.7만 달러에서 2001~2002년의 세계경기침체와 2009년의 세계금융위기를 제외하고 꾸준히 증가하여 2013년에는 1조 752억 1,794.9만 달러를 기록하였다. 1998년부터 수출의 변화를 보면, 1998년 수출은 1,323억 1,314.3만 달러에서부터 2013년 5,596억 3,243.4만 달러로 증가하였는데 이는 1998년 대비 4.2배 증가한 규모이다. 또한 국민경제의 발전으로 고가 소비재 및 원유 등 에너지 수요가 증가하고 수출의 증가에 따라 수출원자재의 수요가 늘어나면서 수입도 자동적으로 증가하였는데, 수입규모는 1998년에 932억 8,175.4만 달러에서 2013년에는 5,155억 8,551.5만 달러를 기록하였다. 이에 따라 1998~2013년 기간에 한국의 수입규모는 5.2배 증가하였다. 해방 이후 한국은, 1986~88년 기간에 무역수지 흑자를 기록한 경우를 제외하고, 1997년까지 지속적인 무역수지 적자를 기록하였는데, 1998년부터는 2008년의 세계금융위기를 빼고는 지금까지 무역수지 흑자를 지속하고 있다.

표 3-10 2000년대 무역규모 추이

(단위: 천 달러)

연도	무역규모	수 출	수 입	수 지
1998	225,594,897	132,313,143	93,281,754	39,031,388
1999	263,437,741	143,685,459	119,752,282	23,933,177
2000	332,748,528	172,267,510	160,481,018	11,786,492
2001	291,536,965	150,439,144	141,097,821	9,341,323
2002	314,596,681	162,470,528	152,126,153	10,344,375
2003	372,644,100	193,817,443	178,826,657	14,990,786
2004	478,307,359	253,844,672	224,462,687	29,381,985
2005	545,657,007	284,418,743	261,238,264	23,180,479
2006	634,847,480	325,464,848	309,382,632	16,082,216
2007	728,334,819	371,489,086	356,845,733	14,643,352
2008	857,282,065	422,007,328	435,274,737	-13,267,409
2009	686,618,082	363,533,561	323,084,521	40,449,040
2010	891,595,922	466,383,762	425,212,160	41,171,601
2011	1,079,626,746	555,213,656	524,413,090	30,800,566
2012	1,067,454,265	547,869,792	519,584,473	28,285,319
2013	1,075,217,949	559,632,434	515,585,515	44,046,919

자료: 통계청, 『한국통계연감』

1998~2013년 기간 동안 한국의 산업별 수출구조는 〈표 3-11〉에 나타나 있다. 표에 의하면 전체 수출에서 1차 산업제품인 농수산물들이 차지하는 비중이 3% 아래로 감소하고, 공산품이 차지하는 수출비중은 98%로 수출의 중심을 이루고 있다. 한편 공산품 중에서 경공업제품의 수출비중은 수출구조의 고도화에 따라 계속 줄어들면서 2000년 16.2%, 2005년 8.9%, 2013년 6.6%로 감소하였다. 또한 공산품 중에서 1990년대 한국의 수출주력산업으로 성장하던 컴퓨터 등의 IT제품은 생산공정이 표준화됨에 따라 중국 등 후발 개발도상국들에게 추격당하고 국제가격도 하락하면서 제품의 수출비중이 2000년 32%에서 2013년 23.4%로 감소추세를 보이고 있다. 반면에 중화학공업제품의 수출비중은 2000년 49%, 2005년 60.6%, 2013년에는 67.9%로 다시 한국수출의 주력산업으로 부상하고 있다.

표 3-11 2000년대 산업별 수출구조

(단위: %)

	2000	2005	2010	2013
1차산업제품	2.8	1.5	2.5	2.2
공산품	97.2	98.5	97.5	97.8
- 경공업	16.2	8.9	6.3	6.6
- 중화학공업	49.0	60.6	64.1	67.9
- IT제품	32.0	29.0	27.1	23.4

자료: 한국무역협회, 무역통계정보시스템, 한국의 무역상품구조(2014.12)

〈표 3-12〉는 1998~2013년 기간에 한국의 10대 수출·수입상품의 구성을 나타내는데, 표에 의하면 2000년에 반도체(15.1%), 컴퓨터(8.5%) 등 IT제품과 자동차, 석유제품, 선박 등 중화학공업제품이 한국의 주요 수출 품목의 역할을 하고 있다. 그리고 2013년에는 석유제품, 선박, 자동차 등 중화학공업제품들이 다시 주요 수출 품목으로 부상하고 있다. 한편 2000년대 들어 주요 수입상품들은 1990년대와 비교하여 큰 변화가 없는데, 2010년과 2013년에도 원유, 석유제품 등 에너지 관련 제품들이 주요 수입상품으로 나타난 가운데 반도체, 컴퓨터, 철강판 등 수출에 필요한 중간재 및 부품들이 여전히 10대 수입상품의 자리를 차지하였다.

3-12 2000년대 10대 수출 · 수입상품 구성

(단위: %, 백만 달러)

순위	수 출			수 입		
	2000			2000		
	품목	금액	비중	품목	금액	비중
1	반도체	26,006	15.1	원유	25,216	15.7
2	컴퓨터	14,687	8.5	반도체	19,923	12.4
3	자동차	13,221	7.7	컴퓨터	7,890	4.9
4	석유제품	9,055	5.3	석유제품	4,911	3.1
5	선박	8,420	4.9	천연가스	3,882	2.4
6	무선통신기기	7,882	4.6	반도체 제조용 장비	3,748	2.3
7	합성수지	5,041	2.9	금은 및 백금	2,698	1.7
8	철강판	4,828	2.8	유선통신기기	2,544	1.6
9	의류	4,652	2.7	철강판	2,463	1.5
10	영상기기	3,667	2.1	정밀화학원료	2,317	1.4
총계		97,459	56.6		75,592	47.1
순위	2010			2010		
	품목	금액	비중	품목	금액	비중
1	반도체	51,464	11.0	원유	68,662	16.1
2	선박	47,112	10.1	반도체	31,137	7.3
3	유무선전화기	37,567	8.1	석유제품	17,928	4.2
4	석유제품	31,862	6.8	천연가스	17,006	4.0
5	승용자동차	31,782	6.8	석탄	13,131	3.1
6	액정디바이스	29,577	6.3	철강석	10,988	2.6
7	자동차부품	18,963	4.1	컴퓨터	10,823	2.5
8	플라스틱제품	16,462	3.5	반도체 제조용 장비	10,183	2.4
9	유무기화합물	14,448	3.1	정밀화학원료	7,041	1.7
10	가전제품	13,618	2.9	철광	6,647	1.6
총계		292,855	62.8		193,545	45.5
순위	2013			2013		
	품목	금액	비중	품목	금액	비중
1	반도체	57,143	10.2	원유	99,333	19.3
2	석유제품	52,787	9.4	반도체	34,619	6.7
3	자동차	48,635	8.7	천연가스	30,645	5.9
4	선박해양구조물 및 부품	37,168	6.7	석유제품	29,539	5.7
5	평판디스플레이 및 센서	28,613	5.1	석탄	13,074	2.5
6	무선통신기기	27,578	4.9	컴퓨터	9,142	1.8
7	자동차부품	26,079	4.7	철강판	8,850	1.7
8	합성수지	21,369	3.8	철광	8,355	1.6
9	철강판	17,494	3.1	정밀화학원료	8,290	1.6
10	전자응용기기	10,896	2.0	원동기 및 펌프	7,874	1.5
총계		327,762	58.6		249,729	48.4

자료: 통계청, e나라지표, 10대수출입품목(2014.12)

한국의 무역규모 변화를 요약하면, [그림 3-3]에서 볼 수 있듯이, 무역규모는 한국이 해방된 1946년 6,430만 달러에서 2013년 1조 752억 1,794.9만 달러로 16,722배 증가하였다. 또한 수출은 1946년 350만 달러에서 2013년 5,596억 3,243.4만 달러로 16만 배 증가하였고, 수입은 1946년 6,080만 달러에서 2013년에 5,155억 8,551.5만 달러로 8,480배 증가하였다. 그림을 보면 한국의 무역은, 첫째 1960년대 이후 지금까지－1998년 IMF 경제위기와 2008년 세계금융위기를 제외하고는－지속적으로 증가세를 보이고 있으며, 둘째 2000년대 들어서부터는 그 증가추세가 더욱 가팔라지고 있다는 특징을 보여주고 있다. 이러한 한국무역의 눈부신 증가는 과거 오랜 역사 동안 "은둔의 나라"이었던 한국이 1960년대 이후 지금까지 얼마나 세계로 폭넓게 진출하였는가를 보여주는 하나의 증거이다.

그림 3-3 | 한국의 무역규모 변화

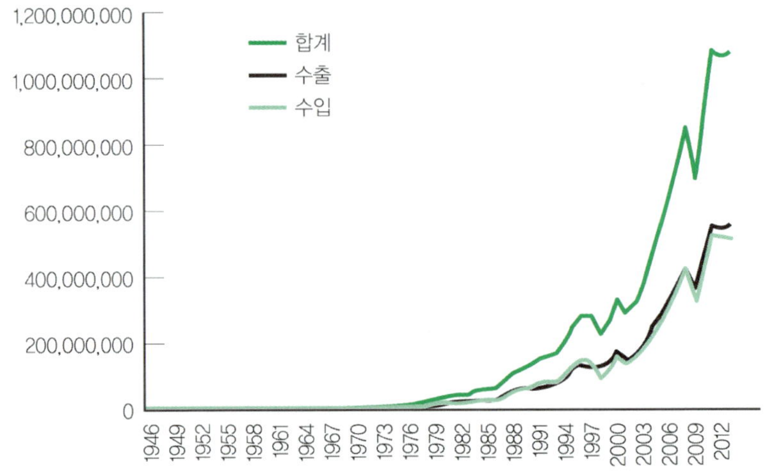

3.3 국제수지

IMF에 의하면, 국제수지(Balance of Payments)란 "일정 기간 동안(보통 1년) 한 나라에 사는 사람(거주자)과 다른 나라에 사는 사람(비거주자)12) 사이에 일어난 모든 경제적 거래에 따른 수입과 지급"을 의미한다. 그리고 이들 모든 경제적 거래에 따른 수입과 지급을 체계적으로 분류·정리한 통계표가 국제수지표(Balance of Payments Statement)이다. 거주자와 비거주자 간의 경제적 거래, 즉 외국과의 대외거래는 상품과 서비스를 사고파는 "경상거래"와 돈을 빌리거나 빌려주는 "자본거래"로 나눌 수 있으며, 이에 맞추어서 국제수지표에서도 경상거래와 자본거래의 결과를 각기 경상수지와 자본·금융계정으로 기록하고 있다.

1. 경상수지

〈표 3-13〉에서 볼 수 있듯이, 경상수지는 상품의 수출입의 차이를 나타내는 "상품수지", 외국과 이루어진 서비스 거래의 결과를 기록한 "서비스수지", 근로자가 외국에 나가 일해서 벌어들인 돈 또는 외국인 근로자가 국내에서 일하여 외국으로 보낸 돈과 해외에 투자함으로써 발생한 배당 및 이자 또는 그 반대의 경우를 기록한 "본원소득수지", 아무런 대가없이 이루어지는 무상거래인 "이전소득수지"로 나누어진다.

상품수지는 상품의 수출입(export and import)의 차이를 나타내는데, 상품의 수출입의 차이를 나타내는 또 다른 지표인 무역수지와 같은 의미이지만 두 수지의 작성 기준이 다르기 때문에 통계수치도 약간의 차이를 갖는다. 즉, 상품수지는 수출과 수입 모두 FOB(Free on Board)를 기준으로 작성되고, 무역수지는 수출은 FOB, 수입은 CIF(Cost Insurance and Freight)를 기준으로 작성된다. 따라서 CIF에는 보험료와 운임이 포함되므로 당연히 FOB보다 가격이 높기 때문에 무역수지가 상품수지보다 크게 나타난다.

서비스수지는 서비스수입(income)과 지출(expenditure)의 차이를 나타내는데, 서비스수입은 한국의 선박이나 항공기가 상품을 나르고 외국으로부터 받은 운임, 외국 관광객이 쓰고 간 돈, 무역대리점의 수출입 알선수수료 수입 등을 나타내고, 서비스

12) 거주자와 비거주자의 구분은 법률상의 국적이나 지리적 영역보다는 경제활동에 있어 이익의 중심(center of interest)에 따라 구분된다.

지출은 우리나라가 외국에 지급한 선박과 항공기의 운항경비, 거주자가 지급한 해외 여행경비, 특허권 사용료 등을 포함한다.

본원소득수지는 급료 및 임금수지와 투자소득수지로 구성된다. 급료 및 임금수지는 거주자가 외국에 단기간(1년 이내) 머물면서 일한 대가로 받은 돈과 국내에 일시 고용된 비거주자에게 지급한 돈의 차이를 나타낸다. 투자소득수지는 거주자가 외국에 투자하여 벌어들인 배당금·이자와 비거주자에게 국내에 투자한 대가로 지급한 배당금·이자의 차이이다.

이전소득수지는 아무런 대가없이 이루어지는 무상거래를 나타내는데, 여기에는 해외에 거주하는 교포가 국내의 친척 등에게 보내오는 송금 또는 그 반대로 국내에서 해외에 거주하는 친척 등에게 보내는 송금, 종교기관이나 자선단체의 기부금과 구호물자, 정부 간의 무상원조 등을 포함한다.

상품수지, 서비스수지, 본원소득수지, 그리고 이전소득수지의 합계로 구성되는 경상수지는 한 국가의 대외경제활동을 나타내는 중요한 지표인데, 그 이유는 상품·서비스·노동 등의 수출입거래가 한 국가의 산업생산, 고용, 국민소득 등 국민경제 각 분야에 크게 영향을 미치기 때문이다. 외국으로 상품·서비스·노동 등을 수출하여 벌어들인 금액이 상품·서비스·노동 등을 수입한 대가로 지급한 금액보다 많은 경우를 경상수지 흑자라고 한다. 이 경우에는 국민소득이 증대되고, 고용이 확대될 뿐만 아니라 벌어들인 돈으로 그동안 외국에 진 빚을 갚을 수 있게 된다. 그러나 경상수지가 흑자일 때는 국내에 들어온 외화가 원화로 환전되면서 국내통화 공급이 증가하여 물가가 상승하는 부작용을 낳을 수 있다. 한편 반대의 경우에는 경상수지 적자가 발생하는데, 경상수지가 적자가 되면 소득이 줄어들고, 상품·서비스·노동 등의 수입대금을 지급하기 위해서 외국으로부터 돈을 빌려와야 하므로 나라는 빚을 지게 되고 소비생활이 위축될 것이다.

2. 자본·금융계정

경상수지가 실물(상품, 서비스, 노동 등)거래의 결과로 들어온 돈과 나간 돈과의 차이를 나타내는 지표인데 반해, 자본·금융계정은 화폐거래의 결과로 들어온 돈과 나간 돈과의 차이를 나타내는 지표이다. 자본·금융계정에서 "자본수지"는 특허권, 상표권 등의 매입·매도, 그리고 이주자가 외국으로 이주할 때 또는 국내로 들어올 때의 이주비 등을 나타낸다. 〈표 3-13〉에서 볼 수 있듯이, "금융계정"은 직접투자, 증권투자, 파생금융상품, 기타투자, 준비자산으로 구분된다. 직접투자는 외국인이 국내 기업에 대한 경영참여 등과 같이 지속적인 이익을 얻기 위하여 행하는 외국인직접투자(FDI)와 국내거주자가 외국에 있는 기업에 대한 경영참여 등과 같이 지속적인 이익을 얻기 위하여 행하는 해외직접투자(ODI)를 말한다. 증권투자는 내국인의 해외 주식 및 채권투자와 외국인의 국내 주식·채권투자를 말한다. 동일한 주식투자라도 기업의 경영참여를 통한 지속적인 이익추구를 목적으로 하였을 때는 직접투자로 분류되며, 투자자본의 가치증가 또는 이윤획득만을 목적으로 한 경우에는 증권투자로 기록된다. 파생상품투자는 파생상품과 관련된 거래를 말한다. 기타투자는 직접투자, 증권투자, 파생상품투자에 포함되지 않는 외국과의 금융거래로 금융기관의 무역신용 공여 등을 포함한다.

표 3-13 국제수지 구성과 변화 추이

(단위: 백만 달러)

국제수지 계정별	1980	1990	2000	2010	2013
경상수지	-6,845.0	-2,403.6	10,444.3	28,850.4	81,148.2
상품수지	-6,563.4	-3,280.3	15,630.9	47,915.4	82,781.0
서비스수지	1,286.3	471.1	-972.7	-14,238.4	-6,499.2
본원소득수지	-1,987.4	-526.7	-3,999.6	489.9	9,055.7
이전소득수지	419.5	932.3	-214.3	-5,316.5	-4,189.3
상품 및 서비스수지 (계산결과)	-5,277.1	-2,809.2	14,658.2	33,677.0	76,281.8
자본수지	0.0	0.0	38.4	-63.2	-27.0
자본이전	0.0	0.0	49.8	10.8	2.9
비생산/비금융자산	0.0	0.0	-11.4	-74.0	-29.9
금융계정	6,277.5	3,529.2	-9,619.7	-23,19.0	-80,104.6
직접투자	4.2	-87.6	6,667.3	-18,782.5	-15,593.2
증권투자	133.5	161.8	12,176.7	42,364.7	-9,344.5
파생금융상품	-	-78.2	-179.2	828.9	4,410.3
기타투자	7,003.1	2,347.5	-4,513.3	-20,630.5	-43,281.1
준비자산	-863.3	1,185.7	-23,771.2	-26,970.6	-16,296.1
오차 및 누락	567.5	-1,125.6	-863.0	-5,597.2	-1,016.6

자료: 한국무역협회 통계지원팀, http://www.kita.or.kr > 종합무역정보 > 무역통계.

그림 3-4 | 국제수지 계정별 변화 추이

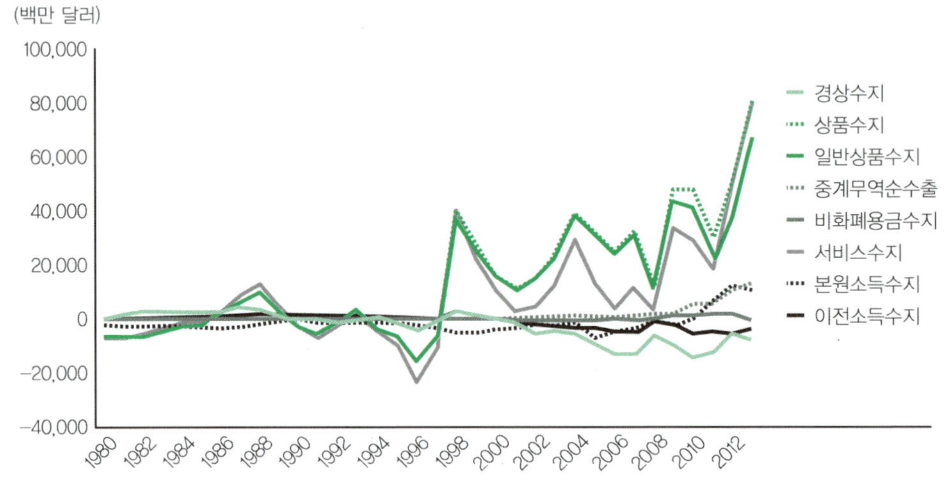

한국의 국제수지 변화를 〈표 3-13〉과 [그림 3-4]에서 보면, 한국의 대외 경제적 거래는 제조업제품을 중심의 이루어져 왔기 때문에 국제수지 중 상품수지가 가장 큰 비중을 차지하고 있다. 상품수지는 우리나라가 식량 등 기본적인 생필품들도 모자란 "부족경제(shortage economy)사회"이었던 1946년부터 1997년까지 기간에는, '3저효과'가 나타난 1986~1988년을 제외하고, 지속적으로 적자를 기록하였다. 이후 1998년부터 한국경제가 물질적으로 풍요한 선진경제에 진입하였고, 특히 외화부족에 기인한 IMF 경제(외환)위기의 경험으로 인해, 한국의 상품수지는 −2008년 세계금융위기를 제외하고는− 지속적인 흑자를 기록하면서 2013년에는 흑자규모가 827억 8,100만 달러에 이르고 있다. 한편 국제수지 중에서 경상수지는 상품수지와 유사한 양상을 보여 왔다. 즉, 경상수지는 1962년 이후, 1986년부터 1989년까지 흑자를 기록한 경우를 제외하고, 1997년까지 계속해서 적자를 기록하였다. 그러나 1998년 이후부터는 경상수지가, 세계금융위기인 2008년의 적자를 제외하고, 지속적으로 흑자를 기록하여 2013년에 811억 4,820만 달러의 흑자를 보이고 있다. 그런데 1998년부터의 경상수지의 흑자는 상품수지의 흑자에 기인한 결과이다. 한편 서비스수지는 1980년에 경상수지 중 약 20%를 차지하고 12억 8,630만 달러로 흑자를 기록하였으나, 2000년대 들어서 적자로 반전되면서 2013년에는 경상수지 중 비중이 10% 미만으로 줄고 있다. 본원소득수지는 1980년에 -19억 8,740만 달러에서 2013년에 90억

5,570만 달러로, 이전소득수지는 1980년에 4억 1,950만 달러에서 2013년에 -41억 8,930만 달러로 전환되었다. 자본수지의 변화는 거의 미미한데 1980년에 '0' 달러에서 2013년에 -2,780만 달러로 변했고, 금융계정은 1980년에 62억 7,750 달러 흑자에서 2013년에 -801억 460만 달러 적자로 크게 변하였다. 금융계정의 이러한 큰 폭의 변화는 자본시장개방화로 외국과의 금융거래가 활발해진 것이 원인이다.

3. 환율

환율(exchange rate)은 한 나라 화폐 1단위에 대한 다른 나라 화폐의 교환비율을 의미하므로 한 나라 화폐의 대외적 가치를 나타낸다. 환율은 무역에 큰 영향을 주기 때문에 국제무역에서 중요한 요소로 작용하고 있는데, 특히 한국의 경우는 무역이 경제에서 큰 비중을 차지하고 있기 때문에 환율의 변화는 GDP, 물가, 고용 등 국가 경제 전반에 큰 영향을 준다.

환율을 표시하는 방법은 "자국화표시환율(rate in home money currency) 방법"과 "외화표시환율(rate in foreign money currency) 방법"이 있는데, 한국을 비롯한 대부분의 국가들은 자국화표시환율 방법을 사용하고 있다.[13] 한국에서 환율은 자국화표시환율(rate in home money currency) 방법에 따라 외국화폐 1단위와 교환되는 한국화폐의 단위수로 표시한다. 제2차세계대전이 끝난 1945년부터 미국 달러화가 세계의 중심적 화폐(기축통화: key currency)로 사용되고 있기 때문에 한국도 세계 대부분 국가들과 마찬가지로 환율을 미국 화폐 1달러가 한국화폐 얼마와 교환되는 가로 표시한다.

한국에서 환율이 하락(원화 평가절상)한다는 것은, 예를 들어, 달러당 한국 원화 환율(교환비율)이 1,200원에서 1,000원으로 떨어지는 것을 말한다. 이 경우에 미국 시장에서 1달러에 판매되는 한국의 수출상품은 환율 변화로 인해 1.2달러에 판매하여야 하므로 수출이 줄어들게 된다(또는 여전히 1달러에 판매한다면 원화로 1,200원에서 1,000원으로 가격이 하락하게 되어 수출업자는 달러당 200원씩 손실을 보게 되므로 수출업자는 수출을 줄일 수밖에 없다). 또한 환율하락으로 달러당 한국 원화 환율(교환비율)이 1,200원에서 1,000원으로 떨어지면, 수입업자는 재화나 원자재를 달러당 200원씩 싸게 수입할 수 있으므로 수입은 증가하게 된다. 따라서 환율이 하락

13) "외화표시환율(rate in foreign money currency) 방법"은 EU, 영국, 영연방국가들이 주로 사용하고 있다.

(원화 평가절상) 하면, 수출은 줄고 수입은 증가하여 경상수지가 악화된다. 경상수지가 악화되면 한국과 같이 대외의존도가 높은 나라에서는 경제성장률도 낮아지게 된다. 그렇지만 환율하락으로 수입물가가 하락하면 국내물가가 하락하고, 기업의 외채 상환부담이 줄어들게 된다는 긍정적인 효과들도 나타난다. 한편 환율이 상승(원화 평가절하)하면, 예를 들어, 달러당 한국 원화 환율(교환비율)이 1,000원에서 1,200원으로 올라가면 수출이 늘어나고 수입은 줄어들면서 경상수지가 개선되지만, 수입물가가 상승하여 국내물가가 상승하는 부작용이 나타날 수 있다. 이를 정리하면 〈표 3-14〉와 같다.

표 3-14 환율변동의 효과

	환율하락(원화 평가절상)	환율상승(원화 평가절하)
수출	달러표시 수출상품가격 상승 ⇒ (원화표시 수출상품가격 하락) 수출 감소	달러표시 수출상품가격 하락 ⇒ (원화표시 수출상품가격 상승) 수출 증가
수입	원화표시 수입상품가격 하락 ⇒ 수입 증가	원화표시 수입상품가격 상승 ⇒ 수입 감소
경상수지	악화	개선
국내물가	수입원자재가격 하락 ⇒ 물가안정	수입원자재가격 상승 ⇒ 물가상승
외자도입기업	원화환산 외채 감소 ⇒ 원화상환부담 경감	원화환산 외채 증가 ⇒ 원화상환부담 증가

한국의 환율은 1945년 미군정이 미국 달러에 대한 한국 화폐의 교환비율을 1달러당 15원으로 고정시키면서 시작되었는데, 한국은 정부수립 이후인 1949년부터 미국 달러에 대한 한국화폐의 교환비율을 일정 비율로 고정시키는 "고정환율제도(fixed exchange rate system)"를 채택·사용하였다. 경제성장정책을 본격적으로 추진하기 시작한 1960년대에 들어 한국은 1964년 5월 미국 달러에 대한 환율을 1달러당 255원에 하한선을 고정시키면서 환율이 외환시장에서 자유롭게 결정되는 "변동환율제도"를 실시하였으나, 실제로는 정부가 외환시장에 직접 개입하여 환율을 조정하였다. 이후 1974년 12월부터 한국은 1달러당 484원으로 고정시키는 고정환율제도를 운용하였다. 1980년 2월 이후 한국은 한국과의 무역비중이 큰 미국, 일본, 독일 화폐의 국제환율들, 한국의 국제수지 수준, 국내 물가상승률 등을 종합적으로 고려하여 환율을 결정하는 "복수통화바스켓제도(multicurrency basket system)"를 시행하였고, 1990년 3월부터는 외환시장에서 외환의 수요와 공급에 의해 환율이 결정되지만 정부가 외환시장에 간접적으로 개입하여 환율의 하루 중 변동 폭을 제한하는 "시장평

균환율제도(market average exchange rate system)"로 바꾸었다. IMF 경제위기에 들어선 1997년 12월 16일부터 한국은 IMF의 구제금융 지원조건에 따라 환율의 하루 중 변동 폭 제한이 완전히 폐지되고 외환시장에서 외환의 수요와 공급에 의해 환율이 결정되는 "자유변동환율제도(freely floating exchange rate system)"를 운영하고 있다.

그림 3-5 | 환율 변동추이

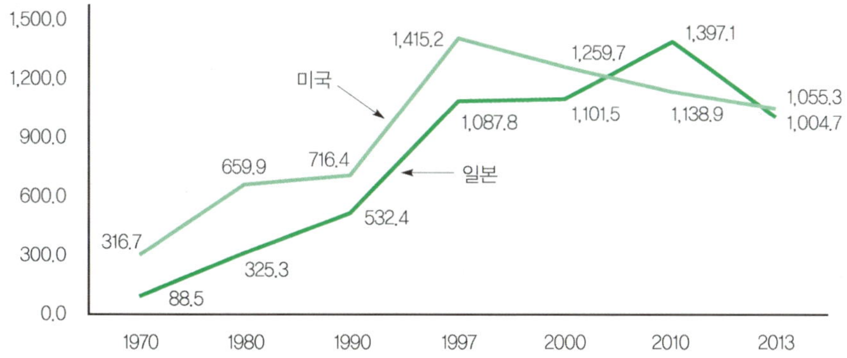

주: 연말 기준임.
자료: 한국무역협회 통계지원팀, http://www.kita.or.kr > 종합무역정보 > 무역통계

한국의 환율 변화를 [그림 3-5]에서 보면, 환율은 미국 달러 기준으로 1962년에 130원, 1964년 255원, 1974년 484원으로 고정되어 있었다. 1980년대 들어서 "복수통화바스켓제도"를 시행하면서 환율은 크게 상승하여 1985년에 890원까지 상승한 후 1990년대 들어서도 그 수준을 유지하면서 IMF 경제위기 전인 1996년 말에 844원 이르렀다. 그러나 IMF 경제위기에 봉착하여 환율은 1989년에 1,415원까지 상승하였다가 이후 IMF 경제위기가 극복되면서 전체적으로 하락추세를 보여 2014년 말에 1,100원대를 유지하고 있다. 일본 엔화(100엔당)를 기준으로 한 한국 원화의 환율은 1971년부터 계속 상승하여 1987년에 100엔당 642원, 1997년 1,000원을 넘어선 후, 2005년부터 2007년까지 일시적으로 1,000원 미만으로 떨어졌으나, 2008년 세계금융위기부터 큰 폭으로 상승하여 2010년에는 1,394원에 이르렀다. 그러나 세계금융위기가 진정된 2010년부터 전체적으로 하락추세를 보이다가 2013년에 일본의 '아베노믹스'[14]가 시작되면서 환율이 빠르게 하락하여 2014년 말에 900원대까지 떨어졌다.

3.4 외자도입(차관), 외국인직접투자, 대외채무

1. 외자도입(차관)

한국은 19C 말 근대화의 흐름에서 낙오되면서 20C 초에 일본의 식민지로 전락하였는데, 일본은 식민지배 과정에서 한국을 수탈의 대상으로 삼으면서 한국에는 민족자본이 형성되지 못하였다. 이러한 상황에서 1945년 8월 15일 해방된 한국은 1950~53년의 6·25전쟁으로 남한 지역에 남아 있던 미미한 공업생산시설 등의 산업기반이 대부분 붕괴되면서 공업화의 기반이 거의 파괴되었다. 따라서 1960년대 들어 수출주도형 공업화를 통한 경제성장전략을 추진하려는 정부가 가장 시급하게 해결하여야 하는 과제는 공장건설과 기계설비·제작 등 공업화에 필요한 자본의 확충이었다. 그러나 1960년대 초의 한국은 대부분의 여타 후진 국가들과 마찬가지로 소득수준이 절대적으로 낮고 그 결과 국내저축도 낮은 수준이기 때문에 경제발전에 필요한 자본을 국내에서 공급할 수 없는 "빈곤의 악순환"에 빠져 있었다. "빈곤의 악순환"에서 벗어나기 위해서는 부족한 자본을 외국자본(외자)에 의존하여야 하는데, 외자를 조달하는 방법에는 원리금의 상환의무가 있는 "차입" 형태의 외자도입과 외국인의 직접적인 국내 산업활동을 허용함으로써 외자를 도입하는 "외국인 직접투자" 형태의 외자도입이 있다.

한국(정부)은 1962년 "제1차 경제개발5개년계획"에서 수출주도형 공업화전략을 수립하였는데, 구체적으로 정부주도 아래 외국자본을 도입하여 제조업을 육성하고 농촌 부문의 유휴노동력을 공업 부문으로 이동·투입하여 노동집약적 산업제품을 생산·수출하는 데 중점을 두었다. 이를 위해 1961년 12월 "차입" 형태의 외자도입운영방침을 수립하고, 정부는 선별적인 지급보증으로 국내 민간기업의 외자도입을 촉진하였는데, 이 방법은 그 시기에 브라질, 아르헨티나, 말레이시아, 인도네시아 등 대부분의 개발도상국들이 외국기업의 직접투자유치에 의존하였던 정책과는 크게 대조되는 외자조달 방법이었다. 차입 형태의 외자조달, 즉 차관은 공공차관과 상업차관으로 구분된다. 공공차관은 한국 정부, 또는 정부가 지급을 보증한 기업이 외국정부

---

14) 아베노믹스(Abenomics)는 일본 총리 아베 신조가 2013년 1월부터 시행한 경제정책으로 지난 20년 동안의 경기침체에서 벗어나기 위해 금융 및 재정지출의 확대를 통해 경제성장을 이루려는 일본의 경제정책을 말한다.

나 국제경제협력기구 및 외국금융기관으로부터 대외지불수단을 차입하거나 기계설비와 같은 자본재 등을 장기 결제 방식으로 도입하는 것을 말한다. 상업차관은 산업시설이나 공장건설을 위해 정부의 인가를 얻어 민간기업이 외국금융기관(또는 외국정부나 국제경제협력기구)으로부터 외화 등의 대외지급수단을 차입하거나 기계설비와 같은 자본재 등을 장기 결제 방식으로 도입하는 것을 말한다.

그림 3-6 | 외채규모 추이(1960~1993년)

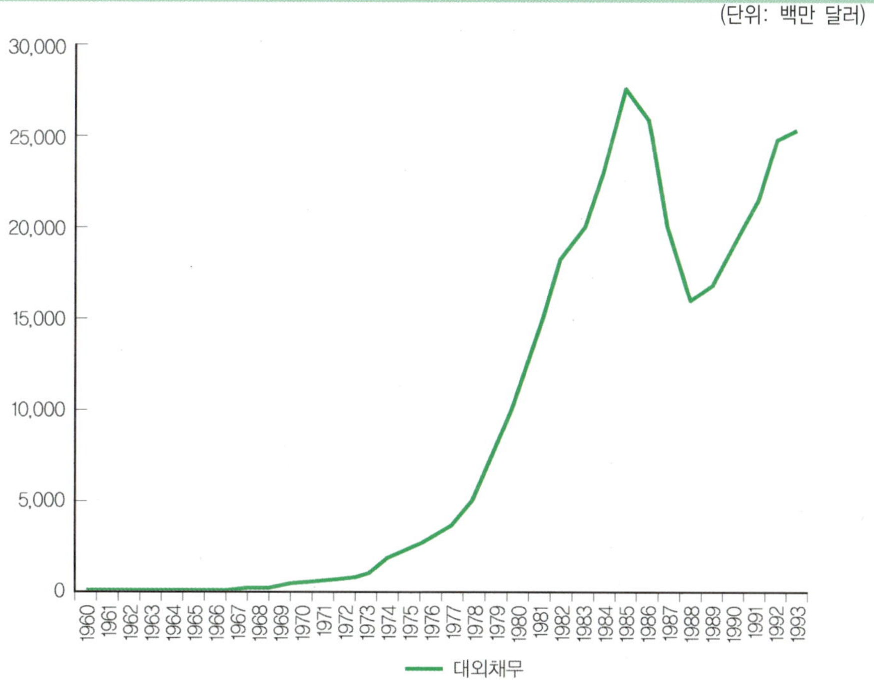

주: 대외채무는 예금, 매도외환, 발행외화채권, 차입금, 보증금, 본 · 지점 차입, 기타로 구성.
자료: 한국은행, 『경제통계연보』, 각 연도.

한편 한국은 1970년대에 들어 정부주도의 중화학공업화로 획기적 정책전환을 추진하였는데, 정부는 막대한 자본이 투입되는 중화학공업 육성을 위해 필요한 재원을 "차입" 형태의 외자도입을 통해 조달하였다. 그 결과 1970년대 말에 이르러 한국의 총 외채규모는 GNP의 50%를 차지할 정도로 증가하였고, 이러한 과다한 외채와 1 · 2차 오일쇼크로 인한 세계경제침체가 맞물리면서 한국은 1979년 외채위기에 직면하게 되었다. [그림 3-6]은 1960~1993년 기간 동안 한국의 외채규모 변화를 보여

주고 있는데, 한국의 외채는[15] 1960년부터 시작되어 1970년대 들어서 빠르게 증가하였다가, '3저효과'가 나타난 1985~88년에 감소추세를 보인 이후 다시 상승추세를 보였다.

2. 외국인직접투자

한국은 1970년대 말에 국가적 외채위기를 겪으면서 1980년대 들어 민간주도의 자율적 경제정책과 함께 외자를 조달하는 방법을 점진적으로 "차입" 형태에서 "외국인직접투자" 형태로 전환하였다. 더 나아가 1990년대 들어서 한국은 경제성장에 대한 자신감을 배경으로 외국인투자를 본격적으로 개방하기 시작하였다. 외국인직접투자(FDI: Foreign Direct Investment)는 한 나라의 기업이 다른 나라에서 새로운 사업체를 설립하거나 기존 사업체의 인수를 통하여 장기적인 관점에서 직접 경영에 참여하는 것을 목적으로 투자하는 경제행위를 말하는데, 지적재산권과 부동산 등 모든 형태의 유·무형자산이 이전되어 부를 창조할 목적으로 이뤄지는 투자를 포함한다.[16] 외국인직접투자는 "차입"과는 달리 만기도래에 따른 상환부담이 없고, 외국투자자가 국내에서의 경영활동에 직접 참여하고자 유입되는 자본이므로 일시·단기적인 자본유출의 위험성이 적은 안정적인 외자조달 방법이다. 또한 외국인직접투자는 신규 고용창출효과가 있을 뿐만 아니라 연관산업의 활성화로 장기적으로 안정적인 경제성장을 기대할 수 있다. 아울러 외국의 모기업이 국내에 설립된 자회사에 직접적으로 기술을 제공하거나 자본재 및 설비의 도입을 통해 이들 재화에 체화된 기술을 간접적으로 제공함으로써 투자국으로부터 투자유치국으로의 기술이전효과가 있으며, 이외에도 국내 경영기업의 투명성 제고·국제수지 개선 등의 효과가 있다. 그러나 외국인직접투자는 대부분 세계적인 다국적기업에 의해 이루어지기 때문에, 외국인직접투자로 경쟁력이 약한 국내기업들이 국내시장에서 퇴출되면서 외국인투자기업이 국내시장을 독점하고 장기적으로 외국인투자 유치국은 경제적 식민지로 전락할 위험성을 갖게 된다.

한국의 외국인직접투자 유입[17] 변화를 [그림 3-7]과 〈표 3-15〉에서 살펴보면, 외국

15) 1960~93년 기간의 대외채무는 예금, 매도외환, 발행외화채권, 차입금, 보증금, 본·지점 차입, 기타로 구성되었다.

16) 단기적인 투자이익을 목적으로 주식·채권·파생금융상품 등의 매입을 위한 자본이동 등은 해당되지 않는다.

17) 외국인직접투자 통계는 투자 의향이 반영된 신고액기준 통계와 실제 이루어진 투자를 나타

인직접투자는 1962년 미국으로부터 358만 달러(총 2건)의 투자가 이루어진 이후 1972년에 처음으로 1억 달러를 돌파하였으나, 이후 1986년까지 연간 5억 달러 미만의 투자가 이루어졌다(1985년에는 5억 달러가 넘음). 외국인직접투자는 1987년에 처음으로 유입액이 10억 달러를 넘어선 이후 1995년까지 매년 10억 달러 내외가 유입되었으나, 1990년대를 전후로 전 세계적으로 외국인직접투자가 크게 활성화되던 상황을 고려하면 한국의 외국인직접투자 유입은 매우 미미하였다. 그러나 한국이 OECD에 가입한 1996년[18]에 외국인직접투자 유입이 급증하여 32억 547.9만 달러를 기록하였으며, IMF 경제위기 이후 본격적인 국내시장개방으로 1999년에는 155억 4,461.8만 달러에 달하였다. 그러나 그 이후부터 외국인직접투자가 줄어들어 2007년에는 105억 1,562.5만 달러까지 떨어진 후 다시 증가 추세를 보여 2013년에 145억 4,814.4만 달러에 달하고 있다. 한국에 대한 외국인직접투자는 전 세계적인 외국인직접투자 확대 추세와 비교할 때 낮은 수준인데, 이는 한국이 다른 나라와 비교하여 복잡한 행정적인 서류 등 까다로운 절차를 요구하고, 북한의 미사일 · 핵실험 등 한

그림 3-7 | 외국인직접투자 유입(신고액 기준) 변동추이

(단위: 천 달러)

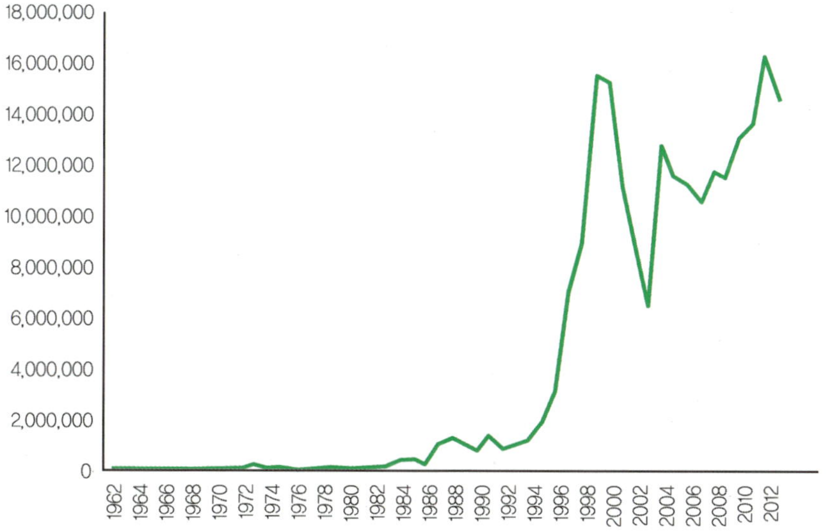

자료: e나라지표

내는 도착액기준 통계가 집계되고 있는데, 여기서는 신고액기준 통계자료를 나타낸다.

18) 한국의 OECD 가입은 1996년 12월에 이루어졌다.

표 3-15 외국인직접투자 추이

(단위: 백만 달러)

	국별 외국인 투자 (신고 기준)								
	미국	일본	홍콩	독일	영국	프랑스	네덜란드	합계	신고건수
1962~66	25.0	8.3	2.8	0.2	10.5	0	0	47.4	39
1967~71	95.3	89.7	3.0	2.5	0.2	0.5	6.2	218.6	360
1980	70.6	42.5	0.5	8.6	2.3	-	1.8	143.1	40
1990	317.8	235.5	3.0	62.3	44.8	22.4	36.3	802.6	504
2000	2,922.3	2,448.2	123.5	1,599.4	84.0	607.2	1,768.4	15,264.9	4,217
2010	1,974.5	2,082.7	92.5	268.3	649.0	159.9	1,184.8	13,071.5	3,075
2013	3,525.3	2,689.7	976.5	360.0	115.9	529.9	618.0	14,548.1	2,589

자료: 산업자원부, 투자진흥과, 『외국인투자동향』, http://www.mocie.go.kr

국의 경제외적인 불안요인으로 외국인이 투자를 망설이기 때문이다. 이러한 상황을 고려하여 정부는 외국인직접투자의 걸림돌이 되는 여러 장애요인들을 줄여 외국인 직접투자를 적극적으로 유치할 수 있는 환경을 제공하여야 할 것이다.

한편 해외직접투자(ODI: Outward Direct Investment)는 국내거주자(개인 또는 법인)가 국외 기업에 경영참여를 목적으로 10% 이상의 주식 또는 동등한 지분을 취득하거나 1년 이상 기업에 대부하는 투자를 말한다.[19] 한국의 해외직접투자에 대한 정책과 제도는 국내외 경제환경의 변화와 정부의 경제 정책 목표에 따라 변화하여 왔다. 한국에서 해외투자에 대한 개념이 처음으로 제도화된 것은 1968년 12월 31일 외국환관리규정에 '대외투자'에 관한 별도의 장을 신설한 것이 그 효시이다. 그러나 1970~80년대 시기에는 국제수지 적자의 심화를 우려하여 긴요한 해외투자 사업만을 제한적으로 허용하였기 때문에, [그림 3-8]에서 볼 수 있듯이, 한국의 해외직접투자는 미미한 수준에 머물렀다. 그러나 1986~90년 기간에는 소위 '3저효과'에 따른 무역수지 흑자 전환으로 국내 통화량 팽창에 따른 물가압력이 커지자 한국은 그동안의 외환확보전략에서 외환유출전략으로 전환하면서 해외투자확대 방안으로 자유화를 적극 추진하였다. 이러한 정부정책의 변화와 함께 원화 절상, 임금 등 국내생산요소 가격 상승, 통상마찰 심화 등으로 국내기업들이 사업여건의 악화를 피해 해외직접투자를 추진하기 시작하면서 1985년 1억 1천만 달러(투자액기준)에서 1990년 10억 7

19) 10% 미만의 주식 또는 동등한 지분을 취득하더라도 임원 파견 등 일정 요건하의 투자와 외국환거래법시행령에 규정된 투자(해외자원개발)도 해외직접투자(ODI)에 포함된다.

그림 3-8 | 해외직접투자 변동추이(신고 및 실질금액기준)

(단위: 억 달러)

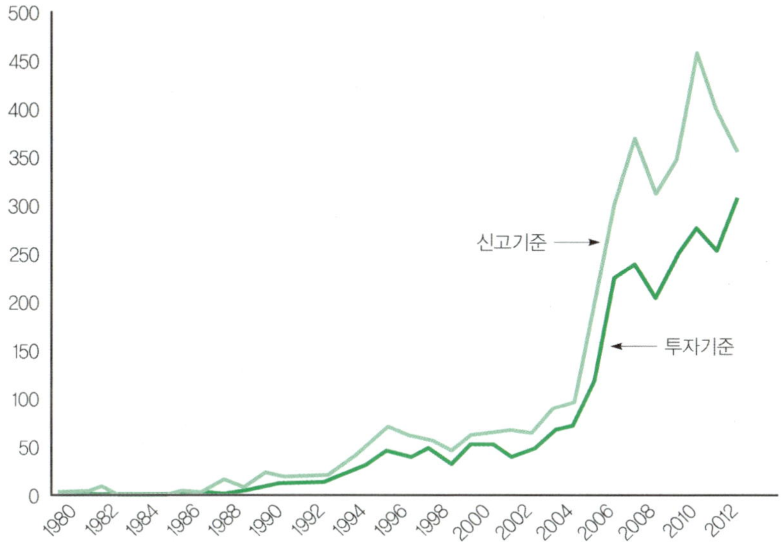

자료: e나라지표

천만 달러로 그 규모가 증가하였다. 1990년대 들어 정부는 국내 산업구조 고도화의 필요성 증대, 우루과이라운드(UR) 협상의 진전 등 국내외 경제환경이 빠르게 변화함에 따라 세계화정책을 적극 추진하게 되었다. 특히 정부는 세계화의 핵심인 해외직접투자의 자유화를 획기적으로 추진하였는데, 그에 따라 해외직접투자는 1990년대 초반부터 증가하여 외환위기 이전인 1996년에 45억 달러를 기록하였으나, 외환위기로 인해 1998년부터 2000년대 초까지는 50억 달러 내외를 유지하면서 주춤하였다. 이후 국내경제가 안정화되기 시작한 2004년부터 해외직접투자는 다시 증가세를 보이면서 2006년 119억 3,485.7만 달러, 2013년에는 307억 7,509.8만 달러(투자액기준)를 기록하고 있다. 그러나 이러한 최근의 증가세에도 불구하고 해외직접투자는 여타 선진국에 비해 여전히 미흡하여 계속 확대할 필요성이 있다. 즉, 2013년 현재 한국의 해외직접투자금액의 대 GDP 비율은 6.8%로 일본이나 미국보다 낮은 수준이며, 네덜란드의 109.7%와 비교하면 한국기업의 해외 진출은 여전히 미미한 상태임을 알 수 있다.

3. 대외채무(외채)

1990년대 들어 한국은 자본자유화의 진전으로 인해 민간 부문의 해외차입이 빠르게 증가하면서 그 과정에서 1997년 말 IMF 경제위기를 겪게 되었는데, 경제위기를 계기로 국가의 대외채무 및 대외채권 규모를 정확히 파악할 수 있는 신뢰성 있는 통계를 작성할 필요성이 제기되었다. 그에 따라 한국은행은 IMF의 특별통계공표기준(SDDS)에 기초하여 1994년 말부터 분기별로 대외채무 및 대외채권 통계를 발표하고 있다. 한국의 대외채무 통계는 부문별·만기별·상품(항목)별로 구분하여 분기단위로 구분되고 있다. 부문별로는 일반정부, 중앙은행, 예금취급기관, 기타 부문의 4개 부문으로, 만기별로는 1년을 기준으로 단기와 장기로 나누어 작성되고 있다. 대외채무는 기본적으로 거주자의 비거주자에 대한 채무이므로 원화든 엔화든 어떠한 통화표시 채무도 포함되지만 모든 통화를 미국 달러화로 환산하여 작성하도록 하였다.

넓은 의미에서 대외채무(외채)란 "일정 시점 현재 상환기간의 장·단기에 관계없이 거주자가 비거주자에게 외화로 상환할 의무가 있는 확정금융부채를 의미"하며 이를 총외채라고 한다. 따라서 넓은 의미의 대외채무에는 좁은 의미의 외채를 포함하여 외국으로부터 유상으로 들여오는 차관·예수금 등 모든 대외 부채가 포함된다. 좁은 의미의 외채는 주로 장기자금의 조달을 위해 정부가 발행되는 국채, 정부보증채, 민간기업이 발행하는 사채 등의 유가증권을 말한다.[20] 외채의 발행은 국제적 장기금리의 격차, 대부국과 차입국의 자금수요 상태, 차입국 또는 차입기업의 정치적·경제적 안정도 등에 의해 좌우된다. 또한 외채는, 외국계 기업의 국내진출 등의 외국인직접투자와는 달리, 차입기업의 경영권에 영향을 주지 않는 간접투자이고 상환기간이 명시되어 있는 안정적인 외화의 유입이므로 자본수지를 흑자로 만들고 외화준비를 늘리는 중요한 요인이 된다. 한편 대외채무의 반대개념인 대외채권은 "일정 시점 현재 회수기간의 장·단기에 관계없이 거주자가 비거주자로부터 미래 특정 시점에 원금 또는 이자를 회수하게 될 확정채권을 의미"하는데, 총외채에서 총채권을 뺀 것을 순외채라고 한다. 대외채무 및 대외채권 통계는 한 나라의 대외건전성 등 대외지급능력 등을 판단하는 기초자료로 활용된다.

[그림 3-9]는 한국의 대외채무 변화를 보여주고 있다. 그림에 의하면 한국의 대외

20) 외채는 발행주체에 따라 공채와 사채, 특수한 권리내용의 유·무에 따라 전환채(convertible bond)와 일반채(straight bond), 발행조건에 따라 이자부채권과 할인채권, 발행형식에 따라 기명채와 무기명채로 분류된다.

채무는 1994년 말 기준으로 807억 6,640만 달러이었는데, 이후 계속 증가하여 IMF 경제(외환)위기에 빠져든 1997년 말에는 1,616억 1,980만 달러로 최고 수준을 기록하였다. 이후 대외채무는 꾸준히 감소하여 2001년 말에는 1,160억 3,780만 달러까지 줄어들었으나, 2002년부터 다시 증가세로 반전하여 2013년 말 현재 4,161억 1,240만 달러 수준을 보이고 있다.

그림 3-9 | 대외채무(외채)의 변화 추이

(단위: 천 달러)

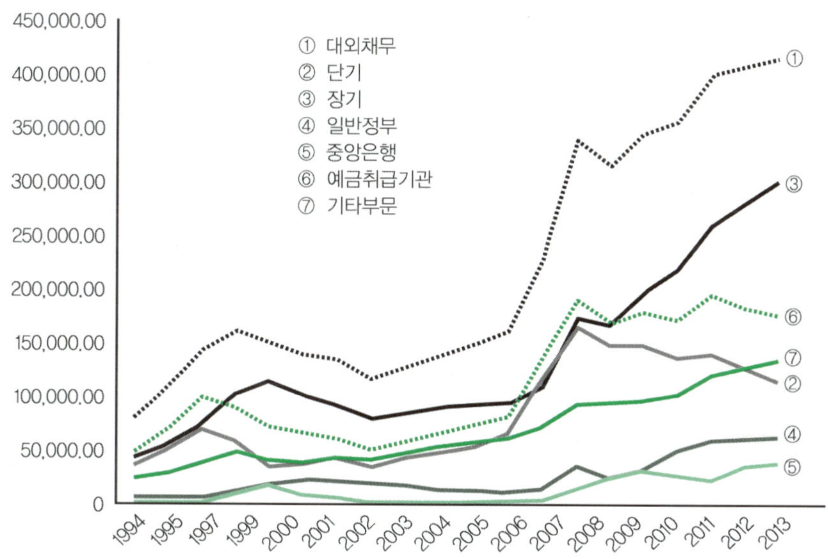

자료: 한국은행 경제통계시스템, 대외채무.

한편 국가의 총외채 중 단기외채의 비율이 높으면 국제금융기관들은 국가신용도가 낮다(위험하다)고 평가하는데, 실제로 1997년 당시 한국은 금융기관들의 외화유동성 부족으로 단기외채를 갚지 못해서 상환불능(디폴트)위험에 직면하면서 외환위기에 빠지게 되었다. 따라서 같은 금액의 외채라 할지라도 단기외채의 비중이 높을수록 상환불능(디폴트)위험성이 커지기 때문에 한국은행은 외채통계를 작성할 때 총외채규모에서 단기외채가 차지하는 비중을 계산하고 있다. [그림 3-10]은 한국의 단기외채비율 변화를 보여주고 있는데, 한국의 단기외채비율은 1994년 45%에서 1996년 말 49%까지 상승하였고, 1997년 말의 IMF 경제(외환)위기 이후부터 감소하여, 2006~2008년 기간에는 일시적으로 50%대로 상승하였지만, 2013년에는 28%를 기록하고 있다.

그림 3-10 | 단기채무비율 변화

3.5 외환보유

외환보유액(foreign exchange holdings)은 한 나라가 비상사태에 대비해 비축하고 있는 외화자금을 의미하는데, 구체적으로 IMF에 의하면 "교환성이 있고 유동성과 시장성이 높은 자산으로 통화당국인 중앙은행과 정부가 언제든지 사용할 수 있는 대외 외화 금융자산"을 의미한다. 따라서 외환보유액은 긴급사태 발생으로 금융회사 등 경제주체가 해외에서 외화를 빌리지 못해 대외결제가 어려워질 경우에 대비하는 최후의 보루(last resort) 기능을 가지는데, 국가의 비상자금으로서 국가신인도를 높이는 데 기여한다. 외환보유액에 포함되는 자산들은 국제적으로 널리 통용되는 선진국 통화(주로 달러), 국제금융시장에서 쉽게 현금으로 바꾸어 쓸 수 있는 주요 선진국 국채 및 정부채, IMF 가맹국이 IMF로부터 담보 없이 외화를 찾을 수 있는 권리를 가진 특별인출권(SDR: special drawing rights), IMF 가맹국이 IMF로부터 언제든지 자동적으로 조건없이 인출할 수 있는 한도로 준비자산과 같은 성질을 갖고 있는 IMF 포지션, 금, 은 등이 포함된다.

[그림 3-11]은 한국의 외환보유액 추이를 보여주고 있는데, 한국의 외환보유액은 1960년에 1억 5,702.6만 달러에서 1996년에 332억 3,669.6만 달러까지 꾸준히 증가하였다. 그러나 1997년 IMF 경제(외환)위기 때 외환보유액이 204억 545.8만 달러로 일시적으로 크게 감소하면서 국제금융시장에서 한국의 국제신인도는 큰 타격을 받게 되었다. 그에 따라 국내금융시장에 들어와 있던 단기 외국인자금이 빠져나가고 만기도래한 차입금의 만기상환 연장이 거부되는 등 외환시장이 큰 혼란에 빠지고, 결과적으로 대외거래에서 결제할 달러가 부족하여 한국은 IMF로부터 구제금융 지원을 받게 되었다. IMF 경제(외환)위기를 계기로 한국의 외환보유액은 꾸준히 증가하면서 2013년 말에는 3,464억 5,956.9만 달러에 이르고 있는데, 이는 수출증가 등에 따라 경상수지의 흑자가 지속되고, 성공적 기업·금융 구조개혁과 국가신인도 향상 등으로 외국인 투자자금이 꾸준히 유입된 데 기인한다.

그림 3-11 | 외환보유액 추이

(단위: 백만 달러)

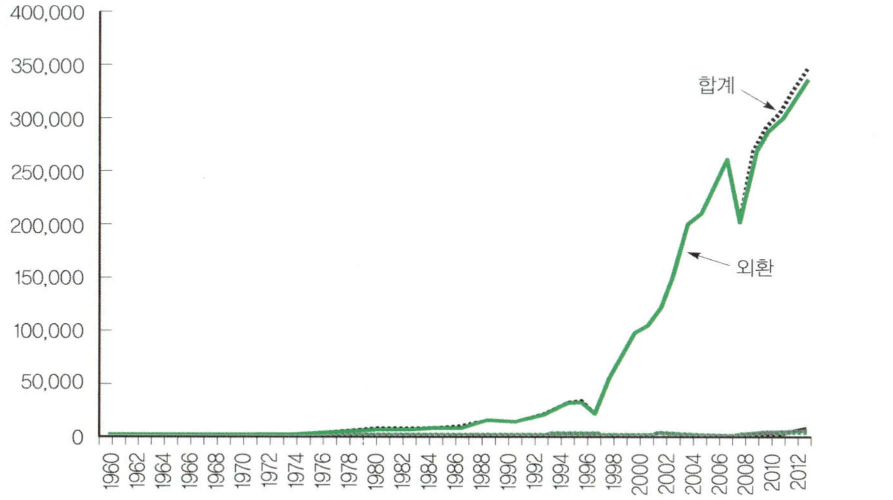

외환보유액은 너무 적을 경우에는 대외 채무를 갚지 못하는 모라토리움(moratorium) 상태에 빠질 우려가 있지만, 지나치게 많으면 환율이 떨어지고 통화안정증권에 대한 이자의 부담이 생길 우려가 있어 적정수준을 유지하여야 한다. 적정수준의 외환보유

액이 어느 정도인가에 대해서는 일률적으로 말할 수 없으나, 소규모 개방경제 및 지정학적 요인 등 한국경제의 특수성을 감안할 때, 외채(특히 단기외채)에 대한 적정비율의 외환보유액을 유지하는 것은 대외신인도 유지와 위기재발 방지를 위해 매우 중요하다.

그림 3-12 | 외환보유액 대비 단기외채비율 변화추이

(단위: %)

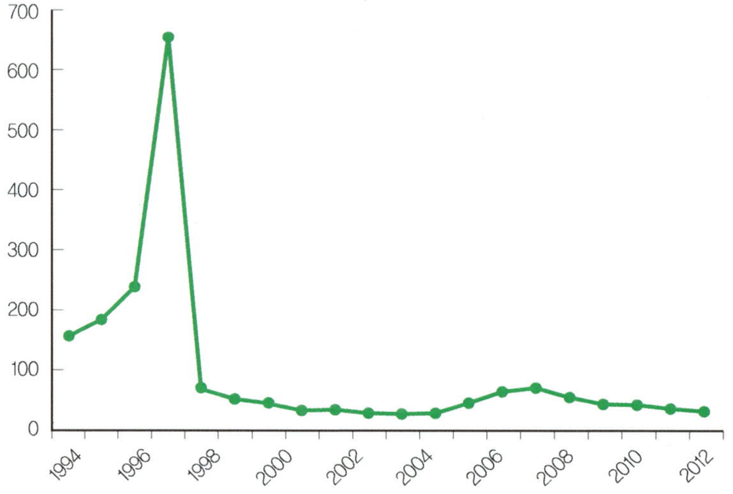

| 제4장 |

노동

사람들은 자신이 직접 식당을 운영하거나 또는 연금 · 이자 등을 받아 생활을 하기도 하지만, 많은 사람들은 직장에서 일을 하고 그 대가로 월급을 받아 가족의 생계유지와 여가활동을 위해 사용한다. 실제로 2013년도 우리나라 총취업자 2,506만 6천 명 중에서 임금근로자는 1,819만 5천 명으로 72.6%, 자영업자 및 월급 없이 가족과 같이 일을 하는 무급가족종사자는 687만 2천 명으로 27.4%의 비중을 차지하고 있다. 그런데 우리나라의 국민 가처분소득은 1,436조 5천억 원인데, 이 중에서 임금근로자인 피고용자 보수는 절반에 못 미치는 624조 3,416억 원을 차지하고 있다. 이러한 근로자소득의 비중은 선진국으로 갈수록 더 커지는데, 미국의 경우는 2012년에 국민 가처분소득 13조 9천억 달러 중에서 피고용자 보수가 8조 6천억 달러이고, 투자, 자영업, 연금 및 정부보조금 등으로부터 받은 개인소득의 합계는 5조 3천억 달러이다.

산업혁명 이후 자본주의가 발달하면서 전체 인구 가운데 임금근로자의 비중이 높아지게 되고, 자신과 가족의 생활비를 임금에 의존하는 사람이 늘어남에 따라 고용의 확대는 물가안정, 경제성장 등과 함께 국가경제의 주요 정책 목표가 되었다. 이에 따라 노동할 의사를 가지고 있는 사람들에게 안정된 일자리를 제공하는 것이 국가의 중대한 정책과제 중 하나로 부각되면서 정부는 적정한 고용수준을 달성하기 위해 여러 가지 정책을 수립 · 추진하고 있다.

제4장 노동

4.1 노동의 특징과 노동시장

1. 노동의 특징

어떤 시대, 또는 어떤 사회에서나 사람이 살아가는 데에는 기본적인 경제생활－의식주－을 유지하기 위해서는 식량과 의복 등의 재화가 필요하다. 이에 더하여 지금 우리가 살고 있는 발달된 사회에서 우리는 경제생활을 위해 더 많은 종류의 재화들, 예를 들어, 스마트폰, 노트북 등등이 필요하다. 그런데 이러한 재화들은 노동이 원자재, 자본, 기술 등의 다른 생산요소들과 결합하여 만들어진다. 그런 의미에서 노동은 우리가 필요로 하는 재화를 생산하기 위해 꼭 있어야 하는데, 그 반대로 우리가 필요로 하지 않는 재화를 만들어 내는 노동은 우리 사회에서 필요성이 없어지게 된다. 결국 노동은 그 자체의 필요성 때문에 수요가 존재하는 것이 아니고, 노동이 만들어 내는 재화의 수요 때문에 수요가 존재하는 파생적 수요(derived demand)이다. 이와 같이 재화를 만들어내는 데 필요한 생산요소로서의 노동은 구체적으로 표현하면 생산을 목적으로 하여 보수를 기대하면서 행하는 사람의 정신적이거나 육체적인 활동을 말한다. 또한 노동력(labor power)은 사람이 생산물을 만들어 내는 능력을 말하는데, 좀 더 구체적으로 표현하자면 사람의 일할 수 있는 능력과 기술을 칭한다. 흔히 노동과 노동력은 같은 의미로 사용된다.

한편 노동은 인격체인 근로자와 분리될 수 없기 때문에 근로자가 자신의 노동을 수요자에게 제공하기 위해서는 근로자 자신이 직접 생산현장에 가서 노동 수요자인 고용주에게 노동을 제공하여야 한다. 이러한 이유로 노동은 일반 재화들, 또는 자본 및 토지 등의 여타 생산요소들과는 다른 특수성을 갖고 있다. 첫째, 노동은 임대만 될 수 있으며, 근로자 자체는 구매되거나 판매될 수 없다. 둘째, 노동은 노동의 임대를 결정하는 요인들은 노동임대의 가격인 임금 이외에도, 근로자의 작업환경, 부상위험, 관리자의 인품, 그리고 근로시간의 유연성과 같은 비금전적 요소(nonpecuniary factors)가 크게 중요하다. 따라서 셋째, 노동시장에는 근로자를 보호하고 고용관계를 규정하기 위해 다른 시장에는 존재하지 않는 많은 비시장적 제도와 법률들, 예를 들어, 최저임금제, 근무시간제약, 임신휴가제 등등이 존재하게 된다.

2. 노동시장

모든 시장에는 수요자와 공급자가 있는데 노동시장도 예외는 아니다. 노동시장에서 노동의 수요자는 고용주(기업)이며, 공급자는 근로자이다. 노동시장에서 무수히 많은 근로자들은 일을 하고 그 대가로 임금을 받을 생각으로 노동을 제공하고, 많은 고용주 · 기업들은 이익을 목적으로 재화생산을 위해 근로자들을 고용한다. 이 과정에서 많은 노동 수요자들과 공급자들이 노동시장에서 만나 의사결정을 하는데, 고용주들과 근로자들이 노동을 임대하는 상황은 몇 가지 이유 때문에 시장을 구성한다. 첫째, 노동의 수요자와 공급자 사이에 접촉이 원활히 이루어질 수 있도록 구인광고와 고용대행기관 같은 관련 제도가 발전되어 왔다. 둘째, 일단 접촉이 이루어지게 되면, 취업지원서와 면접을 통해 노동의 가격과 질에 대한 많은 정보들이 교환된다. 셋째, 고용주와 근로자가 노동고용을 합의 하에 이르면, 보수, 근로조건, 그리고 고용기간을 명기한 계약이 공식적으로 또는 비공식적으로 작성된다. 현대 노동시장에서 고용주는 원칙적으로 근로자의 산출량의 크기가 아니라 근로자의 노동제공 시간에 따라 근로자에게 보수를 지급하게 된다.

노동은 노동시장에 참여하는 노동의 특성에 따라서 구분되어 진다. 예를 들어, 교육수준이 낮고 생산성도 상대적으로 떨어지는 노동자와 대학교육을 받고 생산성도 높은 노동자는 노동시장에서 같은 종류의 노동자로 취급되지 않는다. 전자의 경우를 미숙련노동자 또는 단순노동자라 하고, 후자의 경우를 숙련노동자라고 부르기도 하는데, 이들은 각기 다른 노동시장에서 자신들을 필요로 하는 고용주와 만나 고용계약을 체결하게 된다. 이러한 노동시장을 통한 노동의 배분은 개인의 필요뿐만 아니라 사회 전체의 필요에도 일치하게 된다. 즉, 중요한 국가 자원인 노동은 노동시장을 통하여 기업별 · 산업별 · 직종별, 그리고 지역별로 효율적으로 배분된다.

4.2 경제활동인구, 취업, 그리고 실업

1. 경제활동인구

한 나라의 전체 인구 중에서 만 15세 이상의 인구를 경제적으로 노동이 가능한 인구로 보고 있다. 그리고 이들 가운데 경제활동에 참가하고 있는 사람들을 '경제활동인구'로 분류하는데, '경제활동인구'는 수입이 있는 일에 종사하고 있는 '취업자'와 현재 일을 하지는 않지만 일자리를 구하기 위해 구직활동 중에 있는 '실업자'들로 나누어진다. 이에 대해 만 15세 이상이지만 경제활동에 참여할 의사가 없는 사람을 '비경제활동인구'로 분류한다. '비경제활동인구'에는 가정주부, 학생, 연로자 및 심신장애자, 자선사업 및 종교단체에 관여, 구직단념자 등이 포함된다. 2013년 12월 현재 우리나라의 인구 및 경제활동인구 등의 구분과 현황은 [그림 4-1]에 나타나 있다.

그림 4-1 | 우리나라의 인구 및 경제활동인구의 구분

(2013년 12월 현황)

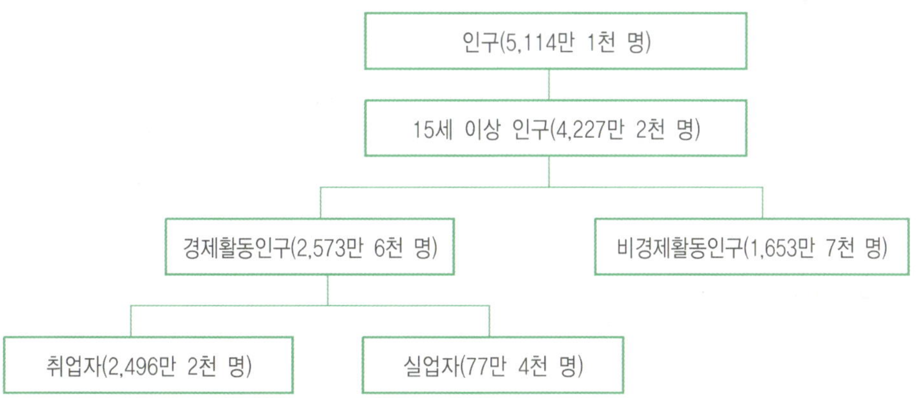

주: 경제활동인구, 비경제활동인구, 실업자 등은 구직활동기간을 4주로 하여 계측한 결과임.
자료: 통계청, 경제활동인구조사.

경제활동참가율은 15세 이상 인구 중에서 경제활동인구(취업자+실업자)가 어느 정도의 비중을 갖고 있는지를 나타내는 수치로 노동공급에 대한 가장 기본적인 측정치로 사용되는데, 이를 식으로 표시하면 다음과 같다.

$$\text{경제활동참가율} = \frac{\text{경제활동인구}}{\text{15세 이상 인구}}$$

경제활동참가율은 실질임금, 사회보장수준, 직업관 등 여러 요인들에 영향을 받는데, 일반적으로 경기상황과 같은 방향으로 움직인다. 우리나라의 경제활동참가율 변화추이를 [그림 4-2]에서 살펴보면, 1965년 우리나라의 15세 이상 인구 1,536.7만 명 중에서 경제활동인구는 875.4만 명으로 57%를 기록하였다. 이후 경제활동참가율은 국내경기 변화와 같은 방향으로 움직여왔는데, 경제활동참가율은 1970년대에 꾸준히 증가하여 1978년에 59.87%까지 높아졌으나, 1979년부터 감소하여 1984년에는 55.83%까지 떨어졌다. 다시 경제활동참가율은 1985년부터 높아지기 시작하여 1997년에 62.50%까지 올라갔으나 1998년 IMF 경제위기로 2% 가까이 떨어진 이후 회복세를 보이면서 2004년부터 2013년까지는, 2009년과 2010년의 세계금융위기를 제외하고, 62% 내·외의 안정적 수준을 보이고 있다.

그림 4-2 | 경제활동참가율

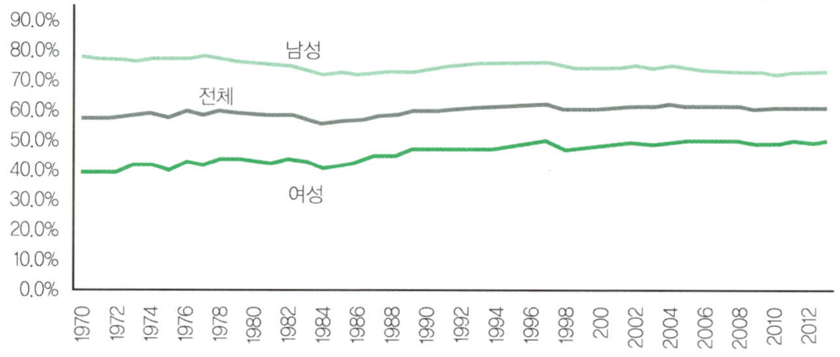

자료: 통계청

한편 성별 경제활동참가율을 보면, 남성의 경제활동참가율은 1970년 77.9%에서 국내경기 상황에 따라 전체 경제활동참가율과 비슷하게 상승, 하락을 반복하여 왔다. 그러나 1970년 이후 전체적으로는 남성의 경제활동참가율이 조금씩 하락하는 추세를 보이면서, 2013년 남성의 경제활동참가율은 73.2%를 나타내고 있다. 이와 같이 남성의 경제활동참가율이 줄어드는 이유는, 첫째, 우리나라에서는 가계소득증가와

그림 4-3 | OECD 평균 및 주요 국가들의 경제활동참가율(2012년)

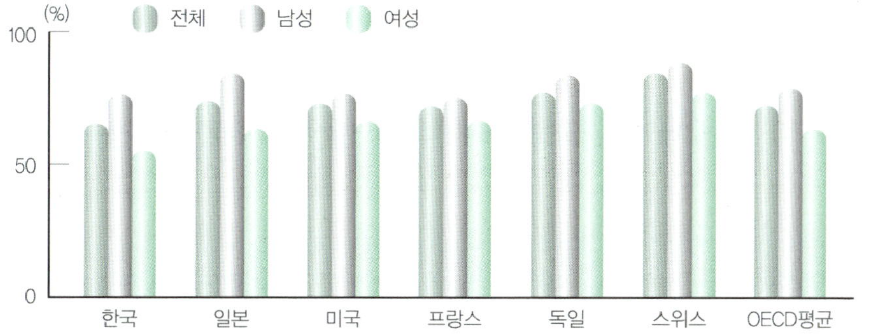

	한국	일본	미국	프랑스	독일	스위스	OECD평균
전체	66.4	73.9	73.1	71.0	77.1	83.0	70.9
남성	77.6	84.3	78.8	75.4	82.4	88.8	79.7
여성	55.2	63.4	67.6	66.7	71.7	77.2	62.3

주: OECD는 15~64세를 기준으로 측정.
자료: OECD Labor Statistics 2012.

함께 대학진학이 늘어나면서 15세~24세 젊은 층의 경제활동참가율이 감소하기 때문이다. 둘째, 고령화로 인하여 남성들의 조기퇴직과 연로자가 증가하면서 노년층의 경제활동참가가 감소하기 때문인데, 이는 미국을 비롯한 선진국들에서 공통적으로 나타나는 현상이다. 한편 여성의 경우는 1970년 39.3%에서 이후 지속적으로 증가하여 2000년에 48.6%, 2005년에는 처음으로 50%선을 넘어선 이후 2013년의 50.2%선까지 50%을 유지하고 있다. 그 결과 1970년 여성의 경제활동참가율은 남성들의 절반을 조금 넘는 수준이었으나, 2013년에는 남성의 2/3를 넘는 상태이다. 이와 같이 여성의 경제활동참가율이 높아지고 있는 이유는, 첫째, 산업화의 진전으로 서비스업이 확대되면서 여성의 일자리, 특히 기혼여성의 part time 일자리가 늘어나기 때문이다. 둘째, 여성의 사회참여에 대한 인식 변화와 더불어 여성의 경제활동 선택 영역이 넓어지고 있기 때문으로 해석된다.

한편 우리나라의 경제활동참가율은 [그림 4-3]에서 볼 수 있듯이, OECD 평균치 70.9%보다 낮고 미국·독일 등 주요 선진국들에 비해서는 크게 낮다는 특징을 갖고 있다. 특히 우리나라 여성의 경제활동참가율은 OECD 평균 및 주요 선진국가들에 비해 크게 낮은데, [그림 4-3]의 선진국들의 참가율을 고려하여 볼 때 우리나라 여성들의 경제활동참가율은 앞으로 더 높아질 것으로 예상된다.

2. 취업

취업자는 돈을 벌기 위해 1주일에 1시간 이상 일한 사람, 1주일에 18시간 이상 일을 한 무급 가족종사자, 그리고 일시휴직자를 말한다. 여기서 무급 가족종사자는 같이 사는 가족 내 가구원이 운영하는 사업체에서 보수 없이 일한 사람을 말한다. 또한 일시휴직자는 직업이나 사업체를 갖고 있으나 일시적 질병, 사고, 연가, 교육, 노사분규 등 일시적인 사유로 조사대상 기간 1주일 동안에 일을 하지 못한 사람을 말한다.

그림 4-4 | 취업자 수 추이

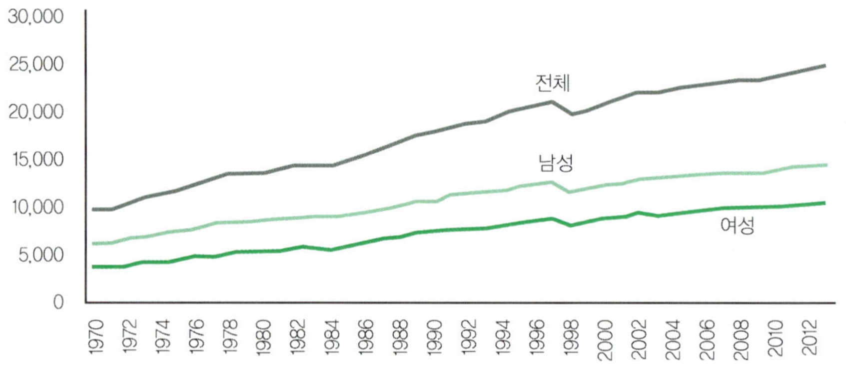

자료: 통계청, 경제활동인구조사.

[그림 4-4]를 보면 취업자의 수는 1970년의 961만 7천 명을 기록한 이후에, 1984년의 세계경기 불황(7만 6천 명 감소), 1998년의 IMF 외환위기(127만 6천 명 감소), 2003년의 신용카드사태(3만 명 감소), 2009년의 세계금융위기(7만 명)에 따른 경기침체의 영향으로 일시적으로 감소된 경우를 제외하고는, 전체적으로 꾸준히 증가하여 2013년에 2,506만 6천 명을 기록하였다. 이는 증가율로 볼 때, 같은 기간 15세 이상 인구가 2.4배 증가한데 반하여 취업자는 2.6배 증가하여, 취업자 증가가 15세 이상 인구 증가보다 더 높았음을 보여준다.

성별 취업자를 보면, 남성 취업자는 1970년에 610만 4천 명이었으나 2013년에는 1,457만 3천 명으로 증가하였다. 또한 여성 취업자는 1970년에 351만 3천 명이었는데 2013년에는 1,049만 4천 명으로 증가하였다. 증가율로는 1970년에 비해 남성이 2.3배, 여성이 3.2배 증가함으로써 전체 취업자 중 남녀 비율이 1970년 63 대 37에서 2013년 58 대 42로 좁혀졌는데, 이와 같이 여성의 취업자 증가율이 남성 취업자 증가율보다 높다는 것은 우리 사회에서 여성들의 노동시장 참여가 최근으로 올수록 더 활발해지고 있음을 보여주고 있다.

여성의 취업자 수는 평상시에는 남성보다 상대적으로 큰 폭으로 증가하는 모습을 보이지만, 반대로 불경기 시에는 남자에 비해 취업자 수가 상대적으로 더 크게 감소하는 경향을 보이고 있다. 1998년 IMF 외환위기 때는 전체 취업자 수가 127만 6천 명이 감소하였는데 이중에서 여성 취업자가 64만 1천 명이 감소하여 전체 취업자 수 감소의 절반인 50.2%를 차지하였다. 또한 2003년 신용카드대란으로 경기가 침체되었을 때는 남성 취업자 수는 오히려 8만 7천 명 증가하였지만 여성 취업자 수는 11만 7천 명이 감소하였으며, 2009년 세계금융위기로 인한 국내경기침체기에 남성 취업자도 3만 1천 명 증가하였으나 여성 취업자는 1만 2천 명이 감소한 것으로 나타났다. 이러한 현상은 여성의 일자리가 임시·일용직이 많기 때문에 경기 침체기에 일자리의 안정성이 남성보다 취약한 것으로 해석된다.

한편 취업자 수의 증감을 〈표 4-1〉에서 종사상 지위별로 살펴보면 임금근로자는 1970년에 374만 6천 명에서 2013년 1,819만 5천 명으로 4.9배 증가하였다. 이에 대해 자영업자는 1970년에 328만 6천 명에서 2013년 565만 1천 명으로 1.7배 증가하였고, 무급 가족종사자는 1970년에 258만 6천 명에서 2013년 122만 1천 명으로 절반 이하로 감소하였다. 이에 따라 전체 취업자 중 임금근로자 비율이 1970년 39.0%에서 2013년 72.6%, 자영업자 비율은 1970년 34.2%에서 2013년 22.5%로 낮아졌고, 무급 가족종사자 비율은 26.9%에서 2013년에는 4.9%로 크게 낮아졌다. 따라서 우리나라에서 자영업자와 무급 가족종사자를 합한 비임금근로자의 비율은 1970년 61%에서 2013년 27%로 큰 폭으로 하락했지만, 선진국과 비교하면 여전히 높은 편이다. 2011년에 우리나라에서 비임금근로자 비율이 28.2%인데 비해 OECD 주요 11개국의 평균 비임금근로자 비율은 13.9%를 나타냈다. 이와 같이 우리나라에서 비임금근로자 비율이 높은 것은 우리나라는 취업구조상 소규모 농림어업 종사자와 도소매업·음식숙박업 등 영세 자영업자가 많기 때문이다.

표 4-1 종사상 지위별 취업자 수

(단위: 천 명)

구분	1970	1975	1980	1985	1990	1995	2000	2005	2010	2013
취업자 계	9,617	11,691	13,683	14,970	18,085	20,414	21,156	22,856	23,829	25,066
비임금근로자	5,872	6,940	7,220	6,866	7,135	7,515	7,795	7,671	6,858	6,872
• 자영자수	3,286	4,008	4,651	4,679	5,068	5,569	5,864	6,172	5,592	5,651
• 무급가족종사자	2,586	2,932	2,569	2,187	2,067	1,946	1,931	1,499	1,266	1,221
임금근로자	3,746	4,751	6,464	8,104	10,950	12,899	13,360	15,185	16,971	18,195
• 상용근로자	–	–	–	–	5,938	7,499	6,395	7,917	10,086	11,713
• 임시근로자	–	–	–	–	3,171	3,598	4,608	5,056	5,068	4,892
• 일용근로자	1,018	1,123	1,390	1,390	1,840	1,802	2,357	2,212	1,817	1,590

자료: 통계청, 경제활동인구조사.

한편 1989년부터 조사가 시작된 임금근로자의 상용직 및 임시직의 변화추세를 보면, 상용근로자는 1989년부터 꾸준히 증가추세를 보이다가 IMF 경제위기인 1998년과 1999년에 일시적으로 감소하였으나 1999년부터 2013년까지 다시 꾸준히 증가하고 있다. 또한 임시근로자는 1989년부터, IMF 경제위기였던 1998년 한해를 제외하고는, 전체적으로 증가추세를 보였으나 2008년 세계금융위기를 계기로 감소하기 시작하여 2013년까지도 계속 감소하고 있다. 한편 일용근로자는 1970년 101만 8천 명을 기록한 이후 경기변동과 반대방향으로, 즉 경기불황기에는 증가하고 호황기에는 감소하는 추세를 보이면서 증감을 되풀이하고 있다. 결과적으로 임금근로자의 증가추세 속에서 임금근로자 중 상용근로자가 꾸준히 증가하여 왔는데, 이와 같이 상용근로자가 늘어난 것은 일자리가 점차 전문화 · 고도화 되어가는 추세와 관련이 있는 것으로 보인다. 그런데 이러한 일자리의 전문화 · 고도화추세는 노동시장에서 상용직과 임시 · 일용직 간의 일자리의 수 및 그에 따른 근로소득 격차가 점차 더 커지고 있음을 보여주고 있다. 이는 더 나아가 사회 전체적으로 소득불평등도를 악화시킬 위험성을 내포하고 있는 것으로 해석된다.

3. 근로시간

우리나라의 근로시간제도는 1953년 3월에 제정된 「근로기준법」에서부터 출발한다. 이 법에 따라 근로시간은 1일에 8시간, 1주일에 48시간을 기준으로 하였으나

[그림 4-5]에서 볼 수 있듯이, 고도성장을 이루었던 1970년대에는 독재적 정부의 강압적인 분위기와 사업자 중심의 노동착취적 노사관계 하에서 1주일에 평균 50시간 넘게 일하는 것이 노동시장의 일반적인 현상이었다. 이러한 높은 근로시간 추세는 1980년대에도 지속되면서 주당 근로시간은 오히려 52시간 이상으로 높아졌다. 그러나 1987년 민주화 선언 이후 노동조합 결성과 활동이 활발해지는 동시에 근로자의 권익에 관한 사회적 인식 확산에 영향을 받아 1987년부터 근로자들의 근로시간이 감소하기 시작하였다. 특히 1989년 3월 근로기준법이 개정되면서 법정근로시간이 주당 48시간에서 44시간으로 줄어든 것이 근로시간 감소에 큰 영향을 주었다. 그러나 1980년대 전체적으로는 근로자들의 주당 평균 근로시간이 54.9시간으로 매년 평균 0.01시간씩 미세하게 감소하였다. 그렇지만 법정근로시간 감축에 따라 1990년대에 들어 근로자들의 주당 평균 근로시간은 52.2시간으로 매년 평균 0.32시간씩 크게 줄어들었다. 이러한 근로시간 감소추세는 2003년 근로기준법이 다시 개정되어 2004년 가을부터 주 5일제 근무가 도입되면서 더욱 빠르게 진행되고 있다. 주 40시간제는 1단계에 금융보험업, 정부투자기관, 상시 1,000명 이상의 근로자를 사용하는 사업·사업장에서부터 연차적으로 확대 실시되면서 근로시간이 2005년 44.9시간, 2010년에는 42.5시간이 줄었다. 주 40시간제가 2011년 7월에 상시 5인 이상 사업 또는 사

그림 4-5 | 근로자의 주당 취업시간

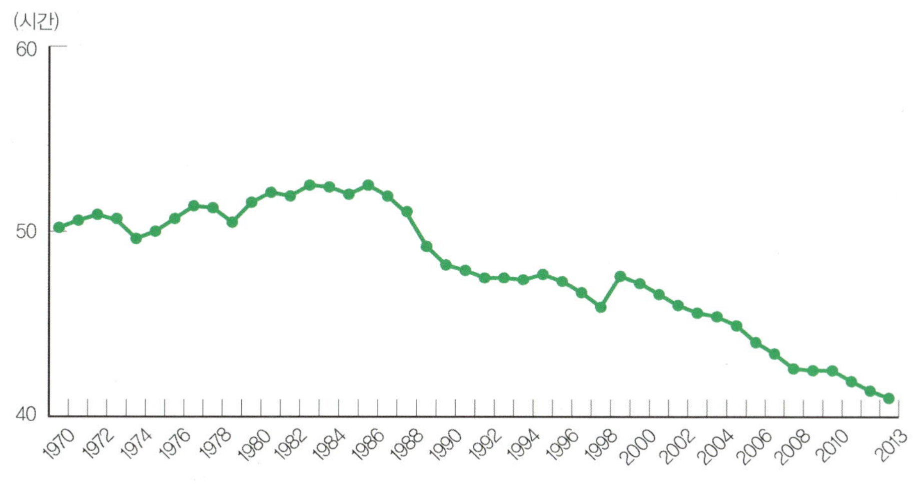

자료: 통계청, 경제활동인구조사.

업장으로까지 대상 사업체가 확대되면서 주당 근무시간은 2012년 41.4시간, 2013년 41시간으로 감소하였는데 이런 추세는 앞으로도 지속될 것으로 보인다.

그러나 우리나라 근로자들의 연평균 근로시간은 2,090시간(OECD의 2011년 자료)으로 OECD 평균 근로시간 1,765시간보다 훨씬 긴 것으로 나타났다. 한국보다 근로시간이 긴 나라는 멕시코로 2,250시간이며, 일본 1,728시간, 미국 1,787시간, 프랑스 1,482시간, 독일 1,406시간 등이다. OECD 국가 중 가장 근로시간이 짧은 나라는 네덜란드로 1,382시간에 머물렀다.

근로자들의 주당 평균 근로시간을 산업별로 보면, 2013년에 전체 주당 평균 근로시간은 39.7시간인데, 부동산업 및 임대업이 공휴일·주말에도 일을 하는 관계로 주당 평균 근로시간이 44.1시간으로 다른 업종에 비해 가장 긴 것으로 나타났다. 또한 제조업은 상용 초과 근로시간이 많기 때문에 주당 평균 근로시간이 42.6시간으로 길게 나타나고 있다. 이 밖에도 하수·폐기업이 주당 41.9시간, 광업이 41.6시간으로 근로시간이 긴 편이다. 이와는 달리 교육 서비스업(34.7시간), 건설업(35.2시간) 종사자들이 상대적으로 짧은 시간 일하는 것으로 나타났다.

4. 실업

경제활동인구는 현재 취업상태에 있는가, 실업상태에 있는가에 따라 취업자와 실업자로 구분된다. 실업자는 통계에서 국제노동기구(ILO)가 정한 기준에 따라 15세 이상 인구 중 조사대상기간에 일할 의사와 능력을 갖고 있으면서도 전혀 일을 하지 못하였으며, 일자리를 찾아 적극적으로 구직활동을 하였던 사람으로서 즉시 취업이 가능한 사람을 말한다. 또한 조사기간 전에는 적극적으로 구직활동을 계속하였으나, 조사기간 중에는 일시적 질병, 일기불순, 구직결과 대기, 자영업 준비 등 특별한 사유로 구직활동을 하지 못한 사람도 실업자로 분류하고 있다.

[그림 4-6]에서 우리나라 실업자 수는 경제발전 초기인 1965년에는 일자리가 부족하여 64만 2천 명을 기록하였으나, 이후 경제가 성장함에 따라 인구 및 경제활동인구가 늘어남에도 불구하고 꾸준히 감소하였다. 그렇지만 실업자 수는 1996년 43만 5천 명, 1997년 56만 8천 명에서 1998년에 'IMF 경제위기'로 인해 일시적으로 149만 명으로 급증하였으며, 이후 다시 꾸준히 감소하여 2013년에 80만 7천 명을 기록하였다.

그림 4-6 | 실업자 및 실업률 추이

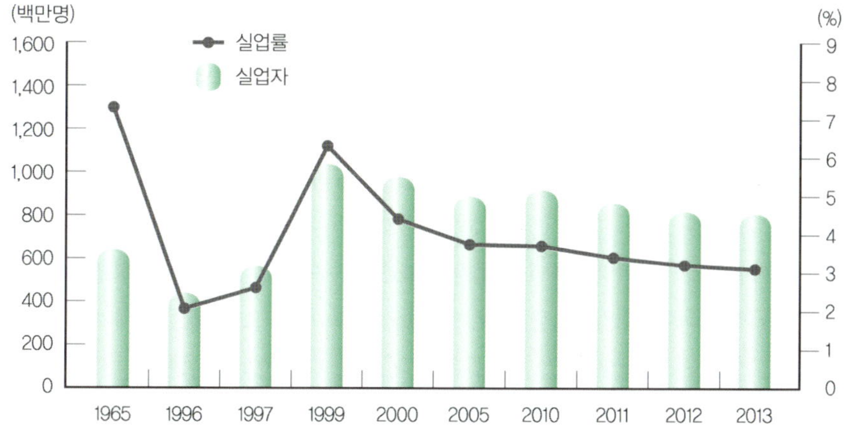

자료: 통계청, 경제활동인구조사.

실업률은 경제활동인구 수에 대한 실업자 수의 비율로 측정되므로,

$$\text{실업률} = \frac{\text{실업자수}}{\text{경제활동인구}}$$

로 표시된다. [그림 4-6]에서 우리나라의 전체 실업률은 1963년 8.1%를 기록하였으나, 그 후 점차 줄어들어서 1996년에 2%까지 떨어졌다. 그러나 1998년에는 IMF 외환위기로 인해 실업률이 7%까지 올라가면서, 1970년 이후 최고의 실업률을 기록하였다. IMF 외환위기 이후 실업률은 다시 계속해서 개선되어 2013년에는 3.1%에 이르렀다. 이러한 실업률은 시간의 경과에 따라 지역별 · 연령별 · 학력별 · 성별로 어떻게 변하는가를 자세히 조사하여야 그 대책이 수립될 수 있다.

2012년을 기준으로 우리나라의 실업률은 3.3%로 일본(4.6%), 독일(5.5%), 프랑스(9.9%), 미국(8.2%) 등 서구 선진권 국가들, 그리고 OECD 평균 8.2%에 비해서 상대적으로 낮은 수준을 보이고 있다.[1] 우리나라의 낮은 실업률은, 첫째 우리의 취업구조가 농림어업, 자영업 및 무급 가족종사자의 취업자 비중이 서구 선진권 국가들에

1) 한국을 포함하여 이들 국가들에서 실업률 통계 작성 방법은 거의 유사하지만, 경제활동인구를 우리나라는 15세 이상 인구를 기준으로 하는데, OECD는 15세~64세를 기준으로 하기 때문에 통계자료에서 차이가 나타난다.

비해 상대적으로 높은 편이고, 둘째 우리나라는 실업보험제도 등 사회안전망(Social Safety Net)이 덜 갖추어진 이유로 근로자가 실업이 되면 자영업 등의 형태로 취업하려는 경향이 강하게 나타나기 때문이다. 즉, 우리나라에서는 취업구조나 사회구조가 서구 선진권 국가들과 다르기 때문에 근로시간의 길이나 임금의 수준 등과 같은 고용의 질적인 면에서 선진국과 차이가 존재하고 있다. 특히 실업률은 취업자의 임금수준 등과 같은 근로소득상태에 대해서는 설명하지를 못하고 있다. 즉, 우리나라에서는 낮은 임금을 받고 일하는 취업자, 적은 소득밖에 얻지 못하는 자영업자와 무급가족종사자들이 선진국들에 비해 많기 때문에, 우리나라의 낮은 실업률이 우리 사회의 노동시장 상태에 대해서 충분히 설명을 하지 못하고 있다. 따라서 우리나라의 실업률이 서구 선진권 국가들의 실업률에 비해 낮다고 단순하게 평가해서는 안 될 것이고, 그 내용을 더 자세히 해석하여야 할 것이다.

한편 경기침체기에는 노동에 대한 수요가 감소하여 일자리가 줄고 취업가능성이 낮아진다. 따라서 경기침체기에는 취업할 능력과 의사가 있지만 취업할 의사를 포기하고 비경제활동인구로 전환하는 사람들이 늘어나는데, 이들을 구직단념자 또는 실망근로자(discourged worker)라고 한다. 실업통계 작성에서는 지난 1년간 구직활동 경험이 있었지만 일자리를 구하지 못한 사람을 구직단념자로 정의하는데, 2013년에 우리나라의 구직단념자는 17만 2천 명에 이르고 있다. 이들 구직단념자는 비경제활동인구로 분류되는데, 경기침체기에는 구직단념자가 늘어나기 때문에 정부가 발표하는 통계상의 실업률은 크게 높아지지 않게 되어, 국민이 실제로 느끼는 체감실업률과 정부에서 발표하는 실업률 간에는 괴리가 발생하게 된다. 또한 경기침체기에는 근로시간이 18시간 미만인 단시간근로자 및 일시휴직자 등 불완전취업자가 증가하여 정부 통계상의 실업률은 실제로 국민들이 느끼는 실업률보다 낮게 나타난다.

5. 비경제활동인구

비경제활동인구는 15세 이상 인구 중 경제활동에 참가하지 않는 사람들로 취업자도 실업자도 아닌 상태의 사람들을 말한다. [그림 4-7]을 보면, 비경제활동인구는 인구 증가에 따라 꾸준히 늘어나면서 1970년 740만 6천 명이었던 것이 2013년에는 1,631만 명으로 2.45배 증가하였다.

그림 4-7 | 비경제활동인구 및 비율 추이

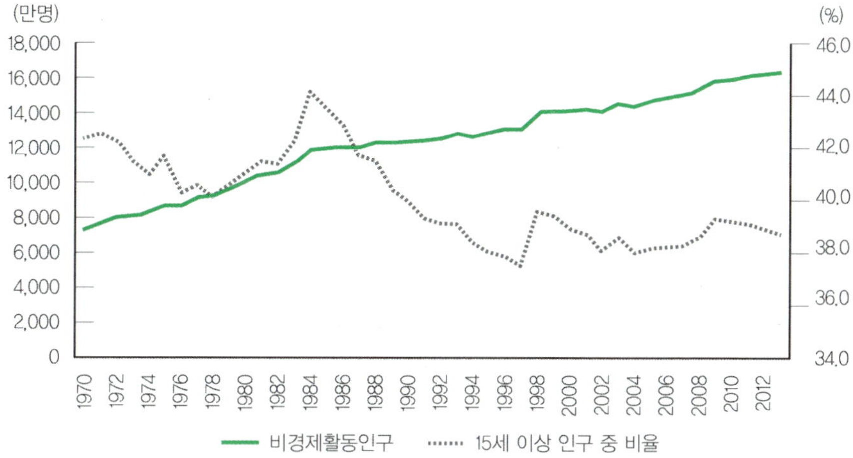

그러나 15세 이상 인구 중 비경제활동인구가 차지하는 비율은 우리나라 경제가 발전함에 따라 취업기회가 확대되면서 꾸준히 감소하였다. 비경제활동인구 비율은 1970년에 42.4%에서 꾸준히 감소하다가 2차 오일쇼크로 인해 국내경기가 침체되었던 1979년부터 상승하여 1984년에는 44.2%까지 높아졌다. 그러나 이후 1985년부터 세계적인 3저효과(낮은 국제금리, 원화가치하락, 저유가)로 인한 수출호조와 1988년의 서울올림픽 개최 등 호재 속에 1997년에는 37.5%까지 지속적으로 감소하였다. 또한 1998년 IMF 외환위기로 인한 경제구조조정 및 경기침체로 다시 39.4%로 일시적으로 상승한 뒤 2002년(38.1%)부터 2008년(38.5%)까지는 대체로 비슷한 수준을 유지하였다. 2009년과 2010년에는 세계금융위기의 여파로 비경제활동인구 비율이 39.15%와 39.03%로 일시적으로 상승하였으나 이후 낮아지면서 2013년에 38.7%를 나타내고 있다. 비경제활동인구의 성별 비율은 1980년에는 남자가 27.8%, 여자가 72.2%로 여자의 비율이 압도적으로 많았었다. 그러나 이후 비경제활동인구 중 남성의 비율이 꾸준히 높아지는 대신 여성의 비율은 감소하여 2013년에는 남자 26.8%, 여자 49.8%의 비율을 나타내고 있다. 이는 여성의 사회참여가 활발해지면서 여성들의 경제활동 참가가 늘어나고 있기 때문인 것으로 해석된다.

한편 비경제활동인구를 활동 상태별로 보면 2013년의 경우, '가사'가 597만 3천 명(36.8%)으로 가장 많다. 이와 비슷한 활동인 '육아'(147만 명, 9.1%) 종사자까지 합하면 비경제활동인구의 거의 절반 정도가 사적 영역인 가정에서 가사와 육아를 책임지는 것으로 나타났다. 그 다음으로는 '취업준비'를 포함한 '재학 · 수강 등'으로 431만 9천 명(26.6%)이다. 비경제활동인구 중에 '취업준비'는 취업을 위해 학원 · 직업훈련기관을 다니거나 혼자 공부하는 사람들인데, '취업준비'는 처음 조사한 2003년에 34만 5천 명(2.4%)에서 매년 꾸준히 늘어 2013년에는 57만 4천 명(3.5%)에 이르렀다. '취업준비'는 주로 20~30대의 젊은 연령층인 점에서 볼 때, '취업준비'의 증가는 자신의 기대수준에 맞는 직장을 구하기 위해 준비하는 사람들이 늘어나는 사회 현상을 반영한 것으로 분석된다. 또한 '취업준비'의 증가는 사회에서 20~30대 젊은 연령층의 잠재실업자(hidden unemployment)가 증가하고 있음을 나타내고 있다. 한편 비경제활동인구 중에서 '쉬었음'에 해당하는 인구는 2013년에 154만 명(9.5%)인데 이들은 중대한 질병이나 장애는 없지만 퇴직, 일거리 부족, 휴식 등 여러 가지 사유로 쉬고 있는 사람들을 말한다.

표 4-2 활동상태별 비경제활동인구

(단위: 천 명)

구분	2003	2005	2010	2011	2012	2013
계	14,383	14,557	15,841	15,953	16,081	16,223
육아	1,502	1,502	1,474	1,469	1,467	1,469
가사	5,156	5,223	5,753	5,854	5,977	5,973
재학 · 수강 등	3,706	3,835	4,305	4,254	4,242	4,319
– 취업준비	345	456	625	572	560	574
연로	1,667	1,524	1,686	1,641	1,788	1,842
심신장애	450	477	441	415	393	403
그 외(쉬었음, 구직단념자 등등)	–	1,996	2,184	2,321	2,215	2,216
– 쉬었음	907	1,238	1,418	1,600	1,547	1,540
– 구직단념자	–	125	220	211	196	172

자료: 통계청, 경제활동인구조사.

4.3 임금 및 임금격차

고용동향을 올바르게 파악하기 위해서는 취업자 및 실업자 규모 또는 그 비율의 변화뿐만 아니라, 근로자들이 받고 있는 임금수준이 적절한지도 검토되어야 한다. 비록 취업이 되었더라도 근로자의 임금수준이 기본적인 생활비에 미치지 못할 정도로 낮은 경우에는 근로자의 취업상태를 정상적이라고 보기는 어렵기 때문이다.

1. 임금

임금은 근로자에게 가족의 생계를 이끌어가는 중요한 소득 원천이다. 따라서 임금수준은 한 국가의 임금근로자(일반적으로 사회의 중산층)들의 일반적 생활수준을 나타내는 동시에 한 국가의 국내 구매력의 크기를 결정하는 데도 중요한 역할을 한다. 한편 임금은 기업주에게는 재화생산에 필요한 다른 비용(재료비, 이자 등)들과 마찬가지로 생산비용의 한 요소가 된다. 따라서 임금수준은 노동의 고용규모 그리고 노동과 대체관계에 있는 기계설비 및 기술에 대한 투자규모를 결정하는 기준이 되므로 기업이 생산 방법을 결정하는 중요한 요인이 된다. 예를 들어, 기업은 근로자의 임금이 높아지면 재화생산에서 자본집약적인 생산 방법을 택하거나, 심지어 값싼 노동력을 찾아 생산기지 자체를 해외로 이전하는 것을 생각할 수도 있다.

임금은 노사 양측에서 적정하다고 생각하는 수준에서 결정되어야 하는데, 일반적으로 노동시장에서의 노동수급관계, 노동생산성을 감안한 기업의 지급능력, 물가상승률을 고려한 근로자의 생계비, 동종 업종의 다른 업체 임금수준, 노사관계 등을 고려하여 결정된다.

[그림 4-8]에서 우리나라 전체 산업의 월평균 임금은 1970년에 17,831원이었는데, 43년이 지난 2013년에는 311만 992원으로 174배 이상 오른 것으로 나타나고 있다. 같은 기간 동안 물가가 약 15배 오른 것을 볼 때, 임금상승률은 물가상승률보다 상당히 높다는 것을 알 수 있다. 제조업 부문의 경우를 보면 1970년에 14,301원이었던 월평균 임금이 2013년에는 337만 1,371원으로 올랐는데, 비율로는 지난 43년 동안 약 236배 상승하였다. 한편 2013년 기준으로 산업별 임금을 보면, 전기·가스·수도사업 부문이 544만 2,420원으로 가장 높고 숙박 및 음식점업이 177만 2,354원으로 가장 낮은 것으로 나타나고 있다.

그림 4-8 | 산업별 월평균임금

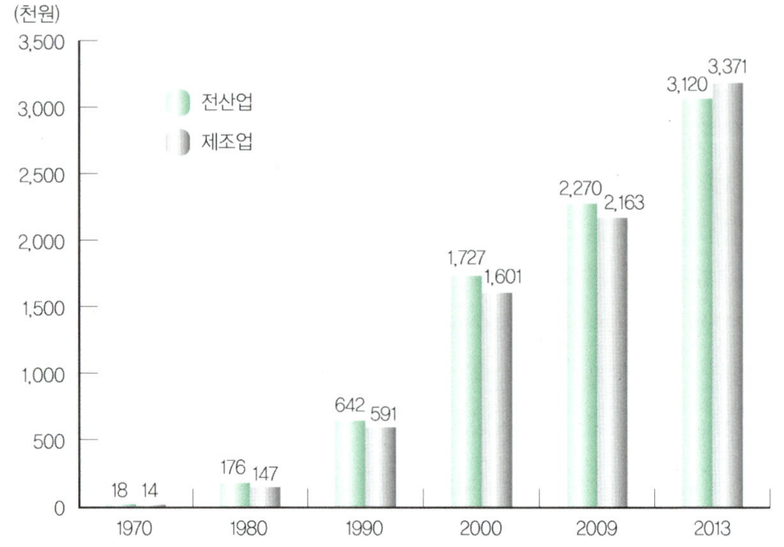

2. 임금격차

임금은 노동자의 숙련도, 생산성, 직무수행능력, 시장상황 등 생산적 특성들로 인해 차이가 있는데, 이를 '임금격차'라고 한다. 그리고 고용주가 생산적 특성들이 같은 개별 노동자들에게 성별, 인종, 학력 등 그들이 속한 인구통계학적 집단을 근거로 각기 다른 임금을 지불할 때 '임금차별'이 존재한다고 한다. 임금격차는, 첫째 노동자가 노동시장에 들어올 때, 둘째 노동시장에 들어온 이후에 나타난다. 선진국에서는 성별이나 인종, 학력 등과 같이 개별 노동자가 속한 인구통계학적 집단의 속성보다는 직종이나 직무수행능력을 중요한 임금결정요인으로 보고 있다. 그러나 아직 노동시장이 덜 발달되어 있는 우리나라에서는 인구통계학적 집단의 속성이 채용결정에 영향을 주는 동시에 임금결정에도 영향은 주고 있다. 따라서 우리나라에서 '임금격차'는 '임금차별'에 의해서도 나타난다.

가. 산업별 임금격차

우리나라의 노동시장이 발전함에 따라 임금격차는 거의 모든 부문에서 개선되어 왔다. 우선 우리나라의 산업별 임금격차를 [표 4-3]에서 보면, 1970년에 금융·보험·부동산 및 사업서비스 부문의 월평균 임금이 37,915원, 그리고 전기·가스·수도사업 부문이 37,156원으로 전체 산업 월 평균임금 17,837원의 2.11배와 2.06배로 높은 임금격차를 보였다. 이러한 임금격차는 이후 꾸준히 좁혀지면서 2013년에는 금융·보험업 부문(1993년부터 부동산 및 사업서비스업과 분리됨)의 월평균임금은 505만 7,579원으로 전체 산업 월평균임금(311만 992원)의 1.6배, 전기·가스·수도사업(554만 2,420원)의 경우 1.8배로 임금격차가 줄어들었다. 또한 제조업 부문은 1970년에 전체 산업의 월평균 임금(17,831원)의 78%인 14,301원에 불과하였으나, 점차 개선되어 2013년에는 337만 1,371원으로 전체 산업평균임금의 1.1배에 이르렀다. 그러나 음식·숙박업은 1970년에 전체 산업평균보다 높았으나, 해를 거듭할수록 큰 폭으로 줄어들어 2013년에 177만 2,354원에 불과하였고 전체 산업평균임금의 57%에 불과하다.

표 4-3 산업별 월평균임금격차 비율 변화

구분	광업	제조업	전기·가스·수도	음식·숙박업	금융보험부동산
1970	1.06	0.78	2.06	1.11	2.11
1980	1.15	0.84	1.61	1.20	1.60
1990	0.94	0.92	1.49	1.02	1.33
2000	0.99	0.93	1.44	0.90	1.13
2012	· 10.7	1.06	1.94	0.52	1.66*
2013	1.14	1.08	1.78	0.57	1.63*

주: 전체 산업의 평균임금을 1로 하여 비교한 수치임.
*: 2009년에 '금융보험부동산'업종이 '금융 및 보험업', 그리고 '부동산 및 임대업'으로 구분됨. 따라서 표에서 2010년과 2013년은 '금융 및 보험업'을 기준으로 계산한 것임.
자료: 노동부, 매월노동통계조사보고서, 각호.

나. 직종별 임금격차

우리나라의 직종별 임금격차도 노동시장의 발전에 따라 큰 폭으로 줄어들었다. [그림 4-9]에서 볼 수 있듯이, 1971년에는 고위임직원 및 관리자의 월평균 임금이 전체 직종의 평균 임금과 비교하여 2.77배 높게 나타났고, 1980년에는 2.90배 높았으나, 이러한 임금격차는 이후 큰 폭으로 개선되어 2000년에는 1.76배로 줄어들었고,

이후 다시 조금 악화되어 2012년에는 1.9배에 이른다. 이외에도 전문가 계층과 전체 산업 평균임금 간의 임금격차도 개선되어, 전문가 계층의 임금은 1971년에 전체 산업의 평균임금보다 1.8배에서 2012년에 1.2배로 줄어들었다. 한편 서비스근로자의 임금은 1971년에 평균임금의 72.7%이었는데, 이후 조금씩 개선되는 추세를 보였으나 2000년대 들어와서부터 서비스근로자의 임금은 다시 악화되는 추세를 보이고 있다. 마찬가지로 단순노무직 임금은 1971년에 전체 산업 평균임금의 81.8%이었는데 1990년에 85.7%로 조금 개선되는듯하였으나 이후 다시 악화되면서 2012년에는 전체 산업 평균임금의 59%에 불과하여 가장 열악한 계층으로 나타나고 있다. 우리나라에서는 경제발전에 따라 생산 방법의 자동화·기계화가 빠르게 진행되면서 노동시장에서도 노동의 숙련화·전문화가 요구되고 있다. 그런데 서비스근로자·단순노무직 종사자들은 전문성과 숙련도가 낮기 때문에, 이들 노동자 수요가 감소하면서 임금도 낮아지는 추세를 보이고 있다. 따라서 사회후생적 관점에서, 서비스근로자·단순노무직 종사자가 사회적으로 저소득층에 집중되어 있기 때문에 이들을 보호하기 위한 정부의 적극적인 정책이 필요한 것으로 판단된다.

그림 4-9 | 직종별 임금격차 비율 변화

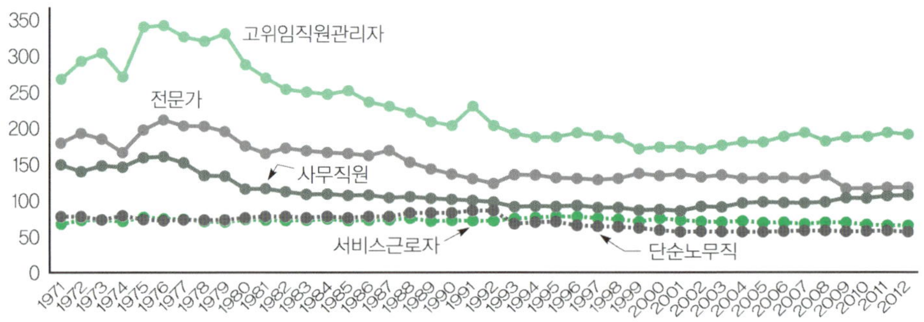

주: 단순노문직은 구 분류에 의거하여 1990년까지 생산관련직의 평균임금임.
전체 산업의 임금을 기준(100)으로 비교한 수치임.
자료: 노동부, 매월노동통계조사보고서, 각호.

다. 학력별 임금격차

1970년대 이후 우리나라에서는 노동시장의 발전에 따라 고졸 이하 학력을 소유한 노동자 계층의 임금이 상대적으로 꾸준히 상승하여, 대졸 이상의 학력을 소유한 노동자와의 임금격차가 개선되면서 학력별 임금격차가 줄어들었으나, 2006년에 들어서 다시 미세하게 악화되는 현상을 보이고 있다. [그림 4-10]은 대졸임금을 100으로 하였을 때 각각의 학력별 임금수준을 나타낸다. 그림을 보면, 1974년에 전문대 졸업자의 월평균임금(57,554원)이 대졸 이상 학력 노동자의 임금(81,439원)에 71%이었는데, 이후 경기변동에 따라 큰 증감을 보이면서 2012년에는 월평균임금이 229만 695원으로 대졸 이상 노동자임금(326만 4,439원)의 70%에 달하고 있다. 또한 1971년에 고등학교 졸업자의 월평균임금(27,004원)이 대졸 이상 학력을 소유한 노동자임금(47,309원)의 57%에 불과하였으나, 이후로 점차로 개선되어 1997년에 69%까지 도달하였다가 이후 다시 악화되어 2000년대 들어서는 65%에 이르면서 2012년에도 64.7%를 보이고 있다. 마찬가지로 1971년에 중학교 졸업 이하의 학력을 소유한 노동자의 임금(18,168원)은 대학교 졸업 이상의 학력자 임금의 38.4%이었으나, 이후 큰 폭으로 개선되어 1995년에는 62%에 달하였다가 다시 악화 추세를 보이면서 2012년에는 53.3%에 달하였다. 따라서 우리나라에서 학력별 임금격차는 1990년대 말까지 개선되었으나, 이후 평균 학력이 높아지면서 다시 조금씩 악화되고 있음을 알 수 있다. 결과적으로 선진국에 비하여 우리나라에서 학력별 임금격차는 여전히 크게 나타나고 있다.

그림 4-10 | 학력별 임금격차

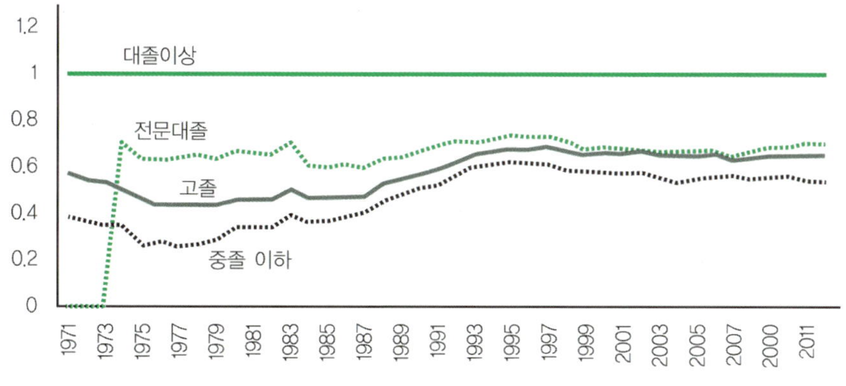

자료: 노동부, 매월노동통계조사보고서, 각호.

라. 성별 임금격차

노동시장에서는 출산·육아 등으로 인한 노동경력 단절이라는 '생태적 요인'과 남성중심의 '사회적 관습'으로 인해 남녀 간의 성별 임금격차가 존재하는데 임금격차는 크게 두 가지의 형태를 취한다. 첫째, 고용주는 같은 생산적 특성과 조건 아래에서 남성근로자에 비해 여성근로자에게 더 낮은 임금을 지불하는 경향이 있다. 둘째, 똑같은 교육수준과 생산잠재력을 가진 여성이 직장 내에서 고임금 일자리에서는 남성에게 밀려나고, 낮은 임금 일자리 또는 책임수준이 낮은 일자리의 일을 맡게 된다. 이러한 성별 임금격차는 거의 대부분의 나라에서 존재하지만, 노동시장이 발달할수록 점차로 개선되는 경향을 보이고 있다.

그림 4-11 | 우리나라 성별 임금 현황 및 변화추이

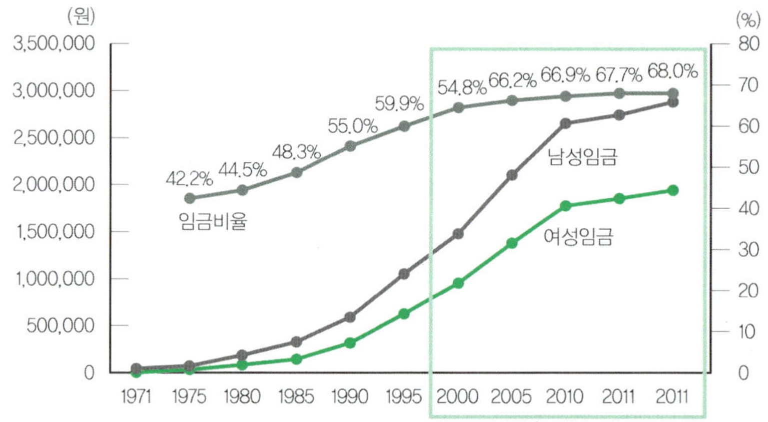

자료: 통계청.

우리나라에서도 성별 임금격차는 빠르게 개선되어 여성의 월평균 임금이 상대적으로 큰 폭으로 상승하고 있다. [그림 4-11]을 보면, 1975년에 여성 근로자의 월평균 임금은 25,465원으로 남성 근로자 월평균 임금 60,319원의 42%에 불과하였으나, 2012년에 여성의 월급이 195만 8,161원으로 남성근로자 월급 287만 8,121원의 68%에 이르고 있다.

한편 [그림 4-12]를 보면, 2012년을 기준으로 우리나라에서 남성 월평균임금 대비 여성의 월평균임금은 62.6%으로, 일본 73.5%, 미국 80.9% 영국 82.2%, 뉴질랜드 93.8%, 그리고 OECD평균 83.3%보다 크게 낮음을 나타내고 있다.[2]

그림 4-12 | OECD 주요 국가 남성임금 대비 여성임금의 비율(2012년 남성=100)

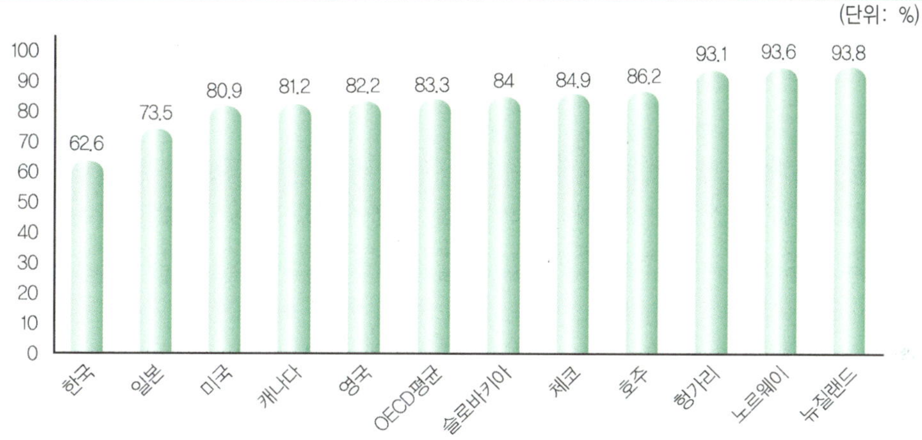

자료: OECD 통계국.

4.4 노사관계

노사관계란 노동시장에서 노동을 제공하여 임금을 지급받는 노동자와 노동을 고용하는 사용자(기업)가 형성하는 관계를 말하는데, 각각의 단위별 사업장에서 개별 노동자와 사용자 간에 형성되는 관계를 '개별적 노사관계'라고 하며, 노동자집단과 개별사업자 또는 사업자집단 간에 형성되는 관계를 '집단적 노사관계'라고 한다. 일반적으로 노사관계는 '집단적 노사관계'를 말하는데, 노사관계는 자본주의 초기에 신분적 지배종속 관계이었으나 자본주의 발전에 따라 사용자우위단계, 노사대등관계, 경쟁지향적 단계(노사협조단계)로 진화되어 왔다. 오늘날 서구 선진국들은 대부분 협조적 노사관계에 도달하여 있다.

우리나라에서는 1953년에 노동 3법[3]이 제정되었으나, 1960년대와 70년대 정부의

2) OECD는 15세~64세를 기준으로 노동통계를 작성.
3) 노동 3법이란 노동관계 기본법인 노동조합법, 노동쟁의조정법 및 근로기준법을 말한다.

양적인 성장 위주의 경제정책으로 인하여 노사관계는 사업자 중심의 권위주의적 노사관계가 상당기간 지속되었다. 사업자우위의 억압적 노사관계는 1980년대에 들어서도 지속되었으나, 1987년 민주화운동을 계기로 노동운동이 확산되면서 우리나라의 노사관계는 획기적인 전환점을 이루어 현재 노사대등관계에 이르고 있다.

1. 노사관계 전개 과정

우리나라에서는 해방 후 경제적으로 성숙하지 못한 상황에서 1952년 대한노총이 설립되었다. 같은 해 조선방직에서 최대 규모의 노동쟁의가 발생하였는데, 이는 근로자의 기본권 보장에 대한 인식을 새롭게 하는 계기가 되었다. 이에 따라 1953년 3월에 노동조합법, 노동쟁의조정법, 노동위원회법이 제정되었고, 5월에는 근로기준법이 공포되었다.

1960년대에는 경제개발이 최우선시 된 시기이며, 기업들의 성장은 주로 외국의 차관에 의존하던 시기이었다. 당시의 기업 형태는 대부분 개인기업이나 가족기업적 색채를 띠고 있었고, 이들은 근대적 경영교육을 받지 못하여 경영의 합리화와는 동떨어진 양적 성장 위주의 경영을 운영하였다. 따라서 기업 내의 노사관계도 권위적인 상하 주종적인 관계로 인식하고 있었다. 또한 정부는 섬유·의류 등과 같은 노동집약적 산업제품을 중심으로 하는 수출주도형 경제성장정책을 추진하면서, 수출제품의 해외 경쟁력강화를 위해 노동시간연장·임금인상억제와 같은 노동자의 희생을 강요하는 노동정책을 추진하였다. 따라서 이 시기에는 사업자 중심의 노사관계가 진행되었다.

1970년대에는 1970년에 전태일 분신자살사건으로[4] 노동자문제가 사회적 이슈로 등장하였으나, 1974년과 79년 두 차례의 세계적 석유 파동 때문에 스태그플레이션[5]이 세계적으로 확산되면서 해외의존도가 높은 한국경제가 큰 타격을 받게 되어 노동자문제는 사회 전체로 확대되지 못하였다. 경제외적으로는, 1972년 유신헌법이 공포되면서 근로자들의 단체행동권은 법률에 의해 제한되었다. 따라서 단결권·단체교섭

4) 1970년 11월 13일 서울 동대문 평화시장에서 피복공장 재단사로 일하던 노동자 전태일이 노동환경 개선을 외치며 온 몸에 휘발유를 붓고 분신자살하였는데, 이에 자극을 받아 1970년의 청계피복노동조합을 시작으로 1970년대에만 전국에서 2,500여 개에 달하는 노동조합이 결성되었다. 전태일 분신 자살사건은 우리나라 노동운동사에 한 획을 그은 사건으로 우리나라 노동운동의 출발점으로 인식되고 있다.

5) 경기침체(stagnation)와 물가상승(inflation)이 동시에 나타나는 경기후퇴 현상.

권·단체행동권 등의 노동 3권[6]이 크게 제한되어 근로자들의 조직력은 약화되었다.

1980년대의 노사관계는 전반기와 후반기가 크게 다른 특징을 갖고 진행되었다. 전두환 정부(1981.3~1988.2)는 근로기준법, 노동조합법, 노동쟁의조정법 및 노동위원회법을 개정하고, 노사협의회법을 새로 제정하였다. 그 결과 노동조합의 자주적 운영이 제한되면서, 노동조합의 조직 형태는 기업별 노조 형태로 전환되어 조직력이 크게 약화되었다. 그러나 이러한 억압적·독재적 사회현상에 대한 반발로 민주화에 대한 요구가 사회 전체로 확산되면서 1987년 6월 29일에 '6·29민주화선언'이 발표되었는데, 이를 계기로 우리나라는 정치·경제·사회적으로 큰 변화를 맞게 되었다. 사회 전반에 걸친 민주화의 변화는 노사관계에도 큰 영향을 주었는데, 1987년과 1988년에 노동쟁의가 전지역·전업종에서 동시다발적이고 폭발적으로 발생하였으며, 과격한 양상을 띤 비합법적인 쟁의 형태도 나타났다. 그렇지만 폭력적·비합법적 쟁의의 반작용으로, 우리나라의 노사관계는 1988년부터 갈등과 대립의 혼란을 마무리하고 경제사회 발전에 걸맞은 새로운 노사협력의 장을 조성하게 되었다.

그런데 1980년대 전반기와 후반기에 형성된 상반되는 노사관계 형태들은 이후 우리나라 노사관계에서 두 개의 특징들을 만들어 내었다. 첫째, 1980년대 전반기의 형성된 기업별 노조활동이 이후로도 지속되면서 우리나라의 노사관계는 기업별 노사관계라는 특징을 갖게 되었다. 우리나라의 노사관계는 노조활동이나 단체교섭 등이 개별 기업단위로 이루어지고 있는데, 이러한 기업별 노사관계는 유럽의 산업별 노사관계와는 다른 우리나라 노사관계의 특징으로 굳어져 왔다. 또한 기업별 노사관계 하에서 근로자의 임금 및 근로조건들이 개별기업의 노조교섭력과 기업의 규모나 지불능력에 의해 결정되면서, 근로자의 임금 및 근로조건들이 기업별로, 특히 대기업과 중소기업 간에 차별화되고 양극화되는 구조가 형성되고 있다. 이러한 우리나라의 기업별 노사관계는 2011년부터 복수노조제도가 시행되고 교섭단위가 '사업 또는 사업장' 단위로 규정되면서 더욱 고착화되는 경향을 보이고 있다. 둘째, 우리나라의 노사관계는 노사갈등지수가 높은데, 이러한 대립적 노사관계 특징은 1987년의 민주화운동 과정에서 나타난 투쟁적 노동운동에 기인한다. 1987년 이전의 노사관계가 기업중심의 억압적·권위주의적이었는데, 1987년 민주화운동의 확산 과정에서 노사관계는 종전의 기업 중심의 권위주의에 대한 반작용으로 사용자(기업)와 노조 간의 대등한 관계를 강조하는 성향을 강하게 띠게 되었다. 또한 사용자들은 노조의 투쟁에 밀

6) 노동 3권이란 노동자의 권익과 근로조건 향상을 위해 헌법상 보장되는 단결권, 단체교섭권, 단체행동권을 말한다.

려 임금 및 근로조건을 양보하게 되면서 노조에 대한 부정적 인식과 노조기피 전략을 강화해 왔는데, 이 과정에서 노사관계는 대립적 관계라는 특징을 형성하게 되었다. 그에 따라 사용자와 노조는 서로 신뢰를 하지 못하고, 단체교섭에서도 파업과 직장폐쇄 등 실력행사를 무기로 요구를 관철시키려는 경향을 갖게 되었다. 이러한 우리나라의 대립적 노사관계는 기업별 노사관계라는 특징과 맞물리면서 고비용 교섭이라는 구조적 특징을 나타내게 되었다. 기업별 교섭을 하다 보니 교섭단위가 많아지고, 여기에 기업 내부의 단체교섭 당사자들이 수시로 교체되면서 전문적인 교섭이나 노사관계의 중·장기적 계획과 발전전략은 이루어지기 어렵게 되었다. 또한 기업단위의 대립적인 노사관계구조 하에서 단체교섭 전문성이 부족한 당사자들이 교섭을 하다 보니 고비용 교섭구조가 될 수밖에 없게 된 것이다.[7)]

한편 1990년대부터 최근까지 세계적으로 경제의 정보화·세계화가 빠르게 확산되면서 우리나라 경제는 세계경제와의 연결관계가 긴밀해져 오고 있다. 그에 따라 세계경제의 변화는 우리나라 경제에 더 빠르게, 그리고 더 크게 영향을 주고 있는데, 1997년의 IMF 경제위기, 2008년의 세계금융위기, 2010년의 유럽재정위기 등으로 우리나라 경제는 크게 흔들리면서 국내 산업구조의 변화가 빠르게 진행되고 있다. 이 과정에서 기업들의 구조조정 등으로 대규모 실업사태가 발생하면서 노조의 투쟁적 활동이 점차 감소하여 노사관계는 최근으로 올수록 하향 안정화하는 추세를 보이고 있다. 이에 더하여 우리나라 경제가 2010년대 들어 경제성장률이 연간 3%~4%로 둔화되는 저성장시대에 진입하면서 신규고용 창출이 한계에 부딪치고, 서비스업종의 확대로 고용불안이 확대됨에 따라 우리나라 노사관계는 종전의 임금인상이나 근로조건 개선 등에서 고용안정, 비정규직의 정규직 전환, 노동시간단축을 통한 일자리 나누기 등의 고용문제로 이동하고 있다.

2. 노동조합

노동조합이란 조합원들의 금전적·비금전적 고용조건을 향상시키는 것을 목적으로 하는 근로자들의 조직이다. 노동조합은 임금, 작업환경, 채용, 승진, 직무할당, 해고 등 고용계약과 관계된 조합원들의 이익을 증가시키고, 더 나아가 노동자들의 사회적 지위를 향상시킨다는 긍정적 기능을 갖고 있다. 그러나 다른 한편으로는 조합원들의 이익추구 과정에서 다른 노동자들의 희생을 가져오는, 예를 들어 비정규직의

---

7) 이성희, 월간노동리뷰, 2012년 12월호, pp. 43~51 참고.

증가 또는 신규노동자의 취업을 제한하는 부정적 기능도 갖고 있다. 노동조합은 두 유형으로 분류될 수 있다. 산업별 노동조합은 직종에 관계없이 한 산업의 근로자들을 대표하는 조합인데, 자동차노조, 금속노조 등이 이에 해당한다. 직업별 노동조합은 단일직종의 근로자들로 구성되는데, 건설노조, 부두근로자노조 등이 이에 해당한다.

그림 4-13 | 노동조합 수와 노동조합조직률 추이

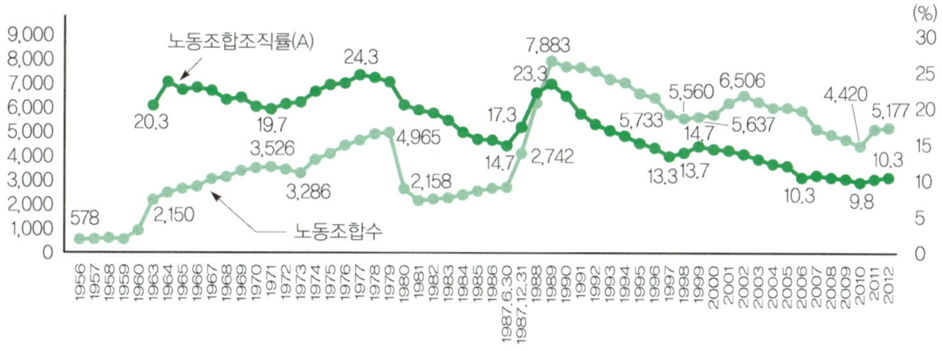

[그림 4-13]에서 우리나라의 노동조합 수의 추이를 보면, 노동조합은 1956년 578개를 시작으로 1979년 말에 4,956개에 이르렀으나 1980년대에는 큰 폭으로 줄어들어서 1986년 말 2,675개에 불과하였다. 그러나 1987년 민주화선언 이후 큰 폭으로 증가하여 1989년에 7,883개에 이르렀다. 이후 다시 줄어들기 시작하여 2010년에는 4,420개로 감소하였으나 2011년 복수노조제도로 다시 증가추세를 보이고 있다.

한편 우리나라의 노동조합조직률은 1963년 20.3%에서 증감을 되풀이하면서 1977년 24.3%까지 증가한 후 1987년 6월까지 하락하였다. 이후 1987년 민주화선언으로 노동조합조직률은 큰 폭으로 증가하였으나, 1990년 이후 다시 계속해서 줄어들어 2012년에는 10.3%에 머물고 있다.

한편 1996~2011년까지 OECD 주요 선진국들인 일본, 호주, 영국, 미국, 네덜란드, 스웨덴의 노동조합조직률 변화추이를 [그림 4-14]에서 보면, 이들 국가에서도 노동조합조직률은 지속적으로 감소하고 있는 것으로 나타나고 있다. 그런데 우리나라의 노동조합조직률을 이들 OECD 주요 선진국들과 비교해 보면, 우리나라의 노동조합조직률은 크게 낮은 상태임을 알 수 있다. 또한 노사관계가 "경쟁 지향적 단계(노사협조단계)"에 있는 대표적 국가인 스웨덴의 경우는 높은 노동조합조직률을 보이고 있음을 알 수 있다.

그림 4-14 | OECD 주요 선진국들의 노조조직률 추이

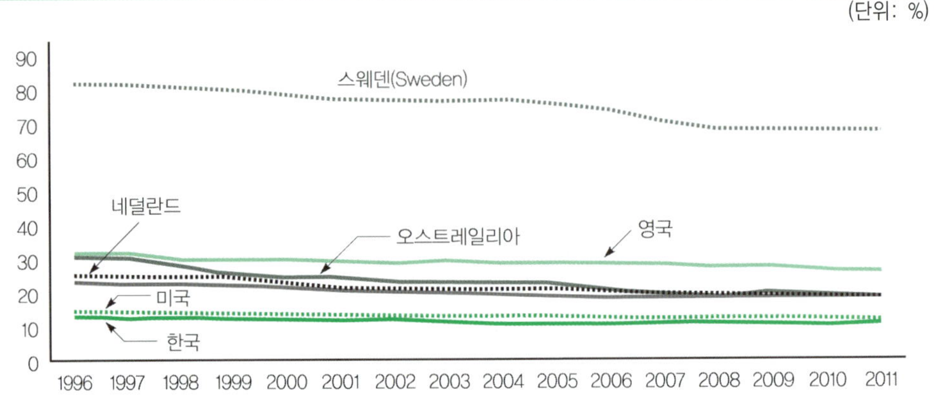

자료: 한국노동연구원(KLI), 『월간노동리뷰』, 2013년 3월호, pp. 82~83.

2013년 10월을 기준으로 볼 때, 한국노총 소속 조합원 수가 전체 조합원의 45.4%로 가장 큰 비중 차지하고 있는데, 상급단체별 단위노동조합 수도 한국노총 소속이 2,310개(44.6%)로 가장 큰 비중 차지하고 있다. 이는 한국노총에는 기업단위로 조직된 노동조합이 많은 반면, 민주노총에는 산업별 등 대기업 단위로 조직된 노동조합이 많기 때문이다.

표 4-4 상급단체 노동조합 가입비율

(단위: 명, %)

	조합원 수	비율	조합 수	비율
한국노총	808,664	45.4	2,310	44.6
민주노총	604,705	33.9	383	7.4
국민노총	17,914	1.0	100	1.9
미가맹	350,054	19.7	2,384	46.0
전체	1,781,337	100	5,177	100

자료: 고용노동부, 2013. 10.18, 보도자료.

3. 노사분규

노사분규는 노동자와 사용자가 원만한 합의를 도출하지 못함으로써 노사 간에 갈등이 발생하는 현상을 말한다. 이러한 노사분규로 파업이나 태업이 진행되면 기업은 생산에 차질을 빚음으로써 매출액이 감소하고, 기업 이미지 하락으로 상품판매에 상당한 영향을 받는다.

우리나라는 노동조합과 사업자가 임금인상이나 근로환경개선 등과 같은 근로조건 등에 합의를 보지 못해 노조가 작업거부 등에 돌입하여 1일 근로시간인 8시간 이상 작업이 중단된 경우를 노사분규 사업장으로 구분한다.[8] 우리나라 노사분규 발생건수는 2005년까지는 단위사업장별로 산출하였으나, 2006년부터는 ILO(국제노동기구) 기준에 부합하도록 산별노조 파업에 다수의 사업장이 참여할 경우를 1건으로 계산하고 있다. 기준이 바뀌기 전인 2005년까지 우리나라의 노사분규를 [그림 4-15]에서 살펴보면, 노사분규는 1978년 102건에서 증감을 되풀이 하면서 1980년 “광주민주화운동” 등의 사회적 민주화운동기에는 407건으로 증가하였다. 그러나 이후 독재적 정치환경으로 노사분규는 다시 감소추세를 보이다가, 1987년 ‘민주화선언’으로 사회전반에 걸쳐 민주화 요구가 확산되면서 노사분규도 큰 폭으로 증가하여 건수로 3,749회를 기록하였다. 이후 점차 줄어, IMF 외환위기 전인 1997년에는 78건으로 줄어들었다. 그러나 IMF 외환위기를 겪으면서 다시 증가하여 2004년까지 노사분규발생건수는 대체로 증가추세를 보이면서 2004년에는 462건을 기록하였다. 2005년에 노사분규발생건수가 287건을 기록하면서 기준이 바뀐 2006년부터 발생건수는 감소추세를 보이면서 2013년에는 72건을 기록하고 있다.

한편 〈표 4-5〉에서 노동쟁의 참가인원을 보면 1970년의 20만 8천 명이었는데, 1970년대 전체에 걸쳐 줄어들면서 1980년에는 4만 9천 명에 불과하였다. 그러나 이는 그 당시 독재적 정부의 강압적인 분위기에서 노사관계가 정상적이지 못하였기 때문이다. 그 후, 1987년의 ‘민주화선언’으로 노동쟁의 참가인원은 폭발적으로 증가하여 1987년에는 126만 명에 이르게 되었으나 다시 점차 줄어들었으며 2000년대 들어서는 등락을 되풀이 하고 있다. 근로손실일수는 1970년 9천 일에 불과하였으나 경제발전과 더불어 근로조건 개선과 노동자의 권익에 대한 사회적 욕구가 증가하면서 노동손실일수도 계속해서 증가하여 1987년에는 695만 일에 이르렀다. 이후 민주화의 진전과 사회적 안정에 따라 IMF 외환위기 이전인 1995년과 1997년에는 5만 일 미만

8) 이러한 노동쟁의 산정 기준은 국가별로 차이가 있어 국가별 직접 비교는 어려움이 있다.

까지 감소하였다. 그러나 다시 1998년 IMF 외환위기로 인한 기업구조조정과 대량실업사태 등으로 근로손실일수는 큰 폭으로 증가하다가 2000년대 들어서는 전반적으로 줄어드는 추세를 보이고 있다.

이와 같이 노사분규는 2000년대 들어 최근까지 하향 안정 추세를 보이고 있는데, 이와는 다른 흐름으로 구조조정, 비정규직 사업장 등에서 극단적인 투쟁이 발생하면서 노사관계의 불안정성이 커지는 현상들도 나타나고 있다. 예를 들어, 2009년의 쌍용자동차 사태,[9] 2010년 한진중공업 사태[10] 등과 같이 대기업의 구조조정 과정에서 노사 간의 대립이 전국적인 노사분쟁으로 확산되면서 대립적인 노사관계가 재생산되는 경향도 나타나고 있다. 또한 정규직-비정규직 간 양극화로 인해 비정규직 노조단체의 정규직화 요구, 차별시정 요구를 둘러싼 투쟁[11]은 격렬하고 예측불허의 비정형화된 투쟁 방식으로 나타나고 있다. 이러한 비정형화된 투쟁은 해당 기업 내의 노사관계 틀을 벗어나거나 외부 시민단체들과 연대하거나 정치세력들이 개입하는 등 기존 노사분규와는 다른 양상을 보여주고 있다.

노사분규의 원인은 1970년대에는 임금인상이 주요한 원인이었다. 1980년대에도 임금체불도 있었으나 임금인상이 주된 이슈였다. 그러나 1990년대부터는 세계화의 확산으로 세계 및 국내경제에서 불안정성이 커지면서 기업구조조정 등에 따른 대규모실업이 발생하고, 우리나라 경제가 하향 안정화되면서 고용안정과 일자리문제가 주된 이슈로 부상하고 있다.

---

9) 쌍용자동차 사태는 2009년 5월 22일부터 8월 6일까지 약 76일간 쌍용자동차 노조원들이 사측의 구조조정 단행에 반발해 쌍용자동차의 평택 공장을 점거하고 농성을 벌인 사건이다.

10) 한진중공업의 대규모 정리해고에 맞서, 2010년 12월 20일부터 2011년 11월 10일까지 1년 가까이 지속된 노조의 총파업 사태로, 노조를 지원하기 위해 전국적으로 모인 희망버스가 한진중공업에 진입을 시도하다 이를 제지하기 위해 막아선 용역직원들이 충돌해 양측에서 수십 명이 부상을 입기도 했다.

11) 재능교육 사태는 2007년 11월 임금체계에 문제가 있으니 단체협약 재교섭을 하자고 주장하는 노조에 사측이 해고 협박을 하면서 시작됐다. 노조는 그 해 12월부터 거리 농성을 시작했고, 사측은 2008년 "학습지 교사는 특수고용노동자라 노조를 결성할 수 없다"며 일방적으로 단체협약을 파기했다. 이때부터 시작된 노사분규는 2013년 8월 25일 타결되면서 역대 최장인 2,075일 농성을 기록하였는데, 학습지 교사와 함께 트럭운전사(화물운송사업자), 골프장 캐디, 보험설계사 등 특수고용노동자는 현행 노동법상 노동자로 인정받지 못하고 있다.

그림 4-15 | 노사분규 발생건수 및 근로손실일수(1978~2013)

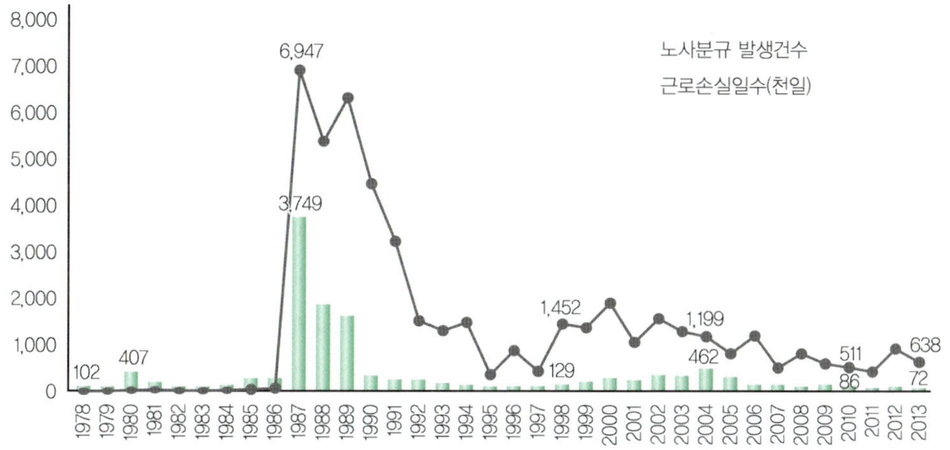

표 4-5 노동쟁의

구분	분규건수	참가인원(천명)	근로손실일수(천일)	원인별 분규건수			
				체불임금	임금인상	해고	단체협상
1970	90	208	9	–	63	2	–
1980	407	49	61	287	38	5	–
1985	265	29	64	61	62	22	–
1987	3,749	1,262	6,947	45	2,613	51	170
1988	1,873	293	5,401	59	946	110	328
1990	322	134	4,487	10	167	18	49
1995	88	50	393	–	33	1	49
2000	250	178	1,894	7	47	2	167
2005	287	118	848	–	36	–	236
2010	86	40	511	–	18	–	9
2012	105	134	933	–	24	–	12

자료: 고용노동부.

4.5 노동과 인적자본

1. 인적자본

경제성장과 함께 소득이 증가하면 사람들은 기능과 디자인 등에서 더 좋은 품질의 재화를 소비하고자 한다. 그리고 이러한 소비자 수요의 변화에 따라 이윤극대화를 추구하는 생산자는 시장수요의 변화에 맞추어 종전보다 기능이 다양하고 디자인이 뛰어난 더 좋은 품질의 재화를 생산·공급하려고 노력한다. 이 과정에서 노동자를 고용하는 생산자는 더 좋은 품질의 재화를 만들 수 있는 기술과 지식을 가진 노동자를 고용하려고 하기 때문에 사회적 변화에 맞는 기술과 지식을 갖고 있는 노동자는 노동시장에서 더 높은 임금을 받게 된다. 그 반대로 사회에서 수요가 줄어드는 재화를 만드는데 필요한 기술과 지식 또는 단순한 기술만을 보유한 노동자는 노동시장에서 임금이 떨어지고 결국에는 시장에서 퇴출되게 된다. 즉, 경제의 성장과 발전의 진행으로 사회생산·소비구조가 고도화되면 재화생산에 투입되는 생산요소로서의 노동은 양(quantity)보다 질(quality)이 중요한 문제로 떠오르게 된다. 따라서 노동자들은 노동시장에서 더 높은 임금을 받기 위해 자신의 기술과 지식을 높이려고 노력하는데, 이를 위해 자신에게 교육(그리고 훈련)을 투자한다. 교육투자의 결과로 근로자는 자신의 신체에 체화된(embodied) 기술과 지식을 보유하게 되는 데, 이를 인적자본(human capital)이라고 한다. 인적자본은 기계설비나 공장시설 등의 물적자본(physical capital) 또는 물적자본을 마련할 수 있는 금융자본(financial capital)과 같은 특징을 갖는데, 첫째 인적자본은 오랜 기간에 걸쳐 투자를 하여 축적이 되어야 형성된다. 둘째, 일단 형성된 인적자본은 장기에 걸쳐 이익의 흐름을 만들어 낸다. 셋째, 인적자본은 일정 시간이 지나면서 자연적·기술적 감가상각이 일어나다. 즉, 일정 시간이 흐르면 기계나 공장시설이 낡아서 못쓰게 되듯이 인적자본인 노동자도 나이가 들어 재화를 생산하지 못하게 된다. 또한 기계설비나 공장건물이 낡지는 않았지만 새로운 기계설비가 등장하거나 시장에서 재화에 대한 수요가 변하게 되면 더 이상 생산에 사용되지 못하듯이, 인적자본인 노동자도 나이가 들지 않아도 새로운 기술과 지식이 요구되면 기존의 재화를 생산하는 기술과 지식을 갖고 있는 노동자는 실업자가 된다.

따라서 노동자는 장기에 걸친 이익의 흐름을 목적으로 초기에 상당기간 동안 교육투자를 하는데, 교육을 통해 지식 및 기술(숙련도)이 축적·체화된 노동자는 생산성이 높은 인적자본재(human capital stock)가 된다.[12] 이때 노동자는 노동시장에서 이 인적자본재(지식과 기술)에 대한 수요가 클수록 높은 임금을 받게 된다. 그 반대로 노동시장에서 수요가 적은 인적자본재를 보유한 노동자는 낮은 임금을 받게 되는데, 이로 인해 학력 간의 임금격차가 발생한다.

2. 한국의 고등교육

한국은 오랜 역사 동안 교육과 학문을 중시하는 유교적 전통이 사회를 지배하여 왔는데, 1960년대 초부터 경제성장과 소득이 증가하면서 사회전반에 걸쳐 교육에 대한 투자가 빠르게 진행되었다. 한국의 고등교육[13] 졸업 자수 변화추이를 [그림 4-16]에서 보면, 우선 고등학교 졸업생의 수는 1965년 115,776명에서 1990년 761,922명, 2000년 764,712명으로 최고점을 기록한 이후 출산율 감소로 인해 등락을 거듭하면서 감소추세를 보여 2013년에는 631,197명이다. 이중에서 여성의 고등학교 졸업생의 수는 전체 고교졸업생 수 변화와 비슷한 변화를 보여 왔는데, 1965년 36,529명으로 전체 졸업생 수의 31.6%를 차지하였으며 이후 계속 증가하여 2000년에 370,076명으로 최고점을 기록한 다음부터 감소추세를 보여 2013년에는 295,217명으로 전체 졸업생 수의 46.8%를 차지하고 있다. 또한 대학교 졸업생의 수는 1965년 45,732명에서 지속적인 증가추세를 보이면서 2013년에는 657,013명이다. 이중에서 여성의 대학교 졸업생의 수는 1965년 9,696명으로 전체 졸업생 수의 21.2%를 차지하였으나 이후 계속 증가하여 2013년에는 343,141명으로 전체 졸업생 수의 52.2%로 남성 대졸자보다 더 많은 수를 기록하고 있다.

이러한 한국의 고등교육에 대한 투자는 전 세계적으로 가장 높은 수준인데, OECD가 발표한 "2012년 OECD 교육지표"에 따르면 한국에서 25~34세 청년층의 고등학교 이수율(졸업자 비율)은 98%, 전문대 이상의 대학 이수율은 65%로 OECD 1위로 나타났다. 25~34세 청년층의 고등학교 이수율과 전문대 이상 대학 이수율의 OECD 평균 수치는 각각 82%와 38% 수준이다. 또한 한국에서 25~64세 성인의 고교 이수율과 대학교육 이수율도 각각 80%와 40%로 OECD 평균 수치 74%와 31%를 웃

---

12) 한 국가의 총부(total wealth)는 인적자본과 물적자본의 합계로 나타나는데, 경제사회구조가 고도화될수록 총부 중에서 인적자본의 비중이 더 커지고 있다. 예를 들어, 2008년에 미국의 1인당 총부(total wealth)는 480,000달러인데, 그 중 75%가 인적자본이다.

13) 고등교육은 고등학교, 전문대학, 4년제 대학교 교육을 말한다.

돌고 있다.

그림 4-16 | 한국 고등교육졸업자 수의 변화추이

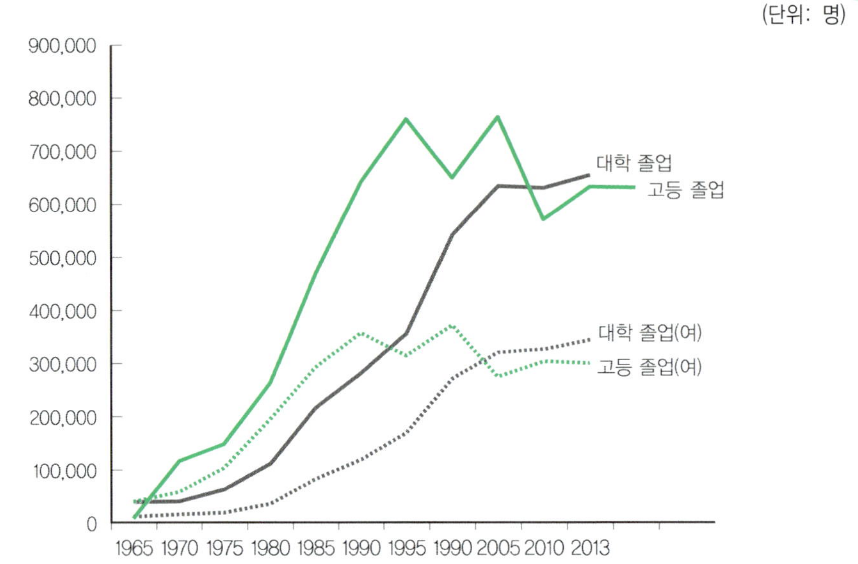

	연도	1965	1970	1975	1980	1985	1990
고등학교	졸업자	115,776	145,062	263,369	467,388	642,354	761,922
	졸업자(여)	36,529	51,585	102,058	193,077	289,372	354,836
	연도	1995	2000	2005	2010	2013	
	졸업자	649,653	764,712	569,272	633,539	631,197	
	졸업자(여)	311,538	370,076	271,743	301,274	295,217	
대학교	연도	1965	1970	1975	1980	1985	1990
	졸업자	45,732	38,812	57,465	109,715	214,879	283,463
	졸업자(여)	9,696	12,011	18,368	32,954	81,857	116,689
	연도	1995	2000	2005	2010	2013	
	졸업자	356,020	542,196	634,523	628,689	657,013	
	졸업자(여)	167,081	267,957	319,016	324,732	343,141	

자료: 한국교육개발원 교육통계DB.

3. 교육의 불평등분배

높은 교육투자는 높은 소득과 더불어 직업에 대한 높은 만족도를 가져오는데, 이에 더하여 노동자는 교육투자를 많이 할수록 경제행위와 관련하여 더 많은 지식과 정보를 얻기 때문에 소비영역 및 경제활동영역이 확대되면서 소비자로서의 총효용이 증가하게 된다. 또한 교육은 인격체의 성장과 발전을 위한 핵심요소 중 하나이다. 그런 이유로 교육은 소득뿐만 아니라 만족스럽고 보람있는 삶을 살아가는 데 필수적 요소이다.

그런데 교육투자에는 등록금, 책값 등의 직접비용, 대학에 다니는 동안에는 일을 해서 벌 수 있었던 소득을 포기하여야 하기 때문에 발생하는 기회비용, 공부로 인해 느끼는 고통이라는 정신적 비용 등 많은 비용이 필요하다. 따라서 본인이나 가족의 소득이 높아야 교육투자를 많이 할 수 있고 교육투자를 많이 해야 높은 소득을 얻을 수 있으며, 그 반대로 소득이 낮은 사람 또는 가족은 교육투자를 많이 못하고 그로 인해 다시 소득이 낮아지는 "빈곤의 악순환 함정"에 빠지게 된다.

따라서 교육의 평등한 분배는 소득 불평등 및 사회전반의 불평등문제를 해결하는 기초가 되기 때문에 소득의 분배보다 더 중요한 의미를 갖는다. [그림 4-17]은 한국의 1960년과 1990년의 교육 불평등 정도를 보여주고 있다. 그림에서 대각선은 교육

그림 4-17 | 한국의 교육 불평등(로렌츠곡선과 지니계수)

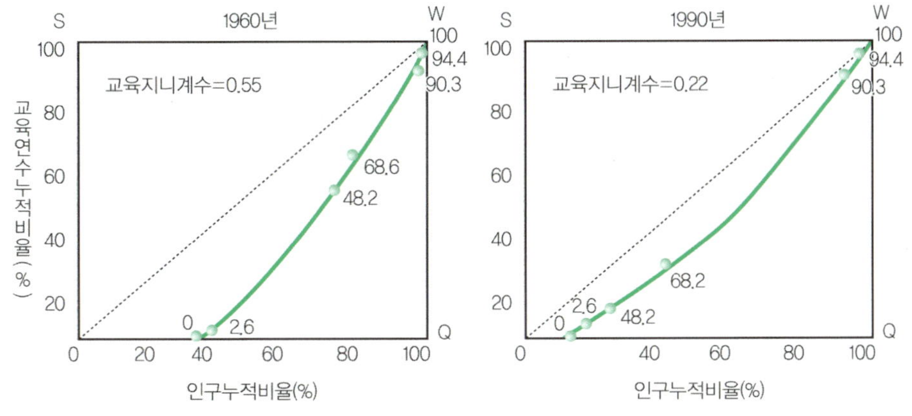

자료: Vinod Thomas, Yan Wang, Xibo Fan, 2001, "Measuring Education Inequality," policy research working paper 2525, The World Bank, p. 16.

분배가 완전 평등한 상태임을 나타내는데, 교육 불평등도를 나타내는 한국의 로렌츠 곡선은 1960년에 비해 1990년에 대각선에 가깝게 이동하여 시간경과에 따라 교육이 평등해졌음을 보여주고 있다. 또한 교육 불평등 정도를 나타내는 지니계수는 완전 평등할 때 '0'의 값을 가지는데, 한국의 교육지니계수는 1960년 0.55에서 1990년 0.22로 '0'에 가까워지면서 시간경과에 따라 교육이 평등해졌음을 보여주고 있다.

[그림 4-18]은 1960년부터 1990년까지 세계 여러 나라의 교육 불평등(지니계수) 변화를 보여주고 있는데, 한국의 교육 불평등(지니계수=0 이면 완전 평등) 정도는 시간이 지나면서 빠르게 개선되어 1990년에는 헝거리보다 평등함을 보여주고 있다. 그림에서 인도의 교육지니계수는 '1'에 가까운 값을 갖고 있어, 교육의 불평등 정도가 심하다는 것을 보여주고 있다.

그림 4-18 | 세계 각국의 교육 불평등 정도(지니계수)의 변화

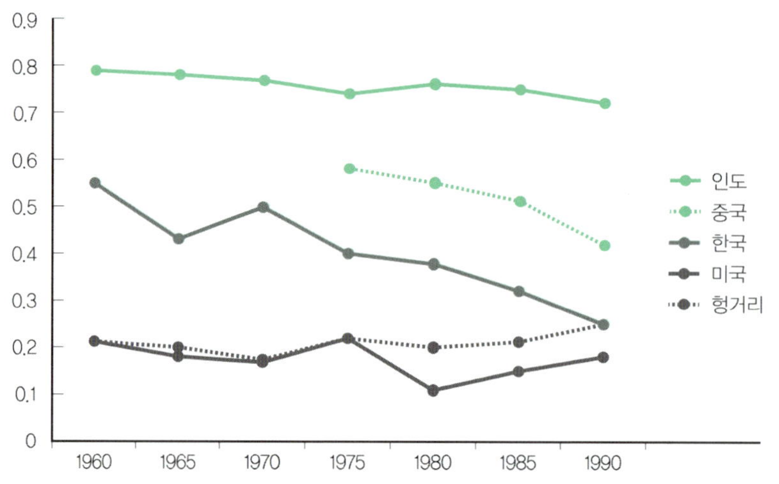

자료: Vinod Thomas, Yan Wang, Xibo Fan, 2001, "Measuring Education Inequality," policy research working paper 2525, The World Bank, p. 14.

4. 비문해율

한편 사회 전체적인 관점에서 볼 때, 교육투자가 확대되면 문맹 감소, 문화적 시민 증가, 폭력 감소, 사회적 규범과 질서에 대한 인식 증가 등의 외부효과가 나타나면서 국가사회는 경제 · 정치 · 사회적으로 선진화를 이루게 된다.[14] 교육의 결과인 비문해

율은 이전의 '문맹률'을 대체하는 용어로 신문기사, 안내문, 광고 등 일상생활을 해 나가는 데 필요한 글을 읽고 이해하는 최소한의 능력을 가지지 못한 사람의 비율을 나타내는데, 사회구성원들의 지식과 정보의 흡수력을 나타내는 주요 지표이다.

한국의 비문해율은 해방 당시인 1945년에 77.8%였으며, 1954~58년의 전국문맹퇴치운동을 거쳐 1966년 8.9%, 1970년 7.0%, 그리고 2008년에는 비문해율이 1.7%에 그치는 것으로 나타났다. 따라서 한국에서 전체인구 중 98.3%는 문해자이며 1.7%인 62만 명이 글을 읽지 못하는 비문해자로 나타났는데, 이는 1995~2005년 선진국 평균 98.6%에 근접한 수치이다.

2013년 유엔교육과학문화기구(UNESCO) 조사에 의하면[15] 전 세계적으로 글을 읽거나 쓰지 못하는 비문해자가 7억 7,400만 명이며 이 중 여성이 3분의 2이다. 또한 [그림 4-19]에서 볼 수 있듯이, 비문해자 대부분이 사하라사막 이남 아프리카와 인도 등 서남아시아에 살고 있으며, 15~24세의 젊은 층 비문해자는 1억 2,300만 명이다.

그림 4-19 | 전 세계 문해율(2012년 기준)

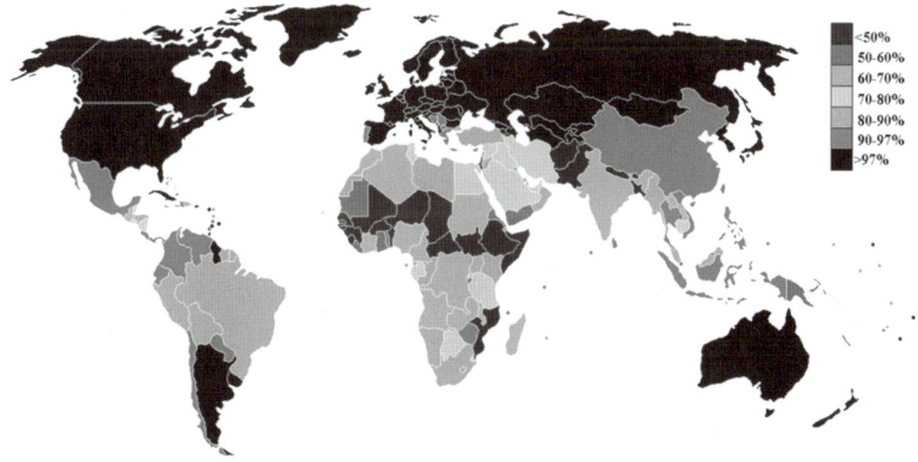

자료: 유엔 개발 계획(UNDP: United Nations Development Programme)

14) 이러한 교육의 외부효과에 따라 정부가 아동·청소년들의 교육비를 부담하여야 한다는 '국가의 의무교육'이 정당화된다.

15) UN, 2013, 『The Millennium Development Goals Report 2012~2013』, 2013. 9.

| 제5장 |

재정

정부의 목표는 물가를 안정시키고, 일자리를 만들어서 국민 모두가 행복하게 살 수 있는 사회를 건설하는 것이다. 정부는 여러 종류의 정책을 실시할 수 있는데, 정부가 유일하게 실시할 수 있는 정책은 정부의 살림살이를 통한 정책 다시 말해 재정정책일 것이다. 정부도 일반 가계나 기업처럼 돈을 벌어서 쓰고 있다. 정부가 버는 돈은 국민들이 부담하는 세금이 대부분이고, 다양한 용도로 돈을 사용하고 있다. 정부가 살림살이를 하다가 돈이 남을 수도 있고, 모자랄 수도 있다. 남으면 저축할 수 있지만, 모자라면 남에게 빌려오기도 하고, 차용증서(채권)를 써 주고 돈을 모으기도 한다. 이번 장에서는 이러한 정부의 살림살이에 대하여 살펴본다.

제5장 재정

재정은 정부의 모든 경제·사회활동과 관련하여 수행하는 살림살이를 통틀어 말한다. 정부도 다른 경제주체와 마찬가지로 하나의 경제주체로서 수입(收入)과 지출(支出)이 있다. 정부의 수입은 세입이라고 하는데 주로 조세, 전매수입금, 정부소유 기업의 수익 등으로 이루어진다. 정부의 지출은 세출로써 세부항목은 헤아릴 수 없을 정도로 다양하다. 지출대상을 기준으로 분류하면 첫째, 재화 및 서비스를 구입하기 위한 지출, 둘째 어떤 개인이나 단체에 대하여 지출하는 보조금이나 직접적으로 혹은 간접적으로 민간에 대여하는 것 등이다.

우리가 일상생활에서 필요한 대다수의 재화는 시장에서 쉽게 구입할 수 있다. 그러나 국민의 생명과 재산을 지켜주는 국방이나 치안 같은 것은 우리 생활에 필수불가결한 것이지만 시장에서 구입할 수 없다. 국방·치안은 규모가 크고, 위험 부담이 클 뿐만 아니라 이윤극대화를 추구하는 기업에게는 이윤을 창출할 수 있을 가능성이 모호하므로 기업이 담당하려고 하지 않을 것이다.

정부의 재정은 가계나 기업의 경제활동과 여러 측면에서 차이를 보이고 있다. 첫째, 가계는 가계 구성원의 만족감을 극대화하려고 할 것이며, 기업은 이윤을 최대로 하려고 할 것이다. 그러나 정부는 모든 국민의 안녕과 후생(복지)을 증진하려고 한다. 둘째, 가계는 일을 하거나 재산을 통해 소득을 창출하고, 기업은 생산된 재화를 판매하거나 서비스를 제공하여 수입을 창출하고 나아가서 이윤을 남기지만, 정부는 국민들로부터 세금이나 기타 공과금을 통해 재정에 필요한 자금을 마련한다. 셋째, 가계나 기업은 경우에 따라 수입과 지출을 수시로 변경할 수 있지만 정부는 수입과 지출에 대한 계획인 예산을 편성하고 국회의 승인을 받은 후 계획에 따라 정부가 할 수 있는 일을 할 것이다. 대부분의 국가에서는 정부가 1년 단위의 회계연도에 필요한 자금규모와 조달 방법을 예산서를 통해 미리 정하고, 국회의 승인을 받으며, 기간이 지난 후 결산하는 결산서를 국회에 보고하도록 하는 등 엄격하게 통제하고 감독하고 있다. 왜냐하면 국민들로부터 거두어들인 세금을 집행하기 때문에 함부로 돈을 써서는 안 된다.

5.1 정부의 역할 및 재정정책

1. 정부의 역할

경제주체들이 경제활동을 하는 과정에서 정부의 역할에 대해서는 상반되는 두 가지 견해가 있다. 첫 번째 견해는 자유주의로써 정부의 간섭이 가능하면 적을수록 좋다는 것이다. 두 번째 견해는 정부개입주의로서 정부가 가능하면 지출을 증가시킨다든지 세금을 줄임으로써 일자리를 창출하고, 국민경제의 성장을 주도해야 한다는 것이다.

첫 번째 견해는 오랜 역사를 갖고 있다. 고전학파의 견해로서 이들에 의하면 생산물의 공급이 있으면 수요는 스스로 창출된다는 '세이(J. B. Say)의 법칙'에 의거하여 국민소득은 언제나 경제의 공급능력에 의하여 결정된다고 주장한다. 정부에서 실시하는 정책인 재정정책은 총수요를 변동시키는데 이러한 수요 변동은 국민소득수준에 어떠한 영향도 미치지 못하므로 정부는 가능하면 정책을 실시하지 않는 것이 바람직하다고 설명한다. 고전학파 경제학자들의 이러한 견해는 아담 스미스(A. Smith)의 '보이지 않는 손(invisible hand)의 원리'에 입각하여 자유방임주의 원칙에 따르는 것이다. 자유방임주의는 정부가 가능하면 국민의 경제활동에 간섭하는 것을 피하고, 치안유지나 국방 같은 최소한의 정책을 실시하는 것이다. 이러한 고전학파의 견해는 공급 측면이 국민소득을 결정하므로 공급을 중요시하는 학파이기도 하다.

그러나 1930년대에 미국은 물건을 만들어도 재고만 쌓이고, 노동자의 고용을 줄여야 하는 상황에 봉착하여, 더 이상 실업문제를 해결할 수 없는 상황에 이르렀다. 이러한 실업문제를 해결하기 위해서 탄생하게 된 케인즈경제학은 정부의 역할에 대한 기존의 관념을 변화시켰으며, 케인즈학파 학자들은 실업을 해소하거나 지속적인 물가상승(인플레이션)을 방지하기 위해서 정부가 적극적으로 나서서 모든 가능한 정책을 실시해야 한다고 생각했다. 이러한 케인즈이론은 고전학파와 달리 수요 측면이 국민소득결정에 가장 중요한 요인이라고 주장한다. 조세나 정부지출의 변화를 통해 국민소득에 영향을 미치는 재정정책과 금융정책을 통해 총수요를 관리하는 정책이 가장 효율적이라는 이론이다.

1970년대 세계적으로 물가가 상승하는 동시에 실업이 증가하는 현상인 스태그플레이션이 등장하면서 케인즈경제학은 곤경에 처하게 되었다. 이러한 상황을 타개하고자 등장한 이론은 통화주의 공급경제학 및 합리적 기대가설이다. 이러한 이론들은 고전학파의 경제적 사고 방식을 계승한 것이지만, 수요 측면이 국민소득에 영향을 미친다는 케인즈적 사고를 인정하는 것이다. 그러나 통화주의 공급경제학이나 합리적 기대가설은 시장기구의 가격조정기능을 존중하면서 정부는 가급적이면 경제에 개입하지 않는다는 작은 정부를 주장하는 것이므로 자유방임주의와 유사한 철학적 기반을 두고 있다고 할 수 있다.

2. 재정원칙

세입과 세출이 일치하는 재정을 균형재정이라 하고, 세입이 세출보다 큰 경우를 흑자재정, 역의 경우를 적자재정이라고 한다. 균형재정, 흑자재정, 적자재정 가운데 어느 재정상태가 가장 이상적인가에 대해서는 역사적으로 많은 변화를 겪었다. 19세기 입헌군주시대에는 균형재정이 가장 이상적인 것으로 여겨졌다. 그러나 케인즈이론이 득세하기 시작한 이후로는 균형재정원칙이 붕괴되기 시작하였다. 케인즈이론에 의하면 총수요가 부족해서 실업이 생길 경우에는 정부의 지출을 증가시켜 재정적자가 되더라도 실업을 해소하여야 한다고 설명하고, 총수요가 과다하여 경기가 지나치게 과열될 때는 흑자재정이 바람직하다고 주장하여 기능적 재정의 원칙을 내세웠다. 그러나 실제로는 흑자재정과 적자재정이 반복되기보다는 정부지출은 일단 증가시키면 다시 줄이기가 어렵기 때문에 재정적자가 누적되는 경우가 대부분이다. 왜냐하면 한번 재정지출이 증가하면 이것을 관리하는 정부 인원이 증가하고, 관료제도가 확대되어 예산이 늘게 되고, 지출계획이 다시 증가하는 악순환에 봉착하게 된다. 따라서 최근에는 균형재정원칙을 재도입하자는 논의가 활발하게 진행되고 있다. 재정적자는 앞에서 언급한 악순환 이외에도 재정적자가 쌓이게 되면 결국 누군가는 갚아야하므로 후손들에게 과중한 조세부담을 안겨 주기 때문에 바람직하지 않다. 많은 국가에서 재정적자를 충당하기 위해 국채를 발행하는데, 국채는 만기가 되면 반드시 상환하여야 한다. 국채상환 시에는 많은 자금이 필요하고, 이를 위해서는 조세를 걷을 수밖에 없으므로 후손들은 조세라는 과도한 부담을 짊어질 수밖에 없는 것이다.

3. 재정의 기능

정부는 완전고용과 물가안정이라는 목표를 달성하고자 여러 정책을 실시하는 동시에 국제수지균형, 경제성장 등을 달성하기 위해 여러 가지 기능을 수행하고 있다. 이러한 목표를 달성하기 위해 정부가 사용할 수 있는 직접적인 수단으로는 정부의 지출을 변화시키거나 세금을 징수하는 것을 손꼽을 수 있는데 이러한 여러 가지의 정부 행위를 재정정책(fiscal policy)이라 한다.

재정의 기능은 자원배분 기능, 소득재분배 기능, 안정화 기능으로 구분하여 분석할 수 있다. 첫 번째 기능인 재정의 자원배분 기능은 공공재의 공급을 통해 실시하고 있다. 공공재로는 공원, 고속도로, 철도 등과 같이 재화의 특성상 재화의 사용이나 재화로부터 받는 혜택(혹은 이익)이 특정인에게 국한되는 것이 아니라 모든 사람에게 제공되는 재화를 말한다. 어느 특정한 민간인이나 민간회사가 공공재를 공급하기에는 부적당할 것이며, 정부가 담당해야 할 것이다. 우리의 경우 경제발전 초기에 경제발전의 기반시설인 도로, 철도, 항만 등 사회간접자본이 빈약했을 뿐만 아니라 민간 부문의 자본과 기술축적이 안된 상태였기 때문에 많은 부문을 정부가 담당하였고, 이러한 정부의 재정을 통해 경제개발을 시작할 수 있었다.

두 번째 기능인 소득재분배 기능은 자본주의사회에서 발생하는 불공평한 분배를 사후적으로나마 공정하게 함으로써 개인 간의 소득격차를 조정하고 완화하는 것이다. 소득재분배는 부유층에 대해 누진적인 소득세, 상속세, 증여세 등을 도입하여 부자의 소득이나 부를 줄이고, 저소득층에게 사회보장급부를 제공하여 이들의 소득을 상승시킴으로써 어느 정도 발생한 소득분배의 격차를 완화할 수 있다. 우리나라는 1980년대 초반까지 사회개발에 역점을 두어 교육(의무교육), 보건, 주택, 환경개선 등의 재정투자가 확대되었고, 1990년대 이후 건강보험, 국민연금, 산재보험, 고용보험 등 4대 보험을 통해 재분배 기능을 강화하고 있는 실정이다.

세 번째 안정화 기능은 정부가 재화나 서비스를 구매하는 행위가 국민총지출의 일부로써 국민총생산의 수요를 구성한다는 것이다. 불황기에는 공공투자활동을 활발히 하거나 감세를 통해 국민지출을 증가시켜 국민총생산을 증가시킬 수 있다. 그러나 경기가 호황국면에 접어들어 인플레이션의 기미가 보이면 정부지출을 축소시키거나 과세를 더 부과함으로써 국민총생산을 줄일 수 있고, 경기과열을 진정시킬 수 있다.

그러나 이러한 기능에 대해서는 통화론자의 경우 재정지출의 효과가 거의 무의미하므로[1] 정부가 재정지출을 이용하여 경기를 조절하려고 해도 실패할 수 있으며, 오히려 시장의 자동조절기능에 맡기는 것이 효과적이라고 주장한다.

5.2 예산구조

1. 재정의 범위

한 가계를 이끌어나가는 주부의 경우에 가계의 살림살이를 규모있게 이끌어 가기 위해 수입과 지출에 대한 가계부를 기록하고 매월 가계가 적자인가 흑자인가를 검토하고 있다. 자동차를 운영하는 사람들도 차계부라는 것을 통해 자동차를 위해 지출한 내역과 자동차의 수리 상황을 검토하고 있다. 이와 같이 가계나 자동차를 운영하는데도 살림살이에 대한 내역을 일일이 기록하고 있는데 방대한 정부의 살림살이를 즉흥적으로 지출하거나 규모없이 돈을 거둘 수는 없는 것이다. 정부의 살림살이인 수입과 지출을 일정한 틀에 적용하여 빠짐없이 기록·정리해야 하는데, 이러한 기본적인 틀은 정부의 예산회계법을 비롯한 각종 법령에 의거하여 정리하고 있다.

2. 세입분류

정부는 재정을 운영하기 위해 매 회계연도마다 예산을 편성하여 해당 년도의 수입과 지출에 관한 계획을 수립하고, 이 예산에 기초하여 여러 가지 재정활동을 수행하게 되며, 그 활동이 제대로 이루어졌는가를 평가하기 위해 결산을 하게 된다. 일반적으로 예산편성은 한 회계연도(1년)에 예상되는 모든 수입과 지출을 포함하여 빠짐없이 계산하는 것으로 되어 있다. 이와 같이 처음에 편성된 예산을 본예산이라고 하는데, 회계연도가 진행되는 도중에 국내외 경제정세의 변화나 천재지변과 같은 부득이

1) 정부가 정부지출을 증가시키기 위해 국채를 발행하면 민간이 사용할 수 있는 자금은 줄어들고, 이에 따라 이자율이 상승한다. 이자율이 상승하면 민간의 투자가 위축된다. 이러한 현상을 구축효과(crowding out effect)라고 부르며, 구축효과로 말미암아 재정정책을 실시한다 해도 국민소득을 변화시킬 수 없다는 것이 통화론자의 주장이다.

그림 5-1 | 재정통계

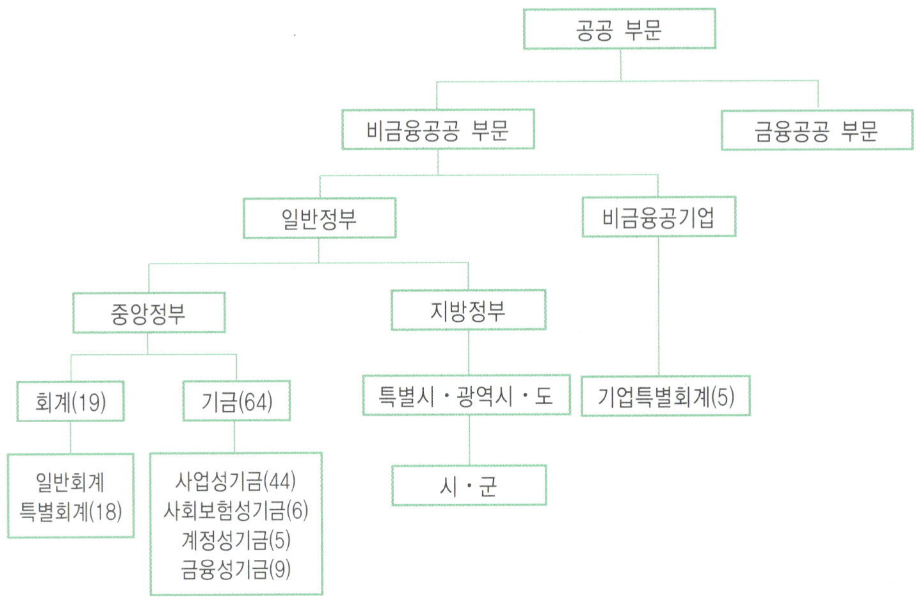

자료: 기획재정부 2010, 「조세개요」 및 한국조세재정연구원 홈페이지 > 조세 · 재정 · 공공기관정보 > 재정제도 (http://www.kipf.re.kr/TaxFiscalPubInfo/Fiscal-PublicFinance) 참조.

한 사정으로 예산을 변경할 필요가 있을 경우에는 추가경정예산을 편성할 수 있다. 이외에도 정부가 예산안을 국회에 제출한 후 국회에서 통과되기 전에 그 내용의 일부를 수정하고자 할 경우에는 국회에 제출하였던 예산안을 수정하여 수정예산을 제출하기도 한다. 예산은 국민의 세금으로 이루어지고, 국민경제에 미치는 파급효과가 크므로 정부에서 편성한 예산은 국회의 의결을 거쳐서 확정되며, 각 담당부서에서 집행한 후에는 감사원의 감사를 받고, 그 결산을 국회에 보고하는 등 엄격한 통제와 감독을 받도록 되어 있다. 재정은 세입, 세출 및 보전재원(補塡財源)의 3개 항목으로 구분되어 운영된다.

재정통계는 재정을 운영하는 기관 및 그 성격에 따라 중앙정부, 지방정부, 비금융공기업의 세 부문으로 나누어 집계된다. 공공 부문은 비금융공공 부문과 금융공공 부문으로 구분된다. 공공금융 부문은 중앙은행을 비롯하여 여러 금융기관이 포함된다. 공공금융기관의 경제활동은 재정활동이 아닌 금융활동이므로 재정통계의 포괄범위에서 제외된다. 비금융공공 부문은 일반정부와 비금융공기업으로 구분된다. 비금

그림 5-2 | 우리나라의 조세체계

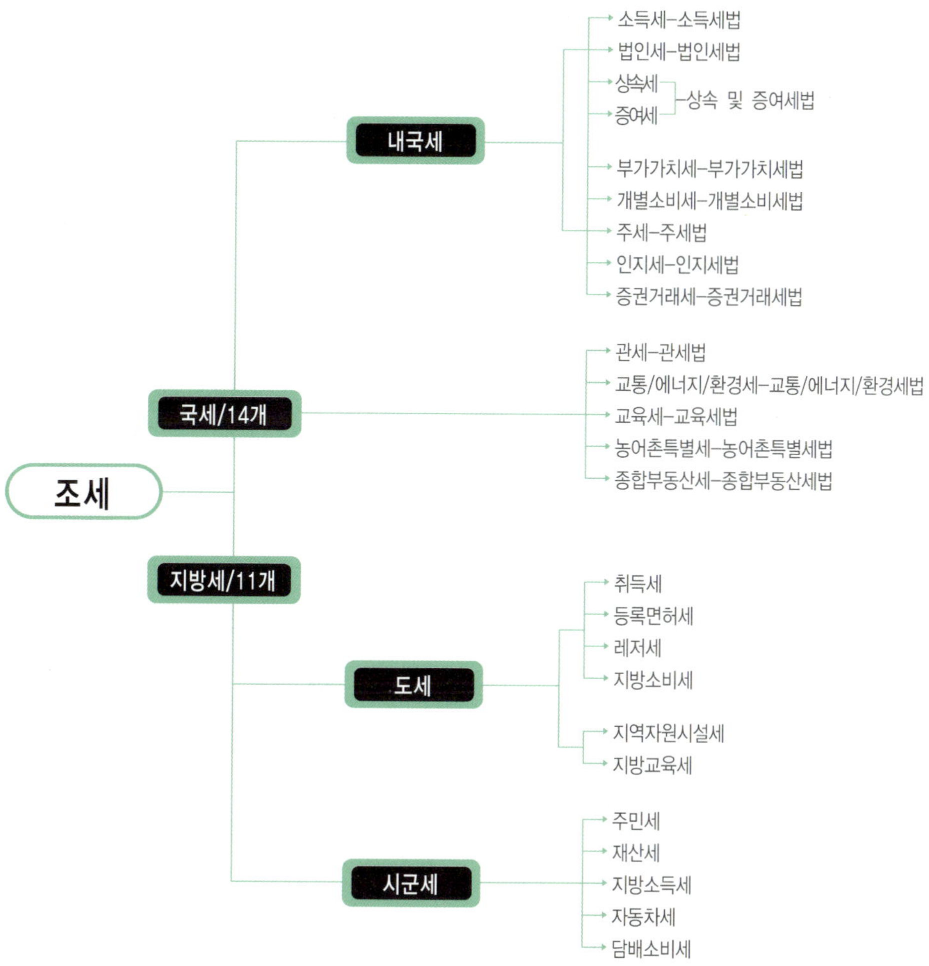

자료: 한국조세재정연구원 홈페이지 〉 조세 · 재정 · 공공기관 정보 〉 조세제도 〉 조세체계
(http://www.kipf.re.kr/TaxFiscalPubInfo/Tax-TaxStructure)

융공기업에는 정부가 소유하고 있거나 관리하고 있는 재화와 용역을 민간에게 공급하는 양곡관리, 조달, 우편사업, 우체국예금, 책임운영기관 등의 5개의 기업특별회계가 포함된다. 일반정부는 중앙정부와 지방정부로 구분된다. 중앙정부에는 정부의 고유업무 수행과 관련된 일반회계와 18개의 특별회계(5개의 기업특별회계와 13개의 기타 특별회계)로 구성된 회계 부문과 64개의 기금으로 구성된다. 지방정부는 특별시 · 광역시 · 도의 일반회계, 교육비특별회계 및 기타특별회계가 있고, 시 · 군의 일

반회계, 교육비특별회계 및 기타특별회계로 구성되어 있다.

정부는 살림살이를 이끌어 나가기 위해서는 많은 자금을 필요로 한다. 정부는 여러 가지 방법으로 이러한 자금을 마련하는데, 정부가 재정을 위해 마련하는 모든 수입을 세입이라고 한다. 정부는 국민으로부터 세금을 걷기도 하고(조세 수입), 전매수입금이나 철도나 통신사업과 같이 정부기업을 운영하여 이익을 남기기도 하며, 각종 벌과금, 수수료 등을 받기도 한다.

조세수입은 국민들로부터 거두어들인 세금을 말한다. 우리나라는 조세를 국세와 지방세로 구분하고, 국세는 내국세, 관세, 목적세로 구분한다. 내국세는 직접세와 간접세로 구분하는데, 직접세는 조세부담의 주체인 납세자에게 직접 부과되는 세금으로 누진적인 성향을 지니고 있는 소득세, 상속세, 증여세를 비롯하여 법인세 등을 포함한다. 간접세는 조세부담의 전가를 전제로 상품 등에 부과되는 세금으로 부가가치세, 개별소비세, 주세 등이 있다. 관세는 외국으로부터 재화나 서비스를 수입하는 경우 국내 산업을 보호하거나 사치품에 대해서 세금을 부과하는 것을 칭한다. 이외에도 특별한 목적을 갖고서 세금을 부과하는 목적세가 있다. 2013년 목적세로는 교육세, 농어촌 특별세, 교통·에너지·환경세 그리고 종합부동산세[2]를 들 수 있다.

지방세는 도세(취득세, 등록면허세, 레저세, 지방소비세, 지역자원시설세, 지방교육세 등)와 시·군·구세(지방소득세, 주민세, 재산세, 자동차세, 담배소비세)로 구분된다. 특히 2011년 새지방세법이 개정되면서 16개 세목이 11개 세목으로 변경되었다.

3. 세출분류

정부가 역할을 수행하기 위해서는 공무원을 비롯하여 필요한 인력을 고용하고, 각종 물자를 구입하여야 한다. 이를 위하여 정부가 행하는 모든 지출을 세출이라고 하며, 재정통계에서는 세출을 경제적 분류와 기능적 분류의 두 가지 기준으로 분류하고 있다.

경제적 분류는 재정지출의 경제적 효과를 분석하기 위한 분류 방식으로 크게 경상지출과 자본지출의 2개 항목으로 나누어진다. 경상지출은 재화 및 서비스구입, 이자지급, 보조금 및 경상이전 등으로 구분된다. 재화 및 서비스구입은 공무원에 지급되는 봉급과 사무용품구입, 임차료, 광열비 등으로 지출되는 경비를 말한다. 이자지급

2) 지방자치단체가 부과하는 종합토지세 외에 일정 기준을 초과하는 토지와 주택 소유자에 대해서 국세청이 별도로 누진세율을 적용하여 국세를 부과하는 제도로 2005년부터 시행되고 있다.

은 정부가 국내에서 차입한 채무에 대한 이자지급액과 채권 등 해외채무에 대한 이자지급액을 나타낸다. 보조금 및 경상이전은 정부가 금융기관, 비금융공기업 등의 기관에 재정상의 원조를 목적으로 무상으로 교부하는 교부금이나 지방정부에 대한 교부금, 학교·병원 등의 비영리기관 및 실업자 등에 대하여 무상으로 지급하는 경비 등을 말한다. 자본지출은 고정자산 취득비, 토지 및 무형재산 매입비, 자본이전 등으로 구성된다. 고정자산 취득비는 건물, 수송장비, 기계 등 내구재의 취득에 따른 지출을 나타낸다. 토지 및 무형재산 매입비는 토지·임야 등과 광업권·특허권 등의 매입을 위한 지출을 의미한다. 자본이전은 국내 및 해외기관에 대해 무상으로 이전하는 자본지출이다.

기능적 분류는 세출의 기능을 중심으로 한 분류로서 일반공공행정, 국방(방위비), 공공질서 및 안전, 교육, 보건, 사회보장 및 복지, 주택 및 지역사회개발, 경제사업 등의 항목으로 나누고 있다. 일반공공행정비는 입법, 사법 및 행정과 관련된 각종 관청을 설치·운영하고, 공무원을 고용하여 행정업무를 처리하는 등 정부의 기본적인 활동과 관련하여 지출되는 비용이다. 방위비는 우리의 방위를 위해 국군 등을 유지하고, 방위산업을 육성하는 일에 지출되는 비용으로서 우리나라의 경우 가장 큰 세출항목 가운데 하나이다. 공공질서 및 안전은 경찰 등 치안유지를 위한 지출경비이며, 교육비는 각급 학교의 설립·운영 및 지원 등 정부의 교육 행정에 소요되는 비용이다. 보건비는 병원의 운영, 방역, 요양 및 가족계획사업 등에 지출되는 경비를 말한다. 사회보장 및 복지비는 각종 연금, 보조금 지급 및 구호시설 등에 지출되는 경비로서 이전적 지출인 경우가 많다. 주택 및 지역사회개발비는 공공주택건설, 하수도시설확충, 환경오염방지사업, 기타 체육 및 문화예술의 진흥 등을 의하여 지출되는 경비를 말한다. 한편 정부는 도로와 항만을 건설하고 지원하며, 경제발전에 필요한 산업을 지원·육성하고 있는데 이러한 각종 투자지출을 경제사업비라 한다. 이외에도 중앙정부가 국가 전체의 균형적인 발전을 꾀하기 위해 재정적 여유가 없는 지방자치단체에 교부금을 지원하고 있다.

5.3 재정정책과 시대별 재정운영[3)]

해방 이후 미국의 원조에 의존하다가 5·16 혁명 이후 경제개발 과정에서 재정의 역할은 정부주도 하의 정책 결정으로 보조적인 역할만을 담당하였다. 그러나 1980년대 시장경제로 전환되고, 민주화 물결 속에 사회보장이나 복지예산이 증가하게 된다. 외환위기를 겪으면서 사회안전망이라는 개념이 도입되면서 더욱 재정의 중요성이 강조되고 있다.

1. 해방 이후~1950년대 말: 원조의 시대

1945년 9월 미군정이 본격적으로 실시된 이후 10월 1일부터 이듬해 3월 말까지를 회계연도로 하는 예산이 수립되고 집행되었다. 그 후 지속적으로 4월부터 이듬해 3월까지를 회계연도로 산정하여 연도별 예산을 편성하였다. 1946년과 1947년의 세입충당을 위한 차입금이 각기 38억 원과 40억 원 발생하였다. 이러한 차입금은 은행차입으로 사실상 화폐발행으로 보전되었다. 세입 가운데 조세수입에 의한 충당 비율은 1946년 6.1%였으나 1947년에 18.5%로 상당 부분 증가하였다.

1948년 8월 15일 정부가 수립되었으나 9월 30일까지는 미군정 과도정부 예산을 그대로 집행하였으므로, 대한민국 정부의 최초 예산은 1948년 10월 1일부터 1949년 3월 31일까지 회계연도를 설정하여 수립한 것이다. 1949년에 들어서서 정부의 기구조직이 완료되어 여러 정부 정책을 체계적으로 추진할 수 있는 기반이 마련되었다. 이 기간 중 예산편성의 중요한 특징은 구분회계 또는 독립채산제를 위해 다양한 특별회계[4)]를 추가로 설치한 것이라 할 수 있다.

당시 한·미 원조협정에 의거하여 미국의 원조를 기대하였으나 미국 의회에서 부결되고 대충자금 사용의 유보로 부흥예산계획의 일부가 중지될 수밖에 없어서 우리나라 재정에 큰 위기를 초래하였다. 이러한 사태를 타개하고자 정부는 '한·미 경제안정위원회'를 조직하여 수습책을 강구하는 동시에 한국과 미국 사이의 합의로 '경제

---

3) 본 절은 KDI, 2008, 「한국경제 60년사: 경제일반」의 내용을 토대로 자료를 보완·수정하여 작성하였음.

4) 1949년에 8개의 특별회계가 설치되었는데, 방송국, 전매사업, 귀속농지관리국, 교통사업, 체신사업, 국민보험 및 우편연금사업, 후생복표(厚生福票), 국채금 등이다. 국채금 특별회계는 1949년 11월 광복 후 처음으로 발행한 건국국채를 계리하였다.

안정 15원칙'을 수립하였다. 경제안정 15원칙은 통화 · 재정 · 금융 분야의 8개 원칙, 유통질서 분야의 3개 원칙, 생산 · 무역 분야의 3개 원칙, 임금 분야의 1개 원칙으로 구성되어 있다.

정부수립 후 실시된 여러 경제안정정책에 힘입어서 전반적인 경제활동이 안정단계에 들어설 무렵 6 · 25 전쟁이 발발하여 수립하였던 대부분의 재정계획은 수포로 돌아갔다. 당시 정부는 '사변수습 비상경비예산'을 편성 · 집행하였다. 군사비, 구호비 등 전쟁 수행과 관련된 경비가 급격히 팽창하였는데, 세원은 고갈되었고, 조세행정은 대부분 마비되었으므로 필요한 경비를 한국은행 차입금으로 충당하였다.

전쟁이 종료된 이후 전쟁의 피해를 시급하게 복구하고 통화가치를 안정시키는 것이 정부의 기본적인 경제정책 방향이었다. 그런데 전쟁의 피해로 말미암아 민간경제가 피폐해졌으므로 세금을 걷거나 국채를 소화하는 것이 거의 불가능하여 미국으로부터의 무상원조에 의지할 수밖에 없었다. 미국의 아이젠하워 대통령은 휴전으로 절약하게 된 미국 국방성 방위기금을 한국의 재건과 경제부흥에 사용할 수 있도록 미국 의회에 요청하기도 하였다. 휴전 이후 정부가 실시한 세제개편을 부흥세제라고 하는데 기본 방향은 직접세 중심으로 부과되던 세부담을 줄이고, 물품세, 주세 등의 간접세 중심으로 이행하는 것이었다. 이에 따라 기업은 자기자본을 유보할 수 있었고, 이를 통한 산업의 발전을 기대할 수 있었으며, 부동구매력을 흡수하고 소비절약을 추구할 수 있었다.

2. 1960~70년대: 경제개발시대

1957년부터 1960년까지 외국원조에 힘입어 산업생산과 산업구조가 개선되었지만, 1961년 이후 미국의 원조가 대폭 줄어들었다. 미국은 군사원조와 경제원조를 분리하고, 원조를 받는 국가의 수용태세에 따라 원조액을 조정하는 등 원조정책을 조정하였다. 이런 상황에서 한국 정부는 국제수지를 개선하고 경제안정과 성장을 동시에 달성할 수 있는 경제체제를 구축하는 것이 급선무였다. 1961년 집권한 군사정부는 자립경제를 구축하고자 경제기획원을 출범(1961년 7월)시켰고, 1962년부터 제1차 경제개발5개년계획을 수립하였다.

경제개발계획의 핵심은 내외자(內外資) 재원 동원에 관한 문제로 재정이 일익을 담당하였다. 재정 부문에서 이루어진 실물자본 형성을 위한 각종 투자 및 출자는 모두 재정투융자(財政投融資)[5]라는 개념으로 다루어졌다. 재정정책의 핵심은 재화를 만드는데 필요한 자금(자본)을 많이 확보해야 한다는 인식 하에 재정투융자 개념을 도입하여 재정지출의 주안점을 자본축적에 초점을 맞추는 구조로 개편한 것이다.

경제개발계획 기간 동안의 재정정책에 대한 인식은 다음과 같은 경제기획원의 「재정투융자 해설」(1964)을 통해 알 수 있다. "후진국에 있어서 경제개발을 이룩하기 위한 가장 근본적인 문제는 자본축적의 증대이다. 초기 자본주의와 현대 공산주의는 저임금, 격심한 소득 불평등 또는 소비재 생산의 억제를 통해 국민생활을 낮은 수준에 머무르게 함으로써 높은 저축률을 달성할 수 있었다. 그러나 이러한 어느 방법도 오늘날 민주정치를 지향하는 후진국에서는 적용될 수 없다. 때문에 유일한 타개책으로는 소비억제에 의한 민간저축의 증대와 더불어 정부투자로의 확대 전환이 긴요하게 되었으며, 조세는 경제성장의 결정요인인 한계저축률을 높이는 가장 좋은 정책수단이 된다. 자본축적과 투자의 증대가 후진국 경제성장을 위한 전제 조건임은 이미 알 수 있거니와 동시에 투자의 패턴이나 투자구조도 이에 못지않게 중요한 성장조건이라고 할 수 있다. 후진국에 있어서 왜곡된 기존 투자구조를 사회에 가장 유익한 최적투자구조로 이끌어가는 것도 다름 아닌 정부의 책임이며 재정정책의 중요한 기능이다. 이상에서 살펴본 바와 같이 후진국에서의 재정정책의 특색은 선진국에서 발전한 이론이 그대로 적용될 수 없다는 제약을 가지면서, 첫째 정책의 기본목표는 경제의 성장에 있으며, 둘째 이를 위하여는 무엇보다 먼저 자본축적과 투자증대가 급선무이며, 셋째 정부의 경제통제는 직접통제보다는 재정 및 금융정책을 통한 간접통제와 유도의 방법이 되어야하며, 넷째 왜곡된 기존 투자패턴을 적정 투자패턴으로 인도하여야 한다."[6] 정부는 이러한 재정정책에 대한 인식을 바탕으로 경제개발계획을 추진하였다.

제1차 경제개발5개년계획(1962~1966)의 수행을 위하여 재정적 측면에서 가장 역점을 두고 진행한 정책은 재정투융자의 확대 및 투자재원의 효과적 조성을 위한 세제개편이었다. 특히, 제1차 계획에서는 농업 생산력 향상, 전력 및 석탄개발 등 에너지 공급원의 확보, 기간산업과 사회간접자본의 확충 등 성장기반 부문에 재정투융자를 강화함으로써 자립경제의 기반을 닦고자 하였다. 제1차 경제개발5개년계획이 수행되면서 한국경제는 기본적인 산업시설과 사회간접자본이 확충되었고, 수출촉진 등으로 공업화의 기반을 형성하기 시작하였다.

---

5) 재정투융자는 정부의 재정지출 가운데 인건비와 소비적 물건비를 제외한 건물 · 설비 · 기계 · 도로건설 · 항만 · 국토보존 · 재고 증가 등을 포함한 정부 자산의 증대를 가져오는 일체의 지출(재정투자)과 재정융자를 포함하는 개념이다.

6) 경제기획원, 1964, 「재정투융자 해설」, p. 2.

제1차 경제개발5개년계획의 성과를 바탕으로 제2차 경제개발5개년계획(1967~1971)에서는 제조업을 내수산업에서 수출 또는 수입대체산업으로 전환시키고, 업종 간 보완성이 큰 석유화학산업 등 중화학공업 부문을 발전시키고자 하였다. 이 기간 중 재정투융자를 통한 주요 예산지원 사업으로는 경인·경부·호남 고속도로 및 포항종합제철의 공장건설과 농업용수개발 등 농업생산기반 조성사업, 산업은행에 대한 재정 출자를 통한 수출 및 중화학공업에 대한 자금지원 확대 등을 들 수 있다. 소양강 다목적댐, 남강댐, 인천항, 경주 국립공원 개발 등 국토자원의 보존개발사업도 진행되었다. 각종 투자재원을 조성하기 위한 세제개편도 계속되었는데, 1966년 2월에는 전반적인 세무행정기구를 개편하고 국세청을 신설하는 등 관련 행정조직의 확대·정비가 이루어지기도 하였다.

안정을 기반으로 성장을 추구한다는 제3차 경제개발5개년계획(1972~1976)에서 정부는 건전재정과 균형예산의 원칙 하에 재정수요를 충족시키기 위해 노력하였다. 특히, 1973년 건전재정운용을 위해 긴축예산을 편성하고자 하는 노력의 일환으로 우선 전년도보다 줄어든 긴축예산을 편성하였다. 둘째, 정부의 소비성 지출을 억제하는 등 재정 측면에서의 물가상승요인을 제거하고자 노력하였다. 셋째, 투융자 배분의 효율성을 제고하고, 넷째 중화학공업육성지원을 강화하여 사업구조의 고도화를 추구하였다.

제4차 경제개발5개년계획(1977~1981)에서 정부는 투자재원을 자력으로 조달하고 국제수지의 균형을 달성하면서 산업구조의 개편과 고도화를 추진하고자 하였다. 제4차 계획은 경제성장뿐만 아니라 사회개발을 촉진하고, 기술혁신과 능률을 통하여 효율성을 향상시키는 데 목표를 두었다. 당시 재정운용 관련 중요 정책으로는 국유자산의 효율적 관리체계의 수립을 들 수 있다. 정부수립 후 사회혼란, 6·25 전쟁, 부정선거, 4·19 혁명 등의 격동의 세월 속에 국유재산에 대한 체계적인 관리가 미흡하였다. 이러한 국유재산의 부실관리실태를 개선하고자 정부는 1976년 '국유재산관리 개선방안'을 마련하였는데 핵심 내용은 처분 위주의 관리 방식을 관리 위주로 전환하는 것이었다.

1960년대와 1970년대를 거치면서 국가적 목표는 경제성장이었다. 당시에는 민간의 자본축적이 충분하지 못하고, 민간 기업가의 경영경험이 부족하다고 판단하여 정부 주도의 경제개발전략이 채택되었다. 공기업 정책 역시 이러한 상황에 맞게 재조정되었으며, 정부는 공기업의 설치와 운영을 통해 주요 산업활동에 직접 참여하였다. 당시 경제개발계획의 중점 사업목표와 신설 공기업의 명단을 비교해 보면 공기

표 5-1 경제개발계획과 공기업의 신설

경제개발계획	중점사업목표	공기업
제1차 (1962~1966)	- 에너지 공급원 확보 - 기간산업 확충 - 사회간접자본 확충	- 한국전력(1961, 통합), 대한석유공사(1962, 통합) - 광업제련(1961, 개편), 충주비료(1961, 신설), 호남비료(1963, 신설) - 대한통운(1961, 통합), 대한항공(1962, 신설)
제2차 (1967~1971)	- 수자원 개발 - 산업고도화의 성장기반 - 영농 및 농가소득 향상	- 수자원개발공사(1967, 신설) - 포항제철(1968, 신설) - 농어촌개발공사(1967, 신설), 농업진흥공사(1970, 통합)
제3차 (1972~1976)	- 중화학공업 건설 - 국토자원의 효율 개발 - 사회보장 및 국민복지 향상	- 한국종합화학(1973, 개편) - 한국토지금고(1975, 신설), 해외개발공사(1976, 신설) - 근로복지공단(1977, 신설)

출처: KDI, 2010, 「한국경제 60년사; 경제일반」, p. 490 〈표 4-57〉

업이 경제개발을 위해 전략적으로 설치되었음을 알 수 있다.

3. 1980년~1997년: 시장경제 전환기

경제개발을 통해 개발도상국의 모범국가로 평가받았던 한국은 1980년대 접어들면서 정치·사회적 혼란과 함께 경제적 불황에 직면하여 침체의 늪에 빠지게 되었다. 이러한 상황에 대해서는 1979년 10·26 이후 일어난 사회적 혼란에 따른 일시적인 현상이라는 견해와 1970년대까지 추진한 경제발전전략 때문이라는 견해가 대립되었다. 정부에서도 경제개발계획의 부작용을 파악하고, 이를 제거하고자 1980년대에는 '민간주도형 경제질서'를 구축하는 것이 필요하다는 것을 인식하였다. 정부는 과거의 고도성장 과정에서 누적되었던 구조적 물가불안을 치유하고 안정기조를 정착시키기 위해서 1980년대 초 재정긴축을 추진하였다. 이를 위해 1982년 영점기준[7](zero base budgeting) 예산편성방식을 채택하였다. 기존 예산단가와 편성지침을 새롭게 검토하여 예산편성기준을 설정하고, 예산사업의 우선순위를 재검토하는 동시에 낭비 및 비효율 요인을 색출하는 것을 예산편성기준에 포함시켰다. 1983년에는 주요 행정경비를 기준화하고, 투자사업 심사기준도 강화하였으며, 1984년에는 일반회계 예산규모를 5.3% 확대하였으나, 증액분은 전액 자금관리특별회계와 양곡관리기금의 적

7) 영점기준 예산편성은 전년도와 유사한 사업일지라도 모든 사업의 시행효과와 필요 경비 수준을 영점에서 판단하여 우선 순위를 새롭게 결정한다는 것을 의미한다.

자 보전에 사용하였으므로 순수한 의미의 세출 증가는 나타나지 않았다.

1980년대 초반의 꾸준한 안정화시책에 힘입어서 물가안정기조가 확립되었다. 한국경제는 지속적으로 경제가 성장하고, 국제수지 적자폭이 줄어드는 추세를 보이는 가운데 1980년 중반 달러화 · 금리 · 원유가가 모두 하락하는 '3저현상'이 도래하여 호기를 맞게 되었다. 중반 이후 경상수지 흑자를 지속적으로 기록하는 가운데 기업의 재무능력이 개선됨에 따라 정부는 사회보장적 성격의 여러 종류의 복지정책을 대폭 도입하게 되었다. 대표적으로 1989년에 의료보험을 전국민으로 확대하였고, 1988년 국민연금제도, 최저임금제를 도입하여 당시 고용보험(1995년 7월 시행)을 제외하고 선진국이 채택하고 있는 대부분의 사회보장제도를 완비하였다.

1989년부터 국제원유가가 다시 상승하고 원화의 평가절상이 이루어짐에 따라 3저현상이 퇴조되면서 한국경제는 새로운 문제점에 봉착하게 되었다. 노사분규와 노동생산성보다 높은 임금상승, 긴축재정과 통화관리에 따른 항만 · 도로 · 철도 등 수송시설에 대한 재정투자를 등한시하여 나타난 물류비용의 급상승, 국내사업의 구조조정 지연 등으로 재정에 대해 다시 관심이 쏠리게 되었다. 정부는 1990년대 들어서서 GDP 대비 재정 규모를 확대하고자 노력하였다. 수송시설 확충을 위해 정부에서는 1994년부터 휘발유와 경유에 대한 특별소비세를 목적세인 교통세로 신설하였다. '공공자금관리기금'을 신설하여 각종 연기금 및 체신예금에서 금융자산으로 운용되던 여유자금을 예탁하도록 하고, 이들 자금을 사회간접자본 투자 및 과학기술개발 등의 재원으로 활용하였다. WTO 체제로 열악해진 농산물 분야를 지원하고자 1994년에 농어촌특별세를 신설하고 농어촌특별세관리특별회계를 설치하여 운영하였다. 아울러 정치 · 사회적으로 민주화와 자율화의 흐름이 거세지면서 복지 부문의 재정수요가 증가하기 시작하였으며, 1995년에는 지방자치제가 본격적으로 실시됨에 따라 지방재정확충 문제가 새로운 문제로 부각되었다. 당시에 일어났던 여러 시도들 가운데 괄목할 만한 것은 정부개혁(government reform)으로 정부의 공공지출을 절제하고 행정서비스를 국민의 요구에 맞게 개선한다는 것이었다. 이를 위해 공공 부문에 시장원리를 도입하고, 경쟁 · 성과 · 회계관리책임성(accountability) 등이 강조되었으며, 정부의 역할도 과거 공공행정(public administration) 대신에 자율을 확대하고 성과를 지향하는 공공경영(public management)으로 전환되었다.

4. 1998년~2013년: 경제위기 극복기

1997년 1월 한보그룹의 부도를 시작으로 삼미 · 진로 · 대농 · 한신공영 · 해태 · 뉴코아 · 기아그룹 등이 연이어 부도처리되거나 부도유예협약을 적용받으면서 금융기관의 부실이 점차 심화되었다. 만기도래한 해외 부문 채무에 대한 만기연장이 곤란해지자 1997년 12월 3일 IMF로부터 긴급유동성 자금을 지원받게 되었다. 외환위기의 원인이었던 금융기관의 부실과 기업의 과다한 차입경영을 타개하기 위해서는 금융기관의 상황을 보다 투명하게 공개하고, 구조개혁이 필요할 것으로 판단하여 정부는 금융구조개혁 프로그램을 수립하여 집행하게 되었다. 이 과정에서 대규모 재정지원의 신속한 추진이 필요하게 되었다.

외환위기를 극복하는 과정에서 금융기관의 구조조정을 위해 일반회계 및 특별회계 이외의 형태로 정부가 조성한 자금을 공적자금이라고 하는데 이러한 자금은 대체로 네 가지 형태로 구분된다. 첫째, 당시 공공자금이라고 불리어진 국유재산, 전대차관, 한국은행 그리고 기금을 통해 조성된 자금을 나타내며, 세입세출에 포함되지 않으므로 입법부의 승인을 거치지 않고 신속하게 재량적으로 동원할 수 있는 자원이었다. 둘째, 부실채권정리기금(자산관리공사)과 예금보험기금(예금보험공사)의 부담으로 채권을 조성한 채권발행자금을 들 수 있다. 이들 채권은 정부의 보증이 필요했고, 정부가 보증하기 위해서는 국회의 동의가 필요했다. 셋째, 채권발행 자금으로 지원된 자금 가운데 주식 매각, 부실채권 매각, 파산 배당 등을 통해 회수한 자금을 재사용한 자금을 말한다. 넷째, 이상의 세 가지 자금 이외의 자금으로 예금보험공사와 자산관리공사에서 금융기관으로부터 차입하여 지원한 자금과 예금보험공사의 예금보험료로 지원한 자금 등을 나타낸다.

외환위기 이후로 약 10여 년간 계속된 공적자금의 조성 · 운용 · 관리 측면에서 크게 세 시기로 구분할 수 있다. 첫 번째 시기는 외환위기 직후부터 2단계 금융구조조정을 위한 자금이 투입되기 직전까지이다. 이 시기에는 공공자금(27조 원), 채권발행자금(64조 원), 채권이자 지급을 위한 무이자 융자(8조 원; 부실채권정리기금 및 예금보험기금에 대한 재정융자특별회계의 융자) 등이 조성되었다. 당시 재정경제부, 금융감독위원회, 예금보험공사 및 자산관리공사 등의 여러 기관이 공적자금을 관리하고 있어서 공적자금이 효율적으로 관리되지 못하였다는 지적을 받기도 하였다. 두 번째 시기는 2단계 금융구조조정이 실시되었던 2001년으로 2000년 12월에 40조 원의 채권발행자금을 추가로 조성하였으며, 체계적으로 공적자금을 관리하기 위해 제도 개편에 착수하였다. 2000년 12월 '공적자금관리법'을 제정하고, 2001년 2월에 '공적자금관리위원회'를 구성하였다. 이에 따라 공적자금의 관리가 체계화되었으며, 공적자금관리위원회가 공적자금의 조성·운용·관리 등에 대한 주요 사항을 종합적으로 심의·조정하는 역할을 담당하였다. 세 번째 시기는 공적자금 상환대책이 마련된 2002년 이후 시기이다. 금융기관이 정상화됨에 따라 은행을 중심으로 민영화가 본격적으로 추진되었고, 보유주식 등의 매각가격 상승으로 공적자금 회수가 크게 증가하였다.

1997년 말에 시작된 IMF의 거시경제 부문 프로그램은 외환보유고 확대와 환율안정을 시급한 단기과제로 인식하여, 국내 총수요를 위축시켜 경상수지를 흑자로 전환시킴으로써 외환보유고를 확충하고, 고금리정책을 통해 급격한 환율절하를 억제하는 조치를 시행하였다. 고강도의 긴축정책을 추진한 결과 1998년 중반 이후 환율이 안정되기 시작하였고, GDP 대비 경상수지도 적자에서 흑자로 전환하였다. 외환위기 당시 재정정책의 특징은 IMF의 안정화 프로그램을 통해 이해할 수 있을 것이다. IMF가 처음 발표한 프로그램에 명시된 거시경제운용지표에 의하면 재정수지는 균형 또는 소폭 흑자를 유지하도록 작성되었다. 따라서 1998년 3월에 마련된 제1차 추가경정예산안에서는 성장률 하락에 따른 세입 감소와 금융구조조정 비용, 실업대책 등의 증액요소에도 불구하고 교통세율 30% 인상 등에 따른 세입 증가와 인건비·행정경비·사업비 등의 세출 삭감으로 소요재원을 조달할 수 있었다.

1998년 5월까지 경기침체가 심화되자 정부는 고금리정책과 긴축재정정책에서 정책방향을 선회하였다. 재정정책에 있어서는 1998년 6월 제2차 추가경정예산안 편성에 착수하여 7월 말에 발표하였는데, 적자예산을 편성하는 것으로 그 규모는 GDP 대비 3.0%에 해당하는 15조 원(세출증액 6.7조 원, 세입결손보전 8.3조 원)에 달하였다. 이러한 확장정책과 더불어 선진국에 대한 수출 호조로 한국경제는 V자형의 회복세를 보이게 되었다.

경기가 회복되면서 1999년 재정정책은 긴축기조로 선회하였다. 통합재정지출 및 순융자 증가율이 1998년 15.1%에서 1999년, 2000년에 4.8%, 6.9% 등으로 낮아졌다. 그러나 통합재정수입은 1999년, 2000년에 11.6%, 25.8%로 크게 증가하였다. 2000년에는 법인세가 급증하였는데, 이는 부채비율 하락과 인건비 감축 등으로 법인소득이 증가하였기 때문이다. 이러한 긴축기조에 따라 2002년 관리대상수지가 흑자를 나타내기 시작하였다.

경제위기 직후 정부는 금융·기업·공공·노동시장의 4대 부문에 대한 개혁을 추진하였다. 공공개혁을 위해 이를 전담하는 기구를 정식 정부기구(1998년 기획예산위원회 안에 '정부개혁실')로 설치하였다. 공공개혁은 보수적인 관료주의적 타성과 변화를 싫어하는 공공 부문의 속성으로 인해 공무원들에 의한 자율적 개혁을 추진하는데 한계가 있다고 파악하여 '정부개혁실'에는 다수의 외부 전문가를 영입하였다. '정부개혁실'을 통해 정부는 작은 정부를 위한 구조조정, 효율적인 정부를 위한 운영시스템 혁신, 봉사하는 정부를 위한 대국민 서비스 개선 등 세 가지 전략과제를 추진하였다.

표 5-2 주요 재정지표 (1998년~2002년)

(단위: %)

	1998	1999	2000	2001	2002
경상수지 (GDP 대비)	11.3	5.3	2.3	1.6	0.9
통합재정수입 증가율	3.5	11.6	25.8	6.1	10.2
통합재정지출 및 순융자 증가율	15.1	4.8	6.9	5.8	-0.5
통합재정수지 (GDP 대비)	-3.7	-2.4	1.1	1.1	3.1
관리대상수지 (GDP 대비)	-5.0	-3.7	-1.0	-1.3	0.7
국가채무 (GDP 대비)	14.3	16.3	16.7	17.4	17.6

출처: KDI, 2010, 「한국경제 60년사; 경제일반」, p. 509 〈표 4-67〉

'정부개혁실'은 두 차례에 걸쳐 공기업 민영화 및 경영혁신 방안을 모색하였다. 제1차에서는 주로 모기업을 대상으로 민영화 계획을 추진하였고, 제2차에서는 자회사를 대상으로 하였다, 제1차 대상은 금융기관과 언론기관을 제외한 108개였는데, 이들 중 모기업은 26개, 모기업의 출자회사가 82개였다. 모기업 26개를 중심으로 검토된 민영화 방안은 '완전 민영화', '단계적 민영화', '공기업 유지' 세 가지 유형으로 분류되었다. 2차에서는 설립목적에 부합하지 않는 자회사 및 경영 상태가 부실한 자회사는 매각 또는 청산하고, 유사 기능을 수행하는 자회사는 통폐합하거나 모회사에 흡수시켰다. 이 경우에도 1차와 마찬가지로 세 가지 유형으로 분류되어 완전 민영화 33개, 단계적 민영화 28개, 공기업 유지 15개, 통폐합 6개 기관으로 결정되었다. 민영화 결과 공기업 수는 모기업 19개, 자회사 16개로 1998년 모기업 24개, 자회사 74개에 비해 크게 감축되었다. 고용인원 역시 41만 2천 명에서 8만 1천 명으로 큰 폭으로 줄어들었다.

2003년 출범한 노무현 정부는 중기재정계획으로 '국가재정운용계획'을 채택하고,

표 5-3 민영화 방안별 공기업 현황

(단위: 원)

구분	공기업명
완전 민영화	포항종합제철, 한국중공업, 한국종합화학, 한국종합기술금융, 국정교과서
단계적 민영화	한국전기통신공사, 한국담배인삼공사, 한국전력공사, 한국가스공사, 대한송유관공사, 한국지역난방공사
공기업 유지	한국관광공사, 농수산물유통공사, 한국석유개발공사, 대한주택공사, 한국수자원공사, 한국도로공사, 한국토지공사, 한국감정원, 대한석탄공사, 한국조폐공사, 농어촌진흥공사, 대한광업진흥공사, 대한무역투자진흥공사

출처: KDI, 2010, 「한국경제 60년사; 경제일반」, p. 516 〈표 4-72〉

예산 과정에는 '총액배분 자율편성제도'가 도입되면서 재정자원의 분야별 배분에 관심이 집중되었다. 이 제도 하에서는 재정총량규모, 분야별 재정배분, 분야 내 세부사업 등에 대한 예산 결정이 보다 명확하게 단계별로 이루어졌다. 이 과정에서 성장을 위한 예산과 복지를 위한 예산의 갈등이 주요 의제로 부각되기 시작하였다. 복지지출의 증가와 더불어 전체 재정규모도 꾸준히 증가하였다. 정부는 국민부담률이 낮은 수준이며, 정부부채도 많지 않으므로 복지지출이나 총재정규모 증가가 별로 부담이 되지 않는다는 입장이었으나 반론[8]도 여러 측면에서 제기되었다. 2006년에 '함께하는 희망한국, Vision 2030'을 발표하며 복지지출 증가에 대한 의욕을 표출하였으나 정권 말기여서 추진력이 부족하여 실현되지 못하였다.

국가균형발전이라는 의제는 노무현 정부에서 중요한 한 축을 담당하였다. 국가균형발전의 3대 원칙은 첫째, 지방분권·지역균형발전·신행정수도 건설 등 종합적인 접근으로 지방화를 추진하며, 둘째 자립형 지방화 위해 지방혁신체계를 구축하고 지방경제를 혁신주도형 경제로 전환하고, 셋째 지방 우선 육성과 수도권의 계획적 관리를 통해 지방과 수도권의 상생발전의 토대를 구축한다는 것이다. 이를 추진하기 위해 혁신정책, 균형정책, 산업정책, 공간정책, 질적 발전정책의 다섯 가지 정책을 제시하였다. 이에 대해 인위적 지역발전은 불가능하고, 수도권 성장을 억제하면 국가경쟁력을 약화시킬 수 있는 동시에 막대한 재정지출로 재정건전성이 악화될 수 있다는 비판이 있었다. 노무현 정부의 뒤를 이은 이명박 정부는 '산술적 균형보다는 상생과 협력, 그리고 지역 간 선의의 경쟁에 의한 균형을 추구하며 지역의 자율과 창

8) 반론은 주로 국민연금제도가 성숙하고, 고령화가 진전됨에 따라 복지지출이 자동적으로 증가할 것이므로 당시 복지지출을 증가시키면 향후 복지지출 부담이 가중될 것으로 예측되므로 조심스럽게 접근해야 한다는 것이다. 이외에도 우리나라의 재정규모와 정부부채 산정 방법이 국제적 기준과 상이하므로 재정건전성에 대한 정부의 판단은 착시현상이라는 지적이 있었다.

의에 기초한 분권형 시스템의 구축'을 표방하였으나 정책 내용에서 크게 변한 것은 없는 것으로 파악된다.

노무현 정부의 공공 부문 개혁은 '공공 부문이 제대로 서비스를 제공하도록 만드는 것'이 더 중요한 의제로 부각되었고, 공기업개혁의 기본 방향도 수정되었다. 대표적으로 한전 · 가스공사 · 철도공사 등의 민영화 계획은 중단되고, 주공과 토공의 통합계획이 백지화되었다. 그리고 법적인 체계도 변하여 '정부산하기관관리기본법'은 폐지되고 '공공기관의 운영에 관한 법률'(이하 공운법)로 대체되었다. 공운법에 따라 공공기관은 공기업, 준정부기관, 기타 공공기관 세 가지 유형으로 분류하여 새롭게 지정되었다. 공운법의 공공기관 관리감독은 정부감독, 내부지배구조, 국민 · 언론의 감시 세 가지 방식으로 구분되었다. 첫째, 정부(기획예산처, 주무부처, 감사원 등)의 감독으로 경영평가, 기관장이나 임원의 해임건의, 업무 회계감사 등을 담당하였다. 둘째, 내부지배구조로 기관장의 책임경영체계 강화, 이사회의 견제기능 강화, 내부감사기능의 활성화와 임원 임면의 공정성 개선 등이 이에 포함된다. 셋째, 경영공시, 고객만족도 조사, 국회 국정감사 등으로 국민과 언론의 감시라 할 수 있다. 이러한 체제는 조금씩 수정되기는 하였으나 큰 틀에서는 박근혜 정부까지 계속 유지된다고 볼 수 있다.

노무현 정부에서 중단되었던 민영화는 이명박 정부에서 공공기관 선진화라는 명목 하에 다시 본격적으로 추진되었다. 정부는 2008년과 2009년 총 여섯 차례의 공공기관 선진화 계획을 수립하여 공공기관 민영화 및 통폐합 등의 구조조정과 더불어 대졸 초임수준 인하, 보수수준 조정, 노사관계 합리화, 과도한 복리후생 축소 등으 제도개선을 추진하였다. 구조조정 측면에서는 민간이 수행하고 있거나 민간과의 경쟁이 가능한 기능은 민영화와 출자회사 정리 등을 통해 민간이양을 추진하였다. 대표적으로 한국감정원의 감정기능을 들 수 있다. 공공 부문에 존치시킬 필요가 있는 기관은 통폐합(대표적으로 주공과 토공의 통합)이나 정원 감축 등의 경영효율화를 추진하였다.

이명박 정부에서 부딪친 또 하나의 사건은 리만부라더스의 도산과 함께 급격히 진전된 글로벌 금융위기로 당시 재정당국은 총수요의 급격한 위축에 적극적으로 대응하였다. 2008년 정부는 2009년 정부예산안을 편성하여 10월에 국회에 제출하였으나 신용경색과 생산위축이 급격히 진행되자 11월 정부는 10조 원 규모의 수정예산안을 편성하였다. 수정예산안은 실물경기침체를 방지하고 지역경제를 활성화하고자 일자리 유지와 내수진작 효과가 큰 SOC 분야에 중점적으로 재원을 배분하였다. 실물 부문의 급격한 위축으로 서민생활의 어려움이 가중되자 정부는 2009년 추가경정예산안을 편성하고 상반기에 재정의 60% 이상을 조기 집행함으로써 재정건전성 악화에 대한 우려가 커지기 시작하였다.

5.4 한국의 예산

1. 세입추이

GDP에 대한 조세수입의 비중(조세수입/명목GDP)을 조세부담률이라고 한다. 이러한 조세부담률은 국민 전체의 조세부담 정도를 나타내는 지표라 할 수 있다. 조세부담률의 크기는 조세의 누진 정도, 국가의 조세징수능력 등에 의하여 결정된다. 우리나라 정부 부문에 대한 조세부담률은 1960년 12%를 시작으로 점차 상승하여 2007년 21.0%에 도달한 후 소폭 줄어들었으나 최근 다시 상승 추세를 보이며, 2012년 20.2%에 달하였다. 이러한 수준은 유럽선진국의 30%~40%에 비하면 낮은 수준이다.

그림 5-3 | 국세, 지방세별 조세부담률

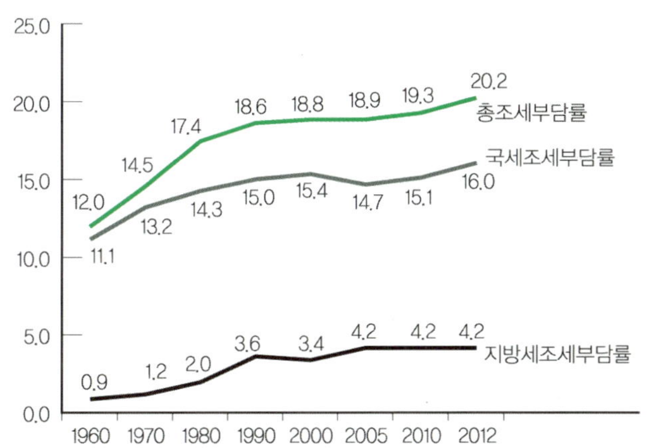

자료: 기획재정부, 2013, 「조세개요」.

총조세액에서 국세와 지방세가 차지하는 비중을 살펴보면 경제개발계획 전에는 국세가 92.5%로 커다란 비중을 차지하였으나, 이후 계속 줄어들어 1980년대 80%를 유지하다가 1990년에 국세 비중이 소폭 줄어들었으나 이후 2002년을 제외하고서는 80% 내외를 유지하고 있다. 국세에 대한 조세부담률은 15~16%를 유지하고 있으며, 지방세의 조세부담률은 4%대를 유지하고 있다. 지방세를 언급하는 경우에는 지방정부의 재정자립도를 동시에 고려하여야 할 것이다.

지방정부의 재정자립도란 지방정부가 재정활동에 필요한 자금을 어느 정도 자체적으로 조달하고 있는가를 나타내는 지표로서 지방정부의 일반회계 수입에서 자체자원, 즉 지방세와 세외수입이 차지하는 비율을 말한다. 지방정부의 재정자립도를 높이기 위한 방법으로는 지방세율인상, 새로운 지방세의 도입 등을 고려할 수 있다. 그런데 지방세율 인상은 지역 간의 경제력 차이로 인하여 지역 간 빈부의 불균형을 오히려 심화시킬 우려가 있다. 특히 2004년에 재산세와 종합토지세를 대폭 증가시킴으로써 조세저항이 나타났으며, 이러한 저항으로 말미암아 시·군·구의회가 세율을 조정한바 있다. 이러한 조세체계로 말미암아 지역 간 격차가 발생했기 때문에 정부는 지방세를 국세로 전환하려고 하지만 시장, 군수, 구청장의 비협조로 쉽지 않을 듯하다. 신규 지방세 도입에 대해서는 지역주민의 조세부담률을 상승시키기 때문에 신중하게 고려하여야 할 것이다.

우리나라의 지방재정자립도는 2013년 예산기준으로 전국평균 51.1%를 나타내고 있는데, 지방재정자립도가 높은 지방정부는 서울(88.8%), 울산(70.7%), 인천(67.3%) 등이며, 지방재정자립도가 낮은 지방정부는 전남(21.7%), 전북(25.7%), 강원(26.6%)의 순으로 되어 있다.[9]

2. 세출추이

중앙정부의 기능별 세출을 수록한 〈표 5-4〉에 의하면 1960년 420억 원에 불과하던 세출규모는 경제가 커짐에 따라 2010년에는 197조 원에 이를 정도로 규모 면에서 큰 폭으로 증가하였다. 그러나 세출이 GDP에서 차지하는 비율은 1960년에 29.2%에서 점차 줄어들어 2010년에는 15.6%를 유지하고 있다. 기능별로 살펴보면 일반공공행정비는 1960년대 이후 1971년까지 총세출 가운데 5~6%를 유지하다가,

9) e-나라지표(http://www.index.go.kr/potal/main/EachDtlPageDetail.do?idx_cd=2458)의 2013년도 재정자립도 참조.

1972년 이후 1975년까지 11% 이상을 나타냈으나, 그 이후 줄어들었다가 다시 상승하여 28.0%를 점하고 있다. 방위비 비율은 1960년대 높았으나 점차 줄어들어 15.8%에 불과하였다. 한편 교육비는 연도별로 소폭의 차이가 있으나 20%까지 상승하였다. 보건, 사회보장 및 복지 분야의 지출은 계속 증가하여 GDP의 약 15%에 이르렀다. 주택 및 지역사회개발비는 1972년 이후 구분하여 집계된 이래로 계속해서 증가하여 1990년에 10%에 달하였지만, 다시 줄어들어서 2010년에 총세출의 5.3%로 하락하였다. 경제개발비[10]는 20% 이상을 계속 유지하고 있으며, 2000년도 초반에는 총세출 가운데 25%를 차지하다가 최근 10%대 중반을 유지하고 있다. 채무상환이나 기타 비용은 1970년에 총세출의 29.4%에서 계속해서 줄어들다가 2001년 이후 큰 폭으로 줄어들었다.

표 5-4 중앙정부 기능별 세출

(단위: 십억원)

	일반공공 행정	방위비	교육	보건, 사회보장 및 복지[1]	주택 및 지역사회 개발[2]	경제 개발[3]	채무상환 기타[4]	총세출	대GDP 비율
1960	3.2 (7.6)[4]	14.7 (35.0)	6.4 (15.2)	2.2 (5.2)	–	8.4 (20.0)	7.1 (16.9)	42.0 (100.0)	29.2
1970	22.7 (5.1)	102.3 (23.2)	78.2 (17.7)	17.5 (4.0)	–	91.0 (20.6)	129.6 (29.4)	441.3 (100.0)	21.5
1980	655.5 (8.5)	2,349.1 (30.6)	1,124.4 (14.6)	516.2 (6.7)	191.1 (2.5)	1,996.7 (26.0)	849.0 (11.1)	7,682.0 (100.0)	23.5
1990	2,801.8 (10.2)	6,856.2 (25.0)	5,586.0 (20.4)	2,450.3 (8.9)	2,764.7 (10.1)	3,867.7 (14.1)	3,110.0 (11.3)	27,436.7 (100.0)	18.3
2000	8,118.8 (9.1)	15,081.6 (17.0)	12,651.3 (14.3)	10,550.4 (11.9)	8,261.5 (9.3)	23,143.8 (26.1)	10,928.9 (12.3)	88,736.3 (100.0)	17.0
2010	551,412 (28.0)	310,551 (15.8)	374,204 (19.0)	297,656 (15.1)	104,752 (5.3)	329,456 (16.7)	3,340 (1.7)	1,971,371 (100.0)	15.6

주: 괄호 안의 수치는 총세출에서 차지하는 비중임.
1) 1990년 이후는 사회개발비임.
2) 1990년 이후는 지방재정교부금임.
3) 1960년은 경제적 경비 총액임. 1970년 이후는 경제개발비 총액임. 2008년은 경제개발비가 없고, 산업별 지출 총액을 합하여 계산한 것임.
4) 2010년은 예비비임.
자료: 기획재정부, 「결산개요」, 각년도.

10) 과거와 자료를 통일시키기 위해 경제개발비 항목에 경제개발비 이외에 산업에 대한 지출을 전부 포함하여 수록하였다.

3. 통합재정수지

통합재정이란 한 나라의 정부 부문에서 1년 동안 지출하는 재원의 총체적인 규모를 칭한다. 통합재정은 현대국가에서 다양한 형태로 이루어지고 있는 정부 부문의 모든 재정활동을 포괄하여 수록함으로써 재정이 국민소득, 통화, 국제수지에 미치는 효과를 파악하고자 하는 예산분류체계이다. IMF는 1974년 재정통계작성기준인 「정부재정통계편람」(A Manual on Government Finance Statistics)을 발간하였고, 세계 각국은 IMF의 권고에 따라 매년 통합재정편제의 재정통계를 작성하여 제출함으로써 각국 재정운용 결과의 국제적인 비교가 가능해졌다. 우리나라의 경우에는 IMF의 권고에 따라 1979년부터 통합재정수지를 작성하였다.

통합재정은 재정이 건전하게 운용되었는지를 판단하는데 유용한 자료로 활용되고 있다. 통합재정은 정부 부문의 전체적인 재정규모의 파악이 가능하고 내부거래와 보전거래를 차감함으로써 순수한 재정활동의 규모파악이 가능하다. 통상적인 예산에서는 세입과 세출이 균형을 이루어 재정운영의 건전성을 파악하기 곤란하지만 통합재정에서는 재정적자의 보전 또는 흑자처분을 위한 거래는 제외되므로 재정의 건전성을 파악할 수 있다. 이에 따라 재정수지가 적자가 된다면 보전재원은 '+'로 표시되며, 이는 재정적자를 차입이나 국채발행 등으로 보전하였음을 나타낸다.

정부의 수입, 지출은 경상거래 및 자본 거래로 구분되어 파악되므로 통합재정을 통해 정부 소비, 저축, 총고정자본형성 등의 추정이 가능하며, 거시계량모형을 이용한 정부재정활동의 국민경제적 효과에 대한 분석이 가능하다. 그리고 재정운용에 따른 금융거래를 금융기관, 기타 민간, 해외 등 경제 부문별로 구분 · 파악함으로써 재정 부문의 통화효과도 분석할 수 있다.

그러나 통합재정에서는 융자지출도 재정수지의 적자요인으로 파악한다는 한계를 지니고 있다. 융자지출은 회수하는 시점에서는 흑자요인이 된다는 점에서 순환적인 적자의 성격을 가지고 있음에도 불구하고 이를 당해 연도의 적자요인으로 보고, 이를 기초로 재정 운용의 건전성을 판단하는 것은 지나치다고 할 수 있다.

통합재정은 일반회계, 특별회계, 기금 간의 전출금 및 전입금 등 회계 간의 내부거래와 국채발행, 차입, 채무상환 등 수지차 보전을 위한 보전거래를 세입과 세출에서 각각 제외한 순계개념의 세입과 세출을 말하며, 통합재정수지는 이러한 순계개념의 세입과 세출의 차를 의미한다. 일반적으로 통합재정의 포괄범위는 비금융 공공 부문인데, 지방정부는 예산편성 및 결산작성의 시차, 회계과목 간 상이 등으로 현실적으로 통합재정에 포함시키지 못하고 있다. 그러나 정부재정의 투명성을 향상시키거나 국가재정 전체를 포괄적으로 이해하기 위해서는 통합재정에 지방정부를 포함시킬 필요가 있다. 지방자치단체 예산회계체제 정비 등을 거쳐 2005년부터 지방정부(지방재정과 지방교육재정)를 포함한 통합재정 통계를 작성하여 발표하고 있다.

통합재정에서는 정부의 거래를 세입과 세출 그리고 보전재원 등 세 부분으로 구분하여 파악하고 있는데, 통합재정에서의 세입과 세출은 통상적인 정부회계상의 세입, 세출과는 개념이 다르다. 정부회계(예산서 및 결산서)에서는 회계연도 내의 모든 수입과 지출을 세입과 세출로 파악하지만 통합재정에서는 정부의 수입을 세입 · 보전수입 · 융자 회수로, 지출을 세출 · 보전 지출 · 융자 지출로 구분하고 있다. 세출 및 순융자는 정부의 모든 비상환성 지출을 포함하고, 세입은 정부로 유입되는 수입 중 비상환성 수입만이 세입으로 분류되고 상환성 수입인 국채발행 수입, 차입 등은 세입으로 분류되지 않고 보전 수입으로 분류된다. 보전재원의 크기는 세입에서 세출 및 순융자를 뺀 차와 같으며, 유동성 목적의 상환성 수입, 지출거래가 포함된다. 따라서 정부의 예금, 현금보유, 화폐발행이나 정부 예수금 이외의 정부 채무, 정책적인 목적보다는 유동성 관리를 위하여 정부가 보유하고 있는 금융자산 등의 거래는 보전거래에 해당된다. 보전 재원 조달은 국내 자금 수요와 여타 경제 부문이 사용할 수 있는 자금 규모에 영향을 미친다.

표 5-5 통합재정수지

(단위: 십억원, %)

	세출 및 순융자	세입	수지차	보전재원			차입의존도 (%)*
					국내보전	해외보전	
1979	6,210	5,770	-440	440	174	266	7.1
1980	8,455	7,281	-1,174	1,174	856	318	13.9
1990	34,035	32,457	-1,578	1,578	1,906	-328	4.6
2000	129,284	135,811	6,527	-6,527	-6,111	-416	-5.0
2010	254,230	270,923	16,692	-16,692	-	-	-6.6
2013	300,238	314,438	14,200	-14,200	-	-	-4.7

주: 차입의존도 = 보전재원/세출 및 순융자.
자료: 재정경제부 국고국 재정정보과 「한국통합재정수지」, 각년도.

1979년 이래로 통합재정수지를 살펴보면 계속해서 적자를 보이다가 1993년부터 1996년까지 흑자를 시현하였다. 그러나 외환위기를 겪으면서 1997년부터 1999년까지 다시 적자로 돌아선 이후 2000년 들어서서 지속적으로 흑자를 보이고 있다. 특히 2002년에는 23조 원, 2010년에는 16조 원, 2013년에는 14조 원에 달하는 흑자를 기록하였다. 이와 같이 큰 폭의 흑자를 기록한 것은 조세수입을 비롯하여 세입이 큰 폭으로 증가하였기 때문이다. 2000년 전까지 재정적자를 보전하려고 차입하거나 국채를 발행하였으나, 2000년 후에는 흑자로 돌아섬으로써 국채를 회수하거나 외채를 갚는데 사용하였다. 보전재원과 세출 및 순융자의 비율을 나타낸 차입의존도는 이와 같은 추세를 반영하여 2000년 전까지는 1993~1996년을 제외하고서는 (+)를 보였으나, 2000년 이후 (-)를 보이고 있다. 그러나 2008년 세계적인 경제위기를 겪으면서 2009년 17.6조 원의 적자를 기록하였지만, 이듬해 회복한 이후 지속적으로 흑자를 기록하고 있다.

4. 국가채무

국가채무는 국가가 중앙은행이나 민간으로부터 빌려 쓴 돈으로 국채, 차입금, 국고채무 부담행위 등 중앙정부 채무에 지방정부의 채무 등을 합한 것이다. 국가채무에 대한 가장 좁은 의미로는 각종 차입금, 국채, 국고채무 부담행위만을 지칭하고, 이러한 의미가 현재 국가채무의 공식 통계에 사용되는 국제통화기금(IMF) 기준이기도 하다. 이보다 넓은 의미의 국가채무는 가장 좁은 의미의 국가채무에 국가의 보증채무까지 포함시킨 것을 말한다. 국가의 보증채무란 민간의 해외 여신에 대해 국가가 상환보증을 서는 것을 말한다. 다음으로 넓은 개념의 국가채무는 중앙정부채무에 각 지방자치단체의 빚을 모두 더한 것이다. 따라서 여기에는 국채뿐만 아니라 공채도 포함되며 지하철공채 등이 대표적인 예에 해당된다. 마지막으로 가장 넓은 의미의 국가채무는 정부, 지자체뿐만 아니라 각종 공기업이나 공단의 채무까지 포함되는 것으로 공사가 민간 기업으로부터 빌린 빚도 포함된다. 본 절에서는 가장 좁은 의미의 국가채무를 중심으로 살펴본다.

가. 국채

국채는 재정수입의 원천이면서 금융시장의 기준금리를 제공한다. 국채는 국가가 발행하는 채권을 의미한다. 정부가 채권 발행의 주체가 되어 자금을 조달하게 되며, 이렇게 조달된 자금은 만기일이 되면 갚아야 하는 정부의 빚이 된다. 나라살림은 국민의 세금으로 꾸려나가는 것이 원칙이나 세금만으로 재정을 충원하기 어려울 때는 국채를 발행하게 된다. 국채는 조세와 함께 중요한 재원조달 수단으로 이용되고 있으며, 특히 주요 선진국의 경우 국채가 주요한 재정수입원으로 활용되고 있다. 또한 국채는 시장에서 유통되는 채권의 하나로서 금융시장에 기준금리를 제공하는 기능을 갖고 있다. 시장에서 유통되는 채권에는 국채(국가가 발행), 공사채(공기업이 발행), 회사채(민간회사가 발행)가 있는데, 국채는 대표적인 무위험자산이므로 국채금리는 시장수익률의 대표적인 지표금리로 통용되고 있다.

나. 차입금

국채와 함께 국가가 채무자가 되어 금전적인 책무를 지는 것에는 차입금과 국고채무부담행위가 있다. 차입금은 한국은행 등 국내금융기관, 민간기금 등으로부터 빌리는 국내 차입금과 국제기구, 외국정부 및 외국금융기관으로부터 빌리는 해외 차입금으로 구별된다.

국내 차입금 중 한국은행 차입금은 국고 출납 시 일시적으로 발생하는 부족 자금을 충당하기 위해서 사용되는 것으로 1년을 기준으로 일시 차입금과 장기 차입금으로 나누어진다. 일시 차입금은 한도액을 매년 예산총칙에 규정하여 국회의 의결을 얻어 시행하고 있으며, 장기 차입금은 재산형성저축장려기금에서만 차입이 이루어지고 있다. 이외에 재정융자특별회계와 공공자금관리기금에서 국민체육진흥기금, 산업은행 등 민간기금과 금융기관으로부터 차입하고 있다.

해외차입금은 정부가 국제기구, 외국정부 및 외국금융기관으로부터 도입하는 재정차관이다. 재정차관의 도입은 예산총칙에 그 차입 한도를 정하고 있으며, 차입선으로는 IBRD 등 국제기구와 미국, 일본 등이 있다.

다. 국고채무부담행위(contract resulting in treasury obligation)

국가가 돈의 지출을 수반하는 계약을 하는 경우 돈의 지출은 다음 연도 이후의 예산에 포함되는데 계약만은 미리 해두려고 할 경우가 있다. 이러한 계약을 국고채무부담행위라고 하며 예산사항의 하나로서 국회의 의결을 얻어야 한다. 국고채무부담행위에 관한 국회의 의결을 얻기 위해서는 사항마다 필요한 이유를 명시하고 그 행위를 할 연도, 상환연도, 채무부담금액을 표시해야 한다.

라. 중앙정부의 국가채무 추이

중앙정부의 국가채무는 1985년에 14조 원를 초과한 이후 계속 증가하여 2013년에는 무려 464조 원에 달하였다. 1995년까지는 35조 원으로 해마다 조금씩 늘어났지만, 외환위기 이후에는 급등하기 시작하여 1997년에는 전년 대비 37% 증가하였으며, 1998년에는 42%, 1999년에는 25.6% 상승하였다. 이후 2000년대 들어 연간 증가율이 12%대로 유지되다가 2009년에는 전년 대비 14.7% 증가하였으나 안정을 찾아 2012년 5.5%까지 줄어들지만 2013년 9.2%로 증가하였다. 중앙정부의 국가채무 가운데 해외차입금은 외환위기 이후 약 3배 증가하였으며, 국채발행은 해를 거듭할수록 증가하고 있으므로 재정건전성 악화와 국민부담 증가가 우려되고 있다.

표 5-6 중앙정부의 국가채무

(단위: 조원)

	국채	차입금	국고채무 부담행위	중앙정부 국가채무	보증채무	지방정부 국가채무	국가채무
1985	3.3	10.0	1.0	14.3 (18.0)	7.2	-	-
1990	13.7	8.3	2.5	24.5 (13.8)	7.2	-	-
1995	23.3	8.2	4.1	35.6 (8.9)	15.0	-	-
2000	76.3	21.9	2.7	100.9 (17.4)	74.6	10.3	111.2 (17.5)
2005	229.0	7.6	2.1	238.8 (26.0)	55.0	9.1	247.9 (27.0)
2010	367.2	3.5	3.1	373.8 (29.5)	34.8	18.4	392.2 (31.0)
2013	459.5	1.9	2.7	464.0 (32.5)	33.0	25.7	489.8 (34.3)

주: 괄호 안의 수치는 GDP 대비 비중임.
자료: 기획재정부 2014, 「월간 재정동향」.

이러한 국가채무의 폭발적인 상승을 반영하여 중앙정부의 국가채무의 GDP 비율은 1985년 18%에서 점차 줄어들어서 1995년 8.9%(1996년이 최저인 8.8%)에 이르렀다. 그러나 외환위기 이후 급증하여 2011년에 400조 원을 초과하여 2013년에 464조

원으로 GDP에 32.5%에 이르게 되었다. 지방정부의 국가채무까지 포함하면 490조 원으로 GDP의 34.3%에 달한다. 보증채무 역시 1985년 7조 2천억 원에서 1990년까지 줄어들었으나 1992년 10조 원을 돌파한 이후 1995년 15조 원으로 증가하였고, 외환위기 이후 폭발적으로 늘어나서 2001년에는 약 107조 원에 이르게 되었다. 이후 줄어들기는 하였으나 2013년 33조 원에 달하였다.

정부는 외환위기 이후 적극적인 재정정책을 실시하여 위기를 조기에 극복할 수 있었으나, 국가 채무 및 지급보증채무가 급증하고 있으므로 조세부담률을 비롯하여 국민부담률이 상승하고 있다. 국가채무의 급증 추세로 인해 재정건전성이 위협받고 있으며, 정부가 앞으로 재정정책을 통해 경기안정화를 도모하는데 장애물이 될 것 같고, 조세를 비롯하여 국민부담을 크게 증가시킬 것으로 예상된다. 향후 국가채무는 공적자금과 관련된 지급보증채의 국채 전환, 인구 고령화로 인한 사회보장비의 급증, 주한미군 철수에 따른 국방비 증액, 통일비용 등 재정 수요 확대로 계속해서 증가할 것으로 전망된다.

정부는 재정건전성의 제고를 위해 여러 변수를 고려한 중장기 예산 계획을 수립하고, 세입기반 확충과 세출구조조정을 수행하여야 할 것이다. 세수를 확보하기 위해서는 세율인상보다는 과표를 현실화하도록 하고, 정부 자산관리의 효율성을 제고하도록 해야 할 것이다. 재정지출을 구조조정하기 위해서는 지출규모가 큰 교육비, 사회간접자본비, 농어촌지원비 등에서 예산 증가를 적절히 통제하고, 사회복지 지출의 효율성을 제고하도록 노력해야 할 것이다.

| 제6장 |

금융

6.1 화폐와 국민경제

6.2 금융정책

6.3 금융정책 전개 과정과 금융자유화

6.4 금융시장의 구조와 기능

6.5 우리나라의 금융시장

★

금융은 자금이 남는 사람이나 기관으로부터 자금이 부족한 곳으로 자금이 이전되는 현상 또는 이러한 중개행위를 나타낸다. 경제주체 가운데 가계는 벌어들인 소득의 일부를 쓰고, 나머지는 저축한다. 저축된 자금은 금융기관을 통해 기업의 투자자금으로 제공된다. 결국 금융은 자본주의경제에서 이윤의 원천이 되는 자금의 효율적 배분을 가능하게 함으로써 국민경제 전체의 생산이나 후생수준을 증가시키는 데 한 역할을 담당하고 있다.

이러한 금융을 이해하기 위해서는 우선 화폐에 대한 개념을 정확하게 이해해야 할 것이다. 현대 자본주의경제에서 화폐는 일상생활의 일부처럼 되어버려서 국민경제에 미치는 영향이나 국민경제에서 화폐가 담당하고 있는 역할은 지대하다. 화폐는 모든 거래나 교환에 필요한 것이며, 화폐공급의 변화는 생산, 고용 그리고 물가에 상당한 영향을 미친다.

경기가 불황이라고 판단하면 중앙은행은 시중에 돈을 많이 유통시키려 할 것이다. 이 경우에는 높은 물가상승률과 화폐가치의 하락이라는 부작용을 초래할 수 있다. 따라서 중앙은행은 화폐를 발행하기보다는 다른 정책을 이용하여 간접적으로 통화량을 조절하려고 할 것이다. 중앙은행이 간접적으로 통화량을 조절하는 정책을 금융정책이라고 칭한다.

구체적으로 금융정책이란 중앙은행이 민간이 보유하고 있는 금융자산의 구조를 변화시킴으로써 완전고용, 물가안정 및 국제수지의 개선 등의 경제목표를 달성하기 위해 수행하는 경제정책이라고 정의할 수 있다. 금융시장의 참여자들은 장래에 대한 예상과 기대에 입각하여 금융거래를 하는데, 불안정적인 요소가 많이 존재하므로 이러한 요소들을 안정화시키기 위해서 금융정책이 필요한 것이다.

이번 장에서는 금융에 대한 전반적인 것을 살펴보는데, 화폐, 금융정책, 금융시장의 구조 등의 개념과 현황을 살펴본다.

제6장 금융

6.1 화폐와 국민경제

화폐는 교환의 매개물(the medium of exchange)이고, 가치척도(measures of value) 및 가치저장이라는 세 가지의 기능을 지니고 있다. 이 가운데 교환의 매개물과 가치척도는 화폐의 가장 기본적인 기능에 속한다. 화폐가 없는 물물교환경제에서는 물건을 살려는 사람과 물건을 팔려는 사람이 서로 일치하는 경우에만 매매가 이루어지는 것이다. 만약 이런 물물교환경제에서 물건을 사고자하는 사람은 물건을 팔려는 사람을 찾아야만 살 수 있고, 팔려는 사람도 사고자하는 사람을 만나야만 물건을 팔 수 있다. 화폐가 도입되면 물건을 사려는 구매자나 팔려는 판매자가 서로 찾아다닐 필요없이 물건을 사거나 팔 수 있으므로 시간과 노력을 줄일 수 있을 것이다. 두 번째 화폐의 기능인 가치의 척도 혹은 회계단위란, 교환되는 모든 재화나 서비스의 가격은 화폐단위로 표시되며, 거래에 대한 회계 역시 화폐단위를 기준으로 표시한다. 모든 경제활동은 양으로 표시하는 것이 아니라 화폐단위로 나타낸다. 예를 들면, 1인당 국민소득, 재화나 서비스의 가격 등을 표시할 때 달러나 원 등의 화폐단위를 사용하고 있다. 세 번째 화폐의 기능인 가치저장수단은 경제주체들이 소유하는 자산의 일부를 화폐로 보유하려는 것을 의미한다. 일반적으로 자산은 주식, 채권 혹은 부동산으로 보유하고 그 일부를 현금이나 요구불예금[1]으로 가지고 있다. 주식이나 채권을 보유하면 배당금이나 이자 등의 소득을 기대할 수 있으나 화폐는 이러한 소득을

1) 요구불예금은 예금주의 요구가 있는 경우에 은행이 언제든지 지불해야 하는 예금을 말하는데 우리가 일반적으로 은행에서 거래하는 예금을 나타낸다.

기대할 수 없다. 그렇지만 화폐를 보유하는 이유는 주식이나 채권과 달리 화폐는 어느 경우에도 거래나 유통이 가능하기 때문이다.

화폐는 경제활동과 밀접하게 연관되어 있다. 화폐를 일반적으로 통화량이라고 칭하는데 협의의 통화량(M1)은 중앙은행에서 발행한 중앙은행권과 예금은행의 요구불 예금을 합한 것을 말한다. 이 개념은 교환수단과 회계단위로서의 화폐기능에 가장 부합되는 범위라고 할 수 있다. 통화량은 물가수준과 유사한 추이를 보이고 있으나, 시간이 경과할수록 상승하는 추세를 보이고 있다. 즉, 통화량 증가보다는 물가가 그렇게 크게 상승하지 않았다.

그림 6-1 | 통화량과 인플레이션

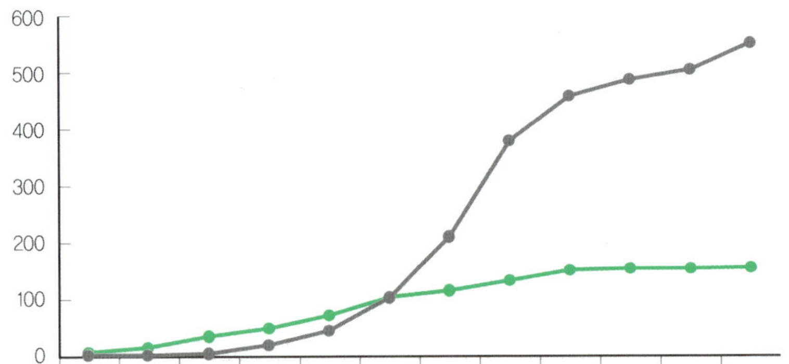

	1970	1975	1980	1985	1990	1995	2000	2005	2010	2011	2012	2013
GDP 디스플레이터	4.8	12.4	32.9	48.5	67.9	100.0	114.1	131.8	147.8	150.2	151.6	152.8
통화량지수	0.3	1.2	4.6	14.8	43.4	100.0	209.0	379.6	455.4	485.3	503.9	551.9

자료: 한국은행, 「조사통계월보」, 각호.

통화량과 경기변동의 관계를 살펴보면, 통화량의 변화는 경기변동의 주요한 원인이 되어서 경제활동의 변동에 앞서서 발생한다. 미국의 경우에는 통화량이 단기적으로 총산출량과 양(陽)의 상관관계를 보이고, 실업률과는 음(陰)의 상관관계에 있는 것으로 계측되었다. 한국의 경우에도 통화량의 증가율과 경제성장률 간에는 양의 관계를 보인다. [그림 6-2]에 나타난 바와 마찬가지로 1980년에는 경제성장이나 통화량이 같이 줄어들었으며, 2005년, 2012년 등의 경우에도 공통적으로 줄어들었다.

그림 6-2 | 통화량과 경제성장률

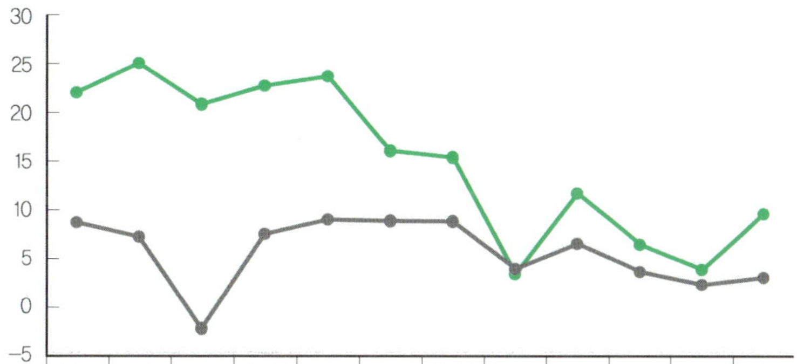

	1970	1975	1980	1985	1990	1995	2000	2005	2010	2011	2012	2013
통화량증가율	22.2	25.3	21	22.8	23.7	16.2	15.3	3.3	11.8	6.6	3.8	9.5
경제성장률	8.8	7.3	−2.1	7.5	9.0	8.9	8.8	4.0	6.5	3.7	2.3	3.0

자료: 한국은행, 「조사통계월보」, 각호.

통화량의 변화가 실물경제 부문에 영향을 미치는데, 이자율을 통해서 나타난다. 이자율은 소비자들이 소비를 할 것인가, 저축을 할 것인가를 선택할 때 영향을 미치고, 기업의 투자결정에도 영향을 미치는 중요한 변수가 된다. 통화량이 증가하면 인플레이션이 발생하고, 물가상승이 높을수록 원금의 가치는 빠른 속도로 감소하기 마

그림 6-3 | 통화량 변화와 이자율

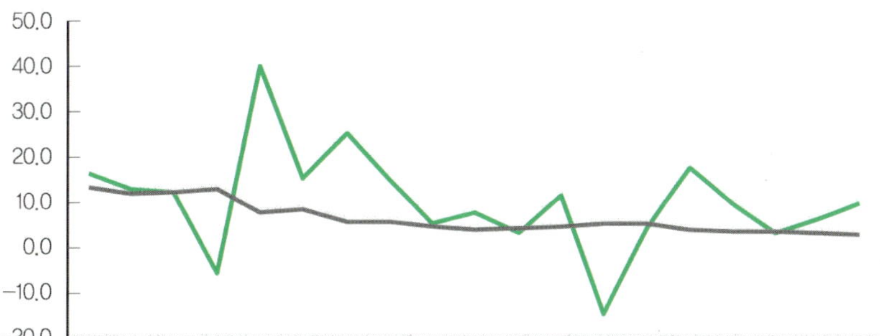

	1995					2000					2005					2010			2013
통화량증가율	16.2	12.9	12.3	−5.6	40.2	15.3	25.4	14.9	5.4	7.6	3.3	11.7	−14.7	4.5	17.8	9.9	3.3	6.3	9.7
국채수익률	13.39	11.84	12.26	12.94	7.69	8.3	5.68	5.78	4.55	4.11	4.27	4.83	5.23	5.27	4.04	3.72	3.62	3.13	2.79

자료: 한국은행, 「조사통계월보」, 각호.

련이다. 이 경우에 원금 가치 하락을 보상해 주기 위해서는 이자율이 높아져야만 할 것이다. 따라서 통화량이 증가하면 이자율이 상승하고, 이자율의 상승으로 저축은 증가하지만, 투자는 줄어들게 될 것이다. 우리나라의 이자율과 통화량 간의 관계는 1990년대 중반 이후 이자율은 줄어드는 추세를 보이지만, 통화량은 상승과 하락의 큰 변화를 보이고 있다.

6.2 금융정책

금융정책은 정책당국이 경제적 현안을 해결하기 위해 통화량을 조절하는 통화신용정책을 의미한다. 금융정책의 체계는 최종목표(goals), 운영목표(operating targets), 수단(instruments) 등으로 구성되어 있다.

1. 금융정책의 목표

금융정책의 최종목표는 물가안정, 완전고용, 경제성장, 국제수지균형 등 일반적인 거시경제정책 목표와 동일하다. 이러한 목표들 간에는 일치하는 경우도 있지만 경우에 따라서는 그렇지 않은 경우도 있다. 특히 물가안정과 완전고용은 단기적으로 불일치하는 경우가 자주 발생할 수 있다. 경기가 불황국면을 맞이하면 실업이 증가하지만, 물가상승은 크게 나타나지 않는다. 이러한 불황을 타개하고, 경기 회복을 위해 정부 당국은 통화량을 증가시키게 된다. 통화량이 증가하면 어느 정도의 실업은 줄어들지만 물가가 상승하여 인플레이션이 나타나게 된다. 물가가 지나치게 상승하면 정부는 물가를 안정시키기 위해 통화량을 감축시키려고 한다. 이 경우에는 경기가 불황국면으로 변화될 수 있으며, 실업이 증가하는 부작용을 낳을 수도 있다. 경제성장과 국제수지균형도 일치하지 않는 경우가 발생할 수 있다. 경제성장을 위해서는 투자재의 수입이 필요하고, 이를 위해서는 대출을 증가시켜야만 할 것이다. 이러한 경우에 국제수지의 적자가 발생할 수 있다. 결국 금융정책의 최종목표 사이에는 상충이 발생할 수 있으므로 통화당국은 최종목표 가운데 어떤 목표를 최우선으로 해야 할지를 선택해야 할 것이다.

최종목표가 정해지면 통화당국은 목표를 가장 효율적으로 달성할 수 있는 운영목표가 필요하다. 운영목표는 최종목표를 달성하기 위해 통화당국이 직접적으로 영향을 행사할 수 있는 경제지표로서 양(통화량)이나 가격(금리 또는 이자율)을 손꼽을 수 있다. 우리나라의 경우에는 중앙은행이 일반적으로 통화량목표를 고수하기보다는 이자율의 안정을 고려하여 화폐공급을 신축적으로 운영한다. 우리나라의 금리는 자금거래의 성격과 만기에 따라 다양하다. 주로 단기기업어음 금리와 장기국채 및 공사채 금리 등이 단기운영목표로 사용된다. 통화량은 물가나 경제활동과 밀접한 관계를 맺고 있으므로 이자율 다음으로 중요한 운영목표가 된다. 통화량목표는 경제성장률과 물가상승률 그리고 화폐의 유통속도를 고려하여 통화량 증가율을 결정하고 있다.

2. 금융정책의 수단

금융정책의 최종목표가 설정되면 통화량을 규제하게 된다. 통화량을 규제하는 방법으로는 직접적인 통화규제와 간접적인 통화규제로 구분할 수 있는데, 직접통화규제는 은행을 통한 여신한도를 정하여 시중에 있는 통화량을 직접 규제하는 것이다. 간접통화규제는 본원통화[2]나 금융기관의 지급준비금을 통하여 통화량을 조절하는 방식이다. 간접통화규제 방식에는 공개시장조작, 재할인율조정, 법정지급준비율조정 등이 있다. 선진국일수록 간접통화규제 방식을 사용하며, 우리나라에서도 1980년대 초에 직접규제에서 간접통화규제로 전환하였으나, 완전히 간접통화규제만 하고 있다고 보기 어렵다.

공개시장조작정책(open market operation policy)이란 중앙은행이 기관투자자나 민간을 대상으로 공개시장에서 국·공채와 같은 유가증권을 팔거나 사들임으로써 통화량을 조절하는 것이다. 중앙은행이 시중에 통화량이 너무 적다고 생각하면, 유가증권을 사들임으로써 통화량을 증가시킬 것이다. 이 경우 시중에 유가증권의 공급이 감소하므로 유가증권 가격은 상승하고, 가격 상승은 채권의 수익률인 이자율의 감소[3]를 초래할 것이다. 반대로 중앙은행이 유가증권을 매각하면 통화량이 줄어들

2) 본원통화는 민간 부문에 대한 중앙은행의 통화성 부채로서 중앙은행발행권과 일반은행의 중앙은행에 대한 예금으로 구성된다. 이것은 민간보유현금과 일반은행의 지급준비금의 합과도 일치한다.

3) 예를 들어 3년 만기(수익률: 10%) 액면가 11,000원 채권을 생각해 보자. 수익률이 10% 이므로 10,000원에 거래될 것이다. 그런데 이 채권의 가격이 올라서 10,500원이 된다면 수익률은 4.8%(500/10,500)로 줄어들 것이다.

고, 유가증권 가격이 상승하는 동시에 이자율이 상승할 것이다.

한국은행의 공개시장조작은 대표적으로 증권매매, 통화안정증권 발행 · 환매, 통화안정계정 예수 등 세 가지 형태로 이루어진다. 증권매매는 국공채 등을 매매하여 자금을 공급하거나 회수하는 것을 말한다. 한국은행이 금융시장에서 증권을 매입하면 이에 상응하는 유동성(본원통화)이 시중에 공급되며, 반대로 보유 증권을 매각하면 이에 상응하는 유동성(본원통화)이 환수된다. 한국은행의 매매대상 증권은 공개시장조작의 효율성과 대상증권의 신용리스크를 감안하여 국채, 정부보증채, 금융통화위원회가 정하는 기타 유가증권으로 제한되어 있다. 매매대상 기타 유가증권으로는 통화안정증권이 포함되어 있으며, 2008년 9월 리만사태 이후에는 신용경색 완화를 위해 대상증권을 한시적(2008. 11. 7~2009. 11. 6)으로 확대한 바 있다. 통화안정증권은 한국은행이 발행하는 채무증서로서 채권을 발행하면 시중 유동성(본원통화)이 줄어드는데, 증권의 만기가 비교적 길기 때문에 그 기간 동안 정책효과가 지속되는 기초적인 유동성 조절 수단으로 활용된다. 통화안정계정은 2010년 10월 이후 활용되고 있는 수단으로 시장친화적 방식의 기간부 예금입찰제도로서 주로 지급준비자금의 미세조절 및 예상치 못한 지급준비금 수급 변동에 대응하는 수단으로 활용되고 있다.

재할인율정책(rediscount rate policy)은 중앙은행이 일반은행에게 자금을 대여할 때 부과하는 이자율을 나타내는데, 이러한 재할인율을 인상하거나 인하함으로써 간접적으로 통화량을 조절할 수 있다. 중앙은행이 재할인율을 인상(인하)한다면 일반은행의 이자 부담이 증가(감소)하므로 자금차입이 억제(확대)되고 통화량은 감소(증가)하게 된다. 우리나라에서는 통화량의 조절수단으로 재할인율의 기능이 미약한 수준이다. 재할인율이 은행 차입을 조절하기 위해서 조정되기보다는 일반은행의 대출이자율과 일정한 관계를 유지시키기 위해서 대출이자율의 변경과 거의 동시에 변경되어 왔다.

한국은행에서는 여 · 수신제도(standing facility)라는 용어를 사용하고 있다. 일반적으로 중앙은행의 여 · 수신제도는 중앙은행이 개별 금융기관(한국은행법상 금융기관은 은행금융기관으로 한정됨)을 상대로 대출을 해 주거나 예금을 받는 정책수단이다. 최근 들어 많은 중앙은행들이 개별 금융기관을 상대로 한 일시적 부족자금대출과 함께 일시적 여유 자금을 예수할 수 있는 대기성 여 · 수신제도를 도입하면서 중앙은행의 대출제도는 여 · 수신제도로 발전되었다. 한국은행도 2008년 3월 대기성 여 · 수신제도인 자금조정대출 및 자금조정예금을 새롭게 도입함으로써 이전의 중앙은행 대출제도를 여 · 수신제도로 확대 · 개편하였다. 현재 한국은행이 상시적으로 운용하고 있는 대출제도에는 ① 금융기관의 자금수급 과정에서 발생한 부족자금을 지원하는 '자금조정대출', ② 금융경제상황과 중소기업 및 지역 금융동향 등을 감안하여 정한 한도 범위 내에서 지원하는 '금융중개지원대출', ③ 금융기관의 일중 지급·결제에 필요한 일시적인 부족자금을 당일 결제마감 시까지 지원하는 '일중당좌대출' 등이 있다. 이들 대출은 어음재할인 또는 증권담보대출의 형태로 실행되며 담보의 종류에는 금융기관이 대출로 취득한 신용증권, 국공채, 통화안정증권 등이 있다. 이밖에도 한국은행은 「한국은행법」에 의거 긴급한 사유 발생 시에는 금융기관에 대한 긴급여신을, 심각한 통화신용의 수축기에는 영리기업에 대한 여신 등 특별대출을 실행할 수 있다.[4)]

지급준비율정책(reserve requirement ratio policy)은 고객들의 예금인출에 대비해서 은행제도의 안정성을 유지하기 위한 정책으로 출발하였으나, 최근에는 예금자보호제도가 발달하면서 통화량을 조절하는 금융수단으로서의 의의가 더 커졌다. 중앙은행이 지급준비율을 낮추면 일반은행들은 예금인출에 대비하여 보유하고 있던 예금액 가운데 일부를 대출해 줄 수 있을 것이다. 시중에 대출된 자금으로 말미암아 신용창조가 이루어져서 시중에 통화량은 증가할 것이다. 역으로 중앙은행이 지급준비율을 높이면 시중의 통화량은 줄어들어, 지급준비율과 통화량은 반비례함을 알 수 있다. 지급준비제도는 1980년대 이후 전세계적으로 통화정책이 통화량 중심에서 금리 중심으로 전환됨에 따라 그 활용도가 과거에 비해 저하된 것은 사실이지만 우리나라를 비롯한 주요국에서 여전히 중요한 통화정책 수단으로 간주되고 있다. 이는 금융기관으로 하여금 중앙은행에 일정 규모의 지급준비금을 예치하게 함으로써 중앙은행 지준계좌를 이용한 금융기관 간 지급결제가 원활히 이루어지도록 함은 물론 단기시장금리를 안정시킴으로써 금리정책의 유효성을 제고하는 등 그 유용성이 크기 때문이다.

현재 우리나라의 지급준비제도 적용대상 금융기관에는 일반은행 및 특수은행이 있다. 이들 금융기관은 예금종류에 따라 현재 0~7%로 차등화되어 있는 지급준비율에 해당하는 금액을 지급준비금으로 보유하여야 한다. 금융기관은 동 지급준비금을 원칙적으로 한국은행 당좌예금으로 보유하여야 하나, 필요지급준비금의 35%까지 금융기관 자신이 보유하고 있는 한국은행권을 지준예치금으로 인정해주고 있다.

---

4) 한국은행 홈페이지(http://www.bok.or.kr/broadcast.action?menuNaviId=1774) 여·수신제도 참조

표 6-1 예금종류별 지급준비율

(2013년 3월 말 현재)

예금종류	지급준비율
장기주택마련저축, 재형저축,	0.0%
정기예금, 정기적금, 상호부금, 주택부금, CD	2.0%
기타예금	7.0%

자료: 한국은행 홈페이지 > 통화정책 > 통화정책 운영체계 > 통화정책 수단 > 지급준비제도

그러나 이러한 금융정책은 측정이 결코 쉽지 않다. 일반적으로 이자율의 추세는 수시로 측정할 수 있지만, 통화량의 경우에는 일정 기간(대체로 여러 주)의 시차를 갖고 있다. 이외에도 실물경제의 흐름을 파악하려면 실질이자율이 중요한데, 실질이자율을 측정하는데 문제점에 부딪칠 수 있다. 중앙은행이 통화량이나 이자율에 강력한 힘을 미치기 어렵다는 것이다. 통화량과 관련해서는 최근 다양한 상품의 출현으로 현금이나 요구불예금의 보유상태가 급변하고 있어서 본원적 통화와 통화량 간의 관계를 불안하게 만든다. 실질이자율의 경우에는 인플레이션 예상을 직접 통제할 수 없으므로 중앙은행의 능력이 제약될 수밖에 없다. 이자율과 통화량 가운데 어느 것이 목표를 달성하는데 더 커다란 영향을 미치는가에 대해서는 아직까지 논란의 대상이 되고 있다.

6.3 금융정책 전개 과정과 금융자유화[5)]

한국의 금융시스템이 구체적인 형태를 갖추고 작동하기 시작한 것은 1960년대 들어서라고 할 수 있다. 당시 정부는 은행 대주주의 의결권을 제한하고 시중은행의 실질적인 소유자라고 할 수 있으며, 각종 특수 은행을 설립하여 경제성장을 뒷받침하기 위한 은행 중심의 간접금융체제를 정비하였다. 1970년대에는 은행을 비롯한 금융회사들이 자금배분 창구역할을 수행하는데 여념이 없었다. 1980년대 들어서 시장경쟁시대의 도래를 예고한 시기였음에도 불구하고, 정부주도의 경제성장을 지속해온 우리는 시대적 흐름에 선제적으로 대응하지 못하였다. 1990년대 이후 겸업화·대형

5) 본 절은 KDI, 2008, 「한국경제 60년사: 경제일반」의 내용을 토대로 자료를 보완·수정하여 작성하였음.

화·증권화·개방화 물결이 거세지기 시작하자 본격적으로 금융자율화와 규제완화에 착수하게 되었다. 급변하는 국제 금융환경에 효과적으로 대처할 만한 기반을 갖추지 못한 상태에서 취해진 금융자율화와 규제완화 조치로 말미암아 적지 않은 부작용을 낳았고, 금융규제개혁의 성과를 접하기도 전에 외환위기를 맞게 되었다. 외환위기 이후 정부는 금융시장의 효율성을 제고하기 위해 불필요한 규제를 완화하는 등 금융시장의 안정성과 공정성을 확보하기 위해 필요한 규제를 정비하고 노력하였다.

1. 해방 이후~1950년대 말: 경제적 혼란기

해방직후 금융회사들은 패망한 일본인들의 예금인출로 어려움을 겪게 되었다. 저축기반이 무너지면서 경제가 위기에 봉착하자 이승만 정부는 일반은행(당시에는 조흥은행과 조선상업은행) 외에 신탁회사, 저축은행 등에도 예수금을 비롯한 일반 은행업무를 허용하게 되었다. 서둘러 금융제도를 개편하고자 1950년에 한국은행을 설립하여 통화가치의 안정, 은행 신용제도의 건전화, 자원의 효율적 이용 등 은행과 금융회사를 통제할 수 있는 권한을 부여하였다. 이와 더불어 한국은행 내에 금융통화위원회를 설치하여 통화금융정책을 수행하는 최고의사결정 기구를 설립하기도 하였다.

한편 정부는 재해복구사업을 위해 산업금융기관(1954년 산업은행)을 설립하고, 농업 부문의 지원을 위해 농업금융기관(1951년 농업은행)을 정비하였다. 1959년에는 민간조직인 서울은행이 지방은행으로 출범하였다. 당시 은행에 대한 대출규제로 말미암아 시중은행의 민영화가 부각되었다. 은행의 귀속주(정부주)를 민간에게 불하하는 문제인 귀속자산 불하를 위해 은행귀속주불하요강(1954)을 발표하고 추진위원회를 결성하여 1956년 2월 불하가 완료되었고, 상업은행, 조흥은행 등의 주식의 이전이 이루어짐에 따라 일반은행의 민영화가 마무리되었다. 그러나 소수의 기업이 정부가 불하한 주식을 집중 매입하여 지배 주주가 됨으로써 은행을 사금고화하는 원인이 되기도 하였다.

당시에는 금융정책을 체계적으로 수립하여 집행하기 어려웠다. 자본시장이나 단기금융시장이 제대로 형성되지 않았기 때문에 금리정책이나 지급준비율 등의 효과가 미미하였으므로, 금융정책은 주로 금융회사의 대출한도나 용도를 제한하는 직접규제 방식에 의존하였다.

2. 1960~70년대: 고도성장기

1961년부터 1971년까지는 금융 부문에 대한 정부의 금융통제와 수출금융이 강화된 시기이다. 1961년에 경제개발계획을 수립하고 산업화를 위해 자원동원과 배분을 정부가 직접 주도해 나감으로써 정부주도에 의한 성장정책이 일반화되었고, 금융 부문에 대한 정부의 통제도 강화되어 시중은행을 국유화하고 중앙은행에 대한 통제권이 강화되었다. 경제개발에 필요한 자금을 동원하기 위해 국내금리를 인상하고 외자도입을 적극 추진하였다. 한편 수출기업을 위해서는 수출지원을 비롯한 여러 종류의 특혜를 부여하기도 하였다.

경제개발 과정에서 필요한 투자 자금을 해외에 의존할 수밖에 없었다. 당시 국내기업들은 대외신인도가 낮아서 해외 차입이 어려웠기 때문에 금융산업은 국내기업과 실물경제를 지원하는 수단으로밖에 인식되지 못하였다. 정부는 은행을 효과적으로 통제하기 위해 「금융회사에 대한 임시조치법」, 「부정축재처리법」 등을 통해 시중은행을 국유화하였다. 동시에 「한국은행법」을 근본적으로 개정하여 화폐금융정책의 최종 권한과 책임을 재무부(정부)로 귀속시켰으며, '금융통화위원회'를 '금융통화운영위원회'로 바꿔 화폐금융정책의 운영과 관리만 담당하도록 함으로써 금융은 정부의 경제개발계획을 달성하기 위한 하위정책 수단으로 변질되었다.

정부는 각종 특수은행 설립을 인가해주고, 이들 기관을 활용하기 위해 금융시장에 개입하였다. 1961년 중소기업은행 설립을 시작으로 1962년 국민은행, 수산업협동조합, 한국외환은행, 한국주택은행, 그리고 지역금융 활성화를 위한 지방은행을 설립하였다. 1965년 금리가 현실화되기 전까지 정부는 저금리정책을 유지하여 대출수요는 증가하였지만, 금융기관의 수신이 제약됨으로써 그해 9월 예금금리를 대폭 인상하였다. 예금금리는 크게 인상되었으나 대출금리가 상대적으로 소폭 상승하여 투자와 저축은 크게 늘어났지만 금리 차이로 금융기관들의 수지가 악화되고, 국내 여신이 늘어나는 등 유동성이 증가하면서 물가가 불안해지자 여러 차례에 걸쳐 금리인하를 단행하였다.

당시에는 경제개발을 위한 자금을 외자에 의존할 수밖에 없었다. 한일국교 정상화로 일본으로부터의 상업차관이 크게 늘어났고, 고금리정책으로 외자도입이 확대되었다. 1967년 말부터 외자기업의 부실징후가 보이자 정부에서는 외자도입 합리화를 위한 종합시책을 마련하고 부실기업정리조사반을 운영함으로써 1969년 이후 상업차관과 시중은행의 지급보증이 줄어들기 시작하였다. 그러나 제1차 석유파동으로 국제수지가 악화되고 중화학공업 육성을 위한 경제개발계획이 시행되면서 외자도입은 다시 증가하기 시작하였다.

1972년부터 1979년까지는 중화학공업 육성을 위한 정책금융의 확대와 자금배분에 대한 정부의 개입이 강화된 시기이다. 중화학공업을 육성하는 과정에서 정부의 역할은 확대 강화되었고, 금리규제나 자금배분에 있어서 정부의 금융통제는 더욱 확대되었다. 수출 증대라는 호조 속에 경제 자립의 기반을 다졌지만 경기과열과 물가불안이라는 부작용도 노출되어 정부는 '경제의 안정과 성장에 관한 대통령 긴급명령'(8 · 3 조치)을 발표한다. 이 긴급조치는 사채동결을 통해 기업의 금융부담을 줄이고 물가상승압박을 완화하는데 기여하였으나 공권력이 사적 재산권을 제한했다는 측면에서는 비판을 면하지 못하고 있다. 이에 따라 정부는 사금융에 대한 직접 규제 대신 「단기금융업법」, 「상호신용금고법」, 「신용협동조합법」 등 사금융양성화 3법을 제정하여 비금융회사의 발전을 촉진하는 계기를 마련하였다. 그 결과 투자신탁회사, 종합금융회사, 리스회사, 상호금융회사, 신용협동조합, 새마을금고 및 농수협상호금융 등이 설립되었다. 당시 정부는 기업의 직접금융을 통한 자본조달을 활성화하기 위해 자본시장의 육성도 동시에 추진하였다.

3. 1980년~1997년: 시장경제 전환기

1980년부터 1986년까지 정책 당국은 금융자율화를 부분적으로 시도하고, 산업구조조정을 위해 정부가 여러 조치를 취했다. 1980년대 들어 과거의 정부주도에 의한 경제성장전략은 한계에 이르러 지나친 정부의 개입은 오히려 성장잠재력을 억제한다는 인식이 확대되기에 이르렀다. 특정 산업에 대한 장기저리의 정책금융은 중화학공업에 대한 과잉투자와 대기업과 중소기업 간의 불균형을 심화시켰으며, 만성적인 인플레이션과 부(-)의 실질금리 등은 금융기관의 효율적인 자금중개 기능을 약화시키기에 이르렀다. 이에 따라 금융제도의 근본적 개혁을 요구하기에 이르렀으며 금융에 대한 정부의 개입을 축소하려고 하였다. 금융자율화 노력의 결과로 1981년 이후 7개 은행이 민영화되었고, 1982~83년 사이에 2개의 시중은행, 12개의 투자금융회사, 58개의 상호신용금고, 1개의 투자신탁회사가 신설되었다. 그러나 중화학공업에 대한 과잉중복투자로 기업의 재무상황이 악화되어 금융기관의 대출을 연장하고 조세를 감면하는 등 산업구조조정을 위해 여러 조치도 동시에 취해졌다.

1987년부터 1991년까지는 사회경제적 불균형을 해소하기 위한 금융의 역할이 다각적으로 모색되었던 시기였다. 1987년의 전국민적인 민주화운동 이후 정치적 민주화와 경제민주화에 대한 요구가 확대되었다. 금융 측면에서도 역시 민주화 요구에 부응하여, 대기업에 대한 여신관리 강화, 중소기업 지원확대를 위한 금융배분에 대한 여신관리를 비롯하여 중소기업 직원확대를 위한 금융배분에 정부의 규제가 늘어난 반면에 국제수지의 흑자가 늘어나면서 수출지원을 위한 정책금융은 상대적으로 줄어들게 되었다.

1992년 이후에는 국내경제 상황과 금융개방에 대한 외부적 요구에 따라 전면적인 금융자유화가 이루어진 시기이다. 1990년대 들어 신경제 5개년계획을 추진하고, 1993년 6월 금융자율화 계획을 발표하면서 금리자유화, 금융자율화 및 개방, 금융산업의 재편, 외환제도의 개혁 등 수많은 금융개혁정책을 추진하였다. 특히 1993년 8월 12일 대통령긴급명령을 발동하여 「금융실명제 및 비밀보장을 위한 법률」을 전격적으로 시행하였다.

1993년 우루과이라운드 타결, 1995년 세계무역기구(WTO)의 출범과 1996년 OECD에 가입함으로써 전면적인 금융시장의 자유화가 단계적으로 추진되기에 이르렀다. 우리나라는 가속화된 개방화와 국제화로 금융환경이 급변하는 와중에 1997년 외환위기에 봉착하게 되었다. 외환위기는 불투명하고 왜곡된 소유지배 구조를 지닌 일부 재벌 기업의 방만한 투자와 차입경영, 이러한 기업에 대한 은행 등 금융회사의 소홀한 감시 등의 요인이 복합적으로 작용하여 발생하였다고 볼 수 있다.

4. 1998년~2013년: 금융자율화의 확대

1997년 외환위기 이후 IMF로부터 구제금융을 받은 후 한국 금융산업의 개방은 더욱 앞당겨졌으며, 대대적인 구조개혁을 단행하기에 이르렀다. 그 결과 금융산업의 투명성과 건전화가 어느 정도 이루어졌으나, 금융시장의 완전개방으로 말미암아 국내 금융기관들은 해외의 거대한 금융기관들과 경쟁해야 하는 부담을 갖게 되었다.

외환위기는 기존의 '은행 중심 금융시스템'을 '시장 중심의 금융시스템'으로 전환할 수 있는 계기를 마련하였다. 외환위기가 시작되자 은행들은 대출금을 회수하기 시작하였고, 신용이 경색되었으며 은행의 자금중재역할은 줄어들었다. 이러한 상황에서 기업들은 은행 대출의 대체자금 조달수단으로 회사채 시장을 이용할 수밖에 없었다. 은행권이 투신사에 비해 구조조정을 미리 진행함으로써 대기업들은 투신사를 이용하여 회사채를 발행하였다. 그러나 회사채 시장 기반이 발달하지 못한 상태였기 때문에 회사채 발행을 통한 자금 조달은 일시적인 신용경색을 피해가기 위한 한 방편이었지 근본적인 해결책은 아니었다.

특히 1999년 중반의 대우 사태를 계기로 위험회피적인 투자자들은 회사채를 외면하게 되어 결국에는 직접금융시장의 붕괴조짐이 보이기 시작하였다. 정부로서는 채권펀드와 채권안정기금을 조성하는 방안을 포함한 자금시장 안정화대책을 발표하기도 하였다. 또한 정부는 자산담보부채권(ABS), 특히 P-CBO(Primary CBO)[6] 등과 같은 구조금융수단까지 동원하여 신용경색문제를 해결하고자 2000년 신용관리기금에 P-CBO를 도입하기도 하였다. 그러나 2002년에 발생한 코스닥시장 침체는 중소기업과 벤처기업이 발행한 회사채에 대한 채무불이행으로 연결되면서 보증기금의 부실화가 가속화되었다.

금융환경 변화에 따라 김대중 정부는 「행정규제기본법」에 근거한 규제개혁위원회를 설치하고 기존 규제의 존폐 여부를 전면 재검토하여 비효율적인 규제를 폐지하고 존속이 불가피한 규제는 내용을 수정하기도 하였다. 노무현 정부는 김대중 정부가 추진하던 규제개혁 작업을 지속하는 한편 금융과 관련된 여러 법령을 기초 개념부터 재정비해 나갔다.

외환위기 이후 10여년간 지속된 금융구조조정 과정에서 나타난 특성은 크게 네 가지로 구분할 수 있다. 첫째, 금융회사의 대형화와 겸업화를 촉진하는 계기가 되었다. 둘째, 적극적인 외자유치 과정에서 외국 자본의 국내 금융업 진출이 활발히 이루어져 외국계 금융회사의 시장점유율이 빠르게 증가하였다. 셋째, IT기술의 발달로 어음·수표 등 장표 방식 결제나 창구텔러의 비중이 줄어들고, 인터넷뱅킹·모바일뱅킹 등 비대면 채널이 증가하였다. 넷째, 주식·채권 등의 증권이 자금을 조달하거나 운용하는 수단으로 광범위하게 이용되었다.

2008년 글로벌 금융위기가 발생하면서 우리나라 금융정책이 지니고 있는 여러 문제점(자본이동 규제 제거에 따른 금융·외환시장 불안정, 외국자본의 국내 금융기관

---

6) CBO(Collateralized Bond Obligations)는 채권을 기초자산으로 발행되는 자산담보부채권(ABS)을 말하는데 신규 발행 채권을 기초자산으로 발행하는 CBO를 P-CBO라고 하고, 이미 발행된 채권을 기초로 하는 유통시장 CBO를 S-CBO(Secondary CBO)라고 한다. P-CBO는 신용도가 낮아 채권시장에서 회사채를 직접 발행하기 어려운 기업의 회사채를 차환 발행하거나 신규 발행을 지원하기 위해 2000년 도입됐다. 정부는 2000년 7월 은행 및 보험회사를 중심으로 10조 원의 펀드를 조성해 이 중 절반을 P-CBO에 투자하도록 했다. 2003년 8월에도 자금난을 겪고 있는 중소기업의 회사채 발행을 돕기 위해 정부가 신용보증기금에 1,500억 원을 출연해 2003년 9월부터 2004년 11월까지 총 9차례에 걸쳐 1조 5,000억 원의 P-CBO를 발행한 적이 있다.(매일경제용어사전 참조)

지배에 따른 부의 유출, 부동산 담보 개인대출 증가와 부동산 가격 상승, 무분별한 규제완화에 따른 저축은행 사태 등)들은 오히려 한층 두드러졌지만 이명박 정부는 기존의 신자유주의 금융정책 기조를 바꾸지 않았다. 이명박 정부는 금융글로벌화, 금융겸업화, 대형화, 금융 규제완화(금산분리 완화, 출자총액제 폐지 등), 금융공기업 민영화를 강하게 추진하였다.

한편, 저축은행들은 고유한 설립목적 달성보다도 단기의 수익성을 추구하는데 몰두하였다. 일반적으로 저축은행의 설립 목적은 서민과 소상공인에 대한 금융활동 지원이었지만, 저축은행들은 서민들에 대한 금융 소외감이 급속히 증가하고 소상공인들이 자금난을 겪고 있는 상황에서도 본연의 역할을 다하지 못했다. 규제완화정책 이후 저축은행들은 고유 역할보다는 고수익을 노린 부동산 기획대출(PF) 등에 집중했다. 이러한 부동산대출은 수익률이 높지만 부동산가격이 크게 상승하지 않을 경우 부실이 될 가능성도 크다. 실제로 2008년 국제금융시장 위기 등을 계기로 부동산가격이 침체하자 저축은행들은 거대한 부실채권을 떠안게 되었고 결국 일부 저축은행들은 문을 닫게 되었다. 이외에도 론스타의 외환은행 매각 승인에 따른 부작용 등이 나타났다. 가계부채 증가와 더불어서 공공 부문 부채(공기업 부채 포함)도 한국 경제의 큰 짐이 될 가능성이 있다.

박근혜정부에서는 정책금융의 효율화를 위해 이명박정부 시절 분리했던 산업은행과 정책금융공사를 4년만에 다시 통합하기로 하였다. 대신 수출입은행과 무역보험공사, 신용보증기금과 기술신용보증기금은 현 체제를 유지하기로 하였다. 2009년 산은 민영화와 정책금융공사 신설에 대한 당시의 경제 금융환경과 현재의 금융환경은 다르다고 할 수 있지만 정권마다 정책금융기관이 바뀌는 것은 결코 바람직하다고 보기 어렵다.

5. 금융자유화

금융자유화란 금융제도의 안정과 신용질서를 유지하기 위하여 실시하는 각종 규제(금리, 국제자금이동, 외국금융기관의 지출, 금융기관의 업무 등)의 완화 또는 폐지를 의미한다. 금융자유화는 금리자유화(가격자유화), 금융기관의 개방화(영업자유화), 업무영역의 자유화(겸업화) 등으로 나누어진다.

가. 금리자유화

금융자유화의 핵심인 금리자유화는 가격기능에 의한 자금배분의 효율성 제고, 금리의 경기조절수단화, 금융산업의 가격경쟁력 강화 및 공정경쟁 여건의 확립, 통화신용정책의 효율성 제고 등을 통해 금융시장 활성화에 기여할 수 있게 하는 것이다. 국가 간의 자본이동이 자유로운 상태에서 국내 금리가 경직되어 국내금융시장에 혼란을 가져오기 때문에 금리자유화에 대한 욕구가 증가하였으며, 규제금리와 시장의 실세금리 사이에 괴리가 발생하여 원활한 자본배분에 왜곡이 야기되었기 때문에 금리자유화가 필요하게 되었다.

그동안 한국은행이 금융기관의 여수신금리를 규제하여 온 것은 경제개발 추진과정에서 금리를 가급적 낮게 형성함으로써 기업의 금융비용 부담을 완화하고 투자활동을 촉진하기 위해서였다. 이에 따라 금융기관의 여수신금리는 시중의 자금사정과는 무관하게 정책적으로 결정되었으며, 이러한 인위적인 저금리정책은 자금에 대한 만성적인 초과수요를 발생시켜 왔다. 이와 같은 이유로 우리나라 금리가 자금의 수급조절 기능을 상실함에 따라 실제로 자금의 배분은 양적인 통제와 신용할당(credit rationing)에 의하여 이루어지게 되었다. 신용할당이란 금리가 자금의 수요와 공급을 일치시키는 균형수준보다 낮게 결정되어 자금의 공급과 수요에 미치지 못하는 경우 금융기관 또는 정책당국이 마치 식량을 배급하듯이 자금의 수요자들에게 한정된 자금을 나누어 주는 것을 말한다.

직접적인 금리규제는 자본축적이 부족한 우리나라의 경제개발 과정에서 국민경제적으로 우선적인 지원이 필요한 부문에 대하여 집중적인 자본투자를 가능하게 함으로써 그동안의 경제성장에 일단 성공적으로 기여하였다고 볼 수 있다. 그러나 다른 한편으로는 저축과 투자의 매개, 금융시장에서의 자금수급조절, 경기조절 등과 같은 금리의 고유기능이 상실됨으로써 금융제도의 진정한 발전과 효율적인 금융정책 수행에 많은 문제점을 가져왔다는 점도 부인할 수 없다. 사실 과거와 같이 경제의 규모가 작고 구조가 단순하여 투자의 우선순위가 명백한 경우에는 정책당국의 인위적인 금리규제와 신용할당이 국민경제의 발전에 도움이 되었을 수도 있다. 경제의 규모가 커지고, 구조가 복잡해짐과 동시에 범세계적으로 금융의 자율화가 급진전되고 있는 오늘날에는 금리규제가 금융시장의 기능향상을 통한 경제발전에 오히려 걸림돌이 될 뿐이라는 인식이 널리 퍼지게 되었다.

경제환경 변화와 더불어 시장금리의 하향 안정화 추진으로 시장금리와 규제금리와의 격차가 어느 정도 줄어듦에 따라 1991년 8월에 4단계로 나누어진 금리자유화 방안을 마련하게 되었다. 이후 2004년 2월까지 거의 대부분의 금리가 자유화 되었다. 한국은행의 단계별 금리자유화 추진내용에 대해서 〈표 6-2〉에 수록하였다.

표 6-2 단계별 금리자유화 추진내용

(단위: 원)

	여신금리	수신금리	채권금리
제1단계 (1991. 11)	단기여신금리	3년 이상 장기수신금리 단기 거액 시장성 수신상품 금리(CD, RP 등)	2년 이상 회사채 발행 금리
제2단계 (1993. 11)	재정지원 및 한국은행 재할인 대상 대출을 제외한 모든 여신금리	2년 이상 수신상품 금리	2년 미만 회사채, 금융채 및 국공채 발행 금리
제3단계 (1994. 7~1995.11)	한국은행의 총액한도대출관련 자금의 여신금리	요구불예금 및 3개월 미만 저축성예금을 제외한 수신상품 금리	-
제4단계 일부 (1997. 7)	-	7일 이상 3개월 미만 저축성 예금금리	-
제4단계 일부 (2004. 2)	-	요구불예금 및 7일미만 저축성 예금 금리	-

자료: 한국은행, 2004, 「알기쉬운 경제지표해설」 수정 보완함.

나. 금융기관의 개방화

1980년대 들어 세계화의 물결이 시작되면서, 우리의 금융제도 자율화가 단편적으로 이루어 졌다. 정부는 은행시장에 경쟁을 도입하기 위해 시중은행의 민영화를 추진하고 은행의 신설이나 업종 전환을 허가하였다. 상업은행(1972년)을 선두로 1980년대에 들어서는 한일은행(1981년), 서울신탁은행(1982년), 조흥은행(1983년)이 민영화되고 신한은행(1982년), 한미은행(1983년), 동화은행(1989년), 동남은행(1989년), 대동은행(1989년)이 새로 탄생, 한국외환은행(1989년)이 특수은행에서 일반은행으로 전환되었다. 이러한 은행민영화는 주식공매에 의한 민영화 방식을 택함으로써 재벌기업이 주요 주주로 부상하는 결과를 낳았다. 은행민영화와 더불어 산업의 금융지배를 방지하기 위한 여러 가지 조치가 병행되었는데 1982년 은행법 개정은 자율경영에의 첫발을 내딛는 획기적인 계기를 마련하게 했다. 이후 다양한 금융상품이 개발되기 시작, 은행업무영역이 확대되었는데 1980년 국민은행에서 처음으로 신용카드를 내놓고 1982년에는 5대 시중은행에서 뒤따랐다.

1990년대에는 세계화와 금융시장개방 압력이 가중되어 정부는 금융자율화와 국제화를 재차 추진했다. 주된 내용은 금리자율화, 금융기관 진입제한 완화, 업무영역확대 및 책임경영체제확립 등이다. 특히 금융시장 개방과 경쟁 촉진을 위해 금융산업 전반에 대한 진입규제를 완화하였다. 그리고 특혜성 문제로 규제되었던 지점 증설이 1994년부터 자율화 되었다.

더구나 세계화의 물결 속에 시장기능에 의한 투명경영을 강요받게 됨에 따라 대외적으로 우리 금융산업의 취약성이 노출되어 외국 자본의 공격대상이 되고 말았다. 이러한 상황에서 우리 역사상 가장 치욕적인 상처를 남긴 외환위기는 오래 전부터 예고된 것이라고 할 수 있다. 1997년 11월 21일 한국경제가 파산에 직면했음을 고하고 다급해진 외환위기를 넘기기 위해 국제통화기금(IMF)에 자금지원을 요청했다. 12월 3일 IMF는 한국 정부의 요청을 수락했고, 이어 정부는 IMF의 요구대로 금융·기업의 구조조정과 개방, 그리고 노사관계 등 산업계 전반에 걸쳐 유례를 찾아볼 수 없는 개혁을 단행했다. 이후 수년 간 우리 경제는 물론, 정치·사회·문화에 이르기까지 모든 분야에서 IMF의 영향을 받게 되었다. 이에 따라 성장률이 감소세로 반전되고 소득수준이 10년 전으로 후퇴, 자산디플레로 중산층이 붕괴, 실업대란을 겪어야만 했다. IMF는 고금리, 고환율정책을 철저하게 밀고 나가, 원·달러 환율이 외환위기 직전인 10월 965원이었으나 1개월 후에는 무려 1,964원으로 치솟았다. 또 콜금리도 12월 말 30.07%로 사상 최고치를 기록했다.

은행산업은 지난 40년 간 양적 성장의 막을 내렸다. 외환위기 후 1년 동안 파산직전에 몰렸던 은행들에 대한 구조조정을 단행하였고, 2001년에 들어와 동년 4월 우리은행(한빛은행 개명)을 주축으로 광주·경남·평화은행이 우리금융지주회사 산하로 통합 출범하였다. 동년 11월에는 국민은행이 주택은행과 통합 국내 최대의 은행으로 탄생했다. 2002년 12월 하나은행은 서울은행을 합병하였고, 2003년 9월 신한은행이 조흥은행을 인수하였다. 2003년 10월 자금부족으로 어려움을 겪던 한국외환은행도 론스타에 인수되었다. 마지막으로 2004년 2월 한미은행이 세계 최대의 금융서비스회사인 씨티그룹에 팔렸다. 한미은행을 인수한 씨티그룹은 한국을 아시아 지역의 허브로 집중 육성하겠다고 밝힘에 따라 국내 금융권에 또다시 인수·합병의 회오리가 거세게 몰아쳤다. 당장 외국투자회사에 팔렸던 제일은행을 놓고 씨티그룹, 영국계의 HSBC, 스탠다드차타드은행을 비롯해서 여러 은행이 인수합병 의사가 있음을 분명히 하였는데, 2005년 1월 10일 영국계 스탠다드차타드은행(SCB)이 제일은행의 새 주인으로 결정되었다. 한편 2010년 11월 하나금융지주가 외환은행을 인수하였다.

그러나 외국 자본의 적극적인 유입은 투명성과 지배구조 개선 등 단기적으로 긍정적인 면도 있으나 외국 자본의 지나친 의존과 영향력에 대한 우려의 목소리도 있다. 그리고 당초의 기대와는 달리 합병한 시중은행의 자산과 대출, 수신 등의 시장점유율이 합병 전보다 오히려 줄어 시너지효과가 미미한 것으로 평가되고 있다. 이와 같은 현상은 화학적 통합이 아니라 두 은행을 하나로 묶어 놓는 식의 물리적 합병이 이뤄졌기 때문이며, 은행의 외형뿐 아니라 수익성이 크게 개선되지 않은 것은 은행들의 수익구조가 거의 비슷하고 아직도 인원감축 등 필요한 구조조정이 제대로 안 되고 있는 것이 원인이라고 판단된다.

은행의 구조조정에는 막대한 공적자금이 투입되었으나 공적자금회수율은 40%에도 못 미치는 문제점을 남기고 있다. 따라서 이러한 공적자금 만능론이 금융기관의 모럴해저드 현상을 낳게 했다는 비난이 일고 있다.

다. 업무영역의 자유화(겸업화)

은행업무는 크게 미국식의 분리주의와 독일, 프랑스의 겸업주의로 구분할 수 있다. 미국식의 분리주의에 의하면 은행은 은행고유의 업무 이외의 업무를 취급하지 못하게 하는 유형이고, 독일, 프랑스 등의 겸업주의는 은행이 증권이나 보험업도 취급할 수 있도록 하는 유형이다.

각국의 국내금융시장은 과거에는 분리주의에 입각해서 시장의 분할, 각종 제한 및 규제, 정부의 독점권 부여 들을 실시해 왔다. 금융시장분할은 각 시장의 금융서비스의 공급자에게 독점권을 부여하는 결과를 초래하였고, 정부는 시장분할권을 유지하기 위해서 가격설정, 신용할당, 업무범위 및 신상품개발 제한 등 규제조치를 행사해 왔다. 그러나 이러한 규제는 시장의 왜곡을 초래하여 시장의 효율성을 저해하는 요인으로 작용하였다. 정부는 금융시장을 지배하면서 자국의 금융서비스 공급자들의 독점적 이윤을 보장, 유지시켜 주기 위하여 외국금융기관들의 국내시장진입을 제한하고, 국제간 자본이동을 규제하기도 하였다.

국제무역의 지속적인 확대와 규제를 회피하거나 우회하여 잠재적 이윤을 현실화하려는 금융기관 등의 이윤추구로 말미암아 국내금융기관들은 보다 치열한 경쟁에 노출되어 금융혁신을 하지 않으면 안 되게 되었다. 이 과정에서 경쟁의 심화로 인한 경영리스크를 완화하려는 일환으로 그동안 분할되었던 시장의 통합과 금융기관 간 업무영역구분의 완화가 요구되었다. 겸업주의는 개별금융기관이 은행, 증권, 보험 등 여러 금융업종에 참여하여 경영리스크를 분산시킴으로써 안정적인 수익을 창출할 수 있는 구조를 구축하려는 것이다. 그리고 종합금융화를 통해 범위의 경제(economies of scope)와 규모의 경제(economies of scale)를 달성할 수 있다. 겸업주의 장점으로는 첫째, 범위의 경제를 통해 비용을 절감할 수 있고, 이로 말미암아 소비자의 효용이 증대된다. 특히 방카슈랑스(은행과 보험업의 합성어)의 경우 금융소비자는 은행 등 금융기관을 방문하여 보험을 동시에 구입할 수 있으므로 금융거래의 편의성이 제고되는 동시에 금융기관의 기존시설이나 인력을 활용함으로써 모집비용 등 사업비를 절감할 수 있으며, 이를 통해 보험가격을 인하할 수 있을 것이다. 둘째, 위험을 분산시킬 수 있을 것이다. 은행자산은 주로 신용위험, 금리, 환율 등 가격위험에 영향을 받는데 비해 보험자산은 사망이나 사고와 같은 우발적 위험에 영향을 받는다. 이 둘 사이의 상관관계가 낮기 때문에 은행의 보험겸업은 포트폴리오 효과를 불러옴으로써 전체 자산의 변동성을 낮출 수 있을 것이다. 셋째, 은행 등 금융기관은 종합금융기관의 이미지를 제고하고, 수입원을 다원화함으로써 안정적인 운용을 해 나갈 수 있을 것이다.

우리나라에서는 금융의 겸업화 추세에 부응하여 금융산업의 선진화를 도모하고 금융소비자의 편익을 증대하기 위해 2003년 8월부터 저축성, 가계성 보험을 시작으로 방카슈랑스를 단계적으로 도입하여 2007년 4월 이후에는 모든 상품의 판매를 허용하게 된다. 구체적으로 보아서는 2000년 8월 금융기관의 보험대리점 등록을 금지하는 규정(보험업법 시행규칙)에 대한 3년간 규제일몰제를 적용한 후 2003년 1월 방카슈랑스의 도입 방안을 확정하여 발표하였다. 그 후 방카슈랑스제도를 법제화하여 2003년 5월 개정보험업법을 공표하고, 2003년 6월 보험업법 시행령과 시행규칙을 입법예고하였다. 이러한 일연의 과정을 통해 드디어 2003년 8월 1단계가 시행되어 은행에서 연금보험, 교육보험 같은 저축성보험을 판매할 수 있게 되었다. 2단계는 2005년 4월 질병이나 상해를 보장하는 순수보장성보험 중에서 보험금이 소멸되는 소멸형이 개방되었고, 2006년 10월에 3단계로 순수보장형보험 중 만기가 되면 환급받을 수 있는 환급형상품이 개방되었다. 마지막으로 2008년 4월 자동차보험과 종신보험까지 허용하는 방안을 추진하였으나 보험업계의 반대에 부딪쳐 계획을 철회하였다. 정부 정책만 믿고 4단계 방카슈랑스를 준비해오던 은행업계는 투자금액만 고스란히 손해보게 되었고, 소비자들의 선택권도 확대될 수 없게 되었다.

종합금융화로 말미암아 시장지배력이 집중되고 남용됨으로써 M&A로 규모의 경제를 실현할 수 있지만 독점에 따른 시장효율성의 하락이나 사회적 후생손실도 무시할 수 없다. 아울러 종합금융화로 말미암아 전문성이 결여되어 효율성을 저해할 수도 있고, 한 분야의 자본부실화가 다른 분야에도 영향을 미침으로써 경영부실화가 전염될 가능성도 있다. 이외에도 기업조직이 복잡해지고, 종합화됨으로써 투명성이 크게 저하될 수도 있다. 종합금융화에 성공하려면 각 기업은 종합금융화에 따른 부작용을 최소화하고, 규모의 경제, 범위의 경제라는 장점을 극대화할 수 있는 방안을 마련하여 운영해야 할 것이다.

6.4 금융시장의 구조와 기능

금융시장은 자금의 공급자와 수요자가 만나는 곳이다. 금융시장은 자금을 빌려주는 대여자(저축으로서 모든 경제주체가 행함)와 자금을 빌리는 차용자(투자로서 모든 경제주체가 행함) 사이에 직접 거래가 이루어지는 직접금융과 금융기관(혹은 금융중개기관)을 통해 거래가 이루어지는 간접금융이 있다. 개인적으로 타인에게 자금을 빌려주는 경우에는 타인에 대한 정보 부족으로 빌려준 자금 회수에 대한 위험이 크므로 직접금융보다는 안정성을 보장하는 금융기관을 통한 간접금융으로 자금의 대여나 차용이 이루어진다.

우리나라에서 사용하는 금융기관의 정의는 대출이나 유가증권 등 금융자산의 취득을 통해 다른 부문에 자금을 공급할 목적으로 자가계정에 예금 및 금융채 등의 금융부채를 발생시켜 자금을 조달하는 금융중개활동을 하거나, 금융중개활동을 원활히 촉진시켜주는 보조적 금융활동을 수행하는 기관을 말한다. 이러한 금융기관은 그 기능에 따라 은행을 비롯하여 비은행예금취급기관, 금융투자업자, 보험회사, 기타금융기관 등으로 나눠진다.

1. 은행

은행은 일반 국민으로부터 예금, 신탁을 받거나 채권을 발행하여 조달한 자금을 자금수요자에게 대출해 주는 역할을 담당하는 금융기관이다. 은행은 일반은행과 특수은행으로 구분되고, 일반은행에는 시중은행, 지방은행, 외국은행 국내지점이 있다.

취급상품은 예금, 적금, 금전신탁 이외에 양도성예금증서(CD), 금융채, 환매조건부채권(RP) 등이 있다. 은행은 다른 저축기관에 비해 저축상품의 수익률이 낮은 편이지만, 전국적인 온라인시스템을 갖추고 있어 전국 어디서나 입·출금이 자유롭고, 저축기관 중 가장 다양한 저축상품을 취급하고 있으며, 다른 금융기관과 비교하여 낮은 금리로 대출받을 수 있다는 장점을 지니고 있다.

표 6-3 한국의 금융기관

<table>
<tr><th colspan="2">구분</th><th>기관</th><th>취급상품</th><th>장점</th><th>단점</th></tr>
<tr><td rowspan="2">은행</td><td>일반은행</td><td>시중은행, 지방은행
외국은행 국내지점</td><td rowspan="2">요구불예금, 저축성 예금, 신탁상품, CD · RP 등 시장성 상품</td><td rowspan="2">- 다양한 서비스
- 광범위한 점포망 및 이용편리성
- 대출 가능</td><td rowspan="2">- 비교적 낮은 예금 금리</td></tr>
<tr><td>특수은행</td><td>한국산업은행, 한국수출입은행, 중소기업은행, 농협, 수협 등</td></tr>
<tr><td rowspan="4">비은행 예금취급 기관</td><td>종합금융회사</td><td></td><td>CMA, CP, 발행어음</td><td>- 단기고수익
- 거액고객에 다양한 서비스제공</td><td>- 개인대출불가
- 적은 점포 수
- 큰 최소 가입금액</td></tr>
<tr><td>상호저축은행</td><td></td><td>예금, 적금, 신용부금, 표지어음</td><td>- 고수익
- 대출절차 간편</td><td>- 낮은 기관신용도
- 적은 점포 수</td></tr>
<tr><td>신용협동기구</td><td>신용협동조합, 새마을금고, 상호금융</td><td>출자금, 예탁금, 적금</td><td>- 고수익</td><td>- 낮은 기관신용도</td></tr>
<tr><td>우체국예금</td><td></td><td>우체국예금, 보험</td><td>- 원리금 100% 보장
- 광범위한 점포망</td><td>- 대출불가</td></tr>
<tr><td rowspan="4">금융투자업자</td><td>투자매매중개업자</td><td>증권회사 선물회사</td><td rowspan="4">증권저축, 채권저축, 수익증권, 뮤추얼펀드 등</td><td rowspan="4">- 고수익</td><td rowspan="4">- 주가 하락시 손실 발생
- 적은 점포 수
- 상품 다양하지 않음</td></tr>
<tr><td>집합투자업자</td><td>자산운용회사</td></tr>
<tr><td>투자자문일임업자</td><td>투자자문사</td></tr>
<tr><td>신탁업자</td><td>은행, 증권, 보험, 부동산 신탁회사</td></tr>
<tr><td rowspan="4">보험회사</td><td>생명보험회사</td><td></td><td>보장성보험, 저축성보험</td><td rowspan="4">보험혜택
저축성보험도 보장기능 포함</td><td rowspan="4">- 만기전 해약 적은 환급액
- 일반저축상품보다 낮은 수익률</td></tr>
<tr><td rowspan="3">손해보험회사</td><td>손해보험회사</td><td rowspan="3">재물보험, 배상책임보험, 제3보험, 재보험 등</td></tr>
<tr><td>재보험회사</td></tr>
<tr><td>보증보험회사</td></tr>
</table>

구분		기관	취급상품	장점	단점
기타 금융기관	여신전문금융회사	리스회사, 신용카드회사, 할부금융회사, 신기술사업금융회사			
	벤처캐피탈회사	중소기업창업투자회사			
	증권금융회사				
	금융지주회사	은행지주, 비은행지주			
	한국무역보험공사				
	한국주택금융공사				
	한국자산관리공사				
	한국투자공사				
	한국정책금융공사				
금융보조 기관	금융감독원				
	예금보험공사				
	금융결제원				
	신용보증기관	신용보증기금, 기술신용보증기금			
	한국예탁결제원				
	한국거래소				
	신용정보회사				
	자금중개회사				

자료: 한국은행, 2012, 「2012년 금융생활 길라잡이」, pp. 186~188 재인용.

2. 비은행예금취급기관

비은행예금취급기관은 은행과 비슷한 여신과 수신을 주로 취급하고 있지만, 상대적으로 업무와 영업에서 제한을 많이 받는 금융기관이다. 이에 속하는 금융기관은 종합금융회사, 상호저축은행, 신용협동기구(신용협동조합, 새마을금고, 상호금융), 우체국예금 등이 있다.

종합금융회사의 경우 우리나라에서는 1970년대 중반 국제적 신용도가 부족한 은행들을 대신해 원활하게 외자를 조달하기 위해 한국·현대·새한·한불·아세아·한외 등 6개 사가 설립되었다. 1970년대 사금융시장 양성화를 위해 설립된 '투자금융회사'가 1990년대 종합금융회사로 간판을 바꿔달면서 30개 사가 난립하고, 과다경쟁을 하였으나, 1997년 외환위기 이후에 무더기로 퇴출되기도 했다. 종합금융회사는 민간 부문의 외자도입을 원활히 하고, 기업의 다양한 금융수요를 충족시키기 위해 설립되었다. 현재에는 예금과 보험업무를 제외한 단기금융업무, 외화조달 및 주선업무, 리스업무, 투자신탁업무, 유가증권업무 등 금융권에서 취급하는 거의 모든 업무를 취급하고 있다. 대표적인 저축상품으로는 기업어음(CP), 발행어음, 표지어음, 어음관리계좌(CMA) 등이 있다. 종합금융회사 취급 상품은 은행에서 다루는 상품과 비교하여 수익성이 높은 반면에 개인대출이 불가하고, 최소 가입 금액이 많다는 단점을 갖고 있다.

상호저축은행은 일반 서민이나 서민과 소규모 기업의 금융편의를 도모하고 저축을 증대하기 위하여 설립된 금융기관이다. 1972년 설립된 지역 금융기관으로 상호신용금고였으나, 2001년 3월 상호신용금고법이 상호저축은행법으로 개정되고, 2002년 3월부터 상호저축은행으로 바뀌었다. 상호저축은행의 업무는 주로 수신업무·여신업무·부대업무로 나뉜다. 수신업무는 예금과 부금·적금 등이 있으며, 여신업무는 대출·어음할인 등이 있다. 그리고 자금이체와 내국환업무·보호예수업무·대여금고 및 야간금고·공과금 수납대행 등의 부대업무가 있다. 일반은행보다 이자율이 높은 반면 대출금리도 은행보다 높은 편이다.

신용협동기구는 공동의 유대관계를 갖고 있는 사람들이 만든 기구로, 현재 우리나라에서는 추진주체에 따라 첫째, 한국신용협동조합연합회 산하의 신용협동조합, 둘째 새마을금고연합회 산하의 새마을금고, 셋째 농업협동조합과 수산업협동조합의 계통조직인 단위조합과 수산업협동조합에서 운영하는 상호금융의 3대 계통으로 분류된다. 상호금융회사로도 불렸으나 최근 신용협동기구란 말로 통일해 사용되고 있다. 조합 형태를 띠며 조합원으로부터 제공받은 출자금 및 적금 등의 수입을 관리하고, 조합원들에게 저축 편의와 대출 기회를 제공하는 역할을 담당하고 있다. 조합원 상호 간 공동이익을 목적으로 신용협동조합법에 의해 운영된다. 신용협동기구는 대외신인도 면에서 열위에 있으나 조합원 등에 대해서는 금리와 세제상 우대해 주는 동시에 대출이 쉽다는 장점을 지니고 있다.

우체국은 미래창조과학부에 속한 기관으로 우편, 우편환, 우편대체, 우체국예금, 우체국보험, 전신전화수탁업무 등을 담당하고 있다. 특히 금융 측면에서는 은행예금업무라 할 수 있는 우체국예금을 취급하고 있다. 우체국은 경영주체가 정부이므로 영리만을 목적으로 하지 않고 있으며 원리금이 확실하게 보장된다. 아울러 전국 어느 곳에서나 업무를 볼 수 있는 대규모 점포망이 특징이다. 우체국예금에는 저축예금, 정기예금, 정기적금 등이 있다. 일반은행과 마찬가지로 우체국도 환매조건부채권(RP)[7] 등을 취급하고 있다.

3. 금융투자업자

금융투자업자로는 주식과 채권을 매매하는 증권회사, 펀드를 운용하는 자산운용회사, 고객에게 증권 등 금융투자상품의 투자에 대해 자문해주고 수수료를 받는 투자자문회사 등으로 구분할 수 있다.

증권회사는 주식, 국공채, 회사채 등 유가증권의 매매, 인수 및 매출 등을 전문적으로 취급하는 기관이다. 이 외에도 증권업 관련 업무로 증권저축, 환매조건부채권 등을 취급하고 있다. 증권회사가 직접 증권을 매매하는 것을 자기매매라 하고, 증권회사가 다른 투자자의 증권매매를 중개하는 것을 위탁매매라고 부른다.

자산운용회사는 뮤추얼펀드 또는 투자신탁펀드의 재산을 운용하는 곳이다. 자산운용회사는 펀드를 만든 후 판매회사에 펀드의 자금 모집을 의뢰하고 투자자로부터 자금을 모아 펀드의 자산을 투자 운영하는 회사다. 뮤추얼펀드는 주식회사의 형식을 갖추고 있으나, 서류상의 회사(paper company)로서 실체가 없고 실제 뮤추얼펀드의 자산운용은 자산운용회사가 담당하고 있다. 자산운용회사는 뮤추얼펀드에 모인 자금을 운영하는 주식회사로 뮤추얼펀드 자산을 주식 · 채권 · 기업어음 · 양도성예금증서 등 유가증권과 선물, 옵션 등 파생상품에 투자한다. 자산운용회사는 금융상품이나 투자상품에 대한 전문지식이 부족하거나 시간적 여유가 없는 투자자 또는 직접적으로 투자가 어려운 소액 투자자들이 이용할 수 있는 금융기관이다.

4. 보험회사

보험회사는 생명보험회사와 손해보험회사로 구분할 수 있다. 생명보험회사는 사망, 질병, 노후 등에 대비한 보험의 인수 · 운영을 주로 담당하고 있으며, 손해보험회사는 화재, 자동차사고, 해상사고 등에 대비한 보험의 인수 · 운영을 취급하고 있다. 생명보험 상품은 피보험자 사망에 대해 지급하는 전형적인 보장성보험인 사망보험(종신보험), 피보험자가 만기일까지 생존하는 경우에만 보험금을 지급하는 교육보험,

---

7) 우체국 보유 국공채 등 채권을 개인이 매입한 후 일정 기간 경과 후 약정한 이율을 적용하여 우체국에 다시 판매하는 상품으로 단기간 자금운용에 유리하다.

연금보험 등과 같은 생존보험, 피보험자가 보험기간 중 사망하거나 만기일까지 생존한 때 보험금을 지급하는 생사혼합보험, 보험기간 중 사고로 인한 장해 또는 질병 발생 시 보험금을 지급하는 상해 · 질병보험 등으로 나눌 수 있다. 손해보험상품은 부보위험에 따라 화재, 해상, 자동차, 보증, 재보험 등이 있다. 최근에는 만기 시 환급금을 돌려받을 수 있는 저축기능과 불의의 사고에 대비할 수 있는 보장기능을 겸비한 장기손해보험이 크게 증가하고 있다. 우체국에서도 보험회사의 보험에 해당하는 우체국보험을 취급하고 있는데, 우체국보험에는 건강보험, 상해보험, 연금보험, 저축보험 등 모든 종류의 보험이 있다.

6.5 우리나라의 금융시장[8)]

금융시장(financial market)이란 자금을 필요로 하는 자금수요자와 자금을 공급해주는 역할을 담당하는 자금공급자 사이에 금융거래가 조직적으로 이루어지는 장소로써 구체적인 공간 뿐 아니라 추상적인 공간도 포함한다.

금융거래가 이루어지기 위한 금융수단(financial instruments)으로는 예금증서, 어음, 채권 등과 같은 금융자산을 손꼽을 수 있다. 금융거래는 자금이 이동하는 형태에 따라 직접금융거래와 간접금융거래로 구분된다. 직접금융거래는 자금을 필요로 하는 자금수요자가 자기명의로 발행한 본원적 증권(primary security)을 자금공급자에게 교부하고 자금을 직접 조달하는 거래로서 주식, 채권 등이 대표적이다. 간접금융거래는 은행을 비롯한 금융중개기관(financial intermediaries)을 통하여 공급자에게서 수요자에게로 자금이 이전되는 거래로서 일반적인 예금과 대출 등으로 구성된다.

1. 금융시장 구조

금융시장은 기간(특히 만기), 거래단계, 거래규칙 등에 따라 여러 유형으로 구분할 수 있다.

첫째, 금융시장의 만기를 기준으로 시장을 구분할 수 있는데, 1년 미만의 금융상품이 거래되는 시장인 자금시장(money market) 혹은 단기금융시장과 만기 1년 이

8) 이 부분은 「한국의 금융시장」(2012, 한국은행)을 참조하여 작성함.

상의 금융상품이 거래되는 시장인 자본시장(capital market)으로 구분한다.

둘째, 거래단계에 따라 시장을 구분하는데, 금융상품이 새롭게 발행되는 동시에 거래되는 시장인 발행시장(primary market)과 이미 발행된 금융상품이 거래되는 시장인 유통시장(secondary market)으로 구분된다.

셋째, 거래규칙(거래 장소나 거래 방법)에 따라 거래소시장(exchange market)과 장외시장으로 구분한다. 거래소시장이란 특정 금융상품에 대한 거래가 특정 장소에서 집중되어 이루어지는 시장을 말한다. 장외시장이란 거래소 밖에서 거래가 이루어지는 시장을 말하는데, 고객 간 거래가 직접 이루어지는 직접거래시장과 증권회사가 거래를 중개하는 점두시장(over-the-counter market)으로 다시 구분할 수 있다.

우리나라의 금융시장은 직접금융시장과 간접금융시장으로 구분되는데, 간접금융시장은 예금이나 대출 등을 취급하는 시장이고, 직접금융시장은 자금시장, 자본시장, 외환시장, 파생금융시장 등으로 구분하는 것이 일반적이다. 간접금융시장은 일반적인 은행을 비롯한 여러 금융기관의 업무에 해당한다. 이와는 달리 직접금융시장은 자금시장, 자본시장, 외환시장, 파생금융상품 시장 등으로 구분된다.

자금시장(단기금융시장)은 1년 미만의 금융상품이 거래되는 시장이므로 시장참가자들이 일시적인 자금수급의 불균형을 조정하기 위해 활용한다. 자본시장(장기금융시장)은 주로 금융기관, 기업, 정부 등이 장기자금을 조달하는 시장으로 주식시장과 국채, 회사채, 금융채 등이 거래되는 채권시장 등으로 구분된다. 외환시장은 서로 다른 종류의 통화, 즉 외환이 거래되는 시장으로 외국환은행 간 외환매매가 이루어지는 동시에 매매기준율이 결정되는 은행간시장(inter-bank market)과 은행과 비은행 고객 간에 외환매매가 이루어지는 대고객시장(customer market)으로 구분할 수 있다. 은행간시장은 금융기관, 외국환중개기관, 한국은행 등이 참여하여 외환거래가 대량으로 이루어지는데, 일반적으로 외환시장이라고 하면 은행간시장을 의미한다. 파생금융상품시장은 금융상품의 가격변동위험과 신용위험 등 위험관리를 위해 고안된 각종 파생금융상품이 거래되는 시장이다. 1990년대 중반이후 주가지수 선물 및 옵션, 채권선물 등이 도입되면서 거래수단이 다양화되고, 거래규모도 크게 확대되고 있다. 파생금융상품은 여러 종류의 위험을 낮은 비용으로 헤지(hedge)하는데 활용되고, 추가적인 수익을 얻을 수 있으나 레버리지효과(leverage effect)[9]가 매우 커서 손

---

9) 타인이나 금융기관으로부터 차입한 자본을 가지고 투자해서 이익을 발생시키는 것을 말한다. 빌린 돈을 지렛대(lever) 삼아 이익을 창출한다는 의미에서 지렛대효과라고도 부른다. 차입금 등의 금리비용보다 높은 수익률이 기대될 때에는 타인자본을 적극적으로 활용해서 투자를 하는 것이 유리하지만, 과도하게 차입금을 사용하면 불황시에 금리부담이 발생 수익률보다 비용

그림 6-4 | 우리나라 금융시장 구조

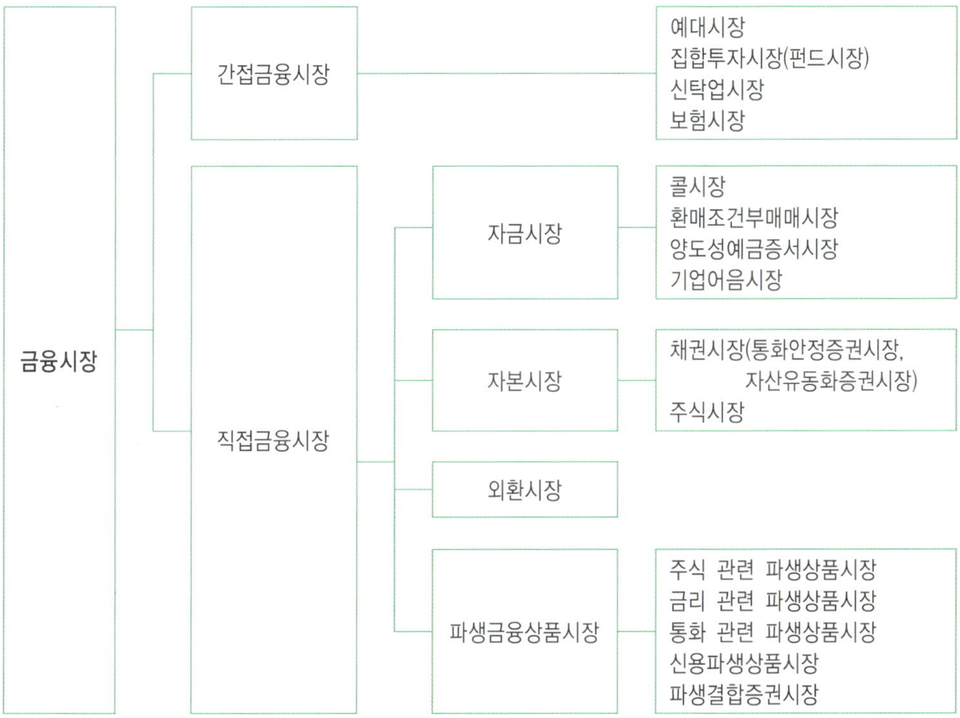

출처: 한국은행, 2012, 「한국의 금융시장」, p. 8.

실 가능성도 있다.

우리나라의 금융시장의 규모는 1980년대 이후 비약적으로 확대되었다. 2012년 6월 말 기준으로 자금시장과 자본시장을 합한 우리나라의 금융시장의 규모는 총 2,708조 원으로 1980년 6.6조 원의 400배 이상에 달하고 있다. 우리나라의 금융시장은 실물경제의 성장에 비해 더 빠르게 성장하였음을 알 수 있는데, 이는 금융시장이 명목 GDP에서 차지하는 비중을 통해 분석할 수 있다. 금융시장 비중이 1980년 0.18%에 불과하였으나, 2010년에 2.23%로 GDP와 비교해서 12배 이상 더 빠르게 증가하였다. 시장별로 살펴보면 자본시장의 경우 2012년 6월 말 채권시장의 규모가 1980년보다 500배 이상 커지고, 주식시장은 470배에 달하는 등 괄목할 만한 신장세

이 높아지게 되는 '부(負)의 레버리지(negative leverage)효과'가 발생하여 도산위험이 높아지게 된다. 한경 경제사전 참조.

를 기록하였다. 한편, 자금시장은 상대적으로 상승 폭이 적어서 1980년과 비교하여 2012년 6월에 약 200배 증가하였다.

표 6-4 우리나라 금융시장의 규모 추이

	1980	1990	2000	2010	2012.6
자금시장	1.5	44.3	138.8	267.5	305.5
자본시장	5.1	114.0	640.7	2,352.7	2,402.3
채권	2.5	35.0	423.6	1,112.9	1,228.0
주식	2.5	79.0	217.1	1,239.9	1,174.3
합계	6.6	158.3	753.0	2,620.3	2,707.8
합계/명목 GDP (%)	0.18	0.83	1.25	2.23	2.12

출처: 한국은행, 2012, 「한국의 금융시장」, p. 9, 김기원 · 변형윤, 2007, 「한국경제의 이해」 방송대출판부, p. 201.

이와 같이 우리나라 금융시장 규모가 크게 확대된 것은 여러 이유가 어우러진 결과로서, 첫째 국민소득수준의 향상, 지속적인 경제성장 등에 의한 경제규모의 확대, 둘째 정부의 자본시장 육성 및 대외개방정책, 셋째 기업의 재무구조 변화와 가계의 자금운용 변화, 넷째 외환위기 이후 금융시장 하부구조 정비 및 시장참가자들의 금융거래 기법 개선 등에 힘입어서 나타난 결과라 할 수 있다.

2. 자금시장

자금시장(단기금융시장)은 단기자금의 수요자와 공급자 간 수급 불균형으로 금융기관이나 기업 등의 경제주체들이 단기적인 자금 과부족을 조절하기 위해 만기 1년 이내의 단기금융상품이 거래되는 시장이다. 현재 우리나라에는 주요 단기금융시장으로 콜시장, 환매조건부매매시장, 한국은행 환매조건부매매시장, 양도성예금증서시장, 기업어음시장, 통화안정증권(만기 1년 이내)시장 등이 있다.

이러한 자금시장은 다음과 같은 특징을 지니고 있다. 첫째, 위험관리 측면에서 살펴보면, 자금시장에서 경제주체들은 금융자산 보유에 따르는 위험을 관리할 수 있다. 단기금융상품은 상대적으로 만기가 짧기 때문에 금리변동에 따른 가격변동 폭이 크지 않으므로 자본손실 위험이 작다. 또한 발행주체가 신용도 높은 기업 또는 금융기관이기 때문에 상환불능위험이 작으므로 신용위험이 작다. 장기채권가격이 하락할 것으로 예상되거나 금융시장의 불확실성이 높아진 시기에는 단기금융상품을 보유함으로써 자본손실위험이나 유동성위협을 줄일 수 있을 것이다. 둘째, 비용 측면에서 자금시장의 경제주체들은 단기자금을 효율적으로 조달 · 운용할 수 있는 기회를 가짐으로써 유휴현금 보유에 따른 기회비용을 절감할 수 있다. 자금시장은 기업이나 정부의 단기적인 자금과부족을 신속하게 조절할 수 있는 수단을 제공함으로써 투자 기회가 늘어나고, 보유 현금을 줄임으로써 기회비용이 줄어들게 된다. 셋째, 자금시장이 발달되어 있으면 재정거래가 활발해지고, 단기금융상품의 수익률이 자금의 수급상황 변화에 민감하게 반응하는 동시에 장기시장금리, 통화량, 환율, 주가 등 모든 시장에 영향을 미치게 될 것이다. 따라서 이러한 상황에서는 중앙은행의 통화정책(특히 금리정책) 효과가 원활하게 파급될 수 있다.

표 6-5 자금시장 상품 개요

	콜	환매조건부 매매	한국은행 환매조건부 매매	양도성 예금증서	기업어음	표지어음	통화안정 증권
만기	최장 90일 이내	자유화	최장 91일 이내	30일 이상	자유화	은행: 30일이상 종금: 1년 이내 저축은행: 자유화	할인: 14~546일 이표채: 2년
최저거래 금액	1억원(중개 거래 시)	체신관서: 5만원 기타: 제한없음	최저 입찰금액 100억원	제한없음	증권: 1억원 기타: 제한없음	제한없음	경쟁입찰: 1억원 일반매출: 백만원
중도환매	–	제한없음	금지	금지	제한없음	은행: 불가능 종금: 가능 저축은행: 가능	불가능
이자지급 방식	만기일시 지급	만기일시 지급	만기일시 지급	할인방식 선지급	할인방식 선지급	할인방식 선지급	할인방식 선지급 또는 매3개월

출처: 한국은행, 2012, 「한국의 금융시장」, p. 27, 김기원 · 변형윤, 2007, 「한국경제의 이해」, 방송대출판부, p. 202.

자금시장은 거래주체에 따라 금융기관 상호간의 단기자금거래라 할 수 있는 금융기관 간 시장과 금융기관과 고객 간에 자금거래가 이루어지는 대고객시장으로 구분된다. 우리나라에서 대표적인 금융기관 간 거래로는 콜시장을 들 수 있다. 콜시장은 금융기관 상호간에 일시적인 자금 과부족을 조절하기 위해 초단기로 자금을 차입하거나 대여해 주는 시장[10]을 말한다. 기업어음시장은 기업의 단기자금조달에 이용되

10) 지급준비금을 예치해야 한다는 의무가 있는 은행들은 콜거래를 통해 지급준비금의 과부족

는 대고객시장이다. 환매조건부매매시장 및 양도성예금증서시장은 금융기관 간 시장과 대고객시장의 성격이 혼재되어 있으며, 한국은행 환매조건부매매시장은 한국은행과 약정을 체결한 금융기관이 거래하는 시장이다. 표지어음은 은행이 기업을 대상으로 매입하여 가지고 있는 여러 종류의 어음을 다시 분할하거나 통합하여 액면금액과 이자율을 새로 설정한 후 은행을 지급인으로 하는 새로운 어음을 발행하여 고객에게 판매하는 어음이다. 통화안정증권은 통화량을 조절하기 위해 한국은행이 금융기관 또는 일반인을 대상으로 발행하는 단기증권이다. 일반을 대상으로 하는 공모발행과 특정 금융기관을 대상으로 하는 상대매출 등 두 가지 방법으로 발행하는데, 총통화의 50% 이내에서 할인 방식으로 발행되며, 만기는 최단 14일부터 최장 546일까지 모두 10종으로 365일물이 대부분을 차지하고 있다.

우리나라의 자금시장 규모를 살펴보면 44조 원에서 2012년 6월 305조 원으로 큰 폭으로 증가하였다. 세부 시장별로 보면 기업어음시장이 30% 내외로 가장 차지하는 비중이 컸으며, 2012년 6월에도 106조 원으로 34.8%를 차지하고 있다. 환매조건부매매시장은 규제완화와 인프라 개선 등에 힘입어서 가장 큰 폭으로 증가하여 2012년 6월 90조 원에 달하였다. 통화안정증권시장은 1990년 15조 원에서 외환위기를 겪으면서 증가하여 25조 원 내・외수준을 유지하다가 2000년 이후 금융구조조정과 국제수지 흑자에 따라 크게 늘어난 유동성을 흡수하기 위해 통화안정증권을 발행하면서 증가하여 2012년 6월에는 50조 원에 도달하게 된다.

반면 콜시장과 양도성예금증서시장은 1990년 이후 성장세를 지속하다가 2010년 이후 규모가 축소되고 있다. 콜시장은 2010년 이후 증권사에 대한 콜차입 한도를 자기자본의 100% 이내로 제한하고, 중・장기적으로 콜시장을 은행간시장으로 전환하는 것을 주요 내용으로 하는 콜시장 건전화 방안이 마련된 이후 거래가 줄어들었다. 양도성예금증서시장은 2009년 12월 예대율 규제 도입 방안[11]에서 양도성예금증서를 예수금에서 제외하여 예대율을 산정하기로 함에 따라 거래가 크게 줄어들었다. 특히 양도성예금증서는 예금보호대상이 아니며, 도매자금 성격이 강해 자금 조달의 안정성이 떨어지는 것으로 보아 예대율 선정대상에서 제외하였다. 재정증권의 경우 2012

을 해결할 수 있으므로 지급준비금 시장으로서의 의미도 있다. 콜거래는 금융기관의 일시적인 자금 과부족을 조절하는 거래이므로 초단기물 거래가 대부분이다.

11) 시장성수신을 통한 과도한 대출 확대를 억제하고 건전한 자산성장을 유도하기 위해 양도성예금증서를 제외한 원화예수금(월평잔) 대비 원화대출금(월평잔)을 100% 이내로 규제하기로 하였다. 당초 2014년 1월부터 적용할 방침이었으나 2011년 6월 「가계부채 연착륙 종합대책」의 일환으로 2012년 6월 말로 앞당겨 시행하였다. 한국은행, 2012, 「한국의 금융시장」, p. 115 참조.

표 6-6 자금시장 규모 추이

(단위: 10억원, %)

구분 \ 연도	1990		2000		2010		2012.6	
	금액	구성비	금액	구성비	금액	구성비	금액	구성비
콜	3,397	7.7	16,058	11.6	22,501	8.4	20,006	6.5
환매조건부매매	3,377	7.6	26,115	18.8	76,871	28.7	90,270	29.5
기업어음	12,740	28.7	44,677	32.2	90,916	30.2	106,175	34.8
양도성예금증서	6,804	15.3	14,218	10.2	44,472	16.6	29,653	9.7
표지어음	277	0.6	11,201	8.1	1,604	0.6	1,671	0.5
통화안정증권	15,241	34.4	26,488	19.1	41,140	15.4	49,550	16.2
재정증권	2,500	5.7	0	0.0	0	0.0	8,161	2.7
합계	44,335	100.0	138,757	100.0	267,504	100.0	305,486	100.0

출처: 한국은행, 2012, 「한국의 금융시장」, p. 30.

년에 증권의 발행이 재개되면서 2012년 6월 말 잔고가 8.2조 원을 기록하고 있다. 표지어음시장은 2010년 이후 1% 미만으로 부진을 면치 못하고 있다.

3. 자본시장

자본시장은 1년 이상의 장기자금 조달 수단인 국채, 회사채, 주식 등 직접금융증권이 거래되는 시장으로서 통상적으로 증권시장(securities market)을 의미한다. 자본시장은 여유자금을 갖고 있는 경제주체의 자금을 자금이 부족한 경제주체에게 장기간 공급함으로써 자금수급의 불균형을 조절하는 역할을 담당하고 있다. 자본시장은 자금을 효율적으로 배분하여 줌으로서 생산효율이 극대화되고, 산업구조의 고도화가 촉진되면서 경제 전체의 부가 늘어난다. 자본시장은 장기이자율이나 주가를 결정하기 때문에 기업의 투자결정에 영향을 미치고, 채권이나 주식 등의 자산가치 변동으로 부의 효과(wealth effect)를 통해 가계소비에도 영향을 미치게 된다.

우리나라의 자본시장은 양적으로나 질적으로 발전해 오는 가운데 자본시장 육성정책이 주식시장 위주로 이루어짐에 따라 채권시장의 발전이 상대적으로 지체되었다. 채권시장의 경우 1997년 외환위기 이후 정부가 기업구조조정 등을 위해 재정자금을 원활하게 조달하기 위해 관련 제도를 도입하고 하부구조를 개선하면서 국채시장을 중심으로 발전하게 되었다. 주식시장은 1956년 3월 대한증권거래소가 설립되면서 비로소 조직화된 시장의 모습을 갖추기 시작하였다. 대한증권거래소는 1963년 증권파동 이후 공영제 조직으로 개편되면서 한국증권거래소로 명칭이 변경되었다. 1984년 7월에는 채권장외시장이 제도화되었으며, 1987년 4월 주식장외시장이 개설되기도 하였다. 주식장외시장은 1997년 1월 증권업협회 등록주식이 매매되는 협회중개시장인 코스닥시장으로 법제화되었다. 2000년 거래소와 코스닥시장에서 거래되지 않는 주식을 대상으로 한 장외주식호가중개시장(제3시장)이 개설되었다. 이후 2005년 증권거래소, 코스닥, 선물거래소를 통합한 한국증권선물거래소가 출범하였으며, 2009년 2월 한국거래소로 상호가 변경되었다. 최근 2014년 3월에는 금(金)시장을 개설하였다.

우리나라 자본시장의 대외개방은 1993년 6월 발표된 제3단계 금융자율화 및 시장개방계획과 1996년 9월 OECD 가입 시 제시된 자본자유화계획을 통해 체계적으로 추진되었다. 유가증권시장 상장주식 시가총액에서 외국인 보유비중은 1992년 말 4.9%에서 2005년 말에는 39.7%로 크게 상승하였다. 글로벌 금융위기에 따른 디레버리징(deleveraging)[12]으로 외국인 보유비중이 2008년 말에는 28.7%까지 줄어들기도 하였다. 이후 국내경기의 빠른 회복과 글로벌 금융시장의 안정 등으로 외국인 주식투자가 다시 늘어나 2012년 6월 말 현재 전체 주식 시가총액에서 외국인이 차지하는 비중은 31.5%를 차지하고 있다.

한편 채권시장은 주식시장에 비해 개방이 늦춰져서 1997년에 들어서야 모든 상장채권에 대한 외국인의 투자한도가 완전히 폐지되었다. 채권투자는 한동안 부진을 지속하다가 선진국 중앙은행의 양적완화에 따른 글로벌 유동성 등을 배경으로 계속 증가해 2012년 6월 말 현재 외국인의 국내채권 보유비중은 7.1%에 이르고 있다.

우리나라의 자본시장 규모는 〈표 6-7〉에 제시된 바와 마찬가지로, 2012년 6월 말 현재 2,410조 원으로 1990년 114조 원과 비교하여 20배 이상 규모가 확장되었다. 채권시장이 1,236조 원으로 51.3%를 차지하고 있으며, 주식시장은 이보다 조금 적은 1,174조 원이었다. 1990년과 비교하여 2012년 6월 말 현재 채권시장은 국채의 비중이 8.9%에서 34.2%로 큰 폭으로 증가하였고, 회사채는 63.0%에서 17.8%로 크게 줄어들었다. 주식시장의 규모는 주가의 변동에 따라 크게 변하지만, 1990년대 이후 주가 정체에도 불구하고 꾸준히 늘어나고 있다. 유가증권이 대부분을 차지하지만 한때 벤처투자 및 IT 경기에 따라 코스닥시장이 급성장하여 비중이 코스닥시장이 주식시

12) 디레버리지(deleverage)는 부채상환이라는 의미이다. 일반적으로 경기불황에서 자산가치가 폭락하고 높아진 금리와 낮은 투자수익률을 보일 때는 부채를 축소하는 디레버리지 과정이 필요하게 된다. 미국·유럽 등에서는 2008년 금융위기 이후 디레버리징이 진행됐으며, 이 때문에 글로벌 금융위기 이후 세계는 '디레버리징 시대'라는 이름을 얻기도 하였다.

장의 20%를 상회하기도 하였으나 중소기업의 전반적인 침체로 10% 미만으로 줄어들었다.

표 6-7 우리나라 자본시장 규모

(단위: 10억원, %)

	1990		2000		2010		2012. 06	
	금액	구성비	금액	구성비	금액	구성비	금액	구성비
채권[1)]	35,005	100.0	423,603	100.0	1,112,873	100.0	1,236,161	100.0
국채	3,123	8.9	73,295	17.3	362,587	32.6	422,889	34.2
지방채	1,060	3.0	9,765	2.3	15,792	1.4	17,637	1.4
금융채	6,626	18.9	49,093	11.6	217,329	19.5	204,653	16.6
통화안정증권	0	0	66,378	15.7	122,390	11.0	115,030	9.3
특수채	2,128	6.1	97,195	22.9	204,177	18.3	255,801	20.7
회사채	22,068	63.0	127,878	30.2	190,598	17.1	220,151	17.8
주식[2)]	79,020	100.0	217,057	100.0	1,239,858	100.0	1,174,322	100.0
유가증권	79,020	100.0	188,041	86.6	1,141,885	92.1	1,068,289	91.0
코스닥	–	–	29,016	13.4	97,972	7.9	106,033	9.0
전체	114,025	–	640,660	–	2,352,731	–	2,410,483	–

주: 1) 예탁채권 기준(단 통화안정증권은 만기 1년 이하 단기물 제외).
2) 유가증권시장 및 코스닥시장 상장주식의 시가총액.
출처: 한국은행, 2012, 「한국의 금융시장」, p. 156.

가. 채권시장

채권은 정부, 공공기관, 민간기업 등이 자금조달이나 정책수행을 목적으로 발행하는 비교적 장기의 채무증서를 말한다. 특히 불특정 다수로부터 거액의 자금을 조달하기 위하여 정해진 이자와 원금의 지급을 약속하면서 발행하는데 매기간 투자자에게 일정한 이자가 지급된다는 점에서 고정소득증권(fixed income securities)이라고도 불린다.[13)]

채권은 발행주체, 지급보증 여부, 담보제공 여부, 이자지급 방법 등에 따라 구분된다. 발행주체를 기준으로 국채, 통화안정증권, 지방채, 금융채, 특수채, 회사채 등으로 구분된다. 국채는 정부가 발행하는 채권으로 국고채권(혹은 국고채), 국민주택채

13) 한국은행, 2012, 「한국의 금융시장」, p. 157 참조.

권 등이 있다. 통화안정증권은 한국은행이 발행하는 증권으로 통화량을 조절하기 위해 금융기관 또는 일반인을 대상으로 발행한다. 지방채는 지방자치단체가 발행하는 채권이며, 금융채는 은행 · 금융투자회사 · 리스회사 · 신용카드회사 등 금융회사가 발행하는 채권이다. 특수채는 한국전력공사 · 예금보험공사 등 법률에 의해 직접 설립된 법인이 발행하는 채권이며, 회사채는 상법상의 주식회사가 발행하는 채권이다.

원리금에 대한 제3자의 지급보증 여부에 따라 보증채와 무보증채로 구분되는데, 보증채는 보증주체에 따라 정부보증채와 일반보증채로 나누어진다. 발행자의 담보제공 여부에 따라 담보부채권과 무담보부채권으로 나눌 수 있고, 담보부채권은 일반담보부채권과 자산유동화증권이 있다. 이자지급 방법에 따라 할인채(discount bond, zero-coupon bond), 이표채(coupon bond), 복리채(compound interest bond) 등으로 구분되고, 지급이자 변동 여부에 따라 고정금리부채권과 변동금리부채권으로 나누어진다.

표 6-8 채권종류별 발행잔액 (기말 기준)

(단위: 10억원, %)

	1998	2002	2006	2008	2010	2012.6
국채[1)]	41,573 (13.7)	98,271 (16.2)	257,752 (31.4)	282,432 (30.1)	362,587 (31.4)	422,889 (32.9)
지방채[2)]	6,527 (2.2)	8,766 (1.4)	11,461 (1.4)	12,779 (1.4)	15,792 (1.4)	17,637 (1.4)
금융채[3)]	49,091 (16.2)	104,426 (17.2)	165,127 (20.1)	249,073 (26.6)	217,329 (18.8)	204,653 (15.9)
특수채[4)]	37,820 (12.5)	131,102 (21.7)	93,084 (11.3)	120,140 (12.8)	204,177 (17.7)	255,801 (19.9)
회사채	122,682 (40.4)	180,049 (29.8)	134,441 (16.4)	145,858 (15.6)	190,598 (16.5)	220,151 (17.1)
통화안정증권	45,673 (15.1)	84,278 (13.9)	158,390 (19.3)	126,937 (13.5)	163,530 (14.2)	164,580 (12.8)
합계	303,366 (100.0)	606,892 (100.0)	820,255 (100.0)	937,219 (100.0)	1,154,013 (100.0)	1,285,711 (100.0)

주: 1) 국고채권, 국민주택채권 1 · 2 · 3종, 양곡증권, 외국환평형기금채권, 보상채권.
2) 지역개발채권, 도시철도채권 등.
3) 산업금융채권, 중소기업금융채권, 은행채, 여신전문금융기관 회사채 등.
4) 공사채, 예금보험기금채권, 부실채권정리기금채권, 토지개발채권, 한국전력채권 등.
5) 괄호안의 수치는 전체 발행잔액에서 차지하는 비율.

출처: 한국은행, 2012, 「한국의 금융시장」, p. 200 참조.

2012년 6월 현재 주요 채권 잔액은 1,286조 원인데, 국채가 32.9%, 특수채가 19.9%, 회사채, 금융채가 각기 17.1%, 15.9%이었으며, 금융채가 15.9%, 통화안정증권이 12.8%의 순서이었다. 지방채는 1.4%에 불과하였다. 국채는 외환위기 이후에 꾸준히 증가하여 1998년 41.6조 원에 불과하던 것이 재정적자 보전을 위해 발행함으로써 2012년 6월에 423조 원에 이르게 되어 무려 10여배 이상 증가하였다. 외환위기 이후 구조조정에 소요된 자금을 조달함으로써 발행잔액이 지속적으로 증가하였으며 이 자금의 상환은 2007년 중 마무리되었으나 글로벌 금융위기 이후 경기회복을 위한 재정지출을 확대함에 따라 발행액이 다시 크게 증가하였다. 특수채는 금융기관 구조조정을 위한 예금보험채권 등의 발행으로 37.8조 원이던 것이 255.8조 원으로 증가하였으며 차지하는 비중도 소폭 상승하였다. 회사채는 글로벌 금융위기로 은행을 통한 기업의 자금조달이 어려워지면서 우량회사들이 공모회사채 발행을 확대하고, 중소기업 자금지원을 위한 Primary CBO 발행 증가 등으로 과거에 비해 차지하는 비중이 줄어들기는 하였으나 절대적인 규모는 증가하고 있다. 금융채는 2006년 이후 은행이 여신확대를 위한 재원을 은행채 발행 등을 통해 조달함에 따라 크게 증가하였으나 2010년 이후 예대율 규제 시행, 부동산 경기 부진에 따른 시중여유자금의 은행권 유입 지속 등으로 줄어들었다. 통화안정증권은 외환위기 이후 해외 부문에서 늘어난 통화와 구조조정 과정에서 증가된 유동성을 환수하기 위해 발행이 지속적으로 증가하다가 2008년 서브프라임 사태 시 해외 부문이 통화환수요인으로 작용하면서 줄어들었다. 그러나 2009년 이후 경상수지 흑자, 외국인 증권투자자금 유입에 따른 통화공급 증가로 다시 증가하는 추세를 보이고 있다. 지방채는 같은 기간 동안 6.5조 원에서 17.6조 원으로 규모는 커졌지만, 차지하는 비중은 거의 변함없이 1.4%를 유지하고 있다.

나. 주식시장

주식은 주식회사가 설립자본금을 조달하거나 자본금을 늘리고자할 때 발행한다. 자본금을 늘리기 위한 주식발행에는 금전의 출자를 받아 자본금을 증자하는 유상증자, 금전의 출자를 받지 않고 증자하는 무상증자, 주식배당 및 전환사채의 주식전환 등이 포함된다. 주식발행시장이라 함은 광의로는 신규발행 주식이 최초의 투자자에게 매출되는 모든 시장을 의미하지만, 통상 유상증자나 신규 공개기업의 주식매각 등을 대상으로 조직된 시장을 나타낸다.[14] 주식시장은 발행시장 이외에도 이미 발행된 주식이 투자자 간에 거래되는 유통시장이 있다. 우리나라의 유통시장은 유가증권시장(KOSPI: Korea Composite Stock Price Index), 코스닥시장(KOSDAQ: Korea Securities Dealers Automated Quotations) 및 프리보드(Free Board, 종전 제3시장)[15]로 구분된다.

주식시장을 통한 기업의 자금조달규모(유상증자와 기업공개)는 1980년대 중반 이후 큰 폭으로 늘어나기 시작하여 1987년 1조 원을 넘어섰고, 1990년에는 약 3조 원에 이르렀다. 이 기간 중에 주식발행이 급증하여 발행시장의 초과공급 상태에 직면하게 됨에 따라 1990년부터 발행시장에 대한 정책이 주식공급 억제로 급선회하게 되었다. 그러나 1994년부터 유통시장이 활황을 보이면서 금융기관의 유상증자를 3년 만에 다시 허용하는 등 유상증자 및 기업공개에 대한 규제가 완화됨에 따라 주식발행이 늘어났지만 1997년 연이은 대기업 부도와 외환시장의 불안 등으로 인한 주가하락이 주식발행을 위축시켰다. 외환위기 이후 기업 및 금융기관에 대한 구조조정이 추진되면서 금융기관과 대기업이 자기자본 확충 및 부채비율 축소를 위해 유상증자를 크게 늘렸다. 이에 따라 1999년 35조 원에 이르게 된다. 2000년대 들어 주가가 큰 폭으로 등락하면서 발행여건이 악화되고, 기업의 현금흐름이 개선됨에 따라 주식발행 수요도 줄어들어 감소세로 전환하였다. 그러나 2006년부터 주식시장이 활황을 보이면서 2007년에는 17조 원으로 2000년대 들어 최대 규모를 기록하기도 하였다. 이후 2008년 금융위기로 기업주식발행은 대폭 줄어들다가 경기회복 및 기업인수목적회사(SPAC: special purpose acquisition company) 열풍 등에 힘입어 다시 증가세를 보이기도 하였으나, 2012년 유럽 재정문제 해결이 지연되면서 경기둔화 등 불확실성이 지속됨에 따라 기업투자 수요가 위축됨으로써 주식발행은 크게 줄어든 모습을 보이고 있다.

이미 발행된 주식이 매매되는 시장인 유통시장은 코스피지수나 코스닥지수를 통해 경기를 파악할 수 있다. 유통시장에서의 거래는 투자자 상호간의 거래이므로 기업의 자금조달과 직접적인 관련은 없으나 발행된 주식의 시장성과 환금성을 높여 투자를 촉진시키고, 자유경쟁을 통해 공정한 가격을 형성하는 기능을 담당하고 있다.

---

14) 김기원 · 변형윤, 2007, 「한국경제의 이해」, p. 205 참조.

15) 유가증권시장 및 코스닥시장에 상장되지 못한 기업주식의 매매를 활성화함으로써 비상장주식의 유동성 부여, 벤처기업의 육성, 다양한 투자수단 제공 등의 기능을 수행한다. 2005년 7월 제3시장이 '프리보드'로 새롭게 출범하였다.

표 6-9 주식발행액 추이

(단위: 10억원, 건)

	유상증자	기업공개			합계
		모집	매출	소계	
1980	171 (52)	0 (6)	–	0 (6)	171 (58)
1985	260 (60)	34 (10)	1 (1)	35 (11)	295 (71)
1990	2,582 (169)	316 (33)	20 (3)	336 (36)	2,981 (205)
1995	5,584 (163)	531 (35)	49 (1)	580 (36)	6,164 (164)
1999	33,427 (250)	1,720 (15)	–	1,720 (15)	35,146 (265)
2000	5,789 (86)	–	–	–	5,789 (86)
2005	3,514 (246)	1,299 (77)	3 (1)	1,302 (78)	4,816 (324)
2010	4,363 (135)	4,304 (96)	–	4,304 (96)	8,666 (231)
2011	9,410 (79)	2,439 (67)	–	2,439 (67)	11,849 (146)
2012.1~6	594 (22)	248 (9)	–	248 (9)	842 (31)

출처: 1980~2000년: 김기원 · 변형윤, 2007, 「한국경제 이해」, p. 210; 2005년 이후: 한국은행, 2012, 「한국의 금융시장」, p. 270.

코스피지수[16]는 2006년 후반부터 적립식펀드 등 중장기 투자자금이 크게 유입되면서 2007년 7월 25일 처음으로 2,000을 돌파하였으나, 글로벌 금융위기로 불과 1년 후인 2008년 10월 24일에 938.75까지 급락하였다. 그러나 우리 경제가 위기로부터 빨리 탈출하고 외국인 투자자금의 유입 등으로 2011년 5월 2일에는 2,228.96으로 까지 상승하였으나, 2014년 상반기 2,000을 중심으로 변동하고 있다.

코스닥지수[17]는 1998년 이후 코스닥시장 활성화를 위한 여러 가지 특례가 인정되는 가운데 벤처열풍이 일어나면서 1999년 초부터 2000년 초까지 지수, 거래량, 거래대금 등의 측면에서 연일 최고치를 갱신하였다. 1997년 1월 4일의 코스닥지수는 1,195.1 포인트였으나 1999년 1월 이후 폭발적으로 증가하기 시작하여, 2000년 3월 10일 2,834.4 포인트로 역대 최고를 기록하였다. 장중기준 최고치도 같은 날 기록한 2,925.5 포인트이다. 코스닥기업에 대한 거품이 꺼졌던 2000년 한 해 동안은 코스닥

16) 코스피지수는 유가증권시장에 상장되어 있는 모든 기업을 대상으로 산출되는 시가총액 방식 지수로 1980년 1월 4일을 기준시점(=100)으로 선정하여 1983년 1월 4일부터 발표되고 있다.

17) 코스닥지수는 코스닥시장에 상장되어 있는 모든 종목을 대상으로 산출되는 시가총액 방식 지수로 1996년 7월 1일을 기준시점(주가지수 = 1,000)으로 하여 1997년 1월 3일부터 발표되고 있다. 참고로 1996년 7월 1일의 지수는 100 포인트였으나, 정부는 2004년 1월 26일부터 100 포인트를 1,000 포인트로 상향 조정하여 발표하였고 이전 자료에도 모두 소급 · 적용하였다.

지수가 하락하면서 세계에 유례없는 기록을 양산하기도 하였다. 실제로 1999년 말의 코스닥지수는 2,561.4 포인트였으나 2000년 말 525.8 포인트로 연초 대비 79.5%나 하락하였다. 2005년 이후 실적호전 기대, 바이오 및 DMB 등 테마관련주들의 부각 등으로 상승세를 보이면서 2007년 7월 12일 828.2를 기록하였다. 그러나 금융위기 등으로 다시 하락하여 2008년 10월 27일에는 사상최저치인 261.2를 기록하였다. 이후 빠르게 회복하여 2009년 4월 13일에는 500선을 유지하고 그 이후로는 커다란 변동없이 500선 내외에서 등락을 지속하고 있는 실정이다.

| 제7장 |

복지 및 사회보장

경제개발계획이 시작되던 1960년대 초 우리나라는 빈곤을 탈피하고 전 국민의 부를 축적시키기 위한 정책을 최우선 목표로 설정하였다. 이러한 추세는 1970년대 말까지 계속되어 민생보다는 부국을 앞세움으로써 성장을 최우선시하는 정책을 실시하였다. 1980년대에는 성장의 속도가 다소 늦춰지면서 분배주의에 관심을 보였으나 실상은 구호에 그친 감이 없지 않았다. 1990년대 들어서서는 분배에 더 커다란 관심을 갖는 동시에 외환위기 이후 대규모 실업 사태에 직면하여 사회안전망 구축이 현실적인 문제로 부각되었다. 이번 장에서는 한국의 소득분배 추이, 빈곤의 실태를 살펴본 후 사회안전망이라고 할 수 있는 4대 사회보험(국민연금, 건강보험, 산업재해보상보험, 고용보험)의 현황에 대하여 살펴본다.

제7장 복지 및 사회보장

7.1 소득분배

소득분배는 기능적 분배(functional distribution)와 개인적 분배(personal distribution)로 구분할 수 있다. 소득의 기능적 분배는 생산요소가 생산 과정에서 기여하는 기능을 중심으로 분배문제를 살펴보는 것으로서 생산요소의 대가인 요소가격을 중심으로 분석하는 것이다. 기능적 분배는 생산요소를 소유한 사람에 따라 소득이 분배되는 것을 나타내는데 노동(력)을 소유한 노동자의 소득과 자본을 소유한 자본가의 소득으로 구분하여 분석하고 있다. 그러나 이러한 기능적 분배는 저소득층의 분배에 대한 분석이 어렵다는 단점을 지니고 있다. 기능에 의거하여 소득을 분배한다면 노인, 불치의 병에 걸린 환자, 어린이 등의 한계생산력이 거의 영에 가까우므로 이들은 소득이 없는 것이 당연하다고 할 수 있다. 이외에도 생산요소 간에 명확한 구분이 어렵고 각 생산요소에 대한 한계생산력이 상호 연관되어 있으므로 각 생산요소의 한계생산력을 정확하게 계산하기가 어렵다. 이러한 문제점 때문에 최근에는 개인이나 가계(household)를 중심으로 분석하는 개인별 소득분배가 주류를 이루고 있다. 경제의 구성원을 부유층, 중산층, 빈곤층으로 구분하여 개인적 분배를 계층별 분배(size distribution)로 구분하여 분석하기도 한다.

소득분배의 불평등도를 측정하는 방법으로는 로렌츠곡선을 이용한 지니계수와 십분위분배율을 주로 사용하고 있다. 지니계수는 단점이 있음에도 불구하고, 대다수의 학자들이 사용하고 있다. 왜냐하면 지니계수가 로렌츠곡선으로부터 도출되고, 로렌츠곡선을 통해 소득분배의 궁극적인 목표인 후생을 비교할 수 있기 때문이다. 후생은 주관적인 개념이므로 학자들마다 사회후생에 대한 정의를 달리하고 있다. 소득분배를 연구하는 학자들은 로렌츠곡선을 이용하여 후생수준을 측정하거나 비교 · 분석하고 있다. 지니계수와 로렌츠곡선의 관계는 [그림 7-1]로 설명할 수 있다. 그림의 수직축은 소득이 적은 사람부터 많은 사람까지 소득의 누적 합계가 전체 소득에서 차지하는 비율을 나타내고, 수평축은 소득이 적은 사람부터 소득이 많은 사람에 대한 사람의 누적 비율을 나타낸다. 경제 내에 있는 사람들의 소득이 전체소득에서 차지하는 비율과 사람의 누적비율을 이어준 곡선이 로렌츠곡선이 되며, 일반적으로 로렌츠곡선은 ODB와 같다. 예를 들어, 경제 내의 모든 사람이 동일한 소득을 취득한 경우에는 OB의 대각선과 같게 되고, 한 사람이 모든 소득을 전부 소유하고 있다면 OAB가 된다. 지니계수는 로렌츠곡선으로부터 도출할 수 있는데 지니계수를 도출하는 공식은 다음과 같다.

$$\text{지니계수} = \frac{C\,\text{면적}}{\text{삼각형 } 0AB \text{ 면적}}$$

그림 7-1 | 지니계수와 로렌츠곡선

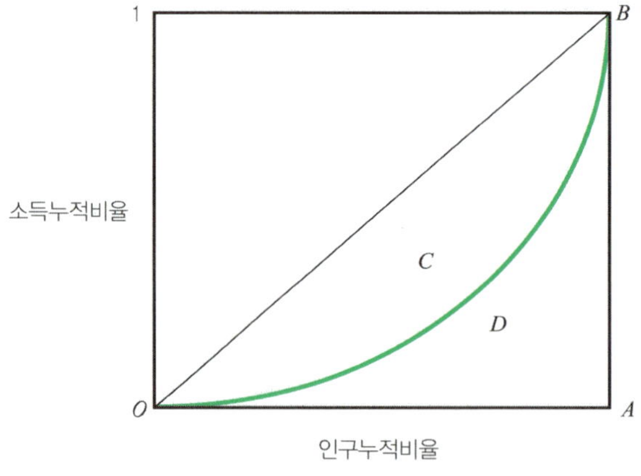

경제의 전 구성원의 소득이 동일하여 소득불평등이 전혀 존재하지 않는 경우에는 로렌츠곡선이 OB가 되어 C면적이 0이 되므로 지니계수가 0이 되고, 한 사람이 모든 소득을 소유한다면 C면적이 $\triangle OAB$의 면적이 되므로 1이 된다. 지니계수는 0과 1사이의 값을 가지며, 값이 적을수록 소득분배가 개선된 것이다.

우리나라의 소득분배를 분석하는 경우 대상이 되는 소득은 시장소득, 가처분소득 등으로 구분하여 분석하고 있다. 시장소득은 노동과 자본의 공급을 통해 시장에서 획득한 소득을 나타내는데, 이 소득이 국제비교에 가장 많이 사용되고 있으며 사적 이전소득을 포함한 개념이다. 시장소득에 공적이전소득을 합하고, 직접세를 감해주면 가처분소득이 된다. 시장소득과 가처분소득을 이용하여 소득불평등도인 지니계수를 도출하면, 두 소득에 의한 지니계수의 차이가 공적인 제도에 의한 소득불평등의 개선효과라 할 수 있다. 우선 시장소득과 가처분소득에 의한 개선효과는 2000년대 중반까지 지니계수가 0.01 정도 차이를 보임으로써 약 1%P의 개선 효과를 보였으나, 2006년이래로 개선효과가 크게 나타나서 2%P를 초과하였으며, 최근 들어서는 2.5%P 이상의 개선효과를 나타내고 있다. 이는 시간이 경과할수록 소득재분배를 위한 정부의 노력이 한층 효과를 나타내고 있다고 할 수 있다.

한편 1990년 이후로 소득불평등[1)]의 변화를 살펴보면 1996년까지 거의 유사한 수준(시장소득은 0.25 이상, 가처분소득은 0.25 내외)을 보이다가 1997년과 1998년 외환위기를 겪으면서 크게 악화되어 시장소득은 0.298, 가처분소득은 0.288을 나타내었다. 2000년에 개선되었으나 그 이후 지속적으로 악화되어 2009년에 시장소득 지니계수가 0.320에 이르고, 가처분소득에 의한 소득불평등도는 0.295로 나타남으로써 1990년 이후 소득분배 상태가 가장 악화된 것으로 도출되었다. 소득분배가 악화된 원인은 세계화와 정보화 등에 기인하고, 세계적인 경제위기의 여파에 따른 결과라 할 수 있다. 이후 개선되기는 하지만 시장소득 지니계수는 0.3 이상에 달하고, 가처분 소득에 의한 지니계수도 0.28을 초과할 정도이다.

---

1) 통계청에서 발표하는 자료는 2003년 이전까지는 도시 2인 이상 가구에 대한 지니계수를 발표하고 있다. 이 결과는 가계동향조사 자료를 이용하여 읍·면지역을 제외한 도시 2인 이상 가구에 포함되는 인구를 기준으로 작성한 것이다. 2003년부터 2005년까지는 2인 이상 비농가에 대한 지니계수도 함께 발표하고 있다. 이 자료는 가계동향조사 자료를 이용하여 농가를 제외한 전국 2인 이상 가구에 포함되는 인구를 기준으로 작성한 것이다. 2006년 이후에는 전체 근로자 가구에 대한 소득불평등도를 계산 발표하고 있다. 이 자료는 가계동향조사, 농가경제조사 자료를 이용하여 1인가구를 포함한 전체 인구를 기준으로 작성한 결과이다. 이와 같이 시기별로 통계청에서 발표하는 자료가 상이하므로 1990년 이후 소득분배를 파악하기 위해서는 도시 2인 이상 가구만 대상으로 계측한 지니계수를 이용할 수밖에 없다.

그림 7-2 | 한국의 소득분배 추이

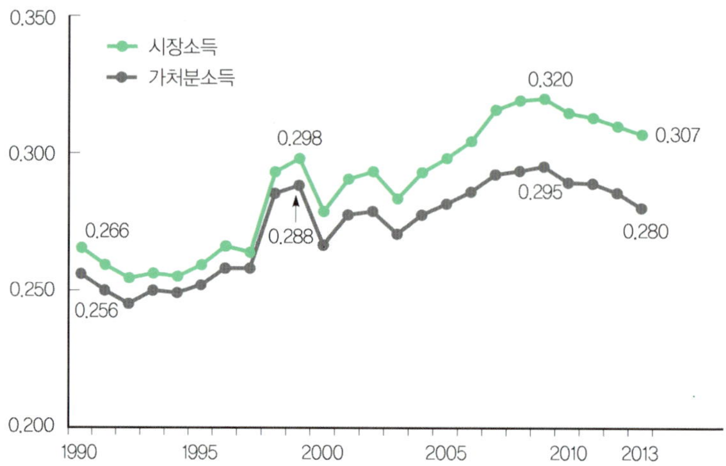

자료: 통계청, 국가통계포탈 > 주제별통계 > 물가·가계 > 가계 > 가계소득지출 > 소득분배지표.

7.2 빈곤

빈곤은 쉽게 생각하면 가난함을 뜻하므로 정의에 대한 논란의 여지가 없을 듯 하지만 빈곤을 과학적으로 측정하기 위해서 여러 측정 방법이 제시되고 있다. 빈곤은 측정하는 방법에 따라 절대적 빈곤, 상대적 빈곤, 주관적 빈곤으로 구분할 수 있다. 절대적 빈곤은 사람의 생존에 필수적인 최소한의 지출을 만족시키지 못하는 사람이나 가구를 말하며, 우리나라에서는 최저생계비 이하에 있는 가구를 나타낸다. 최저생계비는 3년마다 한국보건사회연구원에서 추계하고 있으며, 비계측년도의 최저생계비는 계측년도의 결과를 토대로 물가상승률을 감안하여 추계하고 있다.

한편 타운센드(Townsend)는 빈곤이 상대적 박탈(relative deprivation)이라는 개념을 통해서만 객관적으로 정의될 수 있다고 주장하며 상대적 빈곤의 개념을 도입하였다. 상대적 빈곤은 아무리 소득수준이 높은 국가라 할지라도 빈곤층이 존재한다는 사실에 착안하여 도입된 개념이다. 상대적 빈곤은 평균소득(혹은 중위소득)의 일부분(40%, 50% 등)을 빈곤선이라고 가정하여 분석하고 있다. 세 번째 방법인 주관적 빈곤은 설문조사를 통해 주관적인 빈곤선을 도출하고 이러한 빈곤선 이하의 계층을 빈곤층이라고 정의하고 있다.

그림 7-3 | 한국의 상대적 빈곤 추이

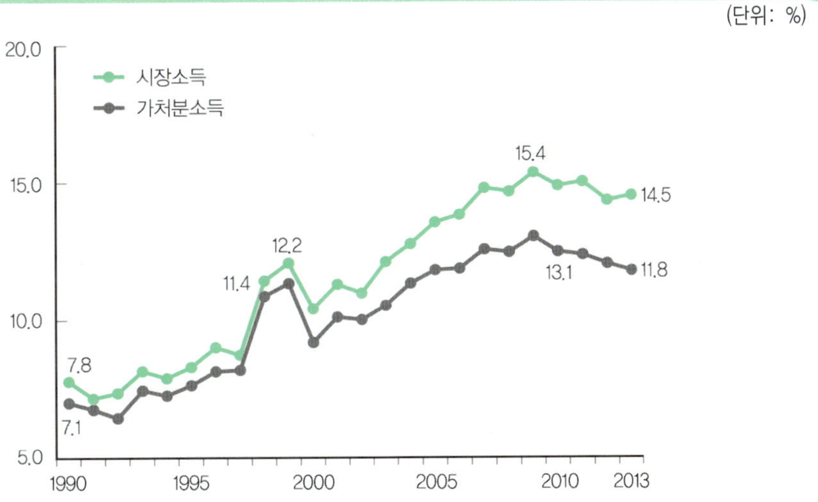

자료: 통계청, 국가통계포탈 > 주제별통계 > 물가 · 가계 > 가계 > 가계소득지출 > 소득분배지표.

통계청에서 계측하고 있는 빈곤의 개념은 상대적 빈곤을 중심으로 상대적 빈곤율을 발표하고 있다. 통계청에서 사용한 상대적 빈곤선은 중위소득(median income)의 50%이며, 중위소득은 시장소득이나 가처분소득을 기준으로 도출하고 있다. 우리나라의 상대적 빈곤수준은 전반적으로 1990년대 초반에 7%대를 유지하다가 외환위기를 겪으면서 10%를 초과하여 빈곤의 문제가 심각하게 부각되었다. 그러나 1999년에 주춤하던 빈곤율이 2000년대 들어서서는 다시 악화되기 시작하여 2010년에 15.4%(시장소득기준)로 최고에 달한 후 약간 줄어들기는 하였으나 역시 14.5%에 이르고 있다. 가처분소득에 의한 빈곤율 하락 효과는 1990년대 초반 1%P에 미달할 정도였으나, 최근에는 점차 확대되어 약 2.5%P에 이르고 있어서 빈곤층을 위한 정부정책이 어느 정도 효과를 발휘하고 있다고 볼 수 있다. 2013년의 경우 시장소득과 가처분소득에 의거한 빈곤율이 각기 14.5%와 11.8%로 2.7%p의 격차를 보이고 있다.

고령화사회(ageing society)[2)]에 있는 우리나라의 노년층 빈곤율은 OECD 국가 가

2) 65세 이상 노인인구가 총인구 가운데 7% 이상이면 고령화사회(ageing society), 14% 이상이면

운데 가장 높은 45.1%로 나타남으로써 OECD 평균 13.3%보다 훨씬 높은 것으로 계측되었고, 이러한 높은 노인 빈곤율은 심각한 사회문제를 일으킬 수도 있다. OECD 국가 가운데 노년층 빈곤율이 높은 국가는 아일랜드(30.6%), 호주(26.5%), 미국(23.6%), 일본(22.0%) 등이었으며, 네덜란드(2.1%), 체코(2.3%), 룩셈부르크(3.1%), 캐나다(4.4%) 등이 빈곤율이 낮은 국가로 나타났다.[3] 경제활동인구의 노년층 부양률(dependency rate)은 2006년 현재 14.5%로 OECD 국가 가운데 낮은 편이었으나, 향후 45년 동안 400% 증가하여 일본에 이어 2위를 차지할 것으로 예측한 것으로 미루어보아 우리의 노후에 대한 대책은 지금부터 준비하지 않으면 큰 재앙으로 돌아올 수도 있을 것이다.

우리나라에서는 2000년 전까지는 저소득층을 '생활보호대상자'로 선정하고 있으며, 대상자를 거택보호, 자활보호, 시설보호로 구분하여 정부가 해당자에게 일정한 금액이나 물품을 지급하는 공공부조를 행하였다. 그러나 2000년 10월 국민기초생활보장법 시행으로 '기초생활보장수급자'로 명칭이 변경되었으며, 선정된 수급자에게 공공부조를 지급하고 있다. 수급자의 선정기준은 부양의무자가 없거나 부양의무자가 있어도 부양능력이 없거나 부양을 받을 수 없는 자로서, 개별가구의 소득인정액[4]이 최저생계비에 해당되어야 한다. 수급자에게 지급하는 급여는 생계급여[5], 주거급여, 의료급여[6], 교육급여[7], 해산급여[8], 장제급여[9], 자활급여[10]가 있다. 생활보호법에서는 주거비를 생계급여에 포함하여 지급하여 왔으나, 국민기초생활보장법에서는 수급자의 주거실태에 따른 적절한 급여가 지급되도록 하고, 수급자가 보다 나은 주거환경에서 거주할 수 있도록 유도하기 위해 주거급여를 분리 · 신설하였다.

고령사회(Aged society), 20% 이상이면 후기고령사회(post-aged society) 혹은 초고령사회라고 한다. 우리나라는 2000년에 총인구 가운데 노인인구가 7%를 넘어서 고령화사회에 진입하였다.

3) OECD, 2009, *Pensions at a Glance: Retirement-Income Systems in OECD Countries*, OECD

4) 소득인정액은 소득평가액(실제소득에서 가구특성에 따른 지출요인을 반영한 금품과 근로생활을 통해 얻은 소득에 대한 공제액을 감한 것)과 재산의 소득환산액(재산의 종류별 가액에서 기본재산액과 부채를 감하여 재산의 종류별 소득환산율을 곱한 것)의 합으로 구성된다.

5) 생계급여는 수급자에게 의복 · 음식물 및 연료비, 기타 일상생활에 기본적으로 필요한 금품을 지급하는 것이다.

6) 의료급여는 저소득층에 대한 의료비 지원을 말한다.

7) 교육급여는 저소득층 자녀에 대한 교육기회를 제공하여 자립능력을 배양함과 동시에 빈곤의 세습을 방지하고자 한다.

8) 해산급여는 수급자에게 분만전과 분만 후 필요한 조치와 보호를 행하는 것을 나타낸다.

9) 장제급여는 수급자가 사망한 경우 장제조치에 필요한 금품을 지급한다.

10) 자활급여는 수급자의 자활을 조성하기 위해 필요한 금품을 지급하거나 대여 등을 행하는 급여이다.

2014년 12월 9일 국회 본회의에서 「국민기초생활보장법」 개정안이 처리되었다. 이 개정안은 2013년 5월 국회에 제출된 이후 오랜 논의를 거쳐 국회를 통과했다. 이 개정안의 주요 특징은 다음과 같다.

첫째, 급여별 선정기준 다층화 및 중위소득을 반영한 상대적 빈곤개념을 도입하는 것이다, 법안 개정에 따라, 기존의 전부 아니면 전무(all or nothing)의 문제점 해소를 위해 선정기준을 다층화하여 탈수급 유인을 제고하고, 급여별로 특성을 반영하고 상대적 빈곤관점을 고려하여 보장수준이 현실화될 것이다. 급여별 선정기준이 자의적으로 결정되지 않도록 수급권자 선정기준에 기준 중위소득의 비율을 명시하고, 중위소득 결정 방법을 법안에 명시하여 수급권자 권리를 보장하기로 했다.

둘째, 부양의무자기준을 완화하였다. 부양의무자가 수급자를 부양하고도 중위소득 수준의 생활을 유지하기 위해 '부양능력 있음' 선정기준을 완화하고, '부양비 부과기준선'도 현재 부양의무자 최저생계비의 185%에서 중위소득(최저생계비의 250% 수준)까지 상향 조정하여 '부양능력 있음' 기준과 제도적 정합성을 제고할 수 있는 계기가 되었다. 중증장애인의 경우 장애로 인하여 생계비가 추가로 소요(의료비, 장애용구)되므로 생계부담이 커 추가적인 부양의무가 과중한 점을 반영하여, 부양의무자가 중증장애인인 경우 부양의무 소득·재산기준을 추가 완화하기로 하였다. 교육급여는 교육부의 교육비지원사업과 연계·통합을 위한 것이라는 점, 교육은 기회균등 및 미래세대에 대한 투자라는 교육급여의 특수성, 급여별 특성에 따른 맞춤형지원이라는 급여체계 개편 취지를 고려하여, 예외적으로 부양의무자기준을 폐지하기로 하였다.

셋째, 제도개편으로 급여가 중지·감소하는 기존 수급자에 대한 이행기 지원을 명확하게 하기 위해 이행기 급여에 대해 개정안 부칙에 구체화 하였으며, 수급자 선정기준을 명확히 하기 위해 소득인정액 산정 방식을 구체화 하는 등 맞춤형 급여체계 개편에 따른 일부의 우려를 불식하기 위한 보완 장치를 법률상에 구체화 하였다.

국민기초생활보장법 개정안과 함께 「긴급복지지원법」 개정안, 「사회보장급여의 이용·제공 및 수급권자 발굴에 관한 법률」 제정안 등 국민 복지사각지대 해소 관련 3법[11]이 모두 의결되었다. 특히 「긴급복지지원법」 개정안은 대상자 선정 요건인 '위기상황' 사유에 대해 지자체 장이 판단할 수 있는 재량을 확대하고, 위기가구를 발굴

11) 이 법은 '송파 세모녀법'이라고도 알려져 있는데, 이 법은 2014년 2월 생활고에 시달리다 못해 세 모녀가 스스로 목숨을 끊어 우리 사회에 큰 충격을 준 '송파 세모녀 사건'을 계기로 복지사각지대를 없애고 다시는 송파 세모녀 사건 같은 불행한 일이 없도록 저소득층의 최저생활을 현실적으로 보장할 수 있게 해 주겠다는 취지에서 발의된 법안이다.

그림 7-4 | 기초생활보장수급자 추이

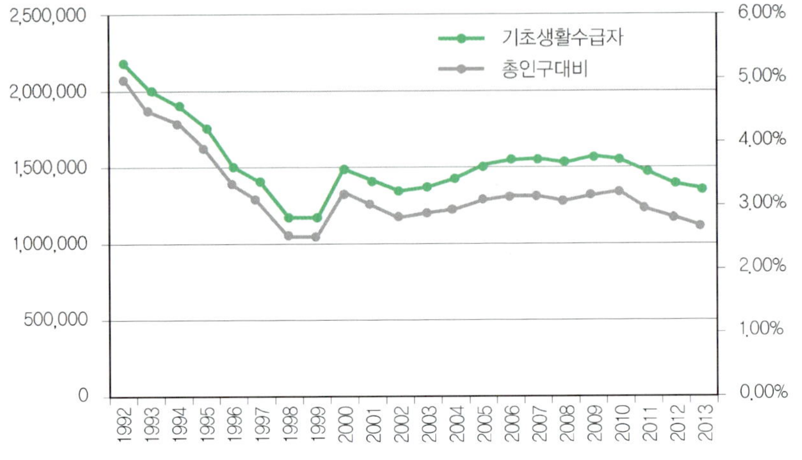

	기초생활수급자	총인구대비
1992	2,176,447	5.00%
1993	2,001,043	4.50%
1994	1,902,862	4.30%
1995	1,754,904	3.90%
1996	1,506,010	3.30%
1997	1,413,665	3.10%
1998	1,175,187	2.50%
1999	1,174,887	2.50%
2000	1,488,874	3.20%
2001	1,419,995	3.00%
2002	1,352,858	2.80%
2003	1,376,524	2.90%
2004	1,425,371	2.93%
2005	1,515,281	3.11%
2006	1,535,352	3.13%
2007	1,549,848	3.15%
2008	1,529,939	3.09%
2009	1,568,533	3.15%
2010	1,549,820	3.25%
2011	1,469,254	2.95%
2012	1,394,042	2.78%
2013	1,350,891	2.68%

주: 2004년 이후 총인구 대비는 수급권자를 주민등록인구로 나눈 비율임.
자료: 보건복지부, 「보건복지백서」, 각년도.

하기 위한 위기발굴시스템 점검 및 신고의무 확대 근거를 명시하여 긴급복지지원제도에 대한 지자체의 현장성을 높일 수 있는 계기가 되었다.

1992년 이후 생활보호대상자의 추이를 보면 1992년 218만 명에서 점차 줄어들어 하기 위한 위기발굴시스템 점검 및 신고의무 확대 근거를 명시하여 긴급복지지원제도에 대한 지자체의 현장성을 높일 수 있는 계기가 되었다.

외환위기 직전인 1997년에 141만 명에 달하였다. 그러나 외환위기를 겪는 과정에서 많은 기업들이 구조조정함으로써 많은 노동자가 실직하였고, 노숙자가 증가하게 되어 사회문제로 부각되고 있다. 외환위기 이후 많은 빈곤층이 출현하고 있다는 사실과는 달리 1998년과 1999년에 생활보호대상자가 117만 명으로 오히려 줄어들었다. 국민기초생활보장법이 시행된 2000년에는 수급자가 149만 명으로 소폭 증가한 후 점차 줄어들어서 2003년에는 137만 명에 이르렀다. 이후 지속적으로 증가하여 2009년 말 기준으로 157만 명까지 증가하였으나 2009년을 고비로 점차 줄어드는 추세를 보이고 있다.

일반적으로 외환위기를 겪으면서 빈곤율이 증가하였다는 여러 연구결과와는 상이하게 1998년과 1999년에 생활보호대상자가 줄어든다. 2007년부터 시작하여 세계적인 금융위기가 한국에 여파를 미친 2008년 말 역시 수급권자가 줄어드는 현상을 보이고 있다. 이와 같이 경제위기와는 달리 대상자가 줄어드는 이유는 생활보호대상자나 기초생활보장수급자의 경우 주소가 명확하지 않은 사람은 제외시키기 때문이며, 대상자 선정 과정이 너무 복잡하기 때문이다. 그러나 국민기초생활보장법 개정을 통해 전체 수급자 수는 현재(2014년 11월) 134만 명에서 210만 명 수준으로 증가할 것으로 예측된다.

7.3 사회보장

우리나라에서 사용하는 사회보장이란 질병 · 장애 · 노령 · 실업 · 사망 등 각종 사회적 위험으로부터 모든 국민을 보호하고 빈곤을 해소하며 국민생활의 질을 향상시키기 위하여 제공되는 사회보험, 공공부조, 사회복지서비스 및 관련 복지제도로 규정하고 있다. 한국의 사회보장제도에서 제도화하고 있는 프로그램을 사회적 위험에 따라 분류하면 〈표 7-1〉과 같다.

표 7-1 사회적 위험별 사회보장 프로그램

사회적 위험	사회보장 프로그램
빈곤	공공부조제도 (국민기초생활보장제도, 의료급여제도)
노령 · 장해 · 사망	연금보험, 산재보험
질병 · 사고	건강보험, 산재보험
실업	고용보험
저임금위험	최저임금제도
사회적 문제 예방 · 완화	사회복지서비스 및 기타 제도

자료: 조원탁 외, 2012, 「사회보장론」, 학지사, p. 19 재인용.

1997년 외환위기를 겪은 후 우리나라는 오랫동안 사용해 온 '사회보장'이나 '사회복지'를 대신하여 사회안전망(Social Safety Net)이라는 용어를 사용하고 있다. 사회안전망은 광의로 볼 때 모든 국민을 실업 · 재해 · 노령 · 질병 등의 사회적 위험으로부터 보호하기 위한 제도적 장치로서 1차 사회안전망이라 할 수 있는 4대 사회보험과 2차 사회안전망이라 할 수 있는 공공부조인 사회보장제도를 비롯하여 보완적 장치로서 일시적인 공공근로사업이나 취업훈련 등을 포함하는 포괄적 개념이다. 사회안전망은 국제통화기금이나 세계은행과 관련된 신자유주의[12] 경제학자들이 선호하는 용어이다. 이번 절에서는 4대 사회보험을 살펴본다.

1. 국민연금

우리나라에 최초로 도입된 연금제도는 1960년에 실시된 공무원연금제도이며, 그

12) 신자유주의자 입장에서는 기본적으로 국가보다는 시장에 의한 복지 공급을 선호한다. 시장은 한정된 자원을 효율적으로 배분하지만 복지에 대한 국가의 개입은 자원을 효율적으로 배분하지 못하므로 비효율적이라고 생각한다. 지난 1970년대 남미와 동유럽 등 세계 각국에 구제금융을 제공한 경험이 있는 IMF와 세계은행은 사회보장의 신자유주의적 입장을 제안하고 있다. 신자유주의자 입장에서 선호하는 제도는 공적연금과 의료보험제도에서 잘 나타나고 있다. 공적연금은 3층 연금제도를 주장하는데, 1층은 자산조사 방식 혹은 최저임금 방식으로 이루어진 강제연금이며, 이는 최소한의 소득만을 보장하는 제한적인 역할을 담당하고 있다. 2층은 강제적이며, 민간이 관리하는 연금제도로서 칠레의 강제개인저축제도와 기업연금제도를 들 수 있다. 3층은 임의보험제도로 기업연금이나 개인저축의 형태로서 노인에게 추가적인 소득을 보장해주는 기능을 하고 있다. 이러한 제도는 국가의 역할을 축소하고, 시장과 개인책임을 강조한 것이라고 할 수 있다. 의료보장에서도 개인저축계좌 방식을 제안하고 있으며, 이 방법은 한국의 외환위기 때 구제금융을 제공하는 조건으로 한국의 건강보험 대신에 개인저축계좌 방식을 제안한 바 있다.

후 1963년에 군인연금제도가 도입되었고, 1973년에 국민복지연금법이 제정되었다. 그러나 국민복지연금법은 두 차례의 석유파동에 따른 사회경제적 여건의 악화로 시행이 보류되어 왔다. 1986년 대통령의 기자회견을 통해 국민연금제도를 1988년 1월 1일부터 실시한다고 발표하였고, 1986년 12월에 국민복지연금법을 전면 개정하였다.

국민연금제도의 실시 동기는 여러 측면에서 살펴볼 수 있다. 첫째, 60세 이상 노령인구가 급격히 증가할 것으로 예상되므로 제도적인 노후생활 대책의 마련이 시급한 실정이었다. 둘째, 지속적인 공업화로 인하여 산업재해를 비롯하여 여러 종류의 사고율이 급격히 증가하고 있어서 사고로 인한 소득상실에 대한 제도적인 대비책 마련이 시급하였다. 셋째, 공무원, 군인, 사립학교 교직원 등에게는 공적연금제도를 실시하고 있는 것에 비해 일반사업장의 근로자에게는 퇴직금제도만 실시하고 있어서 노후소득보장 측면에서 국민 간의 형평을 도모하기 위해서 사업장 근로자를 비롯하여 지역주민에 대한 공적연금제도의 실시가 절실하였다. 넷째, 1982년 이후 연평균 물가상승률이 3%~4%로 안정되었고, 1인당 국민소득이 1986년에 2,271달러로 국민연금제도 시행을 위한 경제적 여건이 성숙하였다.

국민연금의 적용대상은 시행초기인 1988년에는 10인 이상을 고용하는 사업장의 근로자를 당연적용대상(강제가입대상)으로 지정하여 실시되었고, 1992년에 5인 이상을 고용하는 소규모 사업장으로 확대 적용되었다. 이 후 1995년 7월에 농어촌 지역의 주민에게 국민연금이 확대 적용되었으며, 1999년 4월에 국민연금제도가 도시 지역의 주민에게까지 확대 적용되어 현재 대부분의 피용자와 자영업자를 포함하는 전 국민연금제도로 발전하였다.

국민연금의 가입대상자는 국내에 거주하는 18세 이상 60세 미만의 국민이다. 이들 국민 가운데 다른 공적연금(공무원연금, 군인연금, 사립학교교직원연금)에 가입 중인 현직자와 별정우체국 직원, 국민연금의 노령연령 수급자를 제외한 일반사업장 근로자와 지역주민이 국민연금의 가입대상이다. 다시 말해 국민연금 가입자는 사업장 가입자[13], 지역가입자[14], 임의가입자[15] 및 임의계속가입자[16]로 구분된다.

국민연금에 가입자가 수령하게 되는 급여는 기본연금액과 가급연금액으로 구성되

13) 사업장 가입자는 상시 5인 이상을 고용하는 사업장의 근로자와 사용자(고용주)이다.
14) 지역가입자는 농어민, 자영업자, 5인 미만 고용사업장의 근로자, 전문직 종사자 등이다.
15) 임의가입자는 무소득배우자, 27세 미만의 무소득자, 다른 공적연금에서 연금을 받는 사람, 국민기초생활보장법에 의하여 생계비를 받는 사람 등이다.
16) 임의계속가입자는 가입기간이 20년 미만인 사람이 60세에 도달한 때에 본인의 희망에 의하여 계속해서 국민연금에 가입한 사람이다.

어 있다. 기본연금액은 첫째, 가입자의 소득수준(보험료 부담수준)과 관계가 없는 균등 부분인 기초연금, 둘째 가입자의 소득수준에 비례하는 소득비례연금, 셋째 가입자의 가입기간에 비례하는 가산 부분으로 구성되어 있다. 가급연금액은 연금수급자가 연금수급의 권리를 취득할 당시에 그 수급자(또는 가입자)에 의하여 생계가 유지되고 있던 부모, 배우자, 자녀에게 지급되는 일종의 가족수당이다.

최근 국민연금의 기금 고갈 때문에 정부는 국민연금제도의 보완을 여러 측면에서 고려하고 있다. 국민연금제도를 안정적으로 유지하기 위해서 전체 이익집단이 지속적으로 개선 방안을 모색하여, 장 · 단기적인 개선대책을 계속해서 추진해 나가야 할 것이다. 이를 위해서 첫째, 납부예외자(가입을 기피하거나 국가 행정력이 미치지 못하는 사유로 인한 미가입자)를 축소하고, 둘째 연금급여와 보험료 부담의 불균형을 해소하여야 할 것이며, 셋째 국민연금과 사적연금의 적절한 역할분담을 모색하여야 할 것이다.

이러한 국민연금보험을 보완하기 위해 국민연금을 2007년에 개혁하였는데 다음과 같이 여러 측면에서 나름대로 성과를 거두었다. 첫째, 국민연금의 재정안정화를 위해 보험료율은 9%로 현행을 유지하면서 현행 60%인 급여율을 2008년에 50%로 낮추고, 2028년까지 매년 0.5%P씩 인하한다. 둘째, 자격 및 징수 관련 제도 개선으로 징수제도를 합리화하고, 보험부과기준을 정비하는 동시에 소득파악을 강화하였다. 셋째, 급여와 관련하여 제도를 정비하였다. 가입기간 인증(크레딧)제도를 도입하며, 양성평등 성격을 강화하고, 여성수급권을 개선하는 동시에 고령근로 유인형 급여제도를 도입하였다. 넷째, 불합리한 조항을 폐지하는 등 사회적 요구를 수용하였다. 특히 노령연금과 장애연금의 개선을 통해 소득보장을 강화하였다. 다섯째, 기타 급여제도를 합리적으로 개선하였다. 연금을 통한 소득보장기능을 강화하는 한편 부당이득을 반납하지 않은 경우 가입기간 불인정, 장애연금 등급 변경 연령제한, 급여의 역선택 방지 등 급여제도를 개선하였다.

2. 건강보험

의료보장은 의료비의 경제적 부담으로부터 국민들의 부담을 덜어주려는 사회복지체계 가운데 하나이다. 일반적으로 저소득층일수록 질병으로 인한 부담이 상대적으로나 절대적으로 크다. 의료보장은 질병으로 인해 발생하는 경제적 부담의 해결을 사회공동체가 공동으로 책임지는 제도이다. 사회정의의 달성을 위해서라도 사회적 연대를 형성하자는 것이다.

의료보장제도는 여러 가지로 구분할 수 있는데, 의료보장제도의 운용비용이나 의사의 진료비용을 지불하기 위한 재원을 조달하는 방식에 따라 보험료 방식과 일반조세 방식으로 나누어진다. 진료주체(의료인)가 국가 부문에 속해 있는가 아니면 민간부문에 속해 있는가에 따라 민간공급 방식과 국가공급 방식으로 분류해 볼 수 있다. 이러한 두 가지 기준에 따라 4개의 의료보장제도로 구분할 수 있으며, 4가지 형태의 의료보장제도를 채택하는 국가를 구분하여 수록한 것이 〈표 7-2〉이다. 우리나라의 경우 재원조달은 보험료 방식으로 운영되고, 의료공급 방식은 민간기관이 담당하고 있다.

표 7-2 의료보장 형태

재원조달 방식 / 의료공급 방식	보험료	조세
민간기관 (보험자와 의료기관의 계약)	Ⅰ 형태 (NHI) 한국, 독일, 일본	Ⅱ 형태 스페인
국가공급 (국가의료기관의 직접 공급)	Ⅲ 형태 이탈리아	Ⅳ 형태(NHS) 영국, 호주, 캐나다

자료: 조원탁 외, 2012, 「사회보장론」, 학지사, p. 199에서 재인용.

의료시장은 시장실패의 한 종류로 알려져 있다. 첫째, 의료시장은 비효율적이다. 의료시장은 의료공급자와 수요자가 동등한 위치에서 경쟁하는 시장의 원리가 작동되지 않는 공급독점시장이다. 둘째, 의료시장은 소득수준에 따라 불평등하다. 질병이 발생하면 고소득층은 적절히 대처할 수 있으나 저소득 · 중산층은 가계 파탄의 위험에 직면하게 된다. 고소득층일수록 고급의료에 쉽게 접근함으로써 생산성을 빨리 회복할 수 있는데 비해 저소득층의 경우에는 의료서비스를 받지 못하거나 저급의료에 의존하여 빈곤의 악순환에 빠질 가능성이 크다. 건강보험을 민간보험시장에서 담당한다면 대부분의 저소득층은 안정된 직장을 가지지 못하고 고위험군이므로 높은 보험료를 지불하게 되고, 보험료를 지불할 능력이 없으면 보험에 가입할 수 없게 된다. 따라서 정부 또는 공공기관에서 운영되는 사회보험제도를 도입하여, 저위험군을 포함한 전 국민에게 포괄적 급여를 제공하는 보험제도를 운영하는 것이 바람직하다. 건강보험은 질병발생에 따른 의료비 및 소득상실에 대처한 위험을 분산한다는 의미에서 위험재분배를 주목적으로 하고 있으며, 저소득층의 의료접근도를 제고할 수 있다는 측면에서 소득재분배적 기능도 함께 지니고 있다.

우리나라의 의료보험은 1963년 말에 제정되어 300인 이상 사업장의 근로자와 농어민을 대상으로 임의가입 형태로 1964년 6월부터 시행하기로 되어 있었으나, 시행을 유보해 오다가 1977년에 이르러서야 본격적으로 시행하게 되었다. 이 후 범위가 점차 확대되어 1986년에는 5인 이상 고용사업장에 대한 강제적용을 실시하였다. 공무원 및 사립학교교직원에 대한 의료보험적용을 위해 1977년 12월에 공무원 및 사립학교교직원 의료보험법을 제정한 후 1979년부터 공·교의료보험을 시행하였다. 한방의료보험은 1984년 12월 시범사업으로 청주·청원에서 실시하였고, 1987년 2월 전국으로 확대되었다. 지역의료보험은 1980년대 초반 시범사업을 바탕으로 1988년 농어촌지역의료보험을 실시하였으며, 1989년 7월에는 도시지역의료보험을 실시하여 제도 도입 후 12년 만에 전국민의료보험을 실시하였다.

우리나라의 의료보험 적용체계는 보험료 부담과 급여의 형평을 기하기 위해서 소득의 형태·소득파악의 용이·의료이용 정도 등이 유사한 집단별로 보험자(조합이나 공단)를 구성하고 각 보험자별로 독립채산 방식에 의하여 자치 운영하였다. 그러나 1997년 12월 국민의료보험법이 제정·공포되어 227개 지역조합과 공·교공단이 통합되었고, 2000년 7월부터는 국민건강보험법 시행으로 140개 직장조합과 국민의료보험관리공단이 통합되어 전국민이 단일한 보험자가 운영하는 통합보험 체제에 돌입하였다.

건강보험급여는 제공 형태에 따라 현물급여와 현금급여로 구분할 수 있는데, 우리나라에서는 현물급여를 원칙으로 하고 있다. 현물급여는 가입자 및 피부양자에게 요양기관을 통하여 직접 의료서비스를 제공하는 것으로 요양급여와 건강검진이 있으며, 현금급여에는 요양비, 장제비, 본인부담금보상금, 장애인 보장구 급여비 등이 있다.

보험료 부과는 직장가입자와 지역가입자가 서로 다른 방식으로 이루어지고 있다. 직장가입자는 근로소득이 거의 투명하게 파악되지만, 지역가입자의 경우는 소득파악이 제대로 이루어지지 않기 때문에 지역가입자의 보험료 부담능력을 파악하기 위한 별도의 부과체계를 개발하여 사용하고 있다.[17)]

건강보험재정을 연도별로 살펴보면 1995년까지는 보험재정이 비교적 안정상태를 유지하였으나, 1996년 이후부터 급여범위의 확대, 수가인상, 수진율 증가, 노령인구

---

17) 임금근로자를 대상으로 하는 공·교건강보험 가입자와 직장가입자의 경우에는 소득비례정률제가 적용되고 있으며, 농·어민과 도시 자영자의 경우에는 대상범위가 광범위하고, 소득의 형태가 다양하고 정확한 소득파악에 어려움이 있어서 소득비례정률제 대신에 등급별 정액제(소득, 재산 등에 따른 7~50등급)를 실시하고 있다.

및 만성질환의 증가에 따라 지출이 수입보다 상대적으로 높아 적자폭이 심화되었다. 건강보험재정은 1996년에 적자가 발생하기 시작하여 1997년에는 당기 적자규모가 2,410억 원, 1999년에는 7,180억 원, 2001년에는 2조 1,775억 원의 당기 적자로 최대 규모를 기록하였다. 따라서 2001년 5월 31일 재정안정대책을 강력히 추진하게 되었다. 재정적자 규모가 이처럼 급격하게 증가한 원인은 수년간 누적된 적자구조와 의약분업의 시행, 수가인상 등의 요인이 복합적으로 작용하였기 때문이다.

2002년에는 재정안정대책의 지속적인 보완을 추진함으로써 당기 적자 규모를 7,600억 원으로 줄였고, 2003년에는 1996년 이후 처음으로 1조 794억 원의 흑자를 실현하게 되었다. 이후 2004년에는 금융기관으로부터의 차입금을 완전 해소하고 흑자 재정으로 전환함으로써 재정 안정기반을 구축하였으며, 2005년에는 1조 1,788억 원의 흑자를 기록하였다. 그러나 2005년부터 본격적으로 추진된 암 등 중증질환에 대한 급여 확대를 비롯한 보장성 강화 조치와 노인인구 증가 및 의료기술의 발달 등으로 2006년도 보험급여비 지출이 전년 대비 17.7%, 2007년에는 전년 대비 14.3%나 급증하여 2006년 747억 원, 2007년 2,847억 원의 당기 적자를 기록하였다. 2008년에는 지출합리화 방안을 모색하여 급여비 지출이 감소하여 흑자를 기록하였으나 2010년 보험료율 동결과 신종플루 영향 등으로 다시 적자를 기록하였다.

이러한 상황을 타개하고자 정부는 2011년 가용수단을 전부 동원하여 지출효율화 및 수입기반 확충 등의 재정안정대책을 추진하여 재정위험을 극복하고 당기 흑자로 전환하였다. 2012년에는 약가인하, 영상검사 수가 인하 등 지출효율화를 추진하였으며, 고액의 보수외 사업·금융소득 등이 있는 직장가입자에게 보험료를 부과하는 등의 제도개선을 통해 3조 원에 달하는 당기 흑자를 달성하였다. 2013년에도 7개질병군 포괄수가제를 종합병원 이상으로 확대 적용하고, 사용량-약가연동제 개선 등 지출효율화를 추진하였으며, 소득이 있는 피부양자를 지역가입자로 전환하는 등의 제도개선을 통해 수입을 확충함으로써 3년 연속 당기 흑자를 달성하였다.

우리나라에 전국민 건강보험시대를 시작한 지 20년이 지난 현재 건강보험은 급속한 고령화와 이에 따른 만성질환자의 증가, 그리고 신의료기술 등 보건의료환경이 변화하면서 건강보험 급여비 지출이 해마다 10% 이상씩 증가하고 있어서 규모가 5년마다 2배씩 커지고 있는 실정이다. 최근 건강보험 재정의 흑자에도 불구하고 고령화로 인한 노인인구 증가, 신의료기술의 발달, 보장성 강화 등에 따른 지속적인 급여비 지출 증가로 인하여 향후 건강보험 재정은 악화될 것으로 전망된다. 이에 정부는 건강보험 재정 안정을 위하여 지불제도 개편, 약가제도 개선 및 재원조달 방안, 부

그림 7-5 | 연도별 건강보험재정 현황

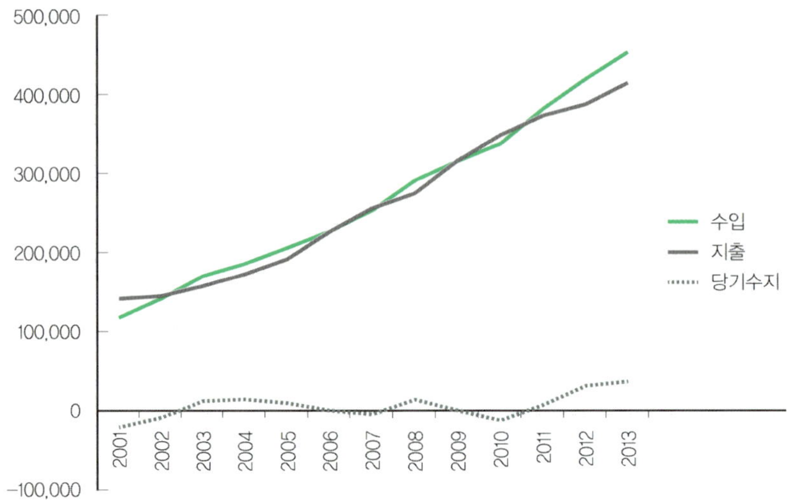

(단위: 억원)

	2001	2002	2003	2004	2005	2006	2007	2008	2009	2010	2011	2012	2013
수입	116,423	138,903	168,231	185,722	203,325	223,878	252,697	289,079	311,817	335,605	379,774	418,192	451,733
지출	140,511	146,510	157,437	170,043	191,537	224,625	255,544	275,412	311,849	348,599	373,766	388,035	415,287
당기수지	-24,088	-7,607	10,794	15,679	11,788	-747	-2,847	13,667	-32	-12,994	6,008	30,157	36,446

자료: 보건복지부, 2014, 「2013보건복지백서」.

과체계 개선 방안 등 근본적인 제도개선 방안을 마련할 필요가 있다. 아울러 자영업자의 소득파악 제고를 통한 부담의 형평성 제고, 보험자의 경영 혁신 노력과 의약단체의 과잉 진료, 허위 부당청구 행태 개선이 필요한 것으로 판단된다. 더불어 국민, 의약계, 정부 및 보험자의 공동 노력과 사회적 합의를 통해 건강보험제도의 지속가능성을 확보해 나가야 할 것이다.

3. 산업재해보상보험[18)]

산재보험은 산업재해를 당한 근로자를 보호하기 위한 사회보험을 칭한다. 산업재

18) 이하에서는 산재보험이라 한다.

해란 사업장의 근로자가 업무상 발생하는 재해로 인해 부상, 질병, 신체장해, 사망을 당한 경우를 말한다.[19] 이러한 산업재해에 대해 치료비와 보상금을 지급하고, 직업재활, 생활 정착금 보조 등의 복지증진을 위해 국가가 관장하는 사회보험이 산재보험이다.

우리나라 4대 사회보험 가운데 가장 먼저 도입된 산재보험은 1963년에 '산업재해보상보험법'이 재정되면서 적용대상자의 급여가 확대되었고, 1995년부터는 노동부장관의 위탁을 받아서 근로복지공단이 보험을 관장하고 있다. 산재보험의 가입대상자는 본인이 직접 가입하지 않고, 사업주가 보험 가입대상이 된 날로부터 14일 이내 관할 지역본부에 보험관계성립신고서를 제출하면 된다. 산재보험은 원래 근로자만 가입하였지만, 고용근로자 50인 미만 중소기업 사업주도 가입을 원할 경우에는 근로복지공단의 승인을 얻어서 가입할 수 있다. 산재보험의 급여는 신고서를 접수한 날의 다음 날 이후에 발생한 재해부터 받을 수 있다.

산재보험의 보험료는 사용자가 전액 부담하고, 정부가 운영사업비의 일부를 부담하며, 사업장 재해 발생 위험도에 따라 차등부담원칙을 적용한다. 보험료 부담의 공평성 확보를 위해 매년 9월 30일 현재 과거 3년간의 임금총액에 대한 보험급여총액의 비율을 기초로 보험급여 지급률이 같다고 생각되는 사업집단별로 보험요율을 58개로 세분화하여 적용한다. 재해가 발생하였을 경우에 지급되는 급여는 요양급여[20], 휴업급여[21], 장해급여[22], 유족급여[23], 상병보상연금[24], 간병급여[25], 장의비[26], 특별

19) 업무수행 중의 사고뿐만 아니라 사업장의 설비 미비로 인한 사고, 업무수행을 위한 출장 중에 당한 사고, 사업주가 제공한 차량으로 출·퇴근하다 당한 사고, 작업환경이나 근무조건 등 유해요인으로 인해 생기는 질병도 산업재해로 본다.

20) 요양급여는 업무상 부상 또는 질병에 걸려 4일 이상의 요양을 요할 때 의료기관에서 상병의 치료에 소요되는 비용을 치유될 때까지 지급되는 현물급여이다.

21) 휴업급여는 부상 또는 질병으로 인하여 취업하지 못하는 기간에 대하여 근로자와 그 가족이 생활보호를 위해 임금 대신 지급하는 급여를 말한다.

22) 장해급여는 업무상 재해의 완치 후 당해 재해와 연관된 장해가 남는 경우 그 장해의 정도에 따라 지급되는 급여를 말한다.

23) 유족급여는 산재환자가 사망한 경우 그 유족의 생활을 돕기 위해 지급되는 급여로서 유족보상연금, 유족보상일시금 중 선택하여 보상을 받을 수 있다.

24) 상병보상연금은 요양급여를 받는 근로자가 부상 또는 질병의 정도가 폐질 등급 1~3급에 해당하고, 요양 개시 후 2년이 경과되어도 치유되지 않은 경우 휴업급여 대신에 보상수준을 향상시켜 연금으로 지급하게 되는 것을 말한다.

25) 간병급여는 요양이 종결된 자가 의학적으로 상시 또는 수시로 간병이 필요하여 실제로 간병을 받는 자에게 지급된다.

26) 장의비는 근로자가 업무상 사유로 사망한 경우 그 장제에 소요되는 비용에 대하여 지급하는 것을 말한다.

급여제도[27)]가 있다.

산재보험 재정은 2003년부터 2005년까지 3년 동안 재정 적자로 인하여 장래 보험급여 지급을 위해 산재보험법에서 적립하도록 하고 있는 법정 책임준비금에 실제 적립금이 미치지 못하는 상황이 계속되었다. 이에 따라 2007년까지 적립금은 법정 책임준비금에 비해 3조 655억 원이 부족하게 되어 산재보험 재정상황은 매우 취약하였다.

표 7-3 산재보험 재정수지, 적립금, 보험료율

(단위: 억 원, %)

구분		2006	2007	2008	2009	2010	2011	2012	2013
재정수지	수입	41,083	48,120	52,987	52,386	50,299	51,946	59,149	57,687
	지출	38,612	39,823	41,846	42,096	43,331	44,938	47,134	46,098
	수지차	2,471	8,297	11,141	10,290	6,968	7,008	12,015	11,589
적립금	법정 책임준비금	49,649	57,826	32,423	34,219	34,631	35,237	36,253	38,513
	적립금 보유액	19,315	27,171	38,312	48,602	55,570	62,577	74,578	86,167
	부족액	-30,334	-30,655	5,889	14,383	20,939	27,340	38,325	47,654
	보험료율 (증감률)	1.78 (9.9)	1.95 (9.6)	1.95 (0.0)	1.80 (-7.7)	1.80 (-)	1.77 (-1.7)	1.70 (-4.0)	1.70 (-)

자료: 고용노동부, 2014, 「고용보험백서」.

2000년대 중반 산재보험 재정의 안정화를 위해 2004년부터 2007년까지 산재보험료율을 매년 8% 이상 인상하였다. 그리고 산재보험 적용 누락 사업장의 가입 촉진과 보험료 수납률 제고 등의 수입 확대 노력도 기울였다. 이에 따라 보험료 수입은 2005년 3조 2,477억 원(수납률 83.4%)에서 2007년에 4조 원을 넘어서고, 2008년에는 약 5조 원에 육박할 정도로 증가하였다. 2009년에는 재정수지의 흑자와 산업들의 부담을 경감시키고자 보험료율을 낮추어서 1.80%를 유지하였다. 그러나 수납율을 제고시킴으로써 흑자 기조를 유지할 수 있었다. 결과적으로 산재보험료율 인상과 수납율 제고 등을 통해 2006년부터 2,471억 원의 흑자를 보이면서 재정적자에서 벗어나게 되었고, 2007년에는 8,297억 원, 2008년에는 1조 1,141억 원, 2009년에는 약 1조 원의 흑자를 기록하게 되었다. 2012~2013년에도 지속적으로 1조 원 이상의 흑자를 기록하고 있는데, 이는 계속적으로 증가하는 연금 지급액에 대비하여 장기적 재

27) 특별급여제도는 근로자가 업무상 사유로 사망하거나 신체장해를 입은 경우 사업주를 상대로 하는 민사상 손해배상의 번거로움을 방지, 신속한 해결을 위해 산재보험에서 대불해 주고, 그 지급상당액을 사업주가 직접 납부하는 제도로서 장애특별급여와 유족특별급여가 있다.

정추계에 따라 일정 적립금을 보유해야 하기 때문이다.

산재보험 재정에서 중요한 역할을 담당하는 것이 산재보험 적용 누락 사업장의 가입 촉진과 보험료 수납률 제고 등의 수입확대 방안이었다. 보험료 수납률을 살펴보면 2005년 83.5%에서 점차 증가하여 2009년 90%를 넘어선 이후 2011년까지 이 수준을 유지하였으나 최근 줄어드는 추세를 보이고 있다.

표 7-4 산재보험료 징수현황

(단위: 억 원, %)

연도	징수결정액(A)	수납액(B)	수납률(B/A)
2005	38,943	32,477	83.4
2006	44,700	38,273	85.6
2007	51,168	45,144	88.2
2008	55,050	49,421	89.8
2009	53,058	48,158	90.8
2010	51,757	47,053	90.9
2011	56,967	48,728	90.8
2012	65,897	55,851	84.8
2013	66,752	55,105	82.6

자료: 고용노동부, 2014, 「고용보험백서」.

4. 고용보험

현대 사회에서 기술혁신에 따른 산업구조조정과 경기변동에 따라 실업이라는 것은 누구에게나 발생할 수 있는 사회적 위험이 되고 있다. 실업의 발생은 근로자나 개별기업의 책임으로만 방치할 수 없고, 국민경제 차원에서의 책임이 커지고 있다. 실업의 발생은 실업자 자신뿐만 아니라 가족의 구매력을 저하시켜 국내소비수요를 감소시키므로 생산이 줄어들어 또 다른 실업을 야기시킴으로써 실업의 악순환에 빠질 수 있다. 우리나라에서는 미국, 영국, 일본, 독일 등의 국가와 마찬가지로 강제적 고용보험제도를 도입하고 있는데 이것은 일정 요건에 해당하는 사업장의 근로자에 대해 포괄적으로 적용하는 형태이다.

고용보험법 제1조에 의하면 고용보험은 고용보험의 시행을 통해 실업을 예방하며, 고용촉진 및 근로자의 직업능력 개발 · 향상을 도모하고, 국가의 직업지도 · 직업소개 기능을 강화하며, 실업근로자에게 생활에 필요한 급여를 실시함으로써 근로자의 생활안정과 구직활동을 촉진하고, 경제 · 사회발전에 이바지함을 목적으로 한다. 이러한 고용보험은 첫째, 빈곤방지의 사회보장적 기능을 갖고 있다. 둘째, 고용보험은 정치적 안정과 사회적 연대를 증진시키는 정치적 기능도 담당한다. 우리나라의 고용보험에서는 실업을 많이 발생시키는 고용주나 근로자에게는 높은 보험료율을 부과함으로써 실업의 발생을 억제하는 제도를 도입하고 있다. 이러한 제도의 도입으로 고용주가 고용안정을 유지하도록 하여 실업문제를 둘러싼 노사 간의 갈등과 긴장을 완화하고 있다. 이러한 갈등이나 긴장완화로 사회 구성원 간의 일체감을 높여 정치적 안정과 사회적 연대를 증진시킬 수 있을 것이다. 셋째, 고용보험을 통해 경기불황시에도 실업자의 구매력을 일정하게 유지함으로써 실업 발생 확률이 높은 계층에 대한 소득재분배기능을 담당한다. 넷째, 실업발생이 저소득층에서 주로 발생하기 때문에 실업급여와 직업훈련, 재취업 촉진 등의 고용보험제도는 사회적 불평등의 심화를 예방하는 사회적 기능도 담당한다.

우리 정부가 공식적으로 고용보험제도의 도입을 결정한 것은 1991년 제7차 경제사회발전5개년계획을 통해서였다. 1993년 고용보험법이 제정되었고, 시행령 · 시행규칙이 마련되어서 1995년 7월 1일 시행되었다. 특히 1997년 말 외환위기 이후 고용불안과 실업률이 급증하면서 고용보험제도의 확충에 대한 요구와 필요성이 대두되어 1998년 10월 1일부터 근로자를 고용하는 모든 사업장이 적용대상이 되었으며, 고용보험의 주요 사업은 고용안정사업[28], 직업능력개발사업[29], 실업급여로 구성되어 있다. 2006년에는 시간제근로자와 일용근로자를 포함하는 비정규직 근로자에게도 적용 범위를 넓혔다.

고용보험이나 실업보험의 비용을 누가 어느 정도 부담하느냐에 대해서는 국가마다 다양한 형태를 보인다. 미국은 사업주가 전액 부담하나, 독일, 프랑스, 일본 등 대부분의 국가에서는 노사가 공동으로 분담한다. 우리의 경우에는 노사가 공동으로 보험료를 부담하고 있는데, 실업급여의 보험료는 노사가 각각 반씩 분담하고, 고용안정사업과 직업능력개발사업의 보험료는 사업주가 전액 부담한다. 고용보험의 가장 핵심적인 요소인 실업급여는 구직급여, 상병급여[30], 연장급여[31], 취업촉진수당[32]으

28) 고용안정사업은 경기변동이나 산업구조가 고도화 되는 과정에서 기업의 구조조정이나 고용조정으로 나타나는 실업을 최소화하는 동시에 고용이 원활하게 이루어질 수 있도록 지원하는 것이다.

29) 직업능력개발사업은 근로자들의 직업수행능력이 직장생활을 통해 노동생산성을 향상시키고, 근로자의 임금수준을 향상시키는 동시에 기업의 경쟁력을 강화하는 역할을 수행한다.

30) 수급자격자가 수급기간 중 질병 · 부상 또는 출산으로 7일 이상 취업이 불가능한 경우에는 상병급여를 지급받을 수 있다.

로 구분할 수 있다. 구직급여는 피보험자가 실직한 경우에 이직 전 "18개월 중 180일 이상"의 피보험단위 기간을 만족하는 경우에 피보험자의 피보험기간 및 연령에 따라 90일에서 240일까지 차등지급하며, 일정 요건을 충족하는 경우에 연장 지급된다. 지급수준은 전 직장에서 지급받던 평균임금의 50%를 원칙으로 하며, 최저지급액은 최저임금의 90%에 해당되어야 한다.

고용보험료율 변화추이를 살펴보면 1999년 0.3%에서 0.5%로 실업급여를 큰 폭으로 인상한 후 외화위기를 어느 정도 통과하여 경제가 안정을 취한다고 판단하여 2003년에 0.45%로 낮추었다. 그러나 지속적으로 나타나는 고용보험 재정적자를 타개하고자 2011년에 0.1%P를 인상하여 0.55%를 유지하다가 2013년 7월 다시 한번 0.1%P를 인상하여 0.65%를 부과하고 있다. 사용주에 부과되는 고용안정·직업능력개발사업은 2006년 이래로 0.25%~0.85%로 동일한 수준을 유지하고 있다.

표 7-5 고용보험료율 변화추이

(단위: %)

구분		1998.12.31		1999.1.1 이후		2003.1.1 이후		2006.1.1. 이후		2011.4.1. 이후		2013.7.1. 이후	
		근	사	근	사	근	사	근	사	근	사	근	사
실업급여		0.3	0.3	0.5	0.5	0.45	0.45	0.45	0.45	0.55	0.55	0.65	0.65
고용안정			0.2		0.3		0.15		-		-		-
고용안정 직업능력 개발사업	150인 미만 기업		0.1		0.1		0.1		0.25		0.25		0.25
	150인 이상 기업 (우선지원대상기업)		0.3		0.3		0.3		0.45		0.45		0.45
	150인 이상~1000인 미만 기업		0.5		0.5		0.5		0.65		0.65		0.65
	1000인 이상 기업 국가지방자치단체 (직업훈련의무업체)		0.06		0.7		0.7		0.85		0.85		0.85

주: '근'은 근로자 부담 몫을 나타내고, '사'는 사업주 몫을 나타낸다.
자료: 고용노동부, 2014, 「고용노동백서」.

2013년도 말 고용보험료는 징수결정액 7조 9,319억 원을 징수 결정하여 6조 9,894

31) 연장급여는 일정 요건을 충족시킨 경우에 예외적으로 급여를 연장지급하며, 연장급여에는 훈련연장급여, 개별연장급여, 특별연장급여 등이 있다.
32) 취업촉진수당은 조기재취직수당, 직업능력개발수당, 광역구직활동비, 이주비 등이 있다.

억 원이 수납되었으며, 전년동기 대비 징수결정액은 8,486억 원, 수납액은 6,613억 원이 증가하였다. 수납율은 2007년 이래로 2010년까지 90% 이상을 보였으나, 2011년 이후 80%대로 하락한다. 이는 수납이 부과고지 제도로 변경되면서 보험료 납기일이 다음달 10일이 됨에 따라 12월에 징수 결정된 고용보험료를 이듬해 1월 10일에 수납하므로 수납률이 약간 줄어들 수 있다.

표 7-6 연도별 고용보험료율 징수현황

(단위: 억원)

구분	징수결정액(A)	수납액(B)	수납률(%, B/A)
2007	40,365	36,714	91.0
2008	43,334	40,014	92.3
2009	45,046	42,165	93.6
2010	45,195	42,478	94.0
2011	57,260	50,717	88.6
2012	70,833	63,281	89.3
2013	79,319	69,894	88.1

자료: 고용노동부, 2014, 「고용노동백서」.

근로자가 부담하는 고용보험료는 자신의 보수총액에 실업급여의 보험료율(0.65%)을 곱한 금액으로 하며, 사업주가 부담하는 고용보험료는 그 사업에 종사하는 고용보험 가입자인 근로자의 개인별 보수총액에 고용안정·직업능력개발사업의 보험료율(사업장 규모별로 0.25%~0.85%)을 곱한 금액과 실업급여의 보험료율(0.65%)을 곱한 금액을 합한 금액으로 산정된다. 2012년까지는 모든 업종에서 자진신고·납부제도가 시행되었으나, 2011부터는 부과고지제도로 변경(건설·벌목업은 자진신고·납부제도 유지)되었다. 4대 사회보험을 국민건강보험공단에서 통합 징수하면서 매월 사업장별 보험료는 근로복지공단에서 산정·부과하지만, 보험료 고지업무는 건강보험공단에서 수행하고, 사업주는 건강보험공단에 고지된 보험료를 납부한다.

고용보험기금의 재정은 최근 들어 급격하게 악화되고 있다. 1995년 고용보험이 출범한 이래로 1996년부터 2012년까지 고용보험 실업급여계정의 연평균 수입 증가율은 22.2%인데 비해 지출의 연평균 증가율은 117.8%로 나타났다. 2000년대 이후 증가율도 수입의 경우 10.1%, 지출증가율은 12.1%로 차이를 보이고 있다. 2007년부터 실업급여계정 당기 수지가 적자로 나타나기 시작해서 2012년까지 누적 적자액이 4조 284억 원으로 추산될 정도로 누적 규모가 심각하였다. 그러나 다행히도 2012년

흑자로 돌아섰으며, 2013년 보험료율을 상승시켜 적립금이 고갈될 위기는 넘긴 것으로 판단된다.

표 7-7 고용보험 재정수지

	수입	고용보험료	지출	수지차	누적적립금
1995	3,390	3,389	39	3,351	3,351
1996	8,258	7,777	364	7,894	11,245
1997	10,361	9,174	1,689	8,672	19,916
1998	13,695	9,768	11,907	1,788	21,704
1999	19,771	16,447	16,968	2,803	24,507
2000	23,169	20,478	11,345	11,769	36,276
2001	28,649	25,276	15,493	13,155	49,431
2002	30,697	27,165	16,003	14,694	64,125
2003	28,661	25,936	18,508	10,153	74,277
2004	33,949	28,803	23,741	10,208	84,486
2005	36,034	31,796	29,323	6,711	91,197
2006	40,975	34,128	38,537	2,438	93,635
2007	41,594	36,373	47,358	− 5,764	87,871
2008	45,058	39,685	50,757	− 5,699	82,172
2009	47,655	41,892	67,245	−19,591	62,581
2010	47,707	42,184	60,011	−12,304	50,277
2011	56,072	50,447	59,339	− 3,268	47,009
2012	66,221	63,030	59,879	6,342	53,351

자료: 한국고용정보원, 고용보험통계연보, 각년도.

실업급여계정에서 적자가 발생하게 된 이유는 첫째, 고용보험의 적용범위 확대 및 단기실업자 수 증가 때문이다. 1995년 고용보험 출범 이후 적용대상 사업장이 확대되고 최근 금융위기로 인해 비자발적 실업자 수가 증가하였다. 실업급여 수급자 수는 1997년 약 4만 4천 명에서 2009년 약 130만 명으로 증가하였다. 그러나 2012년에는 119만 명으로 줄어드는 추세를 보이고 있다. 두 번째 적자의 원인은 2001년부터 고용보험 실업계정에서 산전후휴가급여[33]와 육아휴직급여[34]를 포함하는 모성보호

33) 임신 중의 여성에 대해서는 산전후를 통하여 계속해서 90일간의 보호휴가를 주고 근로의무를 면제하며 임금 상실 없이 휴식을 보장받도록 하는 제도.

34) 남녀고용평등법 제19조에 기초하여 근로자가 만 6세 이하의 초등학교 취학 전 자녀(입양한

급여사업[35] 때문이다. 2002년 모성보호급여사업 지출은 257억 원이었는데 2012년에는 약 6,000억 원으로 시행된 지 10년도 지나지 않아 20배 이상 증가하였다.

고용보험기금의 적자 누적으로 정부는 보험료를 인상하는데 다음과 같은 점을 고려해서 신중하게 결정해야 할 것으로 판단된다. 첫째, 보험료는 고용보험법 제14조(보험료율의 결정)에서 대통령령으로 고용보험료율은 보험수지의 동향과 경제상황 등을 고려하여 임금총액 대비 1,000분의 30의 범위에서 결정해야 하므로 보험료 인상에는 한계가 있다. 둘째, 고용보험금의 부정수급 사례[36]가 증가하고 있으므로 고용보험 운용과 관리를 철저히 할 필요가 있다. 고용보험기금은 주인이 없다고 볼 수 있으므로 더욱 더 조심스럽게 운용해 나가야 할 것이다. 셋째, 폭발적으로 증가하고 있는 모성보호급여를 고용보험 틀 안에서 운용해 나갈 것인가를 결정해야 할 것으로 판단된다.

5. 사회보험 징수통합

사회보험 징수업무의 중복에 따른 고객의 불편과 업무의 비효율을 개선하고자 4대 사회보험인 국민연금, 건강보험, 산재보험, 고용보험의 징수를 통합하였다. 사회보험의 유사기능인 징수업무(사회보험료 고지부터 수납 및 체납관리 업무)를 보건복지부 장관과 고용노동부 장관이 국민건강보험공단에 위탁하여 사회보험 징수통합을 일원화하여 2011년 1월 1일부터 시행하게 되었다. 다만 징수통합을 제외한 자격관리와 급여업무는 각 공단에서 수행하게 된다.

사회보험 징수통합으로 국민건강보험공단에서 징수업무를 일괄처리하게 되면 각 공단에서 징수업무를 담당하던 인력 중 일부가 잔류하게 된다. 이 경우 잔여인력은 각 공단에서 신규로 제공하거나 강화되어야 할 사회보험서비스에 투입하였다.

자녀를 포함)를 양육하기 위하여 신청하는 휴직으로 30일 이상 부여받고 소정의 수급요건을 충족하는 경우 매월 50만 원씩 지급받는 제도.

35) 모성보호급여사업은 저출산에 대비하여 여성근로인력의 출산을 장려한다는 국가적 취지로 볼 때 바람직하고 필요한 정책이지만, 고용보험의 실업계정에서 여성의 출산과 육아에 대한 지원이 포함된다는 것은 수익자부담 원칙 관점에서는 다시 생각해 볼 문제이다. 왜냐하면 고용보험료를 납부하는 임금근로자 모두 이러한 급여를 받을 가능성이 있는 것은 아니기 때문이다. 보험은 미래에 예상할 수 있는 일에 대해서 보험가입자가 미리 금전을 갹출해서 공동으로 기금을 마련하여 급여를 받는 것이기 때문에 재고해 볼 문제임에 틀림없다.

36) 1996년 부정수급자가 실업급여 지급자 가운데 0.6%였으며, 상승 하락을 반복하다가 2003년 1.1%에서 지속적으로 상승하여 2009년에 2.0%에 이르렀고, 2009년 한해 동안 지급한 금액이 98억 원에 달한다.

기획재정부, 보건복지부, 노동부 등 관계 장관 회의에서 징수업무만을 건강보험공단으로 위탁하는 방안을 결정한 후 징수통합 추진업무를 국무총리실에서 보건복지부로 이관하였다. 징수통합 추진업무는 공공기관 선진화 추진과제로 「공기업 선진화 추진계획(1차)」에 포함하여 추진하게 되었으며, 사회보험 발전과 징수통합을 위한 노 · 사 · 정 합의를 도출하였다. 그리고 2009년 12월 30일 국회 본회의에서 환경노동위원회 소관 4개 법률이 통과되어 2010년 1월 27일 개정 · 공포하였다. 2011년 1월 1일부터 4대 보험(건강보험, 국민연금, 고용보험, 산재보험)의 보험료를 통합징수함으로써 개별 사회보험공단(국민건강보험공단, 국민연금공단, 근로복지공단)에서 수행하던 보험료 징수업무(고지 · 수납 · 체납 업무)를 국민건강보험공단에서 일괄 처리하고 있다.

사회보험 징수통합으로 나타나는 기대효과는 국민 편의를 도모하고, 사회보험 관리비용을 절감하는 동시에 국가가 보다 양질의 사회보험서비스를 제공할 수 있으리라 기대된다. 특히 국민 입장에서는 1장의 고지서를 통해 4대 보험을 처리할 수 있으며, 징수창구 단일화로 고객 편의를 도모할 수 있을 것이다. 사업주는 보험사무 간소화로 사무처리비용을 절감할 수 있게 될 것이다. 공단은 운영비를 절감하고, 인력활용으로 사회보험서비스를 확대하거나 강화할 수 있을 것이다. 정부는 해마다 징수에서 발생하던 중복비용을 절감할 수 있다는 장점을 지니고 있다.

제3편

한국의 산업

1900년대 초반까지 우리나라는 전형적인 후진국 경제로써 농업위주의 산업구조를 가지고 있었다. 일제 강점기 하에서도 일본의 정치 · 경제적 목적에 의하여 우리나라 산업은 농업위주의 구조가 지속되었으며 단지 일본에 군수물자 공급을 위하여 일부 군수품 관련 공업 부문만이 북한지역에 집중되어 있었다. 해방 이후 남 · 북 북단과 6 · 25전쟁으로 남한에 그나마 일부 남아있던 공업 산업기반은 대부분 소실되었으며, 전쟁 이후에는 소비재 위주의 외국 원조물자에 의존하여 공업화를 이루지 못하였다. 1960년대 들어 경제 개발계획 하에 공업화와 수출을 중심으로 하는 경제성장정책이 추진되었으며, 이러한 경제정책에 힘입어 우리나라는 급격한 경제성장을 이룰 수 있었다. 경제성장정책은 그 시기별로 국내 및 국제경제 여건을 고려하여 다양한 형태로 추진되었으며 산업정책에서도 마찬가지로 국내 및 국제경제 여건의 변화에 대응하여 시기별로 중점 투자산업이 변화되었다. 이 과정에서 1980년대까지는 정부가 시장에 직접 개입하여 경제 및 산업정책을 선도하는 역할을 하였으나, 1990년대 들어 우리나라 국가경제의 규모가 커지고 세계적인 자유시장의 흐름 확산에 따라 민간 부문의 역할이 점차 커지면서 정부는 보조적인 역할을 하게 되었다. 또한 이러한 경제제도와 운영의 변화에 따라 우리나라는 농업에서 공업으로, 그리고 서비스업으로 산업의 중심이 이동하면서 선진경제로 진입하는 데 성공하였다.

| 제8장 |

농업

농업은 사람이 생존을 위해 기본적으로 필요한 식량을 제공하기 때문에 우리나라 경제가 본격적인 성장궤도에 오르기 전인 1950년대 말까지 농업 부문은 국가경제의 중요한 부문으로 역할을 하였다. 1950년대 말 우리나라 전체 인구 중에서 농림어업에 종사하는 인구비율이 50% 이상을 차지하였으며 산출액도 GDP의 40% 수준을 유지하였다. 그러나 1960년대 초부터 시작된 경제개발계획에 따라 산업구조가 다양화되고 경제규모가 점차 커지면서 농업이 국민경제에서 차지하는 비중은 급격히 감소하였다. 일반적으로 국가경제성장 과정에서 농업 부문은 식량 및 노동력을 공급하고 공산품 판매시장 역할을 수행하여 초기 공업화에 큰 기여를 한다. 그리고 공업화 과정에서 농업 부문의 비중이 점차 감소하는 현상은 여러 나라들에서 나타나는 일반적인 현상이다. 그러나 우리나라는 다른 나라들에 비하여 농업 부문의 비중 감소가 급격하게 진행되어 왔는데, 이와 같은 농업 부문의 급격한 비중 감소는 외국 농산물 유입과 우리나라의 경제개발정책에 따라 나타난 결과로서 최근의 심각한 농촌문제의 주요한 원인이 되고 있다.

이 장에서는 농업이 우리나라 경제발전에 기여한 점과 농업 부문의 변화요인에 대하여 시대별로 분석하고 앞으로의 발전방향에 대하여 살펴본다.

8장 농업

8.1 농업의 특성과 우리나라 농업의 위치

농업은 사람이 생존을 위해 기본적으로 필요한 식량을 제공하기 때문에 경제행위의 출발점이 된다. 따라서 인류문명이 발달하기 전부터 농업이 시작되었는데, 지금도 전세계 30억 명 이상의 사람들이 농업에 종사하고 있다. 구체적으로 인도, 파키스탄, 방글라데시, 미얀마, 태국, 필리핀, 인도네시아 등 동남아시아 지역 국가들에서는 인구의 절반 이상이 농업에 종사하고 있으며, 사하라 이남 아프리카 지역 국가들에서는 인구의 66% 이상이 농촌에 거주하고 있다. 특히 이들 개발도상국에서 농민들은 거의 대부분 이익획득을 목적으로 하기보다는 생존을 유지하기 위한 생계농업에 종사하고 있다. 과거 우리나라도 예외가 아니어서 1960년대 초까지 농업은 국가경제의 중요한 부문으로 역할을 하였다. 전체 인구 중에서 농림어업에 종사하는 인구비율이 50% 이상을 차지하였으며 생산액도 GDP의 40% 수준을 유지하였다. 따라서 산업구조가 다양화되지 못한 이 시기에 농업은 경제규모 면에서도 중요한 비중을 차지하였을 뿐 아니라 생존에 필요한 식량공급이 절대적으로 부족한 시기에 식량공급원으로서 중요한 역할을 담당하였다.

한편 우리 경제는 1960년대부터 공업화와 수출을 중심으로 하는 경제개발정책에 힘입어 눈부신 성장을 이루어왔으며, 국가경제의 발전에 따라 농업 부문도 많은 발전을 하여왔다. 그러나 우리나라 농업은 농업이 갖고 있는 산업으로서의 특성과 우리 농업의 특수한 여건으로 인해 국가경제 전체의 발전 속도에는 크게 뒤떨어지고 있다. 농업이 여타 산업 부문들에 비해 발전이 뒤처지는 이유는 우선 농업이 근본적으로 갖고 있는 산업적인 특성 때문인데, 첫째, 생산·공급 측면에서 농업은 토지라는 투입량이 고정되어 있는 생산요소를 기본으로 생산활동을 하기 때문에 생산 초기부터 수확체감의 법칙이 나타난다. 둘째, 농업은 일조량, 강수량, 기온, 병충해의 각종 재해 등 자연적 상황에 절대적 지배를 받기 때문에 인위적으로 생산량을 조절하는데에 한계를 갖고 있다. 셋째, 농업생산물은 생산기간이 공산품이나 서비스 제품들에 비해 상대적으로 길기 때문에, 예를 들어 쌀은 파종 이후 4~6개월, 사과는 심은지 3~10년이 지나야 열매를 수확하기 때문에 경제적 상황 변화에 빠르게 대응하지 못한다. 이와 더불어, 농업은 소비·수요 측면에서 생산물 수요의 소득탄성이 여타 산업 생산물들에 비해 낮다는 특성을 갖고 있다. 즉, 농업생산물의 주종을 이루는 쌀, 밀 등의 곡식이나 채소들은 소비자의 소득이 높아진다고 그 수요량이 크게 증가하지 않는다. 한편 우리나라 농업은 여타 국가들에 비해 특수한 여건들을 갖고 있는데, 첫째 농업규모의 영세성으로 인해 우리나라 농업은 '생계형' 농업이라는 한계를 갖고 있다. 둘째, 그로 인해 농업생산성이 낮고 수확체감의 법칙이 더 빠르게 나타나고 경제환경 변화에 대응하지 못하는 전통적 생산 방법에 의존하고 있다. 셋째, 일반적으로 농업은 경제 발전 과정에서 수동적 역할을 하는 분야로 경제발전을 주도하는 공업 분야에 낮은 가격의 식량과 노동을 공급하는 부문으로 인식되고 있다. 우리나라에서도 정부가 공업화를 중심으로 하는 경제성장정책을 수립·추진하면서 농업발전을 후순위로 취급하였는데, 경제개발에 필요한 투자자본이 부족하다는 한계로 인해 과도하게 공업화 중심의 불균형적인 경제개발정책을 추진하여 왔다. 이러한 특성들로 인해, 경제가 발전함에 따라 농업이 국민총생산과 고용에서 차지하는 비중이 감소하는 것은 대부분의 국가에서 나타나는 일반적인 현상이지만, 우리나라의 경우에는 경제발전이 짧은 기간 동안에 '압축적'으로 이루어지면서 전통적 선진국들에 비해 농업 부문의 축소가 더 빠르게 진행되고 있다. [그림 8-1]에서 보면 국민총생산에서 농업이 차지하는 비중은 1965년에 40.2%이었는데, 1980년에 13.7%, 2000년에 4.0%, 그리고 2013년에는 2.3%로 감소하고 있다. 마찬가지로 우리나라 총 취업자에서 농업종사자가 차지하는 비중이 1965년에 55.1%수준이었는데, 1980년에 32.4%, 2000년에 10.2%, 그리고 2013년에는 6.06%로 감소하고 있다.[1)]

1) 2009년부터 신산업분류기준으로 산업별 경제활동인구 분류가 변경됨에 따라 농림업에 어업종사자가 포함됨.

그림 8-1 | 국민경제에서 농업의 비중추이

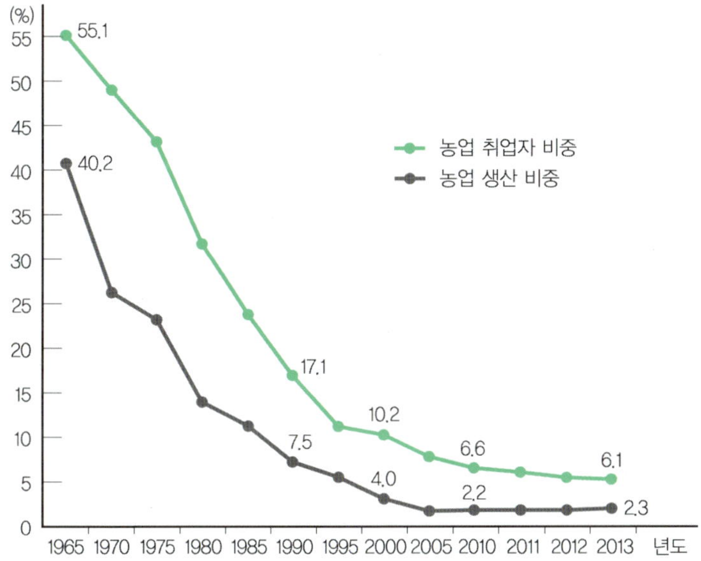

주: 2009년부터 산업별 경제활동인구 분류가 변경됨에 따라 농림업에 어업 종사자가 포함됨.

한편 농업이 국민경제에서 차지하는 비중을 2012년도 기준으로 주요 선진국들과 비교하여 보면, 우리나라가 국민총생산 중 농림어업[2]의 비중이 2.5%인데 반하여 일본 1.2%, 미국 1.2%, 독일 0.8%, 영국 0.6%, 그리고 농산물수출국인 네덜란드가 1.6%를 차지하고 있다. 마찬가지로 2012년을 기준으로 우리나라 총 취업자 중 농림어업인구의 비중[3]은 6.2%이고, 일본 3.8%, 미국 1.6%, 독일 1.5%, 영국 1.2%, 네덜란드 2.5%이다. 결과적으로 우리나라의 경제발전이 지속되는 한 우리나라 국민경제에서 농업이 차지하는 비중은 여타 선진국들의 경우에서 볼 수 있듯이 계속적으로 감소할 것이 예상된다.

2) 농업인구비중이 아니라 농림어업인구의 총인구비중임. 통계청, 국제통계연감, 2014, pp. 458~462.

3) 농업인구비중이 아니라 농림어업인구의 총인구비중임. 통계청, 국제통계연감, 2014, pp. 114~120 자료를 토대로 계산.

8.2 농업근대화와 농업정책의 변화

1. 일제 강점기 시기의 농업근대화

우리나라의 농업근대화 작업은 1900년대 초인 일제 강점기 시기에 일본에 의해 시작되었다. 1910년 한일병합 이후 일본은 식민지 착취를 목적으로 '토지조사사업', '산미증식계획', '농촌진흥운동' 등의 농업근대화정책을 실시하였다. 일본은 우선적으로 1910년부터 '토지조사사업'을 통해 새로운 토지제도 및 토지세제를 시행하여 토지의 소유권제도를 확립하였다. 그러나 토지소유권 확립정책의 목적이 한국으로 이주한 일본인과 소수의 친일 토착 세력들을 지주화하여 식민지 통치 기반을 갖추는 데 있었으므로, 전통적으로 마을의 관습과 구술에 의해 토지를 상속·보유·경작하여 왔던 대부분의 농민들은 토지소유권 확립 과정에서 보유하던 토지를 빼앗기고 소작농으로 전락하였다. 또한 일본은 새로운 토지소유권을 토대로 1920년대에는 농업생산성 향상을 위한 '산미증식계획'을 실시하여 농업생산량을 증대시켰다. 그러나 '산미증식계획'에 의한 농업생산성 증대 혜택은 주로 토지를 소유하고 있던 일본인 지주와 소수의 친일 토착 지주계층에게 돌아가고, 대부분의 농민들은 소작농으로서 높은 소작료를 지급하게 되었다. 또한 산미증식을 위한 수리시설 개선 등에 대한 비용을 농민들에게 부담시키면서 농민층의 몰락은 빠르게 가속화 되었다. 이러한 농민층 몰락 과정은 농민의 구성 형태 변화를 나타낸 〈표 8-1〉을 통해 알 수 있다. 표를 보면 1914년에 우리나라의 농가 총 호수는 2,592.2천 호였으며 이 중에서 자작호수가 총 호수의 22%(569.5천 호), 자작겸 소작호 수가 41%(1,066천 호), 소작 호수가 35%(911천 호)이었다. 그러나 '토지조사사업'으로 자작 호수의 비율이 감소하고 소작농의 비율은 크게 증가하여, 1940년도에는 총 호수 3,047천 호 중에서 자작 호수가 총 호수의 18%(551천 호)로 감소하였으며 소작 호수는 총 호수의 절반이 넘는 51.3%(1,618천 호)로 크게 증가하였다.

또한 일제 강점기 시기에 일본의 식민지 착취정책에 따라 우리나라에서 생산된 쌀의 대일 유출이 빠르게 증가하였다. 〈표 8-2〉에서 보면 대일 유출량이 1915~1919년에 연평균 1,930천 석으로 연평균 총 생산량 13,978천 석의 13.8%였으나, 1930~1936년 동안에는 연평균 8,160천 석이 유출되어 연평균 총 생산량 16,842천 석의 48.5%에 달하였다. 결국 토지조사사업과 산미증식계획을 통하여 증가된 농업생산물은 대부분 일본으로 유출됨으로써 우리나라 농업은 일본에 대한 식량 공급원으로서의 역할만을 담당하는 착취 대상이었다.

표 8-1 농민의 소작농화

(단위: 천호, %)

	자작농		자작겸 소작농		소작농		순화전민		피용자		합계	
	호수	%	호수	%	호수	%	호수	%	호수	%	호수	%
1914	569.5	22.0	1,065.7	41.1	911.3	35.1	–	–	–	–	2,592.2	100
1929	507.4	18.0	885.6	31.5	1,284.5	45.6	34.2	1.2	–	–	2,813.3	100
1937	549.6	18.9	737.8	25.1	1,581.4	51.7	72.9	2.4	117.0	3.8	3,058.8	100
1938	552.4	18.1	729.3	23.9	1,583.4	51.6	71.2	2.3	116.0	3.8	3,052.4	100
1939	539.6	17.9	719.2	23.7	1,583.4	52.4	69.3	2.3	111.6	3.7	3,023.1	100
1940	550.9	18.0	711.4	23.3	1,617.6	51.3	66.0	2.2	101.6	3.3	3,046.5	100

자료: 동양경제신보사편, 「조선산업연보」, 1943년 57면.

표 8-2 쌀의 대일 수출 추이

구분	연간 평균 생산량(A)	연간 평균 대일수출량(B)	B/A(%)
1915~1919년	13,978	1,930	13.8
1920~1924년	14,412	3,299	22.9
1925~1929년	14,821	5,850	39.5
1930~1936년	16,842	8,160	48.5

자료: 이호영, 한국경제의 이해, 법문사, 1996.

2. 해방 이후~1950년대의 농업정책

1945년 일본이 패망하고 대한민국 정부가 수립된 후 정부는 일제 강점기 하에서의 왜곡된 농업구조를 바로 잡기 위하여 농지개혁법을 실시하였다. 1950년에 공표된 농지개혁법은 일제강점기에 형성된 친일 대지주의 농지독점문제를 해결하고 농지분배를 통하여 농가경제의 자립과 농업생산력 증진을 성취하여 농민들의 생활을 향상시키는 데 초점을 두었다. 이 법에 따라 정부는 3정보 이상의 과다 농지 보유자, 직접 농사를 짓지 않는 자 등이 소유하였던 농지를 매입하여 경작자인 농민들에게 유상분배 하였는데 농지개혁은 우리나라 농업부분뿐만 아니라 사회 전체에 획기적인 의미를 갖는 조치였다. 농지개혁은 1966년 12월까지 진행되었는데, 농지개혁으로 구

지주층이 소멸되어 우리나라는 경제 · 정치 · 사회 발전을 이룰 수 있는 토대를 만들었으며, 동시에 자작농의 비중이 크게 증가하게 되었다. 특히 농지개혁으로 우리나라에서는 봉건적 지주제가 해체되고 민주주의 시장경제가 정착되어 이후 우리나라가 경제뿐만 아니라 정치, 사회의 발전을 이룰 수 있는 기초를 마련하는 계기가 되었다. 농지개혁을 실시하지 않고 구 봉건적 지주제의 토대 위에 민주주의 시장경제 제도를 도입 · 운영했던 중국의 국민당과 남 베트남의 정부가 패망하고 필리핀이 사회 · 경제적으로 후퇴하고 있는 모습은 우리나라의 농지개혁이 큰 의미를 갖고 있음을 보여주는 단적인 예이다. 농지소유 형태별 농가구성을 정리한 [그림 8-2]를 보면 1945년도에 전체 농가 중 자작농의 비율이 13.8%이었고 소작농은 51.6%로 반 이상의 농가가 소작농이었다. 이후 농지개혁을 통하여 1957년에 자작농의 비율이 88%로 크게 증가하였고 소작농의 비율은 4%로 크게 감소하면서 농업에서 경자유전(耕者有田)이 실현되었다.

그림 8-2 | 농지개혁 전후의 농지소유 형태별 농가구성

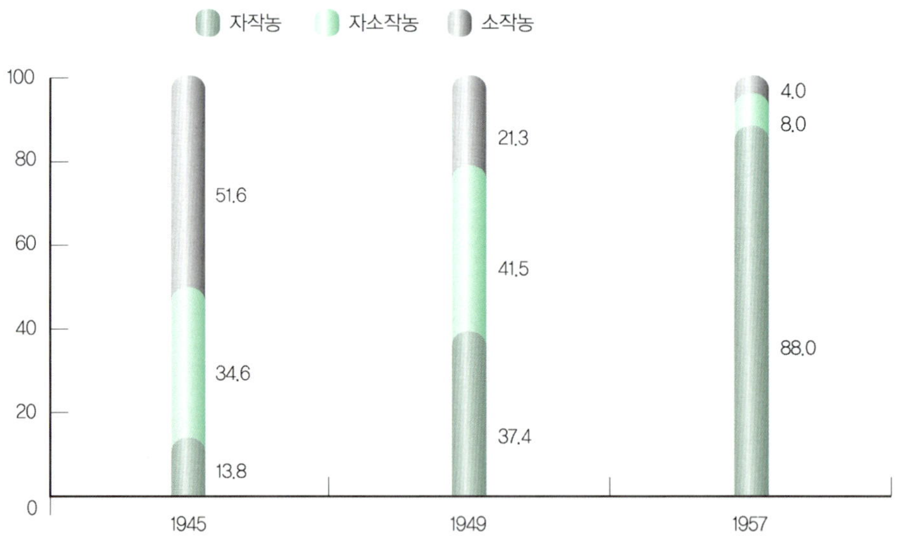

자료: 신태곤, 한국경제론, 법문사, 2003, p. 301.

그러나 농지개혁법의 실시로 소작농이 거의 없어지고 농업이 자작농에 의해 경작되게 되었으나, 농지보유를 일정 규모(3정보) 이상의 토지 보유를 제한함으로써 우

리나라 농업은 영세화하게 되었다.

한편 해방 이후 경제적 혼란과 6·25전쟁으로 우리나라 농업은 생산기반이 파괴되면서 식량생산이 감소하여 부족한 식량을 미국 등 외국의 식량원조에 의존하였다. 미국 등 우방국들의 식량원조는 당시 어려운 상황에서 국민의 기근을 해소하는 데 큰 도움을 두었는데, 다른 한편으로 원조식량의 대량도입으로 농산물의 가격이 생산비 이하로 낮아지는 현상이 나타나게 되었다. 그러나 정부는 식량부족으로 인한 사회적 불안을 해결하기 위한 경제안정화정책의 방법으로 저곡가정책을 실행하였는데, 이 정책은 1950년대 전체 기간 동안에 유지 되었다. 이러한 저곡가정책은 경제를 안정화하는 데 도움이 되었으나, 농산물가격 하락으로 인하여 농민들의 희생과 농업부문의 침체를 초래하게 되었다. 구체적으로, 농산물가격이 하락하여 농가소득이 낮아지면서 농촌에서는 소득이 생계비를 유지하지 못하였다. 따라서 농민들은 이자가 높은 사금융에 의존하여 생계를 유지하였는데, 그 결과 부채 및 이자부담이 증가하면서 소득이 감소되는 악순환에 빠지게 되었다.

3. 1960년대~80년대 중반의 농업정책

해방 이후 농지개혁에 따른 토지분배로 자작농이 크게 증가하였으나, 토지소유제한으로 농민들이 영세농화 되고 외국 농산물 도입으로 인하여 농업 부문이 침체되고 농민층이 빈곤하게 되자, 1960년대의 농업정책은 농민들의 빈곤문제 해소와 농업생산성 증대에 초점을 두었다. 주요 정책 내용을 보면 첫째, 「농어촌고리채정리법」을 제정하여 농민들의 부채 부담을 줄이는 정책을 시행하였다. 1950년대 우리 경제는 금융 부문이 발달하지 못하여 금융의 공급이 부족하였고, 그나마 금융공급은 도시 공업 부문에 집중되었다. 이에 따라 농민들이 사적 금융에 의존하면서 농민들의 부채는 급증하였다. 그런데 사금융의 대부분은 이자가 상당히 높은 고리채로서 농민들에게 더욱 큰 부담이 되었다. 이러한 문제점을 시정하고 경제개발을 위한 농촌의 안정을 도모하기 위해 정부는 이자 부담이 큰 고리채에 대하여 농협이 채권을 발행하여 대신 변제하고 채무자는 낮은 이자 부담으로 분할상환하게 하였다. 둘째, 농산물가격유지법을 제정하여 농가의 수입을 적절한 수준으로 보상해 주는 정책을 시행하였다. 1950년대에 외국에서 들여온 농산물로 인하여 물가안정과 식량부족문제는 해결할 수 있었으나 농산물 가격의 하락은 농민들에게 큰 경제적 부담을 초래하였다. 따라서 황폐화된 농가경제의 안정화를 위하여 적정한 수준의 생산비용을 보상해 주는 정부수매 및 보조금지급정책을 시행하였다. 셋째, 농업 부문의 활성화를 위한 기반 구축을 목표로 농업협동조합을 발족하여 농업조직을 체계화하였다. 또한 산지 개간사업 등의 농지개발사업을 실시해서 경지면적을 확장하고 농업용수개발사업을 실시해서 수리안전답 면적을 확대하여 토지생산성을 높였다. 이외에도 영농다각화, 영농기술 보급 등의 다양한 정책을 시행하였다.

표 8-3 경제개발계획 하의 산업별 연평균 성장률 및 투자배분율(1965년 불변가격)

(단위: 천 석)

구분	제1차(1962~1966년)		제2차(1967~1971년)		제3차(1972~1976년)	
	성장률	투자배분율	성장률	투자배분율	성장률	투자배분율
농림수산업	5.5	8.3	2.0	7.1	5.9	9.9
광공업	14.8	34.1	20.9	24.2	20.0	23.0
사회간접자본 · 기타서비스업	8.9	57.6	13.2	68.7	8.4	67.1

자료: 신태곤, 앞의 책, p. 307, 310.

그러나 1960년대의 정부 정책목표가 공업화를 통한 경제성장에 있었으므로 정부의 다양한 농업정책과 계획들은 다른 부문에 비하여 큰 비중을 차지하지 못하였다. 따라서 농업 부문의 성장률도 상대적으로 낮아 농업 부문의 비중이 점차 약화되었다. 1960년대의 산업별 연평균 성장률 및 투자배분율을 정리한 〈표 8-3〉에 의하면, 제1차 경제개발5개년계획 시기(1962~1966년)에는 농림수산업 부문에 대한 투자배분율이 8.3%로 광공업(34.1%), 사회간접자본 · 기타 서비스업(57.6%)에 비하여 크게 낮음을 알 수 있다. 따라서 산업별 성장률도 큰 차이를 보여 제1차 경제개발5개년계획 시기에 산업별 연평균 성장률은 농림수산업이 5.5%로 광공업(14.8%)과 사회간접자본 · 기타 서비스업(8.9%)에 비하여 상대적으로 낮은 성장률을 보였다. 제2차 경제개발5개년계획(1967~1971년)에도 농림수산업 부문에 대한 투자배분율은 7.1%로 광공업(24.2%), 5개년사회간접자본 · 기타 서비스업(68.7%)에 배해 크게 낮았다. 그 결과 제2차 경제개발 계획 기간에 부문별 연평균 성장에서 농림수산업은 연간 2%만 증가하여 광공업(20.9%), 사회간접자본 · 기타 서비스업(13.2%)에 비해 상대적 낙후 현상은 더욱 심화되었다. 이와 같이 농업 부문에 대한 낮은 투자와 도시 저소득층 보호를 위한 낮은 농산물가격정책으로 인하여 농업생산량은 수요량을 충족시키지 못하였는데, 필요한 부족량을 충족시키기 위하여 더 많은 농산물을 수입함으로써 농민들의 소득수준은 별로 향상되지 않았다. 결과적으로 공업화를 통한 고도성장정책으로 도시근로자의 소득이 증가하면서 농민과 도시근로자 간의 소득격차는 더욱 커지게 되고 농민들의 도시 이주 현상이 급격히 진행되기 시작하였다.

1970년대 들어 정부는 농업 부문의 만성적인 문제들이 누적 · 지속되자, 제3차 경제개발5개년계획 기간 동안에 농업 부문의 기본목표를 "농어촌지역경제의 혁신적 개발"에 두고 농업 부문에 대한 투자를 증대시켜 농업 기반 확충에 매진하였다. 이러한 정책 결과로 이 기간 동안의 농림수산업에 대한 투자배분율은 9.9%로 높아졌으며 농업 부문의 연간 성장률도 5.9%로 과거에 비하여 높은 증가율을 기록하였다. 한편 1970년대 기간에 공업화를 통한 수출확대정책을 실시하는 과정에서 정부는 도시근로자 임금을 낮은 수준으로 유지하기 위해 식량가격을 낮은 수준으로 유지할 필요가 있었고, 그 반대로 식량생산을 증가시키기 위해서는 농산물 가격을 높은 수준에 유지할 필요가 있었다. 이러한 농산물 가격의 모순을 해결하기 위해 정부는 "이중곡가제도"를 실시하여 농산물의 정부수매가격을 전년 대비 평균 30% 수준까지 올리기도 하였다.

또한 1970년대 후반부터는 국민경제가 개방체제로 전환됨에 따라 비교우위가 있는 산업에 대한 집중육성정책이 이루어졌는데, 농업 부문에서도 정책목표가 식량의 자급화에서 쌀 등 주곡의 자급화로 전환되었다. 따라서 쌀과 같이 상대적으로 비교우위에 있는 농산물만 집중적으로 생산하고 그 외의 농산물은 수입에 의존함으로써 물가안정을 도모하였다. 이에 따라 미곡(쌀) 증산을 위해서 통일벼 등 다수확품종을 개발 · 보급하였다. 이와 더불어 외국 농산물 수입에 따른 농민들의 소득감소를 해결하기 위한 방안으로 농촌지역을 공업화하여 농민들의 농외소득을 증대시킬 수 있는 정책으로 전환하였다.

이러한 "이중곡가제도"의 고미가정책과 농산물 생산증가에 따라 농민들의 소득도 증가하게 되었으며 도시와 농촌 간의 소득격차문제도 상당히 개선되었다. 또한 미곡(쌀)의 자급을 달성하면서 낮은 가격의 식량공급을 토대로 정부의 공업화정책은 계획대로 성공을 이루게 되었다.

4. 국제무역질서의 개편과 농업정책(1980년대 중반~최근)

1980년대 중반부터 우리나라의 농업정책은 큰 변화를 하게 되었다. 즉, 1986년에 시작된 GATT[4]의 제8차 협상인 우루과이라운드(UR: Uruguay Round)에서 농산물

4) GATT(General Agreement on Tariffs and Trade)는 "관세 및 무역에 관한 일반협정"을 말한다.

수입자유화가 제시됨에 따라 우리나라 농업도 개방화의 세계적 추세에 직면하게 되었다. 이에 따라 농업정책은 농업생산성증대와 농가소득증가에서 국제경쟁력 제고를 위한 기업경영육성 등의 농업구조정책으로 전환하였다. 특히 1980년대 중·후반에는 "3저효과"로 수출확대가 이루어져 무역 흑자국이 되면서 우리나라는 뉴라운드 협상과정에서 농산물시장 개방 압력을 강하게 받게 되었다. 이에 정부는 농어촌발전대책에 따라 1992년부터 42조 원을 투입하는 "농어촌구조개선사업"(1992~2001)을 착수하였다. 한편 1993년에 우루과이라운드가 최종 합의를 보게 됨에 따라 농산물 분야를 포함한 무역, 서비스, 지적소유권 등 광범위한 분야에 대한 국제적인 기준이 마련되어 각국의 국내외정책에 대하여 규제가 이루어지게 되었다. UR 합의사항 중 농업분야와 관련된 주요 내용은 첫째, 시장개방으로 협상대상 농산물에 대하여 예외 없는 시장개방을 하되 국가별로 단계적으로 관세를 인하하고 연차적으로 수입량을 확대하도록 하였다. 우리나라는 쌀의 경우 수입량을 1995년 국내소비량의 1%로부터 2004년에는 4%까지 단계적으로 증가시키기로 합의하였다. 둘째, 농산물 생산 관련 보조금과 농산물 수출 관련 보조금에 대한 점진적인 감축 방안이다. 개별 국가를 선진국과 개도국으로 분류하여 기존의 각종 보조금 규모를 점진적으로 축소시키기로 하였다.

이와 같이 UR 협상이 타결됨에 따른 본격적인 개방화 시대를 맞이하여 정부는 이에 적극적으로 대처하고자 1994년 12월에 10년간 15조 원 규모의 농특세지원사업을 비롯하여 본격적인 농어촌구조개선을 추진하였다. 그 주요 내용을 보면 첫째, 경영규모 확대정책으로 과거의 농산물가격지지정책 등을 통한 영세 소농 보호정책을 지양하고, 농산물시장을 개방하여 시장기구에 의한 경쟁을 유도하고 농지임대차를 전면적으로 허용하여 대규모 사업농 육성을 유도하였다. 이러한 대규모 사업농 육성정책과 더불어 시장경쟁력이 약한 농가에 대해서는 보조금 지급 및 농촌공업화를 통한 농외 부문 취업을 유도하여 농업으로부터의 퇴출정책을 실시하였다. 둘째, 농촌 지역의 공업화로 농민들의 농업외소득을 창출하여 농가소득을 증진한다. 개방화 이후에는 값싼 농산물 수입으로 농민들이 농업소득으로 소득을 증가시키기 어렵기 때문에, 농촌 지역 공업화 등을 통한 농업외소득 증대에 초점을 둔 정책을 실시하게 되었다.

한편 2000년대 들어서는 1995년 출범한 WTO 체제가 규정들을 확대·강화함에 따라 우리 정부의 농업 부문에 대한 재정지원은 더욱 제약을 받게 되었다. 이에 따라 정부의 농업정책은 '증산농정'에서 벗어나 '효율성' 과 '경쟁력'을 추구하는 정책으로 전환 · 확대되고 있는데, 이러한 농업정책 방향은 우리나라가 세계 여러 국가들과 FTA 조약을 적극적으로 체결하면서 더욱 강화되고 있는 추세이다. 이와 함께 국내적으로 농업인구의 빠른 고령화 진행과 농가소득의 상대적 감소 등으로 인하여 농업인구를 보호하기 위한 복지 · 후생적 정책이 추진되고 있다.

8.3 농업 생산기반과 생산현황

1. 농업 생산기반

우리나라 농업의 두드러진 특징은 좁은 국토면적과 경지면적, 그리고 상대적으로 많은 농업인구로 인해 농업 경영규모가 영세하다는 점이다. 〈표 8-4〉를 보면 우리나라의 국토면적은 1970년 98,480Km^{2}이었는데 이후 개간사업 등으로 조금씩 증가하여 2012년에는 10만 190Km^{2}로 확장되었다. 그러나 농업의 생산기반인 농경지는 1970년에 22,980Km^{2}에서 경제발전으로 인한 공업 지역의 확대와 인구증가 및 도시화로 인한 주거 지역의 확산으로 인해 2012년에는 17,300Km^{2}로 꾸준히 감소하였다.

표 8-4 국토면적, 농경지면적 추이

(단위: 원)

연도	국토면적(천hr=10,000m^2)	농경지면적(천hr=10,000m^2)	농경지의 비율(%)
1970	9,848	2,298	23.3
1975	9,881	2,240	22.7
1980	9,899	2,196	22.2
1985	9,914	2,144	21.6
1990	9,927	2,109	21.2
1995	9,927	1,985	20.0
2000	9,946	1,889	19.0
2005	9,965	1,824	18.3
2010	10,003	1,715	17.1
2011	10,015	1,698	17.0
2012	10,019	1,730	17.3

자료: 통계청, 산림청.

그에 따라 국토면적에서 농경지가 차지하는 비율은 산악 지역이 많은 우리나라의 지형적 특성으로 인해 1970년에 23.3%에 불과하였는데 2012년에 농경지의 비율은 더욱 축소되어 17.3%를 기록하고 있다.

또한 〈표 8-5〉를 보면 농림어업종사자의 기반이 되는 농가인구는 1970년에 1,442만 2천 명으로 우리나라 총 인구 3,224만 1천 명의 44.7%를 차지하였다. 이후 농촌인구의 도시로의 이동이 지속적으로 진행되면서 농촌인구가 2012년에는 291만 2천 명으로 총 인구 5,000만 4천 명의 5.5%로 빠르게 감소하고 있다. 농가호수도 1970년에 248만 3천 호로 우리나라 총 가구 585만 7천 호의 42.4%를 구성하였으나 2012년에는 115만 1천호로 총 가구 1,795만 1천 호의 6.4%로 감소하고 있다.

표 8-5 총인구, 농촌인구, 총가구, 농가호수 추이

연도	총인구(천명)	농가인구(천명)	총가구(천호)	농가호수(천호)	농가 호당 경지면적(a)
1970	32,241	14,422	5,857	2,483	92.6
1975	35,281	13,244	6,754	2,379	94.1
1980	38,124	10,827	7,969	2,156	101.8
1985	40,806	8,521	9,571	1,926	111.3
1990	42,869	6,661	11,355	1,767	119.4
1995	45,093	4,851	12,958	1,501	132.3
2000	47,008	4,031	14,312	1,383	136.5
2005	48,138	3,434	15,971	1,273	143.3
2010	49,410	3,063	17,359	1,177	145.7
2011	49,779	2,962	17,687	1,163	146.0
2012	50,004	2,912	17,951	1,151	150.3

주: 단위 a(1a = 100m^2)
자료: 통계청.

이와 같이 농가호수가 농경지면적보다 더 빠르게 감소하면서 농가호수당 평균 경지면적은 1970년에 0.925헥타르[5]에서 2012년에는 1.5헥타르로 꾸준히 증가하였으나, 농촌에서 가구당 경지면적규모가 0.5헥타르 미만인 가구의 비율이 오히려 커지면서 우리나라 농업경영의 영세성은 전혀 개선되지 못하고 있다. 〈표 8-6〉에서 1ha

5) 헥타르(ha)=10,000m^2=3,025평

표 8-6 경지규모별 농가호수

(단위: 천호, %)

구분	농가 수	1ha미만	1~2ha	2~3ha	3ha 이상
1970	2,411	1,611(66.8)	639(26.5)	124(5.1)	37(1.5)
1980	2,128	1,360(63.9)	629(29.5)	109(5.1)	31(1.5)
1990	1,743	1,027(58.9)	543(31.2)	129(7.4)	44(2.5)
2000	1,369	819(59.8)	351(25.6)	114(8.3)	85(6.2)
2010	1,164	761(65.4)	229(19.7)	78(6.7)	97(8.3)
2012	1,140	750(65.8)	217(19.0)	74(6.5)	98(8.6)

주: 경지가 없는 농가 제외.
자료: 농림수산식품부, 2012, 농림수산식품 주요 통계.

미만의 경지를 경영하는 영세소농의 규모를 살펴보면 1970년에 총 농가 241.1만 호 중에서 영세소농이 161.1만 호로 전체 농가의 66.8%를 차지하였는데, 이후 농가호수가 지속적으로 줄어들면서 1990년에는 총 농가 174.3만 호 중에서 영세소농은 102.7만 호로 전체의 58.9%로 감소하였다. 그러나 1990년대 들어 농산물시장개방의 세계화에 따라 정부의 농업정책이 시장에 의한 자유경쟁의 유도와 농지임대차의 전면적 허용으로 전환하면서 총 농가에서 영세 소농이 차지하는 비중은 2000년에 59.8%, 2010년에 65.4%, 그리고 2012년에는 65.8%로 다시 증가하는 추세를 보이고 있다. 그 반면에 3ha 이상의 경지를 경영하는 대규모 사업농은 1970년대와 80년대에 정부의 영세 소농 보호정책으로 인해 총 농가의 1.5% 비중을 차지하였다. 그러나 1990년대 들어 정부의 대규모 사업농 육성정책에 따라 총 농가에서 대규모사업농이 차지하는 비중은 1990년 2.5%, 2000년 6.2%, 2010년 8.3%, 그리고 2012년에는 8.6%로 빠르게 증가하는 추세를 보이고 있다. 이와 같이 우리나라 농업경영규모의 변화 추이는 총 농가에서 차지하는 영세소농의 비중과 대규모 사업농의 비중이 최근으로 올수록 동시에 증가하고 있다는 양극화 추세의 특징을 갖고 있다.

2. 농업생산과 식량지급

이와 같이 우리나라 농업은 경지면적이 작고, 농업인구 및 호수가 빠르게 감소하고, 농업경영규모가 영세성을 벗어나지 못하는 등의 요인들로 인해 그 생산기반이 근본적으로 취약하다는 한계를 갖고 있다. 또한 1960년대부터 시작된 우리나라의 경제발전전략이 공업화 및 수출주도형 경제성장에 집중되면서 농업 부문의 경제성장은 상대적으로 등한시되어왔다. 더불어 2000년대 들어 본격적으로 추진되고 있는 세계 주요 국가들과의 FTA 체결로 인해 대외경쟁력을 갖추지 못한 농업 부문은 상대적으로 크게 위축되고 있는 것이 지금까지의 추세이다. 이에 더하여 농업이 갖고 있는 본질적인 특성인 자연 순응적 생산 방식, 기술진보의 정체성 등으로 우리나라 농업의 부문적 성장은 국가경제 전체의 성장에 비해 크게 뒤처져왔다.

그 결과 [그림 8-3]에서 볼 수 있듯이 1975년~2012년까지 우리나라 농업 부문의 성장은 두 개의 특징을 나타내고 있는데, 첫째, 국내총생산성장률이 비해 낮은 성장률을 기록하고 있으며, 둘째, 생산활동이 자연조건의 변화에 크게 영향을 받으면서 성장률의 기복이 심하게 나타나고 있다. 그에 따라 농림어업의 국가경제 전체에 대한 성장기여도는 거의 '0'에 가까운 값을 기록하고 있다.

그림 8-3 | 국내총생산 및 농업의 경제성장률, 농림어업의 성장기여도

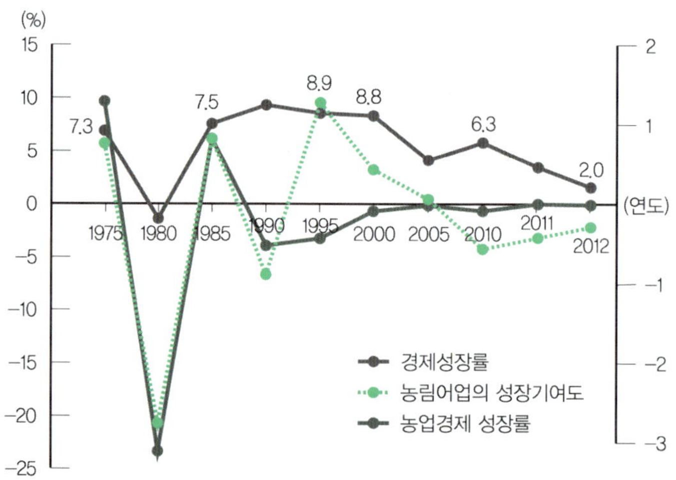

한편 〈표 8-7〉에서 농업생산물의 주요 품목별 생산량 변화 추이를 살펴보면, 우선 쌀이 우리나라 전체 농경지면적의 절반 이상에서 재배되면서 농업의 주요 생산품으로 자리잡아오고 있다. 그 이유는 첫째, 전통적으로 우리나라 식생활에서 쌀이 주요 곡식으로 자리잡아오면서 쌀 가격이 다른 곡식들에 비해 높은 가격을 유지하여 왔고, 둘째 우리나라와 마찬가지로 쌀을 주식으로 하는 일본이 일제식민지 시기에 식민지 착취를 목적으로 '산미증산계획' 등의 농업근대화작업을 통해 개간지 확대 등

논경작지를 확대하였으며, 셋째 1945년 해방부터 1950년대 6·25전쟁 및 회복기에 밀·옥수수 등이 미국의 대량원조에 의해 국내시장에 들어오면서 이들 곡물의 가격이 크게 떨어지면서 생산기반이 축소되었고, 넷째 정부가 경제성장 과정에서 국민경제의 안정적 성장을 위해 주식인 쌀 생산 확대에 주력하여 왔기 때문이다. 이러한 요인들로 인해 쌀 생산량은 1970년 393.9만 톤에서 꾸준히 증가세를 보이면서 2001년에는 551.5만 톤으로 1980년대 중반 이후 연간 생산량이 50만 톤을 상회하였다. 그러나 2000년대에 들어서부터 쌀 의무수입물량이 1995년 5.1만 톤에서 2005년 22.6만 톤으로 늘어나고 이후 매년 2만 톤씩 추가로 수입하기로 함에 따라 쌀 생산량은 감소추세를 보이고 있는데, 특히 2015년의 쌀 시장 전면 개방에 임박하면서 2010년부터는 감소추세가 더 빨라지고 있다.

보리와 밀을 포함한 맥류의 생산량은 1970년 182만 톤에서 1970년대 말까지는 연간 200만 톤이 약간 밑도는 수준을 유지하였다. 그러나 1980년대에 들어 맥류생산량은 급격히 감소추세를 보이고 있는데, 1986년 우루과이(UR)라운드에서 농산물시장 개방논의와 1995년 WTO 체제 출범으로 인한 값싼 외국산 맥류의 수입으로 가격경쟁력이 떨어지면서 2012년에는 5.7만 톤으로 1970년 생산량의 3.1%수준으로 급감하였다. 고구마의 생산량은 1970년에 213.6만 톤에서 1970년대 말까지 연간 200만 톤 수

표 8-7 농업생산물의 주요 품목별 생산량 추이

(단위: 천 톤)

연도	쌀	맥류	감자	고구마	콩	옥수수
1970	3,939	1,820	605	2,136	232	68
1975	4,669	1,806	660	1,953	311	54
1980	3,550	906	446	1,103	216	154
1985	5,626	584	575	787	234	132
1990	5,606	417	371	432	233	120
1995	4,695	292	592	305	160	74
2000	5,263	163	705	345	113	64
2005	4,768	200	894	283	183	73
2010	4,295	120	617	299	105	74
2011	4,224	119	622	255	129	74
2012	4,006	57	620	343	152	83

주: 정곡 기준.
자료: 통계청 농어업통계과(농작물생산조사).

쌀시장 개방 과정

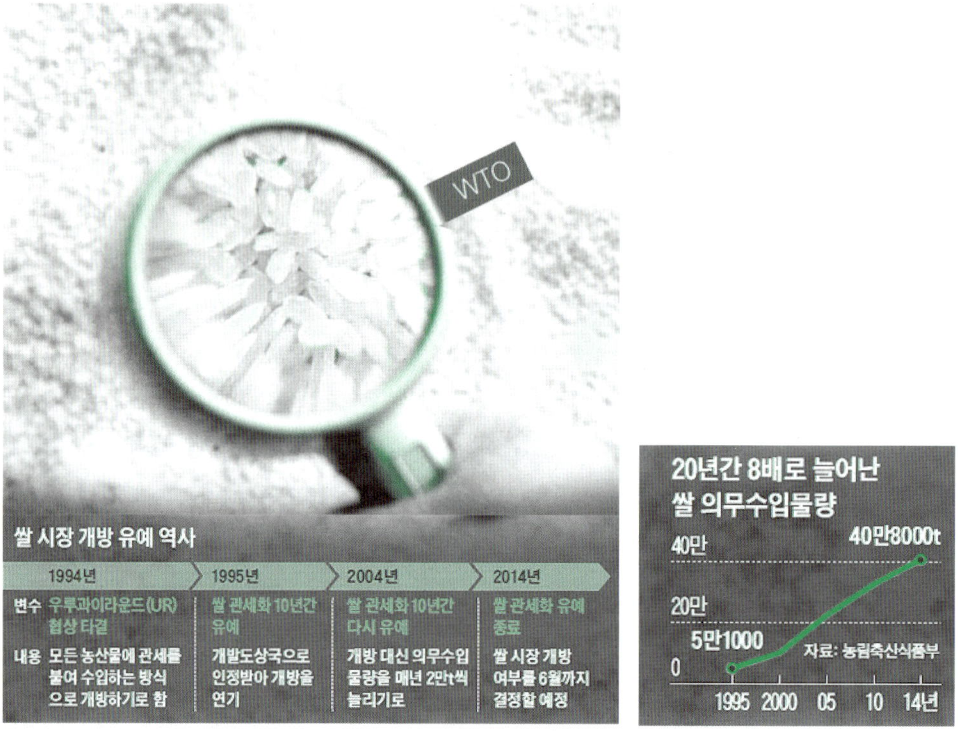

관세화(tariffication): 수입 물품에 국내외 가격 차이만큼 관세(關稅)를 붙여 물량 제한 없이 누구나 자유롭게 수입할 수 있게 하는 것으로, '시장개방'을 뜻한다. 쌀을 관세화 한다는 것은 쌀시장을 전면 개방한다는 의미다.

자료: 조선일보 2014년 4월 11일자 A8면 기사 인용.

준으로 식량이 부족하던 시기에 쌀 · 보리 · 밀의 대체식량으로 일정 생산량수준을 유지하였다. 그러나 1980년대부터 국민소득이 일정 수준 이상으로 높아지면서 고구마 소비는 쌀로 대체되기 시작하였는데, 이에 더하여 농산물시장개방이 본격화되면서 고구마 생산량은 빠르게 감소하였다. 감자 · 옥수수의 경우에는 이미 1945년 해방 직후부터 원조식량의 유입으로 생산량이 낮은 수준을 유지하여 왔는데, 1970년 감자 60.5만 톤, 옥수수 6.8만 톤에서 2012년 감자 62.0만 톤, 옥수수 8.3만 톤으로 생산량에 큰 변화는 없는 상태이다. 콩의 경우에도 생산량이 1970년에 23.2만 톤에서 2000년대 들어 10.5만~18.3만 톤 수준에서 증감을 되풀이 하고 있다.

이와 같은 곡물생산의 꾸준한 감소추세와 인구의 증가추세로 인해 우리나라의 식량 자급률은 〈표 8-8〉에서와 같이 빠르게 떨어지고 있다. 1970년에 전체 곡물 자급률은 80.5%로 식량자급이 완전하게 이루어지지는 못했지만 높은 수준을 유지하였는데, 이는 우리나라의 주식량인 쌀과 보리의 자급이 이루어졌기 때문이다. 그러나 이후 쌀을 제외한 모든 곡물들의 자급도가 빠르게 떨어지면서 우리나라의 전체 곡물 자급률은 1995년에는 29.1%까지 줄어들었다. 2011년부터는 2015년의 쌀시장개방을 앞두면서 쌀의 자급도도 떨어지면서 2012년에 전체 곡물 자급률은 23.6%에 머물고 있다. 우리나라의 주요 식품 자급률을 〈표 8-9〉에서 주요 선진국들과 비교하여 보면 서류(감자, 고구마)를 제외한 모든 식품에서 낮은 수준에 있는 것으로 나타나고 있다.

표 8-8 우리나라의 주요 식품 자급률

(단위: %)

연도	계	쌀	쌀보리	밀	옥수수
1970	80.5	93.1	106.3	15.4	18.9
1975	73.1	94.6	92.0	5.7	8.3
1980	56.0	95.1	57.6	4.8	5.9
1985	48.4	103.3	63.7	0.4	4.1
1990	43.1	108.3	97.4	0.05	1.9
1995	29.1	91.4	67.0	0.3	1.1
2000	29.7	102.9	46.9	0.1	0.9
2005	29.4	102.0	60.0	0.2	0.9
2010	27.6	104.6	24.3	0.9	0.9
2011	24.3	83.2	22.3	1.0	0.9
2012(P)	23.6	86.1	17.3	0.7	0.9

주: 양곡년도(전년 11월 1일부터 당년 10월 31일까지) 기준임.
자료: 식량정책관 식량정책과.

표 8-9 주요 국별 식품 자급률

나라	연도	곡류	서류	두류
한국	2010	28.0	98.4	11.0
일본	2005	30.7	79.9	3.5
미국	2005	129.4	95.3	128.8
프랑스	2005	190.6	127.8	92.5
독일	2005	116.4	121.5	39.4
스위스	2005	205.6	78.5	0.0

주: 1) 서류는 감자, 고구마 등 덩이줄기나 덩이뿌리 작물.
2) 두류는 콩, 팥 등.
자료: 2010 식품 수급표(한국농촌경제연구원).

우리나라 농업의 주요한 당면 과제들은 농산물의 자급률 감소와 더불어 농업인구의 감소 및 고령화현상이다. 우리나라는 지난 수십 년간의 공업화 성장정책과 경제·사회의 성공적 발전으로 다른 선진국들의 경제발전 과정에서와 마찬가지로 농업인구의 이농현상이 지속되고 있다. 이러한 이농현상은 도시에서 직업을 찾는데 더 유리한 젊은 층을 중심으로 이루어지면서, 농촌에서는 단지 인구만 줄어드는 것이 아니라 고령화도 급속히 진행되고 있다. [그림 8-6]은 우리나라 전체의 14세 이하 인구구성비, 전체의 65세 이상 인구구성비, 농가의 14세 이하 인구구성비, 그리고 농가의 65세 이상 인구구성비의 변화를 보여 주고 있다. 1970년에 우리나라 전체 인구에서 65세 이상 고령자가 차지하는 비율은 3.1%이었는데, 경제의 지속적 성장과 의료기술·보건환경 등의 개선, 그리고 전 국민의료보험의 실시 등으로 2012년에 우리나라 전체 인구에서 65세 이상 고령자는 11.7%로 증가하였다. 이에 대해 농가의 65세 이상 인구비율을 보면, 1970년에 농가의 65세 이상 고령자 비중이 4.9%이었는데 이후 그 비중이 빠르게 증가하면서 2012년 농가의 65세 이상 고령자는 35.6%로 증가하였다. 이러한 농가의 고령인구 비중 증가추세는 우리나라 농촌에서 고령화가 얼마나 빠르게 진행되고 있는지를 보여준다. 특히 이에 더하여 앞으로 농촌 부문에서 일할 수 있는 잠재적 노동력을 나타내는 14세 이하 인구비율을 그림에서 보면 1970년 우리나라 전체 인구 중에서 14세 이하가 차지하는 비율을 42.5%이었는데, 이후 경제성장과 정부의 산아제한정책으로 출산율이 빠르게 떨어지면서 2012년 우리나라 전체 인구 중 14세 이하 비중은 15.1%로 감소하였다. 이에 대해 농촌에서 14세 이하 인구비중은 1970년에는 43.5%로 우리나라 전체 인구에서의 14세 이하 인구비중보다 조금 높은 수준을 기록하였다. 그러나 이후 그 비중은 빠르게 감소하여 2012년에는 7.5%로 우리나라 전체 14세 이하 인주비중보다 훨씬 낮은 수준을 나타내고 있다. 이러한 추세들은 우리나라의 농촌, 그리고 농업종사자가 앞으로 급격하게 줄어들 것이라는 예측을 가능하게 하고 있다.

한편 〈표 8-10〉은 우리나라 연간 평균 도시근로자 가구소득, 그리고 농가소득의 변화 추이를 보여주고 있다. 표에서 1970년에 농가의 연평균소득은 25만 6천 원으로 도시근로자 연평균소득 33만 8천 원의 75.7%수준이었다. 이후 우리나라 경제의 발전과 정부의 농업정책 등에 힘입어 농가소득은 꾸준히 증가하여 2012년에는 연평균소득이 3,130만 1천 원을 기록하면서 1970년 대비 122.3배가 높아졌다. 그러나 2012년의 농가소득은 여전히 2012년 도시근로자 연평균소득 5,390만 8천 원보다 낮은 수준으로 도시근로자소득의 58%에 불과하다. 이러한 농가소득의 상대적 하락은 농촌

그림 8-6 | 우리나라 전체, 농가의 연령별 인구구성비

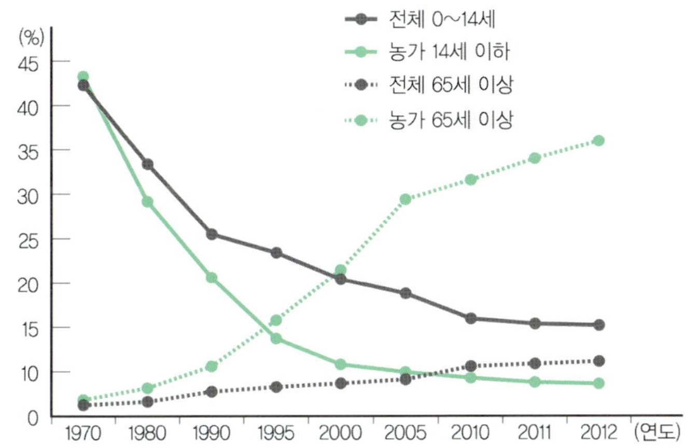

주: 1970~87년도는 13세 이하임.
자료: 통계청(농업조사, 농림어업총조사).

의 인구 감소 및 고령화의 원인이 되는 동시에 결과이기도 한데, 농가소득의 도시근로자소득에 대한 상대적 하락이 지속되면서 농촌 인구감소와 고령화의 순환적 현상은 더욱 빠르게 진행될 것으로 예상된다.

표 8-10 도시근로자소득, 농가소득 추이

(단위: 천 원)

연도	농가소득	도시근로자소득
1970	256	338
1975	873	786
1980	2,693	2,809
1985	5,736	5,085
1990	11,026	11,319
1995	21,803	22,933
2000	23,072	28,643
2005	30,503	39,025
2010	32,121	48,092
2011	30,148	50,983
2012	31,301	53,908

주: 연평균소득.
자료: 통계청, 「농가경제조사」, 「가구동향조사」.

8.4 우리나라 농업의 발전방향

농업은 경제의 한 부문으로서의 생산적 기능 이외에 식량안보, 환경보전 등의 사회적 기능을 갖고 있다. 즉, 농업은 국가안보 차원에서 최소한의 자급률을 통한 식량공급이 유지되어야 하며, 농업의 기본인 토지와 수자원 등은 국민들이 살아가는데 필요한 보존되어야 할 자원환경이다. 따라서 농업은 경제적 기능 이외에 사회의 공익적 기능을 갖고 있다. 그렇지만 농업만 사회적 공익성을 강조할 수는 없는데, 그 이유는 다른 산업들도 농업과 마찬가지로 사회적 공익성과 안보적 중요성을 갖고 있기 때문이다. 예를 들어, 원유나 전력과 같은 에너지는 현대사회에서 사회가 정상적으로 작동하게 위하여 필수적인 재화들이므로 국가안보와 사회공익적 관점에서 이들 재화는 안정적으로 생산 · 공급되어야 할 것이다. 그런데 우리나라는 전통적 농업사회에서, 산업화사회(industrial society), 그리고 다시 후기 산업화사회(post industrial society)로의 이전이 짧은 기간 동안에 빠르게 진행되어 왔기 때문에, 지금도 농업사회에서 오랜 동안 형성 · 계승되어온 전통적 관습과 가치관들이 사회 전 분야에 유지되고 있다. 따라서 우리나라에서는 경제의 발전으로 농업 부문이 축소되고, 특히 최근 세계화의 진행으로 인해 농업 부문이 개방되고 있는 현상의 반작용으로 농업의 사회적 공익성을 강조하고 우리 농업을 보호하려는 잠재적 의식이 사회전반에 깔려있다. 그러나 우리나라는 자유시장경제를 근간으로 하고 있기 때문에 농업 분야에서도 개별농가 및 기업농이 이윤극대를 목적으로 경제행위를 하며 경제행위의 결과에 대해 책임을 져야 한다. 따라서 농업이 갖고 있는 국가안보 · 사회공익적 특성을 인정한다고 하여도, 자유시장경제의 작동을 저해 · 억제하고 인위적으로 농업을 보호하려는 정책은 “시장실패”를 불러오게 된다. 경제가 발전함에 따라 경제사회의 산업구조도 발전적으로 변화를 지속하여 간다. 모든 사회 · 국가들에서 경제는 전통적 농업사회를 토대로 출발하지만 일단 경제가 발전하면 농업부문은 감소하고 비농업 부문인 제조업, 그리고 서비스산업 분야로 경제의 중심이 이동하게 된다. 따라서 국가가 인위적으로 시장에 개입하여 농업을 보호하는 정책을 실시하게 되면 농업발전은 오히려 후퇴하고, 더 나아가 국가경제 전체의 발전이 정체되거나 또는 심지어 후퇴하게 될 것이다. 농업을 포함한 경제 전 분야에서 시장개방이 세계적으로 확산되고 있는 현실에서 우리나라 농업은 시장경쟁력을 강화하여 우리나라 내부의 여타 산업들과의 경쟁뿐만 아니라 전 세계 여러 국가들의 농업생산품 및 농민들과의 경쟁을 헤치고 앞으로 나가야 할 것이다.

| 제9장 |

제조업

우리나라의 광공업 부문은 경제개발계획이 추진된 1960년대 이전에는 매우 미약한 수준이었다. 따라서 산업구조도 농업 중심으로 전형적인 후진국 형태를 띠고 있었다. 경제개발5개년계획이 추진되면서 수입대체형 경공업을 중심으로 공업 부문에 대한 투자가 이루어지기 시작하였으며 본격적인 공업화가 이루어졌다. 이러한 공업화 과정 초기에는 저임금을 바탕으로 한 경공업 제품의 수출에 힘입어 고도 경제성장을 성취할 수 있었으나 후발개도국과의 경쟁으로 한계에 이르게 되었다. 따라서 1970년대의 공업화전략은 중화학공업육성에 초점을 두어 이 부문에 대한 집중적인 투자가 이루어졌다. 이러한 공업화전략을 추진하는 과정에 어느 정도 시행착오는 겪었지만 지속적인 경제성장을 유지할 수 있게 되었다. 그러나 1990년대에 들어서면서 세계경제질서가 개편되어 세계경제는 전면적인 무한경쟁 관계에 놓이게 되었다. 따라서 우리나라의 산업정책도 선택과 집중을 통하여 경쟁력 있고 성장가능성이 있는 산업에 집중적인 투자가 이루어지도록 산업정책이 변화되고 있다. 이 장에서는 시대별로 산업정책방향과 정책결과, 산업정책 문제점 그리고 향후 우리나라의 경제를 선도할 주요 산업의 현황 및 발전전략을 분석한다.

제9장 제조업

9.1 해방 전후의 산업구조

일제강점기 시대에 일본은 우리나라를 대륙진출의 교두보로 이용하여 식량 및 자연자원의 공급기지 역할을 담당하도록 하였다. 따라서 우리나라에 대한 산업정책은 일본 산업의 보조적인 역할을 하는 식민지경제체제 구축에 초점을 두었다. 당시 우리나라는 농업을 중심으로 한 전형적인 저소득 농업경제구조를 가지고 있었고 기타 공업 부문도 일본에 자본과 기술을 전적으로 의존하는 종속적인 체제로 형성되었으며 대부분이 정미업과 같은 농업 관련 가공업수준이었다.

이와 같이 일본은 우리나라를 식민지적 의존경제체제로 산업구조를 개편하여 원료 생산기지 및 상품 판매시장으로 이용함으로써 광산물이나 공업원료를 수탈하였으며 일본자본의 우리나라 진출을 용이하게 하였다.

식민지 초기인 1920년대의 우리나라는 일본의 공업억제정책으로 단지 식량공급지 및 소규모의 경공업 생산기지 역할을 담당하였다. 1930년대에는 일본의 대륙침략을 지원하기 위하여 군수공업을 위주로 하는 중화학공업 비중이 증가하기 시작하였다. 즉, 부문별 공업산출액을 나타낸 〈표 9-1〉에 의하면 1930년도에는 식료품 공업의 생산액 비중이 전체의 57.8%를 차지하였고 중화학공업은 9.4%로 미미한 수준이었다. 1943년에는 식료품공업이 19%로 크게 감소하였으나 중화학공업 부문이 30%로 급격히 증가하였다.

일본과의 수출입 현황을 나타낸 〈표 9-2〉에 의하면 일본의 우리나라에 대한 산업정책 기조가 일본을 위한 식량 및 원료공급지 역할과 완제품 판매시장의 역할에 두

표 9-1 부문별 공업생산액

(단위: 천 원, %)

구분	1930년 (%)	1936년 (%)	1943년 (%)
방적공장	35,674 (12.8)	90,378 (12.7)	345,000 (17.0)
금속기계	15,263 (5.8)	28,365 (4.0)	300,000 (14.0)
기계가구공업	3,328 (1.3)	7,398 (1.0)	115,000 (6.0)
잠업	8,348 (3.2)	19,032 (2.7)	90,000 (4.0)
중화학공업	24,676 (9.4)	162,462 (22.9)	605,000 (30.0)
제재 · 목재	7,037 (2.7)	19,230 (2.4)	120,000 (6.0)
인쇄 · 제본	8,184 (3.1)	12,426 (1.8)	24,000 (1.2)
식료품공업	152,054 (57.8)	320,580 (45.2)	400,000 (19.0)
와기 · 전기	6,432 (2.4)	39,988 (5.6)	30,000 (1.7)
기타공업	4,068 (1.5)	10,002 (1.4)	22,000 (1.1)
합계	262,062 (100.0)	799,865 (100.0)	2,050,000 (100.0)

자료: 이호영, 1996, 「한국경제의 이해」, 법문사, p. 82.

표 9-2 일본과의 수출입 현황

(단위: %)

구분	수출						수입					
	식료품	원료	원료제품	완제품	기타	계	식료품	원료	원료제품	완제품	기타	계
1921	69.9	13.4	2.3	2.7	1.7	100	9.9	4.8	9.2	75.6	0.5	100
1931	70.1	9.5	9.5	7.4	3.5	100	12.4	7.6	11.6	63.5	4.9	100
1935	59.7	16.5	16.2	5.1	1.5	100	12.5	10.4	14.1	61.6	1.3	100

자료: 이호영, 앞의 책, p. 85.

었음을 알 수 있다. 즉, 식민지 통치기간 동안 수출의 대부분은 식료품으로 1921년 69.9%, 1931년 70.1%, 그리고 1935년에는 59.7%를 차지하였으며 완제품 수출은 1921년 2.7%, 1931년 7.4%, 그리고 1935년에는 5.1%만을 차지하였다. 이에 반하여 수입품의 대부분은 완제품으로 1921년 75.6%, 1931년 63.5%, 그리고 1935년에는 61.6%를 차지하였으며 식료품 및 원료의 수입은 미미한 수준이었다.

이에 더하여 일본은 대륙 침략이라는 정치적 목적과 자연자원 부존조건을 감안하여 남한은 농업, 북한은 공업위주로 산업입지를 결정하였다. 해방 직전 남북한 지하자원 및 공업산출액을 정리한 〈표 9-3〉에 의하면 지하자원 중 철광, 유연탄, 무연탄은 거의 대부분이 북한에 편재되어 있으며 금은광 및 흑연만이 약 30% 정도가 남한

표 9-3 해방 직전 남북한 지하자원 및 공업산출액

구분		남한	북한
지하자원	금은광	27.4	72.7
	철광	0.1	99.9
	유연탄	0.5	99.5
	무연탄	2.3	97.7
	흑연	29.0	71.0
공업산출액	화학	18.2	81.8
	금속	9.9	91.1
	기계	72.2	27.8
	요업	20.3	79.7
	방적	84.9	15.1
	식품	65.1	34.9
	기타	47.2	52.8

자료: 조선은행, 1948, 「조선경제연보」; KDI, 1995, 「한국경제 반세기: 역사적 평가와 21세기 비전」, p. 316 재인용.

에 위치하고 있다. 공업산출액의 남북한 비율을 보면 화학 및 금속부문에서 북한이 각각 81.8%, 91.1%를 차지하였으며 남한은 방적 및 식품 등 경공업부문에서 큰 비중을 차지하고 있었다. 기계산업의 경우 남한이 72.2%를 차지하고 있으나 전체 산출액 규모가 작아서 큰 의미는 없다.

이와 같은 북한중심의 중화학공업화정책으로 인하여 해방 이후 남북 분단은 남북한 산업구조의 경제적 분업 관계가 단절되는 결과를 초래하였다. 따라서 남한은 대부분의 산업이 농업 및 경공업 위주로 구성되는 기형적인 경제구조를 가지게 되었다. 아울러 일본인들이 경영하던 기업체의 관리부재, 귀속사업체 인수, 한국인들의 기술 부족 및 경영 미숙, 그리고 정치적 혼란 등으로 남한의 공업 부문은 더욱 위축되었다. 해방 전후 남한의 공업 부문별 생산액 추이를 정리한 <표 9-4>에서 보면 1939년 남한의 총 공업생산액이 5억 2,793만 원이었다. 1946년에는 1억 5,219만 원으로 감소액은 3억 5,774억 원이었으며 감소비율은 1939년 공업생산액의 71.2% 정도로 큰 폭으로 줄었다. 부문별로 보면 식료품 부문이 1939년에 2억 1,362만 원에서 1946년에 3,645만 원으로 82.9%가 감소하여 가장 크게 감소하였다. 제지·목재 부문은 1939년에 1,374만 원에서 1946년에 1,101만 원으로 단지 19.9%만 감소하여 다른 부문에 비하여 감소폭이 훨씬 적다.

해방 이후 남한에는 미군에 의한 군사정권이 수립되어 1948년 8월 남한 단독정부

표 9-4 남한의 해방 전후 공업산출액 변화

(단위: 천 원)

구분	1939	1946	감소액	감소율(%)
방직	170,985	67,855	103,130	60.3
기계 · 기구	38,405	15,154	23,251	60.5
화학	91,171	21,714	69,457	76.2
제재 · 목재	13,746	11,012	2,734	19.9
식료품	213,628	36,457	177,171	82.9
합계	527,935	152,192	357,743	71.2

주: 1), 2) 남한 대상 1939년 불변가격.
자료: 조선은행, 1948, 「조선경제연보」; 이호영, 앞의 책, p. 91 재인용.

가 수립되기까지 만 3년간 우리나라를 통치하였다. 미군정은 일본인들에 의하여 운영되던 사업체들을 몰수하여 분배하였으며 소작농에 대한 최고 소작률을 수확량의 1/3으로 제한하였고 양곡의 일본 공출과 양곡배급제를 철폐하였다. 그리고 미국으로부터 식량을 비롯한 많은 소비재를 원조 받아 해방 이후의 혼란된 민심을 수습하고자 하였다.

미군정의 정책방향이 산업생산 증대를 위한 토대를 마련하는 정책보다는 정치적 · 사회적 안정에 초점을 두었다. 따라서 미국으로부터의 원조 성격이 산업기반 구축을 위한 목적보다는 민생안정을 위하여 시급히 필요한 석유 및 식량 등 생활필수품과 공업용 원자재 및 소비재 공급에 초점을 두었다. 이러한 상황으로 말미암아 우리나라의 경제는 생산기반이 위축될 수밖에 없었으며 대외의존적인 경제구조를 가지게 되었다.

9.2 한국전쟁 이후의 산업구조

대외의존의 심화로 산업 생산체계의 분업구조는 파괴되었으나, 미국의 원조에 힘이어 정부수립 후 일시적으로 경제의 안정기반을 구축하게 하였다. 그러나 한국전쟁의 발발로 취약한 공업기반마저 일시에 파괴되었다. 1951년 11월 말 기준으로 한국전쟁에 의한 시설피해액을 정리한 〈표 9-5〉를 보면 총피해액 규모는 30억 3,200만 달러에 이르렀다. 이 중에서 일반가옥 피해 및 공공시설 피해액이 각각 5억 1,200만 달러, 4억 7,500만 달러로 상대적으로 큰 피해규모를 나타냈고, 의료시설 및 산업시설 등 대부분의 시설들이 비슷한 피해규모를 보여 전반적인 시설들이 대부분 파괴되었음을 보여준다. 산업시설의 경우 방적 및 염색공업의 70%, 화학공업의 70%, 농기구공업의 40%, 고무공업의 10%가 파괴되어 산업설비의 42~44% 정도가 파괴되었다.[1)]

표 9-5 한국전쟁으로 인한 시설피해

(단위: 백만 달러)

시설	피해액	시설	피해액
산업시설	354	일반가옥	512
공공시설	475	국방관계(병기 제외)	102
교육시설	186	보건관계	271
의료시설	372	기타	492
통신시설	36		
교통시설	232	합계	3,032

주: 1955년 불변가격, ( )안은 성장률.
자료: 성창환, 「한국경제론」, 장왕사, p. 105.

이와 같이 한국전쟁은 취약하였던 남한의 경제기반마저 붕괴시키는 결과를 초래하였으며 국민총생산은 급격하게 위축되었다. 한국전쟁 기간 동안의 산업별 생산액을 나타낸 〈표 9-6〉에 의하면 1949년의 국민총생산액은 802억 원이었으나 한국전쟁이 발발한 1950년에는 681.4억 원으로 15.1%가 감소하였다. 이 중에서 제2차산업은 총생산이 87.3억 원에서 57억 원으로 34.7%가 감소하여 공업 부문에서 생산액이 크게 감소하였다. 이러한 현상은 1951년도에도 지속되어 국민총생산액이 640억 원으로 전년 대비 6.1% 감소하였으나 1952년부터 점차 회복되었으며 1953년에는 국민총생산이 868.5억 원으로 한국전쟁 이전 수준을 유지하게 되었다.

한국전쟁으로 인하여 대부분의 생산시설이 파괴되어 남한의 취약한 경제 여건은 더욱 악화되었고 경제성장 기반을 한국 정부가 독자적으로 구축한다는 것은 거의 불가능하였다. 이러한 여건 하에서 UN과 미국을 비롯한 외국의 경제원조는 대부분의 기반시설이 파괴된 한국경제 복구에 지대한 역할을 하게 되면서 1950년대의 국민경제에서 외국의 원조가 큰 비중을 차지하게 되었다.

---

1) KDI, 1995, 「한국경제 반세기: 역사적 평가와 21세기 비전」, p. 318.

표 9-6 한국전쟁 기간 중의 국민총생산

(단위: 억 원)

구분	제1차산업	제2차산업	제3차산업	국민총생산
1949	389.3 (4.5)	87.3 (33.9)	317.3 (10.9)	802.0 (9.7)
1950	356.6 (-10.5)	57.0 (-34.7)	267.8 (-15.6)	681.4 (-15.1)
1951	301.0 (-15.3)	47.8 (-16.1)	290.3 (8.4)	640.0 (-6.1)
1952	283.9 (-0.6)	68.7 (43.7)	338.5 (16.6)	691.0 (8.0)
1953	367.7 (29.5)	110.1 (60.3)	390.7 (16.4)	868.5 (25.7)

주: 1955년 불변가격, ( )안은 성장률.
자료: 한국은행, 조사월보, 제12호, 제15호 ; 이호영, 앞의 책, p. 102 재인용.

해방 이후 한국전쟁을 중심으로 3개 기간으로 구분하여 원조규모를 정리한 〈표 9-7〉에 의하면 해방 이후 한국전쟁 이전까지 약 5억 달러가 원조되었다. 한국전쟁 기간인 1950~1953년 동안에도 비슷한 규모인 약 5억 달러 그리고 전쟁 이후 1961년까지 약 20억 달러가 제공되었다. 해방 이후 1961년까지 이루어진 외국의 원조 규모는 총 31억 달러에 달한다.

표 9-7 외국의 원조 현황 (해방 이후 1961년까지)

(단위: 천 달러)

연도	합계	GARIOA	ECA, SEC	PL 480	ICA	CRIK	UNKRA
1945~1949	525,903	409,394	116,509	-	-	-	-
1950~1953	523,053	-	85,358	-	5,571	398,144	31,671
1954~1961	2,088,344	-	-	202,648	1,738,358	59,234	90,413
총계	3,137,300	409,394	201,867	202,648	1,743,929	457,378	122,084

자료: 한국은행, 1970, 「경제통계연보」; 이호영 앞의 책, p. 106 재인용.

이러한 원조는 6개 기관에 의하여 이루어졌는데 그 역할과 목적이 달랐다. 해방 직후부터 한국전쟁 전까지는 주로 인플레이션 통제 및 민생안정을 목적으로 주로 소비재 위주로 지원되었다. 이러한 원조는 미국의 점령지역 정부구조기구(GARIOA: Government and Relief in Occupied Areas)와 경제협력 기구(ECA: Economic Cooperation Administration)에 의하여 이루어졌다. 한국전쟁기간 중에는 유엔기구에 의하여 제공된 구호원조가 소비재 위주로 지원되었다. 이러한 원조는 유엔의 경제협력기구인 SEC(Supplies Economic Cooperation)와 대한민간원조(CRIK: Civil Relief in Korea)에 의하여 이루어졌다. 그리고 전쟁 이후 전후복구와 경제재건을 위한 원조가 이루어졌는데 이러한 원조는 국제협력기구(ICA: The International Cooperation Administration), 유엔한국재건기구(UNKRA: The United Nations Korean Reconstruction Agency), 그리고 미국의 잉여농산물원조법(PL 480: Public Law 480)에 의하여 제공되었다.

이러한 외국원조는 민생안정을 목적으로 주로 소비재 중심으로 이루어졌으나 한국전쟁 이후로는 경제재건을 위하여 공업용 원료 및 시설재도 지원되었다. 이러한 원조를 토대로 생산시설이 복구되고 산업 생산도 증대되어 국민총생산도 증가하였다.

표 9-8 산업별 총생산 증가율

(단위: %)

구분	전산업	1차산업	2차산업	3차산업
1954	6.0	7.7	16.0	1.2
1955	6.1	2.3	18.0	7.1
1956	1.3	−5.3	13.5	4.9
1957	8.8	8.6	14.8	6.8
1958	5.5	6.8	6.9	3.5
1959	4.4	−1.1	10.8	8.0
1960	2.3	−0.9	7.4	2.5
1961	4.2	16.2	4.2	−8.3
1962	3.5	−11.0	15.8	15.8
평균	4.7	2.51	11.9	4.6

자료: 한국은행, 1965, 「한국의 국민소득 1953~1963」; 박현채, 「한국경제론」, 까치, 1987, p. 96 재인용.

표 9-9 국민총생산의 산업별 구성비

(단위: %)

구분	1차산업	2차산업	3차산업
1953	37.7	12.3	50.0
1954	38.2	13.5	48.3
1955	36.8	15.0	48.2
1956	34.2	16.2	49.6
1957	34.6	17.6	47.8
1958	35.2	17.5	47.3
1959	33.4	18.7	47.9
1960	32.9	19.4	47.7
1961	35.3	19.2	45.5
1962	31.3	21.1	47.6

자료: 한국은행, 1965, 「한국의 국민소득 1953~1963」; 박현채, 앞의 책, p. 96 재인용.

한국전쟁 이후의 산업별 총생산 증가율을 정리한 〈표 9-8〉에 의하면 휴전 이후 1962년까지 연평균 국민총생산 증가율은 4.7%이었다. 이 중에서 2차산업의 총생산 증가율은 11.9%로 다른 산업에 비하여 월등히 높은 증가율을 보인 반면에 농업을 중심으로 한 1차산업은 2.5%의 성장률을 기록하였다.

이러한 산업별 총생산 증가율의 차이로 인하여 이 기간 동안 국민총생산의 산업별 구성비가 크게 변하였으며 2차산업이 전산업에서 차지하는 비중이 급격히 증가하기 시작하였다. 즉, 〈표 9-9〉에서 보는 바와 같이 1954년에는 1차 및 2차산업의 비중이 각각 38.2%와 13.5%로 1차산업의 비중이 2차산업의 3배 정도를 차지하여 농업 중심의 산업구조를 가지고 있었다. 그러나 1962년에는 1차산업의 비중은 31.3%로 감소하였으며 2차산업은 21.1%로 크게 증가하기 시작하였다.

외국의 원조에 의하여 공업 부문의 생산이 증가하였으나 원조의 대부분이 단기적인 경제안정화에 목적을 두어 소비재 및 소비재 생산에 투입되는 원료가 대부분이었다. 따라서 외국의 원조는 생산재 및 소비재공업의 비중을 균형 있게 유도하기보다는 소비재공업 중심의 산업구조를 지속시키게 되었다. 〈표 9-10〉에서 보면 1953년의 소비재 및 생산재의 구성비는 각각 79.45%와 18.46%이었으며 1962년에 71.73%와 26.65%로 여전히 소비재 중심의 공업구조를 가지고 있음을 보여준다.

1950년대 후반에는 외국의 원조규모가 GNP의 약 20%, 그리고 재정규모의 50% 수준[2)]에 이르렀으므로 이와 같은 원조의 성격에 의하여 우리나라의 경제구조는 큰 영향을 받게 되었다. 외국의 원조는 폐허화된 경제를 복구하고 급박한 식량난을 해소시키기 위하여 최종소비재 및 소비재 생산을 위한 원재료 중심으로 이루어졌다. 따라서 이 시기에는 원조 받은 원재료를 이용하여 최종소비재를 생산하는 소비재산업을 중심으로 한 공업화가 추진되었다. 그러나 소비재산업의 중간재를 생산할 수 있는 기술 및 자본력이 국내에는 없어 투입 원재료를 원조에 의존하였다. 이에 따라 소비재에 대한 수입대체적 공업화가 중간재 생산 산업으로의 파급효과를 가질 수 없었다. 따라서 최종소비재 위주의 지원으로 산업구조가 소비재산업 중심으로 구성되었고, 원자재의 해외의존도가 높은 산업구조를 초래하여 국내산업 간의 분업구조를 단절시켰다.

2) 이호영, 앞의 책, p. 110.

표 9-10 공업의 부문별 구성비

(단위: %)

구분	소비재공업	생산재공업	기타
1953	79.45	18.46	2.09
1954	78.22	19.70	2.08
1955	80.00	18.20	1.80
1956	79.48	18.76	1.76
1957	80.12	18.17	1.71
1958	79.82	18.79	1.39
1959	78.83	19.67	1.50
1960	76.97	21.66	1.37
1961	75.08	23.58	1.34
1962	71.73	26.65	1.62

자료: 한국은행, 1965, 「한국의 국민소득 1953~1963」; 박현채 앞의 책, p. 99 재인용.

이와 같은 수입대체적 최종소비재 중심의 공업화는 중간재에 대한 외국의 원조에 의하여 진행되었으나, 최종소비재에 대한 국내시장의 협소와 외국 원조의 감소로 인하여 점차 한계에 이르게 되었다.

그리고 미국의 잉여농산물 원조는 국내 농업 부문의 생산력을 약화시켜 도시 근로자에 대한 식량 공급 및 공업 부문에 대한 원자재 공급능력을 상실하게 하였다. 이에 따른 농민의 몰락은 공업 부문에서 생산된 상품에 대한 수요처로서의 기능도 상실하게 되어 농업과 공업 간의 분업관계도 단절되는 부작용을 초래하였다.

9.3 경공업 중심의 수출주도형 경제성장정책과 산업구조

한국전쟁 이후 우리 경제는 외국의 원조에 의존하여 전쟁복구 및 경제안정화를 추진하였다. 이에 따라 어느 정도의 경제안정화 목표는 이루어졌으나 지속적인 경제성장을 위한 기반 형성은 이루어지지 않았다. 산업구조는 농업 중심이었으나 외국농산물 수입으로 인하여 농업 부문의 침체 현상이 지속되었다. 이에 더하여 1950년대 후반부터는 외국의 원조가 줄어들기 시작하였으며 소비재공업을 중심으로 한 수입대체정책도 국제수지의 악화와 협소한 국내시장의 여건으로 인해 더 이상 지속하기에는 적절하지 않은 정책으로 한계에 이르기 시작하였다.

이와 같은 국내·외 제반 경제 여건의 변화에 대한 대응 방안으로 종합적인 경제개발계획 하에 일관성 있는 경제정책을 추진하고 수입대체정책에서 수출주도형 공업화정책으로 경제정책 목표를 전환하게 된다. 즉, 우리나라는 자본 및 자원은 부족하였으나 풍부하고 저렴한 양질의 노동력을 가지고 있었다. 따라서 이러한 노동력을 이용하여 노동집약적인 경공업제품을 중심으로 한 수출전략이 국내시장의 협소에 따른 소비재 중심의 수입대체적 공업화의 한계를 극복할 수 있는 수단이 되었다.

1962년부터 시작한 제1차 경제개발5개년계획에서는 자립경제의 기반을 구축하고 대외지향적 공업화 목표를 달성하기 위한 기반구축에 기본방향을 두었다. 그리고 공업화·기반을 조성하기 위한 도로, 철도, 항만 등 사회간접자본에 대한 기반정비, 전기·전력 및 석탄 등 에너지원 확보, 농업 생산력 향상, 기초산업육성 및 기술진흥을 중점적으로 추진하였다.

1967년부터 시행된 제2차 경제개발5개년계획에서는 제1차 계획의 연장선상에서 산업구조 근대화 및 자립경제 확립을 더욱 공고히 하는 데 목표를 두고 공업구조 고도화, 국제수지개선, 국민소득향상, 기술개발 및 생산성향상에 중점을 두었다.

사회·경제적 악순환의 연결고리를 타파하고 자립경제 기반을 구축하기 위한 1960년대의 경제정책목표 성취 결과는 〈표 9-11〉과 〈표 9-12〉에서 보는 바와 같다. 제1차 경제개발5개년계획 기간인 1962년부터 1966년간 평균 GNP 증가율은 8.3%로 계획치인 7.1%를 초과 달성하였다. 제2차 기간(1967~1971년) 동안에는 GNP 성장률은 더욱 커서 연평균 성장률이 10%를 기록하였다. 산업별 성장률을 보면 광공업 부문이 급격한 성장 추세를 보여 제1차 계획기간 평균 14.8%의 성장률을 기록하였으며, 제2차 계획기간 동안에는 연평균 20.3% 성장하였다. 사회간접자본·기타서비스업은 제1차 계획기간 동안에는 연평균 8.9%, 제2차 계획기간 동안에는 연평균 12.2% 증가하였다. 농업 부문도 각각 5.5%, 2.3%씩 성장하였으나 타 부문에 비해서는 성장세가 저조하여 전 산업에서 농업 부문의 비중이 지속적으로 감소하였다.

1960년대 초반에 대외지향적 경제정책을 추진하기 위한 기반 구축은 거의 전무한 상태였으므로 이러한 기반 구축에 필요한 투자 재원 확보가 시급한 문제였다. 국내에서의 자금 확보를 위해 예금금리를 연평균 30%까지 올렸으며 차관 및 외국인 투자유치 그리고 한일국교 정상화를 위한 한일협정에 따른 경제협력기금 확보 등을통하여 경제개발계획 추진을 위한 재원을 마련하였다. 이렇게 마련한 재원은 대부분 사회간접자본 확충, 광공업 및 서비스업 투자를 위하여 사용되었다. 제1차 계획기간 동안에 산업별 투자재원배분 비율을 보면 사회간접자본·기타서비스업 65.4%, 광공

표 9-11 제1차 경제개발5개년계획의 실적

	1962~66년 평균		1965
GNP 성장률	8.3	산업구조	
농림수산업	5.5	농림수산업	38.0
광공업	14.8	광공업	20.0
사회간접자본 · 기타서비스업	8.9	사회간접자본 · 기타서비스업	41.9
산업별 투자재원배분		공업구조	
농림수산업	8.5	중화학공업	31.4
광공업	26.1	경공업	68.6
사회간접자본 · 기타서비스업	65.4		

자료: 한국은행(www.bok.or.kr)

표 9-12 제2차 경제개발5개년계획의 실적

	1967~71년 평균		1970
GNP 성장률	10.0	산업구조	
농림수산업	2.3	농림수산업	27.1
광공업	20.3	광공업	22.7
사회간접자본 · 기타서비스업	12.2	사회간접자본 · 기타서비스업	50.2
산업별 투자재원배분		공업구조	
농림수산업	8.5	중화학공업	39.9
광공업	28.4	경공업	60.1
사회간접자본 · 기타서비스업	63.1		

자료: 한국은행(www.bok.or.kr)

업 26.1%, 농림수산업 8.5%씩 배분하였으며 이러한 추세는 제2차 계획기간 동안에도 비슷한 수준으로 지속되었다.

경제개발계획기간 중에 사회간접자본·기타서비스업과 광공업에 대한 적극적인 투자가 이루어짐에 따라 이 부문에서의 성장률이 높아졌고 산업구조에서의 비중도 커졌다. 1965년도 산업구조를 살펴보면 광공업 부문의 급격한 성장과 사회간접자본·기타서비스업 부문의 높은 성장으로 농림수산업의 비중은 38.0%로 낮아졌고 광공업 및 사회간접자본·기타서비스업은 각각 20.0%와 41.9%로 높아졌다.

사회간접자본 확충 및 공업화라는 정책목표는 어느 정도 달성되었다고 볼 수 있으나 공업구조를 보면 경공업에 대한 비중이 절대적이었다. 즉, 1960년대에 우리나라의 유일한 자원은 양질의 방대한 노동력뿐이었으므로 공업화 초기에는 노동력을 집약적으로 이용할 수 있는 섬유, 신발류 등 경공업을 중심으로 한 공업화전략을 추진하였다. 1965년도의 공업구조를 보면 경공업의 비중이 68.6%였으며 이후 중화학공업의 비중이 점차 증가하여 1970년도에는 경공업의 비중이 60.1%로 점차 감소하고 중화학공업의 비중은 39.9%로 약간 높아졌다.

1960년대의 경제정책은 정부조도 하에 수출지향적 공업화를 통한 자립경제 확립을 목표로 하였으며, 이러한 노력의 결과로 공업화는 크게 이루어졌으며 수출도 급격히 신장하였다. 따라서 이 기간 동안에는 경제개발 여건이 미비한 가운데서도 가난과 후진이라는 사회적 · 경제적 악순환의 고리를 끊고 경제성장의 토대를 마련하였다는 점에서 국민들에게 큰 자신감을 주었으며 경제부국의 가능성을 보여준 시기라 할 수 있다.

그러나 이러한 경제성장 목표달성 과정에 많은 문제점도 노출되었다. 첫째, 수출지향적 공업화정책의 한 수단으로 도시근로자들의 저임금구조체제를 뒷받침하기 위한 농산물 저곡가정책으로 인하여 농업 부문의 성장은 미진하였으며 만성적인 식량부족문제를 야기하였다. 그리고 농업 부문의 침체는 도시와 농촌 간의 소득격차를 확대시켰으며 농산물 공급지로서의 기능과 공산품의 판매시장으로서의 기능을 약화시켰다. 둘째, 경제성장을 위한 정부의 지원정책은 규모의 경제를 고려한 불균형성장정책이었다. 이와 같이 대기업을 중심으로 한 집중적인 지원정책은 자유경쟁을 왜곡하고 중소기업은 상대적으로 낙후되는 만성적인 이중구조체제로 만들었다. 셋째, 경제개발 여건이 미비하고 국내시장이 협소하여 불가피한 정책 방안일 수는 있으나 투자 재원의 해외의존도 심화는 구조적인 국제수지 악화로 나타났으며 외채상환부담을 가중시키게 되었다. 그리고 대외의존적인 산업구조로 공산품 수출을 위한 원자재의 해외의존도가 심하여 수출상품 생산을 위한 원자재 수입증대를 초래하였으며 수출상품의 국내경제 파급효과가 미미하였다. 그리고 1960대 후반부터는 선진국들이 노동집약적 상품에 대한 수입규제를 실시하기 시작하였으며 후발 개발도상국들이 우리나라와 마찬가지로 저임금의 노동력을 바탕으로 생산한 경공업제품을 수출하게 됨에 따라 우리나라의 경공업제품 수출시장이 급격히 축소되기 시작하였다.

9.4 중화학공업육성정책과 산업구조

저임금의 풍부한 노동력을 바탕으로 한 경공업 중심의 수출주도형정책을 집행하는 과정에서 수출산업에 대한 특혜 지원으로 국내산업 간에 구조적인 불균형을 초래하였다. 그리고 1960대 후반에는 선진국들의 자국 산업 보호를 위한 보호무역주의 정책이 세계적인 추세로 나타났으며 경공업 상품에 대한 개발도상국 간의 경쟁으로 우리나라 경제의 지속적인 성장을 제약하기 시작하였다.

이와 같은 경공업 제품을 위주로 한 수출전략의 한계를 극복하기 위하여 중화학공업에 대한 육성이 시급하게 되었다. 그리고 중화학공업육성을 통하여 경공업 제품 생산에 필요한 중간재의 국내 조달을 가능하게 하여 원자재에 대한 해외의존도를 줄이고자 하였다.

또 하나의 중화학공업육성정책 추진의 배경은 1960년대 후반에 미국의 주한 미군 단계적 철수 계획 발표로 한국은 군사적 자립을 위한 정책 방안이 필요하였으며, 이에 따라 기계, 철강, 비철금속, 화학 등 방위산업 중심의 중화학공업 분야 육성이 시급하였기 때문이다.

중화학공업육성을 위하여 정부는 기계, 철강, 조선, 비철금속, 전자 및 화학공업 등을 주도 업종으로 선정하였다. 이들 업종들의 국제적인 경쟁력을 높이기 위하여 각종 공업단지 조성 및 부대시설 지원 그리고 저임금 기반을 지속시키고자 하였다. 이를 위해 노동자의 단체행동권 및 단체교섭권 등을 제한하는 강력한 노동 통제 장치를 마련하는 등 다양한 형태의 중화학공업육성을 위한 지원책을 실시하였다. 이에 더하여 중화학공업을 주요 수출산업으로 육성하기 위해서는 육성 초기단계부터 국제경쟁력을 가질 수 있는 규모로 육성할 필요가 있었다. 그러므로 정부는 소수의 기업을 선정하여 집중적으로 지원하기 시작했다. 따라서 이들 기업은 독과점적 지위를 확보하였을 뿐 아니라 투자 자금을 일반 대출금리보다 5%정도 낮은 금리로 지원받았으며 소득세 직접 감면 등 다양한 형태의 조세혜택을 받았다. 아울러 중화학공업 제품에 대한 수입규제조치 등 보호무역정책을 시행하였다.

1972년부터 시작한 제3차 경제개발5개년계획에서는 중화학공업육성을 통한 공업구조 고도화정책으로 수출을 획기적으로 증대시킴으로써 국제수지를 개선하는 것에 중점 목표를 두었다. 즉, 중화학공업육성을 통하여 산업구조를 고도화하고 자본재의 수입의존도를 줄여 국민경제의 자립화 기반을 공고히 함으로써 안정적인 균형성장을 추진하였다.

1970년대 초반의 석유파동 및 세계적인 경기침체에도 불구하고 이러한 목표 하에 추진된 제3차 경제개발5개년계획으로 국민총생산(GNP)은 연평균 11.2%의 높은 성장률을 달성하였다. 산업부문별 성장률을 보면 정부의 중화학공업육성정책의 결과로 광공업 부문은 20.0%라는 높은 성장률을 기록하였으며, 사회간접자본·기타서비스업 부문도 8.4%의 성장률을 보였다. 따라서 산업구조 면에서도 광공업 부문의 비중이 점차 커져 1970년도에 광공업의 비중이 22.7%에서 1975년도에는 27.5%로 증가하였다. 공업구조 면에서도 1970년도에 경공업 및 중화학공업 비중이 각각 60.1%, 39.9%에서 1975년도에 각각 51.9%, 48.1%로 중화학공업의 비중이 크게 증가하여 점차 중화학공업 중심의 공업구조로 전환하게 되었다.

1977년부터 추진된 제4차 경제개발5개년계획에서는 제3차까지 추진된 경제개발5개년계획에서 나타난 문제점들을 시정·보완하면서 수출지향적 공업화정책을 통한 고도성장을 기본 목표로 하였다. 즉, 제4차 계획에서는 성장·능률·형평을 기본 목표로 하여 해외의존적인 투자 재원을 자급하려고 했다. 이를 통해 만성적인 국제수지 악화문제를 해결하여 국제수지균형을 달성하고 경제 부문 간 불균형을 시정하기 위하여 산업구조를 개편하는 정책을 추진하고자 하였다.

그러나 제4차 경제개발5개년계획의 궁극적인 목표는 수출지향적 공업화를 통한 성장에 있으므로 광업·제조업 부문의 성장은 다른 부문에 비하여 월등히 높았다. 1970년대 후반에 발생한 제2차 석유파동 및 세계경제의 침체로 GNP는 계획치에 미달하는 연평균 5.5%의 성장률을 기록하였다. 산업별로 보면 광공업 부문이 9.7%로 가장 큰 성장률을 보였고 사회간접자본·기타서비스업은 5.2%의 성장률을 달성하였다. 광공업 부문의 상대적인 급성장과 농업 부문의 침체로 산업구조 면에서도 광공업 부문의 비중이 더욱 커져 1980년도에는 29.7%로 증가하였으며 사회간접자본·기타서비스업 부문도 55.4%로 비중이 커졌다. 그러나 농림수산업 부문은 그 비중이 급속히 감소하여 14.8%를 차지하여 한국경제는 공업 중심의 경제체계로 급격히 변화하였다. 공업구조 면에서도 중화학공업 부문의 비중이 더욱 커져 1975년도의 48.1%에서 1980년도에 중화학공업 부문의 비중이 53.8%로 크게 증가하여 중화학공업 중심의 공업구조가 더욱 확고해졌다.

1970년대의 중화학공업화정책을 통한 고도 경제성장정책은 산업구조를 공업화하여 자립경제의 토대를 마련하고 국민생활수준을 향상시키는 긍정적인 효과를 가져왔으나 또 다른 한편으로는 과거 20년간의 고도성장정책 추진 과정에서 누적된 문제

표 9-13 제3차 경제개발5개년계획의 실적

	1972~76년 평균		1975
GNP 성장률	11.2	산업구조	
농림수산업	5.9	농림수산업	25.0
광공업	20.0	광공업	27.5
사회간접자본 · 기타서비스업	8.4	사회간접자본 · 기타서비스업	47.5
산업별 투자재원배분		공업구조	
농림수산업	9.0	중화학공업	48.1
광공업	22.1	경공업	51.9
사회간접자본 · 기타서비스업	62.7		

자료: 한국은행(www.bok.or.kr)

표 9-14 제4차 경제개발5개년계획의 실적

	1977~81년 평균		1980
GNP 성장률	5.5	산업구조	
농림수산업	−0.1	농림수산업	14.8
광공업	9.7	광공업	29.7
사회간접자본 · 기타서비스업	5.2	사회간접자본 · 기타서비스업	55.4
산업별 투자재원배분		공업구조	
농림수산업	8.4	중화학공업	53.8
광공업	27.4	경공업	46.2
사회간접자본 · 기타서비스업	64.2		

자료: 한국은행(www.bok.or.kr)

점들이 일시에 나타났다.

첫째, 우리나라의 경제개발계획은 자본 및 기술축적이 이루어지지 않은 상태에서 단지 양질의 노동력만을 토대로 급격히 추진되었다. 따라서 경제성장을 위한 투자재원을 해외에 의존하게 되었으며 기술축적이 되지 않은 상태에서 중화학공업화정책이 이루어졌다. 이러한 중화학공업육성정책으로 중화학 제품 생산을 위한 중간재의 국내생산이 불가능하여 중간재에 대한 해외의존이 심화되어 만성적인 국제수지 악화 현상을 겪게 되었으며 해외의존적인 조립가공형 공업구조를 초래하였다.

둘째, 심각한 경제침체 속에 물가상승이라는 스태그플레이션(stagflation)현상이 나타났다. 1973년과 1979년의 석유파동으로 인하여 국제 원유가 및 원자재가격이 급상승하게 되었고 원자재의 해외의존도가 높은 우리나라는 급격한 물가상승 압력을 받게 되었다. 상품 생산원가가 상승하게 됨에 따라 수출실적이 부진하게 되어 수출에 의존하는 우리 경제는 심각한 경제침체 현상을 겪게 되었다.

셋째, 제한된 자본과 기술력을 토대로 하여 추진한 경제성장정책은 불균형성장정책으로 특정 소수 기업에 자본을 집중 투자함으로써 이들 기업을 우선적으로 성장시켜 고도 경제성장을 도모하고자 하였다. 따라서 일부 기업의 비대화와 여타 중소기업의 상대적 낙후로 인하여 경제 각 부문 간의 불균형 현상이 심화되었다. 수출 상품을 생산하는 대기업은 국제경쟁력을 높이기 위하여 다양한 형태의 금융정책 및 조세상의 혜택을 받아 급속히 성장하였으나 내수 상품 생산기업은 이러한 혜택에서 제외됨으로써 기업 간 격차가 심화되었다.

넷째, 우리나라의 중화학공업정책은 기술과 자본의 제약으로 인하여 원자재는 대부분 해외에 의존하였으며 주로 노동력에 의한 단순가공제품 생산에만 치중하고 기술개발을 등한시하였다. 그러나 1970년대 후반에 이르러 원자재가격의 급등과 임금 인상 압박 그리고 낮은 기술수준으로 인하여 우리나라 상품의 국제경쟁력은 급속히 약화되었다.

다섯째, 부족한 자원을 이용한 경제정책은 개발 초기부터 형평성을 고려하여 사회 분배문제를 해결하기보다는 성장에 초점을 두어왔다. 이러한 경제성장정책으로 급속한 경제성장을 이루었으나 1970년대 후반에 이르러 사회 전 분야의 불균형 현상이 나타나 지역 간, 계층 간의 심각한 갈등과 위화감을 초래하였으며 경제성장의 잠재력을 약화시키는 문제를 초래하였다.

9.5 경제안정화정책과 산업구조

1970년대에 정부 주도로 추진된 중화학공업화정책은 두 차례의 석유파동과 세계 경제의 불황을 겪으면서 과잉·중복투자로 인한 구조적인 문제점들이 표면화되기 시작하였다. 경공업 등 타부문에 대한 투자 비중에 비하여 중화학공업 부문에 대한 과잉투자와 각종 지원정책으로 산업 간의 구조적 불균형이 심화되었으며 중화학공업부문에서의 투자효율성 및 채산성 악화는 심각한 상황에 이르렀다. 이와 같이 중화학공업화정책 추진 과정에서 나타난 구조적 문제점들을 개선하기 위하여 지금까지의 고도성장정책에서 경제안정화를 위한 산업구조합리화정책으로 정책 방향을 전환하게 된다. 1980년대 초반에 들어서면서 중화학공업 부문 중에서 과잉투자가 이루어진 발전설비, 자동차, 건설중장비 부문에 대한 투자조정 및 유사업종에 대한 통·폐합을 실시하였다. 그리고 국가경제 규모가 커짐에 따라 과거 정부주도형 개발정책이 한계에 이르자 정부 개입과 규제를 최소화하고 시장원리에 의한 자원배분을 통하여 효율성을 높이고 동시에 민간기업의 창의성을 제고시키는 방향으로 경제정책 방향을 전환하였다. 1980년대 정부의 산업정책은 정부주도 경제정책에서 나타난 정부실패의 문제점을 개선함과 동시에 시장기구의 기능 활성화를 유도하고자 하였다. 그리고 정부는 선진국과의 기술격차를 해소하기 위하여 기술 및 인력개발에 대한 지원을 강화하고 산업 간·부문 간 구조적 불균형을 해소하기 위하여 그동안 정부지원정책에서 상대적으로 소외된 중소기업에 집중적으로 지원하는 정책을 실시하였다. 국가경제의 운영은 민간 부문의 주도 하에 시장기구의 원활한 작동을 정부가 보조적으로 지원하는 방식으로 이루어졌다.

이와 같은 정부의 산업지원체제 개편 및 시장기구에 의한 자원배분의 효율성 제고정책 실시를 통하여 한국경제의 구조적인 문제점을 개선하는 과정에서 소위 3저현상(저유가, 저금리, 저환율)이라는 국제환경의 변화에 의하여 한국경제는 새로운 호황을 맞게 된다. 즉, 1985년 9월 서방선진국(G7) 간의 플라자합의에 의하여 일본 엔화의 대폭적인 평가절상, 국제적인 저금리에 의한 외채부담의 감소, 원유가 하락에 따른 원자재에 대한 비용감소로 수출상품의 가격경쟁력이 크게 증가하였다. 가격경쟁력 덕분에 수출이 증가하여 경제성장률이 크게 증가하였으며 처음으로 무역수지가 흑자를 기록하게 되었다.

이와 같이 무역흑자가 증가하게 되면서 심각한 무역수지 적자를 겪고 있는 미국으로부터 시장개방 압력이 가중되었다. 1980년대에 들어 우리나라의 주요 수출대상국인 미국은 무역적자 및 실업증가문제가 심각해지자 그동안 유지하여 왔던 자유무역을 근간으로 하는 세계경제체제에서 상호주의에 입각한 신보호무역주의로 회귀하여 수입규제를 강화하였다. 1980년대 초반에는 수출자율규제, 수량규제 등 한국으로부터 미국으로 수출되는 상품에 대한 규제에 초점을 맞추었다. 그러나 1980년대 후반에는 미국 상품 수출을 저해하는 한국의 수입규제조항의 폐지를 요구하는 등 우리나라 시장개방에 초점을 두기 시작하였다.

1982년부터 시행된 제5차 경제개발5개년계획을 보면 1980년도의 정치·사회적 불안으로 인한 경제침체, 물가상승 그리고 국제수지 악화의 경제적 위기 상황 하에서 경제성장 목표를 낮게 설정하였다. 동시에 경제의 안정기반을 마련하여 계층 간·지

표 9-15 제5차 경제개발5개년계획의 실적

	1982~86년 평균		1985
GNP 성장률	10.3	산업구조	
농림수산업	3.8	농림수산업	12.6
광공업	11.8	광공업	30.5
사회간접자본 · 기타서비스업	11.4	사회간접자본 · 기타서비스업	56.9
산업별 투자재원배분		공업구조	
농림수산업	7.0	중화학공업	58.7
광공업	24.0	경공업	41.3
사회간접자본 · 기타서비스업	69.0		

자료: 한국은행(www.bok.or.kr)

표 9-16 제6차 경제개발5개년계획의 실적

	1987~91년 평균		1990
GNP 성장률	9.9	산업구조	
농림수산업	-0.4	농림수산업	8.5
광공업	9.8	광공업	29.6
사회간접자본 · 기타서비스업	1.1	사회간접자본 · 기타서비스업	61.9
산업별 투자재원배분		공업구조	
농림수산업	7.3	중화학공업	65.9
광공업	31.4	경공업	34.1
사회간접자본 · 기타서비스업	61.4		

자료: 한국은행(www.bok.or.kr)

역 간 균형발전을 통한 국민복지 증진을 목표로 설정하였다. 따라서 그 명칭도 경제사회발전계획으로 변경하여 경제적인 측면뿐만 아니라 사회균형발전도 강조하였다. 이러한 제5차계획은 1983년 이후 경제성장률이 급격히 증가하고 대외경제 여건이 호전됨에 따라 경제 안정과 구조개선을 보다 강력하게 추구하기 위하여 1984년 이후의 계획에 대한 수정계획안을 마련하였다.

이러한 목표 하에 추진된 제5차 경제사회발전5개년계획은 목표를 초과하는 성장률을 보여 계획기간 중 평균 GNP 성장률은 10.3%를 기록하였다. 산업별 성장률을 보면 광공업 부문이 11.8%로 가장 높은 성장률을 기록하였고 사회간접자본·기타서비스업 부문도 11.4%로 높은 성장률을 보였다. 농림수산업 부문은 3.8%로 타 부문에 비하여 낮은 성장률을 기록하였다. 광공업 부문의 지속적인 고성장으로 인하여 산업의 부문별 구성비에서도 광공업의 비중이 증가하였다. 1985년도 산업구조를 보면 사회간접자본·기타서비스업 부문이 56.9%를 차지하였으며 광공업은 1980년에 29.7%에서 30.5%로 증가하였으며 농림수산업 부문은 14.8%에서 12.6%로 크게 감소하였다. 공업구조 면에서도 중화학공업 부문의 비중이 지속적으로 증가하여 1980년에 중화학공업 부문이 53.8%에서 1985년에는 58.7%로 증가하였고, 경공업 부문은 46.2%에서 41.3%로 그 비중이 줄어들었다.

1987년부터 진행된 제6차 경제사회발전5개년계획은 제5차계획의 연장선상에서 안정성장기반을 더욱 공고히 하고 이를 토대로 국민복지를 더욱 증진시키 데 기본 목표를 설정하였다. 계획기간 중 연평균 GNP 성장률은 9.9%로 높은 경제성장이 지속되었다. 산업별 성장률을 보면 광공업 부문이 9.8%로 가장 높은 성장률을 기록하였고 사회간접자본·기타서비스업 부문은 1.1%의 성장률을 보였으나 농림수산업 부문은 -0.4%로 마이너스성장을 기록하였다. 1990년도 산업구조를 보면 사회간접자본·기타서비스업 부문이 61.9%를 차지하였으며 광공업은 1985년도에 30.5%에서 29.6%로 약간 감소하였으나 농림수산업 부문은 12.6%에서 8.5%로 크게 줄어들었다. 공업구조 면에서도 중화학공업 부문의 비중이 지속적으로 증가하여 1985년에 중화학공업 부문이 58.7%에서 1990년에는 65.9%를 차지하였고, 따라서 경공업 부문은 41.3%에서 34.1%로 그 비중이 감소하였다.

1980년대에는 정부주도의 경제정책에서 파생된 문제점들을 개선하여 한국경제의 체질을 강화하고 고도성장정책으로부터 파생된 국제수지적자 및 악성인플레이션을 개선하여 경제기반을 안정화함으로써 경제구조를 선진화하는 긍정적인 시기였지만 또 다른 한편으로는 새로운 문제점도 발생하였던 시기였다.

첫째, 불균형성장정책에 따른 중공업 부문과 경공업 부문 간의 성장격차 및 공업 부문과 농업 부문 간의 큰 격차로 인하여 부문 간 연계성이 부족하였다. 이외에도 중간재 및 원재료 그리고 농산물에 대한 수입의존도가 증대되어 수입유발형 산업구조를 고착화시켰다.

둘째, 특정 부문에 대한 집중지원으로 초래된 부문별 격차는 각 부문에 종사하는 근로자의 소득격차문제를 야기시켰다. 농업 부문의 상대적인 소득침체는 농촌인구의 도시로의 이농 현상으로 나타났다. 도시인구 집중은 도시근로자의 노동조건을 악화시키는 요인이 되었으며 농촌 지역에서는 인력 부족 현상이 나타나는 등 사회적인 문제들이 대두되었다.

셋째, 1980년대 후반에는 군사정부 체제에서 민주화로 이행하는 정치적 변화 과정에서 노동운동이 활발하게 이루어졌다. 이런 과정에 근로자의 임금수준이 급상승하게 되어 저임금구조 하에 국제경쟁력을 확보하였던 수출상품의 경쟁력이 약화되기 시작하였다. 동시에 물가상승, 고금리 등으로 기업의 투자가 위축되고 기술개발에 대한 투자도 부진하게 되었으며 3저현상이라는 유리한 국제여건도 악화되기 시작함에 따라 경제여건은 어려워졌다. 대기업 중심으로 근로자의 임금이 급상승한 반면에 중소기업이나 농업 부문의 임금은 상대적으로 상승수준이 낮아 부문 간 임금격차는 더욱 커져 부문 간 불평등문제가 심각해지기 시작하였다.

9.6 국제무역기구(WTO)체제와 산업구조 변화

1960년대 이후 정부의 강력한 계획경제 하에 수출주도의 경제성장을 달성할 수 있었던 것은 산업화 과정에서 생산근로자의 저임금으로 생산비용이 적게 들었기 때문이다. 저렴한 생산비로 상품의 가격경쟁력을 확보할 수 있었으며 임금수준이 낮은 여타 개발도상국의 공업화가 이루어지지 않았기 때문에 수출주도의 경제성장을 달성할 수 있었다. 그러나 1990년대에 들어서면서 농촌인구의 도시 유입이 감소되고 노조활동의 강화로 임금이 크게 상승하기 시작하면서 비용 측면에서 우위를 점할 수 없었다. 그리고 저임금을 토대로 한 후발 개발도상국과의 경쟁에서 한계를 보이기 시작하는 등 국내·외 경제 여건의 변화로 인하여 기존의 정부주도 하의 한국경제체계는 한계에 부딪치기 시작하였다. 따라서 한국경제가 외국의 개방 압력에 효율적으로 대응하고 지속적인 성장을 추진하기 위해서는 산업구조 및 경제구조의 개편을 통하여 새로운 성장기반을 구축하는 것이 절실하게 필요하였다.

이에 정부는 전통적인 중화학공업 중심의 경제구조를 개선하여 첨단기술 중심의 산업구조 고도화를 위한 산업정책을 실시하였으며 노동집약적 조립가공위주의 산업에서 기술집약적 산업으로 산업구조 개편을 유도하였다. 그리고 기술집약적 산업의 경쟁력 강화 및 부가가치 증대를 위하여 그동안 기술집약 상품 생산에 필요한 기술을 대부분 해외에 의존하던 생산구조체제를 독자적인 기술에 의한 생산체계로 자립하도록 유도하였다. 즉, 기업들이 신기술개발을 위한 연구개발투자 규모를 대폭 증대시키도록 적극적인 지원정책을 실시하였다. 이를 통하여 후발 신흥공업국과의 경쟁으로 인한 우리나라의 수출시장 잠식문제와 선진국의 첨단기술을 토대로 한 첨단

산업과의 격차문제를 해소하고자 하였다.

그러나 1980년대의 시장개방 압력에 더하여 1990년대 들어서면서 세계경제질서는 큰 변화를 겪게 되었다. 1993년 12월에 타결된 우루과이 라운드(UR: Uruguay Round) 협상에서 세계경제질서를 보다 포괄적으로 자유로운 세계무역체계로 전환하고자 기존의 GATT 체제를 대체할 WTO(World Trade Organization) 체제를 1995년에 출범시키기로 하였다. WTO 체제에서는 첫째, 각종 무역 보호조치를 제한함으로써 보다 자유로운 무역환경을 조성하고, 둘째 그동안 제외되었던 농산물뿐 아니라 서비스, 지적재산권과 같은 분야를 포함하여 사실상 모든 형태의 국제무역이 WTO 체제에 포함되었으며, 셋째 WTO는 단순한 국제협정이었던 GATT 체제에 비하여 분쟁해결에 있어서 보다 강력한 통제력을 가진 국제기구이며, 넷째 자유이념에 입각한 무한경쟁체제를 구축하여 개발도상국에 대한 보호라는 형평성은 없어지고 선진국과 거의 동일한 조건으로 시장을 개방하게 되어 개발도상국의 부담이 커지게 되었다.

이와 같이 국가 간의 기술개발 경쟁과 개방화, 국제화라는 급변하는 세계경제체제 속에서 추진된 제7차 경제사회발전5개년계획은 첫째, 기술개발을 위한 지원 및 산업기반 구축을 통한 산업경쟁력강화, 둘째 농어촌문제 및 주택 · 환경문제를 해결하고 사회복지제도를 체계화하여 국가균형발전 및 사회적 형평성 제고, 셋째 개방과 국제화를 통한 산업경쟁력 강화 및 남북한 경제협력 증진을 통한 통일기반 구축 등의 실천과제를 제시하고 추진하고자 하였다. 그러나 이러한 목표 하에 추진된 제7차 계획의 첫 해인 1992년도 경제성장률이 4.7%로 1980년 이후 가장 낮은 수준을 기록하였다. 국제수지도 지속적으로 적자를 기록하였으며 물가상승으로 인하여 경제 활력이 크게 저하되었다.

이와 같은 위기 상황 속에서 출범한 문민정부는 기존의 제7차 계획을 대신하는 신경제5개년계획(1993~1997년)을 제시하였다. 신경제5개년계획의 기본목표는 제7차계획과 큰 차이가 없으나 정책운용 면에서 경제규모가 커지고 다양화되었다. 이러한 상황에서 과거의 정부주도적인 경제정책은 한계가 있다고 판단하여 정부 부문과 민간 부문이 함께 경제성장의 원동력을 창출하여 조속히 선진경제로 진입하고자 하였다. 따라서 국민들의 참여와 창의성을 유발하기 위하여 규제완화 등 경제제도를 개혁하였으며 성장잠재력을 강화하기 위하여 기술 · 지식집약산업구조로 전환하고 정보화를 추진하였다.

한국경제를 선진국수준으로 향상시키고자 추진한 신경제5개년의 결과는 당초의 계획과는 큰 차이를 보였다. 무역수지 적자폭은 증대하였으며 경제성장률도 급격히 낮아져 1996년도에는 4.8%, 1997년도에는 2.1%로 낮아지면서 경제위기를 겪게 되었다.

이와 같이 국민의 자발적 참여와 정부의 지원을 통하여 선진국수준의 경제체제를 구축하고자 한 신경제5개년계획은 여러 가지 한계점을 노출하며 당초 목표와는 큰 차이를 보이는 결과를 초래하였다. 즉, 경제성장의 잠재력 약화 및 경쟁력 약화를 극복하고 생산성을 향상시키기 위하여 기업의 구조개혁, 근로자의 임금인상 억제, 추곡수매가인상 자제, 가계의 절약 등의 고통분담에 대하여 국민들의 자발적인 동참을 유도하였으나 제대로 시행되지 못하였다. 이와 더불어 세계경제체제 개편 과정에서 개방화에 대한 압력을 효과적으로 대처하지 못하였으며 도리어 무리하게 OECD 가입을 추진하기 위하여 전면적인 시장개방정책을 추진하였다. 기업들은 기업구조조정을 통한 기업경쟁력 강화보다는 과거의 팽창위주 성장을 지속하기 위하여 해외자본에 의존하여 무리한 기업확장을 추진하였다. 정부는 시장자율성을 강조하여 기업들의 무리한 팽창을 적절하게 관리하지 못함으로써 기업의 부실화는 심각한 수준에 도달하게 되었다. 이러한 가운데 태국에서 시작된 1997년도의 금융위기의 영향으로 해외자본들이 급격히 회수되어 국제 채무상환 불능 상태에 빠지게 됨으로써 우리나라의 전반적인 산업기반이 부실화되었다.

1997년도의 한국경제 위기는 외환유동성의 부족이 직접적인 원인이지만 그 근본 원인으로는 국내산업이 고비용·저효율의 취약한 산업구조를 가지고 있었기 때문이다. 즉, 우리 기업들은 경영목표를 수익성 증대보다는 기업규모, 시장점유율 확대에 두고 단기차입금에 의존한 과잉투자로 기업의 외형적 팽창을 추구한 결과라 할 수 있다.

경제위기 극복을 위하여 1997년 12월 국제통화기금(IMF: International Monetary Fund)과 의향서를 체결하고 IMF의 지원 하에 경제회생을 추진하였다. 한국 정부는 기업들의 방만한 경영을 외환위기의 원인 중 하나로 보고 재벌기업을 포함한 광범위한 분야에서 강력한 구조조정을 실시하였으며 이에 따른 투자부진, 유휴시설증가 및 내수 침체로 1998년도 경제성장률은 -6.7%를 기록하였다. 그러나 구조조정 추진 과정에서 반도체, 자동차 등에 대한 수출증대와 민간소비 확대에 힘입어 1999년도부터는 경제성장률이 점차 회복되었다.

외환위기 극복 과정에서 경제의 효율성과 경쟁력이 어느 정도 제고되기는 하였으나 구조조정 과정에서 세계경제의 호황으로 인하여 보다 완벽한 구조조정이 이루어지지 못하였으며 시장의 전면적인 개방으로 우리나라의 경제는 대외의존도가 높아져 경제의 불안정성이 커지게 되었다. 따라서 WTO 체제 하에서 안정적인 경제성장을 유지하기 위해서는 보다 장기적으로 지속적인 구조조정을 실행하여 각 경제 부문이 국제경쟁력을 확보하여야 한다.

9.7 새로운 국제경제체제 하의 주요 산업발전

세계경제는 세계화·정보화를 바탕으로 모든 분야에 대한 전면적인 경쟁관계에 놓이게 되어 생산성향상을 통한 경쟁력 확보로 세계적 일류기업을 유지하지 못하면 도태될 수밖에 없는 현실에 직면하고 있다. 이에 따라 우리나라의 산업정책은 선택과 집중을 통하여 성장가능성이 있는 산업을 선택하고 장기적인 발전전략을 수립하여 집중적으로 육성할 필요가 있다. 이 절에서는 우리나라의 주요 산업으로 부가가치 및 수출비중이 높을 뿐 아니라 미래의 국가경쟁력을 좌우할 것으로 보이는 통신기기산업, 자동차산업, 일반기계산업, 반도체산업을 선택하여 현황 및 발전전략을 제시한다.

1. 통신기기

통신기기산업은 음성, 데이터는 물론 영상 등과 같은 다양한 정보의 교환, 전송 및 통신처리 기능을 갖고 있는 산업을 나타낸다. 다시 말해, 통신사업자들이 서비스를 구현시킬 수 있도록 하고 구현된 서비스를 소비자들이 이용할 수 있도록 하는 기기산업이다. 통신기기는 크게 유선통신기기와 무선통신기기로 구분할 수 있다. 유선통신기기는 통신망에 접속하여 구성되는 기기로서 전화기와 전신기기 등의 단말기, 교환기, 반송장치 그리고 전선 및 광섬유케이블 등이 포함되며, 무선통신기기로는 전파를 처리하는 통신, 방송시스템과 이동전화기, 무선용 송수신기 등이 있다.

통신기기는 고도 정보화사회를 구축하는데 있어 중요한 역할을 담당할 것이다. 통신기기의 발달은 기업의 경쟁력을 제고 하고, 국민의 편익을 증진시키며, 공간적 이동의 필요성을 감소시켜 도로 등 사회간접시설 확충에 대한 수요를 줄일 수 있다. 또한 통신기기산업은 고도 정보화사회 또는 유비쿼터스사회를 구축하는 데 있어 중요한 역할을 담당할 산업이다. 무선통신기기산업은 휴대폰 등 단말기와 인프라 부문에서부터 모바일 콘텐츠 및 소프트웨어 등에 이르기까지 경제적 파급효과가 큰 산업이다. 특히 휴대폰은 디스플레이, 컴퓨터, 반도체, 전자부품 및 소재 등 첨단기술이 결집된 결정체로서 전·후방효과가 큰 제품이다. 아울러 기술·지식집약적 제품으로서 관련 기술의 융합과 응용의 폭이 확대되고 있으며 지속적으로 신규 및 대체수요를 창출하고 있다.

국내 통신기기산업은 그 동안 꾸준히 발전하여 국내 제조업 전체 생산에서 차지하는 비중이 1995년에는 1.0%(3.8조 원)에서 증가하여 2013년 4.8%(84조 원)를 차지하고 있다. 국내 통신기기산업에 속한 사업체 수(종업원 수 1인 이상 기준)는 2013년 3,098개로 전체 제조업에서 약 0.9%를 점하고 있다. 통신기기산업의 부가가치는 1995년 9,670억 원에서 2013년 18조 원으로 상승하였으며, 제조업 전체 부가가치에서 차지하는 비중은 1995년 1.0%에서 2013년에 4.5%로 증가하였다.

수출은 1900년 후반에 20억 달러였으나, 2000년대에 들어 국내 휴대폰의 경쟁력이 크게 향상되면서 2005년 약 214억 달러, 2013년에 265억 달러 규모로 증가하였다. 이는 2008년 미국발 금융위기에 따른 세계 시장수요 감소에도 불구하고 지속적으로 수출호조세를 기록한 것이다. 다만 주력품목인 휴대폰(부품 포함)이 통신기기 전체 수출의 대부분을 차지하고 있어 지나치게 휴대폰에 의존하고 있는 상황이다. 통신기기산업은 지속적으로 무역수지 흑자를 시현해 오고 있는 대표적인 수출 효자 산업으로서, 2010년 이후 약 200억 달러에 달하는 높은 무역흑자를 기록하고 있다.

표 9-17 통신기기산업의 국민경제 위상

	1995	2000	2005	2010	2013
생산(십억 원)	3,807 (1.0)	26,579 (4.4)	53,455 (5.9)	67,011 (4.5)	84,117 (4.8)
종사자 수(천 명)	30 (0.8)	66 (2.0)	90 (2.7)	94 (2.7)	90 (2.4)
사업체 수	682 (0.2)	1,929 (0.6)	2,638 (0.8)	2,635 (0.8)	3,098 (0.9)
부가가치(십억 원)	967 (1.0)	6,040 (3.7)	12,543 (5.3)	13,705 (3.9)	18,327 (4.5)
수출(백만 달러)	1,973 (1.6)	7,233 (4.2)	21,436 (7.6)	26,676 (5.7)	26,455 (4.7)
무역수지(백만 달러)	588	3,975	18,805	19,788	19,852

주: 괄호안의 수치는 전체 제조업에서 차지하는 비중을 나타낸다.
자료: KIET, 2014, 「주요산업동향지표」, 통권 제25호.

최근 무선통신기기산업의 생산은 2008년과 2010년을 제외하고서 줄어드는 추세를 보이고 있고, 출하 역시 비슷한 추세를 나타내고 있다. 재고는 변동 폭이 크게 나타나고 있으며, 가동률은 2008년을 제외하고서는 지속적으로 줄어들고 있다. 특히 2011년의 경우에는 전년도보다 (-)19.8%로 큰 폭으로 줄어들었다. 수출은 전반적으로 세계 금융위기 전까지 상승 추세를 보이다가 2009년 이후 전반적으로 (-)를 나타내 감소 추세를 보이고 있다. 특히 전세계 대부분의 국가가 2010년에 금융위기로부터 벗어나서 대부분의 수출상품이 상승세로 돌아섰음에도 불구하고, 이 산업만 (-) 성장을 보였다. 이는 2010년 10월 이후 국내업체의 스마트폰 신제품 출시로 수출이 회복세를 보이고 있으나 그 이전까지 수출 부진의 여파로 말미암아 연간 실적은 줄어든 것으로 집계되었다.

표 9-18 무선통신기기산업 주요 지표

(단위: 전년 대비 변화율, %)

		2007	2008	2009	2010	2011	2012	2013
생산동향	생산	-2.7	5.3	-8.9	0.6	-7.5	-3.7	-6.1
	출하	-2.5	3.9	-7.8	-0.5	-11.6	-4.3	-3.4
	재고	-31.3	-1.5	-7.9	58.0	-44.1	60.4	-34.2
	가동률	-3.4	3.3	-7.9	-2.4	-19.8	-9.7	0.1
무역동향	수출	12.7	17.3	-13.2	-10.9	-1.1	-16.7	21.2
	수입	11.9	24.1	-14.3	31.1	30.0	-33.2	12.6

자료: KIET, 「KIET 산업동향 브리프」, 각호.

우리나라 수출에서 큰 비중을 차지하고 있는 휴대폰(최근에는 스마트폰)의 세계적인 추세를 살펴보면 역시 삼성의 우위를 알 수 있다. 2013년 스마트폰을 포함한 전체 휴대폰 출하량 규모는 2012년 17억 3,810만 대에서 4.8% 성장한 18억 2,180만 대를 기록한 것으로 조사되었다. 2013년 4분기 휴대폰 출하량은 2012년 4분기(4억 8,400만 대) 대비 0.9% 성장한 4억 8,840만 대로 규모로 나타났다. 휴대폰 출하량에서는 삼성이 부동의 1위를 차지하고 있으며, LG와 화웨이의 판매량 증가가 눈에 띈다.

한편 2013년 전세계 스마트폰 출하량이 처음으로 10억 대를 넘어서며 또 하나의 기록을 세운 것으로 나타났다. IT 시장분석 기관인 IDC의 'Worldwide Quarterly Mobile Phone Tracker' 예비조사결과에 의하면, 2013년 전세계 스마트폰 출하량은 2012년(7억 2,530만 대) 대비 38.4% 증가하며 10억 420만 대를 기록한 것으로 나타

표 9-19 제조사별 휴대폰 출하량 및 점유율

(단위: 백만 대)

회사	2012		2013		증가율
	출하량	점유율(%)	출하량	점유율(%)	
삼성	409.4	23.6	446.7	24.5	9.1
노키아	335.6	19.3	251.0	13.8	-25.2
애플	135.9	7.8	153.4	8.4	12.9
LG	56.6	3.3	70.0	3.8	23.6
화웨이	47.5	2.7	55.5	3.0	16.7
기타	753.1	43.3	845.2	46.4	12.2
합계	1,738.1	100.0	1,821.8	100.0	4.8

자료: IDC, 2014, *World Mobile Phone Tracker*.

났다. 전체 휴대폰 출하량에서 스마트폰이 차지하는 비중도 2012년 41.7%에서 2013년 절반을 넘어서며 55.1%의 비중을 차지했다. IDC 모바일폰 연구팀의 라몬 라마스(Ramon Llamas) 리서치 매니저는 "스마트폰의 인기와 성장세가 2013년에도 지속되었다"며, "2011년 4억 9,440만 대였던 스마트폰 출하량 규모가 불과 2년 만에 두 배로 증가했다는 것은 소비자들의 강한 수요와 더불어 제조사들의 스마트폰 전략이 얼마나 집중되었는지 알 수 있다"[3]고 설명했다. 2013년까지 스마트폰에서도 삼성의 우위가 지속되고 있다.

표 9-20 제조사별 스마트폰 출하량 및 점유율

(단위: 백만 대)

회사	2012		2013		증가율
	출하량	점유율(%)	출하량	점유율(%)	
삼성	219.7	30.3	313.9	31.3	42.9
애플	135.9	18.7	153.4	15.3	12.9
화웨이	29.1	4.0	48.8	4.9	67.5
LG	26.3	3.6	47.7	4.8	81.1
레노보	23.7	3.3	45.5	4.5	91.7
기타	290.5	40.1	394.9	39.3	35.9
합계	725.3	100.0	1,004.2	100.0	38.4

자료: IDC, 2014, *World Mobile Phone Tracker*.

3) IDC 홈페이지에서 재인용.(http://www.kr.idc.asia/press/)

그러나 휴대폰 시장과 스마트폰 시장을 삼성이 주도하고 있지만 삼성은 고가모델에선 애플과 경쟁에서 고전을 면치 못하고 있으며, 중저가 시장에선 중국의 샤오미(小米; Xiaomi)에게 도전을 받고 있다. 물론 자료를 살펴보면 2013년까지 삼성은 휴대폰이나 스마트폰 시장에서 부동의 1위를 차지하고 있었지만, 중국 업체들의 공세로 1위를 수성하는 것이 결코 쉽지 않을 것으로 판단된다. 중국 휴대폰 시장에서 선두를 달리고 있는 샤오미는 2014년 3사분기에 1,577만 대를 판매하였다. 샤오미의 세계 휴대폰 시장점유율은 2013년 3사분기 1.5%에서 5.2%로 늘어나서 삼성과 애플, 화웨이에 이어 4위를 차지했다. 삼성은 2013년 3사분기 휴대폰 판매량 8,035만 대에서 2014년 3사분기의 판매량이 7,321만대로 줄면서 시장점유율이 32.1%에서 24.4%로 줄어들었다. 비록 삼성이 1위 자리를 지켰지만 점유율뿐만 아니라 판매대수도 줄어들었다. 이러한 현상은 중국 시장에서 삼성의 판매가 1년 동안 28.6% 줄어들었기 때문에 나타난 결과이다. 한편 애플은 2013년도 3·4분기 12.1%(3,033만 대)에서 12.7% (3,818만 대)로 소폭 늘면서 세계 2위 자리를 유지하였다. 또 다른 중국업체 화웨이의 시장점유율은 4.7%(1,166만 대)에서 5.3%(1,593만 대)로 올라 레노버를 밀어내고 3위를 차지했다. 결과적으로 2014년에 삼성의 휴대폰 판매만 줄어들고, 나머지 회사의 휴대폰 판매가 증가했다는 사실로 미루어보아 삼성뿐만 아니라 한국경제에 경고등이 켜졌다고 할 수 있다.

2. 자동차

자동차산업은 세계적으로 매출액이 1조 달러를 넘고, 1천만 명 이상을 고용하고 있는 세계 최대의 제조업으로서, 자동차산업을 보유한 국가의 경제성장에 주도적인 역할을 이 산업이 담당하고 있다. 연관 산업인 철강, 기계, 소재산업 등 전통산업뿐 아니라 정보기술(IT), 바이오기술(BT), 에너지기술(ET), 환경기술(ET) 등 신 성장산업에 미치는 생산유발과 기술파급효과가 큰 산업이다. 자동차산업은 수많은 자재와 부품을 사용함에 따라 중간투입률이 높고 전후방 연쇄효과가 높은 산업이다. 유통단계에서도 금융, 보험업, 자동차판매업, 광고업, 중고차 매매업 등과 긴밀한 관계를 갖고 있으며 이용단계에서도 운송업뿐만 아니라, 정비, 유류판매, 건설업 등과 폭넓은 연관성을 지닌다. 이런 의미에서 자동차는 산업의 꽃이라 할 수 있다.

자동차산업은 시장진입에 막대한 자본이 소요되어 진입 및 철수장벽이 매우 높은 대표적인 자본집약형 산업으로서, 시장진입을 위해서는 생산라인을 구축하고, 부품

공급선을 확보해야 하며, 초기투입모델 개발을 위한 연구개발비에 대한 막대한 자본 투자가 선행되어야 한다.

자동차산업은 정부가 2025년까지 한국 과학기술 발전을 선도한 6대 기술로 선정한 기술 가운데, 나노기술을 제외한 에너지기술, 환경기술, 재료기술, 메카트로닉스·시스템기술 등 5개 기술의 개발 및 활용과 직접적인 관련을 가지고 있다. 또한 차세대 성장동력 10대 과제 중에서도 핵심적인 역할을 수행하는 등 자동차산업은 21세기에도 산업발전에 주도적 역할을 수행할 것으로 전망된다.

최근 자동차의 개념이 '움직이는 생활공간'으로서의 복합제품으로 변화하면서 관련 기술과 서비스의 개발이 가속화되고 있다. 소비자의 자동차에 대한 인식도 단순한 보유에서 사용 과정에서의 만족 제고로 전환되면서 텔레매틱스 서비스 등 다양한 서비스와 관련 기기의 개발이 가속화되고 있다. 소비자의 자동차에 대한 인식도 단순한 보유에서 사용 과정에서의 만족 제고로 전환되면서 텔레매틱스 서비스 등 다양한 서비스와 관련 기기의 개발이 가속화되고 있다. 이러한 변화는 자동차산업의 e-전환(e-transformation)에 이어 복합화를 촉진하는 계기로 작용하고 있다. 교통정보 제공은 물론 무선 인터넷 서비스 등의 제공을 통한 텔레매틱스, 차량용 위성방송의 보급 등은 자동차의 정보통신 플랫폼 오락 공간으로서의 기능 강화의 시작에 불과하다.

세계 자동차산업은 과거 100년간의 가솔린엔진 탑재형 자동차시대에서 환경, 에너지, IT 기술을 접목한 무공해·첨단자동차시대로 이동 중이다. 지난 세기부터 개발해온 전기자동차가 주행거리, 동력공급, 속도 등과 관련한 문제를 유발하자 기술개발의 중심이 하이브리드 자동차로 전환되고 있다. 최근 하이브리드 자동차가 상용화되면서 차세대 기술개발의 목표는 수소동력연료전지 자동차로 발전할 것으로 예상된다.

선진국 자동차업체들은 환경·안전 규제의 강화, 신기술개발을 위한 대형 업체들간의 인수·합병에 의한 대형화와 자본제휴, 합법적인 설립 등 전략적 제휴 등을 통해 글로벌 네트워크 경쟁체제를 구축해가고 있으며, 비용, 품질, 기술, 배송, 브랜드 등의 비교우위를 바탕으로 시장지배력을 강화하고 있다.

국내 자동차산업은 국가경제를 주도하는 제조업의 핵심주력산업으로 2013년 기준으로 제조업 생산의 10.0%, 제조업 수출의 13.7%를 차지할 정도로 큰 비중을 차지하고 있다. 1995년 이후 국내 제조업 전체 생산에서 차지하는 비중은 1995년에 9.2%에서 증가와 감소를 반복하다가 2013년 10.0%를 차지하고 있다. 수출은 1995년에 104

억 달러였으나, 2000년대 들어 크게 증가하여 2005년에는 380억 달러를 초과하였고, 2013년에는 766억 달러에 달할 정도로 크게 늘어났다. 제조업 수출에서 차지하는 비중도 8.7%에서 13.7%를 점할 정도로 크게 증가하여 지속적으로 수출호조세를 기록하였다. 자동차산업은 계속해서 무역수지 흑자를 시현해 오고 있는 대표적인 수출효자산업으로서, 1995년 80억 달러에서 2013년에는 638억 달러로 높은 무역흑자를 기록하고 있다.

고용창출효과가 큰 산업으로서 2013년 현재 전 제조업 고용의 8.6%를 차지함으로써 사회 안정화에 기여하고 있다. 국내 자동차산업에 속한 사업체 수는 2013년 8,449개로 전체 제조업에서 2.3%를 자치하였다. 제조업 전체 부가가치에서 자동차산업이 차지하는 비중은 1995년 9.5%(9.4조 원)에서 2005년 8.9%, 2013년에 10.0%(40조 원)로 거의 비슷한 수준을 보이고 있다.

우리나라 자동차산업은 1970년대 조립생산 및 국산화단계, 1980년대 양산 및 수출단계, 1990년대 독자모델 개발단계를 거쳐 현재는 성숙단계에 진입하였다. 세계 자동차 환경 변화와 흐름에 발맞추어서 한국의 자동차산업은 지속적으로 노력하고 있다 이에 따라 세계 자동차산업에서 차지하는 위상은 2013년 기준으로 생산점유율 5.2%로 세계 5위, 자동차 수출은 302만 대를 기록하여 300만 대를 돌파하였다. 최근 해외시장에서 국산차 이미지가 크게 좋아지고 있으며 과거 가격경쟁력 위주에서 현

표 9-21 자동차산업의 위상

	1995	2000	2005	2010	2013
생산(십억 원)	35,569 (9.2)	52,322 (8.7)	96,696 (10.7)	141,298 (9.5)	175,095 (10.0)
종사자 수(천 명)	262 (7.2)	220 (6.7)	256 (7.6)	287 (8.4)	320 (8.6)
사업체 수	5,960 (1.9)	5,553 (1.8)	6,119 (1.8)	7,022 (2.1)	8,449 (2.3)
부가가치(십억 원)	9,368 (9.5)	13,499 (8.2)	20,940 (8.9)	32,824 (9.3)	40,533 (10.0)
수출(백만 달러)	10,375 (8.7)	15,649 (9.1)	38,153 (13.5)	55,229 (11.9)	76,586 (13.7)
무역수지(백만 달러)	7,980	13,725	33,391	45,627	63,825
성장기여도(%)	0.25	0.37	0.16	0.57	0.01

주: 괄호 안의 수치는 전체 제조업에서 차지하는 비중을 나타낸다.
자료: KIET, 2014, 「주요산업동향지표」, 통권 제25호.

재는 소형·중형승용차, 소형 SUV 부문까지 확대되어 세계 최고의 품질경쟁력을 갖춘 것으로 평가되고 있다.

최근 자동차산업의 생산 및 무역 동향을 살펴보면 2008년~2009년 그리고 2012년에 생산이 줄어드는 추세를 보이고 있고, 출하, 재고, 가동률 역시 유사한 추세를 나타내고 있다. 다만 2012년 이후 자동차산업의 가동률과 내수판매동향이 줄어드는 것으로 나타나서 내수시장에서 자동차산업에 대한 경고등이 켜졌다고 할 수 있다. 물론 자동차는 내수시장보다는 이미 해외시장에 눈을 돌려 해외 공장[4])을 건설하고 가동 중이다. 자동차산업의 수출 규모는 세계 금융위기 이후 2년간 주춤하다가 다시 상승세를 보이고 있어 긍정적이지만 내수시장에서 수입차와의 경쟁에서 살아남을 수 있는 전략이 필요한 것이다.

자동차에 대한 수출입액, 무역수지를 살펴보면 2010년 이래로 2013년까지 수출액은 309억 달러에서 433억 달러로 상승하여 연평균 12.4%의 신장률을 보였다. 이에 비해 수입액은 수출액보다 빠르게 증가하여 2010년 28억 달러에 불과하던 수입규모가 2013년에는 2배가량 증가한 55억 달러에 이르러서, 연평균 성장률이 25%에 달하였다. 이러한 수출액과 수입액의 추세를 반영하여 수출액과 비교한 수입액 비율이

표 9-22 자동차산업 생산 및 무역 변화율

(단위: %)

		2007	2008	2009	2010	2011	2012	2013
생산동향	생산	6.3	−3.7	−6.4	23.2	14.6	−0.2	1.2
	출하	6.1	−3.5	−5.9	23.1	15.4	0.2	0.6
	재고	11.9	2.1	−10.0	26.5	17.2	−10.4	25.3
	가동률	4.0	−7.1	−8.2	18.1	6.5	−3.4	−2.0
	내수판매동향	4.7	−5.3	20.7	5.1	0.6	−2.4	−0.3
무역동향	수출	15.2	−1.5	−24.5	46.5	25.8	5.0	4.0
	수입	23.3	6.7	−23.2	44.6	19.0	0.5	10.5

자료: KIET, KIET 산업동향 브리프, 각호.

4) 2014년 기준으로 현대-기아차 그룹이 운영하고 있는 해외공장은 7개국 11개 공장으로 설비능력은 310.5만 대 생산능력을 갖고 있다. 중국 북경의 3개 공장에서 105만 대, 인도 2개 공장에서 65만 대를 비롯하여 미국(알라바마), 브라질, 터키, 체코, 러시아에 해외공장을 운영하고 있다. 향후 중국의 충칭, 창처우에 4, 5공장을 건립하는 등 여러 지역(멕시코, 인도 등)의 해외공장 건립을 계획하고 있는 실정이다.

표 9-23 자동차 수출액, 수입액, 무역수지 현황

(단위: 원)

	2010	2011	2012	2013	평균 증가율
수출액(백만 달러)	30,945	39,963	41,034	43,276	12.4
수입액(백만 달러)	2,811	3,547	4,498	5,485	25.0
수입비율*(%)	9.1	8.9	11.0	12.7	-
무역수지(백만 달러)	28,134	36,416	36,536	37,791	11.0

주: 수입비율은 수입액/수출액을 나타냄.
자료: 한국자동차산업협회, 각년도.

2010년 9.1%에서 3년 만에 12.7%에 달할 정도로 커지고 있다. 이에 따라 무역수지는 2010년에 281억 달러에서 이듬해에 364억 달러로 증가한 이후 정체 상태이다.

3. 일반기계

일반기계산업은 건설 · 공작기계 · 섬유기계 · 농기계 등 전통 주력산업과 반도체 · LED 장비 등 주력산업의 설비를 공급하는 핵심 기반산업으로 국가경쟁력의 원천을 이루는 산업이다.

일반기계산업은 생산기술 축적을 위해 지속적 · 대규모 투자가 필요하기 때문에 경쟁력을 확보하면 장기적인 성장 동력이 되는 자본집약적 산업이다. 이 산업은 경제 성장을 견인하고 수출을 주도하는 선진국형 기반산업임에 틀림없다. 세계 일반기계 수출에서 상위권을 차지하는 국가들이 GDP, 국가브랜드 등 주요 경쟁력 지표에서도 상위권에 위치하고 있다. 2013년 기준 GDP 순위 상위 10개국 가운데 일반기계 수출 상위 10개국에는 7개국이 포함되어 있고, 국가 브랜드 상위 10개국에는 8개국이 포함되어 있다. 전산업 수출 상위 10개국 가운데 8개국이 포함되는 등 국가경쟁력과 일반기계 수출경쟁력은 밀접한 관계를 가지고 있다. 한국은 GDP 15위(2013년), 국가브랜드가치 9위(2013년), 전산업 수출 7위(3.3%), 일반기계 수출 8위(2012년)에 위치하고 있다.

일반기계산업은 우리나라 산업전반에 파급효과가 큰 산업으로서 2011년 현재 일반기계산업에 대한 고용과 관련된 계수의 모든 추정 계수가 제조업 평균을 상회하여, 제조업의 타업종보다 고용창출효과가 비교적 큰 산업이라 할 수 있다. 구체적으로 살펴보면 취업계수는 제조업 평균이 3.47인데, 일반기계산업은 3.54로 평균을 조금

그림 9-1 | 일반기계산업 구성

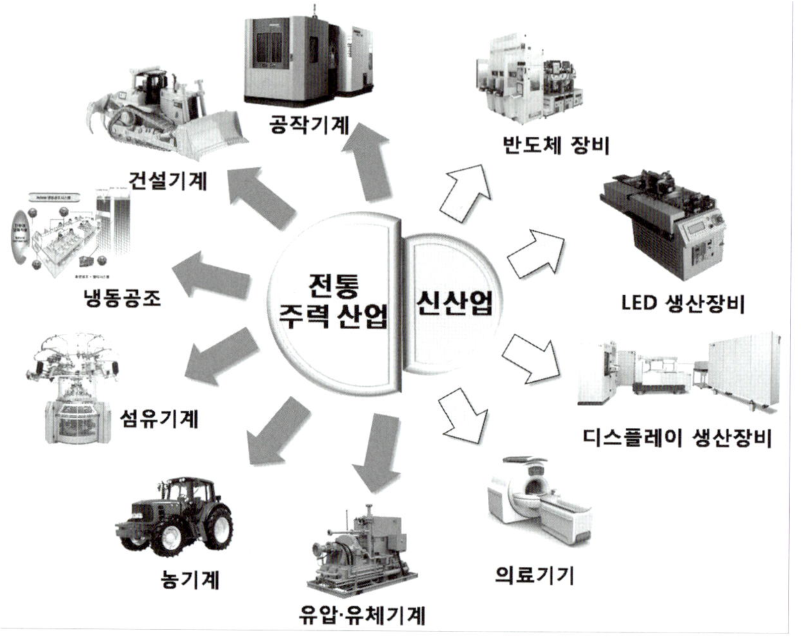

출처: e-나라지표/기계산업의 특성과 시장동향, p. 1 재인용.

상회하는 수준이다. 취업유발계수 역시 제조업 평균 8.06명보다 높은 8.90명으로 계측되었고, 인쇄 및 복제산업, 섬유 및 가죽산업, 기타제조업, 정밀기기산업에 이어 금속제품산업과 유사한 수준이었다. 고용계수와 고용유발계수도 각기 3.26과 7.30으로 제조업 평균 2.96과 6.31보다 높은 것으로 나타났다. 사업체 수, 종사자 수, 생산액 등을 기준으로 살펴보면 제조업 내에서 높은 비중을 차지하는 핵심산업이다. 2012년 기준으로 일반기계산업의 사업체 수는 8,952개(14.0%)로 전체 제조업 중에서 1위를 차지하고 있으며, 종사자 수는 전자부품, 컴퓨터, 영상, 음향 및 통신장비 제조업에 이어 30.4만 명(전체 제조업의 11.1%)으로 2위를 기록하였다. 생산 측면에서는 102조 원(6.8%)으로 전자, 자동차, 화학, 석유정제, 1차금속 등에 이어 6위를 차지하였다.

표 9-24 GDP, 국가브랜드가치, 전산업 수출액, 일반기계 수출액 순위 비교

(단위: 10억 달러)

순위	GDP('13년)		국가브랜드가치('13년)		전산업 수출('12년)			일반기계 수출('12년)		
	국가	금액	국가	금액	국가	금액	점유율(%)	국가	금액	점유율(%)
1	미국	16,724	미국	13,590	중국	2,049	12.2	독일	221.8	15.2
2	중국	8,939	독일	8,309	미국	1,546	9.2	미국	172.6	11.8
3	일본	5,007	영국	3,711	독일	1,416	8.4	중국	160.3	11.0
4	독일	3,593	일본	3,358	일본	799	4.7	일본	146.1	10.0
5	프랑스	2,739	중국	3,250	프랑스	557	3.3	이태리	94.9	6.5
6	영국	2,490	프랑스	3,084	네덜란드	555	3.3	영국	62.0	4.3
7	브라질	2,190	캐나다	2,398	한국	548	3.3	프랑스	60.7	4.2
8	러시아	2,118	네덜란드	2,224	러시아	525	3.1	한국	47.6	3.3
9	이태리	2,068	한국	1,912	이태리	502	3.0	네덜란드	40.3	2.8
10	캐나다	1,825	벨기에	1,540	홍콩	493	2.9	싱가포르	32.9	2.3

출처: e-나라지표 / 부문별지표 / 경제 / 산업동향 / 개별산업동향 / 일반기계산업동향 재인용.
자료: IMF, 산업정책연구원, 2013, 「2013, 코리아 브랜드 컨퍼런스」, UN Comtrade.

표 9-25 제조업 취업 및 고용 관련 계수

(단위: 명/10억)

	취업계수	취업유발계수	고용계수	고용유발계수
섬유 및 가죽제품	5.81	11.20	4.53	8.39
목재 및 종이제품	3.60	8.63	3.24	6.72
인쇄 및 복제	7.39	14.04	5.49	10.12
석유 및 석탄제품	0.12	1.20	0.12	0.91
화학제품	1.54	5.35	1.48	4.21
비금속광물제품	3.03	7.78	2.82	6.24
제1차금속제품	0.60	3.45	0.58	2.71
금속제품	4.67	9.07	4.03	7.26
일반기계	3.54	8.90	3.26	7.30
전기 및 전자기기	1.98	6.12	1.92	5.10
정밀기기	4.82	10.01	4.51	8.38
수송장비	1.96	6.84	1.92	5.67
기타제조업제품	6.00	12.15	4.62	9.02
제조업 평균	3.47	8.06	2.96	6.31

출처: e-나라지표 / 부문별지표 / 경제/산업동향 / 개별산업동향 / 일반기계산업동향 재인용.
자료: 산업연관표, 한국은행.

표 9-26 우리나라 제조업에서 일반기계산업의 위치(2012년)

KSIC 중분류		사업체 수			종사자 수			생산액		
code	항목명	개사	비중	순위	천명	비중	순위	조원	비중	순위
C	제조업(10~33)	63,907	100	-	2,754	100	-	1,511	100	-
10	식료품제조업	4,173	6.5	4	166	6.0	6	66	4.4	10
11	음료제조업	250	0.4	22	13	0.5	22	10	0.6	19
12	담배제조업	8	0.0	24	2	0.1	24	3	0.2	24
13	섬유제품제조업: 의복 제외	3,176	5.0	8	93	3.4	11	21	1.4	14
14	의복, 의복액세서리 및 모피제품제조업	2,746	4.3	9	74	2.7	13	18	1.2	15
15	가죽, 가방 및 신발제조업	798	1.2	19	20	0.7	20	5	0.3	20
16	목재 및 나무제품제조업: 가구 제외	770	1.2	20	17	0.6	21	5	0.3	21
17	펄프, 종이 및 종이제품제조업	1,584	2.5	14	52	1.9	15	21	1.4	13
18	인쇄 및 기록매체복제업	1,256	2.0	16	28	1.0	18	4	0.3	23
19	코크스, 연탄 및 석유정제품제조업	131	0.2	23	12	0.4	23	158	10.4	4
20	화학물질 및 화학제품제조업: 의약품 제외	2,462	3.9	11	117	4.2	10	162	10.7	3
21	의료용물질 및 의약품제조업	428	0.7	21	29	1.1	17	14	0.9	17
22	고무제품 및 플라스틱제품제조업	5,517	8.6	3	203	7.4	5	60	4.0	11
23	비금속광물제품제조업	2,384	3.7	12	79	2.9	12	32	2.1	12
24	1차금속제조업	2,714	4.2	10	137	5.0	9	157	10.4	5
25	금속가공제품제조업: 기계 및 가구 제외	8,807	13.8	2	250	9.1	4	71	4.7	8
26	전자부품, 컴퓨터, 영상, 음향 및 통신장비 제조업	4,096	6.4	5	405	14.7	1	255	16.8	1
27	의료, 정밀, 광학기기 및 시계제조업	2,088	3.3	13	72	2.6	14	17	1.1	16
28	전기장비제조업	3,950	6.2	6	162	5.9	7	67	4.5	9
29	기타기계 및 장비제조업	8,952	14.0	1	304	11.1	2	102	6.8	6
30	자동차 및 트레일러제조업	3,869	6.1	7	301	10.9	3	175	11.6	2
31	기타운송장비제조업	1,512	2.4	15	161	5.8	8	76	5.0	7
32	가구제조업	1,247	2.0	17	34	1.2	16	10	0.7	18
33	기타제품제조업	989	1.5	18	24	0.9	19	4	0.3	22

출처: e-나라지표 / 부문별지표 / 경제/산업동향 / 개별산업동향 / 일반기계산업동향 재인용.
자료: 통계청, KSIC 9차 개정 적용 종사자 10인 이상

일반기계산업의 사업체 가운데 종사자 규모 300인 미만 사업체가 8,545개로 일반기계 전체 8,598개의 99.4%를 차지하고 있다. 여기에 포함되는 종사자 수는 248,265명으로 일반기계 전체 종사자 282,127명의 88.0%에 이르렀다. 결과적으로 종사자 규모별로 보았을 때 한국의 일반기계산업에서 300인 미만인 중소기업의 비중이 매우 높으므로 한국의 일반기계산업이 열악하다는 것을 알 수 있다.

표 9-27 일반기계 종사자 규모별 현황

(2010년 기준)

	현황		비중	
	사업체 수(개)	종사자 수(명)	사업체 수(%)	종사자 수(%)
일반기계	8,598	282,127	100.0	100.0
10~19명	4,564	61,701	53.1	21.9
20~49명	2,935	87,603	34.1	31.1
50~99명	730	49,344	8.5	17.5
100~199명	252	33,865	2.9	12.0
200~299명	64	15,752	0.7	5.6
300~499명	32	11,973	0.4	4.2
500명 이상	21	21,889	0.2	7.8

자료: 통계청, KSIC 9차 개정 적용, 월평균 종사자 10인 이상.

일반기계산업의 지역별 사업체 분포 비율을 살펴보면, 경기 지역(36.3%)이 가장 높게 나타났으며 다음으로 경남 지역(15.9%), 인천 지역(10.0%)의 순서로 나타나고 있다. 이들 3개 지역에 위치한 사업체 수가 전국 일반기계 사업체 수의 62.2%를 차지하고 있다. 종사자 수에서도 경기(32.0%), 경남(19.5%), 인천(10.4%) 순으로 많은 노동자가 일하고 있었으며, 전체 종사자 가운데 이 들 세 지역이 차지하는 비중은 61.9%로 높은 점유율을 보였다.

일반기계산업의 교역 현황을 살펴보면 우리나라 일반기계산업은 자동차, 전자, 조선 등 국내 주요 수요산업의 성장과 함께 1998년 IMF 위기 이후 활발해진 수출산업화에 기여하며 수출, 수입이 증가하는 추세를 보이고 있다. 2000년 수출 84억 달러, 수입 123억 달러, 무역수지 적자 39억 달러에서 2013년 현재 수출 464억 달러, 수입 347억 달러로 무역수지 흑자 117억 달러를 기록하였다. 이런 흑자는 2000년부터 2013년까지 연평균 수출증가율이 14.0%, 수입증가율이 8.3% 기록한데 힘입어서 나

그림 9-2 | 일반기계 지역별 사업체 분포(2010년)

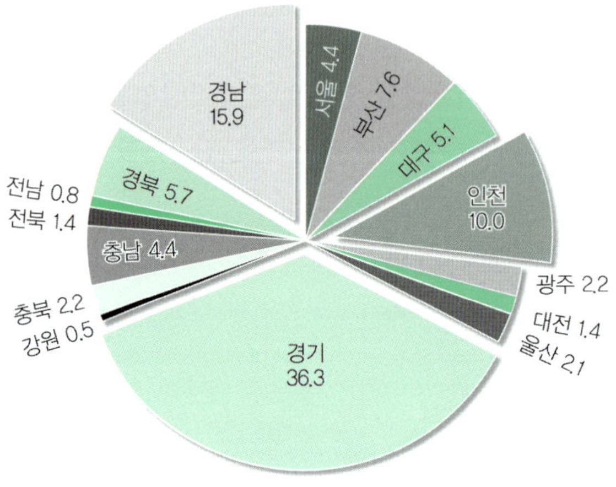

자료: 통계청, KSIC 9차 개정 적용, 월평균 종사자 10인 이상.

타난 결과이다. 전체 산업 교역에서 일반기계가 차지하는 비중도 점점 증가하여 2013년 현재 전산업 대비 수출 8.3%, 수입 6.7%를 차지하고 있다.

표 9-28 우리나라 일반기계산업의 연도별 수출, 수입 현황

(단위: 억 달러)

		2005	2006	2007	2008	2009	2010	2011	2012	2013
수출	전산업(A)	2,844	3,255	3,715	4,220	3,635	4,664	5,552	5,479	5,596
	일반기계(B)	222	239	308	373	268	361	458	479	464
	비중(B/A; %)	7.8	7.3	8.3	8.8	7.4	7.7	8.3	8.7	8.3
수입	전산업(A)	2,612	3,094	3,568	4,353	3,231	4,252	5,244	5,196	5,156
	일반기계(B)	178	203	239	260	241	286	317	320	347
	비중(B/A; %)	6.8	6.6	6.7	6	7.5	6.7	6	6.1	6.7

주: MTI 기준임.
출처: e-나라지표 / 부문별지표 / 경제/산업동향 / 개별산업동향 / 일반기계산업동향 재인용.

우리나라 기계 및 장비의 기술수준은 선진국 대비 82.7%로 제조업 전체 81.9%보다 0.8%P 높은 수준이다. 하지만 정밀기기산업(84.9%), 전자산업(84.0%)에 비해서는 다소 낮은 수준에 머물고 있는 것으로 나타났다. 이러한 기계 및 장비의 기술수준은

2004년에 선진국의 기술수준에 79.8%에 불과하던 것이 최근 선진국과의 격차가 점점 줄어들어 2011년 우리의 기술수준이 선진국의 82.7%에 이른 것으로 계측되었다.

그림 9-3 | 주요 업종의 세계 최고 대비 기술수준

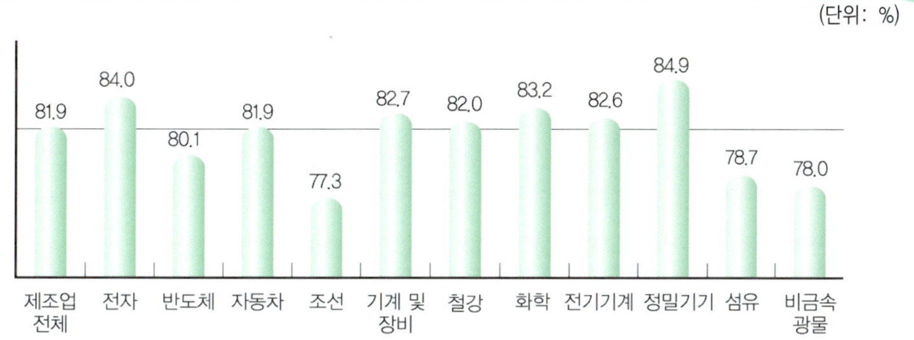

자료: KIET, 2011, 「한국 제조업의 업종별 기술수준 및 개발 동향」.

그림 9-4 | 기계 및 장비의 세계 최고 대비 기술수준 변화

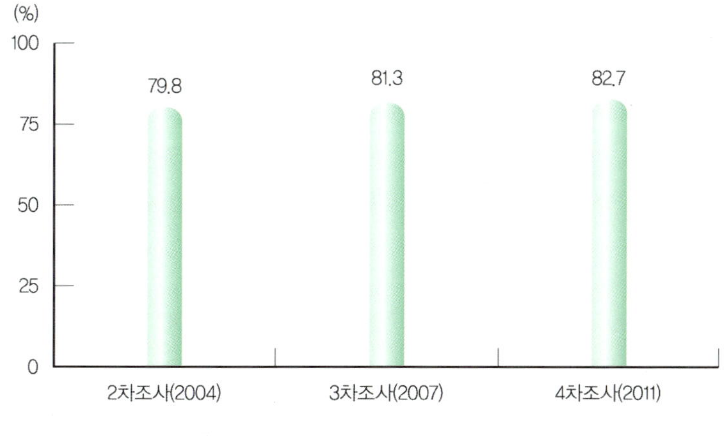

자료: KIET, 2011, 「한국 제조업의 업종별 기술수준 및 개발 동향」.

해당 제품이 어느 정도 특화되어 있는지를 나타내는 무역특화지수(TSI: Trade Specialization Index)[5]를 계산한 결과에 의하면 2002년 이후 우리나라 전산업은

---

5) 무역특화지수(TSI)는 한 상품의 총수출액과 총수입액을 이용해 상품의 비교우위를 나타내는

표 9-29 품목별 무역특화지수(TSI)

	2002	2003	2004	2005	2006	2007	2008	2009	2010	2011
전산업	0.040	0.061	0.042	0.025	0.020	−0.015	0.059	0.046	0.029	0.024
일반기계	−0.058	0.019	0.109	0.082	0.125	0.179	0.054	0.116	0.183	0.209
원동기 및 펌프	−0.279	−0.236	−0.201	−0.215	−0.276	−0.193	−0.242	−0.131	0.012	0.042
운반하역기계	−0.339	−0.365	−0.309	−0.281	−0.132	−0.205	−0.256	−0.093	0.024	−0.009
공기조절기 및 냉난방기	0.248	0.299	0.435	0.430	0.464	0.567	0.604	0.645	0.631	0.654
사무기기	0.362	0.496	0.460	0.385	0.405	0.375	0.245	0.343	0.365	0.150
광학기기	−0.246	0.215	0.498	0.326	0.329	0.522	0.141	0.124	0.017	−0.004
섬유 및 화학기계	0.262	0.282	0.388	0.352	0.339	0.379	0.447	0.390	0.333	0.435
목재광물 및 유리가공기계	−0.328	−0.433	−0.581	−0.629	−0.488	−0.345	−0.603	−0.366	−0.348	−0.200
금속공작기계	−0.245	−0.108	−0.086	−0.058	0.111	0.137	0.019	0.066	0.108	0.210
식품가공포장기계	−0.328	−0.318	−0.247	−0.333	−0.338	−0.217	−0.235	−0.051	−0.120	−0.258
건설광산기계	0.751	0.798	0.802	0.800	0.793	0.763	0.680	0.695	0.787	0.735
압연기용접기 및 주조설비	−0.434	−0.372	−0.448	−0.381	−0.271	−0.212	−0.441	−0.263	−0.058	−0.121
제지인쇄기계	−0.437	−0.401	−0.483	−0.421	−0.325	−0.269	−0.206	−0.407	−0.179	−0.082
농기계	−0.313	−0.331	−0.366	−0.368	−0.434	−0.491	−0.335	−0.36	−0.313	−0.305
기타산업기계	−0.458	−0.473	−0.392	−0.323	−0.311	−0.244	−0.219	−0.09	0.033	−0.092
기계요소	−0.311	−0.326	−0.300	−0.265	−0.279	−0.231	−0.212	−0.23	−0.159	−0.109
공구	−0.057	−0.007	−0.021	−0.010	0.046	0.055	−0.036	−0.021	−0.002	0.013
금형	0.805	0.818	0.814	0.847	0.841	0.833	0.827	0.862	0.889	0.906
기타기계류	−0.154	−0.020	0.026	0.001	0.051	−0.026	−0.135	−0.058	0.109	0.177
기타기계류부품	−0.063	−0.068	−0.006	−0.004	0.063	0.087	−0.091	−0.019	0.040	0.147
수출특화 품목수	5개	6개	7개	7개	10개	9개	7개	7개	12개	10개

주: 1. MTI 분류 기준.
2. 음영은 수출특화를 뜻함.
출처: e-나라지표 / 기계산업의 특성과 시장동향, p. 12 재인용.

지표로서 그 공식은 다음과 같다.

$$TSI = \frac{(총수출액 - 총수입액)}{(총수출액 + 총수입액)}$$

무역특화지수가 0인 경우 비교우위는 중간 정도이며 1이면 완전 수출특화상태를 나타내며, 수입은 전혀 하지 않고 수출만 한다는 것이고, 이 값이 -1이면 완전 수입특화상태로 수출물량이 전혀 없이 수입만 하는 경우이다.

표 9-30 한국의 일반기계 품목별 RCA지수

	2000	2001	2002	2003	2004	2005	2006	2007	2008	2009	2010	2011
일반기계	0.599	0.658	0.691	0.723	0.723	0.757	0.804	0.824	0.861	0.859	0.929	0.943
내연기관 및 터빈	0.201	0.237	0.228	0.225	0.259	0.306	0.333	0.373	0.537	0.692	0.652	0.716
농업용 기계	0.163	0.221	0.203	0.277	0.254	0.29	0.274	0.247	0.208	0.262	0.265	0.254
건설기계	1.033	1.056	1.352	1.376	1.311	1.387	1.527	1.541	1.523	1.248	1.819	1.865
섬유기계	1.298	1.454	1.670	1.734	1.778	2.122	2.322	2.281	2.69	3.349	3.079	2.606
펄프 및 종이가공용 기계	0.351	0.333	0.325	0.437	0.465	0.365	0.455	0.562	0.559	0.339	0.371	0.437
인쇄제본기계	0.125	0.116	0.163	0.171	0.167	0.169	0.157	0.141	0.125	0.134	0.126	0.152
식품가공기계	0.212	0.271	0.200	0.246	0.258	0.185	0.166	0.125	0.168	0.166	0.209	0.206
기타특수목적용 기계	0.718	0.838	0.965	1.095	1.157	1.241	1.312	1.306	1.294	1.256	1.390	1.332
가공공작기계	0.566	0.632	0.707	0.878	0.934	0.939	1.124	1.174	1.171	1.077	1.172	1.166
냉동공조기계	1.560	1.771	1.722	1.577	1.375	1.258	1.196	1.238	1.234	1.250	1.118	1.075
액체펌프	0.272	0.252	0.252	0.257	0.285	0.407	0.461	0.482	0.519	0.562	0.548	0.509
기체펌프 및 압축기	0.633	0.682	0.729	0.693	0.632	0.614	0.606	0.603	0.646	0.606	0.717	0.760
운반하역기계	0.706	0.682	0.584	0.619	0.642	0.679	0.724	0.733	0.720	0.765	0.760	0.790
기타일반기계	0.198	0.252	0.244	0.247	0.257	0.311	0.330	0.266	0.257	0.306	0.331	0.337
베어링	0.338	0.467	0.497	0.504	0.422	0.451	0.466	0.468	0.461	0.468	0.457	0.440
탭, 코크, 밸브	0.495	0.566	0.552	0.546	0.519	0.580	0.615	0.605	0.663	0.651	0.548	0.597
동력전달장치	0.244	0.282	0.304	0.333	0.325	0.359	0.441	0.470	0.547	0.590	0.631	0.647
금형	2.305	2.522	2.332	2.296	2.436	2.793	2.642	2.565	2.588	2.420	2.843	2.974
사무용 기계	0.810	0.882	0.902	1.072	1.083	0.899	0.727	0.706	0.719	0.652	0.661	0.723
기타일반기계부품	0.339	0.346	0.378	0.381	0.480	0.398	0.436	0.437	0.472	0.551	0.591	0.569
비교우위 품목수	4개	4개	4개	6개	6개	5개	6개	6개	6개	6개	6개	6개

주: UN Comtrade 분류기준.
출처: e-나라지표 / 기계산업의 특성과 시장동향, p. 17 재인용.

2007년을 제외하고 수출에 특화되어 있는 것으로 나타났다. 한편, 일반기계산업은 2003년부터 수출에 특화를 보이고 있다. 2011년기준으로 일반기계 19개 품목 중 10개 품목이 수출에 특화되어 있다. 특히 공기조절기 및 냉난방기, 사무기기, 섬유 및 화학기계, 건설광산기계, 금형은 지속적으로 수출 경쟁력을 유지하고 있는 품목이다. 2002년 대비 2011년 무역특화지수가 (-)에서 (+)로 전환된 품목은 운반하역기계, 섬유 및 화학기계 등 6개 품목이다. 이 6개 품목 가운데 무역특화지수가 가장 크게 높아진 품목은 금속공작기계로 -0.245에서 0.210으로 0.455P 상승하였다.

각 국가의 산업별 경쟁력을 비교하는 경우 일반적으로 현시비교우위지수(RCA: Revealed Comparative Advantage)[6]를 도출하여 비교·분석하는데, 우리나라의 일반기계산업은 2011년 현시비교우위지수가 1보다 낮아 상대적으로 비교열위를 보이고 있지만, 2000년과 비교하여 RCA 지수가 지속적으로 개선되고는 있는 것으로 나타나고 있다. 2011년 현재 RCA 지수가 1보다 큰 품목은 6개 품목이며, 이 중 금형(2.974)과 섬유기계(2.606)가 2를 상회하여 경쟁력이 매우 높게 나타났다. RCA 지수가 1보다 큰 비교우위를 가지는 품목의 수는 2000년 4개에서 2011년 6개로 늘어났다.

2011년 일반기계산업의 수출 상위 20개국의 현시비교우위지수를 분석한 결과 상위 3개국인 독일, 미국, 일본을 포함한 10개국이 비교우위를 가지고 있는 것으로 나타났다. 수출 4위 국가인 중국은 비교열위로 나타났지만, 2000년부터 지속적으로 RCA 지수가 증가하고 있다. 미국, 스위스는 비교우위를 유지하고 있지만 2000년과 비교하여 2011년에 RCA 지수가 다소 낮아졌다. 한국은 2011년 RCA 지수가 0.943으로 비교열위에 있지만, 2000년과 비교하면 0.344P 상승하여 수출경쟁력이 지속적으로 높아져 조만간 비교우위로 전환될 가능성이 크다.

4. 반도체

반도체(半導體: Semiconductor)란 구리처럼 전기가 잘 통하는 도체(導體)와 나무나 돌처럼 전기가 통하지 않는 부도체(不導體)의 중간 성질을 갖는 물질을 말한다. 실리콘(Si), 게르마늄(Ge) 등이 반도체에 속한다. 게르마늄은 실리콘과 같은 반도체의 일종이지만, 현재는 대부분 실리콘을 사용하고 있다.

트랜지스터는 1947년 미국의 벨연구소에서 쇽클리(W. Shockley)가 최초로 발명했으나, 페어차일드회사가 1959년 말에 실리콘을 이용한 최초의 상업용 트랜지스터를

---

6) 현시비교우위지수(RCA: Revealed Comparative Advantage)란 세계 전체 수출시장에서 특정 상품(서비스 포함)의 수출이 차지하는 비중과 특정국의 수출에서 동 상품수출이 차지하는 비중사이의 비율로 특정 상품의 비교우위를 판단하는 데 널리 쓰이며 이 지수가 1보다 크면 비교우위가 있다고 판단한다.

$$RCA_{ik} = \frac{(X_{ik} / T_{Xk})}{(X_i / T_X)}$$

단, X_{ik}: i국의 k상품의 대세계 수출액, T_{Xk}: 세계 전체의 k상품 수출액(수입액)
X_i : i국의 총수출액, T_X : 세계 전체의 총수출액(총수입액)

표 9-31 일반기계 수출 상위 20개국의 RCA 지수

	2000	2001	2002	2003	2004	2005	2006	2007	2008	2009	2010	2011
독 일	1.683	1.699	1.731	1.668	1.689	1.785	1.827	1.666	1.745	1.755	1.736	1.744
미 국	1.470	1.441	1.458	1.391	1.449	1.511	1.500	1.442	1.455	1.298	1.312	1.214
일 본	1.798	1.711	1.635	1.734	1.830	1.850	1.855	1.792	1.860	1.743	2.041	2.105
중 국	0.470	0.511	0.542	0.551	0.570	0.625	0.687	0.765	0.869	0.885	0.890	0.866
이탈리아	1.955	1.947	1.983	2.036	2.077	2.089	2.176	2.113	2.203	2.289	2.194	2.105
영 국	1.343	1.418	1.379	1.457	1.407	1.399	1.365	1.435	1.426	1.518	1.474	1.451
프 랑 스	1.095	1.116	1.127	1.134	1.144	1.183	1.245	1.247	1.279	1.274	1.233	1.170
한 국	0.599	0.658	0.691	0.723	0.723	0.757	0.804	0.824	0.861	0.859	0.929	0.943
네덜란드	0.567	0.539	0.597	0.648	0.650	0.646	0.698	0.900	0.884	0.867	0.894	0.961
싱가포르	0.587	0.565	0.591	0.690	0.674	0.703	0.721	0.756	0.833	0.948	0.878	0.827
벨 기 에	0.738	0.695	0.652	0.660	0.664	0.646	0.652	0.695	0.734	0.711	0.701	0.708
캐 나 다	0.738	0.745	0.799	0.772	0.764	0.762	0.771	0.747	0.735	0.855	0.767	0.707
스 위 스	1.954	1.848	1.704	1.680	1.678	1.617	1.631	1.526	1.502	1.339	1.380	1.336
멕 시 코	0.705	0.704	0.759	0.759	0.815	0.835	0.823	0.760	0.835	0.849	0.931	0.868
스 웨 덴	1.426	1.486	1.531	1.518	1.438	1.451	1.464	1.483	1.508	1.499	1.492	1.466
체 코	1.272	1.267	1.159	1.407	1.370	1.386	1.398	1.354	1.352	1.272	1.269	1.279
태 국	0.510	0.534	0.536	0.573	0.686	0.694	0.702	0.791	0.775	0.775	0.897	0.814
홍 콩	0.425	0.434	0.452	0.444	0.424	0.411	0.411	0.410	0.439	0.419	0.445	0.409
폴 란 드	1.027	1.030	1.080	1.124	1.128	1.121	1.150	1.096	1.034	0.960	0.976	0.949
헝 가 리	1.473	1.510	1.611	1.698	1.717	1.761	1.852	1.615	1.540	1.514	1.494	1.505

출처: e-나라지표 / 기계산업의 특성과 시장동향, p. 20 재인용.

생산하기 시작했다. 1958년 텍사스인스트루먼트(TI)사의 전자공학자 킬비(J.S. Killby)가 트랜지스터 1개, 저항기 3개, 캐패시터 1개 등 모두 5개의 소자를 하나의 반도체 기판 위에 모아놓은 최초의 집적회로(IC: Integrated Circuit)를 개발했다. 그 뒤 트랜지스터 100여 개를 집적한 소규모집적회로(SSI: small-Scale IC), 100~1,000개를 집적한 중규모집적회로(LSI: Large-Scale IC), 1만 개 정도를 집적한 대규모 집적회로(VSLI: Very LSI), 10만 개 정도를 집적한 초대규모집적회로(ULSI: Ultra LSI)로 발전했다. 오늘날 최첨단 1G DRAM의 경우 1개의 칩에 무려 11억 7,000만 개의 트랜지스터를 집적시켜 만든 것이다.

반도체의 종류는 크게 정보를 저장할 수 있는 메모리반도체와 정보 저장 없이 연산이나 제어기능을 하는 비메모리반도체(논리회로소자)로 구분된다. 그러나 반도체는 부품이므로 용도별·기술별·집적도별·제조공정별 등에 따라 각각 분류체계를 달리하고, 또한 국가별로도 분류를 다르게 나타내고 있다. 예를 들어, 우리나라는 메모리반도체를 주로 생산하고 있기 때문에 메모리에 대한 분류는 구체화되고 있으나, 메모리가 아닌 반도체는 모두 비메모리라고 칭하여 우리나라에서만 사용하는 분류체계이다.

메모리반도체는 정보를 기록하고 저장해둔 정보를 읽거나 내용을 바꿔 다시 넣을 수 있는 램(RAM: random access memory)과 기록된 정보를 읽을 수만 있고 바꿀 수 없는 롬(ROM: read only memory)이 있다. 롬과 달리 램은 전원이 끊기면 기록해둔 자료가 사라지는 것이 특징이다. 또한 램에는 S램과 D램이 있으며, D램은 전원이 켜져 있는 상태에서도 미세한 전류가 계속 흘러야만 정보를 기억할 수 있으나, 작은 칩에 많은 정보를 담을 수 있어 PC에 주로 사용된다. S램은 전원이 끊기지 않는 한 기록된 정보를 유지하는 특성이 있다. S램은 전원만 들어오면 정보를 지속적으로 저장할 수 있어 정보처리속도가 빠르고 전력소모가 적지만, 작게 만들기가 힘들어 캐시메모리, 통신기기, 서버, 통신기지국 장비에 주로 사용된다.

플래시메모리(flash memory)는 D램이나 S램과 달리 전원이 끊긴 뒤에도 정보가 계속 남아있는 반도체이다. 플래시메모리를 쓰면 램과 같이 빠른 속도로 정보를 읽거나 쓸 수 있고, 하드디스크처럼 전원과 무관하게 정보도 저장할 수 있다. 플래시메모리는 전원이 꺼지더라도 정보가 지워지지 않는 비활성메모리로서 휴대폰, 캠코더, 디지털카메라, MP3플레이어, PDA 등 모바일 제품에 널리 사용된다.

비메모리반도체에는 마이크로프로세서(MPU), 마이크로컨트롤러(MCU), 디지털신호처리(DSP) 등 컴퓨터를 제어하는 핵심 부품인 마이크로칩과 논리소자(Logic IC), 아날로그 IC, 개별소자(discrete), 광반도체 및 센서 등 다양하다. 비메모리반도체는 대부분 활용 분야가 다양하여 공급이 급격히 증가하더라도 수요 측에서 이를 흡수할 여지가 있는 반면, 메모리 반도체는 수요가 특정 기기에 한정되어 있기 때문에 공급 급증이 수급불균형으로 직결된다.

반도체의 용도는 장난감에서부터 우주항공산업에 이르기까지 다양하게 사용되고 있으며, 미래산업의 키워드인 산업융합화 및 유비쿼터스 사회구축을 뒷받침하는 핵심요소이다. 현재 반도체가 이용되는 분야는 PC를 비롯하여 TV, DVD 등 가전제품뿐만 아니라 통신기기, 자동차, 산업용기계, 로봇, 시계 등 다양한 분야에 걸쳐 있다.

표 9-32 메모리 반도체와 비메모리 반도체의 사업 비교

구분	메모리 사업	비메모리 사업
제품성격	• 생산기술 지향 • DRAM 등 표준품 • 짧은 수명주기 • PC시장 의존	• 설계기술 지향 • ASIC 등 용도별 품목 다양성 • 시스템 및 소프트웨어와의 조화 • 기계의 전자회로 수요 다양
사업특성	• 소품종 대량생산 • 대규모 투자집중 추구 • 공정의 극한 기술 극복 • 대기업형 사업구조	• 다품종 소량생산 • 제품의 칩 세트화 구축 • 시스템 부문의 경쟁력 제고 • 중소벤처기업형 사업구조
경쟁구조	• 선행기술개발, 시장선점 • 중단없는 설비투자 관건 • 높은 위험부담 • 참여업체 제한적	• 우수한 설계인력 및 IP확보 관건 • 경쟁시스템과의 기능 경쟁 • 낮은 위험부담 • 참여업체 다수다양

자료: 산업연구원.

그 중에서도 자동차, 휴대폰 등은 최근에 새로운 시장으로 부상하여 개발경쟁이 치열하다. 최근의 자동차는 달리는 전자제품이라고 할 정도로 많은 반도체가 사용되고 있으며, 특히 마이크로컨트롤러는 일반승용차에 약 30개, 고급승용차에 약 80개 정도 사용되고 있다.

반도체기업들은 자사의 기술역량, 자금, 반도체경기 등에 따라 전략적으로 생산에 참여하고 있다. 반도체생산업체는 제조공정에 따라 크게 일관공정업체(IDM: Integrate Device Manufacturer), 설계전문업체(Fabless), 수탁제조업체(Foundry), IP개발업체(Chipless) 등의 전공정(Front-End Process)업체와 후공정(Back-End Process)의 어셈블리 및 테스트 전문업체가 있다.

메모리 분야는 대부분 일관공정체제(IDM)이며, 비메모리 분야는 부가가치 체인별 분업화가 잘 이루어져 있다. 최근에는 반도체 칩을 완제품으로 설계하지 않고 칩의 아키텍처설계, 규격설정, IP개발 등 R&D 부문에 가까운 분야를 특화하는 IP전문업체가 새로운 수익모델 기업으로 등장하고 있다. 반도체칩을 직접 생산하지 않고 특정용도 IC의 설계 및 마케팅에 특화한 설계전문(Fabless) 비즈니스도 고속성장하고 있다. 또한 이들 기업을 뒷받침하는 파운드리(Foundry) 비즈니스도 활발히 성장하고 있다. 이들 기업은 생산기술 및 생산코스트의 우위성을 바탕으로 설계업체의 위탁에 의해 제조만을 전문하여, 대한, 한국, 중국이 치열한 경쟁을 벌이고 있다.

국가별로 보면 일본과 한국은 수직계열화의 종합기업들이 대부분이기 때문에 자

신들이 사용할 반도체를 생산하는 설비를 보유하고 있으며, 미국과 유럽은 반도체전문업체가 많은 편이다.

일본은 마이크로컨트롤러(MCU), 개별반도체(discrete), 아날로그 IC 등의 주요 공급 국가이고 미국은 마이크로프로세서, DSP, 마이크로컨트롤러, ASSP, 주문형 ASIC, 아날로그 IC 등의 주요 생산국이며, 한국은 메모리강국이고, 대만은 파운드리의 주요 공급국이다.

최근 반도체산업을 둘러싼 환경이 급격히 변화하고 있다. 과거 1990년대가 메모리 전성시대라면, 21세기는 SoC(System-on-a-Chip)시대라 할 수 있다. SoC는 하나의 칩에 시스템이 필요한 논리적 계산, 데이터 전환, 기억 등의 기능을 모두 담은 반도체로서 칩 하나로 시스템을 구현하기 때문에 장점이 매우 크다. SoC 기술을 이용하여 시스템의 크기를 최소화하고, 제조비용을 절감하며, 다양한 복합기능을 구현할 수 있다. 그러나 SoC 기술은 고도의 하드웨어기술은 물론 소프트웨어기술이 복합적으로 요구되기 때문에 반도체공정기술, 전자공학, 기계, 화학, 물리 등의 다양한 과학기술과 산업현장의 경험이 융합된 통합적 산업의 성격을 띠고 있고, 연구개발에 막대한 투자가 필요하다.

반도체산업의 패러다임 변화를 살펴보면, 우선 반도체시장을 견인하는 주력시장이 기존의 PC 위주에서 모바일제품과 디지털가전으로 급속히 전환하고 있다. 메모리제품의 경우 모바일 및 정보가전제품의 수요로 확대되고, 시스템 IC는 다양한 복합기능칩(SoC)으로 발전되고 있다. 이에 따른 반도체의 차세대제품은 다양화 및 차별화를 위한 경쟁이 치열해지고, 기술은 미세화, 고속화, 저 전력화 등의 경쟁이 가속화되고 있다.

나노기술의 혁신은 공정미세화를 촉진하고 있다. 설계 및 공정기술은 0.5μm(95년) → 0.2μm(99년) → 0.13μm(2002년) → 90nm(2003년) → 60nm(2005년) 로 가속화되고 있으며, 웨이퍼사이즈도 대구경화하여 160mm(92년) → 200mm(95년) → 300mm (2002년)로 진화하고 있다.

메모리반도체의 사업구조도 커다란 변화가 일어나고 있다. 메모리사업은 계속 거대화되어 과점화가 진행되고 있고, 메모리제품도 D램에서 플래시메모리로 점차 무게 중심이 이동하고 있다. 환경 변화에 따라 경쟁국의 반도체업체들은 반도체시장의 흐름을 신속하게 간파하고 획기적인 구조조정을 통해 시장에 적극 대응하고 있다. 일본은 메모리를 과감하게 버리고 복합기능칩(SoC) 육성에 박차를 가하고 있으며, 대만은 메모리반도체 대신 파운드리(수탁가공생산)로 성공을 거두고 있고, 중국은 세계의 공장답게 다국적기업들을 유도하여 곳곳에 반도체공장을 세우고 있다.

1965년 미국계 다국적기업들의 당시 한국의 양질의 저임노동력을 활용하기 위해 조립가공 분야에 진출한 것이 한국 반도체산업의 효시였다. 1982년 상공부에서 반도체를 위한 지원정책인 「반도체공업육성세부계획(1982~86)」을 수립하면서 국내 기업에 의한 실질적인 일관공정의 대량생산체제 및 자립 연구개발체제가 갖춰지기 시작하였다. 1983년 기존의 삼성과 금성 외에 현대전자가 신규 참여하여 DRAM사업에 본격 투자함으로써 일관생산체제의 메모리시대를 열어나갔다. 1983년 당시부터 자체기술개발을 본격화하기 시작한 우리 기업은 1984년 64K DRAM, 1985년 256K, 1986년 1M, 1988년 4M, 1989년 16M, 1992년 64M, 1994년 256M DRAM 개발에 성공하였다. 선진국과의 개발시점 차이를 보면 64K는 4년의 격차가 있었으나, 256K는 3년, 1M는 2년, 4M는 6개월로 줄어들었고, 16M에서는 선진국과 동시에, 64M과 256M는 세계 최초로 개발하여 불과 10년 만에 선진국을 추월하였다.

이처럼 우리 반도체업계가 단기간에 선진국을 따라잡을 수 있었던 요인은 다음 4가지로 요약할 수 있다. 첫째, 반도체품목 중에서 시장규모가 크고 성장성이 높으며, 대량생산의 장점이 있는 메모리 분야의 표준제품을 기업의 전략적 목표로 선택과 집중을 했다. 메모리 분야는 장비에 체화된 제조기술이 중심을 이루고 있기 때문에 후발자의 입장에서 우수한 인력과 자본의 충분한 뒷받침이 있는 경우 비교적 단기간 내에 기술 습득이 가능하였다. 둘째, 연구개발에서는 상호협력체제를 구축하였다. 1986년 국내 대기업 3사가 모여 반도체연구조합을 결성하고, 이때부터 정부의 적극적인 지원과 함께 3사의 공동연구를 통해 선진국의 기술을 따라 잡았다. 셋째, 생산 및 판매에서는 각사가 치열한 경쟁체제로 돌입하였다. 각사는 시장을 선점하기 위해 경영자원을 반도체 부문으로 집중하였으며, 과감하게 판매망을 확충하였다. 넷째, 의사결정을 신속하고 과감하게 내릴 수 있는 오너경영체제의 장점을 최대한 발휘하였다. 반도체산업은 막대한 투자비용이 요구됨과 동시에 라이프사이클이 짧기 때문에 위험부담이 큰 만큼 과감하고 신속한 의사결정이 절대적으로 필요하다.

하지만, 2008년부터 메모리가격 폭락, 경기침체 등으로 인해 수출이 급속도로 위축되어 감산 및 노후라인 폐쇄 등으로 대응하고 있다. 2009년 들어 삼성전자는 2, 3라인은 LED 생산으로, 10라인은 200mm에서 300mm로 전환하고, 삼성LED설립, 태양광전지 분야 진출 등으로 내부 구조조정을 단행하였다. 하이닉스는 M7 등 3개 라인을 폐쇄하고, 비핵심자산매각, 임원진 구조조정 및 임금삭감 등으로 구조조정을 단행하였다. 2009년 10월 현재 시스템반도체는 산업성숙화로 솔루션 제공이 가능한 일부 상위 업체를 제외하고 극심한 가격경쟁을 벌이고 있는 상태이다. 가격경쟁력의 관건인 칩사이즈 축소 등은 대만이 선도하고 있으며, 국내업체는 경쟁력에서 뒤처지고 있는 실정이다. LG전자는 자체적인 DTV 칩셋을 보유하고 있음에도 불구하고 가격경쟁력 확보를 위해 약 90%를 저가격의 대만산 칩셋을 수입하고 있다. 개별반도체 및 광반도체 분야는 가격경쟁에서 고효율화 및 친환경화로 전환되어 중요성이 급속히 부각되고 있다.

국내 메모리반도체/비메모리반도체 등 우리나라의 반도체산업 생산규모는 2004년 33.5조 원에서 2008년 금융위기 당시를 제외하고서는 상승 추세를 보여 2012년에 61.8조 원에 이르렀다. 전세계 전체 생산규모 대비 우리나라의 반도체 생산규모 비중은 2004년 9.6%에서 점차적으로 증가하여 2012년에 14.3%를 점하게 되었다. 이러한 규모는 미국, 일본에 이어 세계 3위에 해당하는 것이다. 수출액도 반도체 생산과 비슷한 추세를 보여 2004년 265.2억 달러에서 점차적으로 증가하여 2010년에는 500억 달러를 초과하게 된다. 수출 역시 2008년~2009년 위기 당시에는 줄어드는 모습을 보이고 있다. 한편 수입은 수출과는 달리 약간의 시차를 보이고 있다. 2004년 236.2억 달러이던 한국의 반도체 수입은 2008년까지 320.2억 달러로 증가하지만, 2009년 큰 폭으로 줄어들어 266.2억 달러에 불과하다. 그러나 이후 2011년까지 회복하여 2011년 수입액이 2008년 수준에 이르지만, 2012년에는 전년도와 비슷한 수준을 보이고 있다. 우리나라 DRAM 생산은 세계 1위로 49.5%를 점유함으로써 가장 경쟁력 있는 부문으로 발전하고 있으므로 DRAM 가격은 한국 반도체 수출에 중요한 역할을 담당하고 있다. DRAM의 평균가격을 살펴보면 2005년과 2007년 두 번 상승하여 2달러 이상이었으나 그 후 계속해서 1달러 이하를 보였다. 그런데 2012년에 1.64 달러로 다시 상승함에 따라 한국 반도체 수출에 긍정적으로 작용하고 있다.

표 9-33 반도체산업의 생산 및 수출입

	2004	2005	2006	2007	2008	2009	2010	2011	2012
생산(조 원)	33.5	33.8	35.5	38.3	34.3	40.8	61.3	61.5	61.8
시장점유율(%)	9.6	10.5	11.3	11.4	9.8	11.7	14.3	13.8	14.3
수출(억 달러)	265.2 (35.7)	299.8 (13.1)	373.6 (24.6)	390.4 (4.5)	327.9 (−16.0)	310.4 (−5.3)	507.1 (63.4)	501.4 (−1.1)	504.3 (0.6)
수입(억 달러)	236.2 (10.7)	251.3 (6.4)	280.4 (11.6)	308.2 (9.9)	320.2 (3.9)	266.2 (−16.9)	311.4 (17.0)	324.8 (4.3)	322.4 (−0.8)
DRAM 가격($)	1.72	2.16	1.59	2.17	0.93	0.66	1.22	0.55	1.64

주: 괄호 안의 수치는 전년 대비 증감률을 나타냄.
자료: e-나라지표 / 부문별지표 / 경제 / 산업동향 / 개별산업동향/반도체 디스플레이산업 동향 재인용.

| 제10장 |

서비스산업

10.1 서비스산업의 특성 및 현황

10.2 서비스산업의 발전 과정

10.3 유통서비스산업

10.4 지식서비스산업

10.5 사회서비스산업

10.6 개인서비스산업

서비스는 고객과 서비스 제공자 간의 상호작용을 통해 새로운 가치를 창출해내는 것이라고 정의할 수 있으며, 다양한 특징을 지니고 있다. 첫째 서비스는 법률이나 의료서비스와 같이 눈에 보이지 않는 무형성을 지닌다. 무형성은 고객과 서비스제공자 간에 정보의 비대칭성을 발생시켜 서비스품질의 통제를 어렵게 하고, 복제가 쉬워서 지식재산권 보호를 어렵게 하여 서비스 프리미엄이 빠르게 소멸될 수 있다. 둘째 동일한 서비스제공자로부터 제공되는 서비스라 하더라도 때와 환경에 따라 서비스의 내용이나 질이 달라지는 이질성을 갖고 있다. 이질성은 개별고객에 대한 서비스차별화의 기회가 될 수도 있으나 서비스 혁신에는 부정적 영향을 미칠 수 있다. 셋째 디지털 음원의 예에서 볼 수 있듯이 생산과 동시에 소비가 이루어지는 동시성을 지니고 있다. 동시성은 시장범위를 제약하여 제한된 범위 내에서 경쟁을 유도함으로써 적정수요의 확보를 어렵게 하는 요인으로 작용하고 있다. 넷째 스톡으로 유지되거나 저장되지 않기 때문에 구매된 서비스라 하더라도 그 편익이 사라지는 소멸성을 지니고 있다. 따라서 과잉생산으로 인해 손실이 발생하거나 과소생산으로 인해 이익을 잃어버릴 수도 있다. 다섯째 소비자의 니즈가 서비스의 제공시간과 제공장소에 따라 영향을 받게 되는 특정성을 지니고 있다. 특정성 때문에 서비스에 대한 소비자의 니즈는 제조업제품에 대한 니즈와 비교하여 훨씬 다양하다. 이 장에서는 미래의 한국경제를 이끌어 나갈 서비스산업의 현황과 발전방향을 모색한다.

제10장 서비스산업

10.1 서비스산업의 특성 및 현황

경제가 선진화 될수록 부가가치창출이나 고용에서 서비스산업이 차지하는 비중은 증가하는 경향을 보인다. 우리나라의 경우에도 1980년대 이후 경제 전체에서 차지하는 서비스산업의 비중이 높아지면서 경제의 서비스화가 진행 중이다. 이러한 서비스 경제화는 소득증대에 따른 서비스 소비의 증가나 정보통신 분야의 기술혁신에 의한 서비스산업의 발전에 기인하는 측면도 있으나 공급자들이 직면한 경쟁환경의 변화와 제조업의 생산성향상을 위한 제품의 서비스화 진전 등에 영향을 받을 수 있다.

경제가 진화할수록 부가가치 창출의 원천이 변하게 된다. 노동이나 자본 등 본원적인 생산요소 중심에서 벗어나 인간의 지식을 기반으로 한 브랜드, 지적재산 등 무형자산의 활용이 증가하게 된다. 특히 선진경제로 발전하기 위해서는 투입에 의한 성장에서 벗어나 생산성을 기반으로 한 성장으로 변화할 필요가 있다. 이 경우에 지식서비스산업 발전이 필수적인 요소로 등장하고 있다. 지식서비스는 R&D, 정보통신, 고급인력의 활용이나 투입도가 높고 지식이 체화된 무형재산을 집약적으로 활용하는 산업으로서 그 자체가 창의성과 전문지식이 요구되는 부가가치산업이라 할 수 있다. 이러한 지식서비스 생산의 결과물인 지식은 경제 전체의 자산으로서 다른 산업의 생산 과정에 투입되어 긍정적인 외부효과를 창출하게 된다. 또한 서비스산업은 최근의 고용문제를 해결할 수 있는 효과적인 대안으로 부각되고 있다. 이미 '고용 없는 성장'(Jobless Growth)을 이어가고 있는 제조업의 경우 2011년 기준으로 취업유발계수가 생산 10억 원당 7.4명에 불과하지만, 서비스산업의 취업유발계수는 10억 원당 15.9명으로 제조업에 비해 절대적으로 높은 수준이다.

그동안 국내 산업은 자동차, 조선, 철강 등의 전통 제조업과 휴대폰, 반도체, 가전 등 정보통신산업을 중심으로 성장해왔다. 그러나 최근 주요 제조업종들이 성숙기에 도달함에 따라 중국 등 후발경쟁국과의 기술력 격차가 줄어들고 수익성이 약화되고 있어서 제조업의 수익성을 회복하기 위해서는 가치사슬을 변화시킬 필요가 있다. 최근 선진 제조업체들은 제품의 생산 판매에만 그치지 않고 고객이 구매한 제품의 성능유지 또는 업그레이드, 고객이 직면한 문제의 실시간 서비스 등을 지속적으로 제공함으로써, 제품과 서비스가 결합된 형태의 공급으로 전환하는 모습을 보이고 있

그림 10-1 | 산업별 생산 비중 변화

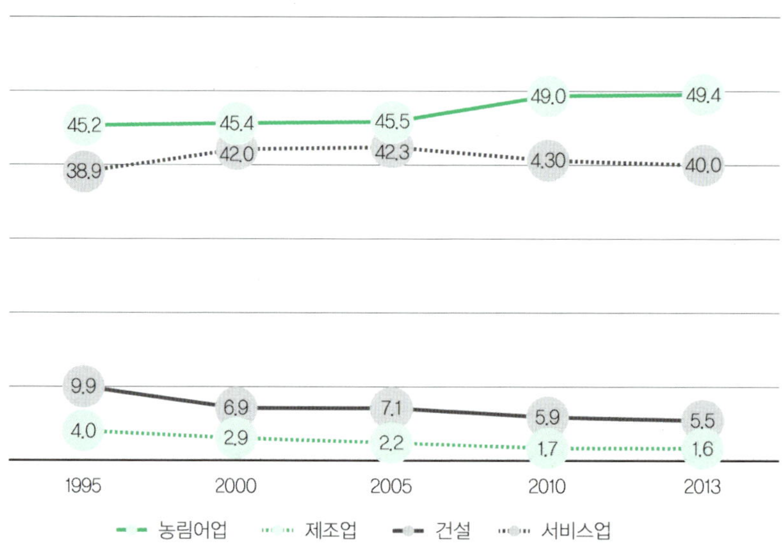

	1995	2000	2005	2010	2013
농림어업	4.0	2.9	2.2	1.7	1.6
광업	0.3	0.2	0.2	0.1	0.1
제조업	45.2	45.4	45.5	49.0	49.4
전기 · 가스 · 수도	1.7	2.2	2.2	2.4	2.9
폐수처리 자원재활용		0.4	0.4	0.5	0.5
건설	9.9	6.9	7.1	5.9	5.5
서비스업	38.9	42.0	42.3	40.3	40.0

자료: KIET, 2014, 「주요산업동향지표」.

다. 특히 고가의 제품이나 주기적인 서비스가 필수적인 제품의 경우에는 제조업체가 상품을 판매하는 것이 아니라 상품에 부수되는 서비스를 판매하는 형태로 전환하는 경우도 적지 않다. 그 결과 과거에는 제조 부문이 서비스기능에 비해 더 높은 가치를 창출하였으나 최근에 들어오면서 서비스기능이 제조단계에 비하여 더 높은 가치를 창출하는 형태로 가치사슬의 모습이 바뀌고 있다.

1. 서비스산업의 추이

서비스산업의 성장에 따라 산업구조도 서비스산업 중심으로 전환되고 있는데 1995~2013년 기간 동안 전체 생산에서 차지하는 1차산업의 비중은 4.0%에서 1.6%로 줄어들었으나, 제조업의 비중은 45.2에서 49.4%로 소폭 늘어났다. 서비스산업의 비중은 1995년 38.9%에서 2005년 42.3%까지 확대되고 이후 조금 줄어들기는 하였으나 40%대를 유지하고 있다.

서비스산업의 고용은 절대규모뿐만 아니라 증가율에서도 제조업보다 훨씬 높은 수준을 보여주고 있다. 서비스산업에서의 고용은 1995년 885만 명으로 전체 취업자

그림 10-2 | 산업별 종업원수 비중 변화

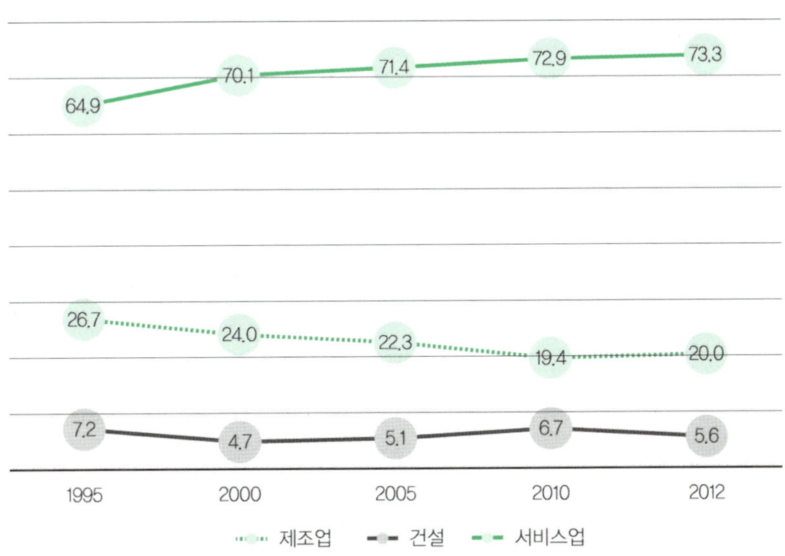

자료: KIET, 2014, 「주요산업동향지표」, p. 12.

의 64.9%에 해당하였으나, 2012년에는 73.3%에 해당하는 1,362만 명으로 늘어남으로써 연평균 2.6%의 성장률을 기록하였다. 이에 비해 제조업 종사자 비중은 같은 기간 동안 26.7%에서 20.0%로 크게 줄어들었다. 우리나라의 서비스산업은 지속적으로 성장하여 2013년 현재 부가가치규모(국민 계정기준)가 약 770조 원으로 제조업의 부가가치 405조 원의 1.9배에 이른다. 이는 경제발전과 함께 경제의 서비스화가 심화된 결과이며, 다른 한편으로는 그동안 성장을 견인해 온 제조업이 투자부진, 생산비용 증가, 설비의 해외이전 등으로 성장엔진으로서의 역할이 상대적으로 둔화되고 있는데 기인한다.

국내 서비스산업의 부가가치 비중은 꾸준히 증가하고 있으나, 주요 선진국에 비해 아직도 경제의 서비스화 정도가 낮고 발달수준도 미흡한 실정이다. 주요국의 GDP 대비 서비스업의 부가가치 비중을 살펴보면 2012년 기준 미국과 프랑스가 79.2%로 가장 높은 수준을 보였고, 영국 78.8%, 이탈리아가 73.8%, 일본 72.3% 등의 순서로 나타났다. 반면 국내 서비스산업의 부가가치 비중은 57.7%에 불과하여 선진국보다 상당히 낮은 수준이었다.

그림 10-3 | 주요국별 서비스업 비중

자료: UN.

한편 우리나라의 서비스무역 규모를 보면 2013년기준 서비스수출이 1,037억 달러로 2000~2013년 기간 동안 연평균 9.3%의 성장률을 기록하였다. 서비스수입에 따른 지급 규모는 2013년 현재 1,102억 달러로 같은 기간 연평균 9.6%의 증가율을 기록하였다. 그 결과 서비스수지는 상품수지와는 달리 만성적인 적자상태에 있으며, 적자 규모도 2000년 9억 달러에서 2013년에는 65억 달러로 확대되었다.

표 10-1 상품 및 서비스산업 무역수지 차이

(단위: 백만 달러)

		1980	1985	1990	1995	2000	2005	2010	2013	연평균성장률(%)	
										80-13	00-13
상품	수지	-6,563	-2,254	-3,280	-6,518	15,631	32,313	47,915	82,781	-	-
	수출	15,015	20,772	59,861	119,578	169,524	285,254	463,770	618,157	11.9	10.5
	수입	21,579	23,025	63,142	126,096	153,893	252,942	415,854	535,376	10.2	10.1
서비스	수지	1,286	2,330	471	-1,484	-973	-9,130	-14,238	-6,499	-	-
	수출	5,026	5,948	10,817	24,504	32,667	50,730	83,260	103,739	9.6	9.3
	수입	3,740	3,618	10,346	25,988	33,640	59,861	97,498	110,238	10.8	9.6

자료: 한국은행, 「국제수지통계」, 각년도.

2. 서비스산업 분류

서비스산업은 크게 유통서비스, 지식서비스, 사회서비스, 개인서비스로 구분된다. 유통서비스는 도·소매서비스와 유통·보관서비스로 분류되며, 지식서비스는 방송, 통신, 정보서비스를 비롯하여 교육, 과학기술, 스포츠, 의료까지 다양한 서비스를 전부 포함하고 있다. 사회서비스는 사업지원, 공공행정, 사회복지서비스로 구성되고, 개인서비스업은 숙박·음식점, 부동산, 임대, 기타 서비스로 나누어진다.

3. 세부 서비스별 추이

서비스산업에 대한 서비스별 생산 추이를 살펴보면 유통서비스는 1995년 이래로 지난 20년 동안 26% 내·외를 점유하며 큰 변화없이 거의 비슷한 점유율을 보이고 있다. 이에 비해 지식서비스는 35.3%에서 2005년까지 증가한 후 최근에는 41%대를 유지하고 있다. 사회서비스는 1995년 11%에 머물러 있던 상태에서 꾸준히 상승하여 13% 이상으로 비중이 커졌다. 개인서비스는 1995년 26.1%에 비해 점차적으로 줄어들어서 최근에 18%대를 유지하고 있다. 결과적으로 유통서비스는 2000년대 들어 조금 줄어든 후 유지되는 반면에 개인서비스는 생산점유율이 줄어들고, 지식 및 사회서비스의 생산 비중은 증가하고 있다.

표 10-2 서비스산업 분류

대분류	중분류	소분류
유통서비스	도 · 소매	511(자동차 및 부품 판매업), 512(도매 및 상품중개업), 513(소매업 ; 자동차 제외)
	운수 · 보관	521(육상운송 및 파이프라인 운송업), 522(수상 운송업), 523(항공 운송업), 524(보관 및 창고업), 525(운송 관련 서비스업)
지식서비스	방송	571(라디오 방송업), 572(텔레비전 방송업)
	통신	581(우편업), 582(전기통신업)
	정보	590(컴퓨터 프로그래밍, 시스템 통합 및 관리업), 601(자료처리, 호스팅, 포털 및 기타 인터넷 정보매개서비스업), 609(기타 정보 서비스업)
	출판	561(서적, 잡지 및 기타 인쇄물 출판업), 562(소프트웨어 개발 및 공급업), 563(영화, 비디오물, 방송프로그램 제작 및 배급업), 564(오디오물 출판 및 원판 녹음업)
	금융 · 보험	611(금융업), 612(보험 및 연금업), 613(금융 및 보험 관련 서비스업)
	전문 · 과학기술	701(연구개발업), 702(전문서비스업), 703(건축기술, 엔지니어링 및 기타 과학기술 서비스업), 704(기타전문, 과학 및 기술 서비스업)
	교육	851(초등 교육기관), 852(중등 교육기관), 853(고등 교육기관), 854(특수학교, 외국인학교 및 대안학교), 855(일반 교습 학원), 856(기타 교육기관), 857(교육지원 서비스업)
	의료 · 보건	861(병원), 862(의원), 863(공중 보건 의료업), 869(기타 보건업)
	예술 · 스포츠 · 여가	901(창작 및 예술 관련 서비스업), 902(도서관, 사적지 및 유사 여가 관련 서비스업), 911(스포츠 서비스업), 912(유원지 및 기타 오락 관련 서비스업)
사회서비스	사업지원	711(사업시설 관리 및 조경 서비스업), 712(사업지원 서비스업)
	공공행정	841(입법 및 일반 정부 행정), 842(사회 및 산업정책 행정), 843(외무 및 국방 행정), 844(사법 및 공공질서 행정), 845(사회보장 행정)
	사회복지	871(거주 복지시설 운영업), 872(비거주 복지시설 운영업)
개인서비스	숙박 · 음식점	551(숙박업), 552(음식점 및 주점업)
	부동산	621(부동산 임대 및 공급업), 622(부동산 관련 서비스업)
	임대	631(운송장비 임대업), 632(개인 및 가정용품 임대업), 633(산업용 기계 및 장비 임대업), 634(무형재산권 임대업)
	기타 서비스	941(산업 및 전문가 단체), 942(노동조합), 949(기타 협회 및 단체), 951(기계 및 장비 수리업), 952(자동차 및 모터사이클 수리업), 953(개인 및 가정용품 수리업), 961(미용, 욕탕 및 유사 서비스업), 969(그외 기타 개인 서비스업)

주: 산업분류 번호는 ISTAN에서 채택하는 분류 기준에서 세분류 번호를 의미함.
자료: KIET, 2013, 「주요산업동향지표」, p. 12.

그림 10-4 | 서비스산업 세부 서비스별 생산점유율 추이

(단위: %)

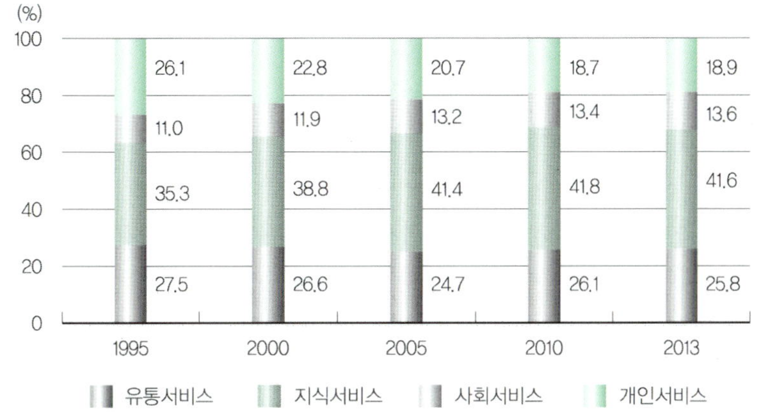

자료: KIET, 2014, 「주요산업동향지표」.

서비스산업에 대한 세부 서비스별 부가가치 추이에 의하면 유통서비스는 1995년 26.3%에서 2000년, 2005년 지속적으로 줄어들어 21%대에 진입한 후 이 수준을 유지하고 있다. 이에 비해 지식서비스는 36.8%에서 2005년까지 증가한 후 최근에는 41%대를 유지하고 있다. 사회서비스는 1995년 12.8%에 머물러 있던 상태에서 꾸준히 상

그림 10-5 | 서비스산업 세부 서비스별 부가가치점유율 추이

(단위: %)

자료: KIET, 2014, 「주요산업동향지표」.

승하여 16.7%에 이를 정도로 차지하는 비중이 증가하고 있다. 유통서비스는 1995년 24.1%에 비해 점차적으로 줄어들어 최근에는 20.6%를 유지하고 있다. 부가가치를 기준으로 분석하였을 경우에도 생산과 유사하게 지식서비스와 사회서비스는 증가하는 반면에 유통서비스와 개인서비스는 줄어드는 추세를 보이고 있다.

서비스산업 종사자 수에 대한 추이를 살펴보면 유통서비스는 1995년에 전체 서비스산업 종사자 가운데 36.5%를 차지하다가 시간이 흐를수록 줄어들어 2012년에는 27.8%에 불과하였다. 이에 비해 지식서비스는 28.4%(1995년)에서 2000년 30%대에 진입한 후 최근에는 33%대를 유지할 정도로 규모가 커졌다. 사회서비스는 1995년 8.9%에 불과하던 종업원 수가 꾸준히 일자리가 많아져서 2012년 14.6%에 도달하였다. 유통서비스는 1995년 26.2%에 비해 점차적으로 줄어들어 2012년 24.1%이었다. 종사자 수를 기준으로 분석해도 지식서비스와 사회서비스의 경우 종사자 수가 증가하는 반면에 유통서비스와 개인서비스는 줄어드는 추세를 보이고 있다. 그러나 생산이나 부가가치의 점유율보다 종사자 수의 점유비율이 상대적으로 높은 서비스는 유통서비스와 개인서비스이고, 지식서비스는 생산이나 부가가치보다 종사자 비율이 상대적으로 적은 산업이었다.

그림 10-6 | 서비스산업 세부 서비스별 종사자 수 점유율 추이

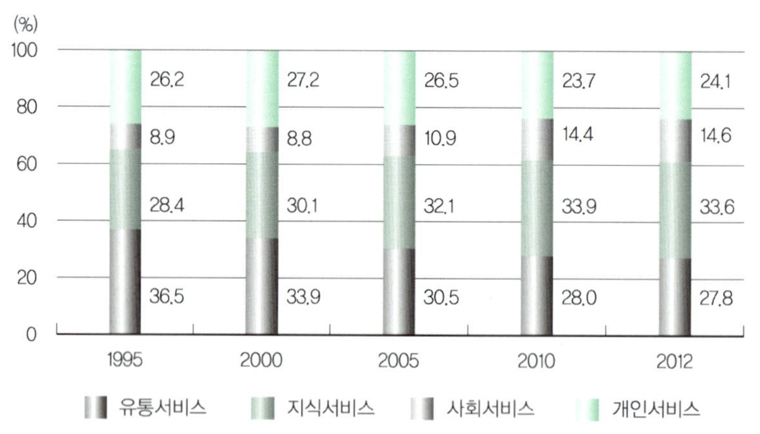

자료: KIET, 2014, 「주요산업동향지표」.

사업체 수의 추이도 다른 기준과 마찬가지로 지식서비스와 사회서비스의 비중이 증가하는 반면에 유통서비스 사업체 수 비율은 점차적으로 줄어들고 있다. 그러나

개인서비스는 비슷한 점유율을 보이고 있다. 특히 사업체 수를 살펴보면 유통서비스와 개인서비스의 점유율이 2012년에 41.8%와 38.5%인데 종업원 수 비율은 27.8%와 24.1%여서 영세한 업체가 상대적으로 많음을 알 수 있다. 이에 비해 사회서비스의 종사자 수 비율이 2012년 14.6%를 차지하였는데, 사업체는 전체에 3.6%에 불과하다. 아울러 지식서비스의 종사자 수 비율이 33.6%, 사업체 수 비율은 16.0%로 역시 큰 차이를 보이고 있어 사회서비스와 지식서비스의 사업체 규모가 상대적으로 큰 것으로 추정된다.

그림 10-7 | 서비스산업 세부 서비스별 사업체수점유율 추이

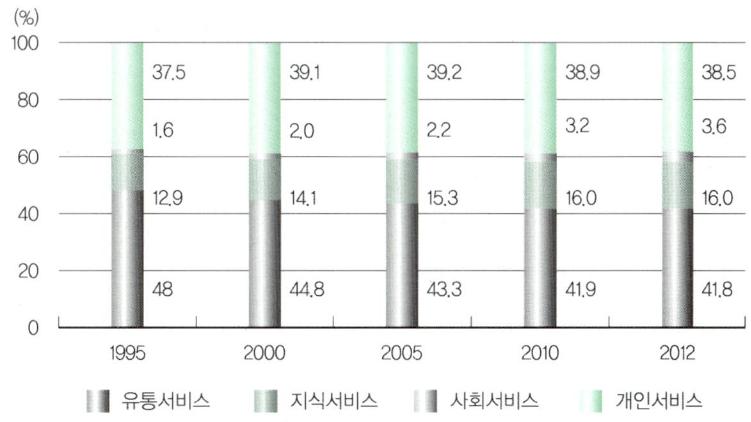

자료: KIET, 2014, 「주요산업동향지표」.

10.2 서비스산업의 발전 과정

우리나라의 성장동력산업은 우리 경제가 처한 상황과 시대적 여건에 따라 계속 변해왔다. 1980년대에는 중화학공업과 전자산업, 1990년대와 2000년대 초반에는 반도체, 휴대폰 등 IT 산업이 전형적인 성장동력산업으로서 경제 전체의 성장을 이끄는데 중요한 역할을 담당하여 왔다. 그러나 최근에 들어오면서 지식기반경제의 도래, 에너지 · 환경문제의 대두, 저출산 · 고령화 등 시장환경의 변화로 인해 기존 경제성

장전략의 실효성이 저하되고 있다. 경제규모가 러시아나 인도 등의 신흥공업국들에게 추월당하였을 뿐 아니라 2000년대 들어 기존 주력산업을 대체할 뚜렷한 새로운 성장동력의 발굴과 육성이 이루어지지 않아 성장의 돌파구를 찾지 못하고 있는 실정이다. 이에 따라 세계시장에서 우리나라가 1위를 차지하고 있는 품목 수가 2002년 65개에서 2013년에는 64개로 감소한 것으로 나타나고 있으며, 우리나라의 위상이 2010년 13위, 2011년 15위, 2012년 14위로 세계 10위권 밖에 위치하고 있는 실정이다.

더욱이 경제발전 패러다임도 근본적 변화를 보이고 있다. 예를 들어, 수익창출 모델은 그동안의 쫓아가기型(catch-up)에서 선도型(trend-setter)으로의 전환이 불가피해졌고, 제조업종 간, 제조업과 서비스업 간 또는 서비스업종 간 융합을 통한 새로운 비즈니스 모델이 부상하고 있다. 이러한 가운데 세계적 경제침체에 대응한 일자리창출 등 단기 위기대책의 마련과 동시에 포스트 금융위기에 대비한 새로운 경제성장 비전의 제시가 요구되고 있다. 특히 지식기반 경제의 도래 등 대내·외 여건 변화에 신속하게 대응하면서 우리 경제와 산업에 혁신의 창출과 확산을 촉진하는 혁신주도형 발전전략으로의 전환을 위한 신성장동력의 필요성이 제기되고 있다.

1. 해방 이후~1950년대 말: 이상팽창기[1)]

1960년의 국내총생산의 구성을 볼 때 농림수산 부문이 39.0%를 점하고, 광공업이 26.6%에 불과하며 서비스 부문이 42.6%였던 것으로 나타났다. 당시 공업 부문 생산에 비하여 서비스 부문의 이상팽창현상이 두드러진다.

일반적으로는 산업이 발전하고 소득수준이 높은 선진국일수록 산업구조상 제3차산업 내지 서비스업의 구성비가 높은 것으로 알려져 있다. 그런데 반드시 선진국일수록 산업구조상 제3차산업 내지 서비스업의 구성비가 높은 것만은 아니다. 제2차 세계대전 후 후진국들의 경우 산업경제가 성숙되지 않았기 때문에 제1·2차산업의 비중에 비하여 제3차산업이 차지하는 비중이 비정상적으로 높았다.

우리나라에서도 6·25전쟁 이후에 외국원조에 대한 의존이 심화되면서 수입상품의 거래량이 국내공업제품 생산량 이상으로 물동량을 확대시켰고, 한국에 주둔한 외국군인들을 흉내내는 생활태도로 말미암아 공업발전과는 달리 서비스 부문의 팽창현상을 가져왔던 것이다.

---

1) 이 부분은 한국학중앙연구원의 「한국민족문화대백과」에 수록된 내용을 요약·보완한 것임.

2. 1960~70년대: 침체기

경제개발 과정을 통해 농림어업의 비중은 급속히 감소하는 대신 광공업의 비중이 지속적으로 증가하였고, 서비스업도 계속 비대한 상태를 나타냈다. 경제개발계획이 처음 추진되기 직전인 1961년 이미 국내총생산에서 차지하는 서비스업의 구성비가 40.5%를 나타냈지만 제1차 경제개발5개년계획 기간 동안의 실물 부문의 확대에 따라 1964년에는 31.7%로 줄어들었다.

제3차 경제개발5개년계획 기간에는 자원가격과 제품가격이 상승하고, 실물 분야의 지속적 확대로 인해 공업 부문이 비약적으로 성장했기 때문에 서비스업의 구성비는 1976년 다시 44.1%로 약간 줄어든다. 한편, 이 기간 동안(1960~1976) 서비스업의 부문별 구성 추이에서 두드러지게 눈에 띄는 것은 도·소매업 부문이 1960~1975년 동안 연평균 12.3~18.2%로 크게 증가하여 현실적으로 서비스업의 구성비가 증가하는 요인으로 작용했다는 점이다.

3. 1980년~1997년: 성장기

제4차 및 제5차 경제개발5개년계획 기간 중에는 그 동안 성취된 공업개발에 힘입어 경제와 더불어 사회개발에도 정책의 역점을 둠으로써 서비스업이 꾸준히 성장하기에 이르렀다. 이에 따라 국내총생산에서 서비스업이 차지하는 비중은 1981년에 48.8%로 확대되었으며, 1984년에 성장세가 다소 둔화되는 경향을 나타냈지만, 1986년에 이르러서는 서비스업의 비중이 50%를 넘어섰다.

이전에 다소 부진했던 도·소업매 및 음식·숙박업이 산업생산 호조에 따른 상거래활동의 증가와 운송·창고·통신업의 국내생산활동 및 수출입 물동량 증대가 서비스업의 비중을 확대하는데 역할을 담당하였다. 1990년대에 들어서 서비스업의 구성비가 지속적으로 상승하여 1997년 말 기준으로 전체 GDP에서 차지하는 서비스업의 비중이 경상가격기준으로 56.4%를 기록하였다. 즉, 1970년대 중반 약 44%까지 낮아졌던 서비스업의 비중은 그 이후 다시 상승하여 50%대의 비중을 차지하고 있는 것이다.

1996년 말 사업체 수는 약 55만 개에 이르러 1990년대에 들어서 연평균 4.7%의 증가율을 보였다. 사업체 수에서는 보건 및 사회복지사업의 증가율이 가장 높았다. 증가율이 가장 낮았던 부동산, 임대 및 사업서비스업 내에 속해 있는 부동산업과 정보처리 및 컴퓨터운용 관련업은 서로 상이한 추세를 보이고 있다. 1980년대 후반에 있었던 부동산 과열경기 때 급격하게 증가했던 부동산업은 1990년대 들어서면서 아파트의 중대형화 추세를 보임으로써 서비스업에서 유일하게 사업체 수가 6년간 2,500여 개가 줄어들어 연평균 0.8%의 감소를 기록한 반면에 정보처리 및 컴퓨터운용 관련업은 6년간 약 110%의 높은 증가율을 나타내고 있다.

서비스업 종사자는 약 256만 명 정도였으며, 1990년대 들어서 6.0%의 증가율을 보였다. 종사자 수에서는 부동산, 임대 및 사업서비스업이 가장 큰 증가율을 보이고 있다. 이러한 증가는 정보처리 및 컴퓨터운용 관련업과 연구 및 개발업이 각각 125%, 112%로 급격하게 상승한 것에 기인한다. 성별로는 1996년 말 남성종사자가 56.4%, 여성종사자가 43.6%를 차지하여 여성종사자의 수가 1990년대에 들어서 대폭 늘어난 것으로 계측되었다.

종사자 지위는 1996년 말 자영업주 및 무급 가족종사자가 22.1%, 상용종사자가 70.3%, 임시·일일고용 등 종사자가 7.6%를 차지하여 1990년과 비교해서 자영업주 및 무급 가족종사자는 약 3% 감소하였고, 상용종사자와 임시 및 일일고용 등 종사자의 경우 각각 약 1%, 2.5%정도 증가한 것으로 나타났다.

4. 1998년~2013년: 성숙기

외환위기를 겪는 과정에서 김대중정부는 우리 산업구조의 문제점을 중후장대한 산업 중심의 산업구조, 편중된 수출구조, 핵심부품 및 기계류의 수입의존형 구조, 핵심기술의 낙후 및 낮은 기술개발력, 에너지 다소비형 산업구조, 제조업과 서비스산업 간의 연관관계 미약 등으로 파악하였다. 이에 따라 정부에서는 지속성장을 위한 기반 확충으로써 지식기반산업(knowledge-based industry) 위주로 산업구조를 개편하였다. 산업연구원(1998)에서는 한국형 지식기반산업을 "지식의 획득, 확산, 활용이 해당 산업의 활동에 있어 핵심이 될 뿐 아니라 지식 그 자체와 지식이 체화된 중간재를 생산 과정에 집약적으로 투입함으로써 생산된 재화와 서비스의 부가가치를 크게 향상시키거나 고부가가치의 지식서비스를 제공하는 산업"으로 정의[2]하였다.

당시 정부에서는 한국형 지식기반산업의 정의에 의거하여 지식기반일차산업, 지식기반제조업, 지식기반서비스업 등 크게 세 분야로 구분하였다. 지식기반서비스업은 직접 지식을 창출하거나 창출된 지식을 가공, 활용, 유통시키거나 지식이 체화된

2) 산업연구원, 1998, 「21세기를 대비한 산업구조 개편 - 지식기반산업을 중심으로 -」, p. 16.

중간재를 생산활동에 집약적으로 활용함으로써 새로운 지식 또는 고부가가치의 지식서비스를 제공하는 산업군으로 정의될 수 있으며, 컨설팅산업, 디자인패션, 엔지니어링산업 등이 해당한다.

표 10-3 지식기반서비스업(knowledge-based service industry)

산업명	개요
정보통신서비스	유 · 무선통신 및 부가통신업
금융 · 보험	일반금융 및 기타금융업, 보험 및 연금업, 금융 관련 서비스업, 보험 및 연금 관련 서비스업
소프트웨어	컴퓨터설비자문업, 소프트웨어자문, 개발 공급업을 포괄하는 소프트웨어산업과 자료처리 및 기타정보처리 및 컴퓨터운용 관련업
데이터베이스	데이터베이스 제작, 유통, 통신망 운영 및 정보검색업
컨설팅	법무, 회계, 시장조사 및 여론조사, 사업 및 경영상담업(인문사회과학연구개발업 포함)
엔지니어링 및 연구개발	건축, 엔지니어링 및 관련 기술서비스업, 기술시험, 검사 및 분석업 (자연과학연구개발업 포함)
광고	광고대행, 광고물작성업, 옥외광고, 기타 광고업
산업디자인	제품, 시각, 포장, 패션, 디자인
교육서비스	정규교육기관과 직업훈련기관 및 전문 강습소
의료	일반의, 치과, 한방병원 및 의원과 병리실험서비스업 등 기타의료업
방송	공영방송, 유선방송업, 방송프로그램제작업
문화사업	출판, 영상 (영화, 비디오, 만화영화), 공연사업 포함

자료: 산업연구원, 1998, 「21세기를 대비한 산업구조 개편 –지식기반산업을 중심으로–」 pp. 21~22.

당시 의욕적으로 출발하기는 하였으나 서비스산업의 변화는 그렇게 크게 나타나지 않았다. 다만 초고속정보망을 조기에 구축하였으며, 벤처 활성화에 따른 다양한 기술을 기반으로 인터넷 사업자가 대거 등장하여 서비스를 개시하면서 인터넷을 이용한 금융 · 주식 · 검색서비스가 출현하기도 하였다.

이어 등장한 노무현정부에서는 12대 국정과제를 제시하였는데, 이 가운데 '동북아 경제중심 국가의 건설'과 '교육개혁과 지식문화강국 실현'이라는 두 가지 국정과제의 틀 속에서 서비스산업의 역할을 찾아볼 수 있다. 그러나 노무현정부에서는 서비스산업 육성에 대해 구체적인 방안을 제시하지 못하였다.

다만 참여정부 시절 성장과 복지의 동반성장을 위해 제시된 비전으로 '비전 2030'을 통해 서비스산업의 당시 위상을 파악할 수 있다. 2006년 8월 30일 기획예산처 장관은 노무현 대통령이 주재한 '비전 2030 보고회의'에서 "한국이 2010년대에 선진국에 진입하고 2020년대에 세계 일류국가로 도약해 2030년에는 '삶의 질' 세계 10위에 오른다"는 내용의 '비전 2030-함께 가는 희망 한국'이란 보고서를 발표하였다. 정부는 이 보고서에서 한국이 성장과 복지의 동반성장을 위한 50개 과제를 정상적으로 추진하면 2030년에는 1인당 국민소득 4만 9,000달러, 삶의 질 세계 10위를 달성할 것으로 전망했다. 이 보고서에서는 복지 분야 재정의 비중이 2005년 25.2%에서 2030년 약 40%까지 높아져 복지수준이 크게 개선될 것으로 전망하였다. 제시된 여러 청사진 가운데 제도혁신의 한 부분에 '서비스산업 경쟁력 강화'라는 것을 하나의 과제로 선정할 정도로 서비스산업은 미약한 존재에 불과했다.

이명박정부에서는 그동안 경제성장 과정에서 세제, 재정, 인력, 인프라 등 제 분야에서 제조업 위주 정책 추진으로 서비스업은 상대적으로 차별을 받고 있다고 판단하였다. 이에 따라 모든 분야에서 서비스산업의 차별을 완화하고자 2012년 여러 방안을 제시하였다. 첫째, 세제지원은 제조업의 경우 전업종이 조세감면 대상이나, 서비스업은 지식기반서비스업, 문화콘텐츠산업 등 일부 업종만 감면 대상이므로 중소기업 특별세액감면, 고용창출투자 세액공제, 외투지역 조세감면 등의 조치를 취한다. 둘째, 재정적으로는 R&D, 창업지원, 마케팅 등 재정사업이 제조업 위주로 지원되었으나 서비스업에 대한 지원을 확대한다. 셋째, 담보자산이 부족한 여건 하에서 기술평가 기반이 미약한 서비스업에 대한 금융지원이 활성화되지 못하는 상황을 개선한다. 넷째, 병역특례, 외국인 전문인력 지원, 직업능력개발 등 인력지원사업이 제조업 위주로 추진되던 것을 서비스 부문까지 확대하여 서비스인력을 확충할 수 있도록 한다. 다섯째, 집적단지 조성, 표준·인증, 산업통계 등 인프라 측면에서도 서비스산업에 대한 차별 완화 방안을 제시하였다. 담당 부서와 추진 일정까지 설정하여 굳은 의지를 갖고 추진하였으나 가시적인 성과는 미미한 것으로 평가된다.

최근 박근혜정부는 내수활성화를 위한 방편으로 일자리를 강조하고 있다. 이에 따라 박근혜정부의 국정 목표 중 첫째는 일자리 중심의 창조경제를 추진하는 것이다. 일자리 중심 창조경제는 자본투입 중심의 추격형 전략에서 벗어나 과학기술과 인적자본을 바탕으로 생산성을 획기적으로 높이고자 하는 세계시장 선도형 성장전략이다. 정부는 창조경제를 통해 모든 분야에 상상력과 창의성을 접목시키고 산업간 융합을 촉진함으로써 새로운 부가가치와 일자리를 창출해 나가는데 정책적 역량을 집중하고 있다.

따라서 박근혜정부에서는 일자리 중심의 창조경제 달성을 위하여 스마트컨버전스 정책을 추진하고 있다. 스마트컨버전스는 인프라가 고도화됨에 따라 ICT를 활용하여 연관서비스를 동시에 발전시키는 동태적 · 입체적 개념으로 플랫폼 비즈니스로의 환경 변화를 촉진시키고 있다. 또한 창조성과 혁신을 향상시키는 중 · 장기적 접근으로 단순 컨버전스형 패러다임을 넘어서는 새로운 스마트 컨버전스형 산업생태계 형성에 주력하여 경제성장률과 고용률을 동시에 증가시킬 수 있는 경제 운영 방식으로의 변화를 추구하고 있다. 즉, 스마트 시대에 콘텐츠(C) · 플랫폼(P) · 네트워크(N) · 기기(D)가 동반성장하여 ICT 컨버전스산업이 국가경제발전과 국민편익증진에 새로운 모멘텀이 될 것이다. 향후에는 스마트 통신망과 산업의 컨버전스로 인하여 산업-산업, 산업-사물, 산업-사람으로의 연결이 가능하며, 컨버전스를 통한 플랫폼 중심 시장으로의 변화는 새로운 계층이 생성되면서 창조적 생태계 환경 조성이 가능할 것이다. 이러한 스마트컨버전스 정책, 즉 창조경제 이행을 위하여 유망서비스산업(소프트웨어, 보건의료, 교육, 관광, 금융) 및 환경에너지산업을 집중 육성할 예정이다.

박근혜정부는 2013년 서비스산업 육성의 시급성을 인식하고, 서비스산업 정책 추진방향 및 서비스산업 인프라 확충 방안을 담은 1단계 대책을 발표하였다. 정책 추진방향은 양질의 일자리 창출로 고용률 70% 달성에 기여하고, 경쟁력 향상을 통해 생산성 제고 및 고부가가치산업으로 육성한다는 정책목표를 수립하였다. 이러한 목표를 달성하기 위한 4대 원칙으로 첫째, 서비스업에 대한 차별 해소, 인력양성, 사업화 지원 등 서비스산업 인프라 지속 확충, 둘째 고부가가치 유망서비스업 중심으로 업종별 경쟁력 강화, 셋째 현장애로에 대해 부처간 협업체계 가동하여 신속 해결, 넷째 이해관계가 대립되는 사안은 사회적 합의를 바탕으로 단계적 추진을 제시하였다.

정부는 서비스산업 정책 추진 방향 및 1단계 대책에 이어 관광 분야, 금융 분야 등 서비스산업을 육성하기 위한 방안을 지속적으로 마련하였고, 양질의 일자리 창출 효과가 큰 고부가가치 서비스산업의 투자 활성화를 위해 보건 · 의료, 교육, 소프트웨어 분야 핵심규제를 개선하는 방안도 마련하였다. 박근혜정부에서는 창조경제라는 이름에 걸맞게 구체적으로 서비스산업 육성 방안과 투자활성화 대책을 제시하고 있으나 성과에 대해서는 조금 더 시간을 갖고 경과를 지켜봐야 할 것이다. 한국경제는 시스템이 문제가 아니라 실행 과정이 중요하기 때문에 좋은 시스템을 구축하고도 종종 실패하는 경우가 있다.

10.3 유통서비스산업

유통은 생산자로부터 소비자로 재화와 서비스를 이전시킴으로써 장소 및 시간의 효용성을 창조하는 활동이라 할 수 있다. 유통서비스산업은 생산과 소비를 원활하게 연결함으로써 제조업의 경쟁력을 높이고 소비자의 편익을 증진하는 역할을 수행하고 있다. 유통서비스산업은 소비자의 변화에 민감히 반응함으로써 소비 패턴의 변화를 제조업체에 전달하여 제조업체의 기술혁신과 신제품개발을 촉진하고, 효율적인 공급망 관리로 제조업체의 생산성향상을 유도할 수 있다. 이외에도 다양한 상품 선택의 기회를 제공함으로써 소비자의 편익을 증진시켜 소비수요를 촉진할 수 있다.

유통서비스산업의 발전은 산지 및 제조업체 간 경쟁촉진, 글로벌 아웃소싱, 대량구매, 직거래, 공동물류, 소매업체 간 경쟁촉진 등을 통해 물가안정에 기여할 수도 있다. 유통서비스산업이 활성화되면 내국인의 해외소비를 국내로 전환할 수 있고, 외국 관광객의 국내소비를 촉진함으로써 국내 소비수요를 증진시킬 수 있다. 유통서비스산업은 대형 유통업체 등을 통해 신규 고용창출에도 기여할 수 있다.

1. 유통서비스산업의 생산 및 부가가치

우리나라 유통서비스산업은 1996년 유통시장 개방 이후 백화점, 재래시장 중심의 이중 구조에서 대형마트, 무점포판매업 등 다변화된 구조로 변화하였으며, 또한 대형업체가 주도하는 '기업형 유통'으로 전환되고 있는 실정이다. 현재 이마트, 홈플러스, 롯데마트가 3강 체제를 구축하고 있으며, 기업형 슈퍼마켓[3]을 통해 국내 점포

3) '기업형 슈퍼마켓'은 SSM(Super Supermarket)이라고 불리는 것으로, 대형마트보다 작고 일반 동네 슈퍼마켓보다 큰 유통매장을 지칭한다. 일반적으로 개인 점포를 제외한 대기업 계열 슈퍼마켓을 지칭하는데, SSM은 할인점에 비해 부지 소요 면적이 작고 출점 비용이 적게 들며 소규모 상권에도 입지가 가능해 차세대 유통업태로 각광받으면서 그 수가 급증했다. 또 대형마트와 달리 주거지에 가까이 위치하고, 영세슈퍼에 비해 다양한 품목을 취급한다는 점 때문에 그 수가 증가하면서, 전통시장과 동네슈퍼의 고사라는 부작용을 일으켰다.

전통시장과 동네 영세슈퍼에 대한 고사로, SSM에 대한 논란이 확산되자 2010년 11월 국회는 전통시장 반경 500m 이내에 기업형 슈퍼마켓의 출점을 규제하는 유통산업발전법(유통법)을 통과시켰고, 이어서 대·중소기업 상생협력촉진법(상생법) 개정안을 통과시켰다. 2010년 11월 24일부터 시행된 유통법은 재래시장 반경 500m 이내를 전통산업 보존구역으로 설정할 수 있으며, 지방자치단체가 조례를 통해 이 구역은 SSM의 등록을 제한하거나 입점조건을 부여하는 방식으로 규제할 수 있도록 하는 내용을 담고 있다. 또 지자체별로 SSM에 대해 매월

수를 계속 확장해 가며 재래시장을 위협하는 동시에 동네 소형마켓마저 위협하고 있다.

국민경제에서 유통서비스가 차지하는 비중은 1995년 14.4%에서 점차 하락 추세를 보이고 있어 2013년에 12.5%까지 줄어들었다. 유통서비스의 추세는 서비스업이 증가하는 것과 정반대의 형태를 보이고 있다. 서비스업의 생산은 1995년 53조 원에서 2000년 79조 원으로 증가하고 2004년에 100조 원을 초과한 후 2013년에는 164조 원에 이르렀다. 유통서비스업 가운데 도·소매업이 차지하는 비중은 1995년 9.8%에서 2005년까지 하락 추세를 보여 8.3%에 도달하지만, 이후 소폭 상승하여 2013년에는 9.0%까지 회복하였다. 이에 비해 운수·보관업은 1995년 4.6%에서 점차 줄어들어 2009년 4% 이하로 떨어진 후에도 계속해서 줄어들고 있다.

표 10-4 유통서비스산업 GDP 비중

(단위: %)

	1995	2000	2005	2010	2013
제조업	26.7	29.0	28.3	30.7	31.1
서비스업	54.6	57.5	59.4	59.3	59.1
유통서비스산업	14.4	13.9	12.6	12.7	12.5
도·소매업	9.8	9.6	8.3	8.8	9.0
운수·보관업	4.6	4.3	4.3	3.9	3.6

자료: ISTAN(원출처: 한국은행, 「국민계정」)

유통서비스산업 가운데 도·소매업과 운수·보관업의 주요 통계지표를 수록한 〈표 10-5〉를 살펴보면 모든 산업의 2010년 생산수준을 기준(100)으로 하여 2013년 생산지수를 통해 비교할 수 있다. 유통서비스산업의 2013년 생산지수는 105.1로 제조업(107.8)뿐만 아니라 전체 GDP(107.7) 및 서비스산업(106.3)보다 낮아, 유통산업의 성장속도가 상대적으로 둔화되고 있음을 알 수 있다. 특히 도·소매업의 2013년 생산지수가 줄어들어 (-) 성장을 기록하였다. 이러한 것은 내수침체로 도·소매업이

1일 이상 2일 이내에서 의무휴업일을 지정하고, 영업시간을 0시부터 오전 8시까지 제한할 수 있도록 하고 있다.

SSM 영업 규제를 찬성하는 측에서는 대기업이 골목 상권까지 장악해 주변 상권을 고사시키고, 영세상인들의 생존권을 위협하고 있기 때문에 정부의 규제가 적절하다고 주장한다. 그러나 SSM 규제를 반대하는 측에서는 대형마트나 SSM의 영업을 제한하는 것이 소비자 선택권을 침해하고 있으며, SSM 규제가 동네상권과 재래시장을 살리는 효과는 미미할 것이라는 입장을 보이고 있다. (「시사상식사전」, 박문각에서 재인용)

큰 타격을 받는 것으로 추정된다. 부가가치율은 도·소매업과 운수·보관산업 등 두 업종이 모두 하락하고 있는데, 운수·보관업의 하락이 더 크게 나타나고 있다. 도·소매업의 부가가치율은 1995년 62.1%에서 2013년 50.3%로, 운수·보관업은 같은 기간동안 51.6%에서 35.5%로 급격하게 줄고 있다.

도·소매업의 설비투자 증가율은 서비스업 평균(9.6%)과 전산업 평균(7.0%)보다 낮은 6.9%에 불과하다. 이에 비해 운수·보관업의 설비투자는 연평균 11.7% 상승으

표 10-5 유통서비스 세부 산업별 주요 통계지표

		1995	2000	2005	2010	2013	2005~2013 성장률
도·소매업	생산지수 (2010=100)	–	77.4 (16.6)	86.4 (14.7)	100.0 (15.6)	104.4 (16.5)	2.4%
	부가가치율(국민계정: %)	62.1	59.0	55.9	52.5	50.3	–
	해외직접투자(투자금액: 백만 달러)	323.0	849.3	1,063.8	1,254.2	1,864.9	7.3%
	고용(전국사업체조사: 천명)	2,539 (28.7)	2,493 (26.1)	2,441 (22.6)	2,614 (20.3)	2,770 (20.3)	1.8%
	사업체 수(전국 사업체조사: 천개)	944 (39.5)	917 (34.9)	865 (31.2)	876 (30.0)	941 (30.1)	1.2%
	연구개발비(백만 원)	–	–	42,702	537,725	612,368	55.9%
	매출증가율(%)	35.4	17.5	7.5	20.4	1.1	–
	매출액영업이익률(%)	1.4	2.0	3.9	3.8	3.2	–
운수·보관업	생산지수(2010=100)	–	67.6 (9.9)	83.4 (10.0)	100.0 (10.5)	107.0 (9.3)	3.2%
	부가가치율(국민계정: %)	51.6	44.6	42.1	34.5	35.5	–
	해외직접투자(투자금액: 백만 달러)	36.1	38.4	109.3	472.1	233.7	10.0%
	고용(전국사업체조사: 천명)	693 (7.8)	741 (7.8)	863 (8.0)	993 (7.7)	1,010 (7.4)	2.3%
	사업체 수(전국사업체조사: 천개)	203 (8.5)	262 (10.0)	335 (12.1)	347 (11.9)	364 (11.7)	1.2%
	연구개발비(백만 원)	–	–	52,045	74,230	123,724	15.5%
	매출증가율(%)	21.5	15.4	6.1	36.5	–0.8	–
	매출액영업이익률(%)	6.5	5.1	5.3	6.4	2.1	–

주: 1) 괄호 안의 수치는 서비스업에서 차지하는 비중임.
2) 한국은행 통계 개편으로 인해 2000년 이전과 이후 통계의 일관성이 없을 수 있음.
자료: KIET, 2014, 「주요산업동향지표」.

로 지난 9년간 활발한 투자가 이루어진 것으로 판단된다. 그러나 2011년 이후 설비투자 규모가 두 업종 모두 줄어들고 있는 것으로 나타나 2010년까지 활발하던 투자가 최근에는 주춤한 상태이다.

2. 유통서비스산업의 고용

2005년부터 2012년까지 도・소매업의 고용증가율은 1.8%, 2.3%로 전산업 고용증가율 3.0%, 서비스업 고용증가율 3.3%에 미치지 못하였다. 이러한 낮은 증가율에 따라 전체 산업에서 고용이 차지하는 비중도 2005년 이후 계속해서 줄어들고 있다. 같은 기간 동안 사업체 수 증가율 역시 두 업종 공통적으로 1.2%에 머물러서 전산업 성장률 1.69%, 전체 서비스업 사업체 수 증가율 1.72%에 미달하는 것으로 계측되었다. 따라서 사업체 수 기준으로 전체 산업에서 도・소매업이 차지하는 비중은 2005년 이후 31.2%에서 30.1%로 지속적으로 줄어들고 있고, 운수・보관업 역시 21.1%에서 11.7%로 줄어들었다. 매출의 경우 도・소매업은 소폭 늘어났으나, 운수・보관업은 2013년에 매출규모가 줄어들었다. 매출액 영업이익률도 유통서비스산업 전부문이 줄어들고 있다. 도・소매업의 경우 2005년 이후 지속적으로 줄어들어 2013년 3.2%에 이르렀다. 운수보관업은 5~6%를 유지하다가 2013년에 2.1%로 큰 폭으로 줄어들었다.

표 10-6 유통서비스산업 설비투자

(단위: 십억 원)

	1995	2000	2005	2010	2011	2012	2013	2005~2013
전산업	48,524	46,684	75,788	121,545	131,773	130,991	130,258	7.0
제조업	33,627	24,420	44,859	68,653	74,071	72,877	72,108	6.1
서비스업	7,218	13,611	14,579	24,896	30,090	31,862	30,321	9.6
유통서비스산업	2,503	4,062	7,021	14,321	16,688	16,124	14,656	9.6
도・소매업	–	1,436	3,250	5,448	6,689	6,305	5,525	6.9
운수・보관업	2,503	2,627	3,771	8,873	10,000	9,818	9,130	11.7

자료: ISTAN(원출처: 2009년 이전은 한국산업은행, 2010년 이후는 한국정책금융공사, 「설비투자계획조사」)

통계청에서 발표한 '서비스업부문 조사결과(2013년 기준)'에 의하면 도매업 매출액은 화장품류의 경우 증가하였지만, 제조업 기반 제품인 철강제품 및 연료 관련 제품의 부진으로 도매업 매출은 줄어든 것으로 집계되었다. 소매업의 매출액은 통신기기, 방문판매 등은 부진하였으나, 접근의 편의성 등의 영향으로 전자상거래, 체인화 편의점, 운동·경기용품 등에서 호조를 보여 전년도보다 증가한 것으로 나타났다.

이상과 같은 한국 유통산업이 침체에 빠져 위기에 봉착하였다고도 볼 수 있는데 이는 영세한 중소형 유통업체로 인해 유통구조 혁신에 어려움이 있기 때문에 위기를 효과적으로 타개할 수 있을지 의심스럽다. 특히 생계의존형 중소 유통업이 여전히 유통산업의 다수를 차지하고 있어 유통산업의 경쟁력 제고에 장애가 되고 있다. 4인 이하 유통업체의 사업체 수가 전체 사업체 수의 90%를 차지함에도 불구하고 종사자 수는 56%, 매출액은 30%에 불과하다.[4] 이 같은 유통업체의 영세성으로 인해 선진적인 유통시스템이나 경영기법의 도입이 늦춰지고 있으며, 이는 유통산업의 생산성 제고를 저해하는 요인이 되고 있다. 영세한 중소 유통업체가 집적해 있는 재래시장과 상점가, 일반상가 등은 정부의 지원에도 불구하고 여전히 설비, 운영능력, 조직화 등이 미흡한 실정이다. 이들 상가나 상점들은 정부의 지원 아래 하드웨어적 문제점들을 개선하고 있으나, 다점포로 인한 복잡한 이해관계로 인해 현대화된 유통설비와 유통시스템을 갖추지 못하고 있는 실정이다. 이로 인해 소비자의 구매 패턴에 적절히 대응하지 못함으로써 모객 능력이 떨어지고 있어 악순환이 계속되고 있다. 또한, 하드웨어적 측면에서도 일부 개선되고는 있지만 대형 유통업체와 경쟁하기에는 여전히 큰 격차가 있는 것이 사실이다.

아울러 이러한 소규모 유통업체들은 도매기능이 대부분 취약하고 도매업의 경영정보 제공도 부족한 실정이다. 도매업 역시 소규모업자의 난립으로 인한 과당경쟁으로 수익성이 취약하고, 다수의 도매업체가 제조업체의 대리점이나 특약점의 형태로 존재하는 등 제조업체와 수직적 관계에 있어 경쟁력 역시 낮은 수준이다. 도매업체의 영세성으로 인해 중·소소매업의 구매 및 물류시스템의 효율화에도 어려움이 있다.

---

4) 이에 대해서는 KIET, 2010, 「유통산업 기초분석」 p. 18 참조.

10.4 지식서비스산업

1. 지식서비스산업의 특성

지식서비스라는 용어는 서비스 부문에서 광범위하게 사용되고 있으나, 통일적 정의나 분류가 없어서 지식기반서비스, 지식집약서비스 등의 다양한 용어와 분류기준을 사용하고 있다. 대체로 지식서비스산업은 생산활동의 중간재로 투입되어 기업의 내부 기능을 보완하거나 대체하는 생산지원서비스 중 지식요소(R&D 활동, 정보통신기술, 고숙련 인력 등)에 대한 투입비중이 높은 서비스를 총칭하고, 〈표 10-7〉과 마찬가지로 여러 분야를 포함하고 있다.

표 10-7 지식서비스산업의 범위

소프트웨어 개발 공급업	영화, 비디오물 및 방송프로그램 제작업
영화 비디오물 및 방송프로그램 제작 관련 서비스업	전기통신업
컴퓨터 프로그램, 시스템통합	정보서비스업
연구개발업 법무 관련	서비스업
회계 및 세무 관련 서비스업	광고업
시장조사 및 여론조사업	경영컨설팅업
건축기술, 엔지니어링 및 기타	과학기술서비스업
전문 디자인업	번역 및 통역서비스업 사업 및 무형재산 중개업
물품감정, 계량, 견본 추출업	기타 전문과학 및 기술서비스업
사업시설 유지관리 서비스업	보안시스템 서비스업
콜센터 및 텔레마케팅 서비스업	전시 및 행사 대행업
신용조사 및 추심대행업	포장 및 충전업
온라인 교육학원	기술 및 직업훈련학원
기타 보건업	

자료: 기업금융나들목 홈페이지(http://www.smefn.or.kr/gs01/supp/review09.jsp) 참조.

지식서비스산업은 산업 전체 생산성향상에 미치는 기여도가 시간이 경과할수록 증가하는 추세이다. 지식서비스산업의 사업 중심이 가치사슬상의 디자인, 연구개발(R&D), 에프터서비스(A/S), 금융서비스 등으로 변해가기 때문에 지식서비스가 제조업의 경쟁력을 좌우한다고 볼 수 있다.

글로벌 기업들은 제조업의 성장한계를 극복하기 위해서 서비스로 사업영역을 확대하여 부가가치를 창출하고 성장을 추구하는 경향이 있다. 예를 들면, GE, IBM, 지멘스, HP 등 글로벌 기업들이 이러한 접근을 통해 성공하였다. 지식혁명의 확산과 더불어 정보통신기술 발달에 따라서 교통, 통신비용 등의 하락으로 글로벌 경쟁이 한층 심화되고 있다. OECD에 따르면 지식서비스산업은 연구개발, 정보통신기술, 고급인력의 투입 및 활용도가 상대적으로 높은 산업이므로 경제가 발전할수록 새로운 부가가치창출의 원천으로 인재, 브랜드, 지적재산 등 무형자산 중요성이 증가하고 있다. 지식서비스산업은 특히 고용문제를 해결할 수 있는 가장 효과적 대안으로 부각되고 있다.

2. 지식서비스산업의 생산 및 부가가치

국내 지식서비스산업 시장규모는 2000년 들어서 지속적으로 증가하고 있으며, 특히 2004년 이후부터는 빠른 속도로 증가하여 2000년 233조 원 매출에서 2008년에 727조 원으로 3.1배 증가한 후 2013년까지 소폭 줄어들기는 하였지만 548조 원을 기록하였다. 이러한 추세를 보인 이유는 지식서비스산업 매출의 1/2 이상을 차지하는 금융·보험업의 변동에 다른 결과로써 특히 2008년 세계적인 금융위기 이후 금융·보험업의 규모가 축소되었기 때문이다. 산업별 매출액 연평균 증가율 추이를 살펴보면 2000~2013년 동안 제조업의 평균증가율은 9.3%인 반면, 서비스업은 6.6%, 지식서비스산업은 6.8%로 나타났다.

우리나라 전체 산업 부가가치에서 서비스산업의 비중을 살펴보면, 서비스업의 부가가치는 1980년에 전 산업 대비 47.3%에 불과하였으나, 1990년 49.5%에 도달하고, 이후 점차 증가하여 2005년에 59.4%까지 이르렀다. 2005년 이후에는 59%대로 안정적인 상태를 유지하고 있다. 반면 제조업의 경우 1980년 24.4% 2000년 29.0%, 2010년 30%를 초과한 후 2013년까지 31%를 유지하고 있다. 결과적으로 최근 제조업 부문이나 서비스산업의 부가가치 비중은 크게 변동하지 않고, 정체해 있다고 볼 수 있다. 지식서비스의 경우 전체 서비스산업보다도 더 빠른 속도로 증가하였으나 이 부문 역시 2010년 이후 25% 내·외를 유지하고 있다.

그림 10-8 | 지식서비스산업의 매출액 변화추이

(단위: 조 원)

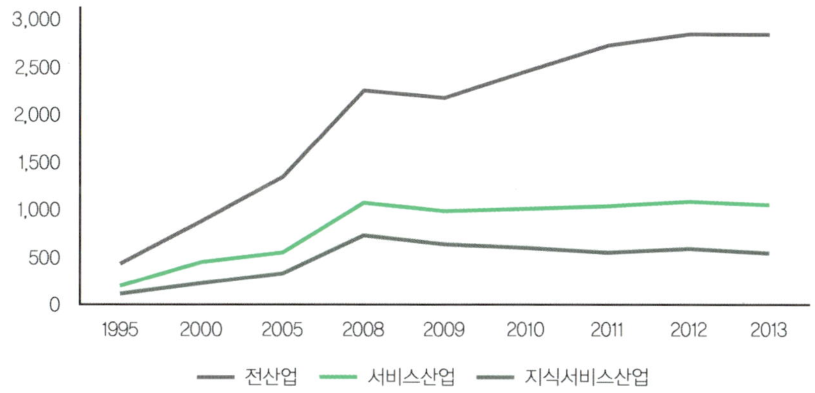

자료: KIET, 2014, 「주요산업동향지표」.

2000년 이후 국내서비스산업의 부가가치 성장속도는 제조업 부문의 7.17% 보다 약간 느리지만, 전산업 평균보다 조금 빠른 6.78%였다. 지식서비스산업의 경우에는 7.82%로 서비스산업 내의 다른 업종보다 빠른 증가속도를 보였다. 그러나 2005년 이후의 성장률을 살펴보면 지식서비스산업의 성장속도가 제조업(7.07%)에 훨씬 미치지 못하고, 전체 산업 성장률이나 서비스산업 성장률과 비슷한 수준에 머물러 있다.

지식서비스산업의 생산이나 부가가치는 서비스산업과 비슷한 추이를 보이고 있으며, 제조업보다는 성장률이 낮은 것으로 나타냈다.

표 10-8 지식서비스산업의 부가가치 증가율 비교

(단위: 조원)

	1995	2000	2005	2010	2011	2012	2013	2000~2013	2005~2013
전산업	370	570	830	1,145	1,209	1,251	1,303	6.57%	5.80%
제조업	99 (26.7)	165 (29.0)	235 (28.3)	352 (30.7)	380 (31.4)	388 (31.0)	406 (31.1)	7.17%	7.07%
서비스산업	202 (54.6)	328 (57.5)	493 (59.4)	679 (59.3)	7153 (59.1)	744 (59.5)	771 (59.1)	6.78%	5.76%
지식서비스산업	74 (20.1)	120 (21.1)	203 (24.4)	284 (24.8)	302 (25.0)	311 (24.9)	319 (24.5)	7.82%	5.80%

주: 괄호 안의 수치는 전산업에서 차지하는 비중임.
자료: KIET, 2014, 「주요산업동향지표」.

3. 지식서비스산업의 고용

2012년 전 산업 대비 제조업의 사업체 비중은 10.0%, 서비스산업은 86.6%였다. 그런데 지식서비스산업의 사업체 수는 전체 산업 가운데 13.9%를 차지하고 있다. 서비스산업이 전체 사업체 수에 차지하는 비중이 매우 높으며 지식서비스산업의 사업체 수는 서비스산업의 1/6 수준에 불과하다. 2005~2012년 동안 사업체 수 변화 추이를 살펴보면 제조업과 서비스업의 경우 연평균 각기 1.06%, 1.72%로 소폭 상승하는 반면에 지식서비스산업의 사업체 수는 연평균 2.44%씩 증가하고 있어, 상대적으로 창업하는 업체 수가 많은 것으로 계측되었다. 결과적으로 2000년 지식서비스산업의 사업체 수는 약 37만 개에서 2012년 50만 개로 증가하였다.

그림 10-9 | 산업별 사업체 수 비중 변화

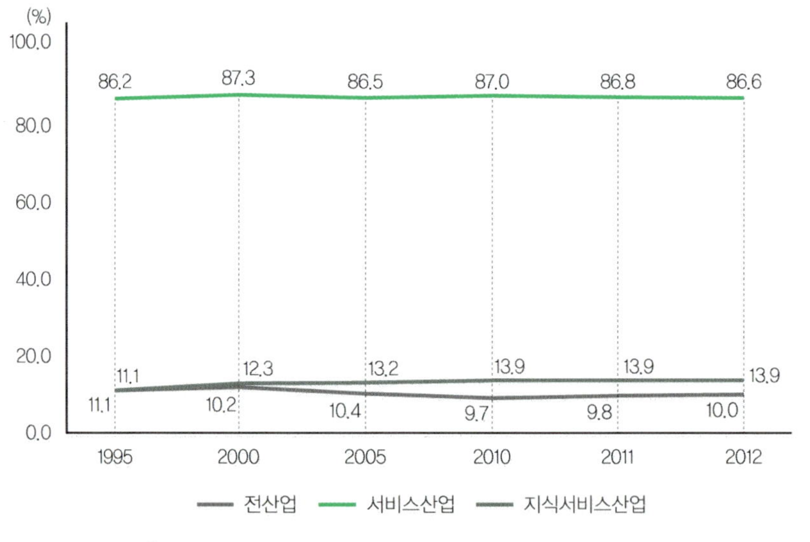

자료: KIET, 2014, 「주요산업동향지표」.

지식서비스산업의 종사자 수는 2000년 286만 명에서 2012년 457만 명으로 무려 170만 명이 증가하였다. 지식서비스산업의 종사자 수는 서비스산업의 1/3 규모로, 종사자 수 비중은 매우 가파르게 증가하고 있다. 제조업의 경우 종사자 수 비중이 2000년 24.0%에서 2012년 20.0%로 줄어든 반면, 지식서비스산업의 경우 2000년

그림 10-10 | 산업별 종사자 수 비중 변화

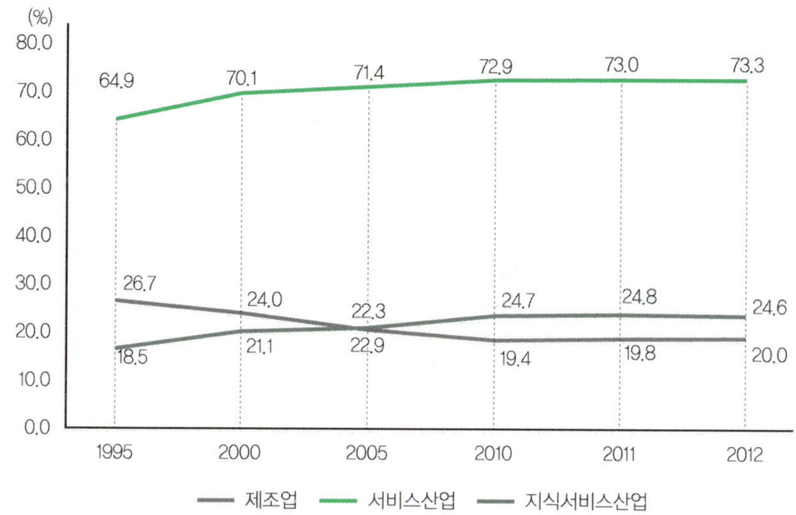

자료: KIET, 2014, 「주요산업동향지표」.

표 10-9 산업별 근로자 학력수준 비중

(단위: %)

산업구분	학력	2001	2003	2004	2005	2006
전산업	중졸 이하	11.7	11.4	10.5	9.0	7.7
	고졸	443.5	43.9	44.3	43.1	41.7
	전문대졸	15.5	16.0	16.2	16.2	17.7
	대졸 이상	28.3	28.7	28.9	31.7	32.9
제조업	중졸 이하	14.9	14.5	13.0	10.3	9.5
	고졸	54.1	52.9	53.9	54.0	54.1
	전문대졸	12.1	12.6	13.1	12.7	13.8
	대졸 이상	18.9	19.9	20.1	23.0	22.6
지식서비스업	중졸 이하	10.1	11.6	12.2	5.6	6.4
	고졸	28.9	27.6	28.8	28.6	24.0
	전문대졸	17.6	16.7	17.1	17.4	19.3
	대졸 이상	43.4	44.1	41.9	48.5	50.4

자료: 유현선, 2010, 「지식서비스산업의 기초분석」 p. 32.

21.1%에서 2012년 24.6%로 증가하였다. 이는 지식서비스산업이 향후 신규업체의 창업을 주도할 것으로 보이며, 국내 고용창출에 크게 기여할 것으로 전망된다.

지식서비스산업은 전체 고용창출능력이 높을 뿐만 아니라 전문지식과 기술을 요하는 직종이 많아 다른 서비스업에 비해 양질의 고학력 일자리창출이 가능하다. 따라서 지식서비스산업의 성장은 경제 전체의 일자리수준을 고도화하는 데 기여할 것으로 전망된다. 산업별 전체 취업자에서 대졸 이상의 고학력자가 차지하는 비중은 2006년 기준으로 전 산업 32.9%, 제조업의 22.6%인 반면, 지식서비스산업은 50.4%로 2001년 43.4%에 비해 크게 증가하였다. 지식서비스산업은 다른 산업에 비해 고학력 취업자 비중이 높아 양질의 일자리창출과 고학력 취업문제 해결에 기여할 것으로 예상된다.

4. 지식서비스산업 발전전략과 정책과제

국내 지식서비스산업 시장규모는 2004년대 이후부터 빠른 속도로 증가하고 있으며, 고용창출능력이 크고 전문지식과 기술을 요하는 직종이 많아 양질의 고학력 일자리창출이 가능하여 국내 신성장동력산업으로써의 특성을 보유하고 있다. 그러나 제조업 중심의 산업구조, 낮은 노동생산성, 지식서비스업체의 영세성, 낮은 무역수지, 지식서비스의 국제적 경쟁력 미흡 등의 취약점을 가지고 있다.

표 10-10 지식서비스산업의 SWOT분석

	S (강점)	W (약점)
O (기회)	- 풍부한 고급인적자원 - 최첨단 IT기술 및 인프라 - 제조업 중심에서 서비스업 중심으로 산업구조 개편추세	- 일부 분야의 대외개방 미흡으로 인한 경쟁력 약화 - 규제완화에 따른 경쟁심화로 인한 양극화 우려 - 외국기업과의 경쟁으로 인한 기업들의 경쟁력 향상 가능성
T (위협)	- FTA 등 개방을 통한 서비스산업의 대형화/전문화 - 제조업과의 차별적 지원	- 낮은 생산성 - 불합리한 규제의 잔존 - FTA 등 개방으로 인한 국내취약 서비스산업의 피해 및 국내 서비스산업 발전기반상실 가능성

자료: 유현선, 2010, 「지식서비스 산업의 기초분석」에 의거하여 필자가 재작성함.

전 세계적으로 지식서비스산업 부가가치 비중은 점차 증가할 것으로 전망하고 있다. 특히 산업연구원의 '한국 산업발전비전 2020'에 따르면 세계 지식서비스산업의 부가가치 비중은 2000년 29.5%에서 2018년 34.4%로 크게 증가할 것으로 예상하고 있으며, 2000~2018년 동안 세계 지식서비스산업 부가가치의 연평균 성장률은 7.1%로 전 산업 6.2%, 전체 서비스업 6.4%보다 높은 성장률을 보일 것으로 전망하였다. 세부업종으로는 사업서비스가 7.1%의 성장률을 보이며 지식서비스산업의 성장을 주도할 것으로 예측되었으며, 교육서비스 8.2%, 보건·사회복지서비스도 7.9%로 크게 성장할 것으로 예상된다. 통신서비스의 경우 5.1%로 상대적으로 타 산업에 비해 낮은 성장세를 나타낼 것으로 전망하였다.

2000~2018년 동안 국내산업의 고용전망을 살펴보면 전 산업의 경우 취업자 수 연평균 증가율이 1.1%에 불과하며 전체적으로 낮은 고용수준을 보일 것으로 전망하였다. 제조업의 경우 연평균 성장률이 -0.3%로 취업자 수가 감소할 것으로 예측되었으며 서비스업의 경우도 2.1%의 성장을 보일 것으로 예상되어, 2018년까지 제조업보다는 서비스업에서 고용창출이 이루어질 것으로 전망하였다. 한편 2000~2018년 동안 지식서비스산업의 경우 취업자 수 성장률이 4.0%로 높은 성장률을 보이고 있어 국내 고용창출에 크게 기여할 것으로 예상하였다. 특히 통신서비스의 연평균 성장률은 6.1%, 사업서비스 4.9%, 오락문화서비스 4.9%로 높은 취업자 수 성장률을 보여 이 분야의 고용창출이 활발할 것으로 전망하였다. 한편, 금융서비스와 교육서비스의 경우 부가가치 성장률이 높았던 반면 취업자 수 증가율은 높지 않은 수준으로 이 분야의 고용창출이 활발히 이루어지지 않을 것으로 예측되었다.

지식서비스산업이 고용을 창출하기 위해서는 선진국수준의 서비스산업 인프라를 구축하여 고부가가치의 지식서비스산업 비중을 제고시켜야 할 것이다. 지속적인 경제성장을 달성하기 위해서는 지식서비스산업의 활성화를 통하여 새로운 일자리를 창출하고, 서비스산업 중심의 선진국형 고용구조를 실현해야 할 것이다. 공공서비스 선진화, 업종별 생산성향상 교육 지원 등을 추진함으로써 지식서비스산업의 생산성이 선진국수준에 도달해야 할 것이며, 수출전략형 지식서비스 기업의 발굴 및 육성을 통하여 국내 서비스산업의 글로벌화 및 수출경쟁력 제고를 도모해야 할 것이다.

지식서비스산업은 비정형적 지식을 기반으로 하는 비즈니스로서 인적자원에 대한 의존도가 높으므로 글로벌 역량을 갖춘 우수인력 양성이 경쟁력 제고의 핵심일 것이다. 따라서 전문성과 함께 언어능력, 국제감각 등 글로벌 역량을 갖춘 고급인력의 확보가 중요하다. 하나의 예로서 지식서비스 분야별 인력수급전망을 통하여 인력수요에 대응한 대학의 인재공급 기능을 강화하고, 업종별 단체 주관의 직업훈련 활성화 및 전문인력 양성 프로그램의 도입을 검토해 보는 것도 바람직할 것이다.

어느 분야에서나 마찬가지로 문제가 되고 있는 규제를 지식서비스 분야에서도 과감하게 개혁해야 할 것이다. 지식서비스산업 육성을 위해서는 지식서비스산업 혁신과 성장을 가로막고 있는 규제의 과감한 개혁이 필요하다. 지식서비스 분야에서 공익상의 명분으로 경쟁을 제한하는 진입장벽 및 영업규제가 지나치게 많다. 서비스업종 가운데 법적 진입장벽이 존재하는 업종은 전체의 67.4%로, 등록, 신고, 허가가 전체의 많은 부분을 차지하며 이 중 강한 법적 진입장벽(정부독점, 지정, 허가, 면허, 인가, 승인)이 존재하는 업종도 있다. 교육과 의료서비스 부문은 특히 공공성이 강조되어 경쟁과 효율 원리의 도입에 대해 매우 부정적이므로 이에 대한 검토가 필요할 것이다.

선진국 지식서비스기업에 비해 규모가 영세하여 서비스의 전문성 및 품질수준이 낮은 문제점을 극복하기 위해 지식서비스기업의 대형화를 유도하는 것도 바람직할 것으로 판단된다. 기업 간 자율적인 M&A를 통한 대형화를 유도하여 아시아의 leading 기업으로 성장할 수 있는 토대를 마련하고, 정부에서는 파트너십, 지주회사, 프랜차이즈화, 콘소시엄 구성, 클러스터링 등 업종별 특성에 맞는 기업 간 협업체제의 구축을 유도할 필요가 있다.

지식서비스산업은 여러 종류의 업종이 복합적으로 합쳐진 산업으로 교육, 의료, 보건, 출판, 문화, 금융, 보험의 경우에는 수출보다는 내수 의존도가 절대적으로 높아 국내 산업 트랜드에 적합하게 사업을 추진하는 것이 바람직할 것이다. 연구개발, 광고, 방송, 문화, 오락 관련 서비스 경우에는 수출 산업화 가능성을 고려하여 사업을 추진해도 무방할 것이다.

10.5 사회서비스산업

사회서비스란 사회보장기본법에 의해 국가·지방자치단체 및 민간 부문의 도움이 필요한 모든 국민에게 복지, 보건의료, 교육, 고용, 주거, 문화, 환경 등의 분야에서 인간다운 생활을 보장하고 상담, 재활, 돌봄, 정보의 제공, 관련 시설의 이용, 역량 개발, 사회참여 지원 등을 통하여 국민의 삶의 질이 향상되도록 지원하는 제도를 말한다. 즉, 사회서비스는 국가가 제공하는 것으로서, 모든 시민들의 삶의 질에 영향을 미치는 서비스를 말한다. 이외에도 불구자, 정신질환자 등에게 사회사업적인 서비스를 제공하는 정부의 조직과 전달 과정을 말하기도 한다. 현대 복지사회에서는 복지적 혜택을 제공하는 국가적 · 지방적 · 공공적 서비스를 총칭한다. 요즘에는 사적 영역에서 제공하는 서비스까지 포함[5)]하기도 한다.

1. 사회서비스산업의 현황

서비스산업에서 사회서비스가 차지하는 비중을 살펴보면 생산의 경우 1995년 11.0%에서 2005년까지 13.2%로 상승한 후 2013년까지 13%대로 정체되어 있다. 부가가치 측면에서는 1995년 12.8%에서 2000년 14.6%, 2005년 15.6%, 2010년 16.1%, 2013년에 16.7%로 계속해서 상승하고 있다. 이는 고령화사회의 진입으로 말미암아 사회복지서비스가 중요한 역할을 담당하기 때문에 나타난 결과로써 향후 더 증가하는 추세를 보일 것으로 예측된다. 종사자 수 역시 지속적으로 상승하여 2000년까지 9% 미만이었으나 2005년 10.9%를 통과하여 2013년에는 14.6%로 거의 15%에 육박하고 있다. 이러한 종사자 수를 반영하여 사업체 수도 2000년 들어 2.0%를 넘어선 후 점차적으로 증가하여 2013년에는 3.6%에 도달하였다.

그림 10-11 | 사회서비스의 서비스산업에서의 지위

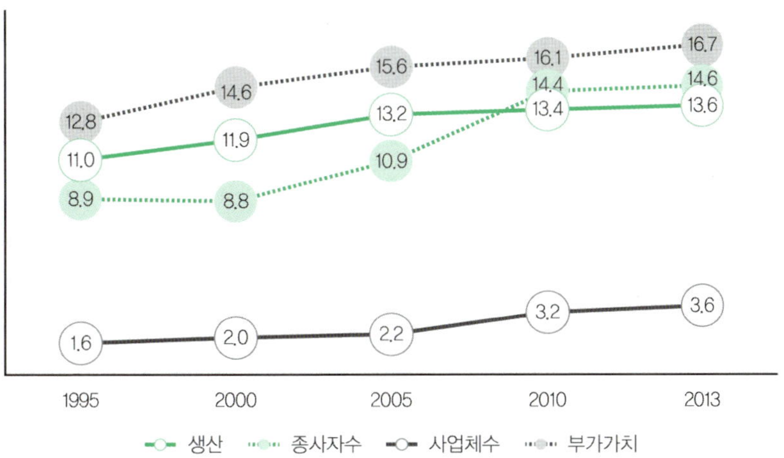

자료: KIET, 2014, 「주요산업동향지표」.

5) 사회문화연구소, 2000, 「사회학사전」 참조.

통계청에서 발표한 자료에 의하면 2012년과 비교하여 2013년 사회복지 매출액은 노인 관련 복지사업의 호조로 11.1% 증가한 것으로 조사되었다. 특히 보육료지원 확대, 소외계층에 대한 복지정책 확대로 관련 업종의 매출액이 크게 증가하였다. 보육시설운영사업이 8.5%, 노인요양복지시설사업이 20.0%, 노인양로복지시설사업이 17.9% 증가할 정도로 모든 사업에서 매출이 증가하였다. 2013년 사회복지 사업체 수 증가율은 4.6%로 전체 서비스업의 증가율 1.8%보다 약 3배 이상 큰 것으로 나타났다. 종사자 수도 전체 서비스업에서 4.7% 증가한 것보다 약 2배인 8.7%의 고용 확대가 이루어졌다. 이러한 현상은 고령화시대의 여파로 노인요양복지시설이나 노인양로복지시설이 크게 확대되고 있다는 사실을 그대로 반영한 것이다.

표 10-11 사회복지 세부 업종별 주요 지표

업종	매출액(십억 원)			사업체 수(개)			종사자 수(명)		
	2012	2013	증감률	2012	2013	증감률	2012	2013	증감률
서비스업*	1,428	1,440	0.8	2,578	2,625	1.8	9,772	10,232	4.7
사회복지	90,649	100,708	11.1	42,210	44,151	4.6	326,873	355,199	8.7
보육시설운영	70,046	76,029	8.5	38,370	39,634	3.3	258,863	273,356	5.6
노인요양복지시설	18,606	22,324	20.0	3,494	4,108	17.6	63,796	76,263	19.5
노인양로복지시설	1,997	2,355	17.9	346	409	18.2	4,212	5,580	32.5

주: 서비스업은 매출액은 조원, 사업체수는 천개, 종사자수는 천명임.
자료: 통계청, 2014, 「2013년 기준 서비스부문 조사 결과」.

2. 사회서비스 수급의 접근성[6)]

사회서비스는 과거 어느 때보다 활발하게 전개되고 있으며, 분야에 따라서는 보편적 복지에 해당하기도 하고, 맞춤형 복지에 대한 구체적 실행 방안이라고도 볼 수 있다. 하지만 사회서비스 부문으로 관심 영역을 좁혀 보면 개념적 규정에서부터 포괄 범위는 물론 실천전략과 주무 부처까지 여럿이어서 각종 혼돈과 우려가 끊이지 않는 서비스라 할 수 있다. 물론 2011년 12월 사회보장기본법 개정 법률안이 통과되고, 2012년 1월 공표, 2013년 1월 27일부터 시행되면서 표면적으로는 사회서비스에 대한 개념적 혼돈이 일거에 해소된 것처럼 보였다. 그러나 2000년대 중반 이후 사회

6) 이 부분은 박세경, 2014, "사회서비스정책의 현황과 과제," 「보건복지포럼」, 보건사회연구원을 참조한 것임.

적 일자리사업이나 일자리창출 등과 연계된 맥락에서 이해되거나 기존 복지서비스의 제공 및 전달에 있어서의 새로운 시도로서 전자바우처사업과 동일하게 간주되었던 사회서비스의 개념에 대한 법정 규정의 근거를 갖게 된 것은 긍정적으로 평가된다.

개정 사회보장기본법의 제3조 제4호는 사회서비스를 국가·지방자치단체 및 민간부문의 도움이 필요한 모든 국민에게 복지, 보건의료, 교육, 고용, 주거, 문화, 환경 등의 분야에서 인간다운 생활을 보장하고 상담, 재활, 돌봄, 정보의 제공, 관련 시설의 이용, 역량개발, 사회참여 지원 등을 통하여 국민의 삶의 질이 향상되도록 지원하는 제도로 규정하고 있다. 그러나 사회서비스에 대한 법적 정의를 마련하는 과정에서 충분한 사회적 합의가 전제되지 못하였고, 확장된 사회서비스의 포괄 영역에 비해 제시된 서비스 내용은 대체로 전통적인 복지서비스 전달 방식에 한정되어 있어 현실적인 실천 방안으로 적절성 논란이 상당기간 지속될 수밖에 없는 상황이다. 사회보장법의 개정에 맞춰 제시된 사회서비스의 법적 개념에 대해 전통적 복지서비스의 전담 부처이자 동 정책을 수행하고 있는 보건복지부로서는 커다란 도전에 봉착하게 될 것으로 전망된다. 평생 사회안전망을 구축해야 하는 보건복지부는 기존 정책 영역인 복지와 보건의료서비스 부문뿐만 아니라 복지부의 정책 영역으로 분류되지 않았던 고용, 주거, 문화, 환경 등의 분야에서 맞춤형 사회서비스를 보장하기 위한 서비스 전달체계의 개혁과 함께 권한 강화와 같은 실천 전략적 논의가 필요하게 되었다. 아울러 개정 사회보장기본법 상의 사회서비스 영역을 총괄하기 위해서는 보건복지부의 전통적 업무 영역과 상이한 모든 분야에서의 직·간접적 개입과 조정역할의 조화가 필요하며, 이러한 개입이 정책적·제도적 수준은 물론 실천 현장에서의 미시적 수준까지 세심하게 포용하는 정책적 통찰력이 필요하게 되었다.

사회서비스 정책이 추구하는 궁극적인 지향목표는 국민 전체의 삶의 질 향상과 행복증진이라고 해도 별다른 이의가 없을 것이다. 국민의 행복감 제고를 위한 정책 추진은 대부분의 사회정책이 그러하듯 지역발전정책에서도 명백하게 드러난다. 균형발전특별법에 근거하여 활동하고 있는 지역발전위원회의 HOPE 프로젝트[7]는 '국민에게 행복을, 지역에 희망을!' 이라는 슬로건을 제시하면서 i) 주민 행복의 체감(Happiness), ii) 균등한 기회의 제공(Opportunity), iii) 자율적 참여와 협업(Partnership), 그리고 iv) 어느 곳에서나 보장받는 삶의 질(Everywhere)을 목표로 하고 있다. 그런데 중요한 것은 지역이나 장소와 무관하게 삶의 질을 보장받아야 한

7) www.region.go.kr 참고.

다는 것이다. 다시 말해 사회서비스 이용의 관점에서 볼 때, 접근성 관련 논의와 연관되어 있다. 접근성(accessability)은 지불가능성(affordability) 및 서비스의 질(quality of services)과 함께 사회서비스의 효과성을 결정짓는 필요·충분요소이다. 특히 현금급여와 달리 서비스 형태로 전달되는 사회서비스의 경우 서비스 공급을 위한 조직 및 인력 등과 같은 자원의 배치와 할당, 나아가 연계·조정을 조직화하는 일련의 작업을 필요로 하기 때문에 접근성의 개념은 더욱 강조될 수밖에 없다. 그런데 접근성 개념은 지리적이고 공간적 차원에서의 물리적 의미도 중요하지만, 수요와 공급의 접점이자 공급된 서비스 이용이 현실화되는 사회적·경제적 차원에서의 기회와 경험의 의미를 내포하기도 한다. '접근성'은 서비스가 필요한 집단이 필요 욕구를 인식하여 적합한 서비스를 찾아 접근하고, 실제 이용하여 그 결과가 산출되는 일련의 과정에 영향을 미치는 수요와 공급 측면의 요인들을 포함한다. 공급 측면에서 접근가능성(approachability), 수용가능성(acceptability), 이용가능성(availability/ accommodation), 비용 적절성(affordability), 그리고 적합성(appropriateness) 등이 고려된다. 수요 측면에서는 인식능력, 탐색능력, 접근능력, 지불능력, 그리고 관여능력에 따라 접근성 정도가 달라지게 된다.

사회서비스 관련 제도나 정책의 설계가 완벽하다 하더라도 접근성 확보에 제약이 있거나, 또는 특정 지역이나 대상에게 제한적인 접근이 허용된다면 예상치 못한 사회적 배제의 논란을 양산하게 된다. 개정 사회보장기본법에서도 국가와 지방자치단체가 모든 국민의 이용 편의성을 도모하고 사회보장급여가 적시에 제공될 수 있도록 지역적·기능적으로 균형 잡힌 전달체계를 구축해야 한다고 선언함으로써 이용자 개개인의 접근성은 물론 접근 편의성을 보장해야 함을 명시하고 있다.

사회서비스 정책을 추진하는 과정에서 접근성 논의에 주목해야 하는 또 다른 이유는 획일적인 현금 급여의 제공과 달리 개별화된 서비스 대상자의 욕구를 충족시키기 위해 서비스 내용의 개별화, 다양화가 사회서비스 정책의 주요 가치로 자리잡아가고 있기 때문이다. 이용자의 필요와 욕구에 따라 서비스를 선택할 수 있도록 하는 맞춤형 서비스는 접근성이 전제가 되어야 한다. 아울러 서비스 이용을 위한 신청과 접수, 이용 절차, 그리고 이용 과정에 나타나는 불편과 불만의 처리 과정 등이 이용자 입장에서 쉽고 편리한 접근이 가능해야 하는데, 욕구 유형이나 범주에 따라 나누어진 서비스 공급은 이용자가 일일이 서비스를 찾아 다녀야 하는 불편을 초래할 수밖에 없다.

박세경(2014)은 사회서비스의 수요, 공급의 지역적 격차를 살펴보는 과정에 초등학교 입학 전인 학령전 아동 및 노인인구의 전국적 분포(수요)와 어린이집 및 사회서비스 전자바우처 사업 수행기관(공급)의 분포를 통해 분석하였다. 공간 군집분석 결과에 따르면 어린이집의 경우 5세 미만 영유아 인구분포와 어린이집 설치의 지역적 분포가 대체로 유사한 경향을 보이고 있다는 것으로 계측되었다. 그러나 사회서비스 전자바우처사업 수행기관으로서 노인돌봄종합서비스 제공기관의 경우, 제공기관 클러스터가 부산 지역을 제외한 대부분의 지역에서 노인인구 밀집 지역과 중첩(match)되지 않는 경향이 나타났다. 즉, 노인돌봄종합서비스 수요 집단의 인구분포와 제공기관의 공간적 밀집에 차이가 있으며, 특히 광역시 이상에 집중적으로 분포하고 있는 것으로 나타났다. 이는 서비스 이용(또는 제공의) 과정에서 이동가능성을 감안하더라도 이용자 거주지에 따라 서비스 접근성에 지역 간 불균형이 존재하고 있다는 것을 간접적으로 의미한다. 결과적으로 사회서비스는 지역별 특성에 따라 제공하는 것이 필요하다.

3. 사회서비스산업의 세부 업종별 특성

사회서비스 세부 업종은 사업시설관리사업과 사업지원사업을 구분하여 발표하므로 4개의 세부 사업으로 구분할 수 있다. 그런데 공공행정사업의 생산에 관한 자료는 발표하지 않으므로 생산에 대한 분석은 3개 업종으로 국한한다. 2010년 이후 우리나라의 연평균 성장률은 2.5%에 불과한데, 제조업의 성장률은 2.53%였으며, 서비스업은 2.06%였다. 서비스업 가운데 사회서비스는 높은 편이어서 지난 3년간 6.21%의 높은 성장을 이룩하였다. 사회서비스 가운데 사회복지가 12.19%로 가장 높은 성장률을 보였으며, 사업지원이 4.83%로 그 뒤를 이었다.

표 10-12 사회서비스 세부 사업별 생산 변화율 추이

(2010=100)

	2010	2011	2012	2013	2010~2013(%)
총지수	100.0	106.0	107.4	107.7	2.50
제조업	100.0	106.0	107.5	107.8	2.53
서비스업	100.0	103.2	104.8	106.3	2.06
사회서비스	100.0	108.0	115.3	119.8	6.21
사회시설관리	100.0	101.8	100.8	101.2	0.40
사업지원	100.0	106.5	112.2	115.2	4.83
사회복지	100.0	115.1	131.1	141.2	12.19

자료: KIET, 2014, 「주요산업동향지표」.

표 10-13 사회서비스산업 세부 산업별 고용지표

		1995	2000	2005	2010	2012	2005~2012 성장률(%)
사업시설관리산업	고용(전국 사업체조사: 천 명)	45 (0.5)	47 (0.5)	98 (0.9)	172 (1.3)	188 (1.4)	9.76
	사업체 수(전국 사업체조사: 개)	1,963 (0.1)	2,211 (0.1)	3,316 (0.1)	5,605 (0.2)	8,066 (0.3)	13.54
사업지원산업	생산비중(국민계정: %)	1.6	2.2	2.8	3.0	2.9	–
	고용(전국 사업체조사: 천명)	108 (1.2)	152 (1.6)	402 (3.7)	616 (4.8)	677 (5.0)	7.73
	사업체 수(전국 사업체조사: 개)	11,735 (0.5)	13,635 (0.6)	25,419 (0.9)	30,305 (1.0)	36,313 (1.2)	5.23
공공행정산업	생산비중(국민계정: %)	9.0	8.9	9.5	9.3	9.4	–
	고용(전국 사업체조사: 천명)	564 (6.4)	521 (5.5)	539 (5.0)	664 (5.2)	639 (4.7)	2.46
	사업체 수(전국 사업체조사: 개)	13,760 (0.6)	12,378 (0.5)	12,570 (0.5)	11,929 (0.4)	12,007 (0.4)	-0.68
사회복지산업	생산비중(국민계정: %)	0.4	0.8	0.8	1.1	1.3	–
	고용(전국 사업체조사: 천명)	67 (0.8)	117 (1.2)	144 (1.3)	399 (3.1)	484 (3.6)	18.91
	사업체 수(전국 사업체조사: 개)	10,566 (0.4)	21,575 (0.8)	20,151 (0.7)	45,786 (1.6)	56,100 (1.8)	15.75

주: 한국은행 통계 개편으로 인해 2000년 이전과 이후 통계의 일관성이 없을 수 있음.
자료: KIET, 2014, 「주요산업동향지표」.

사회서비스산업의 각 산업의 주요 통계지표를 살펴보면 먼저 국민계정에서 각 산업이 차지하는 생산비중은 사업지원산업과 사회복지산업의 경우 1995년 1.6%, 0.4%에서 점차적으로 증가하여 2013년에 2.9%과 1.3%에 달하였다. 반면에 공공행정산업은 9.0%에서 소폭 상승하여 9.4%에 도달하였으나, 큰 변동은 아니었다.

사회서비스산업의 세부 업종별 고용을 살펴보면 모든 산업에서 고용이 증가하는 것으로 나타났다. 특히 2005년부터 2012년까지 사회복지산업의 연평균 종사자 증가율이 18.91%에 달하여 가장 많이 증가하였고, 이어서 사업시설관리산업(9.76%), 사업지원산업(7.73%) 순이었다. 공공행정산업의 고용 증가는 2.46%에 불과하여 최소한의 성장만 실현하였다.

사회서비스산업에 속한 산업의 사업체 수 변화도 상승하는 추세를 보이고 있다.

종사자 수와 마찬가지로 사회복지산업의 사업체가 2005년 2만여 개에서 2012년 5.6만 개로 증가하여 연간 15.75%의 성장률을 보였다. 이어서 사업시설관리산업의 사업체 수가 동기간 동안 3.3천 개에서 8.1천 개로 많아져서 13.54%라는 높은 상승세를 보이고 있다. 이에 비해 사업지원산업에 속한 사업체는 2만 5천 개에서 3만 6천 개로 늘어나 5.23%의 성장률을 보여 상대적으로 낮은 성장률을 보였고, 공공행정산업의 사업체수는 12,570개에서 12,007개로 오히려 5백여 개 줄어들었다. 중앙정부나 지방정부에서 실행하는 공공행정서비스의 특성상 이 서비스의 사업체 수는 정부의 정책에 의해 결정된다고 볼 수 있다. 결과적으로 공공행정산업을 제외한 사회서비스 모든 분야의 고용이나 사업체 수는 증가하였다.

10.6 개인서비스산업

개인서비스산업은 숙박 및 음식점업, 부동산업 및 임대업, 협회 및 단체, 수리 및 기타 개인서비스업 등으로 구분된다. 협회나 단체는 노동조합, 종교단체, 정치단체, NGO 단체 등 모든 종류의 협회나 단체를 포함한다. 수리업은 일반기계, 자동차, 가전제품, 옷 등 모든 제품의 수리를 나타낸다. 기타 개인서비스업은 이·미용, 세탁, 목욕, 예식장, 장례식장, 결혼상담 등 개인서비스업을 의미한다.

1. 개인서비스산업의 현황

산업별 취업자 전망(한국고용정보원, 2010)에 따르면, 전체 서비스산업의 수요는 아웃소싱 확산으로 인한 증가 추세로 2018년에는 서비스업 관련 취업자가 큰 폭으로 증가할 것으로 예상되고 있는데, 개인서비스업의 많은 부분을 차지하는 숙박 및 음식점업은 2008년의 8.7%에서 2018년에는 7.7%로, 도·소매업은 15.4%에서 12.9%로 취업자 비중이 감소할 것으로 예측하였다. 또 직업별 취업자 전망에서도 2018년 취업자가 큰 폭으로 증가할 직업(고용직업분류 소분류 기준)으로 경영 지원 및 행정 관련 사무원(223천 명)과 청소원 및 가사 도우미(199천 명)를 선정하였다. 이는 가사·의료·복지서비스에 대한 수요 증가에 기인한 것으로 보이며, 개인서비스업과 관련해서는 미용, 숙박, 여행, 오락, 스포츠 관련직(13천명) 취업자가 증가할 것으로 예측된다. 그러나 산업 고도화와 경제서비스화가 심화되면서 판매원·상품 대여원(-25.3만 명) 및 음식서비스 관련직(-5천 명)의 취업자는 감소할 것으로 예상하였다.

서비스산업에서 개인서비스가 차지하는 비중을 살펴보면 생산 측면에서는 1995년 26.1%에서 지속적으로 줄어들어 2013년에 18.9%로 하락하였다. 부가가치 측면에서는 1995년 13.2%에서 2000년 14.1%로 소폭 상승하다가 역시 줄어들기 시작하여 2005년 13.0%, 2013년에는 12.2%에 이른다. 종사자 수도 부가가치와 유사한 추세를 보여 2000년에 소폭 상승하여 2000년에 27.2%였으나 점차 줄어들어 24.1%에 불과하였다. 그러나 사업체 수는 1995년 37.5%에서 소폭 늘어난 후 거의 비슷한 비율을 차지하고 있는 것으로 계측되어 정체되어 있다고 볼 수 있다.

그림 10-12 | 개인서비스산업의 위치

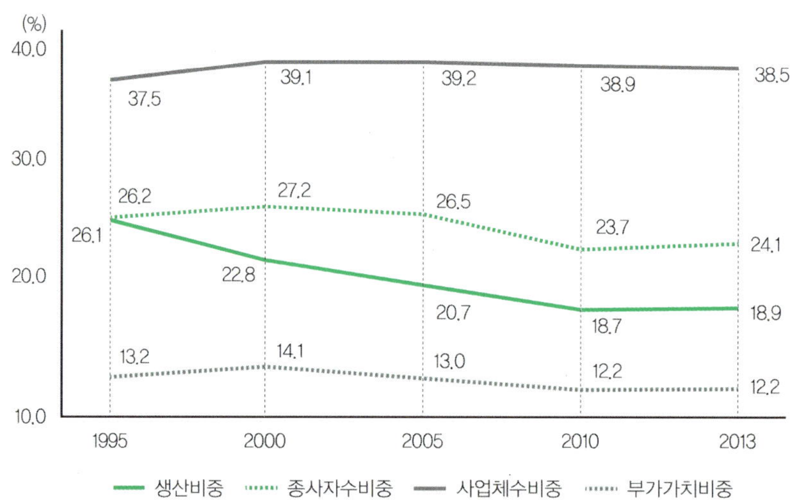

자료: KIET, 2014, 「주요산업동향지표」.

서비스업은 산업 특성상 영세한 소규모업체가 대부분을 차지하고 있다. 개인서비스산업체 중 2011년 종사자 수 10인 미만 업체 비중은 93.4%로 10인 미만 소규모업체가 거의 대부분을 차지하고 있는 것으로 나타났다. 이는 전 산업의 85.1%나 서비스업의 88.0%보다 엄청나게 높은 비율임에 틀림없다. 이러한 결과는 개인서비스산업의 특성상 많은 사람을 필요로 하는 음식점업을 제외하고서는 대부분 영세 업종이기 때문인 것으로 해석된다.

표 10-14 개인서비스산업의 종업원 규모별 업체비중 (2011년)

(단위: %)

사업체 수	전체	제조업	서비스업	개인서비스
10인 미만	85.1	72.4	88.0	93.4
10~49인	12.8	23.2	10.4	6.1
50~299인	1.9	4.1	1.5	0.5
300인 이상	0.2	0.3	0.1	0.0

자료: KOSIS 국가통계포탈.

개인서비스업의 매출액은 2012년과 비교하여 2.3% 증가함으로써 전체 서비스업의 매출증가율 0.8%보다 높은 것으로 집계되었다. 숙박 및 음식점업의 매출증가율과 수리 및 기타 개인서비스업의 매출증가율이 비슷한 수준이었는데, 이 두 업종 가운데 비알콜 음식점이나 애완동물 장묘 및 보호서비스업의 매출 신장이 높았다. 특히 애완동물 장묘 및 보호서비스업의 매출은 191억 원에서 254억 원으로 1년 만에 33.1%라는 높은 상승률을 보였다.

표 10-15 개인서비스산업 업종별 주요 지표

업종	매출액(억 원)			사업체 수(천 개)			종사자 수(천 명)		
	2012	2013	증감률	2012	2013	증감률	2012	2013	증감률
서비스업	1,428	1,440	0.8	2,578	2,625	1.8	9,772	10,232	4.7
개인서비스업	175	179	2.3	1,104	1,120	1.4	3,042	3,158	3.8
숙박 및 음식점업	88.2	90.6	2.8	673.8	686.2	1.8	1,914.9	1,991.5	4.0
부동산업 및 임대업	55.8	56.6	1.4	131.5	132.6	0.9	453.2	700.1	3.8
협회 및 단체, 수리 및 기타 개인서비스업	31.1	31.9	2.7	299.0	300.8	0.6	674.7	466.7	3.0

자료: 통계청, 2014, 「2013년 기준 서비스업부문 조사 결과」.

전체 서비스업과 비교해 보았을 때 2013년도 개인서비스업의 사업체 수 증가율은 1.4%로 서비스업 1.8% 증가보다 낮은 수준이었다. 숙박 및 음식점업은 전체 서비스업의 사업체 수 증가율과 비슷한 수준을 보였으나 부동산업이나 수리를 비롯한 기타 개인서비스업은 훨씬 못 미치는 수준이었다. 음식점의 경우에는 비알콜 음식점(13.3%)이나 서양식 음식점(8.5%)의 증가가 괄목할 만하다. 이에 비해 주점(기타 주점이나 무도 유흥주점)은 큰 폭으로 줄어들었다. 수리 및 기타 개인서비스업에서는 두발이나 피부미용업을 제외한 기타미용업(10.4%)과 애완동물 장묘 및 보호서비스업(9.7%)이 크게 증가하였으나, 나머지 업종의 사업체 수가 큰 변화가 없어서 협회 및 단체, 수리 및 기타 개인서비스업의 사업체 수는 0.6% 상승에 그쳤다.

개인서비스업의 종사자 수도 전서비스업에서 4.7% 증가한 것에 미치지 못하는 3.8% 만큼 성장하였다. 종사자 수 변화는 업종별로 큰 편차를 보이지 않았는데, 사업체 수와 마찬가지로 주점의 종사자 수가 줄어들었다. 수리 및 기타 개인서비스업에서는 기타미용업(7.7%)과 애완동물 장묘 및 보호서비스업(11.9%)의 종사자가 크게 늘었으나, 피부미용사는 오히려 줄어든 것으로 나타났다.

2. 개인서비스산업의 세부 업종별 특성

가. 개인사업체

국내 총 사업체 수는 367.6만 개에 달하며, 이 중 개인사업체는 346.8만 개로 94.3%를 차지하고 있다. 사업체는 개인사업체, 본사·본점 등, 공장·지사(점)·영업소 등 3가지 형태로 구분되며, 각각 346.8만 개, 4.4만 개(비중 1.2%), 16.4만 개(4.5%)에 달하는 것으로 조사되었다. 대분류 산업별 구분에 의하면 개인사업체 비중이 높은 업종은 예술, 스포츠 및 여가 관련 서비스업(90~91), 숙박 및 음식점업

표 10-16 개인사업체 상위 업종

기타 개인 서비스업	202,108	99.21%
육상운송 및 파이프라인 운송업	343,525	99.01%
숙박업	50,485	98.65%
스포츠 및 오락 관련 서비스업	91,866	98.62%
공공행정, 국방 및 사회보장 행정	12,069	98.34%
음식점 및 주점업	635,740	98.02%
보건업	66,401	97.58%
수리업	98,695	97.51%
기타 전문, 과학 및 기술 서비스업	18,464	96.88%
부동산업	118,627	95.05%

주: 망으로 표시한 업종이 개인서비스업에 속하는 업종임.
자료: 통계청, 2014, 「전국사업체 총조사」.

(55~56), 운수업(49~52), 협회 및 단체, 수리 및 기타 개인서비스업(94~96)으로 95% 이상으로 높게 나타나고 있다. 중분류산업 기준으로 개인사업체 비중이 95%를 상회하는 업종은 10개에 달하였는데, 이 가운데 5개 업종이 '개인서비스업'으로 분류되는 업종이다.

나. 매출액

2013년 전국 소상공인 실태조사 보고서[8]에 의하면 부동산중개 및 임대업의 월평균 매출액이 400만 원 미만이라고 응답한 업체가 전체에서 73.7%를 차지하였고, 수리 및 기타 개인서비스업은 65%로 운수업을 제외하고서는 가장 높게 응답했다. 이

표 10-17 소상공인 산업별 매출액 분포

	400만 원 미만	400~1,000만 원 미만	1,000~2,000 만 원 미만	2,000만 원 이상
전산업	43.4	31.9	13.1	11.6
전기, 가스, 증기 및 수도사업	18.5	29.6	14.8	37.1
제조업	23.9	34.2	18.1	23.8
도매 및 소매업	28.4	28.7	18.3	24.6
건설업	30.2	34.4	15.7	19.7
숙박 및 음식점업	28.3	38.1	19.2	14.4
사업시설관리 및 사업지원서비스업	32.5	34.6	20.2	12.7
전문, 과학 및 기술서비스업	32.0	35.3	19.6	13.1
출판, 영상, 방송통신 및 정보서비스업	38.1	42.5	11.9	7.5
예술, 스포츠, 오락 및 여가 관련 서비스업	39.1	47.5	11.6	1.8
교육서비스업	47.3	44.4	8.0	0.3
수리 및 기타 개인서비스업	65.0	27.2	5.7	2.1
부동산중개 및 임대업	73.7	23.6	1.2	1.5
운수업	84.6	12.0	3.0	0.4

자료: 중소기업청, 소상공인진흥원, 2013, 「2013년 전국 소상공인 실태조사 보고서」.

8) 이 보고서는 중소기업청과 소상공인진흥원이 함께 조사한 것으로 소상공인을 대상으로 설문조사 결과를 집계하여 공표하고 있다. 이 보고서에서 소상공인은 소기업 중 상시근로자가 10명 미만 사업자(광업, 제조업, 건설업 및 운수업) 혹은 5인 미만(그 외의 업종)의 사업자를 나타낸다.

에 비해 1,000만 원 이상의 매출을 올리는 부동산중개 및 임대업 사업장은 2.7%, 수리 및 기타 개인서비스업 업체는 7.8%에 불과하였다. 이는 다른 서비스업과 비교해 보았을 때도 가장 열악한 업종이라 할 수 있다. 숙박 및 음식점업은 서비스업종 가운데 그나마 상대적으로 상위에 위치하고 있으며, 월매출액이 400만 원에서 1,000만 원인 부분이 상대적으로 많았다.

앞에서 설명한 설문결과에 의거하여 업종별 월평균 매출액을 도출하면 소상공인의 전체 산업 월평균 매출액은 877만 원이었다. 월평균 매출액이 가장 높은 업종은 전기, 가스, 증기 및 수도사업에 종사하는 업체로 1,609만 원이었고, 제조업 월평균 매출액은 1,580만 원이었다. 개인서비스에 속하는 수리 및 기타 개인서비스업과 부동산 중개 및 임대업자가 각각 429만 원과 327만 원으로 전산업 월평균 매출에도 미치지 못할 뿐만 아니라 13개 업종 가운데 11위와 12위를 점하고 있다. 숙박 및 음식점업은 그나마 1,005만 원으로 조사대상 가운데 상위권에 위치하였다.

그림 10-13 | 소상공인 산업별 월평균 매출액

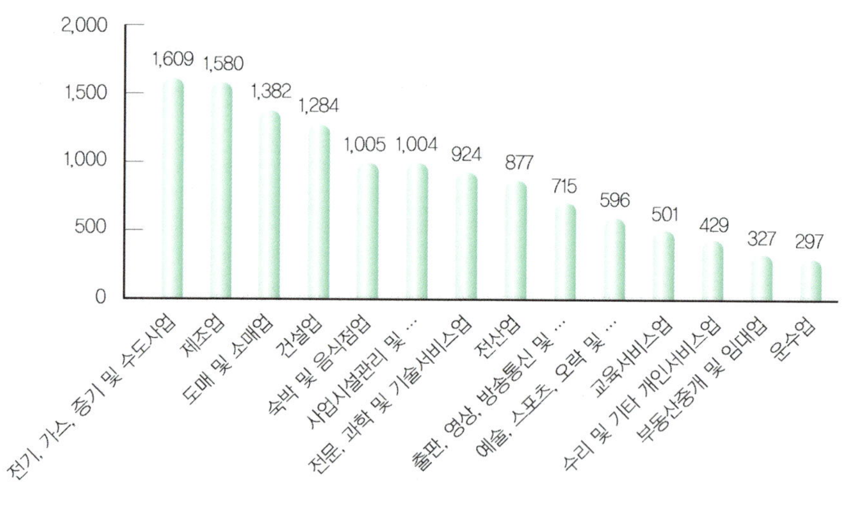

자료: 중소기업청, 소상공인진흥원, 2013, 「2013년 전국 소상공인 실태조사 보고서」.

다. 영업이익

영업이익을 기준으로 분석하였을 경우에는 부동산중개 및 임대업에 종사하는 사업체 가운데 1/5이 적자를 보거나 이익이 없는 상태로 다른 어떤 산업보다 열악한 산업이었다. 그리고 2013년 부동산중개 및 임대업에 종사하는 다섯 업체 가운데 네 업체가 월 200만 원도 남기지 못하고 있다는 것으로 조사되어 이 업종은 위기에 봉착했다고 볼 수 있다. 수리 및 기타 개인서비스업도 67.6%가 월평균 200만 미만의 이익을 거두어 들인 것으로 나타나서 역시 하위에 속하는 업종이었다. 개인서비스 가운데 숙박 및 음식점업은 서비스업 가운데 상위에 포진하고 있으나 '적자나 무이익'인 사업체 비중이 11.5%로 상위에 속한 다른 산업보다 이러한 응답 비율이 상대적으로 높았다.

표 10-18 소상공인 산업별 영업이익 분포

	적자 및 무이익	100만 원 미만	100~200 만 원 미만	200~300 만 원 미만	300만 원 이상
전산업	9.2	17.8	29.7	23.6	19.4
전기, 가스, 증기 및 수도사업	14.8	0	14.8	25.9	22.2
제조업	7.9	11.3	20.9	23.6	15
건설업	8.2	11.5	22.6	29.8	18.7
도매 및 소매업	8.5	14.3	26.2	26	13.9
숙박 및 음식점업	11.5	14.4	25.1	23.4	12.8
사업시설관리 및 사업지원서비스업	5.3	14.5	22.4	37.3	11
전문, 과학 및 기술서비스업	11.8	11	23.4	31.7	12.9
교육서비스업	6.9	14.7	31.4	29.6	10.6
예술, 스포츠, 오락 및 여가 관련 서비스업	13.2	15.6	29.3	27.3	8.9
출판, 영상, 방송통신 및 정보서비스업	14.7	19.8	23	27	11.5
수리 및 기타 개인서비스업	6.3	27.2	34.1	21.6	6.5
운수업	4.6	25	52.9	13.5	2.7
부동산중개 및 임대업	19.4	23.3	33.7	15.5	5.7

자료: 중소기업청, 소상공인진흥원, 2013, 「2013년 전국 소상공인 실태조사 보고서」.

소상공인의 전체 업종 월평균 영업이익은 187만 원인데, 개인서비스에 속하는 부동산중개 및 임대업자가 가장 적은 수준으로 월 121만 원의 영업이익을 남기고 있다. 이어서 운수업의 평균 이익이 낮았으며, 수리 및 기타 개인서비스업이 그 뒤를 이었다. 수리 및 기타 개인서비스업에 종사하는 사람들은 월평균 영업이익이 151만

원으로 부동산중개 및 임대업자보다는 나은 편이었으나 여전히 하위권에서 벗어나지 못하고 있다. 숙박 및 음식점업 종사자들은 전체 산업의 평균 이익을 상회하는 211만 원의 이익을 냄으로써 서비스업 가운데 도매 및 소매업과 함께 이익이 가장 높은 산업이었다.

그림 10-14 | 소상공인 산업별 월평균 영업이익

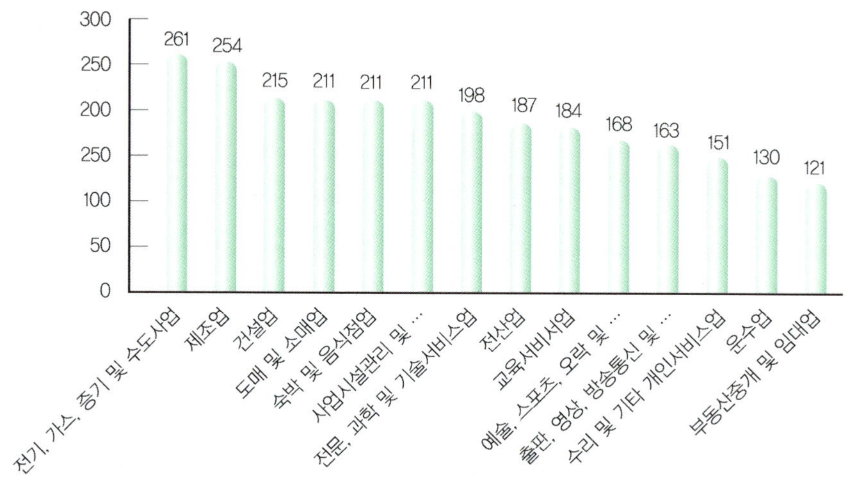

자료: 중소기업청, 소상공인진흥원, 2013, 「2013년 전국 소상공인 실태조사 보고서」.

제4편

북한경제와 남북한 경제교류

한반도의 분단은 우선적으로 19세기 말 서구 제국주의 팽창이라는 "세계화"에 적절히 대처하지 못하고 일본의 식민지로 전락한 우리 민족의 자주역량부족에서 그 원인을 찾을 수 있다. 이에 더하여 해방 이후 정부수립 과정에서 나타난 민족의 내부분열은 미 · 소 대립이라는 외부적 요인과 결합되면서 분단의 고착화를 초래하게 되었다.

특히 남북한 분단을 초래한 민족내부분열의 격화는 동족상잔의 6 · 25전쟁으로 이어졌으며, 전쟁의 결과로 남북한의 적대감은 극에 달하게 되었다. 이러한 과정을 거치면서 남북한의 대립과 적대감은 미 · 소를 중심으로 구축되었던 냉전체제의 진행과 함께 더욱 심화되어 왔다. 이와 같이 한반도의 분단 이후 남북한 간에는 불신과 대립이 지속되면서 민족의 내부결집력이 급격히 약화되고, 이에 따라 남북한관계는 민족의 능동적 의사결정에 의해 해결되지 못하여 왔다.

1990년 동 · 서독의 통합과 1991년 소련의 붕괴에서 비롯된 동구 사회주의권의 해체로 남북한관계의 상층구조를 형성하고 있던 세계 냉전구도가 종식되고, 세계는 자유경쟁이라는 시장경제원칙이 세계적 질서로 자리 잡으면서 새로운 "세계화"가 진행되고 있다.

이제 한 세기 만에 다시 우리 민족 앞에 닥쳐온 "세계화"의 흐름에 현명하게 대처하기 위하여 남북한은 대립과 긴장관계를 화해 · 협력관계로 전환시키고 장기적으로 통일을 이루어야 할 것이다. 이러한 민족의 요구에 따라 남북한이 통일을 이루기 위해서는 북한경제 및 남북한 경제교류 · 협력 관계에 대한 우리들의 이해가 필수적이다.

이에 따라 본편에서는 북한의 경제체제와 상황, 그리고 최근에 급변하고 있는 북한경제의 변화를 설명하고, 이어서 남북한 경제교류 · 협력에 관해 설명하도록 한다.

남북한 주요 경제비표 비교(2013년)

항목	남한	북한	비율(배)	항목	남한	북한	비율(배)
인구(천 명)	50,220	24,545	2.0	쌀생산량(만 톤)	423	?	?
명목GNI(십억 원)	1,441,064	33,844	42.6	수산물생산량(만 톤)	313	75	4.2
1인당GNI(만 원)	2,870	138	20.8	철광석생산량(만 톤)	60	549	0.1
경제성장률(%)	3	1	2.7	비철금속생산량(만 톤)	24	9.2	2.6
무역총액(억 달러)	10,752	73	146.5	자동차생산대수(만 대)	452	0.4	1,130.3
수출(억 달러)	5,596	32	173.8	조강생산량(만 톤)	6,606	121	54.6
수입(억 달러)	5,155	41	124.8	시멘트생산량(만 톤)	4,730	660	7.2
대미환율(원/달러)	1,085	99	10.9	비료생산량(만 톤)	258	49	5.3
석탄생산량(만 톤)	182	2,660	0.1	화학섬유생산량(만 톤)	146	2.5	58.3
발전용량(만KW)	8,697	724	12.0	철도총연장(km)	3,590	5,299	0.7
발전량(kWh)	5,181	221	23.5	도로총연장(km)	106,232	26,118	4.1
원유도입량(만 배럴)	91,508	424	215.8	항만하역능력(만 톤)	?	3,700	?
곡물생산량(만 톤)	483	?	?	선박보유(만 톤)	1,358	73	18.6

자료: 한국은행, 통계청.

| 제11장 |

북한의 경제체제와 발전

11.1 북한의 경제체제

11.2 사회주의 계획경제체제의 기반구축

11.3 북한의 경제정책 기조

11.4 북한경제의 발전과 현황

11.5 경제위기 이후의 경제정책

★

1945년 8월 15일 일제로부터의 해방과 함께 북한은 한반도의 북쪽 지역에서만 사회주의국가를 건설하였다. 북한은 1946년 3월 사회주의국가를 건설하기 위한 '20개조 정강'은 발표하고 바로 토지개혁을, 그리고 8월부터는 주요 산업의 국유화를 시작하였다. 이어 북한은 1947년부터 계획경제를 실시하였는데, 1958년 농업의 집단화 완성과 함께 북한의 '사회주의적 개조'는 종결되었다. 그런데 지금의 북한식 경제체제는 1960년대 중반부터 본격적으로 실행되었다. 즉, 북한은 1946년 스탈린식 고전적 사회주의 계획경제체제에서 출발하여 1961년 말부터 '대안의 사업체계'를, 1965년에는 계획의 일원화와 세부화의 도입과 함께 '주체'에 근거한 '자립적 민족경제 건설'을 추진하기 시작하였다.

이러한 북한의 '주체적' 사회주의 계획경제체제는 근본적으로 독재체제의 성립과 유지를 위한 정치적 필요 때문에 형성되었는데, 정치권력의 독점을 위해서는 우선적으로 경제권력을 독점하여야 했기 때문이다.

제11장 북한의 경제체제와 발전

11.1 북한의 경제체제

근대에 들어서 경제체제는 소유권을 기준으로 할 때 자본주의체제와 사회주의체제로, 그리고 자원배분기능을 기준으로 할 때 시장경제체제와 계획경제체제로 구분된다. 사회주의체제는 국가 및 사회단체가 토지, 공장, 그리고 자본·노동 등의 생산수단(생산요소)과 생산된 재화를 소유하는 체제를 말한다. 이 체제에서 개인은 소비재 중 일부만을 개인적으로 소유할 수 있다. 또한 계획경제체제에서는 자원의 배분이 중앙정부의 계획을 통하여 이루어진다.

북한은 국가 및 협동단체가 생산수단과 생산물(재화)을 소유하는 사회주의적 소유제도를 택하고 있으며, 자원을 국가의 경제계획에 의해 배분하는 계획경제체제를 채택하고 있다. 따라서 북한의 경제체제는 사회주의 계획경제체제[1]인데, 이에 관하여 자세히 살펴보자.

1. 사회주의적 소유제도

사회주의국가들은 자본주의를 비판하면서, 자본주의에서는 개인이 생산수단을 소유하기 때문에 자본가와 노동자, 부자와 가난한 사람 등의 계급 간 대립이 발생한다

---

1) 일반적으로 자본주의체제 국가는 시장경제제도를 운영하고 있으며, 사회주의체제 국가는 계획경제제도를 실행하고 있다. 한편 중국은 부분적으로 개인소유를 인정하고 있지만, 중요 자원을 국가 및 사회단체가 소유하고 있으며, 자원 및 생산물(재화)은 시장을 통해 배분하는 '사회주의시장경제'체제를 실행하고 있다.

고 지적하고 있다. 따라서 사회주의에서는 자본주의에서 발생하는 계급 간 대립이라는 사회적 모순을 제거하기 위해 생산수단을 사회화하고, 이를 통해 자본가나 특정 개인이 생산의 결과물인 재화를 독점하는 것을 원천적으로 막고자 한다. 이와 같이 사회주의경제체제의 주요 특징은 생산수단의 개인적 소유의 폐지, 그리고 이를 통한 재화의 개인적 소유의 배제이다.[2)]

북한은 사회주의체제를 운영하면서 여타 모든 사회주의국가들과 마찬가지로 생산수단과 생산물(재화)의 국가, 또는 사회단체의 소유를 기본으로 하고 있다.

북한은 생산수단 및 생산물의 소유 형태를 소유의 주체에 따라서 국가소유(전 인민적 소유), 사회협동단체소유(협동적 소유), 그리고 개인소유로 구분하고 있다. 북한은 국가소유와 사회협동단체소유를 모두 사회주의적 소유로 인정하고 있지만, 실제로는 국가소유를 협동단체소유보다 더 높은 단계의 소유 형태라고 보고 있다. 즉, 북한은 협동단체소유는 개인적 소유가 국가소유로 넘어가는 과정에서 나타나는 불안정한 소유 형태이기 때문에 국가소유가 협동단체소유에 대하여 지도적 역할을 하여야 한다고 보고 있다. 따라서 북한에서는 종국적으로 생산수단 및 생산물의 국가소유를 목표로 하고 있다. 결과적으로 북한은 국가소유(전 인민적 소유)를 사회화 수준의 가장 높은 형태로서, 그리고 사회주의적 소유의 기본 형태로 보고 있다.

북한에서 국가소유의 대상은 제한이 없다. 따라서 나라의 모든 자연자원, 철도, 항공, 운수, 체신기관과 중요 공장, 기업소, 항만, 은행 등은 국가가 소유하고 있다(북한은 이를 인민 전체의 소유라고 한다). 한편 사회협동단체들도 생산수단 및 생산물을 소유할 수 있는데, 사회협동단체는 사회단체와 협동단체로 구성된다. 중요한 사회단체로는 노동당, 직업동맹, 부녀동맹, 김일성 사회주의청년동맹 등이 있으며, 협동단체로는 협동농장이 대표적 단체이다. 사회단체와 협동단체의 소유란 해당 단체에 들어 있는 근로자들이 집단적 형태로 토지, 농기계, 중소공장, 기업소 등을 공동소유하는 것을 말한다.

---

2) 북한에서는 국가가 생산수단 및 생산물을 소유하기 때문에 개인의 이기심에 기초한 물질적 유인동기(material incentive)를 배제하고 도덕적 유인동기(moral incentive)에 의한 행위를 강조하고 있다. 즉, 북한에서는 사회적 의무감 또는 도덕적 동기에 기초하여 국민의 바람직한 행위를 유도한다. 따라서 개인의 우월한 실적에 대해서는 원칙적으로 물질로 보상하지 않고, 메달수여 또는 특별한 호칭 부여 등의 감정적 만족도를 높이는 방안을 사용하고 있다. 그러나 실제로는 수혜자의 사회적 신분이 상승하면서 그에 따른 물질적 보상이 이루어진다(오승렬, 북한경제의 변화와 인센티브구조, 민족통일연구원, 1999, p. 25).

그림 11-1 | 소유제도의 진행단계

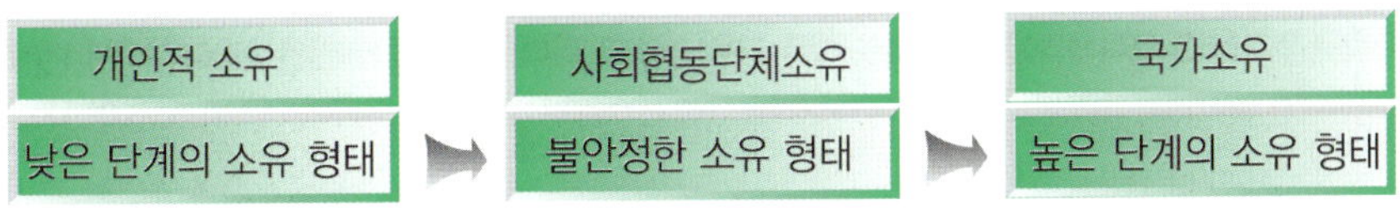

기업소

기업소는 독자적으로 생산 · 경영활동을 하는 사회단위로서, 벌어들인 수입으로 지출을 충당하고 채산을 맞추면서 경영활동을 진행한다. 하나의 기업소는 한 개의 공장일 수도 있고 몇 개의 공장이 합쳐 하나의 기업소가 될 수도 있다. 한편 북한에서 기업소는 단순히 경제활동을 하는 기업이라기보다는 일종의 사회기구이자 정치기구로서 중요한 역할을 하고 있다. 즉, 기업소는 구성원들을 대상으로 하여 노동보험 등의 사회보장을 관리하고, 임금뿐만 아니라 생활필수품 등의 재화를 직접 분배하는 등 사회기구로서의 중요한 기능을 한다. 따라서 개별 노동자의 생활수준은 소속된 기업소의 경영활동능력에 크게 좌우된다.

한편 북한은 생산물(재화)의 일부만 개인이 제한적으로 소유할 수 있도록 허용하고 있다.[3] 생산물의 개인소유는 소비를 목적으로 하는 경우에만 인정되는데, 노동의 대가로 분배된 생산물, 국가의 혜택으로 지급된 생산물, 그리고 텃밭 경작과 같은 개인 부업에서 나오는 생산물 등을 개인이 소유할 수 있다. 이외에도 개인이 소유할 수 있는 것으로 근로소득과 저축, 가정용품, 일용소비품 등이 있다. 개인소유물은 소유자가 자유롭게 처분할 수 있으며, 그에 대한 상속권도 인정하고 있다. 개인소유물은 수매기관, 종합시장 등에서 거래할 수 있다.

3) 1998년 북한헌법 제24조에서는 개인소유를 "공민들의 개인적이며 소비적 목적을 위한 소유"로 한정하고 있으며, 또한 "텃밭경리를 비롯한 개인부업경리에서 나오는 생산물과 그 밖의 합법적인 경리활동을 통하여 얻은 수입도 개인소유에 포함된다"고 규정하고 있다. 그러나 '그 밖의 합법적인 경기활동을 통하여 얻은 수입'이 무엇인지는 분명하지 않다.

(개인)텃밭

텃밭은 북한에서 개인이 합법적으로 경제활동을 할 수 있는 대표적 형태의 토지로서, 완전한 사회주의사회로의 이행 과정에서 과도적 성격을 가지고 있다. 북한은 1960년대부터 개인텃밭에서 생산되는 농산물을 개인소유로 인정하고 있다. 텃밭은 일반적으로 매 가구당 약 30~50평 내외 규모로 허용되고, 군인가족의 경우에는 100평까지 허용되고 있다. 텃밭에는 원래 채소 등의 부식물만을 심도록 허가되어 있으나, 실제로 농민들은 강냉이 등 곡식을 주로 심고 있다. 식량이 부족한 북한에서는 식량이 우선이기 때문인데 최근에는 도시의 단독주택 공터도 모두 텃밭으로 활용되고 있다. 아파트에 거주하는 평양시민들도 베란다에 콩이나 토마토 등을 심고 있으며, 어떤 경우에는 닭도 기르고 있다.

농민시장, 장마당, 종합시장

'농민시장'은 농촌에서 열리는 시장을 말하고, '장마당'은 도시 지역에서 열리는 시장을 말한다. 농민시장은 기본적으로 국가가 인가한 특정 장소와 시간(10일장)에 따라 개설되는 장터로서 정해진 품목에 대해 자유가격으로 거래를 할 수 있도록 공식적으로 허용한 시장이다. 북한에서 농민시장은 1958년부터 허용되었는데, 국가 배급유통체계인 국영상점 및 협동단체상점을 통한 상품거래를 보완하기 위하여 개인들의 텃밭에서 생산된 농축산물과 가내 부업제품을 매매 · 교환할 수 있도록 한 것이다. 그러나 농민시장이 사회주의제도를 보완해주는 상업의 한 형태임에도 불구하고 북한은 "자본주의적 잔재를 많이 가지고 있는 뒤떨어진 상업 형태"라고 평가하고 있다. 북한의 농민시장은 1980년대부터 도시 지역으로 확산되면서 '장마당'으로 불리우고 있는데 '장마당'은 1989년경부터 매일장으로 변형되어 곡물과 공산품 등의 금지품목들이 불법적으로 거래되고 있다. 따라서 1990년대에 들어서는 '농민시장'과 '장마당'이 점차 '암시장'의 성격을 갖게 되었다. 북한은 2003년 3월부터 공식적으로 '농민시장'과 '장마당'을 '종합시장'으로 인정하고 있다.

종합시장(상설시장)

"북한 종합시장 실태" 자료에 따르면, 북한 당국의 시장 통제 시도에도 평양을 포함해 북한 전역에 약 300여 개의 종합시장(상설시장)이 계속 활성화되고 있는 것으로 확인됐다.

▲ 북한 신의주 채하시장에서 잡화류를 파는 상인들이 매대(좌판)에 상품들을 잔뜩 쌓아 놓고 장사를 하고 있다. 이 장면은 조선일보가 2010년 북한 내부 소식통으로부터 입수한 동영상을 캡처한 화면이다.

평양의 통일거리 · 중앙시장을 비롯해 평성 · 강서 · 수남 · 사리원 · 채하 · 회령시장 등이 북한의 대표적인 종합시장으로 알려졌다. 평양시 낙랑구역에 있는 통일거리 시장은 2003년 8월 개장했다.

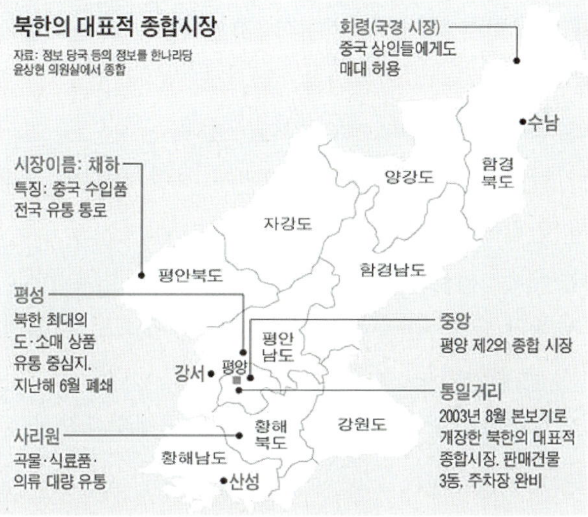

평남에는 2004년에 문을 연 강서시장(강서군 강서읍)과 그 다음해 문을 연 평성시장(평성시 덕산동)이 유명하다. 특히 평성시장은 나선 · 신의주 · 원산 지역의 물류가 집결하는 지역으로, 북한 최대의 도 · 소매 상품 유통 중심지 역할을 했다.

평북 신의주 채하동에 있는 채하시장은 중국에서 들어오는 수입품 집결지로 알려져 있다. 이곳을 통해 들어온 중국 물품이 전국 각지로 유통되고 있는 것으로 파악됐다. 함북 회령시 두만강변에 있는 회령시장(국경시장)은 김정일 정권이 재원을 확보하고 외국 상품을 통제할 목적으로 설립한 시장으로, 중국 상인들에게도 상품 판매 매대를 운영할 수 있도록 허용하고 있다. 황해북도에는 사리원시장, 황해남도에는 산성시장이 대표적인 종합시장이다. 사리원시장에선 곡물 · 의류 · 식료품 등이 대량으로 유통되고 있다.

김정일 정권은 시장을 장악하기 위해 • 시장에서의 곡물유통 금지(2005년 10월), • 불법시장단속(2007년), • 종합시장의 농민시장 전환 추진(2008년 말) 등 통제책을 계속 내놓았지만 제대로 실행되지는 않았던 것으로 보인다. 2009년 11월 30일에는 화폐개혁 조치와 함께 시장 내 공산품 판매금지, 외화사용금지 등의 조치를 내렸으나 주민들의 집단 항의와 단속 관리 폭행 등 불만 표출이 극에 달하자 결국 2월부터 시장억압조치를 철회한 것으로 전해졌다.

조선일보 2010. 10. 14. 기사 인용

2. 중앙집권적 계획경제

북한의 경제체제는 계획경제체제이다. 또한 북한의 계획경제는 계획과 관련된 모든 결정과 정보가 중앙당국에 집중되어 있으며, 하부조직은 중앙의 명령에 절대적으로 복종하도록 되어 있는 '중앙집권적 명령경제체제'이다.

북한은 계획을 수립 · 진행하는 과정에서 계획의 '일원화'와 '세부화'를 강조하고 있다. 북한은 계획의 '일원화'를 "국가의 통일적 지도 밑에 계획화의 유일성을 철저히 보장할 수 있게 하는 계획화 체계"라고 정의[4]하고 있다. 이에 따라 북한에서 계획의 작성과 집행 및 감독은 국가계획위원회를 중심으로 하여 도 · 시 · 군 및 공장 · 기업소에 이르기까지 일원화된 체계로 이루어지고 있다.

또한 북한은 계획의 '세부화'를 "국가계획기관이 직접 전반적 경제발전과 기업소의 경영활동을 밀접히 연결시키며 계획을 구체화하여 모든 지표들을 세부에 이르기까지 똑바로 맞물리는 가장 과학적인 계획화 방법"이라고 정의[5]하고 있다. 이러한 계획의 세부화는 경제계획 단위 간의 연계성을 강조한 것으로 계획지표들을 세분화하여 작은 부분들까지 계획화하는 것을 원칙으로 하고 있다.

한편 북한의 경제계획 작성은 예비숫자작성단계, 통제숫자작성단계, 계획숫자작성단계의 3단계를 거쳐 진행된다.

예비숫자작성단계는 하부생산단위인 공장 · 기업소들과 해당 관리국이 계획숫자를 작성하고 이를 지구계획위원회 및 내각의 해당 위원회와 성(省)에서 통합하여 국가계획위원회에 제출하는 단계이다. 예비숫자는 어떤 법적 · 지령적 성격을 갖지 않는 협의(協議)숫자이다.

통제숫자작성단계는 국가계획위원회에서 예비숫자에 기초하여 통제숫자 초안을 만들어 당중앙위원회와 내각에 제출하고, 여기서 결정된 통제숫자를 위원회, 성, 도(道)경제지도위원회에 하달하고, 이를 다시 공장 · 기업소에까지 하달하는 과정을 포함한다. 통제숫자는 당과 국가의 지령이므로 모든 경제기관들과 공장 · 기업소들에서는 이를 고칠 수 없으며, 통제숫자를 기초로 하여 구체적인 계획초안을 작성할 의무만 있다. 통제숫자에는 공업총생산액과 주요 공업제품의 생산규모, 농업생산의 규모, 수송규모, 상품유통액, 각종 소비재 생산 관련 지표, 기본건설투자규모 등이 명시된다.

끝으로 계획숫자단계는 통제숫자에 기초하여 공장 · 기업소가 계획초안을 만들어 상부기관에 보고하고 국가계획위원회는 이를 토대로 종합적인 계획초안을 작성하여 당과 국가의 비준을 받아 경제계획을 확정하고, 이를 다시 아래로 공장 · 기업소에 하달하는 과정이다. 확정된 경제계획의 수행은 법적 의무로 되며, 경제계획작성의 전 과정은 국가에 의해서 지도 통제된다.

이러한 북한의 중앙집권적 계획경제는 경제적으로 여러 문제점들을 갖고 있다. 계

4) 사회과학원, 경제사전 Ⅰ, 사회과학출판사(평양), 1985, p. 335.
5) 사회과학원, 경제사전 Ⅰ, 사회과학출판사(평양), 1985, p. 334.

획경제의 문제점은, 첫째 계획화를 위한 정보가 부족하거나 불확실성이 존재하기 때문에 실제로는 계획의 효율성이 떨어진다. 둘째, 개인 및 기업소의 창의성과 자율성을 유발할 수 없다. 셋째, 물량 중심의 계획화 체계에서는 계획달성만이 중요한 목표이므로 제품의 품질이 등한시된다. 넷째, 경제운용의 관료주의적 성향이 강화되어 경제가 경직적으로 운용된다.

11.2 사회주의 계획경제체제의 기반구축

1. 토지개혁과 농업 집단화

1945년 8월 15일 일본 식민지배로부터의 해방과 함께, 김일성은 소련군의 지원으로 한반도의 북쪽 지역에서만 사회주의국가를 건설하였다.

북한은 1946년 3월 사회주의국가를 건설하기 위한 '20개조 정강'을 발표하고,[6] 곧이어 사회주의경제체제를 수립하기 위한 기본전제로서 토지개혁을 추진하였다. 북조선 임시인민위원회는 1946년 3월 '토지개혁법령'을 공표하고 「무상몰수 · 무상분배」의 원칙에 따라 토지개혁을 실시하였다. 북한은 토지개혁으로 100여 만 정보의 토지를 무상몰수하고, 이 중 98여 만 정보의 토지를 토지가 없는 농민에게 무상으로 분배하였다. 북한의 토지개혁은 농민들의 지위격상에 따른 정치적 열성 제고, 농민생활의 향상과 산업부흥, 단기적인 농업생산성의 향상이라는 성과를 거두었다.

그러나 토지개혁으로 농업 부문이 소규모 영세농업화되면서 장기적인 생산력 증대가 어렵게 되었다. 따라서 북한의 토지개혁은 봉건적 소유제도를 와해시키고, 사회주의적 협동체제로의 전환을 위한 중간적 성격으로 평가된다. 실제로 북한은 사회주의체제 건설을 위해 1953년부터 농업의 집단화를 추진하였다. 북한의 농업협동화는 1953년 말부터 1954년 초에 걸쳐 각 군에 2~3개의 농업협동조합이 실험적으로 만들어졌다. 이러한 실험적 단계를 거쳐 1954년 말부터 본격적으로 집단화운동이 전

---

6) '20개조 정강'은 사회주의국가를 수립하기 위한 실천 강령으로 반제반봉건혁명단계에서 수행하여야 할 정치적 과업과 근로자들에게 적합한 물질 · 노동생활조건을 보장하기 위하여 수행하여야 할 경제적 과업과 교육, 문화, 보건 등의 과업에 대하여 규정하고 있다(사회과학원, 경제사전 II, 사회과학출판사(평양), 1985, p. 667.)

표 11-1 농업협동화의 진행 과정

항목 / 연도	조 합 수	가입농가호수	농가총수대비(%)	조합편입면적(%)	총 경지면적대비(%)
1953	806	11,897	1.2	11	0.6
1954	10,098	332,662	31.8	576	30.9
1955	12,132	511,323	49.0	885	48.6
1956	15,825	864,837	80.9	1,397	77.9
1957	16,032	1,025,106	95.6	1,684	93.7
1958	3,843	1,055,015	100.0	1,791	100.0

자료: 통일원, 북한경제 통계집, 1996, p. 226.

개되었다. 북한의 농업집단화는 〈표 11-1〉에서 보는 것처럼 1953년에 시작되었지만 계획보다 빠르게 진행되어 1958년 8월에 농가 전체를 가입시킴으로써 불과 5년 만에 완료되었다. 북한의 농업집단화는 형태로 보아 소련의 국영농장(Sovkhoz)을 따른 것이지만, 기능과 조직은 중국 인민공사의 운동에서 영향을 받았다.

중국의 인민공사

중국은 1953년~1957년 기간에 농업의 집체화(집단화)를 실시하였다. 농업집체화는 향(鄕)급에 1개의 합자사를 설립하여 개별농가는 개인소유의 생산수단들(토지, 가축, 농기구 등)을 합작사에 출자하고, 합작사가 이들 생산수단을 집단적으로 소유 · 경영하는 방식으로 진행되었다. 또한 합작사는 사회주의적 분배원칙에 기초하여 노동점수에 따라 각 사원에게 필요물자를 배급하였다. '인민공사'는 최초에 1958년 4월 하남성 신향지구의 농촌합작사의 명칭인데, 이후 중국 전역의 합작사의 일반적 명칭으로 사용되었다. 중국의 인민공사는 정사합일(政社合一)체제로 처음에는 농촌사회의 생산과 소유공유화를 추구하였지만, 점차적으로 "농 · 공 · 상 · 학 · 병(農 · 工 · 商 · 學 · 兵)" 일체의 형태로 변화하면서 이데올로기, 농촌경제, 군사적 토대의 성격을 갖추면서 향(鄕)을 대신하여 지방정부의 기능을 갖게 되었다.

2. 산업의 국유화와 상공업의 협동화

북한은 사회주의 계획경제체제의 기반을 구축하는 수단으로 토지개혁과 더불어 산업의 국유화를 실시하였다. 북조선 임시인민위원회는 토지개혁 발표에 이어 1946년 8월 '산업, 교통운수, 체신, 은행 등의 국유화에 관한 법령'을 발표하고, 아주 짧은 기간 내에 무상몰수의 형태로 '주요 산업의 국유화'를 단행하였다. 이러한 단기간의

'주요 산업의 국유화'는 북한의 대부분의 주요 산업들이 일제 식민지 하에서 일본인의 소유였고, 해방 후 이들 주요 산업을 인민위원회가 접수 관리하고 있었기 때문에 가능하였다. 산업국유화의 결과로 북한 전체 기업의 90% 이상, 공업생산능력의 90%, 공업총생산액의 72.4%에 해당하는 산업이 국유화되었다. 이러한 조치들로 북한에서는 사회주의경제 형태가 갖추어지고, 사회주의경제 형태가 지도적 지위를 차지하게 되었다.

또한 북한은 주요 산업의 국유화에 이어 상·공업 분야를 사회주의체제로 개편하였다. 북한은 상·공업의 사회주의적 개조를 위해 협동화 방법을 채택하였다. 북한의 상·공업에 대한 협동화는 상업보다 공업 부문에서 먼저 시작되었으며, 지역적으로는 농촌 지역에서 도시 지역으로 확대해 갔다. 북한에서는 1947년 9월 수공업자들에 의해 생산협동조합이 조직된 이래 농촌을 중심으로 한 개인수공업 협동화운동이 전개되었으며, 6·25전쟁으로 인하여 일시적으로 중단된 이후 다시 전면적으로 추진되어 1957년에 완성되었다. 이어서 상업 부문에 대한 협동화운동을 전개하였는데, 상업의 협동화는 1956년 말부터 전면적으로 추진하여 1958년에 완성되었다.

표 11-2 상공업협동화의 진행 과정

경제 형태	1946		1949		1953		1956		1957		1958	
	공업	상업	공업	상업	공업	상업	공업	상업	공업	상업	공업	상업
사회주의 형태	72.4	3.5	90.7	56.5	96.1	67.5	98.0	87.3	98.7	87.9	99.9	99.9
국영 형태	72.4	0.1	85.5	27.9	86.2	32.0	89.9	53.9	90.6	48.8	90.6	69.2
협동조합	–	3.4	5.2	28.6	9.9	35.5	8.1	33.4	8.1	39.1	12.2	30.7
사적 경제	27.6	96.5	9.3	43.5	4.0	32.5	0.2	12.7	1.3	12.1	0.2	0.1

자료: 통일원, 북한경제 통계집, 1966, p. 226.

11.3 북한의 경제정책 기조

북한은 사회주의경제체제의 기초 위에 북한이 갖고 있는 정치·군사적 특수성에 근거하여 독특한 경제정책을 운영하고 있다.

1. 자립적 민족경제의 건설

북한은 경제정책기조에서 "주관적" 시각에 근거한 "자력갱생의 자립적 민족경제건설"을 목표로 하고 있다. 이에 따라 북한은 재화뿐만 아니라 재화를 생산하는 데 필요한 생산수단을 북한 내에서 생산·공급하며, 기술혁명과 확대재생산의 물질적 조건을 북한 내에서 이룩한다는 목표 하에서 경제를 운영하고 있다. 북한의 자립적 경제운영방향은 1964년에 발표한 '평양선언'에서 잘 나타나고 있다. '평양선언'에서 북한은 "다른 나라와의 경제협력, 상호원조는 자주독립의 기반 위에서 평등, 호혜, 주권의 존중, 내정불간섭의 원칙을 따라야 한다."고 천명하고 있다. 북한은 타국의 경험을 자국에 그대로 적용하는 경우에 발생하는 오류를 지적하면서, 사회주의혁명과 건설을 완수하는 데에는 다양한 길이 있는데 북한은 '자립적 민족경제의 건설'을 경제발전노선의 최고목표로 설정하여 사회주의 건설을 성공적으로 완수할 것이라고 주장하고 있다.

여기서 북한의 자력갱생에 의한 '자립적 민족경제'는 북한에서 생산되는 자원을 가지고 북한의 기술과 인력을 사용해서 필요한 모든 제품을 자체 내에서 생산한다는 것을 의미한다. 즉, 북한은 상대적으로 풍부한 수력, 석탄, 철 및 비철금속, 인력 등 자체자원을 가지고, 자체기술과 경영을 통해 필요한 모든 생산수단(중간제품)과 완제품을 생산하겠다는 것이다.

이러한 북한의 자력갱생에 의한 경제발전전략은 농업과 에너지 부문에서 특히 강조되고 있다. 농업 분야는 전 인구의 식량문제를 자체적으로 완전히 해결할 뿐만 아니라 중공업 부문에 원자재를 공급하도록 계획되고 있다. 더 나아가 농업 분야는 자급자족수준을 넘는 잉여농산물을 생산하도록 계획되고 있다. 왜냐하면 중공업 성장에 투입되는 자본재 및 원료의 일부는 자체조달이 어려운 경우가 있는데, 이들 자본재 및 원료의 수입에 필요한 외화는 잉여농산물의 수출로 해결하여야 하기 때문이다. 마찬가지로 북한은 에너지 분야에서도 자력갱생의 원칙을 강조하고 있다. 이에 따라 북한은 에너지 소비구조를 국내자원에 완전히 의존하는 석탄의존형 구조를 만들어 왔다. 그 결과 북한 에너지의 석탄에 대한 의존비율은 70% 정도를 차지하고 있다.

이러한 자력갱생에 의한 '자립적 민족경제 건설'이라는 북한의 경제발전전략은 대외경제정책에서 더욱 분명하게 나타나고 있다. 즉, 북한은 대외경제정책에서 자체적으로 생산이 가능한 것은 자체생산하고 국내생산이 불가능한 경우에만 수입한다는 정책을 유지하여 왔다. 따라서 북한은 세계 자본주의 시장구도에서 벗어나 있는데, 과거에도 같은 사회주의국가들과의 경제관계에서 일부 국가와 선택적으로 교역을 하였다. 또한 북한은 1980년대까지 공산권 상호 경제원조회의(Council for Mutual Economic Assistance: CMEA)의 몇 개 하부조직에만 가입하였고 CMEA의 정식 회원국 참여를 거절하여 사회주의권에서도 유례를 찾아볼 수 없는 폐쇄적 경제정책을 실시하여 왔다. 이에 따라 북한은 대외무역을 자립경제건설의 보조적 수단으로 인식하고, 대외무역 전반에 걸쳐 정부가 계획·통제하고 있다.

2. 중공업 우선정책

북한은 산업을 크게 중공업, 경공업, 농업으로 구분하고 있다. 중공업은 생산수단을 생산하는 공업 부문의 총체로서 전력공업, 석탄공업, 광업, 금속공업, 기계제작공업, 화학공업, 건재공업, 임업이 이에 포함된다. 경공업은 소비재를 주로 생산하는 공업 부문으로서, 방직공업, 신발공업, 식료공업, 일용공업, 제지공업이 이에 포함된다.[7] 또한 농업은 토지를 기본 생산수단으로 하는 산업 분야로서 농산업, 축산업, 과수업, 잠업 등이 포함된다.

북한이 사회주의 계획경제체제를 구축하면서 채택한 경제발전전략은 중공업 우선의 불균형 경제성장정책이다. 북한은 '생산수단 혹은 생산재를 생산하는 중공업 부문을 발전시킴으로써 생산력을 제고시키고 동시에 농업과 경공업의 발전도 보장될 수 있다'고 강조하면서 중공업 우선정책을 추진하고 있다.

북한이 중공업 우선정책을 추진한 배경은 다음과 같다. 첫째, 국가의 생산능력 성장 속도는 생산수단을 공급하는 중공업 부문의 크기에 의해 좌우되기 때문에 중공업 부문을 먼저 육성하여야 빠른 경제발전이 가능하다고 판단하였다. 둘째, 경공업과 농업의 발전도 생산재의 원활한 확대 공급이 이루어져야 가능하기 때문에, 중공업 발전이 경공업과 농업의 발전을 결정한다고 생각하였다. 셋째, 결과적으로 '인민경제'의 건설과 사회주의적 공업화의 기초는 중공업을 육성함으로써 이루어지며, 민족경제의 자립적 토대도 중공업을 통하여 이룩된다고 판단하였다.

---

7) 사회과학원, 경제사전 Ⅰ, 사회과학출판사(평양), 1985, p. 80.

3. 군 · 산 병진정책

북한은 여타 사회주의국가들과 마찬가지로 자본주의와의 대립 · 경쟁에서 군사력 증강을 통한 힘의 우위를 중요시하고 있으며, 이에 따라 군수산업의 육성을 중공업 발전과 연결하여 동시적으로 추진하고 있다. 북한은 정권수립 초기부터 세계 냉전구도에서 지리적으로 사회주의권의 전초기지로서의 역할을 맡게 되면서 남한과 군사적으로 대치하고 있을 뿐만 아니라 남한에 대한 적화통일을 국가목표로 삼아 왔기 때문에 군사력 증강에 힘을 기울여 왔다. 1960년대에 들어서는 중 · 소 대립의 격화, 쿠바사태, 베트남 전쟁, 한일협약의 체결 등 국제환경의 변화로 국방력 강화의 필요성이 대두됨에 따라 1962년 12월 제4기 5차 당중앙위원회 전원회의에서 '4대 군사노선'을 채택하였다. 이후 북한은 1966년 10월 당대표회의에서 국방과 경제건설 병진정책을 공식적으로 채택하면서 지금까지 중공업과 군수산업을 상호 연결시킨 군 · 산 복합정책을 추진하여 왔다.[8] 특히 1990년 동구 사회주의체제 붕괴로 인해 동맹권이 해체된 이후부터 북한은 체제와 정권 유지를 위하여 미사일 · 핵무기개발 등 군수산업 발전에 더욱 치중하고 있다.

북한의 이러한 군수산업 발전전략에 따라 북한의 군수산업은 경제에서의 중요도가 계속 커지면서 1968년 내각 산하 제2기계공업부, 1970년 초 제2경제위원회, 1993년부터는 국방위원회가 직접 담당하여 오고 있다. 북한의 군수산업은 현재 모방단계를 넘어서 무기를 자체 생산 · 수출하는 단계에 있는데, 1974년부터 1989년까지 무기 총 수출액이 45억 4천만 달러에 이를 정도로 북한경제에서 큰 비중을 차지하는 것으로 추정되고 있다. 이후에도 북한의 핵실험으로 인해 유엔이 안보리 결의를 통해 북한의 무기 수출입을 엄격하게 통제하고 있음에도 북한은 매년 1억 달러 이상의 무기를 수출하고 있는 것으로 보고되고 있다.

---

8) 북한의 예산에서 차지하는 비중은 1966년까지 약 10% 정도에 지나지 않았지만 이후 본격적인 군 · 산 병진정책의 추진으로 인하여 1967년부터 1971년까지 그 비중이 30% 이상으로 대폭 증액되었다. 이후 북한은 1970년대에 들어오면서 군사비를 예산의 14~17% 수준으로 축소하여 발표하고 있으나, 실질적으로는 군사비 지출을 축소해 왔다고 보기 어렵다.

11.4 북한경제의 발전과 현황

1. 경제발전계획과 경제성장

북한은 지금까지 경제발전계획에 기초하여 경제성장을 추진하여 왔다.[9] 북한은 1946년의 토지개혁과 산업국유화 등 사회주의경제체제의 기반을 다지기 위한 여러 조치와 함께 1947년부터 인민경제발전계획을 시작하였다.

북한의 경제발전계획은 초기에는 단기계획으로서 1947년과 1948년의 1개년계획, 그리고 이어서 2개년계획(1949~1950년)이 추진되었다. 한국전쟁 직후에는 경제복구 3개년계획과 5개년경제발전계획을 추진하였다. 북한의 본격적인 사회주의적 경제발전계획은 1961년의 제1차 7개년경제발전계획에서 시작하여 1993년까지 3차에 걸친 7개년경제발전계획에 의해 추진되어 왔다. 그러나 1990년대 들어 북한은 극심한 경제난으로 인하여 제3차 7개년경제발전계획의 완충기간이 종료된(1996년) 이후 지금까지 경제정상화에 필요한 단편적 조치들만을 시행하고 있을 뿐 중장기 경제발전계획은 수립하지 못하고 있는 실정이다.

북한의 경제성장률은 〈표 11-3〉에서 보는 것처럼 1950년대 전반기의 전후 복구기에는 연평균 30%, 후반기의 제1차 5개년 계획기간에는 연평균 21%로 초고속성장을 하였다. 그러나 1960년대에는 연 평균 경제성장률이 8%대로 하락하였으며, 1970년대 초반 서구 자본주의권 국가들과의 경제교류 확대로[10] 다시 17.2%로 상승하였지

9) 북한은 (인민)경제발전계획을 '사회주의사회에 고유한 경제범주'로 규정하고 있다. 이에 따라 북한은 "사회주의사회의 모든 경제활동은 경제발전계획에 따라 진행되며, 경제발전계획은 당의 지령이며 국가의 법"이며, 경제발전계획은 "누구도 수정할 수 없으며 집행할 의무만 있다"고 강조한다. 북한의 경제발전계획은 체제의 유지·발전논리에서 출발하기 때문에 그 계획은 이윤극대화라는 자본주의적 원리보다는 당과 국가에 대한 일원적 명령체계를 성립시키기 위한 목적에 의해 구축되었다. 사회과학원, 경제사전 II, 사회과학출판사(평양), 1985, p. 676.

10) 1970년대 초반에 북한은 1971년 4월의 중국·미국 간의 핑퐁외교에서 출발한 중국과 미국, 중국과 일본의 급속한 관계개선에 영향을 받아 대서방 개방정책을 추진하였다. 특히 1972년 '7·4 남북 공동성명'으로 남한을 방문한 북한의 박성철 부수상은 남한정부가 외자를 도입하여 경제발전을 이루고 있는 상황에 큰 충격을 받았다. 이에 북한은 소련 등 동구 사회주의 국가들보다 기술 및 자본이 크게 앞서 있는 서구 자본주의 국가들과의 경제관계 개선을 위해 개방정책을 추진하였다. 개방정책에 따라 북한은 1973년에 덴마크, 노르웨이, 스웨덴, 핀란드와 국교를 수립한데 이어, 1974년에 오스트레일리아, 오스트리아, 스위스, 1975년에 포르투갈과 국교를 수립하였다. 또한 북한은 1973년에는 스위스, 영국, 일본과 통상관계를 확립하고 투자협정 등을 체결하였는데, 북한은 이들 국가로부터 수입대체를 위한 대대적 플랜트 수

만 1970년대 중반에는 폐쇄경제로 복귀하면서 8%대로 하락하였다. 그리고 1980년대 초반은 성장률이 5%대로, 1980년대 후반은 2%대로 하락하였고, 이어서 1990년대에는 연 평균 4.3%의 마이너스 성장률을 기록하면서 장기침체국면에 진입하였다. 다행히 1999년부터 북한경제는 남한, 중국 등 외부 사회의 지원으로 마이너스 성장을 멈추고 플러스 성장으로 전환하고 있으나, 외부의 지원이 중단되면 다시 마이너스 성장으로 떨어질 가능성을 갖고 있다. 실제로 북한은 남한 등의 경제지원으로 2009년의 명목GNI가 28조 6,346억 원으로 경제위기 전인 1990년 28조 8,338억 원 수준까지 회복하였고, 2013년에는 명목GNI가 33조 4,790억 원에 이르고 있다.

표 11-3 북한경제의 성장률 추이

(단위: %)

년 도	54~56[1)]	57~60[1)]	61~70[2)]	71~74[2)]	75~79[2)]	80~86[2)]	87~91[2)]	90~98[3)]
연성장률	30.0	21.0	8.2	17.2	8.8	5.0	2.2	-4.3
년 도	1999	2000	2001	2002	2003	2004	2005	2006
연성장률	6.2	1.3	3.7	1.2	1.8	2.2	3.8	-1.1
년 도	2007	2008	2009	2010	2012	2013		
연성장률	-2.3	3.7	-0.9	-0.5	1.3	1.1		

주: 1) 북한이 발표한 국민총소득의 공식통계에서 계산.
2) 북한이 발표한 1인당 국민소득의 공식통계에서 추계.
3) 1990년부터는 한국은행 북한국민소득의 추계

자료: 통계청, 남북한 경제사회지표, 각년호.
한국은행, 북한 GDP 추정결과 각년호.
통일원, 북한경제 통계집(1946~1985).

북한의 경제성장률을 나타내는 〈표 11-3〉에서 볼 수 있는 사실은 현재 북한의 경제위기가 일시적 현상이 아니라, 1970년대 이후 30년간 지속적으로 하강곡선을 그려온 경제하락의 누적적 결과라는 것이다. 즉, 지금의 북한경제 위기는 재화생산의 수요·공급 불일치 등으로 인한 일시적 불균형 상태가 아니라 북한의 사회주의경제체제가 갖고 있는 비효율성, 북한 경제발전정책의 기조적 모순, 그리고 북한정치체제가 갖고 있는 경직성과 당·정치우선주의 등 북한의 총체적 문제점들이 결합된 구조

입을 약정(30건, 5억 달러)하였다. 그러나 1974년 1차 오일쇼크로 인해 세계적인 경제불황(스태그플레이션)이 발생하면서 북한의 주요 수출품목인 아연과 동의 국제가격이 40% 하락하고 납의 국제가격은 30% 하락하였다. 그 결과 북한은 외화수입이 크게 감소하고 해외차관의 지급불능상태에 빠지면서 다시 폐쇄경제로 회귀하였다.

적인 모순의 결과로 보아야 할 것이다.

특히 1999년 이후 북한이 플러스 성장률을 기록한 것은 자력에 의한 성장이라기보다는 남한 등 외부의 지원과 원조에 의한 것이기 때문에 북한이 사회주의 · 계획경제체제를 유지 · 고수한다면 경제위기 탈출은 불가능할 것으로 판단된다.

2. 부문별 경제현황

가. 식량난

북한의 식량난이 외부세계에 알려지기 시작한 것은 1995년 북한이 국제기구에 식량지원을 요청하면서부터이다. 이 때문에 북한의 식량난이 1990년대 중반부터 발생한 것으로 알려지고 있지만, 실제로는 1980년대에도 북한의 연간 평균 식량생산량은 415만 톤 정도에 불과하여 정상수요(1인당 연간 0.3톤)를 감안할 때 매년 200만 톤 정도의 식량이 부족한 형편이었다.

표 11-4 북한의 식량수급 현황

(단위: 만 톤)

구 분	1992	1993	1994	1995	1996	1997	1998	1999	2000*	2001	2002
수요량	576	569	576	580	578	583	541	551	606	613	626
공급량 (전년도 생산량)	443	427	388	413	345	369	349	389	422	359	395
부족량	207	231	279	259	328	301	290	261	184	254	231
구 분	2003	2004	2005	2006	2007	2008	2009	2010	2011	2012	2013
수요량	632	639	645	651	650	652.5	652.5	656.0	659.2	662.5	665.7
공급량 (전년도 생산량)	413	425	431	453.7	448.3	400.5	430.6	411.0	–	468.0	481.0
부족량	219	214	214	197.3	201.7	252	221.9	245.0	–	194.5	184.7

주: 1) 수요량은 1999년 이전 감량수요(1인당 년 0.25톤), * 2000년 이후 정상수요(1인당 0.3톤), 농촌진흥청.
2) 2010년부터 식량수요량은 북한 인구를 토대로 추정.

자료: 한국은행, 북한GDP 추정결과, 각년호.
통일부, 보도자료, '북한의 식량사정과 대외의존도평가', 1999. 9. 17.

1990년대부터 최근까지 북한의 식량수요량은 〈표 11-4〉에서 보는 것처럼 감량기준(1인당 연간 0.25톤, 정상수요는 1인당 0.3톤)으로 측정할 때 매년 570만 톤 정도이지만, 생산량은 최저 345만 톤, 최고 443만 톤에 불과하다. 따라서 북한은 지금까지 매년 최저 184만 톤, 최고 328만 톤의 식량이 부족한 실정이다.

북한은 부족한 식량을 보충하기 위해서 주민의 배급량을 줄이는 정책을 시행하는 동시에 외부세계로부터 수입과 무상원조에 의존하여 왔다.[11] 그러나 1994년부터 1996년까지 극심한 자연재해로 식량난이 더욱 심각해지자 북한은 FAO/WFP 등의 국제기구에 지원을 요청하여 이때부터 매년 30만 톤에서 112만 톤을 외부로부터 지원받아 왔으나, 2000년대 들어 미사일개발, 핵실험 등으로 중국을 제외한 외부로부터의 식량지원이 거의 끊어진 상태이다.

북한의 식량난은 북한의 한냉한 기후, 산지 중심의 지형으로 인한 경작지 부족, 강수량부족이라는 자연적 한계[12]와 집단농장체제의 비효율성이라는 구조적 문제에 근본적 원인이 있다. 또한 이에 더하여 1990년 이후 전 세계적인 사회주의권 붕괴에 따른 외부충격과 반복된 자연재해 등으로 농업기반이 흔들렸기 때문이다. 그러나 북한은 이러한 식량난을 타개하기 위한 뚜렷한 대안을 제시하지 못한 채 주민들의 극심한 내핍생활을 통한 해결책만을 강구하고 있다. 이에 따라 주민들은 종합시장 등을 통한 식량조달, 텃밭과 뙈기밭 등에서 생산된 곡물, 옥수수의 조기 수확, 그리고 가축의 처분 등을 통해 그나마 생계를 유지하고 있다.

나. 에너지난

북한은 중공업 우선정책을 추진하면서 에너지 공급구조를 국내에서 생산이 가능한 석탄에 의존하여 왔다. 이에 따라 북한의 에너지 공급은 석탄이 70%, 석유 3~10%의 수준, 수력 15~20%, 기타 3~10%를 차지하는 구조를 갖고 있다.[13] 따라서 북한의 에너지난은 에너지 다소비 구조인 중공업, 과도한 석탄소비 의존구조와 밀접한 관련이 있다. 북한의 에너지난은 〈표 11-5〉에서 보는 것처럼 1998년과 1999년에 가장 심각하였으며 지금도 1990년의 수준을 회복하지 못하고 있다.

---

11) 북한은 1990년대 중반부터 부족한 식량문제에 대한 대안을 제시하지 못하고 주민들의 1일 기준 배급량을 700g에서 22% 절감한 547g으로 감량 배급하고 있다.

12) 북한은 기본적으로 농업에 적합하지 않은 자연적 조건을 갖고 있는데, 예를 들어 일제 식민지 기간 중인 1933년에 북한의 쌀 수확량은 약 60만 톤으로 한반도 전체 쌀 생산량의 1.8%에 불과하였다.

13) 통계청, 남북한 경제사회상 비교, 각년호.

표 11-5 북한의 에너지 공급 추이

	1990	1991	1992	1993	1994	1995	1996	1997
석탄생산량(만ton)	3,315	3,110	2,920	2,710	2,540	2,370	2,100	2,060
발전량(억kWh)	277.4	263.0	247.0	221.3	231.3	230.0	212.7	192.7
원유도입량(만배럴)	1,847	1,385	1,114	997	667	806	686	371
	1998	1999	2000	2001	2002	2003	2004	2005
석탄생산량(만ton)	1,860	2,100	2,250	2,310	2,190	2,230	2,280	2,406
발전량(억kWh)	169.5	185.7	193.6	201.5	190.4	196.0	206.0	215.6
원유도입량(만배럴)	369.5	233	285	424	438	421	390	383
	2006	2007	2008	2009	2010	2011	2012	2013
석탄생산량(만ton)	2,468	2,410	2,506	2,550	2,500	2,550	2,580	2,660
발전량(억kWh)	225.0	237.0	254.6	235	237	211	215	221.0
원유도입량(만배럴)	384	383	388	381	385	384	386	424

자료: 한국은행, 북한GDP 추정결과, 각년호.

이를 좀 더 세분하여 살펴보면, 북한의 석탄생산량은 <표 11-5>에서 보는 것처럼 1990년 3,315만 톤이었으나 이후 계속해서 감소하여 1998년 1,860만 톤까지 떨어졌다. 이후 1999년부터 생산량이 증가하기 시작하여 2013년에는 2,660만 톤으로 증가하였다. 그리고 전력생산량은 1990년 277억Kwh, 1995년 230억Kwh, 1998년에는 169억Kwh까지 하락하였으나 이후 증가세로 돌아서 2013년에는 221억Kwh로 증가하였다. 그러나 2013년의 석탄생산량은 1990년의 80%이며, 전력생산량도 80% 수준에 불과하다. 북한의 화력발전소는 웅기의 중유발전소를 제외하고는 모두 석탄발전소이기 때문에 석탄생산이 감소하면 발전량도 감소하는 불가분의 관계를 가지고 있어 석탄생산량의 증대가 전력생산 증대의 관건이다.

원유 도입물량의 경우도 1990년 1,847만 배럴, 1995년 230만 배럴, 1998년 169만 5천 배럴로 감소하였으나, 이후 조금씩 증가하여 2013년에는 424만 배럴로 증가하였다. 2013년의 원유 도입물량은 1990년의 23%의 수준에 불과한데, 이것은 외화난으로 원유 도입물량이 감소하였을 뿐만 아니라 구소련이 경화결제를 요구하면서[14] 원

14) 1990년까지 구소련은 북한에 대해 국제시세의 1/2~1/5가격으로 원유를 판매하고, 결제대금으로 곡식이나 철광석 등의 현물을 받아왔다. 그러나 구소련의 붕괴 이후인 1991년부터 러시아는 원유대금을 국제시세로, 그리고 현물 대신 달러나 엔화와 같이 세계시장에서 통용되는 경화(hard currency)로 지급할 것을 요구하였다.

조성 원유 도입물량이 감소하였기 때문이다.

북한의 에너지난은 장기적으로는 에너지 다소비 산업인 중공업 중심의 경제발전 전략상의 오류, 그리고 단기적으로는 석탄생산량의 감소에 기인한다. 북한의 석탄생산량 감소는 채탄장비의 노후화, 탄광의 심부화, 신규설비의 미도입, 자재의 공급애로 등에 기인한다. 이외에 구소련이 붕괴되면서 러시아가 종전의 원조적 성격의 원유판매를 중단하고, 원유를 국제가격으로 거래할 것을 요구하면서 원유 도입량이 감소한 것도 북한의 에너지난을 가중시키는 한 요인이 되었다. 실제로 북한이 구소련으로부터 수입한 원유는 1987년까지 매년 80~100만 톤에 달하였으나, 1990년에는 41만 톤으로 감소하였고, 원조성격의 우호가격제도 폐지와 경화결제를 요구한 1991년에는 4.2만 톤, 1992년에는 3만 톤으로 격감하였다.[15] 이에 따라 북한은 구소련이 붕괴된 이후 원유도입을 전적으로 중국에 의존하고 있다.

다. 원자재난

북한의 주요 원자재 생산량은 〈표 11-6〉에서 보는 것처럼 1990년부터 1998년까지 급격하게 감소하였다가, 이후 미세한 회복세를 보이고 있다.

철광석의 경우, 생산량은 1990년 843만 톤에서 1998년 289만 톤으로 감소하였다가 2013년에는 548만 6천 톤으로 회복하고 있다. 반면 비철금속은 1990년 24만 1천 톤을 기록하였는데, 이후 생산량의 감소추세는 계속 되고 있다. 그리고 조강은 1990년 336만 4천 톤에서 1998년 94만 5천 톤까지 생산량이 하락하였으나 이후 생산량 증가로 전환되면서 2013년에는 12만 1천 톤의 생산실적을 기록하고 있다. 또한 시멘트는 생산량이 1990년 613만 톤에서 1998년 315만 톤으로 감소하였으나 2013년에는 660만 톤으로 회복하였다. 그리고 비료의 경우는 1990년 119만 5천 톤에서 1998년 52만 7천 톤까지 감소하였으나 이후에도 생산증가추세로 반전하지 못하고 2013년에 48만 5천 톤을 생산하였다.

북한의 주요 원자재 공급은 1990년대 들어 큰 폭으로 감소하다가 1999년부터 대체적으로 증가추세로 돌아섰지만, 2013년의 철광석 생산량은 1990년의 65%, 비철금속은 38%, 조강은 36%, 비료는 41%의 수준에 불과하여 자체적인 경제위기 회복은 어려울 것으로 전망된다.

왜냐하면 최근 북한의 원자재난은 에너지난과 외화난 등의 요인에 의해 발생된 복

15) 대한무역진흥공사, 북한투자실무, 1993, p. 14.

합적 위기의 산물이기 때문이다. 즉, 북한은 에너지의 부족이 공장가동률의 저하를 초래하고, 공장가동률의 저하는 원자재 부족, 특히 석탄생산량의 감소로 이어지고 이는 다시 에너지난을 더욱 가중시키는 부족경제(shortage economy)의 악순환이 반복되는 구조를 갖고 있기 때문이다. 여기에 더하여 원자재 부족은 공장가동률 저하로 이어지고 이는 다시 외화획득기회의 상실로 이어지면서 필요한 원자재와 에너지원의 수입을 어렵게 하는 부족경제의 악순환이 지속되고 있는 상태이다.

표 11-6 북한의 주요 원자재공급

(단위: 만톤)

구 분	1990	1991	1992	1993	1994	1995	1996	1997
철광석(만 ton)	843.0	816.8	574.6	476.3	458.6	422.1	344.0	291.0
비철금속(만 ton)	24.1	22.7	17.8	16.4	16.0	15.4	11.8	10.8
조강(만 ton)	336.4	316.8	179.3	185.9	172.8	153.4	120.8	101.6
시멘트(만 ton)	613.0	516.9	474.7	398.0	433.0	422.0	379.0	334.0
비료(만 ton)	119.5	108.1	104.3	121.2	99.3	91.0	72.1	58.0
구 분	1998	1999	2000	2001	2002	2003	2004	2005
철광석(만 ton)	289.0	378.6	379.3	420.8	407.8	443.3	457.9	491.3
비철금속(만 ton)	9.7	11.7	9.6	9.2	8.7	9.4	9.8	10.7
조강(만 ton)	94.5	124.3	108.6	106.2	103.8	109.3	106.8	116.8
시멘트(만 ton)	315.0	410.0	460.0	516.0	532.0	554.3	563.2	593.0
비료(만 ton)	52.7	77.0	53.9	54.6	50.3	41.6	43.4	45.0
구 분	2006	2007	2008	2009	2010	2011	2012	2013
철광석(만 ton)	504.1	512.6	531.6	495.5	509.3	523.2	519.0	548.6
비철금속(만 ton)	8.6	9.2	9.4	9.1	9.2	9.1	9.0	9.2
조강(만 ton)	118.1	122.9	127.9	125.5	127.9	122.5	122.2	121
시멘트(만 ton)	615.5	612.9	641.5	612.6	627.9	645.2	644.6	660
비료(만 ton)	45.4	40.5	47.9	46.6	45.9	47.1	47.6	48.5

자료: 한국은행, 북한GDP 추정결과, 각년호.

11.5 경제위기 이후의 경제정책

1. 개혁적 경제정책의 추진

북한은 제3차 7개년경제계획(1987~1993년)의 완충기(1994~1996년)가 종료된 이후 지금까지 새로운 전망계획(중장기 경제발전계획)을 발표하지 않고 있는데, 이는 현재 북한이 경제계획을 수립할 수 없을 만큼 경제상황이 심각하다는 사실을 반영하는 것이다.

북한은 1990년대의 경제위기를 '고난의 행군'으로 버티면서, 완충기(1994~1996) 동안 심화된 경제난과 계획경제 부문의 위축을 타개하기 위해 1998년을 기점으로 새로운 경제정책을 추진하였다. 즉, 북한은 1998년에 「강성대국」을 제시하면서 김정일 시대의 새로운 목표를 대내·외에 선언하고,[16] 이어서 강성대국을 건설하기 위한 경제정책의 변화를 시사하는 내용들을 언급하였다.[17] 실제로 북한은 1998년 사회주의 헌법을 개정하면서 경제 관련 조항을 큰 폭으로 수정하였는데, 주요 수정내용에는 소유구조의 조정, 경제관리 운영에서의 자율성 확대, 채산성 원칙의 중시, 그리고 경제개방의 확대 등이 포함되었다. 그리고 내각의 권한을 강화하고 경제 관련 부서의 통폐합을 통해 조직운영 및 경제효율성의 제고를 모색하였다. 이어 2001년부터 북한은 경제강국 건설에 본격적으로 착수하여 1990년대 중반 고난의 시기에 구상된 혁명적 경제정책들을 현실에 구체화해 나가기 시작하였으며, 특히 2001년 1월 김정일 국방위원장의 상하이 방문 이후 북한은 '신사고'를 내세우면서 경제에서의 실리추구를 강조하기 시작하였다. 이에 따라 북한은 내각을 경제 중심으로 만들기 위한 '내각책임제'의 강조, 방만한 연합기업소의 재조직을 통한 기업소의 전문화, 과학기술 중심으로의 산업구조 개편 등의 변화를 시도하였다. 더 나아가 북한은 2001년 5월 인민경제계획법을 개정하면서 예비숫자를 '현행 계획 준비사업'으로, 통제숫자를 '국가적 수요'로 각각 변경하고, '계획 작성 과정에서 생산단위의 의견을 상부로 전달한다'는 내용을 추가하는 등 경제계획 작성 과정을 유연화하였다.

김정일은 2001년 10월에 '7·1조치의 모체라 할 수 있는 경제관리개선 관련 방침

---

16) 1998년 8월 로동신문(1998. 8. 22.) 정론

17) 그러나 동시에 북한은 로동신문·근로자(1998. 9. 17.) 공동논설 "자립적 민족경제건설노선을 끝까지 견지하자"를 통해 '우리식 경제체제의 건설'을 여전히 강조하였다.

을 하달하였다. 이 방침에서는 경제개혁의 기본원칙은 '사회주의원칙을 고수하면서 최대실리를 획득'하는 것이라 밝히고 있다.

2002년 7월부터 시행된 '7 · 1 경제관리개선조치'는 지난 반세기 북한에서 취해진 가장 획기적인 경제개혁조치라 할 수 있는데, 이 조치는 어떤 면에서 볼 때, 인민들에게 쌀에서부터 집까지 모든 것들을 제공하고자 했던 '20세기의 북한'의 종료를 공식적으로 선언한 조치라고 할 수 있다. 북한은 '7 · 1 조치'를 통해서 배급제는 단계적으로 축소되거나 폐지되었으며, 사회보장을 축소 및 폐지하였다. 또한 '7 · 1 조치'에 의해 북한은 중앙정부에 집중된 경제계획의 일정 부분을 기업소와 지방으로 분권화하였다. 또한 가격의 현실화를 단행하여 농민시장에서 실제로 유통되는 물품가격을 기준으로 물품의 국정가격을 결정하였다. 이외에도 기업소의 생산결과 및 노동자 개인의 노동결과에 따라서 노동자들의 임금을 차등 분배하기 시작하였다. 이에 따라 북한에서는 물가와 임금의 대폭적인 인상, 기업의 자율성 확대, 권한의 지방분산화 등이 이루어지면서 시장경제적 요소의 도입이 이루어졌다.

이어서 북한은 2003년 3월부터 기존의 농민시장을 자본주의 상설시장 형태인 종합시장으로 확대 · 개편하였다. 일부 국영상점 경영권을 기관 · 기업소에 이양하였고, 식당 등 서비스업에 대한 개인영업을 허용하는 등의 개혁조치도 실행하였다. 또한 2004년에는 '공장 · 기업소 운영개선'을 확대 · 실시하여 일부 공장 · 기업소를 대상으로 생산계획수립 · 임금결정 · 노무관리 · 자금운용 등에 대한 기업의 자율성 및 재량권 확대를 위한 다양한 조치를 취하였고, 포전담당제[18]를 시범 시행하였다. 2005년부터는 수입물자교류시장을 평양과 지방에 개설 · 운영하기 시작하였는데, 북한의 이러한 시장기능의 운용을 확대하는 개혁적 경제정책은 2005년 7월 '북남경제협력법'을 제정할 때까지 진행되었다.

1998년부터 점진적으로 추진된 북한의 개혁적 경제정책들은 공식경제 부문을 일부 활성화시키고, 노동 및 산업생산성의 제고를 가져옴으로써 1999년 이후 북한경제가 회복되는 데 일정한 역할을 한 것으로 평가되고 있다. 또한 북한의 개혁적 경제정책들은 시장경제기능을 일부 도입함으로써 지방공업, 경공업, 농업 부문에서 생산성 증대와 상업 · 서비스 부문의 활성화를 가져오기도 하였다. 그리고 이윤을 중시하는 기업경영 방식의 도입, 물질적 인센티브제의 확충, 대외경제 관련법의 개정, 시장

---

18) 포전담당제란 가족영농제를 지칭. 가족단위 혹은 몇 가족이 농토를 협동농장으로부터 대여받아 농사를 짓는 것이다. 이들은 수확한 농작물 중 일정량을 협동농장에 바치고 나머지 생산분에 대해서는 자유롭게 처분할 수 있는 권리를 가진다.(연합뉴스 2004년 12월 11일자)

기능의 일부 도입과 같은 북한의 개혁적 조치들은 외부 자본을 효과적으로 활용할 수 있는 기반을 마련하기도 하였다.

그러나 북한의 개혁적 경제정책들은 경제정책의 혁명적 전환이라기보다는, 사회주의적 생산관계와 자립적 민족경제의 기본적 틀을 유지한 상태에서 변화된 국내·외의 현실을 수용하기 위한 제한적 성격을 띠고 있었다. 따라서 개혁적 경제정책들은 만성적 공급부족경제라는 북한경제의 한계를 해결하기에는 근본적으로 역부족이었다. 특히 이 정책들은 '선군경제건설 노선'이라는 큰 틀의 경제정책기조 내에서 전개되었기 때문에 중국의 시장경제로의 전면적인 개혁정책 및 수출산업의 적극적 육성을 통한 경제성장이라는 개방정책과는 근본적으로 차이를 갖고 있다.

그림 11-3 | 북한의 주요 생필품 가격추이

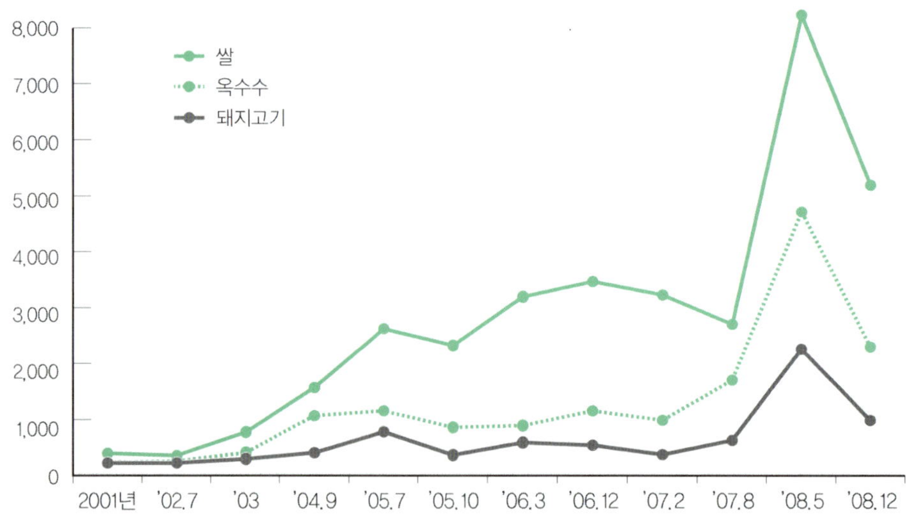

자료: 통일부.

따라서 외부세계의 지원축소와 더불어 개혁적 경제정책이 갖고 있는 한계들로 인해 북한경제는 2006년과 2007년에 다시 마이너스 성장률을 기록하면서 거시경제적으로 여러 문제들을 나타내게 되었다. 첫째, 북한경제에서 초 인플레이션이 진행되었다. 북한은 근본적인 공급부족 문제를 해결하지 않은 상황에서 가격개혁과 종합시장의 허용을 실행함으로써 '7·1 조치' 이후 3년간 엄청난 수준의 인플레이션이 진행되었다. [그림 11-3]에서 볼 수 있듯이, 1998년부터 2002년의 '7·1 조치' 이전까지 북한의 물가수준은 다소의 등락은 있었지만 전반적으로 하향 안정화 추세를 보여 왔다.[19] 그러나 '7 · 1 조치'로 2002년 7월 당시 국정가격을 시장가격수준으로 현실화하자 일거에 북한의 모든 재화의 가격이 상승할 수밖에 없었다. 이에 더하여 '7 · 1 조치' 이후 주민들의 소비욕구가 표출되면서 종합시장 물가가 200~300% 이상 올랐는데,[20] 2004년 9월 쌀의 시장가격은 국정가격의 20배가 넘는 1,000원에 육박하였다.

그림 11-4 | 북한의 대중국 및 남한과의 교역

둘째, 북한경제의 대외의존 구조가 편향 · 심화되었다. 북한은 시장경제로의 전면적 개혁을 통한 내부 공급능력의 확대를 허용하지 않았기 때문에 물품공급부족의 문제를 해외로부터의 조달에 의존할 수밖에 없었다. 이에 따라 북한경제는 [그림 11-4]에서와 같이 중국 및 남한과의 경제교역에 크게 의존하게 되면서 이들 두 국가에 대한 의존도가 상승하게 되었다. 한편 2008년 남한에 보수적 성향의 이명박정부가 들

19) 통일부 정보분석국, "2001년도 북한의 물가동향 조사결과," 보도참고자료(2001. 12. 14.)

20) 북한의 시장물가는 2005년 하반기 이후 조금씩 안정화되는 추세를 보이다가 2007년도에 들어와 다시 불안정해지고 2008년도에는 식량가격이 일시적 폭등현상까지 나타났는데, 그 이유는 주로 작황부진에 따른 공급부족이 주된 원인이었다. 2008년 10월 시장에서 쌀은 kg당 1,500원 내 · 외로 거래되었다. 식량가격은 2008년 하반기 들어서 다시 안정화되는 추세에 들어서고 있지만, 2009년 1월 물가는 전년도 대비 2배 이상 상승한 가격수준을 유지하고 있는 것으로 알려져 있다.

어서면서 남북한 관계가 경색되기 시작하였는데, 이로 인해 남북교역이 축소되면서 북한은 경제적으로 중국에 크게 의존하기 시작하였다. 이러한 추세는 2013년 남한에 박근혜정부가 들어서면서 더욱 가속화되고 있다. 그 결과 남북교역액을 더한 북한의 대외무역에서 남북교역이 차지하는 비중은 2013년에 13.4%로 크게 감소하고, 반대로 북중교역의 비중은 77.1%로 급격히 증가하고 있다.[21)]

셋째, 북한의 개혁적 경제정책들은 시장경제 및 사경제영역의 활동을 확대시킴으로써 경제의 양극화와 새로운 사회세력의 등장을 초래하였다. 개혁적 경제정책에 따라 장마당 장사활동이 공식화되었는데, 계획경제의 기능이 취약해짐에 따라 취해진 시장의 활성화조치들은 합법적인 시장경제활동을 확대하는 현상을 야기하였다. 그러나 시장경제의 확대로 인해 계획경제 부문 종사자와 시장경제 부문 종사자 간의 소득격차가 크게 벌어지면서 빈부의 격차가 발생하였으며, 특히 시장에서의 경제활동을 통해 생겨난 신흥 중산층들은 태생적으로 정부통제와 간섭에 저항하는 새로운 세력으로 등장하고 있다.

2. 중앙집권적 계획경제로의 복귀(2005년 10월~2011년 12월 · 김정일 사망)

북한은 1998년부터 점진적으로 진행시켜온 개혁적 경제정책들이 여러 문제들을 불러일으킴에 따라, 2005년 10월에 '양곡전매제 및 식량배급제를 강화한다'는 선언을 하면서 다시 계획경제로 복귀하는 경제정책을 추진하기 시작하였다. 이어 북한은 2006년 3월에는 개인고용금지령을, 2007년 8월에는 30세 이하 여성의 장사금지령을, 2008년 11월에는 식량과 공산품의 시장 판매를 금지하였다. 또한 북한은 2007년부터 시장 억제를 다시 시작하였는데, 2007년 10월에 "시장에 대한 인식을 바로 가지고 인민의 리익을 침해하는 비사회주의적 행위를 저지하자"라는 당 중앙위원회지시문을 전국의 당 조직에 배포하였다.

이어 북한은 2009년 11월 30일에 물가상승 억제, 암시장 제거라는 경제적 목적에 더하여 중앙집중적 계획경제를 전면 복원하고 시장경제의 영역을 폐쇄하려는 화폐개혁조치를 실시하였다. 북한이 2009년 11월에 시행한 화폐개혁조치는 구화폐 100원을 신화폐 1원으로 교환하고 1인당 교환액에 상한선을 둔 조치로서 일거에 민간자본을 회수하고 모든 거래가 국영유통망을 통해 이루어지도록 한 조치이다. 이 조치

21) 남한정부는 남북한교역을 국가간무역(trade)이 아니고 한국 내부의 거래(inter-Korea exchange)로 규정하고 있기 때문에 북한의 대외무역통계에는 남북교역액이 포함되지 않고 있다.

는 국영시장을 복원해 주민들이 시장경제활동을 못하도록 하고, 사회주의계획경제로의 복원과 경제 및 인민의 통제를 통해 정권을 견고히 하려는 의도에 기초하여 실행되었다. 특히 화폐개혁조치는 그동안 암시장 운용과 개인의 경제활동으로 생겨난 신흥 중산층 세력을 체제 내부의 적으로 보아, 이들 중산층 계층을 제거하려는 북한정부의 정치적 의도가 깔려있는 것으로 평가되고 있다.

북한의 중앙집권적 계획경제로의 복귀는 2010년에도 계속되어, 북한은 2010년 4월 6일 최고인민회의 상임위에서 인민경제계획법을 개정하여 과거 계획경제의 규율을 강조하는 '예비숫자'와 '통계숫자'라는 용어를 다시 사용하였다. 또한 인민경제계획법 개정안은 계획이 위에서 아래로 일방적으로 하달되는 과거의 내용을 부활시키는 동시에, 계획의 법적 이행의무를 강조하였다. 따라서 2010년 4월 6일의 인민경제계획법 개정에는 계획경제관리를 강화하는 정책기조가 반영돼 있다.

이와 같이 계획경제의 밖에서 성장해 오던 시장영역을 대폭적으로 축소·억제하고 계획경제로 회귀하려는 정책으로 볼 때, 북한이 1998년부터 2000년대 중반 기간 동안에 추진하였던 시장경제적 개혁정책들은 실용주의적 개혁이라기보다는 당시 당면한 위기적 상황을 벗어나기 위한 일시적 정책, 또는 당시 정부의 생산능력 부족 때문에 유지 불가능한 계획경제를 일시적으로 포기한 조치로 해석된다.

한편 북한의 사회주의계획경제로의 복구조치들은 북한 전역으로 확대·진행되고 있는 시장경제적 상황들에 역행하는 정책이기 때문에 여러 부작용들을 일으키면서 북한경제의 어려움을 가중시켰다. 그 대표적인 현상으로 2009년 11월 30일 화폐개혁을 실시한 이후 북한의 물가와 환율이 지속적으로 상승하였다. 2009년 화폐개혁 직후인 12월 쌀(1kg)값과 환율(1달러)이 각각 25원, 38원으로 조정되었는데, 이후 꾸준히 올라 2013년 1월 중순에는 평양 기준으로 쌀값이 최고가 7,700원, 환율은 9,300원까지 올랐다. 이 수치는 2009년 화폐개혁 직후 기준으로 쌀값은 300배, 환율은 240배 오른 것인데, 이후에도 북한의 쌀값과 환율은 국내·외 여러 요인들로 인해 지속적으로 상승하는 경향을 보이고 있다. 이러한 초인플레이션의 주요 원인 중 하나는 만성적인 재화의 생산·공급부족에 더하여 실물경제의 주체인 시장상인과 소비자(인민)들이 북한 원화를 불신하기 때문인데, 북한주민들의 북한화폐에 대한 불신으로 북한 돈이 화폐로서의 가치를 상실하게 되면 북한은 경제체제, 더 나아가 국가체제가 붕괴될 가능성에 직면하게 된다.

3. 김정은정권의 개혁 · 개방

2011년 12월 17일에 북한의 김정일 국방위원장이 사망하였다. 그에 따라 김정일의 3남 김정은이 12월 말 군 최고사령관, 그리고 2012년 4월 중순 당 제1비서직과 국방위원회 제1위원장직에 추대되어 북한에서 '김정은 체제'가 공식적으로 출범하였다. 스위스에서 유학생활을 한 김정은은 2012년 6월 28일 협동농장과 기업소에 인센티브와 자율성을 제공하는 경제개혁조치인 '6 · 28방침'을 발표하였다.[22] 그 내용을 보면 농업 분야에서 협동농장 내의 최하생산조직인 분조의 규모를 2~6인으로 축소하여 가족농제도를 도입하였다. 또한 농업 생산물은 국가와 농민이 7대3의 비율로 분배하도록 조정하였다. 마찬가지로 공업 분야에서 기업소의 자율권을 대폭적으로 확대하고, 생산 이익을 국가와 기업소가 7대3의 비율로 나누는 방식으로 조정하였다. 더 나아가 북한은 2014년 5월 말에 '5 · 30조치'를 발표하였는데, 그 주요 내용은 2015년부터 모든 협동농장과 기업소에 자율경영제도를 본격적으로 도입하고 가족 한 명당 땅 3,300㎡를 지급하고 국가가 수확물의 40%를, 개인이 60%를 가져가도록 하겠다는 것이다. 그러나 북한의 '6 · 28방침'과 '5 · 30조치' 등의 경제개혁조치들은 기본적으로 여러 한계들을 갖고 있다. 농업에서 생산동기유발을 통해 생산성이 높아지려면 개인(가족농)이 농업을 통해 잉여 생산물을 생산할 수 있어야 하는데, 북한의 농업은 자연적 · 구조적 문제로 인해 잉여 생산물을 얻기가 어렵기 때문에 현실적으로 생산동기가 나타나기 어렵다. 또한 협동농장에는 생산독려, 감시, 학습 등을 위해 비생산직 관리직원들이 다수 상주하고 있기 때문에 가족농 경영을 통해 가족농이 잉여분의 생산물을 분배받기가 현실적으로 불가능한 상태이다. 이외에도 협동농장에는 애국미 헌납 등의 대규모의 수탈구조가 여전히 존재하고 있어서 가족농이 농업생산에서 잉여 농산물을 얻기 어려운 상황이다. 이러한 현상은 기업소의 경우에서도 마찬가지인데, 공업 부문에서는 낙후된 시설과 자원 및 전력 부족으로 공장가동률이 낮기 때문에 잉여 생산물의 발생 가능성이 낮으며, 지나치게 많은 관리직원 및 애국미 헌납 등의 폐해가 여전히 존재하고 있다.

---

22) 북한은 2012년 6월 28일 "우리식의 새로운 경제관리체계를 확립할 데 대하여"를 발표하여 농업과 공업 등 각 분야에서 성과에 따라 생산물을 분배하도록 조치하였는데, 2012년 6월 28일 발표되었기 때문에 '6 · 28 방침'으로 불린다.

그림 11-5 | 북한의 협동농장 구조

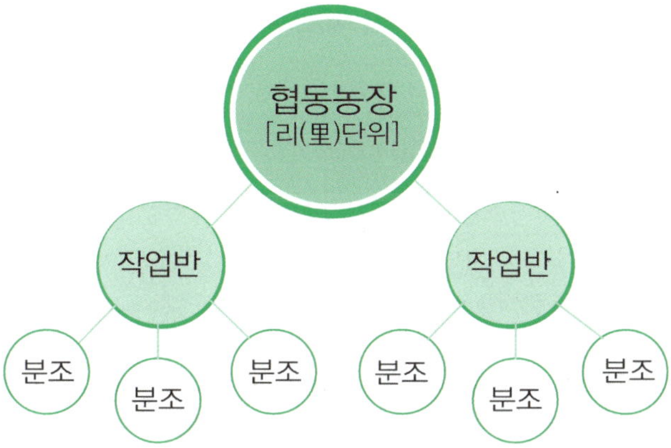

2012년의 "6 · 28방침"로 분조의 규모가 기존 10~25명에서 2~6명의 가족규모로 줄어 듬.

그림 11-6 | 김정은 국방위원회 제1위원장

김정은(맨 왼쪽) 제1위원장이 2012년 5월 1일 평양 릉라인민유원지 건설현장을 시찰하는 모습.
자료: 조선중앙통신 연합뉴스 기사.

한편 북한은 경제개방정책으로 1991년 12월에 함경북도의 나진 · 선봉지역 621㎢를 「자유경제무역지대」로 설정하고, 이 지대를 2010년까지 인구 100만의 ① 동북아의 국제적인 화물중계기지, ② 수출가공기지, ③ 관광 · 금융업 복합기능을 가진 서비스기지로 발전시킨다는 계획을 발표하였다. 그러나 북한의 구조적 한계들로 나

그림 11-7 | 북한의 나선시 개발사업

자료: 2011.10.14. 연합뉴스 기사.

나진 · 선봉경제특구에 대한 외국인투자는 매우 저조하여 2010년까지 경제특구정책은 별다른 성과를 거두지 못하였다. 2010년 이후 북한은 이 지역을 "나선시 개발사업"으로 재추진하면서, 2011년에 중국이 중국 훈춘(琿春)에서 나진으로 연결되는 93km 구간의 고속도로를 완공하였다. 도로 옆에 중국이 건설한 최신식 대규모 오피스텔 단지가 2014년 초 완공되었고, 기존 호텔 외에 최신식 호텔 10여 개도 중국이 건설하는 등 "나선시 개발사업"은 탄력을 얻고 있는 상태이다. 또한 2013년 9월에는 러시아가 러시아의 하산(Hassan)과 나선항을 잇는 54km 구간의 철도를 완공하여, 철도를 따라 매주 2차례 정기적으로 화물 열차가 운행 중에 있으며 철도에서 부두로 화물을 실어 나를 수 있는 소형 크레인도 러시아에서 설치한 상태이다. 이에 따라 나진 · 선봉을 중심으로 하는 두만강 하구 삼각주의 개방정책은 북한의 경제개방정책 중에서 유일하게 순조롭게 진행되고 있는 상황이다.

이와 더불어 북한은 2013년 11월 21일 "조선에서 (각) 도들에 경제개발구들을 내

그림 11-8 | 나진항에 도착한 러시아 열차(2014.11.29.)

자료: 통일부.

오기로 결정하였다"며, 각 도에 외자유치와 경제개발을 목적으로 추진하는 13곳의 경제 특구·개발구를 지정하였다. 북한은 이들 특구·개발구에서 북한기업과 외국투자자 간의 합영기업을 설립하거나 외국인 투자자의 단독기업을 설립하는 방식으로 추진한다는 계획을 갖고 있는데, 2014년 11월에는 이들 경제 특구·개발구를 19개로 확대하면서 개방정책을 추진하고 있다.

그림 11-9 | 북한의 경제특구 현황

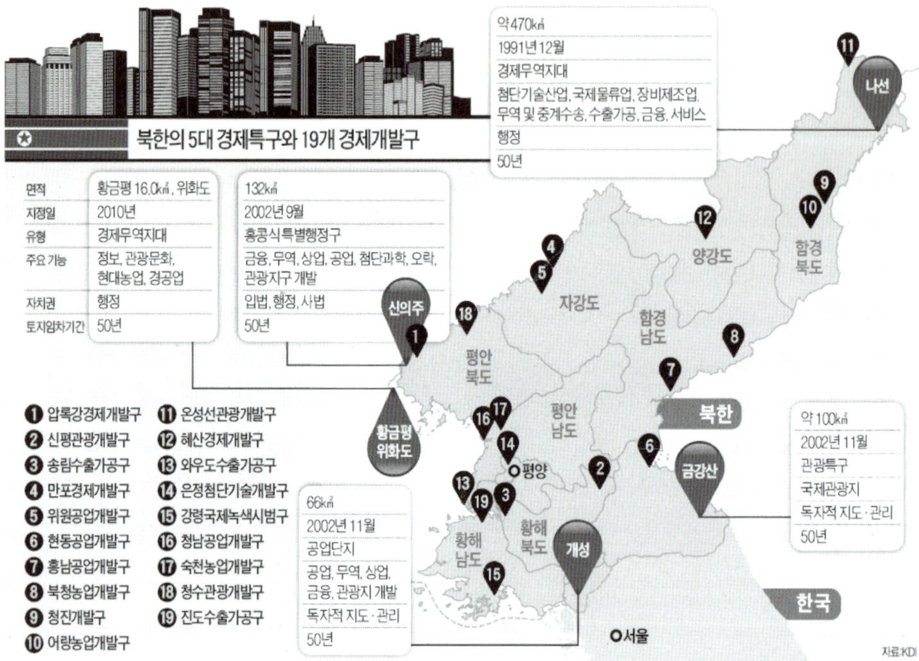

자료: KDI, 한국경제. 2014.12.04. 기사.

| 제12장 |

남북한 경제교류 · 협력

남북한은 단일민족으로써 통일을 이루어야하는 역사적 당위성을 지니고 있으며, 21세기 들어 급변하는 세계 및 동북아 구도 속에서 민족의 역량회복을 위해 통일을 이루어야 한다는 현실적 의무를 갖고 있다. 이러한 당위성과 의무를 가진 남북한 통일의 방안은 여러 가지가 있을 수 있으나, 통일은 인간의 보편적 가치인 자유를 보장하고 평화로운 방법에 의해 이루어져야 할 것이다. 따라서 남북한의 경제교류 · 협력을 통한 통일은 남북한 간의 갈등과 대립을 해소하여 남북한이 평화적으로 통일을 이룰 수 있다는 점에서 가장 바람직한 방법이라고 할 수 있다.

남북한의 경제교류 · 협력은, 첫째, 남북한 간의 경제적 의존성을 높이게 되는데 경제적 의존성의 증가는 남북한 간의 정치 · 군사적 분쟁을 감소시켜 한반도의 평화를 유도하는 효과를 갖고 있다. 둘째, 남북한의 경제교류 · 협력이 증가하면 남북한 간의 대화와 접촉이 많아지면서 상대방에 대한 적대감 · 오해 등이 감소할 뿐만 아니라, 남북한의 경제교류 · 협력을 위한 기구들의 설치가 증가하면서 경제 이외의 정치 · 군사 · 사회 · 문화 등 모든 분야에서 남북한 간의 접촉과 교류가 확대될 수 있다. 셋째, 남북한의 경제교류 · 협력이 증가하면 북한 내에 상업적 계급이 사회상층부로 이동하게 되며 상대적으로 군사계급은 사회 의사결정과정에서 점차 그 자리를 잃게 된다. 이러한 효과들로 인해 남북한의 경제교류 · 협력은 한반도의 평화적 통일을 이끌 수 있는 주요 수단으로 주목받고 있다.

이 장에서는 남북한 관계의 상층부를 구성해온 세계적 냉전구도가 해체되기 시작한 1989년 이후 지금까지의 남북한의 경제교류 · 협력에 관하여 살펴보기로 한다.

제12장 남북한 경제교류 · 협력

12.1 남북한 경제교류 · 협력의 필요성

남북한은 1945년 8 · 15 해방과 함께 남북으로 분단된 이후 서로 다른 정치체제와 경제체제로 인하여 이질성이 심화되어 왔다. 그러나 남북한은 단일민족으로서 통일을 이루어야 하는 역사적 당위성을 지니고 있으며, 21세기에 들어 급변하는 세계구도 속에서 민족의 역량 회복을 위해 통일을 이루어야 한다는 현실적 필요성도 갖고 있다. 그런데 통일은 현실적으로 남북한의 군사적 밀집도, 북한의 무시할 수 없는 군사력, 현대무기의 파괴력, 그리고 미국 · 중국 · 러시아 · 일본 등 한반도를 둘러싼 지정학적 요인들을 감안할 때 전쟁과 같은 군사적 방법은 불가능한 선택수단이고, 또한 통일 과정과 통일 이후 등을 고려할 때 남북한 간의 화해 · 협력을 통한 점진적이고 평화적인 수단을 택할 수밖에 없다. 이러한 가능한 선택의 범위에서, 남북한의 경제적 교류 · 협력은 남북한 간의 갈등과 대립을 해소하여 남북한이 자주적인 노력으로 그리고 평화적으로 통일을 이룰 수 있다는 점에서 가장 바람직한 방법이라고 할 수 있다.

한편 경제적 관점에서 남북한 간의 경제교류 · 협력은 남한과 북한 모두에게 큰 이익을 준다. 북한의 입장에서 볼 때 남북한 경제교류 · 협력은 첫째, 정치적으로 부담이 적은 경제위기 탈출 방안이다. 북한은 지금의 경제위기 탈출을 위하여 외부의 지원이 꼭 필요한데 서구 선진 자본주의권과의 교류는 자유사상의 유입으로 인한 체제 붕괴를 가져올 위험이 있다. 따라서 남한과의 경제교류 · 협력은 그러한 정치적 위험을 줄이면서 경제위기를 벗어날 수 있는 효과적 방안이다. 둘째, 남북한 경제교류 · 협력은 단기적으로 북한에게 경제적 지원과 도움을 제공한다. 또한 남북한 경제교류 · 협력은 북한이 시장경제와 접촉할 기회를 확대시켜 점진적으로 시장경제체제로 전환하게 만들며, 이는 장기적으로 북한을 경제위기에서 구해낼 수 있을 것이다.

남한의 입장에서 볼 때 남북한 경제교류 · 협력은 첫째, 남북한 간에 대화와 접촉이 확대되어 한반도에서의 군사적 대립과 긴장 완화에 도움이 될 것이다. 이는 남한 사회의 안정을 가져오고 경제적 불확실성을 제거하기 때문에 경제활동의 증가와 더불어 남한에 대한 외국의 투자가 확대될 것이다. 둘째, 북한은 풍부한 자원과 양질의 노동력, 지리적 인접성, 문화적 동질성과 공동언어 등의 장점을 지니고 있어 남한의 입장에서 볼 때 여타 국가들에 비하여 투자가 용이하다. 남한은 이러한 장점을 활용함으로써 남한의 경제성장을 가속화시킬 수 있다.

또한 한반도 전체의 입장에서 볼 때 남북한 경제교류 · 협력은 첫째, 북한이 상대적 우위를 가지고 있는 저렴한 노동력과 남한의 자본 및 기술을 결합시켜 남북한 모두의 경제력이 증대되는 시너지(synergy)효과를 극대화시킬 수 있다. 둘째, 남북한 간 산업구조의 조정이 이루어지는 동시에 남북한 간의 경제적 의존성이 커지면서 민족경제공동체의 건설과 통일의 가능성이 커진다. 마지막으로 남북한 경제교류 · 협력은 북한을 경제위기에서 구해냄으로써 북한의 체제 및 정권을 안정시켜 한반도와 동북아 지역의 안정과 평화에 기여하게 될 것이다.

그러나 이와 같은 남북한 경제교류 · 협력의 필요성과 이익에도 불구하고 남한과 북한의 남북한 경제교류 · 협력에 대한 접근 방식은 본질적인 차이가 존재하고 있다. 남한은 경제교류 · 협력을 북한의 경제에 자생력을 갖게 하여 단기적으로는 남북한의 긴장완화와 화해 · 협력을, 그리고 궁극적으로 민족경제공동체를 형성하여 통일로 가는 수단으로 간주하고 있다. 반면에 북한은 경제교류 · 협력을 대남 전략의 한 수단으로 간주하여 경제적 이득 추구를 통한 체제 및 정권유지의 수단으로 이용하고 있다. 즉, 남한이 '통일지향적인 경제교류 · 협력'을 추구하고 있는 데 대해, 북한은 '체제수호적인 경제교류 · 협력'을 선호하고 있다. 따라서 이 경우 남북한은 성급한 결과를 기대하기보다는 협상을 통해 공동의 타협점을 모색하면서 경제교류 · 협력의 확대를 위해 꾸준한 노력을 기울여야 할 것이다.

12.2 남북한 경제교역의 정치적 배경

한반도의 분단은 우선적으로 19세기 말 서구 제국주의 팽창에 따른 세계적 변화에 적절히 대처하지 못하고 일본의 식민지로 전락한 민족의 자주역량 부족에서 찾을 수 있을 것이다. 이에 더하여 일제 식민지 하의 독립운동 과정에서 나타난 민족의 내부 분열은 해방 이후에 지속 · 격화되면서 분단의 고착화를 초래하게 되었다. 이후 남북한 분단을 초래한 민족 내부 분열의 격화는 동족상잔의 '6 · 25전쟁'으로 이어졌으며, 전쟁의 결과로 남북한의 적대감은 극에 달하게 되었다. 이러한 과정을 거치면서 남북한의 대립과 적대감은 미국 · 소련을 중심으로 구축된 동서냉전체제의 진행과 함께 더욱 심화되어왔다. 이와 같이 한반도의 분단 이후 남북한 간에는 불신과 대립이 지속되면서 민족의 내부 결집력이 급격히 약화되고, 이에 따라 남북한 관계는 민족의 능동적 의사결정에 의해 해결되지 못하여 왔다. 따라서 1980년대 말 이전까지 수십 년 간 남북한 관계는 미국과 구소련 등 강대국들에 의해 주도되는 국제환경의 변화와 그에 따른 남북한 간의 대응에 의해 결정되어 왔다.

그런데 1990년대 초에 남북한 관계의 구조적 틀을 형성하고 있던 세계 냉전구도가 극적으로 해체되었다. 1990년 동서독의 통합과 1991년 소련의 붕괴에서 비롯된 동구 사회주의 권역의 해체로 세계는 냉전시대가 종식되고, 동서진영 국가 간의 적대적 대결관계는 타협과 화합의 관계로 전환하였다. 당연히 국제환경의 급격한 변화는 동북아 지역, 그리고 남한과 북한에도 영향을 미쳤다. 냉전종식과 세계화의 진행에 따라 동북아 지역의 미국 · 중국 · 러시아 · 일본은 과거의 적대적 관계를 청산하고 새로운 협력적 관계를 추진하였으며, 한국(=남한)은 전통적 우방국인 미국과 일본과의 공조체제를 강화하면서 과거의 적대 강국인 구소련 및 중국과의 국교관계를 정상화하였다.[1] 그러나 북한은 과거의 우방인 중국과 러시아와의 관계가 이완되었음에도 불구하고 과거의 적대관계인 미국 및 일본과는 아직도 관계개선을 하지 못하고 있는 상태이다. 오히려 북한은 과거 동맹국들로부터 정치 · 경제적으로 외면당하면서 식량문제조차 해결할 수 없을 정도의 경제난과 체제붕괴의 위험에 직면하여 있다. 따라서 북한은 체제수호 · 생존의 문제를 해결하는 수단으로 한반도 및 동북아 지역에서의 군사적 모험을 사용하고 있다. 즉, 북한은 세계적인 화해 · 협력의 흐름과는

1) 한국과 구소련은 1990년 9월 30일에, 그리고 한국과 중국은 1992년 8월 24일에 국교수립을 이루었다.

달리 대남 잠수함 침투, 서해 교전, 관광객 피격사망, 천안함 폭침, 연평도 포격, 장거리포 발사시험 등으로 한반도에서의 군사적 긴장 관계를 가중시키고 있다. 또한 북한은 핵과 미사일 등의 대량살상무기를 개발함으로써 미국·일본과 같은 주변 강국의 안보에 위협을 가할 수 있는 군사적 능력을 과시하고 있다. 동시에 북한은 대량살상무기 확산 등의 군사적 수단을 정치·외교적으로 이용하여 국제적으로 경제적 지원을 얻어내려 하고 있으며, 대남관계에서도 군사적 긴장을 조장하여 내부적으로 식량난 등에 의해 이완된 사회·정치적 통제력을 강화하고 남한으로부터는 경제적 협조를 얻어내려는 이중적 전략을 구사하고 있다. 이러한 북한의 군사적 모험을 통한 체제수호전략으로 인해 한반도는 세계에서 유일하게 전쟁의 가능성이 상존하는 가장 위험한 지역으로 남아있는 상태이다. 특히 남북한은 6·25전쟁으로 인한 전쟁·안보 트라우마(trauma)로 인하여 일방의 우세는 타방에 대한 위협으로 간주되면서 상대방으로부터의 위협을 억제할 수 있는 군사력을 확보하려고 노력하여 왔는데, 그 결과로 한반도는 지금까지도 세계적으로 병력의 밀도가 가장 높은 지역으로 남아있다. 그런데 군사력이 밀집되어 있는 경우에는 군사력 증강을 통한 전쟁의 억제라는 '소극적 평화(negative peace)'가 유지될지 모르지만 오판이나 국지적 분쟁이 전쟁으로 확산될 위험성을 안고 있을 뿐만 아니라 병력의 밀도가 높은 지역의 전쟁은 전쟁에 따른 막대한 피해를 요구하게 된다. 따라서 남·북한은 '소극적 평화'에 안주할 수 없으며, 가능한 모든 지혜와 노력을 동원하여 한반도에 갈등의 근원이 되는 구조적 폭력(structural violence)을 제거하여 남북한 간의 협력과 통일을 이룰 수 있는 '적극적 평화(positive peace)'를 이루어야 한다.[2)]

이제 1980년대 중반부터 진행된 세계적인 화해·협력의 추세 속에서 한국(남한)의 대북정책 변화와 그에 따른 남북한 관계의 변화 과정을 살펴보기로 한다.

1. 경제교류·협력 추진 초기(1988~1997)

1980년대 중반 국제정치에서는 1985년부터 시작된 구소련의 개혁(Perestroika), 개방(Glasnost)정책의 영향을 받아 자본주의 대 사회주의의 대립이라는 '냉전체제'가 해체되는 조짐을 보였다. 이에 1988년 2월 출범한 노태우 정부는 소련 및 동구사회

2) 평화연구의 권위자인 Johan Galtung은 평화를 두 가지 범주로 구분한다. 그는 전쟁의 반대개념으로서 물리적 폭력이 부재한 상태를 소극적 평화(negative peace)라고 하고, 갈등의 근원이 되는 구조적 폭력(structural violence)을 제거하여 집단 간의 협력과 통합을 이룰 수 있는 상태를 적극적 평화(positive peace)라고 정의한다.

주의권과의 정치경제교류협력을 추진하기 위한 '북방정책'을 추진하였다. 이어 1988년 7월 7일 노태우 대통령이 '남북관계 특별선언'(일명 「7 · 7특별선언」)을 천명하고 동년 10월에 발표하면서, 1989년에 민간 기업들이 제3국을 통한 간접교류를 시도하여 남북한 간의 첫 교역이 성사되었다.[3] 이어 1990년대 들어서면서 1990년 동서독의 통합과 1991년 소련의 붕괴에서 비롯된 동구 사회주의권역의 해체로 냉전시대가 종식되고, 세계적으로 동서진영의 국가 간 적대적 대결관계는 타협과 화합의 시대로 전환하게 되었다. 당연히 국제환경의 급격한 변화는 남한과 북한에도 각각 영향을 미쳤는데, 그 영향으로 남북한은 1991년 12월 제5차 남북한 고위급회담에서 「남북사이의 화해와 불가침 및 교류협력에 관한 합의서」(남북기본합의서)를 채택하였다. 이러한 「남북기본합의서」에 따라 남북한 교류협력은 경제 · 사회 · 문화 등 제반 분야에서 교류협력이 실시될 수 있게 되었다. 그러나 북한이 팀 스피리트 훈련 등을 구실로 1992년 11월로 예정되어 있던 분야별 남북 공동위원회의 가동을 거부하고, 이어서 1993년 3월 북한이 핵확산금지조약(NPT: Non-Proliferation Treaty) 및 IAEA 탈퇴함에 따라 전반적인 남북관계는 급속히 냉각되었다. 이후 북한의 핵문제가 1994년 10월 미국과 북한 간의 제네바 합의로 전진의 계기를 맞게 되면서 (남한)정부는 1994년 11월 「대북경협 활성화조치」를 발표하여 남북 기업인의 상호방문, 소규모의 대북투자허용, 국내기업의 북한 지역 사무소 설치 등을 허락하였다. 이러한 조치들로 남북한 간의 경제교역이 확대됨에 따라 북한의 대외교역에서 남한은 1994년 이후 중국, 일본에 이어 세 번째의 무역상대국으로 부상하였다. 이후 1996년 들어서 북한 잠수정 침투사건 등 북한의 대남 도발사건으로 인하여 남북관계는 다시 긴장관계가 조성되었다.

2. 경제교류 · 협력의 활성화 시기(1998~2007)

남북한 간의 긴장관계는 남한이 1997년 말 금융위기로 'IMF 관리체제'에 접어들면서 특별히 개선되지 못하였다. 그러나 1998년 2월 출범한 '김대중정부'가 '햇볕정책'

---

3) 1988년 10월 7일 남한 부총리 겸 경제기획원 장관이 "민간상사가 간접교역 상태로 군사물자를 제외한 남북 물자를 반출 · 반입 하는 것을 허용"한다고 조치를 발표함에 따라, 1989년 1월 효성물산(주)이 북한산 전기동 200톤을 반입한 데 이어 현대상사가 잠바 5,000벌을 북한으로 반출함으로써 남북한 간의 교역이 시작되었다. 이어서, 남한정부는 1990년 8월에 남북한 간 인적 왕래, 북한주민 접촉, 교역, 협력사업에 관한 사항을 규정하는 "남북교류협력에 관한 법률"을 제정하였다.

을 채택하여 남북관계는 새로운 전기가 마련되었다. 특히 1999년에는 급랭했던 남한 경기가 되살아나면서 남한의 대북 포용정책으로 남북관계는 긴장관계에서 화해・협력관계로 급격히 이동하였는데, 남북관계는 2000년 6월 15일 '남북정상회담'을 계기로 전환적 국면에 접어들었다. 2000년 남북 정상회담 후 남한정부는 남북한 간 교류와 협력이 급속히 증대되는 상황에서 북한의 실체를 인정하고 한반도의 평화 증진과 남북 경제공동체의 실현을 규정하는 "남북관계발전에 관한 법률"을 제정하였다. 나아가, 남북한 당국은 2000년 12월 경제협력관계 4대 합의서(투자보장, 이중과세방지, 상사분쟁 해결절차, 청산결재)를 공동으로 채택하여 급증하는 남북 경제협력을 제도적으로 뒷받침하기에 이르렀다. 남북정상회담의 성공적 개최와 후속조치로 2000년부터 남한이 북한의 2번째 교역상대국으로 부상하였다. 2001년에는 서해교전과 그에 따른 남한 내부의 '퍼주기 논란' 제기, 그리고 북미관계의 냉각 등으로 남북한 관계가 냉각되었으나, 다시 북한이 2002년 11월 "금강산관광지구법"과 "개성공업지구법"을 최고인민회의 상임위원회 정령으로 채택하는 등 남북한 간의 관계는 협력관계로 전환되었다. 2003년 2월 출범한 노무현정부는 '햇볕정책'을 계승한 '평화번영정책'을 대북정책으로 제시하면서 북한과의 경제교류를 확대하였다. 2005년 7월 북한은 남북경협의 목적과 원칙을 포함한 전반적인 남북한 간 경제관계를 규정하는 "북남경제협력법"을 제정하였다. 그동안 남북관계는 2000년 6・15 및 2007년 10・4 남북정상 회담과 활발한 경제협력, 그리고 사회・문화교류를 통해 상당한 수준의 신뢰를 구축하였고, 그에 따라 2006년의 북한의 미사일발사와 핵실험(2006.10.9.) 등과 같은 웬만한 정치・군사적 긴장에도 불구하고, 경제・사회・문화 등 비군사・정치 분야의 교류는 상당 수준 일관되게 유지되는 단계에 도달했다.

3. 경제교류・협력의 냉각기(2008~2014)

2008년 2월 출범한 '이명박정부'는 북한에 대해 보다 엄격한 상호주의를 적용하고 '비핵・개방・3000'구상에 따라 북한의 핵폐기 및 경제개방을 남북한 경제협력과 연결한다는 정책을 진행하였다. 또한 이명박정부는 '실용과 생산성에 기초한 상생과 공영의 남북관계 발전'을 목표로 상생과 공영의 대북정책을 추진하였는데, 구체적으로는 지난 정부들의 대북 포용정책에서 높아진 북한의 대남한 경제적 의존도를 지렛대로 하여 북한의 핵문제를 해결하기 위한 대북 경제적 압박정책을 구사하였다. 이러한 (남한)정부의 대북정책에 대해 북한은 2008년 7월 11일의 금강산 관광객 피격사건, 2009년 5월 25일의 2차 핵실험, 2009년 11월 10일의 대청해전, 2010년 3월 26일의 천안함폭침 사건, 2010년 11월 23일의 연평도포격 등 연이은 군사적 도발을 일으켰다. 북한의 연이은 군사적 도발에 대해 정부는 2010년 5월 24일에 남북교역 중단, 신규 대북투자 불허, 대북지원사업 보류 등을 주요 내용으로 하는 '5 · 24조치'를 발표하면서, 남북한 관계는 다시 긴장관계에 접어들었다. 2013년 2월에 출범한 박근혜 정부는 "한반도 신뢰 프로세스"를 통해 남북한 간의 불신관계를 신뢰관계로 전환하기 위한 대북정책을 추진하고 있는데, 전체적으로는 지난 정부와 같은 대북 경제제재를 통한 압박수단을 진행하고 있다. 특히 북한은 박근혜정부의 출발 직전인 2013년 2월 12일 3차 핵실험을 실행하면서 남한에 대한 군사적 도발을 지속하였고, 정부 출범 직후인 2013년 4월 3일에는 북한이 일방적으로 개성공단을 차단하여 9월 15일까지 개성공단이 폐쇄되는 등 대남 적대관계를 지속하고 있다.

핵확산금지조약

NPT(Non-Proliferation Treaty)는 '핵확산금지조약'으로 국제사회에서 핵무기의 확산을 막기 위해 1968년 유엔에서 채택하여 1970년 3월 3일 발효된 국제조약이다.

이 NPT는 첫째, 핵보유국(미국, 중국, 러시아, 영국, 프랑스)의 핵무기, 기폭장치 및 그 관리의 제3자 이양금지와 비핵보유국의 핵무기 수령금지, 원자력 시설에 대한 국제사찰의 인정 등에 관한 내용, 둘째 비핵보유국들은 NPT 가입 후 18개월 이내에 국제원자력기구(IAEA)와 안전조치협정(safe guards agreement)을 체결해 자국 내에서 사용되는 핵물질과 시설에 대해 사찰을 받도록 하는 것을 주요 내용으로 하고 있다. 또한 IAEA는 정기사찰과 핵무기 개발 의혹이 있다고 의심되면 특별사찰요구도 가능하다.

NPT에는 2013년 현재 이스라엘과 인도, 파키스탄, 쿠바, 북한 등을 제외하고 189개국이 가입하고 있는데, 한국은 1975년 4월 23일 86번째 회원국으로 가입하였으며 북한은 1985년 NPT에 가입하였으나, IAEA의 안전조치가입협정체결을 거부하다 1992년 1월 30일 정식회원국으로 가입하였다. 이후 IAEA가 북한에 대하여 핵개발 의혹을 제기하면서 북한의 영변 지역에 특별사찰을 요구하자, 1993년 3월 12일 북한은 NPT 탈퇴를 선언하였으며, 북미 간 제네바협정의 체결로 NPT에 복귀하였다. 그러나 2003년 1월 10일 북한은 NPT 탈퇴를 또 다시 선언하고 핵개발에 박차를 가하면서, 2006년 10월 9일에 1차 핵실험, 2009년 5월 25일에 2차 핵실험, 그리고 2013년 2월 12일에 3차 핵실험을 실시하였다.

12.3 남북한 경제교류 · 협력의 현황

남북한 간의 경제적 교류 · 협력은 남북교역으로 집약되는데, 남북교역은 남북한 간 정치 · 군사 · 문화 등 모든 분야에 걸친 교류 · 협력의 중심을 이루고 있다. 남북교역은, [그림 12-1]에서 볼 수 있듯이, 크게 상업적 거래와 비상업적 거래로 구분한다. 다시 상업적 거래는 교역소계[4)]와 경제협력으로 구분하는데, 교역소계에는 일반교역과 위탁가공이, 그리고 경제협력에는 개성공단사업과 금강산관광, 기타 경제협력이 포함된다. 또한 비상업적 거래성교역은 정부지원, 민간지원, 경수로사업, 사회문화협력으로 구분한다.[5)]

1. 남북교역 총계

남북교역은 경제교류 초기인 1989년과 90년의 교역총액이 [그림 12-2]에서 볼 수 있듯이 1,800만 달러와 1,300만 달러 정도에 불과하여 실험적 교류단계였다. 그러나 1990년 8월 「남북교류 · 협력에 관한 법률」 및 「동법 시행령」 등이 제정 · 시행되어 남북한 간의 교역을 위한 제도적 장치가 마련되고 남북 고위급회담의 진행 등 남북화해분위기가 조성됨에 따라 1991년도에는 교역총액이 1억 1,100만 달러를 기록하였다. 마찬가지로 1992년에 남북교역은 폭발적인 증가세를 나타냈으며, 위탁가공교역도 추진되기 시작하였다.

---

4) 통상적으로 국가 간의 상품거래를 무역(trade)이라고 하며, 상품이 국내에서 국외로 나가는 것을 수출, 들어오는 것을 수입이라고 한다. 그러나 남한정부는 남북한 간 교역을 국가 간 무역(trade)이 아니라 한국 내부의 거래(inter-Korea exchange)로 인정하고 관세를 부과하지 않는다. 한국이 어떤 특정 국가와의 국가 간 무역에서 무관세를 적용하는 경우에는 GATT의 최혜국대우원칙에 따라 무관세인 동일 상품에 대해서는 다른 여타 나라와의 무역에서도 무관세를 적용하여야 한다. 따라서 최혜국대우원칙을 피하기 위해 정부는 남북한 간 교역을 한국 내부의 거래로 규정하고, 북한으로의 상품수출을 반출, 북한으로부터의 상품수입을 반입이라고 한다.

5) 남북교역의 분류는 2004년 이전까지 거래성교역과 비거래성교역으로 구분하였다. 그러나 2004년부터 남북교역은 상업적 거래성교역과 비상업적 거래성교역으로 구분되면서, 비거래성교역에 포함되었던 금강산관광과 개성공단 등 경제협력사업을 상업적 거래성교역으로 편입하였다. 따라서 상업적 거래성교역은 일반교역(상품), 위탁가공, 금강산관공, 개성공단, 기타 경제협력사업으로, 비상업적 거래성교역은 정부지원, 민간지원, 경수로건설, KEDO중유, 사회문화협력으로 구분되고 있다. 그 결과 남북교역에서 상업적 거래성교역은 그 비중은 늘어나게 되고, 원조적 성격인 비상업적 거래성교역의 비중은 줄어들게 되었다.

그림 12-1 | 남북한 경제교류 · 협력의 구분

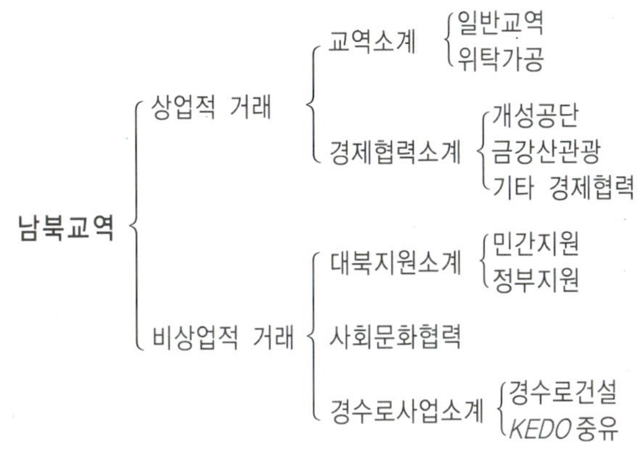

자료: 통일부, 월간남북교류동향.

이후 북한이 팀스피리트훈련 등을 구실로 1992년 11월로 예정되어 있던 분야별 남북 공동위원회의 가동을 거부하고 이어서 1993년 3월 갑작스럽게 핵확산금지조약(NPT) 탈퇴를 선언함에 따라 남북관계가 경색되었음에도 불구하고, 1993~94년에 남북교역은 꾸준히 증가하여 교역액이 2억 달러 수준으로 확대되었다.

그림 12-2 | 남북교역 총액 추어

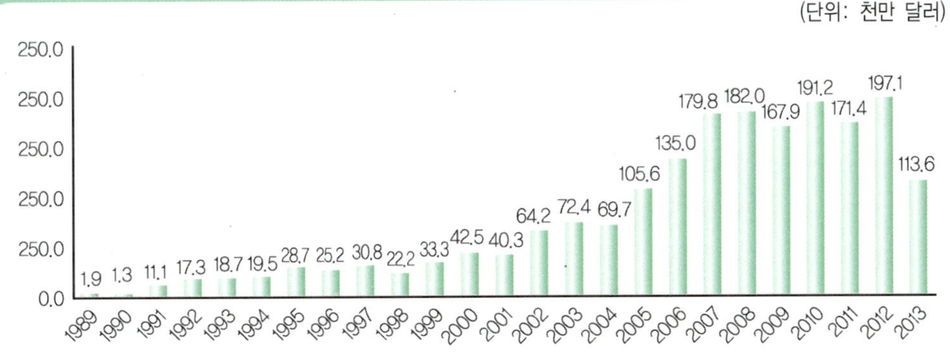

자료: 통일부.

1994년 10월 북한과 미국 간의 제네바 기본합의문이 타결되면서 처음으로 대북지원이 시작되면서 KEDO 중유공급 등이 이루어졌다. 또한 1994년 11월 정부가 남북

간의 시범적 경협과 기술자 방북 등을 포함한 남북경협 활성화조치를 취한 이후 남북 간의 교역은 큰 폭으로 증가하여 1995년에는 전년 대비 47.7% 증가한 2억 8,700만 달러를 기록하였다.

1996년 들어서 북한 잠수정 침투사건 등 북한의 대남 도발사건으로 인하여 남북관계가 긴장되면서 1996년도의 남북교역은 2억 5,200만 달러로 전년에 비해 다소 감소하였으나, 1997년에는 북한으로부터 철강금속류의 반입 증가와 위탁가공 교역의 확대, 비상업적 거래성 교역인 경수로 지원사업의 착수 등에 따라 교역액이 3억 800만 달러 수준으로 전년 대비 22.3% 증가하였다.

1998년 2월 김대중정부가 출범하면서 대북정책으로서 '햇볕정책'을 실시하여, 적극적으로 남북 관계를 개선하기 위해 금강산관광사업 및 북한에 대한 무상지원 등을 확대하였다. 그러나 1998년에는 IMF 경제위기로 남한경제가 급격히 위축되면서, [그림 12-2]에서 볼 수 있듯이, 교역규모는 전년도에 비해 28%가 감소한 2억 2,200만 달러에 머물렀다. 1999년에는 급랭했던 남한경기가 되살아나면서 남북교역도 농수산물 반·출입, 위탁가공 교역 및 비거래성 물자반출 증가에 따라 3억 3,300만 달러에 이르렀으며, 상승세는 계속 이어져서 2000년에는 4억 2,500만 달러의 실적을 달성하였다. 2001년에는 9·11테러 여파로 인한 북미관계 악화에 영향을 받아 남북관계의 일시적 소강상태로 접어들면서 교역실적은 4억 300만 달러로 전년보다 다소 감소하였으나, 2002년부터는 정부 및 민간의 대북지원이 큰 폭으로 늘면서, 남북교역은 전년 대비 60%가 증가한 6억 4,200만 달러에 도달하였다. 이러한 남북교역의 증가 추세는 이후에도 2008년까지 지속되었으며, 이명박정부 출범 이후에 남북한 관계가 급속히 냉각되었지만 개성공단사업이 활발히 진행되면서 남북교역은 종전의 수준을 유지하였다. 그러나 2013년 4월부터 9월까지 개성공단이 폐쇄 되면서 2013년의 남북교역은 11억 3,600만 달러로 감소하였다.

남북교역이 시작된 1989년 이래 2013년까지의 교역실적 총 누계는 통관기준으로 194억 2,805만 달러이다. 그렇지만 남북교역은 제3국을 통한 간접교역이 많은 부분을 차지하고 있기 때문에, 통계로 밝혀지지 않는 교역을 포함하면 지금까지 실제 남북한 간의 교역액은 상당한 수준에 이를 것으로 추측된다.

남북교역은 초기의 단순한 물자교역인 일반교역에서부터 위탁가공, 경제협력사업, 금강산관광, 대북지원, 사회문화협력 등으로 그 범위가 점점 확대되었다. 구체적으로, 2003년 2월 출범한 노무현정부의 '평화번영정책'으로 2003년~2007년 기간 동안 남북한 당국 간 회담을 통해 남북경협의 제도적 장치가 확충되었다. 그에 따라 개성공단 조성, 남북철도 · 도로 연결, 금강산관광사업 등 3대 경협사업이 가시적인 성과를 보이면서 크게 활성화되었다. 그러나 2008년 2월 이명박정부가 출범하면서 남북관계가 냉각되기 시작하였는데, 이 과정에서 2008년 7월 금강산관광객 피격 사망에 이어 2010년 3월 26일 천안함폭침 사건이 발생하였다. 이 사건으로 정부는 2010년 5월 24일에 남북교역 중단, 신규 대북투자 불허, 대북지원사업 보류 등을 내용으로 '5 · 24조치'를 발표하면서 남북교역은 개성공단산업만이 진행되고 있다.

표 12-1 남한의 대외무역에서 남북교역이 차지하는 비중

(단위: 억 달러, %)

구분	2000	2005	2006	2007	2008	2009	2010	2011	2012	2013
남북교역	4.25	10.55	13.5	17.98	18.2	16.8	19.1	17.1	19.7	11.4
남한의 대외무역액	3,328	5,457	6,348	7,283	8,572	6,866	8,915	10,796	10,675	10,752
남한의 대외 무역액 + 남북교역	3,332	5,461	6,362	7,301	8,590	6,883	8,934	10,813	10,695	10,763
남북교역의 비중	0.13	0.19	0.21	0.25	0.21	0.24	0.21	0.16	0.18	0.11

표 12-2 북한의 대외무역에서 남북교역이 차지하는 비중

(단위: 억 달러, %)

구 분	2000	2005	2006	2007	2008	2009	2010	2011	2012	2013
남북교역	4.25	10.55	13.5	17.98	18.2	16.8	19.1	17.1	19.7	11.4
북한의 대외무역액	19.73	30.1	29.96	29.41	38.16	34.1	41.74	63.2	68.11	73.4
북한의 대외 무역액+남북교역액	23.98	40.65	43.46	47.39	56.36	50.9	60.84	80.67	87.81	84.8
(북한의 대외 무역액+남북교역액) 중 남북교역의 비중	17.7	26	31	37.9	32.3	33.0	31.4	21.2	22.4	13.4

〈표 12-1〉은 남한의 대외무역에서 남북교역이 차지하는 비중을 나타내고 있다. 표에서 볼 수 있듯이, 남한의 대외무역에서 남북교역이 차지하는 비중은 현재까지 미미한 수준을 벗어나지 못하고 있다. 남북교역 비중은 2008년까지 조금 증가하였으나, 이후 다시 감소하여 2013년에 남북교역이 남북교역액을 더한 남한의 전체 무역에 차지하는 비중은 0.11%로 낮은 수준을 벗어나지 못하고 있다. 〈표 12-2〉는 북한의 대외무역에서 남북교역이 차지하는 비중을 나타내고 있다. 표에서 볼 수 있듯이,

북한의 대외무역에서 남북교역은 정부의 대북정책에 따라 크게 변하고 있다. 김대중 정부와 노무현정부의 '대북포용정책' 기간에는 남북교역의 비중이 크게 증가하여, 2000년 17.7%, 2007년에는 북한의 대외무역액이 29억 달러인데 남북교역이 18억 달러로 남북교역+북한의 대외무역 대비 38%를 차지하였다. 그러나 이명박정부와 박근혜정부의 대북정책 변화로 남북교역액을 더한 북한의 대외무역에서 남북교역이 차지하는 비중은 크게 줄어들면서 2013년에 남북교역의 비중은 13.4%로 크게 감소하였다. 그 반작용으로 북한의 중국과의 교역이 65억 4,700만 달러로 크게 증가하면서 2013년 북중교역 비중은 남북교역을 더한 북한의 대외무역에서 77.2%로 빠르게 커지고 있다. 그런데 주목할 사항은 북한이 중국과의 무역에서는 계속 무역적자를 기록하고 있지만 남한과의 교역에서는 개성공단사업의 확대 등으로 큰 폭의 흑자를 보이고 있다는 사실이다. 이에 따라 북한에게 남북교역은 여전히 중요한 위치를 차지하고 있다.

그림 12-3 | 남북교역 업체 수 및 품목 추이

(단위: 개)

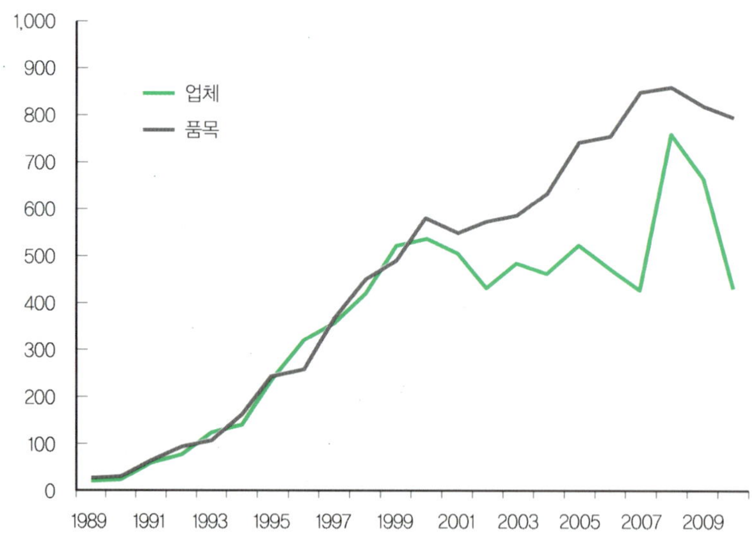

연도	89	90	91	92	93	94	95	96	97	98	99	00	01	02	03	04	05	06	07	08	09	10	11	12	13
업체	16	20	56	77	121	136	236	319	356	419	516	536	506	432	481	462	523	477	425	760	668	436	–	–	–
품목	25	26	57	92	103	158	244	258	365	449	488	578	549	572	588	634	744	757	853	859	822	795	702	731	674

자료: 통일부.

1989년부터 시작된 남북교역은 교역액의 증가와 함께, [그림 12-3]에서 볼 수 있듯이 품목 수와 참여업체 수가 2008년까지 크게 증가하였으나, 2009년부터 북한의 군사도발과 남한의 대북정책변화로 감소세를 보이고 있다. 교역품목 수는 1989년 25개에서 2008년에는 859개로 증가하고, 이후 감소하여 2013년에는 674개 품목을 기록하고 있다. 아울러 대북교역 참여업체 수도 1989년 16개 회사이던 것이 2000년대 초의 일부 경우를 제외하면 증가추세가 이어져 2008년에는 760개 사로 증가한 이후 감소세로 돌아서고 있다.

2. 상업적 거래성교역 현황

〈표 12-3〉은 남북교역 중에서 상업적 거래성교역 현황을 보여주고 있다. 표에서 볼 수 있듯이, 상업적 거래성교역은 교역소계와 경제협력으로 구분되는데, 남북교역이 시작된 1989년부터 1997년까지 상업적 거래성교역은 일반(상품)교역과 위탁가공교역으로 구성되는 교역소계를 중심으로 이루어져 왔다. 이후 1998년부터 금강산관광이 시작되고, 2004년에는 개성공단개발이 착공되면서 경제협력이 상업적 거래성교역에서 차지하는 비중이 커지고 있다. 특히 2010년 '5 · 24조치'로 인해 남북교역이 전면 중단되고 개성공단사업만이 유지되면서, 개성공단사업이 포함된 경제협력이 상업적 거래성교역과 남북교역 전반의 전체를 차지하고 있다.

〈표 12-3〉을 보면, 남북한의 상업적 거래성교역은 1989년에 일반교역(상품)을 중심으로 이루어지면서 교역액은 1,800만 달러에 불과하였으나, 2008년에는 17억 달러까지 증가하였다가 2013년에는 11억 3,244만 달러를 기록하고 있다. 1989년부터 2013년까지 상업적 거래성교역의 누계는 170억 7,157만 달러로써, 같은 기간의 남북교역 전체 누계 중에서 87.9%를 차지한다. 한편 상업적 거래성교역 중에서 일반교역은 1989년에서 2013년까지 누계가 39억 3,100만 달러로써, 상업적 거래성교역 누계의 23.03%를 차지하고 있으며, 위탁교역 31억 2,162만(18.29%), 개성공단 89억 4,471만 달러(52.40%), 금강산관광 3억 9,190만 달러(2.3%), 기타 경제협력은 누계가 1억 4,334만 달러로 0.84%의 비중을 나타내고 있다.

이제 상업적 거래성교역을 다시 교역소계와 경제협력으로 구분하여 살펴보자.

가. 교역소계

1989년부터 2009년까지 남북한 간의 교역은 교역소계를 중심으로 이루어져왔는데, 교역소계는 통상적인 상품의 반출·반입인 '일반교역'과 남한의 부품을 반출하여 가공조립 후 완제품을 남한으로 반입하는 '위탁가공교역'으로 구성된다. 〈표 12-3〉에

표 12-3 상업적 거래성교역 추이

(단위: 천 달러, %)

년도	남북교역 총계	상업적 거래							상업적 거래합계
		일반교역	위탁교역	교역(소계)	개성공단	금강산 관광	기타 경제협력	경제협력 (소계)	
1989	18,724	18,724	0	18,724	0	0	0	0	18,724
1990	13,466	13,466	0	13,466	0	0	0	0	13,466
1991	111,266	111,266	0	111,266	0	0	0	0	111,266
1992	173,426	172,588	838	173,426	0	0	0	0	173,426
1993	186,592	179,583	7,008	186,592	0	0	0	0	186,592
1994	194,547	168,883	25,664	194,547	0	0	0	0	194,547
1995	287,291	230,042	45,892	276,294	0	0	0	0	276,294
1996	252,039	163,382	74,402	237,784	0	0	0	0	237,784
1997	308,339	171,231	79,068	250,299	0	0	0	0	250,299
1998	221,943	72,700	70,988	143,688	0	37,551	1,197	38,748	182,436
1999	333,436	89,414	99,620	189,034	0	40,696	6,333	47,029	236,063
2000	425,148	110,530	129,191	239,721	0	16,229	17,399	33,629	273,349
2001	402,957	111,388	124,923	236,311	0	7,983	10,874	18,857	255,168
2002	641,730	171,782	171,177	342,959	0	11,917	13,052	24,969	367,928
2003	724,217	223,671	185,010	408,681	0	16,103	5,017	21,120	429,801
2004	697,040	171,326	175,959	347,285	41,686	41,771	5,751	89,208	436,493
2005	1,055,754	209,777	209,729	419,506	176,737	87,065	6,233	270,035	689,541
2006	1,349,740	304,130	252,958	557,089	298,796	56,654	15,530	370,980	928,069
2007	1,431,170	461,400	329,910	791,310	440,670	?	11,910	0	1,243,890
2008	1,820,369	399,431	408,307	807,738	808,445	63,713	12,060	0	1,691,956
2009	1,679,078	256,140	409,714	665,854	940,554	8,712	26,994	976,260	1,642,114
2010	1,912,249	117,862	317,558	435,421	1,442,856	2,745	10,989	1,453,845	1,889,266
2011	1,713,855	227	3,704	3,931	1,697,632	761	0	1,698,393	1,702,324
2012	1,976,014	843	0	843	1,966,104	0	4	1,966,107	1,966,951
2013	1,135,846	1,208	0	1,208	1,131,229	0	0	1,131,229	1,132,437
누계	19,428,054	3,930,995	3,121,620	7,052,977	8,944,709	391,900	143,343	8,681,791	17,071,566

자료: 통일부.

그림 12-4 | 일반교역과 위탁가공교역의 추이

(단위: 백만 달러)

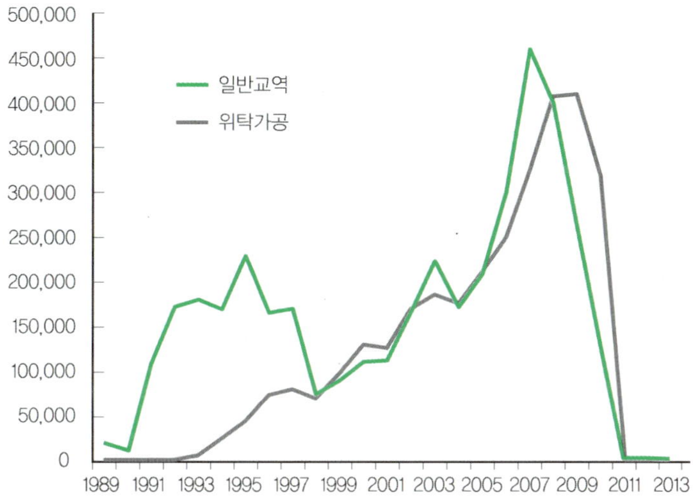

자료: 통일부.

나타나 있는 것과 같이, 교역소계의 누계는 1989년부터 2013년까지 70억 5,298만 달러이다. 이 중에서 일반교역 누계가 교역소계 누계에서 55.74%를 차지하고 있고, 위탁가공교역의 누계는 교역소계 대비 44.26%를 이루고 있다. [그림 12-4]에서 볼 수 있듯이, 일반교역은 1995년부터 감소추세를 보이다가 1999년부터 다시 증가하여 2007년 정점을 기록하였는데, 2011년부터는 거래가 중단된 상태이다. 한편 위탁가공교역은 1997년 말의 IMF 경제위기 시 일시적 감소를 제외하고는 꾸준히 증가하였지만, 2011년부터는 중단상태에 있다.

나. 경제협력

상업적 거래성교역 중에서 남북경제협력은 남한 기업들이 1991년 이후 북한에 투자한 상업적 목적의 투자사업들을 의미하는데, 1998년부터 금강산관광사업, 그리고 2004년 이후부터는 개성공단개발사업이 중심을 이루고 있다.

[그림 12-5]는 경제협력의 각 분야별 현황을 보여주고 있다. 그림에서 볼 수 있듯이, 남북한의 경제협력은 1998년부터 시작된 금강산관광사업이 초기에 부진함에 따라 남북한 경제협력 전체는 2003년까지는 답보 내지는 감소 추세를 보여 왔다. 그러

그림 12-5 | 경제협력 추이

(단위: 천 달러)

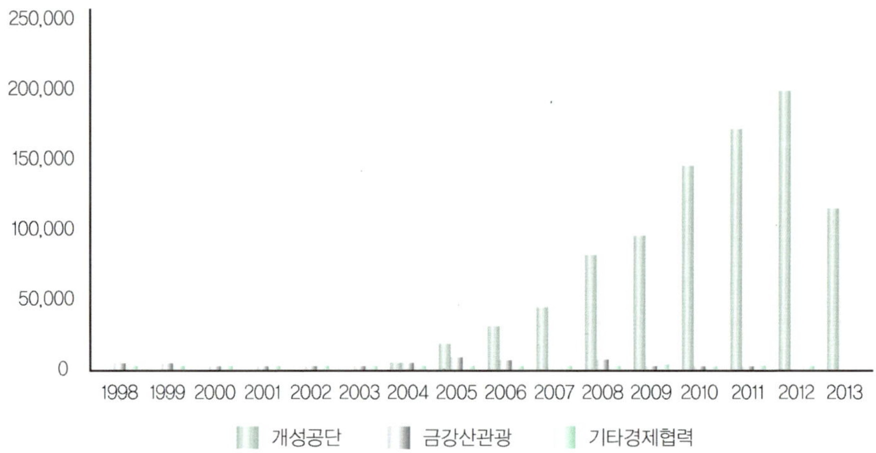

년도 / 구분	1998	2000	2005	2006	2007	2008	2009	2010	2011	2012	2013	합계
개성공단	0	0	176,737	298,796	440,677	808,445	940,554	1,442,851	1,697,632	1,966,104	1,131,229	8,944,709
금강산 관광	37,551	16,229	87,065	56,654	-	63,713	8,712	2,745	761	0	0	391,900
기타 경제협력	1,197	17,399	6,233	15,530	11,910	12,060	26,994	8,377	4	4	0	143,343
합계	38,748	33,628	270,035	370,980	452,580	884,218	976,260	1,453,973	1,698,397	1,966,107	1,131,229	8,681,791

자료: 통일부.

나 2003년 노무현정부의 출범과 함께 추진된 '평화번영정책'으로 2004년 개성공단개발사업이 시작되고, 정부의 지원으로 금강산관광사업이 활성화되면서 경제협력은 큰 폭으로 증가하였다. 이후 2008년 7월 11일 금강산 관광객 피격사건으로 금강산관광사업은 중단되었으며, 2010년 천안함피폭과 연평도포격 등 북한의 연이은 군사적 도발에 따른 '5 · 24 조치'로 개성공단개발사업만이 유지되고 있다. 이제 남북한 경제협력을 분야별로 살펴보자.

1) 개성공단개발사업

개성공단개발사업은 남한의 자본과 기술, 북한의 노동력과 토지를 결합하여 남북 공동번영을 도모하려는 대표적인 남북한 간의 경제협력사업이다. 이 사업은 2000년

8월 현대와 북한의 아·태평화위원회 간 합의를 시발로 여러 차례에 걸친 남북장관급회담과 남북경제협력추진위원회를 통해 남북한이 2002년 내에 공단건설을 착공하기로 합의하면서 가능하여졌다.[6] 개성공단은 남한의 자본을 유치할 목적으로 건설되어 공업, 무역, 상업, 금융, 관광특혜 지역으로 개발되며, 북한 법에 따라 운영·관리되는 종합형 경제특구이다.[7] 개성공업단지의 개발계획은 [그림 12-6]과 같다.

개성공단사업은 본질적으로는 경제적 차원의 남북협력사업이지만, 정치·사회적으로 남북한의 통일 과정에 미치는 긍정적 의미와 파급효과가 크다. 그 의미와 효과를 보면, 첫째 남한은 자유민주주의와 시장경제원칙에 기초한 통일을 목표로 하고 있는데, 개성공단사업을 통해 북한 당국자와 사업자, 그리고 북한 근로자들이 남한측의 발달된 경제수준과 풍요를 확인하게 되기 때문에 자유민주주의와 시장경제제도의 장점을 그들에게 파급·확산시킬 수 있다.

그림 12-6 | 개성공업단지 개발계획

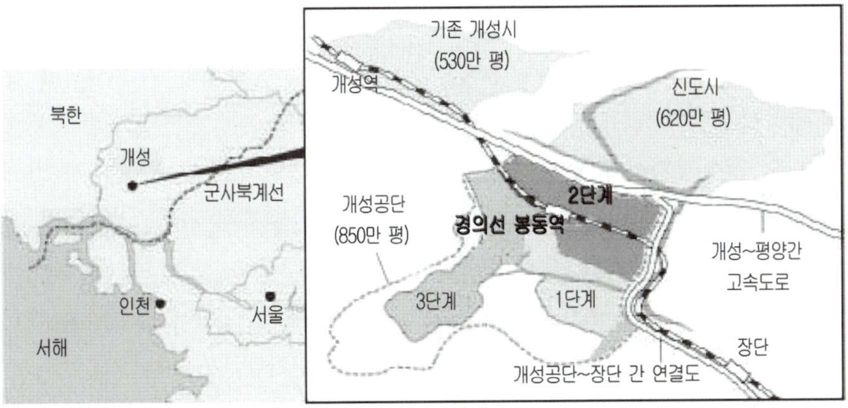

6) 북한은 2002년 11월 개성 지역을 특혜적인 경제활동을 보장하는 지역으로 지정한데 이어 총 5장 46조와 부칙으로 구성된 "개성공업지구법"을 제정하였다. 이 법의 주요 내용은 남한과 해외동포를 중심으로 한 투자 당사자의 범위, 투자자의 권리, 신변보호 등을 규정하는 외에 50년의 토지 이용기간, 동 특구의 출입절차, 노동력의 사용, 외화반출·입, 세금 및 분쟁해결 등을 규정하고 있다.

7) 경제특구는 추구하는 기능적 목표에 따라 무역형, 공업과 무역을 결합시킨 공업·무역형, 과학기술개발 및 첨단기술도입을 위한 과학기술형, 다목적성의 종합형으로 나눌 수 있다.(홍익표, 북한의 경제특구확대가능성 및 발전방향, 대외경제정책연구원, 2001, p. 96.)

둘째, 북한의 개혁과 개방을 촉진시키는 효과를 발휘한다. 북한이 1990년대 이후 추진해 온 나진, 선봉, 신의주 특구의 전망이 불투명한 상황에서 개성공단사업은 북한의 개혁과 개방을 촉진시키는 촉매제의 역할을 할 것이다.

셋째, 통일 한국을 준비하는 효과를 갖는다. 북한경제가 자생력을 갖지 못한 상황에서 통일이 되면, 독일의 경우에서 볼 수 있듯이, 남한경제에 큰 부담이 될 뿐 아니라, 엄청난 사회적 혼란과 갈등을 유발시킬 수 있다. 따라서 개성공단사업을 통해 남한의 선진기술과 경영기법, 해외시장개척 노하우(know-how) 등을 북한에 전수하여 북한이 경제성장을 이루게 되면 궁극적으로 통일비용이 감소하게 된다.

넷째, 한반도의 남북한 간 군사적 긴장을 완화시키게 된다. 금강산관광의 관문인 북한의 강원도 장전항이 과거 북한군의 해군 잠수함 기지였고, 개성공단지역은 38선을 마주하는 지역으로 북한군 1개 사단병력이 주둔하던 북한군의 전략적 요충지의 하나였다. 이러한 북한의 주요 군사 기지들이 남북 화해와 협력의 장으로 전환되었다는 사실은 개성공단사업 등이 한반도의 군사적 긴장을 완화시키는 효력을 발휘하고 있다고 볼 수 있다.[8)]

다섯째, 개성공단사업으로 남한은 남북경협의 활성화, 남한 내 유휴설비의 효율적 이용, 국가위험도 하락에 따른 대외신인도 제고, 수입대체와 가격경쟁력 향상 등이 기대된다.

여섯째, 개성경제사업의 활성화로 북한은 개성공업지역 내에서 부지 및 인프라의 조성, 공장건축과 신도시의 건설, 인건비수입과 원부자재 판매수입 등의 경제적 효과를 얻을 수 있을 것이다. 또한 북한은 외국자본의 대북한 투자확대, 북한의 국제적 신인도 제고, 연관산업의 발전, 공단주변 지역에 대한 인프라 시설확충, 선진기술습득 등과 같은 무형의 경제적 효과를 얻을 것으로 기대된다.

한편 개성공단사업은 여러 문제와 한계를 갖고 있는데, 우선 개성공단에는 전기, 통신, 상하수도, 도로 등 인프라가 남한에 비해서 부족하고, 제품생산에 필요한 각종 원자재·부품과 기계시설의 반입과 관련된 남북정부 간 규정이 미비, CIQ(Customs: 세관, Immigration: 출입국 심사, Quarantine: 검역) 절차의 비효율성으로 많은 시간과 높은 물류비용이 추가되고 있으며, 이러한 이유로 생산 공기와 생산 일정이 지연되는 경우들이 많이 발생한다.

둘째, 개성공단사업은 남북한 정치·군사적 관계에 영향을 받는데, 남북한 관계가 불안정하기 때문에 그 변화에 따라 북한의 개성공단 봉쇄 등 공단 내 경제활동이 불

---

8) 북한핵실험 이후 대북정책 설명자료, 통일부, 2006. 12., pp. 3.1~3.4.

안정하다. 그 대표적인 예로 2013년 4월 3일에 북한이 일방적으로 개성공단을 차단하여 9월 15일까지 개성공단이 폐쇄되는 사태가 발생하였는데, 이 사건으로 인해 개성공단 내 남한기업들 중 사업을 중단하는 기업들이 늘어나고 있다.

셋째, 미국이 북한을 테러지원국으로 분류하여 적성국교역법을 적용하고 있기 때문에, 자국의 첨단부품과 기술이 장착된 통신장비 등의 반입을 금지하여 통신개통이 지연되는 등 숱한 어려움이 야기되었다. 또한 북한의 핵실험 등으로 인해 유엔이 북한에 대해 금융·무역 분야에서 제재를 가하고 있는데, 이로 인해 상품의 최대 시장인 미국, 일본, 캐나다 등 다수의 국가들이 북한산 제품의 수입을 금지하고 개성공단 제품의 원산지를 한국으로 표기하는 것을 인정하지 않고 있다. 이러한 요인들이 개성공단 제품의 수출에 큰 장애요인으로 작용하면서 개성공단사업의 발전을 제약하고 있는데, 정부(남한)는 이 문제를 해결하기 위해 외국과의 FTA 체결 과정에서 개성공단 내 생산제품을 한국산으로 인정하는 조항을 넣도록 노력하고 있다.

개성공단사업은 2004년 3월 시제품이 생산되기 시작하여 이후 생산량과 고용이 꾸준히 증가하고 있다. 2013년에, 공단이 4월 3일부터 9월 15일까지 폐쇄되면서 생산액이 2억 2,378만 달러로 일시적으로 감소하였지만, 노동자는 북한 근로자 52,329명과 남한 근로자 757명이 일을 하고 있다.[9] 2013년 4월 기준 개성공단 북한 노동자

그림 12-7 | 개성공단사업 추이

(단위: 명, 만 달러)

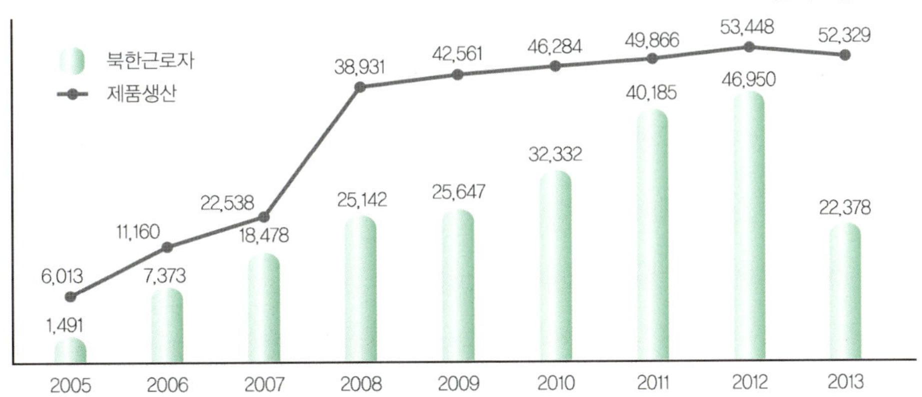

자료: 통일부.

9) 개성공단사업은 2014년부터 다시 정상화되면서 2014년 9월까지 생산액이 3억 5,072만 달러, 북측 근로자가 53,209명으로 증가세를 보이고 있다.

의 최저 월급은 67.05달러이고, 각종 수당과 보너스가 추가되면 130달러에 이르고 있는데, 북한 정부가 교통비, 사회보장비 등의 명목으로 40%를 공제하고 근로자는 80달러 정도를 받는 것으로 알려져 있다.

그림 12-8 | 개성공단 근로자

2013년 9월 개성공단 한국 기업에서 북한 근로자들이 제품을 생산하고 있다.
자료: VOA뉴스 박병용 기자(2014.03.13 20:40)

2) 금강산관광사업

1998년 11월 첫 출항으로 시작된 금강산관광사업은 순수 민간차원의 경제협력사업으로 남북한을 잇는 평화사업의 성격을 띠고 추진되었다. 이후 현대그룹의 자금난으로 금강산관광사업이 좌초 위기에 놓이게 되자, 남한정부는 한국관광공사와 현대아산을 관광사업자로 지정하는 동시에 금강산관광사업을 지속시키기 위해 관광경비를 보조하는 등의 지원을 실시하였다. 이어서 2002

년 9월 금강산관광을 활성화하기 위한 당국자 회담에서 남북한은 육로관광에 원칙적으로 합의하고, 북한은 금강산관광지구 지정과 함께 2002년 11월 "금강산관광지구법"을 채택하였다.

그림 12-9 | 금강산 관광특구 개발계획

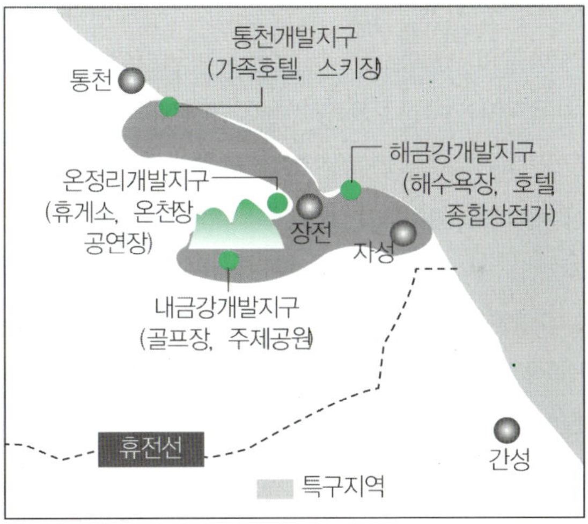

1998년에 시작된 금강산관광은 〈표 12-4〉에서 볼 수 있듯이, 2004년부터 정부의 지원에 따라 관광객이 급증하면서 2005년에는 금강산관광객 수가 거의 30만에 육박하였으나, 2006년에는 북한의 미사일 발사와 핵실험 사태로 국내(남한) 여론이 악화되면서 대폭 감소하였다. 이후 남북한 관계정상화로 금강산관광이 재개되어 2007년에는 관광객 수가 34만 5천 명으로 크게 증가하였다. 그러나 2008년 남한의 이명박 정부가 등장하면서 남북한 관계가 경색되는 속에서 금강산관광은 2008년 7월 11일 '박왕자 씨 피격 사망사건'이 발생하여 이후 잠정 중단 상태에 있다.

표 12-4 금강산관광사업 추이

(단위: 명, 천 달러)

년도	'98	'99	'00	'01	'02	'03	'04	'05	'06	'07	'08	'09	'10	'11	'12	'13	누계
인원	10,554	148,074	213,009	57,879	84,727	74,334	268,420	298,247	234,446	345,006	199,966	0	0	0	0	0	1,934,662
금액	37,551	40,696	16,229	7,983	11,917	16,103	41,771	87,065	56,654	?	63,713	8,712	2,745	761	0	0	391,900

자료: 통일부.

3) 기타 경제협력사업

기타 경제협력사업은 남한의 민간기업들이 순수한 경제적 동기에 기초하여 북한에 투자한 경제협력사업을 말한다. 남북한 간의 경제교류가 시작된 초기에 남한 기업들은 대부분이 북한의 저렴하고 풍부한 인건비와 천연자원을 활용할 수 있는 분야에 투자하였는데, 1992년 (주)대우가 북한의 삼천리 총회사와 합영 방식으로 512만 달러를 투자하여 남포에 셔츠, 가방, 쟈켓 공장을 설립한 사업이 최초의 민간 남북한 경제협력사업이다. 이후 1995년에 고합물산이 686만 달러를 투자하여 남포, 나진, 선봉, 평양 등 4개 지역에 의류・봉제・직물 공장을 세운 것을 비롯하여 6개 업체가, 1996년에는 삼성전자가 700만 달러를 투자하여 나진, 선봉 지역에 통신센터를 건립한 것을 비롯하여 총 3개 회사가, 1997년에는 LG전자/LG상사가 450만 달러를 투자하여 평양에 전자제품(컬러TV) 조립 공장을 건설하는 등 총 14개 업체가 북한과의 경제협력사업을 시작하였다. 1998년에는 에이스 침대가 425만 달러를 투자하여 평양 락랑 구역에 침대 및 가구 제조 공장을 설립하는 등 총 10개 업체가 북한과의 경제협력사업에 착수하였지만, 남한의 IMF 경제위기로 투자규모는 크게 감소하였다. 1999년에는 (주)평화자동차가 대북 민간 투자규모로는 가장 큰 5,536만 달러를 투자하여 남포에 자동차 수리 및 조립공장을 건설 하는 등 2개 업체가, 2000년에는 삼성전자가 유일하게 2005년까지 평양과 북경에 약 2,000만 달러를 투자하여 남북 S/W 공동개발센터를 설립하는 프로젝트를, 2001년에는 (주)하나비닷컴이 200만 달러를 투자하여 단동에 남북공동 프로그램개발회사를 설립하는 등 5개 업체가, 2002년에는 (주)서전어패럴이 유일하게 41.2만 달러를 투자하여 남포에 피복제조 공장을 설립하였다.

2003년부터는 개성공단개발사업이 가시화되면서 개성공단을 제외한 민간 기업의 남북경제협력사업은 급격히 감소하였다. 그러나 2003년에는 대한광업진흥공사가 510만 달러를 투자하여 황해남도 연안군 정촌리에 흑연광산 개발사업을 시작하는 등 3개 회사가, 2004년에는 (주)서진인터크루가 800만 달러를 투자하여 평양에 핸드백 등 피혁제품 생산 공장을 설립하는 등 총 10개 회사가, 2005년에는 (주)에머슨 퍼시픽이 723만 달러를 투자하여 금강산관광지구에 골프 스파 리조트 건설사업을 펼치는 등 총 11개 회사가 경제협력사업을 시작하였다. 그리고 2006년에는 6월 말 현재 농협중앙회가 500만 달러를 투자하여 남한 관광객을 대상으로 금융서비스를 제공하기 위해 금강산에 지사를 설치하는 등 4개 업체가 진출하였다. 2007년에는 (주)현대아산이 개성관광에, 서평에너지가 무연탄생산에 진출하였으며, 2008년에는 9개

업체가 대북투자사업을 시작하였다. 이후 2009년에는 남북한 관계가 경색되면서 대북투자가 한건이 승인되었는데, ㈜벤처브릿지가 3월에 11만 달러를 S/W 개발에 투자하는 신청이 승인되었다. 2010년 9월에는 금강산에서 호텔과 횟집 등을 운영하는 ㈜일연인베스트먼트가 비치호텔건립에 130억 40만 원 투자를 신청하여 승인되었으며 기타 소규모 판매업들의 대북투자가 승인되었다. 그러나 2010년 정부의 '5 · 24조치'로 대북투자가 전면 금지되면서 2011년과 2012년에는 대북투자가 한 건도 이루어지지 않았으며, 2013년에 판매업 분야에서 천만 원 내외의 소규모 대북투자들이 19건 신청 · 승인되었다.

남한 기업들의 남북 경제협력사업에 대한 투자 형태를 살펴보면, 북한의 저임금과 높은 생산성, 노사안정, 저렴한 부지가격, 원자재, 언어소통 등을 장점으로 감안하여 노동집약적 제조업과 임가공업, 자원개발사업, 북한 내수시장 독점사업 등에 진출하고 있다. 이러한 남한 기업들의 투자 형태는 앞으로도 상당 기간 지속될 것으로 보이지만, 북한의 투자보장 및 계약의 불이행 · 번복 등은 남북한 경제협력사업의 큰 걸림돌로 작용하고 있다.

3. 비상업적 거래성교역 현황

비상업적 거래성교역은 대북지원성격의 교역을 말한다. 비상업적 거래성교역은 〈표 12-5〉에서와 같이 대북지원(소계), 사회문화협력, 경수로사업(소계)으로 구성된다. 비상업적 거래성교역은 1998년 김대중정부의 '햇볕정책'과 그에 이은 2003년 노무현정부의 '평화번영정책'에 의해 크게 증가하였다. 비상업적 거래성교역은 1995년 경수로사업을 계기로 시작되었는데, 〈표 12-5〉에서와 같이, 1995년에 천만 달러였던 것이 2000년에 1억 5,200만 달러로 15배 증가했으며, 2002년 2억 7,380만 달러, 2006년에는 4억 2,200만 달러로 빠르게 증가하였으나, 이명박정부가 출범한 이후 2008년부터 크게 감소하였다. 특히 2010년 '5 · 24조치'로 인해 비거래성교역이 일부 민간지원을 제외하고 전면 중단되면서 비거래성교역액은 2013년에 340만9천 달러를 기록하고 있다.

비상업적 거래성교역을 분야별로 살펴보면, 대북지원은 1995년 북한의 식량위기 등을 지원하기 위해 (남한)정부에 의해 공식적으로 인도적 차원에서 시작되었다. 대북지원은 정부차원과 민간차원으로 나뉘어 진행되고 있는데, 정부의 대북지원은 '햇볕정책'과 '평화번영정책'의 진행으로 2000년부터 매년 큰 폭으로 증가하였다. 그러

표 12-5 비상업적 거래성교역 추이

(단위: 천 달러)

년도	남북교역 총액	비상업적 거래성교역							비상업적 거래성교역 합계
		정부지원	민간지원	대북지원 (소계)	사회문화 협력	경수로 건설	KEDO 중유	경수로사업 (소계)	
1989	18,724	0	0	0	0	0	0	0	0
1990	13,466	0	0	0	0	0	0	0	0
1991	111,266	0	0	0	0	0	0	0	0
1992	173,426	0	0	0	0	0	0	0	0
1993	186,592	0	0	0	0	0	0	0	0
1994	194,547	0	0	0	0	0	0	0	0
1995	287,291			218	0	0	10,779	10,779	10,997
1996	252,039			1.473	0	0	12,782	12,782	14,255
1997	308,339			8.388	0	20,631	29,020	49,652	58,040
1998	221,943			15.629	0	4,060	19,818	23,878	39,507
1999	333,436			43.427	0	14,433	39,513	53,946	97,373
2000	425,148			104.478	0	35,608	11,713	47,321	151,799
2001	402,957			110.583	0	33,748	3,458	37,206	147,789
2002	641,730			213.194	0	58,567	2,041	60,608	273,802
2003	724,127			270.649	0	23,767	0	23,767	294,416
2004	697,040	78.309	180.087	258.396	1,695	456	0	456	260,547
2005	1,055,754	122.258	242.761	365,038	781	394	0	394	366,213
2006	1,349,740			419,000					422,000
2007	1,431,170			328,903					367,000
2008	1,820,369			67,060	1,247				109,000
2009	1,679,078	18,208	18,171	36,379	588	0	0	0	36,967
2010	1,912,190	5,713	16,571	22,284	700	0	0	0	22,972
2011	1,713,855	756	10,640	11,396	130	0	0	0	11,526
2012	1,976,014	0	9,064	9,064	0	0	0	0	9,064
2013	1,677,228	0	3,409	3,409	0	0	0	0	3,409
누계	19,607,469	24,878	58,277	1,263,776	5,141	191,664	129,124	320,789	2,696,675

자료: 통일부.

표 12-6 대북지원 추이

기간	정부 차원	민간 차원	합계
1995	23,200만 불(1,854억 원)	25만 불(2억 원)	23,225만 불
	쌀 15만 톤	담요 8천매	(1,856억 원)
	직접 지원	국적 경유	
1996	305만 불(24억 원)	155만 불(12억 원)	460만 불
	CSB, 분유, 기상자재	밀가루, 분유, 식용유	(36억 원)
	UN기구 경유	국적 경유	
1997	2,667만 불(240억 원)	2,056만 불(182억 원)	4,723만 불
	CSB, 옥수수, 분유, 보건의료 등	옥수수, 밀가루, 감자, 라면 등	(422억 원)
	UN기구 경유	국적 / 남북적십자 경유	
1998	1,100만 불(154억 원)	2,085만 불(275억 원)	3,185만 불
	옥수수 3만 톤, 밀가루 1만 톤	밀가루, 옥수수, 비료, 한우, 비닐, 등	(429억 원)
	UN기구 경유	남북적십자 경유	
1999	2,825만 불(339억 원)	1,863만 불(223억 원)	4,688만 불
	비료 11.5만 톤	밀가루, 옥수수, 약품, 비료 4만 톤 등	(562억 원)
	직접지원	한적 / 독자창구(2.10~)	
2000	8,139만 불(978억 원)	3,238만 불(387억 원)	11,377만 불
	비료 30만 톤	옥수수, 감귤, 의류, 설탕, 분유 등	(1,365억 원)
	직접지원	한적 / 독자창구	
2001	7,522만 불(975억 원)	6,017만 불(782억 원)	13,539만 불
	내의 150만 벌, 옥수수 10만 톤, 비료 20만 톤, 말라리아 방역지원	옥수수, 감귤, 의류, 설탕, 분유 등	(1,757억 원)
	직접지원/WFP/WHO경유	한적 / 독자창구	
2002	8,915만 불(1,140억 원)	4,577만 불(576억 원)	13,492만 불
	옥수수10만 톤, 비료30만 톤, 말라리아방역	농기계, 의류, 의료장비, 씨감자 등	(1,716억 원)
	직접지원 / WFP / WHO경유	한적 / 독자창구	
2003	9,377만 불(1,097억 원)	6,386만 불(766억 원)	15,763만 불
	말라리아 방역지원, 취약계층 지원, 비료 30만 톤, 옥수수 10만 톤	동내의, 아동복, 밀가루, 항생제 등	(1,863억 원)
	직접지원 / WFP / UNICEF경유	한적 / 독자창구	
2004	11,541만 불(1,313억 원)	13,250만 불(1,558억 원)	24,791만 불
	의약품, 긴급구호세트, 비료 30만 톤 말라리아 방역지원, 옥수수 10만 톤	농자재, 피복, 감귤, 의료설비 등	(2,871억 원)
	직접지원 / WFP / WHO경유	한적 / 독자창구	

기간	정부 차원	민간 차원	합계
2005	13,588만 불(1,360억 원)	7,666만 불(779억 원)	21,254만 불
	말라리아, 조류인플루엔자 방역지원, 비료 35만톤, 수해응급구호, 취약계층	밀가루, 의료설비, 농업용비닐 등	(2,139억원)
	직접지원 / WHO / UNICEF경유	한적/독자창구	
2006	22,740만 불(2,273억 원)	7,088만 불(709억 원)	29,828만 불
	비료 35만 톤, 수해복구 지원, 말라리아 방제약품, 영유아 지원	밀가루, 의류, 의료설비, 수해복구 등	(2,982억 원)
	직접지원 / WHO / UNICEF경유	한적 / 독자창구	
2007	20,893만 불(1,983억 원)	9,568만 불(909억 원)	30,461만 불
	비료30만 톤, 성홍열, 구제역, 산림병충해 방제품, 수해복구, 말라리아 방제약품, 영유아, 식량 지원	의류, 의료설비, 연탄, 농자재 수해복구 등	(2,892억 원)
	직접지원 / WHO / WFP / UNICEF경유	한적 / 독자창구	
2008	3,996만 불(438억 원)	6,460만 불(725억 원)	10,456만 불
	말라리아 방제품, 영유아, 의료장비 지원 민간단체에 대한 기금지원	의류, 농자재, 연탄, 양묘장 자재 등	(1,163억 원)
	직접지원 / WHO / WFP / UNICEF / IVI경유	한적 / 독자창구	
2009	2,420만 불(294억 원)	2,858만 불(377억 원)	5,278만 불
	말라리아 방제품, 영유아지원, 의료인력 교육 지원 민간단체에 대한 기금지원	식량, 의약품, 생필품, 연탄 등	(671억 원)
	직접지원 / WHO / IVI / UNICEF 경유	독자창구	
2010	1,780만 불(204억 원)	1,748만 불(200억 원)	3,528만 불
	신종플루 지원 신의주 수해지원[1] 민간단체에 대한 기금지원	밀가루, 분유, 옥수수, 의약품, 의류 등	(404억 원)
	직접지원	한적/독자창구	
2011	565만 불(65억 원)	1,173만 불(131억 원)	1,738만 불
	영유아, 의약품지원	분유, 두유, 의약품, 밀가루, 말라리아 방역용품 등	(196억 원)
	UNICEF 경유	독자창구	
2012	210만 불(23억 원)	1,032만 불(118억 원)	1,241만 불
	백신 및 의료교육	밀가루, 아동복, 의약품, 의료장비 등	(141억 원)
	IVI 경유	독자창구	
2013	1,234만 불(135억 원)	453만 불(51억 원)	1,687만 불
	보건 및 영양	쇠고기스프, 내복, 의약품, 영양빵 재료	(186억 원)
	UNICEF / WHO 경유	독자창구	
합계	143,016만 불(14,890억 원)	77,698만 불(8,761억 원)	220,714만 불 (23,651억 원)

자료: 통일부, 월간남북교류협력동향.

나 이명박정부가 출범한 2008년부터 급격히 감소하면서 박근혜정부가 출범한 2013년에는 완전히 중단된 상태이다. 정부의 대북 인도적 지원물품은, <표 12-6>에서와 같이, 북한의 기아문제 해결에 필요한 쌀, 옥수수, 분유 등 식량자원, 외환 부족으로 수입이 힘들어진 에너지자원, 농업에 필요한 비료, 농기계, 농업용 비닐 등 농업용 원자재 및 장비, 그리고 기아와 열악한 생활환경에 의해 악화된 주민건강을 돌보는 데 필요한 의약품 및 의료장비 등이 주를 이루고 있다. 또한 국내외 여론악화 등 때문에 정부의 공식적 대북지원이 어려운 상황에서는 정부가 UNICEF, WHO 등 국제기구를 통해 간접적으로 대북지원을 하는 경우도 있다. 실제로 2013년 정부의 대북지원은 공식적으로 '0'이지만, <표 12-6>에서 볼 수 있듯이 UNICEF와 WHO를 통해 2013년에 1,234만 달러의 정부대북지원이 이루어졌다.

민간 차원의 대북지원사업은 대한적십자사, 종교단체, 기타 자선단체 등 다양한 민간단체들이 북한의 민족화해협력위원회(민화협) 등을 파트너로 삼아 진행하고 있으며, 지원품목은 정부에서 지원하는 것들과 대동소이하다. 경우에 따라서는, 2006년 북의 미사일과 핵실험 후 상황에서처럼 정부 차원의 공식적 대북 인도적 지원사업이 여론의 부담으로 인해 어려운 경우, 민간단체(NGO)가 전면에 나서고 정부가 뒤에서 매칭 펀드(matching fund) 등의 형태를 빌어 간접적으로 지원하는 경우도 있고, 국제적십자사, WHO, WFP, UNICEF 등 국제기구를 통해 전달하기도 한다.[10]

한편 경수로사업은 1995년부터 시작되었는데, 경수로건설과 KEDO 중유지원으로 구성된다. 경수로건설사업은 1994년 10월 북핵문제 해결을 위한 제네바 합의에 근거하여, 1995년 3월에 한국, 미국, 일본, EU 등이 설립한 국제기구인 KEDO (Korean Peninsular Energy Development Organization: 한반도에너지개발기구)가 주최가 되어 북한 금호지구에 경수로(경수형 원자로 원자력발전소)를 건설하는 사업을 말한다. 또한 KEDO 중유지원은 북한에 KEDO가 경수로시설을 완공될 때까지 북한에 매년 50만 톤의 중유를 지원하기로 한 사업을 말한다. 그러나 2002년 10월 북한의 핵무기개발이 발각되면서 경수로사업은 2006년 1월까지 공식적으로 폐지하기로 결정되었다. 그 방침에 따라 중유지원은 2003년부터, 그리고 경수로사업은 2006년부터 중단되었다. 그러나 한국은 경수로 사업기간 동안 경수로 건설비의 70%를 부담하였다.

한편 <표 12-5>에서와 같이 사회문화 협력사업은 총계 5,828천 달러로 미미한 상태이다. 이 사업은 북한사회의 개방을 위한 TV, 인터넷, 휴대폰, 서적, 연예인 공연, 스포츠 교류 등의 문화사업에 지원하는 사업이다.

---

10) 대북지원 규모 관련 설명자료, 통일부, 2006년 10월 13일, p. 4.

12.4 남북한 경제교류 · 협력의 장애요인

남북한의 경제교류 · 협력에서 지금까지 여러 장애요인들이 나타나고 있다.

첫째, 남북한의 경제교류 · 협력 과정에는 높은 거래비용이 존재한다. 남북한 경제교류 · 협력의 거래비용은 크게 무형의 비용과 유형의 비용으로 나누어 볼 수 있다.

무형의 거래비용은 북한의 핵개발을 위시한 군사력강화 및 남한에 대한 군사적 도발, 남북관계의 불안정성, 북한의 예측 불가능한 대남정책 등 경제외적 환경으로 인한 불확실성에서 발생하고 있다.

또한 남북한 경제교류 · 협력에는 유형의 높은 거래비용이 발생하고 있다. 남북한 간의 육로수송 및 직항로 부족, 통행 · 통신 · 통관의 한계, 해상운송 시의 군사적 위험, 소량의 부정기적인 운송물량, 그리고 북한 항만의 하역능력 부족 등으로 인한 높은 수송료는 대표적인 유형의 거래비용이다. 뿐만 아니라 북한의 높은 항구사용료, 북한 내 배후 수송체계의 열악 등을 고려하면 실제 남북한 경제교류에 따른 물류비용은 더 높아져 대북 경제교류에서의 수익성을 저해하는 요인으로 작용하고 있다.

둘째, 불안정한 남북한 관계와 북한의 태도를 들 수 있다. 지금까지의 남북한 관계는 크게 다른 네 가지 관계들을 갖고 있다. ① 대한민국 헌법에 의하면 남한은 합법적인 정부로 북한은 반란단체로 규정되어 있는데 비해, 북측 노동당 규약에 따르면 북한은 해방 지역이고 남한은 미해방 지역이다. ② 군사적으로 남북한은 교전이 정전협정으로 일시 정지된 교전단체 간의 관계이며, 첨예한 군사적 대치상태를 유지하고 있다. ③ 국제사회에서는 남북한의 UN동시가입에서 나타난 바와 같이 독립적 국가 간 관계로 인식하고 있다. ④ 남북한은 남북기본합의서에서 '쌍방의 관계가 나라와 나라 사이의 관계가 아닌 통일을 지향하는 과정에서 잠정적으로 형성되는 특수관계'로 인정한 바 있으며, 그 연장선에서 남북한 정상회담의 '6 · 15남북공동선언'에는 남북한이 하나의 민족임을 암시적으로 내포하고 있다.

이러한 다양한 남북한 관계들로 인해 남북한 간에는 사안에 따라 대립과 협력을 달리하는 경우가 빈번하게 나타나고 있다. 또한 남한 내부에서도 남북한 관계를 달리 보고 있는 다른 여러 집단들이 서로 반목하고 대립하는, 소위 '남남갈등'이 심화되고 있다. 이에 더하여 북한은 정치적 목적을 위해 남북교역을 대남정책의 한 수단으로 이용하기 때문에 남북교역이 중단 · 폐쇄되는 등 남북교역은 지금까지 불안정한 상태에 놓여있다.

셋째, 북한산 제품시장 확보의 문제이다. 개성공단개발사업의 확대, 더 나아가서 남한기업이 대북투자사업 등의 경제협력 활성화를 위해서는 판매시장의 문제가 대두된다. 즉, 남한기업의 대북투자에 의해 북한에서 생산된 제품을 어디에 팔 것인가 하는 문제이다.

북한산 제품의 판매시장으로는 미국, EU, 일본 등이 주요 시장으로 등장할 수 있다. 그러나 남한 기업들이 북한에서 생산한 제품은 남한산으로 인정되지 못하고 있는데, 북한이 핵실험으로 인해 유엔에 의해 금융 · 무역제재를 받고 있기 때문에 이들 제품의 해외수출은 사실상 불가능한 상태이다. 특히 세계 최대시장인 미국과 북한의 관계가 개선되지 않고 있는 상황도 남한기업들이 북한에서 생산한 제품의 수출에 큰 장애요인으로 작용하고 있다.

미국은 6 · 25전쟁 발발 3일 뒤인 1950년 6월 28일 수출관리법에 따라 대북한 경제관계를 규제하였다. 이후 미국은 2000년 6월까지 북한에 대해 상업과 금융 거래의 실질적 금지(수출관리법, 적성국교역법), 미국 내 북한 자산의 동결(적성국교역법), 북한에 대한 경제적 지원 및 원조제한(대외원조법, 수출입은행법), 북한에 대한 최혜국대우(MEN) 부정(무역협정연장법), 북한과 무기거래와 군수산업관련 수출입금지(국제무기거래규정) 등의 제재조처를 취했다.[11]

2000년 6월 미국의 대북경제제재 완화조치로 북한 상품의 미국 수출이 가능해졌지만, 현재 미국은 북한산 상품에 대해 'Column 2' 관세를 적용하고 있다. 'Column 2' 관세는 정상교역관계(normal trade relation: NTR) 또는 일반특혜관세(GSP) 대우를 받는 국가들에게 적용되는 'Column 1' 관세보다 최소 2배에서 10배까지 높은 수준이다. 즉, 북한에 적용되는 'Column 2' 관세는 수출금지관세적 성격을 띠고 있다고 할 수 있다. 'Column 2'의 적용에 의해, 북한산 제품의 대미수출은 경쟁상대국 제품에 비해 수출단가(FOB기준) 면에서 30~50% 정도 불리하게 된다. 따라서 미국이 북한에 대해 정상교역관계지위(NTR) 또는 일반특혜관세(GSP)를 부여하기 전까지는 북한제품의 대미수출은 어려울 것으로 예상된다. 일반특혜관세(GSP)를 부여받기 위해서는 근로자의 권리 인정, 국제통화기금(IMF) 가입 등의 전제조건이 충족되어야 하고, 정상교역국지위(NRT)를 부여받기 위해서는 기본적으로 북한이 세계무역기구(WTO)에 가입하여야 한다. 따라서 북 · 미 관계가 개선된다고 하여도 현실적으로 미

11) 1980년대 말까지는 미국의 대북 경제재제효과가 크지 않았으나 북한과 '우호적 교역'을 하고 있던 동구사회주의권이 해체된 이후부터는 사정이 달라졌다. 이에 따라 북한은 미국의 경제제재를 경제발전의 큰 걸림돌로 보고 미국에 경제제재 완화 · 철폐를 지속적으로 요구해오고 있다.

국의 북한제품에 대한 'Column 1' 관세 적용이 가까운 시일 내에 어려울 것으로 예상된다. 더 나아가 미국의 북한에 대한 경제제재조치는 미국과 교역을 하는 대부분의 국가들에게도 적용되기 때문에 북한에서 생산되는 제품은 현실적으로 판매시장을 찾기가 어려운 상태이다.[12)]

이상에서 살펴본 남북한 경제교류·협력의 장애요인들은 서로 독립적인 성격을 가진 것이 아니라 오히려 상호 밀접하게 관련되어 있으며, 또한 단시일 내에 해결될 수 없다는 특징들을 갖고 있다. 따라서 이들 장애요인들의 특성을 고려하여 볼 때 남북한 경제교류·협력은 장애요인들을 완화하고 제거하면서 점진적·단계적으로, 그리고 실행 가능한 분야부터 이루어져야 할 것이다.

12) 2004년 11월 29일 한국은 싱가포르와의 FTA(자유무역협정) 체결 과정에서 개성공단에서 생산되는 제품을 한국산으로 인정한 것을 합의하였다. 이러한 합의는 앞으로 북한산 제품의 판매시장 확보의 한 방법으로 보여주고 있다.

찾아보기 Index

(ㄱ)

(ㄴ)

(ㅇ)

(ㅈ)

[기타]

| 저자약력 |

▎주성환 연세대학교 경제학과 졸업
연세대학교 경제학석사
계명대학교 경상대학 전임강사
미국 뉴욕주립대학교(Albany) 경제학박사
미국 뉴욕주립대학교(Albany) 경영대학원, 연구교수
미국 뉴욕주립대학교(Albany) 경제학과, 교환교수
건국대학교 상경대학 학장
한국동북아경제학회 회장
현, 건국대학교 경제학과 교수

[저서 및 논문]
미시경제학(공저), 법문사, 1986, 1992.
경제학원론(공저), 건국대 출판부, 1991.
경제학(공저), 무역경영사, 1997.
경제원론, 무역경영사, 2002.
북한의 경제제도와 관리(공저), 무역경영사, 2003.

▎김진욱 한양대학교 물리학과 졸업
프랑스 국립 사회과학고등대학원(EHESS) 및 국립통계대학원(ENSAE) 박사과정 수료
프랑스 국립 파리 1대학교(Panthéon-Sorbonne) 경제학박사
캐나다 댈하우지대학교(Dalhousie) 교환교수
기획재정부 공기업 · 준정부기관 경영평가단 평가위원
중앙생활보장위원회 위원
한국동북아경제학회 회장
현, 건국대학교 경제학과 교수
문화체육관광부 산하기관 평가위원

[저서 및 논문]
한 · 중 · 일 공기업 개혁과정의 변천과 성과(공저), 대외경제정책연구원(2011)
공정사회를 위한 친서민정책 개선방안(공저), 한국보건사회연구원(2012)
중국 수자원의 현황과 한국 기업의 투자 전략, 국제지역연구, 국제지역학회(2012)
한국의 가처분소득 및 순자산 결합분포 특성에 관한 연구, 민주사회와 정책연구(2014)

한국경제의 이해

[정가 : 25,000원]

2015년 3월 10일 초판 1쇄 발행
2018년 3월 10일 초판 3쇄 발행

저 자 주 성 환 · 김 진 욱
발행자 채 규 호

발행처 **무 역 경 영 사**

서울특별시 영등포구 양평로 21길 26
(아이에스비즈타워 2504호)
전화 : (719) 3621~4
FAX : (719) 3 6 2 5
E-mail : muyok@unitel.co.kr
홈페이지 : www.muyokpub.co.kr
등록 : 1992년 2월 19일 제10-675호

ISBN 978-89-468-0614-6